KB175816

토머스 로버트 맬서스(1766~1834)

▲존 케인스(1883~1946) 유효수요 이론은 맬서스와 케인스가 제창한 개념이 그 바탕이다.

◀애덤 스미스(1723~1790) 맬서스는 애덤 스미스의 이론을 계승·발전시켰다.

▲찰스 다윈(1809~1882) 다윈은 맬서스의 《인구론》에서 영감을 얻었다.

▶데이비드 리카도(1772~1823) 리카도는 생산력을 높이면 빈곤 문제가 해결될 것이라고 보았다.

▲윌리엄 페일리(1743~1805) 맬서스와는 반대로 페일리는 인구 감소야말로 최악의 재난이라고 주장했다.

◀카를 마르크스(1818~1883) 자본주의를 어둡고 절망적으로 내다봤다는 점에서는 리카도나 맬서스도 마르크스와 마찬가지였다.

▲케임브리지 대학교 지저스 칼리지 맬서스가 열여덟 살 되던 해인 1784년에 입학했다.

▶프랑스 혁명 맬서스가 스물세 살 되던 1789년에 프랑스 혁명이 일어났다.

▲인구와 식량 맬서스는 식량 증산이 인구 증가를 따라가지 못해 인류는 큰 재앙을 맞게 될 것이라고 주장했다.

◀오늘날 세계 인구는 약 80억 명으로 지구는 차츰 과밀화되어 가고 있다.

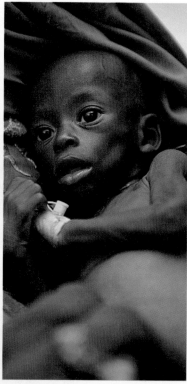

▲서아프리카 니제르의 식량 위기 영양실조로 고통받는 생후 5개월 된 아기

◀식량 위기 유엔식량농업기구(FAO)는 2011년에 이미 세계 식량위기를 경고했다.

세계사상전집026
Thomas Robert Malthus
AN ESSAY ON THE PRINCIPLE OF POPULATION

인구론

토머스 로버트 맬서스/이서행 옮김

동서문화사

인구론
차례

제3편 인구 원리에 기인하는 해악 제거를 위해 제안 또는 실시된 여러 제도와 그 대책에 대하여

일러두기

1. 이 책은 저자의 집필 의도를 전달하기 위해 초판 《An Essay on the Principle of Population, as it Affects the Future Improvement of Society with Remarks on the Speculations of Mr. Godwin, M. Condorcet, and Other Writers》(1798)의 머리글과 각 장(章) 앞부분에 있는 요지를 옮겨 실었다.

2. 이 책의 본문은 제6판 《An Essay on the Principle of Population, or a View of its Past and Present Effects on Human Happiness ; with an Inquiry into our Prospects respecting the Future Removal or Mitigation of the Evils which it Occasions》Volume I & II(London : John Murray 1826)를 완역한 것이다.

3. 인명 및 지명은 외래어표기법을 기준으로 원어 발음에 가깝도록 표기했다.

머리글

인구의 원리에 대해
미래사회 개선에 도움이 되길 바라면서
고드윈 씨, 콩도르세 씨, 그 밖에 많은 분들의 저술을 언급하며 논하다.
1798년 런던

나는 고드윈(Godwin) 씨의 저서 《탐구자》에 수록된 논문 〈탐욕과 낭비〉에 대해 한 친구와 이야기를 나누고서 이 책 《인구론》을 쓰게 되었다. 우리의 논의는 미래사회 개선이라는 일반적인 문제에까지 미치게 되었는데, 나는 그때 제대로 표현하지 못했던 자신의 생각을 종이 위에 옮겨 친구에게 보여줘야겠다고 생각해서 이렇게 펜을 들었다. 그런데 문제를 탐구하는 과정에서 새로운 생각들이 잇따라 떠올랐다. 그리고 일반 사람들도 흥미를 가질 만한 주제라면, 그 어떤 아이디어라도 순순히 받아들여 줄 거라고 예상하여 내 이론을 책으로 써내기로 결심하게 되었다.

확실히 좀 더 많은 정보를 수집했더라면 보다 완전하게 전체적인 논거를 제시할 수 있었을 것이다. 그러나 다른 일에 시간을 많이 빼앗기기도 했고 또 출판 시기를 처음 계획보다 너무 늦추고 싶지 않다는 생각이 들어서, 언제까지고 이 문제에만 매달려 있을 수는 없었다. 그래도 이 책에서 제시해 놓은 사실은 미래의 인류 개선에 대해서 필자가 내놓은 의견의 정당성을 충분히 증명해 주리라고 자부한다. 다시 한번 곰곰이 생각해 봐도, 글을 쉽게 쓰면서 사회의 대략적인 얼개를 보여주기만 하면 충분히 필자의 의견을 정확하게 전달할 수 있으리라 생각된다.

그런데 본문 내용을 보자면, 인구는 항상 생활 물자 수준에 의해 억제되고 있다. 이는 명백한 진리이며 수많은 논자들이 지적한 사실이기도 하다. 그러나 내가 알기로는, 인구를 이 수준으로 억제하는 방법에 관해서는 아무도 특별히 연구한 바가 없다. 생각건대 이 방법에 대한 견해야말로 대대적인 미래사회 개선을 막는 가장 성가신 장해물이 될 것이다. 이 흥미로운 주제를 둘러싼 논의에 나는 발을 들여놓았다. 오로지 진리를 사랑하는 사람으로서, 또 특정 집단이나 사상에 대해 어떤 편견도 가지지 않은 사람으로서. 이 점을 독자 여러분이 이해해 주시길 바란다. 나는 미래사회 개선을 논하는 이런저런 논문을 읽을 때 처음부터 그것을 몽상이라 단정하고서 읽지는 않았다. 나에게 유리한 것은 증거가 없어도 믿고 또 나에게 불리한 것은 증거가 있어도 거부하는 태도는 결코 취하지 않았다.

내가 그려내는 인간 생활 모습은 확실히 암울하다. 그러나 그 암울함은 저자의 삐뚤어진 시선이나 부정적인 기질에서 비롯된 것이 아니라, 현실을 있는 그대로 그려내면 바로 이렇게 된다는 확신에서 비롯된 것이다. 이 책의 마지막 두 장(章)에서 제시된 인간 정신에 대한 이론은 인생 해악의 존재를 지은이 나름대로 만족스럽게 설명한 것이다. 하지만 그것이 다른 사람들에게도 같은 효과를 나타낼지는 독자 여러분의 판단에 맡기겠다.

내가 사회 개선을 방해하는 난점이라고 간주하는 것에 대해 유능한 분들의 관심을 끄는 데 성공하고, 그 결과 이론적으로나마 그런 난점이 극복될 수 있다는 사실이 밝혀진다면, 나는 기꺼이 현재 지닌 견해를 철회할 것이다. 그리고 내 의견이 잘못됐다고 확신하면서 기쁨을 맛볼 수 있을 것이다.

1798년 6월 7일

인구론 요지

1. 문제점―의견 대립 때문에 문제를 해결하기가 어렵다―인간과 사회가 완성될 가능성을 부정적으로 보는 사고방식에 대해서는, 제대로 된 반론이 없다―인구 증가가 낳는 문제의 성질―이 책에서 주장하는 내용의 개요.

2. 인구와 식량 증가율의 차이―증가율 차이의 필연적인 귀결―하층계급 생활에서 나타나는 상하운동―이 상하운동이 별로 주목받지 못한 이유―이 책의 주장 전체를 뒷받침하는 세 가지 기본 명제―이와 관련해서 검토되어야 할 인류 역사의 여러 단계.

3. 미개 단계, 또는 수렵민족에 관하여―유목민족, 또는 로마제국을 침략한 야만족―식량 증가를 웃도는 인구 증가―북방에서 민족 대이동이 일어난 원인.

4. 문명국 상태―현재 유럽은 카이사르 시대보다 인구가 많을지도 모른다―인구에 대한 가장 좋은 기준―흄이 이용한 인구추계(人口推計) 기준에는 문제가 있다―많은 유럽 국가에서 나타나고 있는 인구 증가 둔화 현상―두 가지 주요 인구 억제법―첫째, 사전 예방 인구 억제를 영국을 예로 들어 검토해 본다.

5. 둘째, 적극적인 인구 억제를 영국에서 검증―영국에서 빈민을 위해 징수된 거액의 돈이 빈민 생활을 개선하지 못하는 진정한 원인―구빈법이 원래 목적에서 점점 멀어지는 강력한 경향―임시방편으로나마 빈민의 가난을 완화할 대책을 제안하다―궁핍화(窮乏化)의 압력을 하층계급에서 완전히 없앤

다는 것은 인간 본성 불변의 법칙 때문에 절대로 불가능하다─인구 억제 전체는 빈곤과 악덕으로 나뉜다.

6. 새로운 식민지─그 인구가 빠르게 증가하는 이유─북아메리카 식민지─오지(奧地) 식민지에서 일어나는 인구 급증은 이례적인 일이다─역사가 오래된 나라도 전쟁, 역병, 기아, 천재지변에 의해 황폐해질 경우 부흥하는 속도는 빠르다.

7. 전염병의 원인으로 추정되는 것─쥐스밀히(Süssmilch) 씨의 통계표에서 발췌─역병은 주기적으로 발생할 수 있다─단기간 출생과 매장 비율은 그 나라의 실제 평균 인구 증가를 가늠하는 기준으로서는 부적절하다─장기간 인구 증가의 가장 좋은 기준─중국이나 인도에서 일어난 기근의 한 원인은 지극히 소박한 생활이다─피트(Pitt) 씨가 제안한 구빈법안 조항의 유해한 경향─인구 증가를 촉진하는 단 하나뿐인 적정한 방법─국민에게 행복을 가져다주는 여러 원인─기근은 자연이 인구과잉을 억제하는 가장 무시무시한 마지막 수단이다─확정된 것으로 보이는 세 가지 명제.

8. 월리스(Wallace) 씨─인구 증가에 의한 문제 발생은 먼 미래의 일이라고 생각하는 것은 착각이다─콩도르세(Condorcet) 씨가 설명하는 인간 정신 진보의 역사─콩도르세 씨가 말하는 진동이 인류에 발생하는 시기.

9. 인간의 신체적인 완성 가능성과 무한한 수명 연장에 관한 콩도르세 씨의 이론─한계를 뚜렷이 정할 수 없다는 점에서, 부분적인 개량을 진보의 무한함과 관련짓는 주장의 오류. 가축 개량과 식물 재배를 예로 들어서 이를 밝힌다.

10. 고드윈 씨의 평등사회─인류의 악덕을 모두 사회 탓으로 돌리는 태도의 오류─인구 증가가 초래하는 문제에 대한 고드윈 씨의 일차적인 대답은 전혀 충분치 않다─고드윈 씨가 실현되리라 예상한 아름다운 평등사회─

그것은 단순히 인구의 원리에 의해서 겨우 30년 만에 완전히 붕괴되고 만다.

11. 고드윈 씨의 추측에 따르면 남녀 간의 성욕은 이윽고 사라져버릴 것이다―그 추측에는 근거가 없다―사랑의 정념은 이성에도 도덕에도 반하지 않는다.

12. 인간 수명은 무한히 연장된다는 고드윈 씨의 억측―정신적인 자극이 육체에 미치는 영향에 대한 잘못된 사고방식과 그 예―과거에 근거하지 않은 억측은 비학문적이다―인간은 지상에서 죽지 않는 존재가 되어가고 있다는 고드윈 씨와 콩도르세 씨의 억측은 회의론의 부정합성(不整合性)을 드러내는 기묘한 실례(實例)이다.

13. 인간을 그저 이성만 가진 존재라고 생각하는 고드윈 씨의 실수―인간은 복잡한 존재이며 육체적인 욕망이 지적인 결단을 흐트러뜨리기도 한다―강제(强制)에 대한 고드윈 씨의 사고방식―사람들 사이에 전달될 수 없는 진리도 있다.

14. 정치적 진리에 관한 고드윈 씨의 다섯 가지 명제. 그것은 그의 이론 전체를 뒷받침하는 기초이지만, 확실한 것은 아니다―인구의 원리에 의해 생겨나는 가난 때문에 인간의 악덕과 도덕적인 약점은 결코 사라지지 않는다. 그 이유는 무엇인지 밝혀본다―고드윈 씨가 말하는 완성 가능성이란 인간에겐 들어맞지 않는다―인간이 정말로 완전한 존재가 될 수 있는지 여부에 대한 예증.

15. 너무나 완전한 모델은 개선 작업에 유익하기는커녕 오히려 유해할 때가 많다―고드윈 씨의 논문 〈인색과 낭비〉―사회에 필요한 노동을 공평하게 분할하기란 불가능하다―노동 비판은 현실의 폐해를 더욱 심하게 만들 뿐이지 장래의 개선에는 거의, 또는 전혀 도움이 안 된다―농업노동량을 늘리는 것은 반드시 노동자에게 이익이 된다.

16. 애덤 스미스(Adam Smith) 박사는 사회 수입 및 스톡(stock)의 증가를 모두 노동임금에 투입되는 자금의 증가로 간주했다는 점에서 오류를 범한 것이 아닐까—나라가 잘살게 되어도 가난한 노동자의 생활은 개선되지 않는 실례— 영국에서는 부(富)가 증대됐지만 노동임금에 투입되는 자금은 그에 비례해서 증가하지는 않았다—중국 빈민 생활은 공업으로 나라를 부유하게 만들어도 개선될 수 없다.

17. 나라의 부에 대한 올바른 정의—제조업 노동은 모두 비생산적이라고 하는 프랑스 경제학자의 이론과 그 오류—직공 및 제조업자의 노동은 개인 차원에선 생산적이지만 국가 차원에선 그렇지 않다—프라이스(Price) 박사의 《관찰기(觀察記)》 가운데 주목할 만한 구절—프라이스 박사는 미국인의 행복과 급속한 인구 증가를 주로 그 문명의 특수함과 관련짓고 있으나 이는 잘못된 것이다—사회 개선 앞에 가로놓인 어려운 장해물을 외면하는 것은 아무 도움도 안 된다.

18. 인구의 원리는 늘 인간을 괴롭히므로 인간은 미래에 희망을 걸게 된다—인생을 시련이라고 보는 것은 신의 선견성(先見性)이라는 관념과 모순된다—이 세상은 물질을 자각시키고 거기에 정신을 부여하는 강력한 프로세스일 것이다—정신 성장 이론—육체적 욕구에 의한 자극—일반 법칙의 작용에 의한 자극—인구의 원리가 초래하는 인생의 고달픔에 의한 자극.

19. 인생의 슬픔은 사람 마음에 부드러움과 인간미를 더하기 위해 꼭 필요한 요소이다—사회적인 공감 능력에 대한 자극은 단순한 재주꾼보다도 더 훌륭한 인간을 만들어낸다—도덕적으로 뛰어난 존재가 탄생하려면 도덕적으로 나쁜 존재가 필요하다—자연의 무한한 변화와 형이상학적 문제의 어려움이 지적 욕구에 의한 자극을 끊임없이 일으킨다—신의 계시를 둘러싼 난점은 이 원리로 설명될 수 있다—성서에 제시된 신의 증거는 인간 능력을 향상시키고 도덕심을 개선하기에는 적당한 수준이다—자연 및 사회에 악이 존재하는 이유는 정신이 자극에 의해 형성된다는 사상으로써 설명될 수 있을 것이다.

제1편
후진 문명 지역에 나타난 인구 억제 요인

1. 인구론의 주요 내용
인구와 식량 증가율

사회 개선에 대한 연구에 있어서 자연스럽게 떠오르는 방법론에는 다음 두 가지가 있다.

(1) 인류 진보의 장애 요인 탐구.

(2) 이러한 장애 요인이 전부 또는 일부라도 제거될 가능성 검토.

이 문제를 깊이 파고 들어가 오늘날까지 인류 진보에 영향을 끼쳐온 모든 원인을 규명하는 작업은 한 개인의 힘으로는 불가능하다. 이 논문의 주목적은 인간 본성과 밀접하게 연관된 한 원인에서 비롯된 결과를 검토하는 것이다. 이 원인은 인간 사회가 시작된 이래로 끊임없이 강한 영향력을 발휘해 왔지만, 학자들은 이 문제를 거의 주목하지 않았다. 물론 이러한 원인을 확증해 줄 여러 사실을 언급하고 시인한 적은 있지만 그에 따른 자연적이고 필연적인 결과에 대해서는 대수롭지 않게 생각했던 것이다. 모든 시대의 깨우친 박애주의자들이 끊임없이 바로잡고자 했던 죄악과 빈곤, 불평등한 자원 분배 등의 문제 역시 이러한 자연적이고 필연적인 결과 안에서 고찰될 수 있다.

내가 말하는 원인이란 모든 생물은 그들이 얻을 수 있는 영양분 이상으로 끊임없이 증가시키려는 경향이 있다는 것이다.

프랭클린(Franklin) 박사는 모든 동식물은 저마다 무리를 짓고 생존자원(생계 유지 수단) 획득을 위해 경쟁하기 때문에 번식이 제한될 뿐 그 이외에 그들의 번식을 제한할 요인은 없다고 말했다. 만일 지구상에 다른 식물은 한 종도 없고 오로지 한 종류, 가령 회향풀 한 종류만 존재한다면, 점차적으로 씨가 퍼지면서 결국엔 지구를 완전히 뒤덮어버릴 것이다. 마찬가지로 지구상에 다른 인종은 없고 오로지 영국인만 존재한다면, 몇 세대 지나지 않아 영국인으로만 지구를 가득 채울 수도 있을 것이다.

이는 반박의 여지가 없는 진리이다. 자연은 생명의 종자를 아낌없이 뿌려댔지만, 그들을 양육하는 데 필요한 장소와 영양분을 공급해 주는 일에는 비교적 인색했다. 지구가 품고 있는 생명의 싹이 자유로이 자라날 수만 있다면 몇천 년도 지나지 않아 수백만 개의 지구를 채울 수 있을 만큼 증가할 것이다. 그러나 만물을 지배하는 자연법칙이 그들의 성장을 일정 범위 내로 제한한다. 모든 동식물은 이 위대한 자연의 법칙을 따를 수밖에 없다. 인류 역시 어떠한 이성적 노력으로도 이런 한계를 벗어날 수 없다.

식물과 이성이 없는 동물의 경우 이 문제에 대한 고찰은 간단하다. 이들은 모두 자기증식의 강렬한 본능에 따라 움직이며 어떠한 의심도 이 본능을 가로막지 못한다. 그러므로 제한이 없을 경우 공간과 영양분의 한계에 도달할 때까지 번식은 계속된다.

이와 같은 억제가 인류에게 미치는 영향은 보다 더 복잡하다. 인류도 마찬가지로 종족 번식이라는 강렬한 본능의 지배를 받지만, 인간 이성이 이에 간섭하여 자식 부양의 문제를 고민하게 한다. 자연이 암시하는 한계 법칙에 인간이 귀 기울일 경우, 이러한 본능의 억제는 악덕의 결과를 낳는 경향이 있다. 자연의 한계 법칙을 따르지 않는 경우 인류는 끊임없이 생존자원의 한계 이상으로 증가하려 할 것이다. 그러나 식량이 없으면 생존할 수 없게 만든 자연의 섭리는 인류의 식량 획득을 어렵게 함으로써 인구가 생존 가능 한도 이상으로 증가하지 않도록 억제한다. 이런 어려움은 세상 어디에서나 쉽게 목격할 수 있으며, 많은 이들에게 여러 형태의 빈곤 또는 빈곤에 대한 두려움으로 다가온다.

이처럼 인구는 생존자원 한계 이상으로 끊임없이 증가하려는 경향이 있다는 것, 그리고 이러한 증가 경향은 위에서 말한 원인들로 인해 일정 수준으로 억제된다는 사실은 여러 형태의 인간 사회를 관찰함으로써 충분히 확인할 수 있다. 그러나 이러한 관찰에 앞서서, 자연적인 인구 증가 경향을 자유롭게 내버려둔다면 결과는 어떻게 될 것인가, 또는 토지생산물은 인간이 일하기에 가장 유리한 환경 아래에서 어느 정도까지 증가할 수 있는가를 검토한다면 이 주제의 윤곽을 더욱 분명히 드러낼 수 있을 것이다.

풍속이 소박하고 생존자원이 풍부하며, 가족 부양에 곤란함이 없어 조혼(早婚)을 억제할 이유가 없고, 악습이나 도시화, 비위생적인 직업, 과도한 노동 등으로 불필요한 생명의 희생이 조금도 없는 그런 이상적인 나라는 일찍이 존재한 적이 없다는 것은 누구나 인정하는 사실이다. 이처럼 인구 증가 경향이 어떠한 억제 요인 없이 자유롭게 기능하는 나라는 어디에도 없다.

혼인법이 제정되어 있거나 없거나를 불문하고, 남성은 자연과 도덕의 명령에 따라 젊을 때 여성에게 애정을 느끼게 되는 것 같다. 그런데 만일 그런 애정의 감정이 결혼으로 결실을 맺는 과정에 어떠한 방해 요소도 없고, 결혼 이후에도 인구 증가를 억제하는 요인이 존재하지 않는다면 인구는 우리의 상상을 뛰어넘을 만큼 폭발적으로 증가할 것이다.

북아메리카의 여러 주(州)는 근대 유럽의 어떤 나라보다 생존자원이 풍부하고 풍속이 순박할 뿐만 아니라 조혼을 억제하는 문화가 없기 때문에, 그곳 인구는 지난 150년간 지속적으로 증가하여, 기존 인구가 2배로 늘어나는 데 채 25년이 걸리지 않을 정도의 증가율을 보였다. 그런데 이 기간 동안 일부 도시에서는 사망률이 출생률을 앞질렀다. 이런 높은 사망률까지 감안한다면 그곳의 출생률이 우리의 일반 출생률보다 훨씬 높다는 사실이 분명하게 드러난다.

농업을 유일한 업으로 하고, 악습이나 비위생적인 직업이 거의 없는 외딴 식민지의 인구는 대개 15년 내에 2배로 증가한다는 것이 확인되었다. 그러나 이런 이상적인 증가율이 인구 증가의 최대치를 보장하는 것은 아니다. 미개간지를 개척하는 데는 아주 격렬한 노동이 필요하다. 그런 환경은 대체적으로 건강 유지에 적합지 않다. 인디언들의 습격으로 인한 인명 피해와 부지런히 일해 얻은 생산물의 피해도 있을 것이다.

36명당 1명의 사망자를 기준으로 작성된 오일러(Euler) 계산표(計算表)에 따라 출생 대 사망 비율을 3 : 1로 가정한다면, 인구는 겨우 12년 10개월 만에 2배로 늘어날 것이다. 이는 단순한 가정이 아니라 실제로 짧은 기간 내에 두 나라 이상에서 실제로 일어났던 일이다.

윌리엄 페티(William Petty) 경은 10년 내에 인구가 2배로 늘어나는 것도 가능하다고 생각했다.

그러나 만에 하나라도 객관성을 벗어나는 일이 없도록 우리는 이중에서도 가장 속도가 완만하고, 충분한 검증을 거친, 그리고 여러 해의 출생자 기록을 토대로 산출된 증가율만을 취하고자 한다.

그러나 한 가지 확실하게 말할 수 있는 것은 인구 증가 경향에 어떠한 억제도 가해지지 않는다면 세계 인구는 25년마다 2배로, 기하급수적으로 늘어날 것이라는 점이다.

토지생산물의 증가율을 정확히 측정하는 것은 쉬운 일이 아니다. 하지만 토지생산물의 증가율은 인구 증가율과 성격이 매우 다르다는 것은 확실하다. 인구의 경우, 10억 인구가 됐든 1000만 인구가 됐든 기존 인구가 25년마다 2배로 늘어나는 것은 마찬가지이다. 그러나 늘어난 인구를 먹여 살릴 식량은 결코 그런 식으로 증가하지 않는다. 인간은 공간의 제한을 받는다. 경작지가 점차로 확장되어 마침내 모든 기름진 땅을 차지하게 되면 그 이후의 생산량 증가 여부는 기존 경작지의 개량에 달려 있다. 그런데 이는 토지의 속성상 지속적으로 줄어드는 자원이라 할 수 있다. 반면 인구는 식량만 있으면 한없이 늘어날 수 있고, 증가한 인구는 이후 더 많은 인구를 늘리는 힘으로 작용할 것이다.

중국과 일본에 대해 우리가 알고 있는 바를 토대로 판단하건대, 아무리 노동력을 잘 조직하여 투입한다 하더라도 이들 나라에서 몇 년 안에 식량 생산량을 2배로 늘릴 수 있을지는 의문이다. 물론 지구상에는 거주민의 수가 많지 않은 미개간지가 많이 남아 있다. 그러나 아무리 인구가 적은 지역이라도 이들을 몰아내거나 궁지에 몰아넣어 굶겨 죽이는 것은 도덕적으로 문제가 된다. 그들의 지성을 향상시키고 근면성의 미덕을 가르치는 데는 당연히 시간이 필요하다. 인구는 식량 생산량의 증가율에 따라 일정하게 증가할 것이므로, 이러한 지식과 미덕을 교육시키는 일은 그만큼 더뎌질 수밖에 없다. 새 정착지의 사례에서 가끔 볼 수 있듯이, 설령 이것이 가능하다 하더라도 인구의 기하급수적 증가로 얻는 이득은 오래갈 수 없다. 만약 미국의 인구가 예전만큼 빠르게 늘어나지는 않더라도 계속 늘어날 것이 분명하다면 인디언들은 더더욱 궁지에 내몰려 마침내 멸종에 이를 것이고, 더 이상 확장할 토지도 남지 않을 것이다.

이는 미경작지가 남아 있는 모든 지역에 적용 가능한 원리이다. 아시아 및 아프리카 대륙에 사는 거주민 대다수를 제거한다는 생각은 잠시도 용납될 수 없는 죄악이다. 그렇다고 타타르족과 흑인에게 근면성을 가르치려 한다 해도 오랜 시간이 걸릴 뿐만 아니라, 그것이 가능한 일인지도 확실치 않다.

유럽 대륙에 더 이상 남는 땅이 없다고 생각할는지 모르지만, 결코 그렇지 않다. 근면한 노력으로 최상의 결실을 맺을 만한 기회는 얼마든지 있다. 잉글랜드와 스코틀랜드에서는 농학(農學) 연구가 활발히 이루어지고 있으며, 여전히 경작되지 않은 드넓은 땅이 남아 있다. 그렇다면 가장 유리한 조건을 가정했을 때 영국의 식량 생산량이 얼마나 증가하는지 고찰해 보자.

가장 이상적인 정책을 취하여 대대적으로 농업을 장려함으로써 합리적으로 기대할 수 있는 영국에서의 식량 최대 증가량은 첫 25년 동안 생산량이 기존 생산량의 2배로 늘어나는 정도이다.

다음 25년 동안 생산량이 다시 2배로 늘어나는 것은 불가능하다. 이는 토지의 속성에 관한 우리의 지식에 반하는 일이다. 황무지 개량에는 많은 시간과 노력이 필요하다. 그리고 적어도 농업에 대해 조금이라도 알고 있는 사람들은 경작지 확장에 비례하여 해마다 이전 평균생산량에 더해지는 증가량이 점차적으로 일정하게 줄어든다는 사실을 안다. 인구와 식량 증가량의 관계를 좀 더 분명히 해줄 만한 또 다른 가정을 해보자. 사실과는 거리가 멀지만, 토질이 최상의 생산력을 갖췄다고 가정해 보는 것이다.

전년 대비 식량 증가량은 실제로는 서서히 줄어들지만, 줄어들지 않고 현상 유지를 하는 것으로 가정한다면, 영국의 식량 생산량은 25년마다 현재 생산량과 똑같은 양만큼 늘어난다고 볼 수 있다. 어떤 공상가도 이 이상의 증가가 가능하다고는 상상하지 않을 것이다. 그런데 만일 그와 같은 비율로 늘어난다면 몇백 년 지나기도 전에 이 나라의 모든 경작지는 일종의 정원처럼 변해버릴 것이다.

이런 가정을 전 지구에 적용하여 지구가 인간에게 제공하는 식량이 25년마다 현재 생산량과 똑같은 양만큼 증가한다고 한다면, 이는 인간의 노력으로 이룰 수 있다고 상상할 수 있는 생산 증가율의 최대치를 가정한 셈이다.

그러므로 오늘날의 평균적인 토지 상태를 감안할 때 생존자원은 인간이 일하기에 가장 유리한 조건에서조차도 산술급수적으로 증가한다.

이런 상이한 증가율이 가져올 필연적 결과는 대단히 충격적이다. 영국의 인구를 1100만 명으로 보고, 현재 생산량은 그 인원을 먹여 살릴 수 있다고 가정하자. 첫 25년 동안 인구는 2200만 명으로 늘어나며, 식량은 2배로, 생존자원 역시 같은 비율로 늘어날 것이다. 그다음 25년 동안 인구는 4400만 명으로 늘어날 것이나 생존자원은 겨우 3300만 명을 먹여 살릴 수 있는 정도로만 늘어날 것이다. 그다음 기간 동안 인구는 8800만 명으로 늘어날 것이나 생존자원은 8800만 명의 반(4400만 명)을 부양할 수 있는 정도로만 늘어날 것이다. 그리고 한 세기가 끝날 즈음에 인구는 1억 7600만 명으로 늘어날 것이나 생존자원은 5500만 명을 먹여 살릴 수 있는 정도에서 그침으로써 나머지 1억 2100만 명은 굶주림에 허덕여야 하는 처지에 놓이게 된다.

영국 대신 지구 전체를 생각해 보면—여기서 이주자는 고려하지 않기로 한다—현재 세계 인구가 10억이면 인류 총수는 1 → 2 → 4 → 8 → 16 → 32 → 64 → 128 → 256으로 늘어날 것이지만, 생존자원은 1 → 2 → 3 → 4 → 5 → 6 → 7 → 8 → 9로 늘어날 것이다. 200년 뒤에는 인구 대비 생존자원 비율은 256 : 9, 300년 뒤에는 4096 : 13, 2000년 뒤에는 거의 헤아릴 수 없을 정도로 그 차이가 엄청나게 벌어질 것이다.

이것도 토지생산량에 어떤 제한도 따르지 않음을 전제로 한 것이다. 토지생산량은 영원히 늘어나서 상상할 수 있는 양보다 훨씬 더 많아질 수도 있을 것이다. 그럼에도 모든 시기에 걸쳐 인구 증가율이 토지생산 증가율보다 훨씬 앞서기 때문에, 인구 증가는 이를 억제할 필연적인 법칙이 지속적으로 작용해야만 생존자원 한계 수준으로 억누를 수 있다.

2. 인구 억제 요인과 그 작용

이상과 같이 생각해 볼 때 인구에 대한 궁극적 억제 요인은 인구와 식량 증가율의 차이에서 필연적으로 야기되는 식량 부족에 있다. 그러나 이런 궁극적인 억제 요인은 실제로 기근이 발생하는 경우를 제외하면 직접적인 억제로 기능하지는 않는다.

직접적인 억제 요인은 생존자원의 부족으로 야기되는 온갖 타락한 풍습과 질병, 그리고 생존자원과는 무관한, 인간을 약화시키고 파괴하는 모든 정신적, 물질적 원인들이다.

정도의 차이는 있지만, 모든 사회에 끊임없이 작용하여 인구를 생존자원 한도 내로 억제하는 이런 힘들은 크게 예방적 억제와 적극적 억제(the preventive and the positive checks)로 분류할 수 있다.

예방적 억제는 그것이 자발적인 것인 한에서 인간 고유의 것이며, 인간이 가진 미래를 예측하는 독특한 이성적 능력의 산물이다. 식물이나 이성 능력이 없는 동물의 무한 번식에 작용하는 억제력은 적극적 억제거나 무의식적인 예방적 억제이다. 반면 인간은 대가족을 거느린 이웃이 때때로 겪는 궁핍을 생각하고, 또는 자신의 현재 소비와 수입을 생각했을 때, 7~8명의 가족을 거느릴 경우 각 구성원에게 돌아가야 할 자원의 양을 계산하면서, 장차 태어날 자녀를 부양할 수 있을지 고민한다. 이 세상에 평등이 실현된다면, 이것은 간단한 문제일지도 모른다. 그러나 현재와 같은 사회에서는 가령, 사회적 지위 저하에 대한 우려, 가족 부양이 가능한 소득 수준의 일자리를 구할 수 있을지에 대한 고민, 결혼 이후 가중될 노동에 대한 부담감, 자녀교육과 부양, 경제적 독립 가능성 등과 같은 온갖 상황에 대한 고려가 필요하다.

문명화된 사회 구성원들 대다수가 자연적 본능이 명하는 여성과의 결혼을 미루고 고민하는 것은 바로 이러한 고려 때문이다.

이러한 억제가 악덕을 낳지 않는 한, 이는 인구 원리로부터 발생할 수 있는 폐해를 최소화하는 가장 좋은 수단이다. 물론 강력한 자연적인 본능에 대한 억제이기 때문에 어느 정도 일시적인 불행이 생겨나는 것은 불가피하다. 그러나 다른 인구 억제 요인으로부터 생기는 폐해와 비교하면 이는 미미한 수준에 불과하다. 이러한 억제는 도덕적 행위자라면 누구나 행하는, 영구적 만족을 위하여 일시적 만족을 희생시키는 행위라 할 수 있다.

그러나 이런 예방적 억제가 악덕을 낳게 되면 그로부터 생기는 폐해는 대단히 크다. 예컨대 출산을 저해할 정도로 문란한 성행위는 인간의 존엄성을 해친다. 남성에게도 영향을 미치지만, 무엇보다 여성의 우아한 품위와 특성을 파괴할 것이다. 대도시마다 넘쳐나는 이런 불행한 여성들은 비참한 가난으로 고통받는다.

성도덕의 타락이 사회에 만연할 때, 가정 행복의 원천은 오염되고, 부부와 부모 자식 간의 애정도 약화될 것이며, 자식 양육 및 교육을 담당하는 부부간 협력과 열의 또한 줄어들 것이다. 이는 사회의 전체 행복과 도덕에 큰 타격을 가한다. 더구나 간통을 시도하거나, 간통에 따른 결과를 은폐하기 위해 행해지는 여러 행동들은 또 다른 형태의 죄악을 낳는다.

적극적인 인구 억제 요인은 종류가 많으며, 악덕에서 생기거나 빈곤에서 생기거나를 막론하고 인간의 자연적 수명을 단축시키는 모든 원인을 포함한다. 비위생적인 직업, 과도한 노동과 혹한·혹서에 따른 고통, 극도의 빈곤, 유아의 영양실조, 대도시 환경, 온갖 종류의 방탕, 질병과 전쟁, 전염병과 기근 등이 이에 해당된다.

이상 인구 증가 억제를 예방적 억제와 적극적 억제로 구분했는데, 이는 다시 도덕적 억제, 악덕, 빈곤으로 분류될 수 있다.

예방적 억제 가운데 변태적인 성적 만족이 동반되지 않는 결혼 자제는 도덕적 억제라 할 수 있다.

난잡한 성교, 비정상적인 정욕, 부부간 성폭행, 간통 결과를 은폐하기 위한 부정행위 등은 악덕에 속하는 예방적 억제이다.

적극적 억제 중에서 자연법칙에 따라 불가피하게 발생하는 것은 모두 빈곤에 속한다고 할 수 있다. 전쟁과 방탕함처럼 인간 스스로가 만들어내고, 또 인간의 힘으로 피할 수 있는 그런 요소들은 복합적인 성질을 띤다. 이들은 악덕에서 비롯되어 빈곤을 낳는다.

이러한 예방적 억제와 적극적 억제 요소들이 함께 작용하여 인구 증가를 직접적으로 억제한다. 인구 성장력이 크지 못한 나라에서는, 예방적 억제와 적극적 억제가 서로 역으로 작용한다. 다시 말하면 자연적으로 건강하지 못하다거나 어떤 이유로 사망률이 높은 나라에서 예방적 억제는 거의 효과를 나타내지 못할 것이다. 이에 반해서 자연적으로 건강하며 또한 예방적 억제가 상당한 효과를 거두고 있는 나라에서 적극적 억제는 거의 효과를 나타내지 못하거나 사망률도 아주 낮을 것이다.

정도의 차이는 있겠지만, 어느 나라에서나 이런 여러 억제 요소가 끊임없이 작용하고 있다. 그리고 이런 억제 요소에도 불구하고 대부분의 나라들은 자국 인구를 생존자원 한도 이상으로 증가시키려 끊임없이 노력한다. 이는 사회 하층계급을 빈곤의 구렁텅이로 내몰고, 생활환경 개선을 어렵게 만드는 주요 원인이다.

오늘날 사회에서 이런 결과가 나타나는 사정은 다음과 같다. 어떤 나라의 생존자원이 주민들이 그렇게 힘들이지 않고 먹고살 수 있을 정도라고 가정하자. 가장 타락한 사회에서도 끊임없이 작용하는 인구 증가를 위한 노력은 생존자원이 증가하기 이전에 인구를 증가시킨다. 지금까지 1100만 명이 소비했던 식량을 이제 1500만 명에게 나눠줘야 한다. 가난한 사람은 더욱 가난해지고, 많은 이들이 극단적인 궁핍에 허덕이게 된다. 노동자 수가 노동 수요에 비해 너무나 많아지면서 임금이 떨어지고, 식량 가격은 오른다. 노동자는 예전과 같은 수입을 얻으려면 전보다 더 많은 노동을 해야 한다. 결혼 수는 급감하며, 가족 부양이 어려워지기 때문에 인구 증가 추세는 완만해진다. 그런데 낮은 노동임금과 과잉노동 공급, 늘어난 노동량 등은 농장주로 하여금 더 많은 노동력을 고용하여 새로운 토지를 개간하고 기존 경작지를 개량하도록 장려할 것이다. 그 결과 생존자원이 늘어남으로써 서서히 생존자원량과 인구가 균형을 이룰 것이며, 이로써 노동자의 생활조건이 호전되고 인구 억제는 어느 정도까지 완화될 것이다. 그러나 이러한 상태는 얼마 가지 못하고 또다시 전과 동일한 흐름을 되풀이할 것이다.

이런 종류의 변동은 보통 사람 눈에는 그렇게 명확하게 나타나지 않을 것이다. 변동 주기를 산출해 내는 일은 가장 주의 깊은 관찰자에게도 버거운 작업이다. 일반적으로 역사가 오래된 나라에서도, 비록 위에서 설명한 것보다는 훨씬 더 불투명하고 불규칙적이지만, 이런 변동이 나타난다는 사실은 이 문제를 깊이 고찰해 본 이라면 누구나 인정할 것이다.

그러면 어찌하여 이런 변동이 자연스럽게 이야기되는 것처럼 그렇게 현저하지도, 경험을 통해서 분명히 확증되지도 않는 것일까. 주된 이유는 우리 역사가 대체로 상층계급만의 역사에 지나지 않는다는 데 있다. 그런 퇴보적, 발전적 움직임이 주로 일어나는 하층사회의 풍속과 관습에 대해서는 신뢰할 만한 기록이 그다지 많지 않다. 민족과 한 시대에 대해서 그런 만족할 만한 역사를 기록하기 위해서는 수많은 연구자들이 끊임없이 세심한 주의력으로 하층계급의 상태와 이에 영향을 미치는 여러 원인에 대해 관찰, 연구해야 한다. 그리고 이 문제에 관한 정확한 추론을 이끌어내기 위해서는 그런 연구 작업이 수 세기에 걸쳐 계속되어야 한다. 이 방면의 통계 자료는 최근에야 몇몇 국가에서 주목하고 있다. 만일 이런 연구가 진전된다면 인류 사회의 내부 구조를 보다 명확하게 통찰할 수 있을 것이다. 그러나 연구는 아직 초기 단계를 벗어나지 못하여 여전히 많은 부분에서 축적된 자료가 부족한 형편이다. 성인 중 기혼자 비율, 결혼 억제로 생겨난 악덕의 폐해 정도, 빈곤층과 부유층 간의 유아 사망률 비교, 노동의 실질임금 변동, 하층계급의 행복도 변화, 그리고 가장 중요한 연구 항목인 출생과 사망, 결혼에 관한 정확한 기록 등이 그러한 예이다.

만약 이러한 통계 자료를 갖춘 충실한 역사 연구가 행해진다면, 인구 증가에 대한 지속적인 억제가 작용하는 구체적 방식을 명확히 규명할 수 있을 뿐만 아니라, 위에서 말한 주기적 흐름의 존재도 증명할 수 있을 것이다. 물론 이러한 주기적 변동은 여러 원인, 이를테면 제조업 및 농업 현황, 풍년과 흉년, 전쟁, 전염병, 구빈법, 이민 등의 변수로 인해 어느 정도 불규칙할 수밖에 없다.

보통 사람으로 하여금 이런 변동을 알지 못하게 하는 여러 요인 중에서 가장 중요한 것은 노동의 명목가격과 실질가격의 차이이다. 노동의 명목가격이 일반적으로 떨어지는 경우는 극히 드물지만, 식료품의 명목가격이 점차로 오르는 반면 노동의 명목가격은 동일 수준에 머무는 경우는 드물지 않게 일어난다. 이런 현상은 실제로 상공업이 현저하게 발전했기 때문에 시장에 투입되는 새로운 노동자를 충분히 고용할 수 있으며, 따라서 노동자 수가 증가되었으나 노동임금이 떨어지지 않을 때 일어난다. 그러나 일정한 액수의 임금을 받는 노동자 수가 증가하게 되면, 그들의 경쟁으로 말미암아 식량 가격도 반드시 오른다. 이는 사실상 노동임금의 하락을 의미한다. 이런 상황이 지속되면 하층계급의 생활조건은 점차 악화되기 마련이다. 그러나 지주와 자본가의 부는 노동자의 실질임금이 하락했기 때문에 더욱 늘어난다. 자본이 늘어나면 더 많은 노동자를 고용할 수 있다. 하지만 인구 증가는 가족 부양의 어려움으로 인해 억제되고, 일정 기간이 지나면 노동의 수요는 공급을 초과하게 되며, 따라서 다른 상황이 발생하지 않는 한, 노동임금은 자연스럽게 다시 오르게 된다. 이런 방식으로 하층 노동자계급의 생활환경은 명목가격상의 변동이 없음에도 좋아지거나 나빠진다.

노동에 따른 정규임금이 존재하지 않는 문명화가 안 된 사회에서도 이와 유사한 변동이 일어난다는 것은 의심의 여지가 없는 사실이다. 인구가 식량 생산량이 허용하는 최대한도까지 증가하면, 예방적 억제와 적극적 억제가 자연스럽게 강력하게 작용할 것이다. 성에 관련된 악습이 만연하고, 유아 유기도 한층 더 빈번해질 것이며, 전쟁이나 유행병이 발생할 가능성이 커지고, 그로 인해 사망률도 현저하게 증가한다. 이러한 억제 작용은 인구가 식량 생산량의 최대한도 이하로 떨어질 때까지 계속될 것이다. 식량이 풍부해지면 인구는 또다시 증가하기 시작할 것이고, 일정 기간이 지나면 증가 추세는 전과 동일한 원인으로 억제될 것이다.

여러 나라에서 나타나는 이런 주기적 움직임을 규명하는 시도는 보다 면밀한 연구가 선행되어야 하므로, 나는 이와 다른 다음과 같은 명제들을 증명하고자 한다.

⑴ 인구는 필연적으로 생존자원에 의해 제한된다.

⑵ 인구는 강력한 억제 요인에 의해서 억제되지 않는 한 생존자원 증가에 따라 필연적으로 증가한다.

⑶ 모든 인구 억제 요인은 도덕적 억제와 악덕 및 빈곤으로 분류될 수 있다.

이중 첫 번째 명제는 따로 증명이 필요하지 않을 것이다. 두 번째, 세 번째 명제는 과거와 현재 사회들에서 나타나는 인구 증가의 직접적 억제를 고찰함으로써 충분히 밝혀질 것이다.

다음 장부터 이 문제를 살펴볼 것이다.

3. 야만사회 경우

　항해자들은 모두 티에라델푸에고섬이 인간 사회의 가장 밑바닥이라는 데 동의한다. 그러나 그곳 주민들의 생활 풍습과 습성에 대해서는 거의 알려져 있지 않다. 황량한 토지와 비참한 생활로 인해 해외와의 교류가 이루어지지 않아 정보가 전해지지 않는 탓이다. 하지만 굶어 죽기 직전의 몰골로, 추위에 떨며 더러운 때와 해충으로 뒤덮여 세계에서도 가장 나쁜 기후에서 살면서도, 괴로운 상태를 완화하여 조금이라도 생활을 즐겁게 할 편의 수단을 스스로 갖추려 노력할 만한 지혜조차 갖지 못한 이들 야만인의 사회에서 인구 증가 억제가 어떻게 작용하는지 상상하는 일은 그리 어렵지 않다.

　판디멘섬[1]의 토인들 역시 이에 못지않다. 그러나 최근 소식에 의하면 안다만제도에 이들보다 훨씬 더 비참한 야만족이 살고 있다고 한다. 지금까지 여행가들이 얘기한 야만족과 관련된 어떤 소문도 이들의 야만성에는 미치지 못하리라는 것이다. 그들의 모든 생활은 식량을 찾아 헤매는 것으로 채워진다. 숲에는 동물이 거의 없고 식용식물도 극히 적기 때문에, 그들은 바위 위를 기어오르거나 바닷가를 배회하면서 잡기 힘든 어류를 찾아다니는 것을 주요 일과로 삼고 있지만, 그것도 폭풍우가 들이닥치는 계절에는 헛수고가 되기 일쑤이다. 그들의 키는 150센티미터가 안 되고, 배는 툭 튀어나왔으며 어깨는 비쭉 솟아 있는가 하면, 머리는 크고 팔과 다리는 어울리지 않게 너무나 가늘다. 그들의 얼굴 표정에는 지독하게도 비참하고, 굶주림과 사나움이 뒤섞인 진저리 나는 삶이 그대로 드러나 있으며, 여위고 병에 찌든 모습은 심각한 영양결핍 상태를 그대로 드러내고 있다. 바닷가에서는 거의 굶어 죽어가는 불쌍한 사람들이 발견된다.

---

1) 현재는 태즈메이니아섬.

이들의 다음 단계에 속하는 족속으로는 뉴홀란드[2] 주민을 들 수 있는데, 오랫동안 포트잭슨[3]에서 살았으며, 기회가 날 때마다 자주 그들의 풍속과 관습을 지켜봤던 쿡(Cook) 선장은 그의 《첫 번째 항해기》에 이렇게 썼다.

"뉴홀란드 동부 해안에서 만난 주민 숫자는 아주 적었고, 그 지역의 황폐한 상태로 볼 때 거기에서는 더 많은 사람을 먹여 살릴 수는 없다. 이 지역 주민들 숫자가 지금처럼 줄어든 까닭을 헤아리는 것은 그다지 쉬운 일은 아니다. 뉴질랜드 주민들처럼 식량을 두고서 다투다가 서로가 서로를 죽인 것인지, 우연히 찾아든 굶주림 때문에 한꺼번에 다 죽은 것인지, 종족 증가를 가로막는 어떤 원인이 있었는지, 어떤 것 때문이라고 알아내는 것은 미래 탐험가들 몫으로 남겨둘 수밖에 없다."

콜린스(Collins)가 남긴 이 야만족에 대한 기록이 어느 정도 만족스러운 해답을 줄 수 있을 것 같다. 이에 따르면 그들은 대체로 키가 크지 않고 몸집이 작다. 가는 팔과 다리, 넓적다리는 이들의 가난한 생활을 나타낸다. 바닷가 주민들은 어류를 주식으로 하고 있는데, 가끔 작은 고무나무 줄기에서 잡히는 일부 큰 애벌레로 끼니를 때우곤 한다. 숲속에는 동물 수도 극히 적으며, 또한 이것을 잡는 데 고생이 이만저만이 아니기 때문에 바다에서 멀리 떨어진 곳에 사는 토인들도 바닷가의 동족들과 마찬가지로 생활고에 허덕이고 있다. 그들은 꿀을 따든가 날다람쥐와 주머니쥐와 같은 작은 동물들을 잡기 위해 높은 나무를 기어오른다. 나무줄기가 대단히 높을 뿐만 아니라 밀림 속에서 흔히 볼 수 있는 것처럼 가지가 없는 경우에도, 여기에 기어오르는 것은 보통 고생이 아니니 그들은 왼팔로 나무줄기를 붙잡아 안고는 한 발짝씩 돌도끼로 새김 눈을 내가면서 위로 기어오른다. 첫 번째 가지에 다다르기까지 24미터는 올라가야 고생에 대한 어떤 보상이라도 얻기를 바랄 수 있다. 이런 식으로 새김 눈을 낸 나무들이 도처에서 발견된다.

숲에는 드물게 보이는 짐승 이외에는 식량이라곤 그리 많지 않으며 얼마 되지 않는 산딸기, 참마, 양치식물 뿌리와 여러 종의 떨기나무 꽃들이 구할 수 있는 채소의 전부이다.

---

2) 현재는 오스트레일리아.

3) 오스트레일리아 뉴사우스웨일스주 항구.

홉스베리강 기슭에서 아들을 데리고 가던 어떤 토인이 우리 이주민 몇 사람을 보고 놀라서 조그마한 통나무배로 도망쳐버렸는데, 그 자리에 그 토인이 먹던 것의 표본을 남기고 갔다. 그 토인은 물에 푹 젖은 구멍투성이 나뭇조각을 들고 커다란 벌레를 파내어 먹고 있었는데, 그 벌레와 벌레집 모두 냄새가 아주 역겨웠다. 이 벌레는 이 지방 방언으로는 카브로(Cahbro)[4]라고 부른다. 그리고 바다에서 멀리 떨어진 곳에서 살고 있는 종족은 이와 같은 몸서리나는 벌레를 먹는다는 데서 카브로갈(Cahbrogal)이라는 이름으로 불린다. 숲에 사는 토인들도 양치식물의 뿌리와 크고 작은 개미들을 뒤섞어 반죽을 만들어 먹는데, 산란기에는 개미 알도 섞어서 먹는다.

동식물을 거의 얻을 수 없다 보니 살기 위해서 그런 것을 먹어야 하는 주민이 사는 지역, 그리고 그것들을 마련하고자 몸이 부서져라 일해야 하는 지역에서는 땅 넓이에 비해 분포된 인구가 적을 수밖에 없으며, 그 최대한계도 아주 제한적일 수밖에 없다. 그러나 이들의 기이하고 야만적인 풍습, 부녀자 학대와 자녀 양육의 어려움 등을 주의해서 살펴본다면, 우리는 그들 인구가 가끔 이런 한계를 벗어날 정도로 늘어나지 않은 것을 이상하게 생각하기보다는 비록 빈약한 자원이지만 그런 어려운 환경 아래서도 모든 인구를 먹여 살리고도 남을 만큼 충분했다고 생각하고 싶다.

이 나라에서 사랑은 무지막지한 폭력으로 시작된다. 야만인은 다른 종족 중에서도 대체로 자기 종족과 사이가 좋지 못한 종족의 여자들 가운데 마음에 둔 여자를 아내로 택한다. 야만인 사나이는 보호자가 없는 틈을 타 여자 곁으로 다가가 몽둥이로 머리나 등, 어깨 등을 피가 날 정도로 때려 기절시킨 뒤 돌과 나뭇조각이 흩어져 있는 길 위로 질질 끌어 자기 마을로 데리고 온다. 이런 무지막지한 폭행을 당한 그 여자는 그의 아내가 되어 종족으로 편입되지만, 그 사나이를 버리고 다른 남자 품으로 달려가는 일은 좀처럼 없다. 여자의 친족은 이런 폭력을 그다지 분하게 여기지도 않으며, 다만 기회가 닿았을 때 똑같은 방법으로 그들에게 복수를 할 뿐이다.

이성 간의 결합은 이른 나이에 시작되는데, 그곳에서 우리 정착민들이 목격

---

4) 맹그로브 습지대 나무에 사는 좀조개 벌레.

한 바에 따르면, 남자들이 어린 소녀들을 치욕적인 방식으로 겁탈하는 사례들은 셀 수 없이 많다.

남편이 아내를 다루는 방식은 이처럼 엽기적이고 폭력적인 구혼법과 크게 다르지 않다. 여성의 얼굴에는 남성우월주의의 흔적, 남성이 아무런 거리낌 없이 휘두른 폭력의 흔적이 그대로 남아 있고, 삭발당한 머리에는 헤아릴 수 없이 많은 상처가 나 있다.

콜린스는 격한 어조로 다음과 같이 썼다.

"이곳 여자들이 처한 너무나 비참한 현실을 알기에, 나는 어머니의 어깨에 매달린 딸아이를 볼 때면 앞으로 그 아이가 겪게 될 고통이 떠올라서 차라리 그 아이를 죽여버리는 것이 자비를 베푸는 일이 아닐까 생각하곤 했다."

그리고 베닐롱이라는 사내의 아내가 아이를 낳는 모습에 대해 이렇게 써놓은 대목이 있다. "내 노트에는 아침에 베닐롱이 어떤 일로 화가 나서 곧 출산을 앞둔 아내를 흠씬 두들겨 팼다는 기록이 적혀 있다."

이렇게 학대받은 여자들은 잦은 유산을 피할 수 없다. 앞서 말한 대로 나이 어린 소녀들을 강간하는 것은 그곳에선 흔한 일이며, 너무 어린 나이에 혼인을 하면 아무래도 출산력이 떨어지게 마련이다. 한 여자만을 아내로 둔 사례보다 여러 여자를 아내로 둔 사례를 더 많이 봤지만 이상하게도 콜린스 씨는 한 사람이 낳은 아이들 이외에는 본 기억이 없다고 말했다. 그가 토인들에게 들은 얘기로는 첫 번째 아내만이 남편과 부부 관계를 가질 수 있고, 두 번째 아내는 남편과 첫 번째 아내의 종이자 힘들고 어려운 일을 하는 일꾼일 뿐이라고 한다.

첫 번째 아내만이 남편과 부부 관계를 가질 수 있다는 것은 개연성이 거의 없지만 두 번째 아내가 자기 자식을 키울 수 없다는 것은 있을 수 있다. 어쨌든 그 관찰이 대체적으로 사실이라면 많은 여자들이 아이가 없음을 증명하는 것인데, 이는 그들이 겪는 고난이나 콜린스가 알지 못했던 어떤 특별한 관습에서 비롯된 것이라고밖에 볼 수 없다.

만약 젖먹이의 엄마가 죽으면 의지가지없는 어린아이는 죽은 엄마와 함께 산 채로 묻힌다. 아버지 자신이, 살아 있는 아이를 아내 주검 위에 놓고서 큰 돌을 그 위에 던져 넣으면 다른 토인들이 금세 묻어버리고 만다. 우리 이주민들도 잘 알고 있는 토인 콜레베(Co-le-be)가 이 끔찍한 짓을 저질렀는데, 그에게 그 까닭을 물어보니 "그 젖먹이를 돌볼 여자를 찾을 수 없기 때문에 그렇게 죽이지 않으면 분명히 보다 더 끔찍하게 죽었을 것이다"라고 자신의 행위를 정당화했다고 한다. 콜린스는 이런 풍속이 대부분 토인들 사이에 널리 퍼져 있다고 믿을 이유가 있으며, 이 때문에 인구가 어느 정도는 희박해졌을 것이라고 말한다.

그런 풍속 자체가 한 나라 인구에 큰 영향을 주지 않을지는 모르지만 야만 사회에서 아이를 기르는 일이 어렵다는 것은 분명하다. 여자들은 그곳의 관습 상 언제나 사는 곳을 옮겨야 하며, 남편의 명령에 따라 끊임없이 힘든 노동을 해야 하기 때문에 비슷한 연령대의 아이 2~3명을 키울 여력이 없다. 만약 아이가 혼자 힘으로 걸어서 엄마 뒤를 따라다니기 전에 또 한 아이가 태어난다면, 이들을 모두 돌볼 수 없기 때문에 둘 가운데 하나는 어쩔 수 없이 죽어야 한다. 죽어라 일만 해야 하는 힘든 떠돌이 생활 속에서 한 아이를 키우는 일조차 힘들고 고통스러운데, 뜨거운 모성애를 느끼지 못하는 여자가 아이 키우는 일을 떠맡지 않는다고 놀랄 일은 아니다.

자라나는 세대를 억압하는 원인으로 이들 외에도 결과적으로 그들을 죽이는 데 이바지하는 여러 원인들이 더해져야 할 것이다. 예컨대 종족 간의 잦은 전쟁, 같은 종족 안에서 벌어지는 끊임없는 다툼, 열악한 주거환경, 비참한 생활조건에서 비롯된 풍토병, 그리고 무엇보다 수많은 인명의 목숨을 한꺼번에 앗아가는 천연두와 같은 무시무시한 전염병 등이 이러한 요인들이다.

1789년 천연두가 이들을 덮쳐 걷잡을 수 없이 퍼져 나갔다. 그로 인한 참상은 말로 다 못할 정도였다. 예전에 들고 나는 사람들로 북적였던 내포와 항만에는 살아 있는 사람은 한 사람도 없었으며, 모래톱에는 인간 발자국 하나 없었다. 주검이 산을 이루었고, 바위 구덩이는 썩은 주검들로 가득 찼으며, 도로는 해골로 뒤덮였다.

콜린스는 앞서 말한 토인인 콜-레-베가 속한 부족이 이 병 때문에 세 사람만 겨우 살아남았으며, 종족 자체가 깡그리 없어지는 일을 피하고자 다른 종족과 합칠 수밖에 없었다는 소식을 들었다.

인구 감소를 촉발하는 이러한 강력한 원인을 생각하다 보면 그곳 지역엔 동식물에다 바다에서 잡히는 어류도 있을 것이니 희박한 인구를 감안하면 식량은 충분할 것으로 생각하기 쉽다. 그러나 일반적으로 인구는 식량의 평균생산량 수준에서 형성되기 때문에 기후나 기타 원인들에서 비롯된 약간의 생산량 부족 사태에도 영향을 받는다. 더구나 그곳 지역에서는 극심한 식량 부족 사태가 심심치 않게 발생하여, 그 기간 동안에는 부족민 다수가 아사 직전에 이를 정도로 굶주림에 시달린다.

4. 아메리칸인디언 경우

이번엔 광막한 아메리카 대륙을 살펴보도록 하자. 대륙 대부분의 지역은 독립된 여러 야만족들이 차지하고 있으며, 이들은 척박한 자연환경에서 얻은 식량자원에 의존해 힘겹게 생존을 유지해 간다는 점에서 뉴홀란드의 야만족들과 비슷하다. 땅은 대부분 숲으로 뒤덮여 있으며, 남부 군도에서는 넘쳐나는 과실도 이 지역에는 드문 편이다. 사냥을 위주로 하는 일부 부족들은 농사짓는 법을 알고 있지만, 조잡하고 불완전한 경작을 통해 수확된 생산물은 기껏해야 사냥으로 얻어지는 양식에 약간 보탬이 되는 정도이다. 그러므로 이 신대륙의 원주민들은 주로 사냥과 고기잡이를 통해 생활을 영위한다고 볼 수 있다. 이러한 생활 방식으로 부양할 수 있는 인구 규모는 작을 수밖에 없다는 것은 말할 필요도 없다. 더구나 고기잡이는 호수와 강변, 또는 해안가에 사는 부족들에게만 한정될 뿐이다. 이 준비성 없는 야만인들은 무지와 게으름으로 인해 미래를 대비한 잉여식량을 생산하는 일에는 관심이 없었다. 지속적인 사냥을 위해서는 광대한 토지가 필요하다는 사실은 잘 알려져 있다. 이용 가능한 사냥감의 수는 사냥의 난이도와 더불어 그 사회의 인구수를 결정짓는 요소이다. 따라서 수렵종족은 그들이 쫓는 짐승과 마찬가지로 넓은 땅에 흩어져 살기 마련이다. 자신의 영역에서 적을 몰아내거나, 그렇지 않으면 자신이 도망치거나 하는 식으로 쉴 새 없는 싸움을 계속할 수밖에 없다.

이처럼 아메리카 대륙의 인구밀도가 매우 작다는 사실은 결국 인구는 식량의 뒷받침 없이는 증가할 수 없다는 명백한 진리를 보여주는 또 하나의 증거이다. 여기서 우리가 탐구해야 할 흥미로운 주제는 인구가 식량 한도 이하로 억제되는 현상이 왜 일어나는지 그 구체적 원인을 밝히는 것이다. 식량 부족 현상은 반드시 굶주림이라는 형태로만 나타나는 것이 아니며, 그 외에도 출생인구를 억제하는 영속적인 곤궁의 형태로 또는 여러 풍습의 형태로 나타나기도 한다.

아메리칸인디언 여성들이 결코 다산이 아니라는 것은 일반적으로 인정되는 사실이다. 이런 점을 들어 일부 논자는 여자에 대한 남자의 열정 부족을 아메리칸인디언의 한 특색으로 보고 있다. 그러나 이런 현상은 이 종족에만 특유한 것이 아니라, 먹을 것이 부족하여 끊임없이 굶주리고 외적의 위협을 받는 모든 야만족들 사이에서 흔히 볼 수 있다. 브루스(James Bruce)는 특히 에티오피아 국경지대의 갈라족·샹갈라족에 대해 논할 때 이 점을 언급했다. 르바양(Levaillant)도 호텐토트족 인구가 희박한 원인을 그들의 냉담한 기질 때문이라고 보고 있다. 이런 기질은 성욕의 발달을 억제하는 생존을 위한 고된 생활에 기인한 것으로 보인다. 아메리칸인디언들의 이성에 대한 열정 부족은 이러한 원인 때문이지, 체질상의 결함으로 인한 것은 아닐 것이다. 아메리카의 여러 지역 중에서도 발전에 유리한 환경조건 덕분에 비교적 생활의 어려움이 덜한 곳에서는 남녀 간 정욕이 훨씬 강한 것으로 보인다. 어류 자원이 풍족한 강 인근 지역이나 사냥감이 많은 지역, 또는 농업 발전이 진행되는 지역의 부족들 사이에서는 여자들이 더욱 존중을 받는다. 또한 정욕의 만족을 억제하지 않기 때문에 때로 무절제한 경향을 띠기도 한다.

그러나 아메리칸인디언들의 이 같은 이성에 대한 무관심이 그들의 신체 구조상의 결함 때문이 아니라 이성에 대한 열정 부족과 성욕 충동의 저하 때문이라면, 출산율이 이것 때문에 크게 영향을 받는다고는 생각할 수 없다. 오히려 그곳 여성의 생활조건과 습성에서 그 원인을 찾아야 한다. 그렇게 할 때 비로소 문제의 사실을 충분히 설명할 수 있게 될 것이다.

로버트슨 박사는 "남성이 예술과 문명 진보에 의해서 과연 개량되었느냐 개량되지 못했느냐의 문제는 철학자들 간에 심각하게 논의되었으나 아무런 유익한 결말도 맺지 못했다. 그렇지만 여성들의 우아한 거동이 그녀들의 생활 상태에서의 행복한 변화에 힘입는다는 사실은 의심의 여지가 없다"고 주장했다.

이는 당연하다. 전 세계를 통틀어 야만인들의 가장 공통적인 특징 중 하나는 여성을 경멸하고 업신여긴다는 점이다. 대부분의 아메리칸인디언 부족 여성들의 생활 상태는 너무나 비참하므로 '노역'이라는 말로도 그 참상을 다 표현할 수 없다. 이들 부족에게 아내라는 존재는 짐 나르는 노새와 다를 바 없다.

남자가 안일과 향락에 빠져 있는 동안 여자는 힘든 노동에 쉴 새 없이 시달린다. 그들이 감내하는 가혹한 노동에 대해서 어떤 감사나 보상도 주어지지 않는다. 자신처럼 비참한 노예로 살아가야 하는 운명에서 구제해 주기 위해 딸을 죽인 어머니조차 있다고 한다.

이와 같은 비참한 생활과 고역은 야만사회에서 피할 수 없는 고난과 더불어 여성들의 임신을 억제하는 주원인이다. 결혼 전의 방탕한 생활은 낙태의 성행과 더불어 결혼 후 임신 능력에도 지장을 초래한다. 어떤 선교사는 나체즈족(Natchez) 사이에는 아내를 여러 차례 바꿔치기하는 일반적 풍속이 있다고 논하고, 이러한 풍습이 행해지는 것은 아내와의 사이에 자식이 없는 경우에 한한다고 부언한다. 이것은 결국 많은 부부 사이에 자식이 없다는 증거가 되는 것인데, 그 원인이 앞서 말한 혼인 전 여자의 방탕한 생활에 있다는 것은 확실하다.

샤를부아(Charlevoix)는 아메리칸인디언 여성의 불임 원인으로 어린이에게 젖을 먹이는 수년 동안 남편과 같이 살지 않는다는 것, 가혹한 노동, 결혼 전 관계를 허용하는 관습이 존재한다는 것 등을 들면서 이에 더해 때때로 찾아오는 극단적인 궁핍이 자식을 가지려는 욕망을 억제하는 또 다른 원인이라고 말한다. 일부 미개종족들 사이에는 스스로에게 짐을 지우지 않기 위해 자식을 둘 이상 낳아서는 안 된다는 격언이 남아 있다. 쌍둥이가 태어나면 어머니는 둘을 다 키울 수가 없으므로 대개 한 아이는 버린다. 아이가 아직 젖먹이일 때 어머니가 사망하면 그 아이는 뉴홀란드에서처럼 어머니와 함께 매장된다.

부모 자신이 때때로 궁핍에 시달리는 형편이므로 자식을 키우는 일도 때로는 큰 고생거리가 되며, 따라서 자식을 내버리거나 죽여야 할 필요에 부딪치게 된다. 기형아는 버리는 것이 극히 일반적이며, 남아메리카 일부 종족들 사이에서는 일을 감당하지 못하는 어머니의 자식은 허약함을 물려받을 수 있다는 우려 때문에 마찬가지로 버림받게 된다.

아메리칸인디언들 가운데 지체부자유자의 수가 극히 적은 것은 결국 이러한 사정 때문이다. 설사 어머니가 포기하지 않고 키우고 싶어도, 야만사회의 고된 생활에 따른 높은 사망률을 생각해 본다면, 허약한 몸으로 태어나 노동을 잘할 수 없는 자는 성인이 될 때까지 살아남기가 어려울 것이다. 이 세상에 태어나자마자 살해될 운명은 비록 면했더라도 장차 감내해야 할 혹독한 시련에 그리 오래 버틸 수는 없을 것이다. 에스파냐령 지역 인디언들의 경우, 비교적 노동 강도가 약하고, 유아 살해행위가 금지되어 있기 때문에, 이들 중에는 기형·난쟁이·불구·귀머거리·장님 등 많은 수의 장애자가 존재한다.

일부다처제는 아메리칸인디언들 사이에서 허용되지만, 그와 같은 특권도 추장이나 생존자원을 보다 쉽게 얻을 수 있는 남방의 풍요한 지방에서 이따금 행사된 경우 말고는 거의 찾아볼 수가 없다. 가족 부양이 힘들다 보니 많은 여자들이 한 남자 아내로 만족하게 되었으며, 누구나 이 어려움을 잘 알고 인식하고 있었기 때문에 아버지들은 딸의 결혼을 허락하기 전에 사냥 솜씨가 어떤지 그에 따라 아내와 자식을 부양할 수 있는지 구혼자에게 명확한 증거를 요구했다. 여자들의 결혼 시점은 그리 빠르지 않은 듯하다. 선교사들과 여러 작가들이 자주 지적하는, 결혼 전 여자들 사이에서 흔히 보게 되는 방탕 생활이 이러한 추측을 뒷받침한다.

가족 부양의 어려움에서 비롯된 관습들, 높은 유아 사망률 등은 자라나는 세대의 인구를 강하게 제약하는 명백한 원인들이다.

아이가 무사히 유년기의 위험을 통과한다 할지라도 성년기에 가까워지면 이에 못지않은 무서운 위험이 기다린다. 야만인이 걸리는 질병은 문명사회에서 유행하는 질병에 비하면 그 수는 적을망정 훨씬 더 맹렬하며 치명적이다. 야만인들은 이상하리만치 준비성이 없을 뿐만 아니라, 확보할 수 있는 생활 자료도 언제나 일정치 않기 때문에 사냥터에서의 운과 그해 농사의 풍흉(豊凶)에 따라 극단적인 궁핍과 극단적인 풍족함 사이를 넘나든다. 폭식과 극단적인 절식을 오가는 식습관은 인체에 커다란 해를 미친다. 따라서 그들의 체력은 어떤 계절에는 식량 부족으로 말미암아, 또 다른 계절에는 너무 지나친 음식 섭취와 소화 관련 질병으로 말미암아 손상된다. 이는 그들의 생활 방식에서 오는 필연적인 결과이며, 이로 인해 한창 일할 나이에 병으로 쓰러지는 인구가 적지 않다. 그들은 또한 폐병·늑막염·천식·중풍 등과 같은 병에 걸리기 쉬운데, 이와 같은 병은 사냥, 전쟁 등의 극단적인 노동과 피로, 험악한 기후 등에서 비롯된 것이다.

선교사들은 남아메리칸인디언들이 치료법을 알지 못하는 불치병에 걸린다고 말하고 있다. 지극히 간단한 약초 사용법도 알지 못하고, 또한 그 맛없고 조잡한 음식물을 조금이라도 개량해 보려는 지혜도 갖추고 있지 못하므로 수없이 많은 인명이 이 불치병에 걸려 죽어간다. 예수회 포크(Fauque) 신부는 그동안 여러 차례 아메리카 대륙을 여행했지만 늙은 인디언을 한 사람도 만나본 적이 없다고 한다. 로버트슨은 야만인의 수명이 질서가 잘 잡히고 근면한 사회에 사는 인간보다 짧다고 단언한다. 야만인의 생활에 대해 긍정적인 언급을 하곤 했던 레날(Raynal) 신부조차 캐나다 인디언에 대해 이야기하면서 토인들 가운데 질서가 잡히고 평안한 생활을 영위하고 있는 우리 문명인 정도로 장수하는 자는 거의 없다고 말하고 있다. 쿡 선장과 항해사 페루즈(Pérouse)가 아메리카 서북 해안 지역 일부 주민들의 생활 상태를 기술한 글들에서도 이러한 의견을 확인할 수 있다.

남아메리카 평원지대의 경우, 광대한 늪지대와 우기 뒤에 일어나는 침수, 작렬하는 태양빛이 가끔 무서운 유행병을 발생시킨다. 선교사들의 말에 따르면 전염병이 인디언 사이에 창궐하여 마을 주민들 대부분이 떼죽음을 당하기도 한다. 천연두가 돌기라도 하면 구호 손길의 부족과 비좁은 주거환경으로 인해 열에 아홉은 목숨을 잃는다. 파라과이 인디언들은 예수회의 주의 깊은 간호에도 전염병에 걸리는 자가 많다고 한다. 천연두와 악성 열병과 같은 전염병으로 말미암아 대대적인 선교사업도 수포로 돌아가기 일쑤이다. 울로아(Ulloa)의 견해에 따르면 교회 선교사업이 시작된 이래로 상당 기간이 지났고, 내내 평화가 지속되었는데도 인구가 그다지 증가하지 않은 이유도 바로 여기에 있다.

이와 같은 유행병은 남방 부족들뿐 아니라 북방 여러 부족들 사이에서도 심심치 않게 발생한다. 밴쿠버 선장은 최근 아메리카 서북 해안지대를 항해한 뒤 유행병 발생으로 일어난 대참사를 기록했다. 그는 뉴던지니스로부터 그 연안 일대 150마일을 항해했는데, 주민 수가 종전보다 엄청나게 감소한 것을 볼 수 있었다. 황폐화된 촌락들의 모습을 심심찮게 볼 수 있었는데, 그러한 촌락은 모두 이전에는 그 지방 야만인 전부를 포용할 수 있을 정도로 규모가 컸다. 특히 포트디스커버리 부근에서는 두개골·다리뼈·늑골·등골뼈 등 인간의 잔해가 수없이 흩어져 있었다. 살아남은 인디언들에게서 전투로 입은 상처나 두려움, 적개심을 찾아볼 수 없는 것을 보면 인구 감소 원인은 악성 전염병에 있는 것이 확실했다. 천연두는 이 해안지대 인디언들 사이에서 흔히 발병하는데, 이는 그들의 타고난 운명인 것처럼 보인다. 천연두를 앓아 곰보로 잔뜩 뒤덮인 얼굴을 한 많은 이들을 볼 수 있으며, 그 병 때문에 한쪽 눈의 시력을 상실한 자도 가끔 볼 수 있다.

일반적으로 야만인들은 극단적으로 무지하고 신체는 불결하며, 주거지 또한 비좁고 더럽기 그지없기 때문에, 흔히 인구가 희박한 나라가 갖는 이점, 즉 인구가 조밀한 나라에 비해 악성 유행병이 발생할 가능성이 적다는 이점을 갖지 못한다. 아메리카 어떤 지방의 가옥은 여러 가족을 한꺼번에 수용할 수 있도록 건설되는데, 한 지붕 밑에 80~100명이 우글거리며 살고 있다. 각각 따로 독립하여 살고 있는 가족을 보면 오막살이는 너무나 작고 비좁고 더러우며, 창문도 없고, 출입구는 너무나 낮아서 기어가듯이 들어가야 한다. 아메리카 서북 연안지대의 가옥은 일반적으로 규모가 거대하다. 미어레스(John Meares)는 누트카 해협 부근에 한 추장이 가지고 있는 엄청나게 광대한 가옥에 대해서 기록하고 있는데, 그 가옥 내에서는 800명에 달하는 사람들이 기거와 침식을 같이할 수 있다. 항해자들은 이 해안지대 사람들의 거처와 신체가 더럽다는 것에 한결같이 동의한다. 이를테면 쿡 선장은 토인들이 해충을 먹는 광경을 보았다고 기록하고 있으며, 말할 수 없이 불결한 그들의 거처에 대해서도 전하고 있다. 페루즈는 그들 오막살이의 더러움과 악취는 이 세상 어떠한 동물 우리와도 비교할 수 없을 정도로 심하다고 단언하고 있다.

이런 환경에서 전염병이 발생할 경우 그 결과가 얼마나 참혹할지는 쉽사리 상상해 볼 수 있을 것이다. 그들의 집안 공기는 가장 법석거리는 문명국의 도시 공기보다 훨씬 더 혼탁하기 때문에, 이런 질병이 발생한다 해도 전혀 이상한 일이 아니다.

숱한 위험과 질병을 면하여 성년이 될 때까지 살아남은 자는 다시 끊임없는 전쟁의 위험에 시달리게 된다. 아메리칸인디언들은 극도로 조심스럽게 전쟁에 임하지만, 평화의 시기는 거의 찾기 어려울 정도이므로, 전쟁으로 희생된 사람 수는 헤아릴 수 없을 만큼 많다. 아무리 미개한 아메리카 민족도 각자 사회가 가지는 영역 권리는 잘 알고 있다. 그리고 다른 종족에게 수렵 영역을 침해당하지 않는 것이 무엇보다도 중요한 일이기 때문에, 그들은 이 부족의 재산을 보호하는 데 온 신경을 쏟는다.

　따라서 싸움이 일어날 계기는 수도 없이 많아 서로 이웃한 부족들 사이에서는 적대 상태가 끝없이 계속된다. 증가한 인구를 먹여 살리기 위한 한 부족의 영역 확장은 이웃 종족에게는 영역 침해로 작용한다. 이러한 갈등 상황은 상호 간 사상자를 많이 냄으로써 자연히 세력 균형이 회복되거나, 또는 약한 쪽이 쫓겨나거나 전멸할 때까지 계속될 것이다. 만일 적의 침략을 받아서 경작지를 유린당하거나 사냥터를 빼앗기게 되면, 그들이 소유한 것 중에서 운반할 수 있는 저장물은 거의 없기 때문에 대부분이 극도의 굶주림에 처할 수밖에 없다. 침략을 받은 지역의 사람들은 숲이나 산속으로 피난을 떠나는데, 그곳에서는 아무런 식량도 구할 수 없으므로 많은 사람들이 굶어 죽고 만다. 이때는 자기 생명의 안전을 돌보기에도 벅찰 수밖에 없다. 자식들은 부모를 버리고, 부모는 자식을 생판 남처럼 여긴다. 혈육의 정은 더 이상 지속되지 못한다. 아버지는 한 자루 칼이나 도끼를 얻기 위해 자식을 남에게 팔아버린다. 용케 전쟁의 참화를 피한 자라도 기근과 온갖 종류의 재난으로 파멸한다. 그렇게 종족 전체가 멸망하는 경우도 드물지 않다.

　이러한 사정은 일반적으로 야만인, 그중에서도 특히 아메리칸인디언들 사이에서 볼 수 있는 용맹한 전투 정신을 기르는 데 크게 이바지했다. 이들의 전투 목적은 정복이 아니라 파괴이다. 승자의 삶은 적의 죽음에 달려 있다. 따라서 그들의 마음은 그들에게 원한을 품고 복수심에 불타는 적의 공격으로 패망하지나 않을까 하는 근심과 불안으로 가득하다. 이로쿼이족은 전투를 결의하며 "잡아먹으러 가자"라는 구호를 외친다. 만일 이웃 종족에게 원조를 구하게 될 경우에는 적 포로의 고기를 끓여 만든 수프를 대접한다고 한다. 아브나키족의 경우 전투부대가 적지로 쳐들어갈 때에는 보통 30~40명 분대를 이룬다. 추장은 각 분대를 향하여 "이 분대에게는 이 마을을 저 분대에게는 저 마을을 주노니, 가서 사로잡아 먹어라"라고 명령한다. 그와 같은 표현 방식은 전쟁에서 사로잡은 포로를 잡아먹는 습관이 이미 없어진 야만족의 언어에서도 그 흔적을 발견할 수 있다. 그러나 사람을 잡아먹는 습관이 신세계 많은 지역에서 널리 행해졌다는 것은 확실하다. 로버트슨 박사의 견해와는 달리 나는 이와 같은 관습이 본래 극단적인 빈곤에서 비롯된 것이었으리라 생각한다. 즉 그와 같은 야만적 습관의 기원을 자기보존의 원칙—가장 인도적이며 문명적인 사람들 사이에서조차 때로는 다른 모든 감정을 압도하는—에서 구하지 않고, 단순한 악의에 찬 열정에서 구하고자 하는 것은 인간성과 야만성에 대한 잘못된 찬사가 아닌가 한다. 비록 우연적이라 할지라도 이와 같은 습관이 그러한 원인으로 일단 널리 보급된 후에는 적에게 잡힐지도 모른다는 공포심이 쉽사리 야만인의 원한과 복수심을 자극하며, 반드시 그때에 굶주림에 허덕이지 않더라도 그 포로를 잡아먹게 했을 것이다.

선교사들이 이야기하는 바에 의하면, 사람 고기를 수중에 넣었을 때에는, 마치 어떤 진귀한 동물 고기라도 얻은 것처럼 입맛을 다시며 먹어버리는 종족들도 있다고 한다. 물론 이와 같은 이야기는 과장된 것이지만, 최근에 행해진 아메리카 서북 해안 항해와 뉴질랜드 남부 제도의 사회상에 관해 쿡 선장이 쓴 글에서 상당한 정도로 확인되고 있다. 누트카 해협 토인들은 식인종인 것 같다. 이 지방의 추장 마퀴나는 이 무시무시한 향연을 너무나 좋아한 나머지, 자기의 이 부자연스러운 식욕을 만족시키기 위하여 무참히도 매달 한 사람의 노예를 살해했다고 전해지고 있다.

자기보존의 원칙은 야만인의 마음속에서 종족의 안전과 강함을 희구하는 감정과 밀접하게 연결되어 있다. 따라서 그들이 전쟁에 임할 때에는 흔히 문명인 사이에서 보이는 것과 같은 전쟁에서의 명예와 용기라는 관념은 좀처럼 발휘되지 않는다. 경계하고 있는 적이 근접해 오면 도망쳐버리며, 그 자신과 결과적으로 그가 속한 공동체 존망이 걸린 싸움은 피하는 것이 명예이다. 무장을 갖추고 반항의 기세를 보이는 적에게 대항할 경우에도 십중팔구 승리의 가망이 보이지 않으면 누구도 앞장서려 하지 않는다. 가장 훌륭한 투사의 주요한 목적은 온갖 잔꾀와 술책, 그리고 지혜로써 생각해 낼 수 있는 기습 전략을 써서 되도록 자기편 손해를 적게 하면서 적을 격멸시키는 데 있다. 대등한 조건을 가지고서 적과 싸운다는 것은 가장 어리석은 짓으로 간주되고 있다. 싸움터에서 전사한다는 것은 결코 명예로운 죽음이 아닌 불운한 죽음으로 여겨지며, 전사자는 무모하고 무분별한 사람으로 기억될 뿐이다. 이에 반하여 매일매일 기회를 엿보다가 가장 안전한 깊은 밤중에 적을 습격하여 오막살이에 불을 지르고, 벌거벗은 채로 아무것도 든 것 없이 화염 속에서 뛰쳐나오는 적을 죽이는 일이야말로 영광스러운 행위로 간주된다. 이렇게 하여 이것을 덕으로 삼는 동료들 사이에서 영원히 기억된다.

이와 같은 전투 방법은, 틀림없이 고생스럽고 위험한 야만 생활에서 젊은 후계자를 양육하는 일이 그리 쉽지 않다는 것을 자각한 데서 생겨났을 것이다. 그리고 이러한 강력한 파괴 요인은, 인구를 생존자원 한도보다 훨씬 더 감소시킬 정도로 큰 영향력을 발휘하기도 한다. 그러나 아메리칸인디언들이 약간의 인구 감소도 두려워하며 인구 증가를 열망하는 사실에서 보더라도 이를 일반적인 경우라고 볼 수는 없을 것이다. 그렇지만 한 종족 세력이 강해지면 적은 상대적으로 약해지는 것이므로 여기에 세력이 증대된 종족에 대해서는 이웃의 비교적 약한 종족 영토로부터 새로운 생존자원을 빼앗을 길을 마련해 준다. 반면 한 종족 인구가 감소하면, 이로 말미암아 그 종족의 식량 분배가 더 풍부해지기는커녕, 도리어 강력한 이웃 종족의 침략을 받아 전멸당하거나 굶어 죽게 된다.

치리구안족은 본래 과라니족에 속했는데, 고향 파라과이를 떠나 페루 부근 산속에 정착했다. 그들은 이 새로운 터전에서 충분한 생존자원을 얻어 인구가 급속도로 증가했고, 또한 이 힘을 가지고 이웃을 공략하여 탁월한 용기와 특별한 행운에 의해서 점차로 이웃 종족을 전멸시켜 영토를 빼앗아갔다. 그리하여 광대한 지역을 점유함으로써 불과 3000~4000명 인구가 수년 동안에 일약 3만 명으로 증가한 반면, 이웃 부족은 굶주림과 전쟁으로 나날이 그 수가 줄어들었다.

이러한 실례는 유리한 환경조건에서는 아메리칸인디언들의 인구 역시 급격히 증가한다는 사실, 그리고 종족이 줄어드는 것을 두려워하여 현재 가진 식량이 충분치 않은데도 인구 증가를 열망하는 경우가 있다는 사실을 충분히 입증해 주고 있다.

아메리칸인디언 인구에 영향을 미치는 이런 여러 원인이 주로 식량의 많고 적음에 좌우된다는 사실은 근처에 호수와 냇가가 있거나, 토지가 비옥하거나, 토지 개량이 잘되어 있어 식량이 풍부한 지방에 많은 종족이 거주하며 또한 그 인구가 많다는 점을 보더라도 명백히 입증된다. 오리노코강에 잇닿은 내륙지방에는 동서남북 어디로든 수백 마일을 가도 오막살이 한 채, 짐승 발자국 하나 찾아볼 수 없는 곳이 있다. 기후와 토질이 이보다 훨씬 열악한 북부 아메리카의 어느 지방에서는 황폐한 정도가 더욱 심하다. 수백 리그[1]에 걸친 광대한 지역에는 사람 하나 살지 않는 초원과 숲이 계속될 뿐이다. 어떤 선교사는 12일 동안 사람 그림자 하나 보지 못한 채 여행을 했다고 하며, 광대한 지역에 겨우 3~4개 마을이 산재해 있을 뿐인 경우도 있다고 한다. 이러한 황무지에는 새나 짐승도 전혀 살지 않았다. 그러나 조금이라도 새와 짐승이 살고 있는 장소에는 사냥철이 되면 사냥꾼들이 들이닥쳐, 사냥감이 있기만 하면 천막을 치고 상당히 오랫동안 머무는 수도 있었기 때문에, 그와 같은 황무지에도 사실상 그곳에서 산출되는 식량에 비례하는 인구는 있었던 셈이다.

아메리카 다른 지방에는, 이를테면 북부 오대호에 접한 지방, 미시시피 연안, 루이지애나 지방 및 남미 여러 지방 등에서는 비교적 인구가 조밀하다고 한다. 이들 지방에는 잡히는 어류의 많고 적음과 경작 기술의 발전 정도에 따라서 각각 큰 마을이 자리하고 있는데, 이들 마을은 서로 인접해 있다. 인구가 조밀한 대제국인 멕시코와 페루 인디언들은 의심할 바 없이 그들보다도 훨씬 미개한 동포와 같은 조상에서 발생하여 그들과 동일한 풍속을 가지고 있었다. 그러나 끊임없이 운명의 신의 도움을 받아서 농업 개량과 확장에 성공한 순간부터 남자의 성욕 결핍과 여자의 타락 습관이 있었음에도 인구는 급속도로 증가해 갔다. 그와 같은 습관은 사실상 환경 변화에 따라서 크게 변화할 수밖에 없을 것이다. 즉 끊임없는 방랑과 고난의 생활 대신에 평온한 생활이 시작되자, 여자들은 곧 보다 더 많은 아이를 낳게 되고, 동시에 보다 더 많은 아이들을 양육할 수 있게 되었다.

역사가들이 말하는 것처럼 일반적으로 아메리카 대륙을 개관해 보면 인구는 각지 주민들이 각자 노동과 진보(進步)의 현 상태 아래에서 쉽게 누릴 수 있는 먹을거리의 양과 거의 같은 비율로 각지에 분포되어 있다. 그리고 일부 예외는 있지만, 아메리카 거의 모든 지방에서 나타나는 식량 부족에서 비롯된 고통에도 불구하고, 인구는 확보한 식량 한도에 못 미치기는커녕 오히려 맹렬한 기세로 그 한계에 임박할 만큼 증가하는 경향을 보인다.

---

1) 1리그는 약 3마일.

로버트슨 박사는 미개인이 굶주림 때문에 비참하게 고난을 당하는 확실한 실례를 들고 있다. 그중 하나로 박사는 플로리다 야만인들 사이에서 거의 9년 동안 그들과 함께 생활했던 에스파냐의 탐험가 알바르 누녜스 카베사 데 바카(Álvar Núñez Cabeza de Vaca)의 이야기를 기록하고 있다. 그들은 전혀 농사를 지을 줄 모르며 각종 식물 뿌리를 주식으로 삼는데 그것마저 얻기가 곤란하여 이곳저곳을 찾아 헤매는 형편이다. 때로는 새와 짐승을, 때로는 물고기를 잡아먹기도 하지만 그 양이 매우 적으므로 굶주린 나머지 거미, 개미 알, 벌레, 도마뱀, 뱀, 기름기 있는 흙을 먹기도 하며, 하다못해 굴러다니는 돌 조각이라도 삼키려 할 정도라고 한다. 인디언들은 물고기와 뱀 뼈는 따로 모았다가 가루로 갈아서 먹는다. 그들이 그렇게 굶주림을 느끼지 않을 시기는 선인장 열매가 익어갈 계절뿐이지만, 그것조차도 거주지에서 먼 지방까지 가야만 얻을 수 있다. 또 다른 대목에서는 인디언들이 2, 3일 동안 아무것도 먹지 못하고 지내는 경우도 심심치 않게 볼 수 있다고 기록하고 있다.

엘리스(Ellis)는 그의 저서 《허드슨만 항해기》에서 이 지방 인디언들이 극도의 궁핍으로 얼마나 고생하고 있는가를 동정 어린 말로 기술하고 있다. 그는 기후의 혹독함을 기술한 후 다음과 같이 말하고 있다. "혹독한 추위로부터 오는 고생도 이만저만 아니지만 식량 부족과 식량을 얻는 곤란에 비하면 아무것도 아니다. 한 공장에서 벌어진 실제 사례는 이에 대한 충분한 예시가 될 터이니, 동정심 많은 독자는 이로부터 궁핍의 고통이 어떠한 것인지 분명히 느낄 수 있을 것이다." 이어서 그는 사냥 실패로 몸에 걸친 모피 의복을 모조리 먹어버리고 마침내는 두 아이까지 잡아먹은 어떤 굶주린 인디언 부부의 이야기를 들려준다. 또 다른 대목에서는 "여름철에 비버 가죽을 팔러 공장에 찾아온 인디언이 거래는 잘 되지 않고 먹을 것은 없자, 할 수 없이 수천 장이나 되는 비버 가죽을 먹기 위해 굽는 경우도 있다"고 기록하고 있다.

레날 신부는 야만 생활과 문명 생활을 비교할 때마다 모순된 추론을 펼치고 있다. 이를테면 그는 어떤 장소에서 야만인은 어느 때나 충분한 식량을 얻을 수 있다고 말하면서도 캐나다 사람들에 대한 보고에서는 그들은 짐승과 물고기가 풍부한 고장에서 살고 있으면서도 어떤 계절에는, 경우에 따라서 1년 내내 생존자원을 얻지 못하는 경우가 있다고 하면서, 그와 같은 경우에는 서로 도와줄 수 없을 정도로 멀리 흩어져 있어서 굶주림으로 참혹한 피해를 입기도 한다고 논하고 있다.

샤를부아는 선교사들이 받게 되는 여러 가지 불편함과 고생을 기술하는 가운데 그중에서도 단연 큰 어려움은 굶주림이라고 단언한다. 그의 기록에 따르면, 야만인들은 보통 굶주림에 거의 무심함을 보일 정도로 강한 인내력을 가졌지만, 때로는 그런 그들조차 도저히 참아낼 수 없을 정도인 극도의 굶주림을 겪기도 한다.

대부분의 아메리칸인디언들에게는 해마다 일정 계절이 되면 숲속에 각자 흩어져 들어가 수개월 동안 사냥하여 잡은 것으로 한 해의 주식량을 삼는 일반적인 관습이 있는데, 이와 같은 관습은 어느 정도 농업이 발달한 부족들 사이에서도 행해지고 있다. 사냥을 하지 않고 마을에 그대로 남아 있으면 어느 정도는 굶주림을 참아내야 한다. 그러나 비록 숲속에 들어가더라도 반드시 굶주림을 면한다고는 말할 수 없다. 사냥감이 어느 정도 풍부한 곳에서도 가장 뛰어난 재주를 가진 사냥꾼이 때로는 실패하여 잡지 못하는 경우가 있다. 숲속에서 새와 짐승을 잡지 못하게 되면 사냥꾼과 여행자는 가장 참혹한 굶주림에 빠지게 된다. 인디언들은 사냥을 나가 있는 동안에는 때로는 사나흘 동안이나 아무것도 먹지 못한 채 지내야 할 경우가 있다. 어떤 선교사가 전해주는 얘기에 따르면, 몇몇 이로쿼이족은 그와 같은 곤궁에 빠졌을 때, 처음에는 자기들 몸에 지니고 있던 가죽으로 만든 옷과 구두, 나무껍질 등을 씹어 먹으며 생명을 이어갔지만, 나중에는 동료 몇 명을 잡아먹기에 이르렀다. 그리하여 11명 중 살아서 돌아온 자는 겨우 5명뿐이라고 한다.

남아메리카 여러 지방의 인디언들은 극도로 궁핍한 생활을 하고 있으며 때로는 먹을 것이 전무하여 굶어 죽기도 한다. 얼핏 보기에 풍족한 것처럼 보이는 여러 섬도 인구가 식량 한계에 육박한다. 따라서 소수 에스파냐 사람들이 어떤 지방에 정착하게 되면, 그 근소한 인구 증가에도 불구하고 곧 식량 부족을 야기한다. 번창 일로를 달리고 있는 멕시코제국도 이 점에서는 조금도 다를 바 없으며, 멕시코 발견자인 코르테스도 몇 명 안 되는 부하의 식량을 구하느라 큰 고생을 해야 했다. 파라과이 선교단도 예수회 신도들의 온갖 보호와 용의주도한 배려와 인구가 빈번한 유행병으로 감소되었음에도 아직도 궁핍의 압박에서 완전히 벗어나지 못했다. 성 미카엘 교회 선교지의 인디언들은 일시에 그 수가 폭증하여 그 지역에서 경작한 농작물로는 인구에 필요한 식량 규모의 겨우 절반밖에 댈 수 없었던 일도 있다고 한다. 오랜 가뭄으로 가축이 죽어나가고, 흉작이 될 때도 있었다. 만일 이웃의 도움이 없었더라면 선교단 가운데 일부는 굶주림으로 인해 완전히 붕괴되었을지도 모른다.

아메리카 서북 해안을 돌아보고 온 최근의 항해기는 야만인들이 앞서 말한 것과 같은 심한 곤궁을 자주 겪는다는 사실을 입증해 주고 있으며, 또한 일반적으로 자연이 베푸는 가장 풍부한 식량원이라 간주되는 어업도 그다지 믿을 것이 못 된다는 점을 시사한다. 누트카 해협 근해는 그 지방 주민들이 고기잡이를 할 수 없을 정도로 얼어붙는 일은 거의 없다. 그러나 가끔 물고기가 전혀 잡히지 않는 경우도 있으므로 그들은 겨울나기 준비로 물고기를 미리 저장해 두곤 한다. 그리고 그들이 이와 같이 추운 겨울철에 먹을 수 있는 것이라면 무엇이든지 신중하게 저장하려고 힘쓰는 사실을 보더라도, 겨울철에는 물고기가 전혀 잡히지 않는다는 사실을 분명히 알 수 있다. 따라서 그들은 겨울철에 식량 부족으로 극심한 궁핍을 겪기도 한다. 매카이(Mackay)는 1786~87년 누트카 해협에 머무르게 되었는데, 혹한이 너무나 오랫동안 계속되었기 때문에 굶주림에 허덕이게 되었다. 말린 물고기는 저장해 두었던 것까지 모두 먹어 버렸는데도 새로운 물고기는 조금도 잡히지 않았다. 그래서 인디언들은 하는 수 없이 식량 제한을 받게 되었으며, 추장은 영국 사람들 앞에 매일 일정한 식량으로 말린 청어 대가리를 7개씩 가져왔다고 한다. 존 미어레스는 이 신사의 일기를 읽으면, 인간애를 가진 독자라면 누구든 충격을 받을 것이라고 말하고 있다.

밴쿠버 선장에 따르면 누트카 해협 북방에 살고 있는 일부 주민은 소나무 껍질과 새조개를 섞어서 만든 반죽을 먹으면서 아주 비참하게 살고 있다. 보트 여행을 하는 동안에 한 무리 인디언들이 넙치 종류 몇 마리를 가지고 있는 것을 만나 그것을 사려고 비싼 가격을 불러보았지만, 그들은 한 마리도 팔려고 하지 않았다고 한다. 밴쿠버 선장이 말하는 것처럼 이는 이상한 일이라 아니할 수 없으니, 아마 그때에는 먹을 것이 너무나 부족했기 때문이 아닐까 한다. 1794년 누트카 해협에서는 물고기가 전혀 잡히지 않아 가격이 엄청나게도 비싸졌다. 기후가 나빴는지 게으름 때문인지는 모르지만, 주민들은 겨울 동안 식량 부족으로 큰 고난을 겪었다.

페루즈는 프랑수아항(港) 부근 인디언들이 여름에는 어업으로 풍족하게 생활하지만, 겨울에는 식량 부족으로 죽어간다는 사실을 이야기하고 있다.

그러므로 케임스(Kaimes) 경이 상상하는 것처럼 아메리칸인디언들은 목축 또는 농경을 필요로 할 정도로 인구가 늘어난 적은 없다고 말할 수는 없으나, 여러 가지 원인으로 그와 같이 풍부한 식량을 공급해 주는 방식을 전적으로 받아들이지도 못했으며, 따라서 인구조밀이 될 정도로 증식되지도 못했다. 만약 굶주림 하나만으로도 아메리칸인디언들이 자극을 받아서 습관을 바꿀 수 있었더라면 사냥하고 고기 잡는 종족은 하나도 남지 않았을 것이라고 생각한다. 그런데 그와 같은 변화를 가져오기 위해서는 이 굶주림이라는 자극 이외에 일련의 우호적인 환경조건을 첨가시켜 생각해야 할 것은 분명하다. 따라서 식량을 얻는 방법으로서 농경이나 목축은 우선 그것에 가장 적합한 토지에서 발명되어 진보해 간 것에는 의심의 여지가 없다. 그리고 그와 같은 토지는 자연 생산력이 풍부하기 때문에 많은 인간이 서로 도우면서 살게 했으며, 더 나아가서는 인간의 창조력을 발동시키는 데 가장 좋은 기회를 부여했을 것이 틀림없다.

지금까지 고찰한 아메리칸인디언 사회는 상당 수준의 평등이 이루어지고 있었으므로, 각 사회 성원은 모두 야만 생활에서 부딪치는 일반적인 고초와 빈번히 찾아드는 굶주림의 압박을 거의 균등하게 분담하고 있었던 것처럼 보인다. 그러나 남방 여러 종족, 이를테면 보고타족(Bogota)·나체즈족, 그리고 특히 멕시코와 페루의 여러 종족들 사이에서는 고도의 계급적 차별이 행해져 하층계급은 오롯이 예속 상태에 놓여 있었다. 따라서 식량이 부족해질 경우 이들 하층계급이 가장 고생을 하게 되며, 적극적 인구 억제는 오로지 이 계급에만 작용되었다고 생각된다.

아메리칸인디언들 사이에서 일어난 아주 보기 드문 인구 감소는 어떤 사람들에게는 이 책에서 펼치고자 하는 이론과는 모순되는 것처럼 보일 수도 있다. 그러나 이와 같이 인구가 급속도로 감소된 원인은 모두 앞서 설명한 바와 같은 세 가지 큰 장애에 속한다는 것을 알게 될 것이다. 그리고 이 장애는 어떤 경우에는 인구 증가 원리보다 더 강력하게 작용할 수 있다.

샤를부아는 인디언들이 술을 말할 수 없이 광적으로 즐기고 좋아하다 보니 이 때문에 그들 사이에 이따금 불행한 일이 일어날 정도로 싸움과 경쟁이 끊임없이 이어지고, 그들의 생활 방식으로는 이겨낼 수 없는 새로운 병에 잇달아 걸리며, 생명력의 원천이 쇠약해지고 파괴되므로, 술이야말로 현재 인구 감소를 초래한 악이라고 할 수 있다고 주장한다. 또한 그 밖에도 유럽 사람들과 인디언들이 접촉한 거의 모든 지방에서 이와 같은 접촉은 인디언의 정신을 타락시키는 한편, 그들의 근면성을 약화시키거나 방향을 잘못 인도하여 결과적으로 생존자원을 감소시킨다는 사실을 주시해야 한다. 산토도밍고 인디언들은 잔인한 압박자를 굶어 죽게 하기 위하여 일부러 토지 경작을 게을리했다. 페루와 칠레 원주민들은 땅 위를 경작하는 일이 아니라, 땅속을 파는 일에 강제적으로 동원되었다. 그리고 북방 부족들 사이에서는 유럽산 술을 사려는 일념으로 이것과 교환할 수 있는 물자를 얻기 위하여 거의 전원이 동원되어 사냥에 광분하게 되었다. 이 때문에 보다 더 실질적인 생존자원을 얻으려는 노력은 하지 않게 되고, 동시에 사냥감도 급속도로 줄어들어, 결국 아메리카 전 지역에서 들짐승 수가 인구수보다도 훨씬 적어지기에 이르렀다.

처음에는 그들이 유럽인들과 가까이 지내게 되면 농업에 대한 관심이 늘어날 것으로 기대했으나 오히려 줄어들었다. 남북 아메리카 어느 지역에서도 인디언 종족들이 인구 감소 결과로 아주 풍족하게 살고 있다는 이야기를 들어본 적이 없다. 따라서 지금까지 이야기했던 모든 유력한 파괴 원인과 몇몇 예외가 있음에도 아메리칸인디언 종족들의 평균 인구는 현재 그들이 노동을 통해서 얻을 수 있는 평균적인 식량 수준과 같다고 말해도 아주 틀린 말은 아닐 것이다.

5. 미크로네시아군도 인구 억제에 관하여

레날 신부는 예로부터 이어져 내려온, 영국제도(諸島)와 섬나라 일반 주민의 상태에 대해서 말하고 있다. "우리는 이들 섬나라 주민들 사이에서 인구 발전을 늦추는 다양하고 특이한 제도의 유래를 찾고 있다. 예를 들면 식인, 남성 거세, 여성 음부 봉쇄, 만혼, 처녀성 봉헌, 독신 찬미, 너무 어린 나이에 엄마가 되는 소녀들이 치러야 하는 징벌 따위이다. 섬나라 인구가 너무 많은 데서 비롯된 이런 관습들은 대륙으로 전해졌으며, 우리 시대 학자들이 그런 제도들이 생겨난 까닭을 연구하는 일에 아직도 매달려 있다." 신부는 적에게 포위된 아메리카 야만족이나 같은 나라 안에서 다른 종족들에게 포위된 인구가 조밀한 문명종족이 많은 면에서 섬나라 주민과 같은 처지에 있다는 것을 알지 못하는 것 같다. 대륙에서는 섬나라에 비해 인구 증가에 대한 장벽이 그렇게 뚜렷하지 않을 뿐만 아니라, 또한 보통 관찰자 눈에는 잘 비치지 않지만 여전히 극복하기 힘든 장애이다. 따라서 자기 나라에서 생활난에 견디지 못하여 다른 나라로 떠나는 이민도 반드시 그곳에서 편안함을 얻으리라는 보장은 없다. 그런데 생산 증가가 이미 극한 상태에까지 도달해 버린 섬나라는 아직까지 하나도 없을 것이다. 이 사실은 지구 전체에 해당된다고 말할 수 있다. 섬나라도 대륙도 모두 현재 산물로 지탱해 갈 수 있을 정도의 인구를 가지고 있다. 그리고 이 점에서는 지구 전체도 섬나라와 조금도 다를 바 없다. 그러나 섬나라, 특히 규모가 작고 좁으며 뚜렷하게 표시된 섬나라 인구수 한계는 모든 이가 보고 인정할 수밖에 없다. 그러므로 확실한 보고를 토대로 섬나라 인구 억제 방법을 연구해 보는 일은 인구론이라는 주제를 예증하는 데 크게 도움이 될 것이다. 《첫 번째 항해기》에서 쿡 선장은 오스트레일리아 야만인들이 드문드문 산재해 있는 것을 보고 "어찌하여 이 나라 주민은 현재 유지할 수 있는 것과 같은 적은 수로 감소된 것일까"라고 묻는데, 이와 같은 질문은 가장 인구가 조밀한 미크로네시아 섬들이나 유럽과 아시아의 가장 인구가 많고 번화한 나라에도 동일하게 적용될 수 있다. 일반적으로 적용된 이러한 물음은 인류 사회 역사에서 가장 모호하면서도 여전히 중요한 사실들 가운데 몇 가지로 우리를 이끈다. 그리고 이 물음에 답하고자 노력하는 것이야말로 이 책 1편의 저술 목적을 가장 분명하고 간결하게 서술하는 것이라 생각한다.

뉴기니섬, 뉴브리튼섬, 뉴칼레도니아섬(뉴벨칼레도니섬)과 뉴헤브리디스제도 등 큰 섬에 대해서는 확실한 것이 알려져 있지 않다. 아마 그들의 사회 상태는 아메리카의 수많은 야만족들 사이에서 볼 수 있는 것과 아주 비슷할 것이다. 그와 같은 여러 섬에는 잡다한 종족이 거주하여 서로 걸핏하면 전쟁을 일삼는 것처럼 보인다. 추장의 권력은 미약하고, 따라서 재산 보호는 불안정하기 때문에 그 지방에서는 식량이 풍족했던 적이 한 번도 없다. 뉴질랜드라는 거대한 섬에 대해서 우리들은 보다 더 사정을 잘 알고 있지만 주민들의 생활환경은 결코 좋은 인상을 주지는 않는다. 쿡 선장이 세 가지 서로 다른 《항해기》에서 묘사한 사회상은 인류 역사에서 볼 수 있는 가장 어두운 그늘을 포함하고 있다. 그와 같은 야만인 종족이 서로 끊임없이 투쟁으로 나날을 보내는 모습은 아메리카의 다른 어떤 야만족들 사이에서보다도 훨씬 더 두드러진다. 그리고 그들이 식인 풍습을 즐긴다는 것은 명백한 사실로 여겨진다. 쿡 선장은 야만 생활의 악습을 결코 과장하려고 한 사람은 아니나, 퀸샬럿제도 근방 토인들에 관해서는 다음과 같이 기술하고 있다. "만일 내가 자칭 친구라고 말해오는 모든 토인들의 권고를 그대로 순순히 받아들였다면, 나는 아마 전 종족을 멸하고 말았을지도 모른다. 왜냐하면 크고 작은 마을 주민들이 번갈아 나에게 다른 마을 주민들을 죽여 달라고 부탁했기 때문이다. 이렇게 주민들이 서로 갈라진 채로 비참하게 살고 있다는 두드러진 증거를 열거하더라도 대부분 사람들은 있을 수 없는 일이라고 생각할 것이다." 더 나아가 같은 장에서 말하기를, "나 자신이 관찰한 것과 타와이하루아가 준 정보에 따르면 뉴질랜드 토인들은 서로가 상대방이 자기를 죽일 것이라는 끊임없는 두려움 속에서 살고 있는 것이 분명하다. 왜냐하면 바로 그들이 생각하고 있는 것처럼 한 번도 다른 종족의 침입을 받지 않은 종족이란 거의 없으며, 또한 끊임없이 복수의 기회를 엿보고 있기 때문이다. 또한 사람 고기를 먹고자 하는 욕망도 그들을 상당히 자극하고 있다. ……이 소름 끼치는 계획은 밤의 야습으로 실행된다. 그리고 적이 경계를 게을리하는 틈을 타서 (이런 일은 거의 없으리라고 생각하지만) 남녀노소 구별 없이 모조리 죽여버린다. 학살이 끝나면 현장에서 주연을 베풀어 배불리 먹는가 하면, 또는 가져갈 수 있는 시체를 모조리 집으로 가지고 가서 이루 말할 수 없는 끔찍한 방식으로 먹는다. 목숨을 살려준다거나 생포한다는 건 이들에겐 있을 수 없는 일이기 때문에 전쟁에 패한 자는 살기 위해 도망치는 수밖에 없다. 이와 같은 끊임없는 전쟁과 파괴적인 전투 방식은 경계심을 자아내게 하는 원인이 되므로 뉴질랜드 토인들은 언제나 경계를 게을리하지 않는다."

이상과 같은 관찰은 《마지막 항해기》—따라서 앞선 《항해기》의 잘못이 정정되어 있을 것이다—로부터 얻어진 것이며, 또한 여기에는 끊임없는 전쟁 상태가 뉴질랜드 인구를 억제하는 주요인이라는 사실을 인정할 수밖에 없다고 기록되어 있는데, 이 점에 관해서는 더 이상 논할 필요가 없을 것이다. 기혼 여성들 사이에서 인구 증가를 저해하는 풍습이 행해지는지 여부는 분명치 않다. 비록 그와 같은 풍습이 있더라도 지극히 궁핍 속에서 허덕이는 경우가 아니면 아마 행해지는 일은 없을 것이다. 왜냐하면 모든 종족은 공격력과 방어력을 증대시키기 위해서는 성원 증가를 원하는 것이 당연하기 때문이다. 그러나 미크로네시아군도 여자들이 영위하는 방랑적 생활, 또는 여행을 할 때나 일을 할 때에도 무기를 손에서 놓을 수 없을 정도의 끊임없는 위험 상태는 여성들의 임신을 저해하는 요인으로 작용했으며, 따라서 가족 구성원의 증가를 크게 저해하는 경향이 있었다.

인구에 대한 이상과 같은 억제 요인이 아무리 유력하더라도 여전히 굶주리는 계절이 순환해 오는 것을 보면, 그와 같은 억제도 인구를 생존자원의 평균치 이하로 억제시킬 수 있을 정도로 강력하지는 않다. 쿡 선장은, "그와 같은 빈곤기가 존재한다는 것은 우리들의 관찰에 따라 의심의 여지가 없다"고 말하고 있다. 물고기는 그들의 주된 식량이지만 그것조차 해안에서, 그리고 일정 시기에만 구할 수 있는 것이므로, 언제나 의지할 수 있는 식량이라고 할 수는 없다. 그와 같이 끊임없이 적의 위협을 받고 있는 사회 상태에서는 대량의 물고기를 말려 저장하기란 지극히 어려운 일이다. 더욱이 어류가 가장 풍부한 개울과 만(灣)에서는 먹을 것을 찾아 헤매는 사람들의 격렬한 경쟁이 벌어지므로, 곤란은 더욱 심화된다. 채소류로는 양치식물 뿌리, 마, 그리고 대합조개 및 감자 등이 있다. 그러나 마, 대합조개 및 감자는 재배해서 얻기 때문에 농작이 거의 알려져 있지 않은 미크로네시아군도에서는 좀처럼 찾아볼 수 없다. 만일 악천후로 그와 같이 빈약한 식량이 고갈될 때 얼마나 심한 참상이 일어날 것인가는 상상하기 어렵지 않다. 그와 같은 시기에는 맛있는 고기라도 먹고 싶은 욕망이 복수를 감행하려는 욕망을 고무하여 토인들이 "굶어 죽지 않으려는 유일한 방도로서 끊임없이 폭력을 써서 서로 상대방을 살해하는 데" 이르게 된다.

다음에는 인구가 희박하게 산재해 있는 뉴질랜드로부터 눈을 돌려 오타하이테섬[1]과 소시에테제도의 인구가 조밀한 해안 지방을 보게 되면 일변한 광경이 전개된다. 풍요한 것이 마치 헤스페리데스 정원과 같다고 불리는 이 지방은 얼핏 보기에 아무런 궁핍의 그림자도 없는 것 같다. 그러나 이와 같은 최초 인상은 잠깐 고쳐 생각해 보면 언제나 인구를 증가시키는 가장 유력한 원인으로 간주되고 있다. 그런데 기후가 좋아서 질병이 별로 없고, 여성들이 가혹한 고역에 시달리지 않는 지방에서는 이와 같은 인구 증가 원인이 보다 더 조건이 나쁜 지방과는 비교되지 않을 정도로 크게 작용하지 않을 리 없다고 생각한다. 그러나 만일 그와 같은 원인이 작용되었다면 인구는 그와 같이 비좁은 토지 어디에서 거처와 식량을 발견할 수 있을까. 쿡 선장은 40리그 면적도 되지 않는 오타하이테섬 인구가 무려 20만 4000명으로 증가한 것을 보고 놀랐다. 그들 인구가 만일 그곳에서 1세기 동안에 25년마다 2배로 증가한다면 1세기 말에는 300만 명을 돌파하게 될 텐데, 그때에는 이 엄청나게 많은 인원을 과연 어떻게 거주시킬 것인가. 다른 섬도 사정은 마찬가지일 것이다. 하나의 섬으로부터 다른 섬으로 이주하는 것은 장소를 변경시키는 데 불과하며, 따라서 곤란의 종류를 변경하는 것은 아니다. 그러므로 효과적인 이민이나 유입은 이러한 여러 섬나라 제반 사정과 주민의 항해 기술로 보아 전혀 불가능할 것이다.

이런 경우 곤란은 지극히 좁은 범위에 한정되어 있어 대단히 명백하고 확실

---

1) 타히티섬의 옛 이름.

하고 강력하기 때문에 도저히 피할 수 없는 것이다. 이러한 곤란은 흔히 있는 모호하고 경솔한 말로 이민을 하라, 경작 기술을 개선하라 소리쳐보아도 조금도 해결될 수 없다. 현재 상황으로 보아 이민은 불가능하며, 경작 기술의 발전으로도 명백히 불충분하다는 것을 인정해야 한다. 이러한 섬 인구가 계속하여 25년마다 2배로 증가될 수 없다는 것은 불 보듯 뻔한 사실이다. 따라서 우리는 그들 사회 상태를 연구하기에 앞서 무엇보다 먼저 기적이 끊임없이 일어나 부녀자들이 불임에라도 걸리지 않는 한 주된 인구 억제 요소는 주민의 관습에서 찾아볼 수 있다는 것을 확신해야 한다.

오타하이테섬과 이 부근 여러 섬에 관한 수차에 걸친 보고에 의하면, 최근 문명사회를 놀라게 한 이어리오이(Eareeoie) 조직이 존재한다는 것은 의심의 여지가 없는 사실이다. 이 조직에 관해서는 여러 차례에 걸쳐 설명하고 있으므로 여기에서는 단지 이 조직의 기본 규칙은 난잡한 성교와 유아 살해인 것 같다는 사실만을 지적하면 충분하다. 이 조직은 오로지 상층계급 인사로 구성되어 있으며 앤더슨의 말에 의하면, "이와 같은 방탕한 생활은 그들의 기질에 맞는 것같이 보이며, 용모가 가장 아름다운 남녀는 심지어 가장 야만적인 종족조차도 부끄럽게 생각하는 흉악한 행위를 해가면서 청춘의 나날을 보내고 있다. 이어리오이 조직 여자가 아이를 낳게 되면 물에 적신 헝겊으로 아이의 코와 입을 틀어막아 질식사시킨다." 쿡 선장도, "그와 같은 조직이 이를 구성하고 있는 상층계급의 인구 증가를 심히 저해하고 있는 것은 확실하다"고 말한다. 이와 같은 관찰이 조금도 잘못이 없다는 것에는 의심의 여지가 없다.

이러한 성질을 갖는 특수 조직은 하층계급 사이에서는 찾아볼 수 없으나, 이 조직의 가장 뚜렷한 특징인 여러 죄악은 널리 일반에게 전파되고 있다. 물론 유아를 살해하는 일은 비단 이어리오이 조직에서만 행해지는 것은 아니며, 누구에게나 허용되고 있다. 그리고 이와 같은 풍습이 상층계급 사이에 널리 보급되어 있는 것을 보면, 유아 살해행위는 빈곤을 싫어해서 또는 빈곤의 결과로서 행해지는 것은 아니므로, 그러한 만행도 필요에 못 이겨서 했다기보다는 하나의 유행으로 자주 행해진 것처럼 보이며, 또한 다반사로서 아무런 거리낌 없이 실행되고 있는 것 같다.

일찍이 흄(Hume)은 유아 살해행위 허용은 일반적으로 한 나라 인구 증가에 이바지한다고 말했는데, 이는 아주 지당한 말이다. 왜냐하면 이로 인해 지나치게 많은 가족을 부양해야 된다는 근심은 일소될 것이며, 따라서 결혼도 촉진될 뿐만 아니라 부모도 자식에 대한 사랑이라는 강렬한 자연적인 애정에 이끌려 극단적인 경우가 아니라면 자식을 살해한다는 끔찍한 일은 좀처럼 행해지지 않을 것이기 때문이다. 그러나 오타하이테섬과 그 부근에 있는 여러 섬에서 행해지는 이어리오이 조직의 행위는 위의 의논에는 해당되지 않는다. 이와 같은 풍속은 여기에서는 다분히 정반대 경향을 가지고 있는 것 같다.

하층계급 사이에서 음탕한 행위와 난잡한 성교가 성행하고 있다는 사실은 가끔 과장되어 전해지고 있는지는 모르지만, 그 사실이 존재한다는 것은 대체적으로 확증되고 있다. 쿡 선장은 오타하이테섬 여자들이 일반적으로 음탕하다는 누명을 쓰지 않도록 하기 위해 각별한 노력을 했다는 사실을 기술하고 있다. 그는 그 기술 속에서 이 고장 여자들에게는 그와 같은 성격이 다른 어떤 나라 사람들보다 더욱 맹렬하다는 것을 인정하는 동시에, 그와 같은 음란한 행위를 하는 부녀자들도 그것 때문에 사회적 지위에 손상을 입는 일이 조금도 없으며, 가장 정숙한 부녀자들과 조금도 구별되지 않고 있다는 것을 분명히 단언하고 있다.

오타하이테섬에서 결혼은 일반적으로 남자 편에서 처녀의 부모에게 선물을 보내는 일 외에는 어떠한 의식 없이 행해진다. 그리고 이것은 그 처녀를 아내로 맞이하겠다는 절대적인 계약이라기보다는 오히려 처녀의 부모에게서 처녀를 시험해 볼 기회를 얻는 대가로 주는 거래와 같이 생각된다. 만일 부모가 자기 딸에게 보내온 선물을 탐탁지 않게 생각하는 경우 곧 그 남자로부터 자기 딸을 데려와 보다 많은 선물을 할 수 있는 부유한 남자에게 주는 데 조금도 주저하지 않는다. 남자는 언제라도 자기 아내가 싫어지면 새로운 아내를 맞이할 자유를 가지고 있다. 만일 배우자가 임신이라도 하게 되면 그는 그 아이를 죽일 수 있으며, 그 후에도 여전히 그 여자와 계속 관계를 맺거나 버리거나 하는 것은 순전히 그의 자유의사에 따른다. 남자가 자식을 인정하고 양육을 맡게 되면 비로소 그 남녀는 부부로 간주된다. 그러나 젊은 아내는 아이가 살해당한 이후에도 남자와 오랫동안 부부로 남아 있을 수 있다. 하지만 이와 같은 방법보다는 오히려 아내를 바꿔치는 방법이 훨씬 더 보편화되어 태연히 그 사실을 화제로 삼을 정도로 일상화되어 있다. 따라서 결혼 전 품행이 단정치 못했다는 것은 이런 종류의 결혼을 하는 데에는 아무런 방해도 되지 않는 셈이다.

이러한 사회 상태로부터 생기는 인구 억제만으로도 가장 쾌적한 기후와 가장 풍성한 양식으로부터 생기는 결과를 상쇄하기에 충분하다고 생각된다. 그러나 사정은 이것뿐이 아니다. 서로 다른 섬사람들 사이의 전쟁과 내분이 빈발하여 때로는 지극히 파괴적인 투쟁으로 확대되는 경우도 있다. 싸움터에서의 인명 손실 외에도 정복자는 대개 적의 영토로 마구 쳐들어가 집에서 기르는 돼지와 날짐승을 도살, 약탈하여 최대한 상대방의 생존자원을 감소시키려 한다. 1767년과 68년 두 해에 걸쳐 돼지와 집에서 기르는 날짐승으로 가득했던 오타하이테섬도 그보다 몇 년 전에는 돼지와 집에서 기르는 날짐승을 좀처럼 살 수 없을 정도로 수가 적었다. 이렇게 된 주원인은 1767~68년 사이에 일어난 전쟁에 있다고 쿡 선장은 말하고 있다. 1791년, 밴쿠버 선장이 오타하이테섬을 방문했을 때는 1777년에 이별한 친구들 대부분이 이미 세상을 떠났다는 것, 그 후 전쟁이 여러 번 되풀이되는 동안 오타하이테섬 서부 추장 등이 적과 내통했다는 것, 그리고 왕은 오랫동안 세력을 잃어버려 영토가 황폐화되었다는 것을 알게 되었다. 쿡 선장이 남기고 간 동물과 식물, 약초 대부분은 전란 때문에 거의 다 죽거나 쑥밭이 되고 말았다.

오타하이테섬에서 성행하던 인신공양은 이것만으로도 야만인이라는 오점을 찍기에 충분했지만 섬 인구를 근본적으로 좌우할 정도에는 이르지 못했다. 또한 질병은 유럽인과의 접촉에 의해서 놀랄 정도로 증가하기는 했지만, 접촉 이전에는 이상할 정도로 적었고, 이후로도 한동안은 어떤 특이한 사망률을 보이지 않았다.

인구 증가를 크게 억제하는 난잡한 성교와 유아 살해, 그리고 전쟁이라는 이 세 가지 악덕은 매우 강력한 힘으로 작용한다. 그러나 이러한 원인들이 생명을 저해 또는 파괴하는 데 아무리 큰 힘을 발휘한다 할지라도 인구를 언제나 생존자원 한도 이하로 억제하는 것은 아니다. 앤더슨은 "오타하이테섬은 토지가 극도로 비옥함에도 불구하고 가끔 기근이 찾아들어 수많은 인명을 앗아간다고 전해지고 있다. 이러한 원인이 계절 불순에서 오는 것인지(거의 필연적으로 가끔 발생하는) 과잉인구 때문인지, 그렇지 않으면 전쟁 때문인지 나로서는 아직 단언할 수가 없다. 그렇지만 토인들이 식량이 풍부할 때에도 식량 절약에 신경을 쓴다는 사실에서 진상을 추측할 수 있을 것으로 본다"고 말한다. 울리테아[2]의 한 추장과 저녁 식사를 같이 했던 쿡 선장이 식사를 끝내고 모두 자리에서 막 뜨려고 할 때 수많은 평민들이 바닥에 떨어진 빵 부스러기를 주우려 몰려들었다. 그들은 지극히 작은 부스러기라도 놓칠세라 정신없이 헤매는 것이었다. 그들 중 몇몇은 날마다 선박으로 찾아와서 돼지 내장이라도 얻기 위하여 도살자 심부름을 했다. 대체적으로 그들 손에 들어가는 것은 극히 보잘것없는 부스러기에 불과한 것이었다. 쿡 선장은, "그들은 모든 식품에 대해서 지극히 신중한 태도를 보이며, 사람이 먹을 수 있는 것이라면 무엇이든지, 특히 육류와 어류의 경우 조금의 낭비도 용납하지 않는다"고 말한다.

앤더슨의 보고에 의하면 하층계급 사람들이 얻을 수 있는 동물성 식품은 극히 적으며 그것도 물고기와 성게, 그 외의 몇 가지 해산물에 불과하다. 돼지고기는 거의 먹는 경우가 없다. 매일 이와 같은 사치스러운 식사를 할 수 있는 자는 국왕이 아니면 상급 추장에 국한되고, 하급 추장은 각자 부유한 정도에 따라 1주에 1회, 2주에 1회, 또는 한 달에 1회 식사를 한다. 전쟁이나 소비 급증으로 돼지와 닭이 희귀해지면 금지령을 내려 수개월, 때로는 1~2년 동안, 다시 번식하여 그 수가 늘어날 때까지 식용을 금지한다. 앤더슨에 따르면 섬사람들 중에서 높은 지위에 있는 이어리오이 조직원도 평상시 식사는 거의 식물성이다. 그리고 계급 차별은 극히 엄격하여 하층계급의 생명과 재산은 절대적으로 추장 손에 장악되어 있으므로 추장들이 사치스러운 생활을 할 때에도 신하와 노예들은 굶주린 배를 움켜쥐고 옆에서 쳐다보고만 있어야 하는 경우가 심심치 않게 일어나리라는 점은 충분히 상상할 수 있다.

《선교 항해기(宣敎航海記)》에 기록되어 있는 최근 오타하이테섬에 관한 보고에 의하면, 상술한 바와 같은 인구 감소 원인은 쿡 선장이 막바지로 그 섬을 방문한 이후부터 비상한 힘으로 작용한 것 같다. 그 기간 중 파괴적인 전란이 한때 연이어 발발했던 사실을 밴쿠버 선장은 당시 그 섬을 찾아가서 목격했다.

---

2) 라이아테아섬의 옛 이름.

그리고 선교사들의 보고서에 여자 수가 비교적 적다는 기록이 있는 것을 보면 여아 살해가 훨씬 더 심하게 이루어졌다는 것도 알 수 있었다. 그와 같이 여자 수가 적어지면서 자연히 난잡하게 성교하는 악덕이 조장된 데다 엎친 데 덮친 격으로 유럽에서 전해온 여러 질병까지 합세하여 인구 감소에 결정적인 영향을 미친 것이 분명하다.

쿡 선장은 자신이 계산한 자료를 근거로 오타하이테섬의 인구 증가를 과대 평가한 감이 없지 않으며, 반면 선교사들은 이를 과소평가한 것 같다. 그러나 서로 다른 때에 식량 절약과 관련하여 주민들이 보여준 풍습에 관한 서로 다른 보고서를 보더라도 이 섬 인구가 쿡 선장 방문 시기 이후 현저히 감소했다는 점은 의심의 여지가 없는 사실이다. 쿡 선장과 앤더슨은 이 섬 주민들이 모든 식량에 대해 비상한 관심을 가지고 있다는 데 의견 일치를 보인다. 그리고 앤더슨은 이 문제를 면밀히 관찰한 후 그곳에서 굶주림이 자주 발생한다고 주장한다. 이에 반해 선교단은 통가제도와 마르키즈제도에서 굶주림이 가져오는 참상을 자세하게 전하면서 오타하이테섬은 물자가 아주 풍부하며, 또한 여러 축제와 이어리오이 조직 구성원들의 낭비가 극심함에도 궁핍은 거의 발생하지 않았다고 기술하고 있다.

이로 미루어보아 오타하이테섬 인구는 현재 생존자원 평균 한도에 훨씬 못 미치는 수준에서 억제되고 있는 것 같지만, 이와 같은 현상이 앞으로 오랫동안 계속되리라는 보장은 없다. 쿡 선장은 이 섬을 방문할 때마다 상황이 변화되는 것을 인정하고 있다. 이는 부와 인구에 현저한 변동이 있다는 것을 시사하며, 이론상으로도 그와 같이 추정하는 것이 옳다. 이들 여러 섬들 가운데 어떤 섬의 인구도 과거 오랫동안 일정 규모로 정체되었다거나 또는 완만하게 일정한 속도로 규칙적으로 증가되었으리라고는 생각할 수 없다. 커다란 변동이 지속적으로 나타났을 것이다. 인구과잉은 언제나 야만인의 타고난 투쟁성을 조장한다. 그리고 이와 같은 침략으로 야기된 원한은 끊임없이 참화를 증대시켜 전쟁 원인이 되었던 최초 원인이 이미 소멸된 뒤에도 여전히 유혈 참사가 일어나는 빌미가 되었을 것이다. 인구가 조밀한 사회는 평상시에 아무리 절약해도 식량 한계에 다다르게 된다. 따라서 한두 차례 흉작으로 타격을 받게 되면 유아 살해와 난잡한 성교라는 악습은 더욱 심화될 것이다. 그리고 이와 같은 인구 감소 원인은 마찬가지로 그와 같은 원인을 조성한 조건이 사라진 후에도 한동안 계속 왕성하게 작용할 것이다. 그러나 환경 변화와 더불어 습관도 서서히 변화하여 얼마 가지 않아 옛날 수준의 인구를 회복할 수도 있다. 그리고 인구는 가장 극단적인 폭력이 가해지지 않는 한 오랫동안 자연적 수준 이하에서 정체하는 일은 있을 수 없다. 유럽인과의 접촉이 오타하이테섬에 어느 정도로 이와 같은 극단적인 작용을 야기하여 본래 인구로 되돌아가는 것을 방해했는 지는 실제 사례를 통해서만 판단될 수 있다. 그러나 만일 인구가 원상태로 회복되지 않는다면 그 궁극적인 원인은 결국 심화된 악덕과 곤궁에서 찾아야 할 것이다.

태평양에 있는 나머지 섬들에 대한 정보는 오타하이테섬에 대한 정보만큼 많지는 않다. 그러나 우리가 접한 정보에 비추어볼 때, 여러 주요 섬들의 사회상이 많은 점에서 유사하다는 점은 명백하다. 통가와 하와이 두 섬 주민들 사이에는 오타하이테섬에서와 같은 봉건제도와 봉건적 분란, 엄청나게 큰 추장 권력과 하층민 참상, 대부분 주민 사이에서 유행되고 있는 난잡한 성교 등의 특성이 발견된다.

통가제도에서 국왕의 권력은 무제한적이며 신민 생명과 재산은 그의 뜻대로 된다고 전해지고 있기는 하지만 사실은 그렇지 않으며, 국왕 외에 일부 추장은 마치 작은 군주처럼 행세하여 자주 국왕의 명령을 거역한다고 한다. 쿡 선장은, "그러나 국왕이 아무리 전제 권력으로 제 마음대로 한다 해도, 우리는 하층계급 사람들이 자신들을 위한 재산을 가진다거나 안전을 누릴 수 없으며, 자신들이 개별적으로 속한 추장 뜻에 따라야 함을 증명하는 충분한 사례를 확보했"고 썼다. 추장들은 때때로 하층계급을 무자비하게 학대한다. 이를테면 하층민 중 어떤 자가 배에서 도둑질을 하다가 붙잡힌 경우 추장은 사건 조정을 대신해 사형을 명한다. 도둑질을 그리 심각한 범죄로 여기지 않는 것이 분명함에도 그러한 결정을 한 것은 그가 빈민들의 생명에 대해 조금도 신경을 쓰지 않는다는 사실을 여실히 보여준다.

쿡 선장이 최초로 하와이제도를 방문했을 때 토인들 사이에서 대외적 전쟁과 국내적 소란이 극히 빈발했던 모습을 본 것은 당연한 일이었다. 그리고 밴쿠버 선장은 최근 보고에서 이러한 수많은 섬들이 위에서 말한 원인으로 이루 말할 수 없이 황폐해졌다고 역설하고 있다. 쿡 선장 방문 이후에는 끊임없는 분쟁이 벌어져 지배자도 여러 번 교체되었다. 그가 처음으로 방문했을 때 알게 된 추장으로 살아남은 이는 한 사람뿐이었다. 조사해 보면 자연사를 한 이는 극히 적고 대부분 이런 불행한 다툼 가운데 죽임을 당했다. 하와이제도에서는 하층민에 대한 추장 권력은 절대적인 것같이 보인다. 또 한편 주민들은 추장에게 거의 맹목적으로 복종했는데, 바로 이와 같은 예속 상태는 그들의 몸과 마음에 커다란 악영향을 미치고 있다. 또한 상급 추장의 하급 추장에 대한 오만하고 가혹한 태도로 미루어보아 이 지방의 계급 차별은 다른 여러 섬에 비해 훨씬 더 엄격한 것 같다.

통가제도와 하와이제도에 유아 살해 풍습과 오타하이테섬 이어리오이 조직과 같은 조직이 존재하는지는 알려져 있지 않다. 그러나 매음행위는 널리 행해져 하층계급 여자들 사이에 퍼져 있다는 것은 의심의 여지가 없다. 이러한 풍습은 인구에 대한 가장 유력한 억제 요인으로 작용할 것이다. 또한 일생 대부분을 추장을 위해서 보내는 투투(toutou), 즉 하인은 평생 독신으로 지내는 경우가 많다. 또한 상층계급 사람들에게 허용되는 일부다처제가 하층계급 사이에서 이루어지는 난잡한 성교라는 악습을 크게 조장하고 악화시키는 경향이 있음도 분명하다.

우리가 그런 기후에서 살아가는 야만인들 사이에서 상당한 정도의 도덕적 억제를 찾아내기를 바랄 수 없었던 것처럼, 보다 물자가 풍요로운 태평양의 여러 섬이 빈곤이나 식량 부족을 거의 겪지 않는다면 자연스럽게 이들 섬의 주요 인구 억제 요인은 전쟁을 비롯한 여러 악덕에 있다는 결론에 이르게 된다. 이들 여러 섬에 대한 보고서는 강력하게 이 결론을 확증한다. 위에서 언급해온 3개 큰 섬에서는 죄악이 가장 뚜렷하게 드러나고 있는 것 같다. 이스터섬에서는 여성에 비해 남성 수가 엄청나게 적다는 사실에서 미루어보면 우리 항해자들 눈에는 띄지 않았던 사실이지만, 유아 살해가 널리 퍼져 있을 것이 확실하다. 페루즈는 그 지역에서 여자는 남자들의 공동재산으로 취급된다고 생각하는 것 같은데, 이는 그곳의 어린이 숫자를 감안할 때 사리가 맞지 않는 측면이 있다. 이스터섬 인구는 유럽인과의 접촉으로부터 그렇게 큰 영향을 받지 않았을 것임에도 로헤베인(Roggewein)이 1722년 이 섬을 발견한 이래로 변동이 컸던 것 같다. 페루즈가 기술한 바에 의하면 그가 이 섬을 방문했을 때에는 가뭄과 내란, 또는 널리 사회에 만연한 유아 살해와 난잡한 성행위 등으로 지극히 낮은 수준에 머물러 있던 인구가 막 회복하려는 때였다. 쿡 선장이 두 번째로 이 섬을 방문했을 때에는 인구를 600~700명으로 산정했으나 페루즈는 2000명으로 산정했다. 그리고 페루즈는 그가 목격한 어린이 수와 새로 지어지는 가옥 수로 미루어볼 때 인구가 분명히 증가하고 있다고 생각했다.

고비앵(Gobien) 신부에 의하면 마리아나제도에서는 매우 많은 젊은 남자들이 독신으로 이어리오이 조직원처럼 비슷한 이름을 달고 생활한다. 대만에서는 여자가 35세가 될 때까지는 어린아이를 낳지 못하게 되어 있으며, 35세 미만일 때 임신할 경우에는 여승의 손에 의해 낙태되며, 또한 남편이 40세가 될 때까지는 친정에 머물면서 남들 몰래 남편을 만나야 했다.

나머지 다른 섬에 대해서는 정보가 충분치 못해 상세하게 살펴볼 여력이 없다. 그러나 지금까지 논의해 온 여러 관습들이 일반적으로 유사성을 갖는다는 점을 감안할 때, 보다 잔인한 몇몇 특성들을 통해 뚜렷하게 드러나지는 않더라도 여자와 관련된 나쁜 관습과 전쟁이 주요한 인구 억제 요인이라고 보는 것이 합리적이다.

하지만 이것이 전부는 아니다. 남부 섬 원주민들의 생활이 풍족하리라는 우리들의 고정관념은 우리가 종종 접하게 되는, 그곳을 지상낙원처럼 묘사한 환상적인 서술 덕분에 사실과 동떨어진 상상의 나래를 펴온 때문이다. 그리고 쿡 선장의 《마지막 항해기》에도 나왔듯이, 오타하이테섬에서도 잦은 식량 부족에 시달렸다는 사실은 이들 섬들이 풍족하다는 생각이 잘못된 것임을 깨닫게 해 주었다. 《선교 항해기》에 따르면 빵나무 열매가 나지 않는 특정 계절에는 모든 주민이 일시적이나마 굶주린다. 마르키즈제도 가운데 하나인 오하이타후섬에서는 기아가 닥치면 짐승들까지도 먹을 게 없어 굶주렸다. 통가제도의 주요 섬인 통가타푸에서는 식량을 확보하고자 추장들이 다른 섬으로 사는 곳을 옮겼으며, 원주민 대다수는 굶주림에 속수무책으로 내몰려 극도의 고통을 감내해야 했다. 하와이제도에서는 이따금씩 가뭄이 오래 계속되다 보니 돼지와 참마가 아주 귀해져서 오타하이테섬에서의 대대적인 환대와는 전혀 다르게 푸대접을 받는다. 뉴칼레도니아에서는 주민들이 거미를 잡아먹으며, 때로는 지독한 배고픔을 달래고자 비누석 조각을 먹기도 한다.

이들 여러 섬에서 나는 산물은 때로는 넘치도록 풍부할 때도 있고, 때로는 무지와 전쟁 및 기타 원인으로 현저히 부족할 때도 있지만 이런 사실로 미루어보면, 일반적으로 평균 인구는 식량 한계에 육박한다고 볼 수 있다. 하층계급 사람들의 목숨이 파리 목숨보다 못한 취급을 받는 그런 사회에서, 사람들은 겉으로 보이는 풍족함에 현혹되기 쉽다. 부유한 자들이 돼지와 채소를 아낌없이 유럽 상품과 교환하고 있을 때 이들의 신하와 노예들은 굶주림에 허덕였다.

야만사회라는 이름 아래 분류된 인간 사회 일부에 대한 개관을 끝맺기 전에 한 가지 덧붙인다면, 야만사회가 문명사회보다 우월한 부분이 있다면 바로 주민이 훨씬 더 많은 여가를 누린다는 점이다. 그곳에는 해야 할 일이 별로 없으므로 힘든 일도 많지 않다. 문명사회 하층민들이 끊임없이 고역에 시달려야 한다는 사실을 생각해 보면 이는 분명 큰 이점이다. 그러나 그와 같은 유리한 점은 훨씬 더 큰 결점에 의해 상쇄된다. 생존자원을 획득하는 데 그리 큰 어려움이 없는 이들 여러 지방에서는 지극히 폭력적인 계급 차별이 널리 퍼져 있다. 재산 침해는 당연시되며, 하층계급은 문명사회에서보다 훨씬 더 심한 천대를 받는다. 고도의 평등이 행해지고 있는 것처럼 보이나 식량 확보의 어려움과 끊임없는 전쟁 등의 고난에 시달린다는 점을 생각하면 그들의 생활은 다만 상대적으로 분배가 균등하게 이루어진다는 것뿐이지 문명사회 하층민들의 힘겨운 생활에 비해 전혀 나을 것이 없다.

우리들은 인간 사회에서 계급이 부담하는 노동을 비교할 수는 있지만, 그들이 찾아나가는 부자유와 고난에 대해서는 비교해 볼 것이 없다. 이런 점을 가장 분명히 해주는 것은 아메리카 야만종족들 사이에서 행해지고 있는 교육의 모든 방침이다. 야만인들이 가장 힘써 배우는 것은 가장 심한 고통과 불행에 대처할 부동의 인내심 함양에 도움이 되는 것과, 냉담해지고 모든 연민의 정의 폭을 좁히는 데 도움이 되는 것을 모두 갖추어야 한다는 점이다. 이에 반해 문명인은 일단 불행이 찾아들었을 경우에는 인내로 그 불행에 대처하라는 가르침을 받지만, 야만인들처럼 언제나 불행을 예상하도록 가르침을 받지는 않는다. 불굴의 용기를 갖는다는 것 외에도 기타 많은 덕이 요구된다. 즉 문명인은 곤궁에 빠져 있는 이웃 사람들에게, 심지어는 자기에게 적대적인 사람들에게도 동정심을 가져야 한다는 것, 사회적 애정을 함양, 증진시켜야 한다는 것, 그리고 일반적으로 유쾌한 정서를 함양하는 데 힘써야 한다는 가르침을 받는다. 이런 두 판이한 교육법으로부터 분명히 추론할 수 있는 것은 문명인들이 즐거운 생활을 기대한다면, 야만인들은 단지 고난만을 예상한다는 점이다.

스파르타식의 불합리한 교육과 일체의 사적 감정을 공공적 관심 속에 매몰시켜 버리는 부자연스러운 교육법은 가끔 터무니없을 정도로 찬양되어 온 것이지만, 그것은 연달아 일어나는 전쟁으로 끊임없이 고난과 궁핍에 허덕이게 되는 국민들 사이에서가 아니라면, 또한 끊임없이 불행한 운명에 부딪칠 두려움이 있는 국정 아래에서가 아니라면 결코 존재할 수 없다. 그러므로 나는 그런 교육법을 스파르타인의 성질 속에 어떤 특수한 불요불굴의 의지와 애국심이 있다는 것을 보여주는 현상으로는 생각지 아니하고, 단지 스파르타와 그 당시 그리스 일반의 상태가 야만에 가까운 가련한 것이었음을 뚜렷이 보여주는 증거로 생각하고 싶다. 이런 미덕은 마치 시장 상품처럼 수요가 가장 많은 것이 가장 많이 생산된다. 고통과 궁핍을 참는 인내력과 애국적 희생을 소리 높여 요구하는 것은 국민이 행복하지 못하며 그 국가 역시 평안하지 못하다는 것을 알려주는 우울한 징후이다.

6. 고대 북유럽 경우

인류 초기의 이주와 식민 역사는 그와 같은 생활을 촉진시킨 동기와 더불어 인구가 생존자원 이상으로 끊임없이 증가하려는 경향이 있음을 뚜렷하게 예증한다. 이와 같은 일반 원칙이 작용하지 않았다면, 인류가 이처럼 번성하지는 못했으리라 생각한다. 인간의 타고난 습성은 게으름이지 결코 부지런함은 아닌 것 같다. 그리고 부지런함은 필요라는 강력한 자극이 없으면 발생할 수 없다. 물론 일단 그러한 자질이 생겨난 이후에는 습관적으로 또는 그것에서 비롯되어 형성된 새로운 속성과 결합하여, 또는 진취적 기상과 전승의 갈망 등에 의해서 지속될 수는 있다.

아브라함과 롯은 엄청나게 많은 가축을 소유하고 있었는데, 이로 인해 토지가 부족해졌다. 목동들 사이에서 싸움이 일어났다. 아브라함은 롯에게 떨어져 살자고 제의하며 이렇게 말했다. "그대 앞에 온 땅이 있지 않은가? 그대가 왼쪽으로 가면 나는 오른쪽으로 갈 것이고, 그대가 오른쪽으로 가면 나는 왼쪽으로 가겠다."

이런 단순한 제의로부터 인간을 온 지구상에 널리 퍼지게 한 저 위대한 행위의 원동력을 우리는 분명히 인식하게 된다. 즉 그러한 작용은 시간의 흐름에 따라 지구상의 불행한 일부 주민들이 도저히 저항할 수 없는 힘에 굴복하여 아시아와 아프리카의 찌는 듯한 사막이나, 시베리아와 북아메리카의 얼어붙은 추운 지방으로 하는 수 없이 호구지책을 마련하기 위하여 떠나게 했던 것이다. 최초의 이주는 이주해 간 곳의 토질 문제 이외에는 아무런 장애에도 부닥치지 않았을 것이다. 그러나 지구상의 대부분 지역에 희박하게나마 인구가 분포된 이후에는 이들 각 지방의 원소유자들은 싸우지 않고는 자기 토지를 다른 이에게 순순히 넘겨주는 일이 없어졌고, 또한 비교적 중심지에 사는 과잉인구는 가장 가까이에서 사는 이웃의 영역을 통과하지 않고는 자기네들이 살 장소를 찾아낼 수 없었으므로 필연적으로 싸움이 자주 일어날 수밖에 없었다.

　유럽과 아시아 중부 지방은 일찍이 초기 역사시대부터 유목민이 점유했던 것 같다. 투키디데스는 당시 유럽과 아시아의 여러 문명국가는 단결된 스키타이 민족에게 대항할 수가 없었다는 의견을 진술한 바 있다. 사실 유목국은 농업국만큼 많은 인구를 성장시킬 수 없음에도 유목민을 그렇게도 강대한 힘을 가진 민족으로 만든 요인은 과연 무엇일까. 그것은 그들이 하나가 되어 이동할 수 있는 능력을 가졌다는 것이요, 또한 새로운 목초지를 찾아내기 위하여 이와 같은 능력을 행사해야 할 필요를 절박하게 느꼈기 때문이다. 엄청나게 많은 가축을 가진 종족은 불가피한 경우, 당장 먹을 수 있는 풍부한 식량원을 확보하고 있는 셈이다.

　부녀자들은 수렵부족의 부녀자들보다 훨씬 더 안락한 생활을 누리며, 따라서 자녀도 훨씬 더 많이 낳는다. 남자들은 서로 힘을 모을 때 더욱 굳세어지며 이동만 하면 자유로이 목장을 획득할 수 있다는 자신이 있기 때문에, 가족 부양에 대한 고민을 거의 느끼지 않았을 것이다. 이와 같은 여러 원인이 결합하여 자연스럽게 인구 증가를 촉진했다. 그리하여 보다 더 빈번하고도 신속한 이동이 요구되었다. 그들은 보다 많은 광대한 토지를 순차적으로 점령하여 확보해 갔다. 식량 부족은 사회성원 중 비교적 불행한 사람들을 압박하게 되어, 마침내는 그렇게 많은 사람들을 부양해 갈 수 없다는 사실이 너무나 명백해진다. 이리하여 젊은 자손들은 아버지 품에서 쫓겨나 자신의 칼을 가지고 새로운 토지를 정복하여 보다 더 행복한 정착지를 개척하라는 가르침을 받게 된다.

"어디를 선택하든 세상은 모두 그들 앞에 있다."

　현재 고통에 초조감을 갖고, 환히 빛나는 미래의 희망에 가슴 설레며, 곤란을 개의치 않고 나가는 진취적 기상에 자극된 이 용감한 모험가들은 그들에게 대항하는 이들에겐 무서운 적이 되었다. 오랫동안 정착해 온 고장에서 평화롭게 상업과 농업에 종사해 온 주민들은 그와 같은 동기에 자극을 받아 몰려오는 사람들의 힘 앞에 저항할 수 없는 경우가 많았을 것이다. 그리고 그들이 자기와 같은 처지에 있는 종족과의 사이에서 자주 벌이는 투쟁은 결국 생사를 결정하는 투쟁이어서, 죽음은 패배에 대한 벌이며 삶은 승리에 대한 보상이라는 생각이 뇌리에 깊이 아로새겨져 있었기 때문에 투쟁은 이루 말할 수 없이 격렬했다.

이와 같은 야만적인 투쟁에서 분명히 많은 종족이 전멸했을 것이다. 그뿐만 아니라 고생과 굶주림으로 멸망한 종족 수도 결코 적지 않을 것이다. 다른 종족들은 통솔력 있는 지도자들이 보다 적절하게 통솔한 덕분에 강대한 종족이 되어, 이번에는 자기편에서 새로운 모험가들을 다른 고장으로 보냈다. 그리하여 이들 갈라져 나간 모험가들은 처음에는 소속되었던 원부족에 대해 충성을 서약하지만, 얼마 가지 않아 양자를 결합시키고 있는 유대 관계는 거의 사라지면서 힘과 야망 및 편익이 명하는 대로 우의 관계를 계속하거나 적으로 돌아선다.

토지와 식량 쟁탈을 목적으로 하는 끊임없는 투쟁은 막대한 인명 피해를 낳았는데, 이러한 손실은 끊임없이 다른 곳으로 옮겨가는 관습에 의해서 어느 정도 자유로이 작용하는 강력한 인구 증가 능력에 의해서도 다 보충되지 못할 정도였다. 다른 곳으로 옮겨감으로써 보다 나은 생활을 이룩할 수 있다는 일반의 희망, 약탈에 대한 끊임없는 기대, 또는 곤궁에 빠졌을 때에는 자녀를 노예로 팔아버리는 일과 같은 것은 야만인들의 타고난 경솔함과 서로 결부되어, 언젠가는 반드시 기근과 전쟁 때문에 멸망할 수밖에 없는 인구 증가 원인으로 작용했을 것이다.

비교적 기름진 지방을 점유하는 종족은 이를 유지하기 위해서 끊임없는 전투를 필요로 하는 것이지만, 일단 그것을 점유한 후에는 생존자원 증가로 인구수는 물론 세력도 급속히 증대해 갔다. 그리하여 마침내 중국 국경으로부터 발트해에 이르는 모든 토지는, 용감무쌍하고 모험적이며 고난에 개의치 않고 싸움하기를 좋아하는 여러 야만족들이 빈틈없이 점유했다. 또 한편 유럽과 아시아 여러 정착국가들은 우월한 인구와 우월한 기술로써 그와 같은 파괴적 야만족 무리의 침입에 대항하여 좀처럼 돌파하기 어려운 장벽을 구축할 수 있었지만 상호 간 투쟁으로 과잉인구를 헛되이 희생시켰다. 그러나 정착국가의 국력이 약해지거나 이들 유목민족들이 일시적이나마 통합되어 강력한 힘을 지녔을 때, 지구상 가장 기름지고 아름다운 고장은 폭풍우에 휩쓸리는 처량한 곳으로 변하고 말았다. 중국·페르시아·이집트·이탈리아는 시대를 달리하여 홍수와 같이 밀려드는 야만족에게 짓밟혔다.

로마제국 몰락사가 이 견해를 분명히 확증해 주고 있다. 북유럽 유목민은 로마 군대의 강대한 무력과 로마의 명성을 두려워하여 오랫동안 제어당해 왔다. 새로운 식민지를 획득하기 위하여 감행된 킴브리족의 가공스러운 침입이 다섯 집정관이 거느린 군대를 격파했다는 유명한 이야기도 있지만, 최후에는 마리우스에 의하여 승리의 진로가 차단됨으로써 야만족들은 이 강대한 식민군의 전멸에 가까운 패배의 모습을 보고 자신들의 경솔한 짓을 후회하게 되었다. 카이사르와 드루수스, 티베리우스와 게르마니쿠스의 이름은 그들 가슴 속에 동포 학살자라는 이름으로 각인되었으며, 오랫동안 로마 영토에 침입하는 것을 주저하게 만들었다. 그러나 그들은 패퇴했을 뿐 정복된 것은 아니었다. 그리고 그들이 파견한 식민군은 중단되거나 고국으로 소환되었지만, 대(大)게르만 민족의 활력은 조금도 쇠퇴하지 않고 그들 자신의 무력으로 진로를 개척할 수 있는 곳에는 어디든지 건장한 자손들을 내보낼 수 있는 준비를 갖추고 있었다.

데키우스와 갈루스, 아이밀리아누스와 발레리아누스, 갈리에누스 등과 같은 국방력이 약한 지방은 그와 같은 통로를 열어주게 되었으므로 그 결과 야만족의 침입을 면할 수 없었다. 고트족은 수년에 걸쳐 스칸디나비아로부터 흑해 지역으로 이동해 온 흔적이 있지만, 해마다 공물을 바친다는 약속에 매수되어 그들의 전승 군대를 퇴각시켰다. 그러나 로마제국의 부와 약점에 관한 위태로운 비밀이 세계에 폭로되자마자 새로운 야만족 무리는 곧 궐기하여 국경 지방을 유린하여 마침내 로마 성문까지도 위협했다. 프랑크족과 알레마니족, 고트족, 그리고 이와 같은 일반적 명칭 아래 총괄되는 기타 약소 부족들이 로마제국 각 지방에 밀물처럼 밀려들어 저지른 약탈과 압박은 현재 생산물은 물론이요 장차 거두어들일 수확 희망까지도 빼앗고 말았다.

장기적인 대기근에 이어 소모적인 전염병이 발생하여 15년 동안이나 로마제국 모든 도시와 지방을 휩쓸었다. 어떤 지방의 사망률로 미루어보면 수년간 전쟁과 전염병 및 기근으로 죽은 자는 인구의 절반에 이른 것으로 보인다. 그런데 민족 대이동 물결은 여전히 북유럽으로부터 일정한 간격을 두고 밀려 들어

왔다. 여러 대 동안 호전적인 군주들은 선대 군주들의 불행을 바로잡았을 뿐만 아니라 쇠락해 가는 제국의 운명을 떠안았으며, 이들 야만적인 침입자들로부터 로마 영토를 구하는 헤르쿨레스의 노역을 이루어내야 했다. 250년과 그 후 수년에 걸쳐서 해륙 양면으로부터 제국을 해치는 데 상당한 성공을 거둔 고트족은 마침내는 모험적인 원정군의 거의 전부를 상실하기에 이르렀지만, 269년 식민의 목적으로 가족을 동반하는 막대한 수의 정착민 무리를 출발시켰다. 처음에는 32만 명의 야만족들로 구성되었다고 하는 이 어마어마한 집단은 클라우디우스 2세의 무력과 지력으로 분쇄되어 산산이 흩어졌다. 그의 후계자인 아우렐리아누스는 우크라이나에 식민지를 개척한 새로운 고트족 대집단과 싸워 격파했다. 그러나 그는 강화의 암묵적인 조건으로 다키아 지역에서 로마 군대를 철수시켜 이 광대한 지역을 고트족과 반달족에게 내주었다. 그 후 얼마 안 가서 세계의 패권을 빼앗으려는 알레마니족의 무시무시한 침입이 새로이 일어나게 되었는데, 아우렐리아누스는 세 차례에 걸친 피비린내 나는 큰 전쟁을 거듭한 후에 이 대적을 전멸시켜 이탈리아를 황폐화의 위험에서 구해낼 수 있었다.

아우렐리아누스의 군대는 각 지방에서 로마의 적을 분쇄했다. 황제가 죽은 후 그들은 예전보다 더 맹렬한 위세와 인구로 다시 살아난 것 같았다. 그러나 프로부스의 용맹한 군대에 의해서 또다시 여기저기에서 패배했다. 갈리아 지역을 게르만 침입자로부터 구하는 과정에서 야만족은 40만 명에 달하는 목숨을 잃었다고 전해진다. 승리를 거듭한 황제군은 일거에 게르만 본국까지 추격해 갔다. 그들은 마지막 이민이 실패로 돌아가 낙담과 피로에 지친 때였으므로 정복자가 제시하는 모든 조건을 받아들였다. 프로부스와 그 뒤를 이은 디오클레티아누스는 탈주자와 포로가 된 야만족들에게 토지를 나누어주거나 남아도는 인구를 국가에 위험을 미칠 우려가 가장 적은 지방으로 분산시켜서 제국의 황폐화된 지방을 회복시키려는 방책을 채용했다. 그러나 그와 같은 식민은 북유럽 인구를 분산시키는 배출구로서 불충분했을 뿐만 아니라, 또한 야만족들의 불타는 듯한 기질은 언제나 농사짓는 것과 같은 완만한 작업에만 만족하고 있을 수는 없었다. 디오클레티아누스의 강력한 통치하에서는 로마 국경 지방에는 거의 손을 미칠 수가 없었던 고트족과 반달족, 게피다이족과 부르군트족, 알레마니족 등은 싸움을 통해 상대방 세력을 소모시켰다. 또 한편 로마 신민들은 어느 종족이 멸망하건 그것은 로마의 적이 멸망한 것이기 때문에 그들의 피비린내 나는 싸움을 즐거운 눈초리로 바라보았다.

고트족은 콘스탄티누스 치하에 이르러 또다시 옛날의 강한 힘을 되찾았다. 그들의 세력은 오랜 평화에 의해서 힘을 회복했고, 옛날의 비운을 이미 기억하지 못하는 새로운 세대의 자손이 생겨났다. 그러나 또다시 연이은 두 차례 전쟁으로 그들 대부분은 살해됐다. 각지에서 패배한 군대는 산속으로 도망쳐 들어갔는데 격렬한 전투가 계속되는 동안에 추위와 굶주림 때문에 10만 명 이상이 사망했다. 콘스탄티누스는 프로부스와 그 후계자의 계획을 채용하여, 고국에서 쫓겨나 의지할 곳 없는 야만족들에게 토지를 나누어주었다. 그의 치세 말기에는 판노니아와 트라키아, 마케도니아 및 이탈리아 등 광대한 토지를 30만 명에 이르는 사르마티아(사르마트)족에게 나누어주어 그들의 거처와 생활 기반으로 삼게 했다.

전쟁을 좋아했던 율리아누스는 프랑크족과 알레마니족의 새로운 큰 무리와 싸워 이들을 정복했다. 이와 같은 큰 무리는 콘스탄티누스 치하 내란의 틈을 타서 조국 게르만 삼림 속에서 출발하게 된 것인데, 이들은 갈리아 각지를 점거하면서 그들이 정복한 토지보다 3배나 넓은 지역을 마구 설치고 다녔다. 그런데 그들은 여기저기에서 격퇴되어 다섯 번째 원정에서는 자기 나라로까지 쫓겨갔다. 그러나 율리아누스는 게르만까지 진격하자마자 게르만을 정복했다. 로마 세계를 끊임없이 공포에 떨게 할 정도의 대군을 내보낸 이 커다란 소굴에서 그의 진로에 가로놓인 커다란 장애물은 거의 걸어 다닐 수 없을 정도의 험악한 도로와 사람이 살지 않는 광대한 삼림이었다.

그와 같이 율리아누스 군대에 의해 진압되어 일단 패배했지만, 이 히드라 괴물은 몇 년 뒤 다시 일어섰다. 발렌티니아누스는 확고부동한 결의와 신중성 및 비범한 재능을 충분히 발휘하여 알레마니족과 부르군트족, 색슨족과 고트족, 콰디족 및 사르마티아족의 빈번한 침입을 방어했다.

로마의 운명은 고트족 전체를 제국 영토 내로 몰아넣은 흉노족의 동북쪽으로부터의 대이동에 의해 마침내 결정되고 말았다. 게르만 여러 종족은 이와 같이 강력한 흉노의 계속되는 압박을 이겨내지 못하여 삼림과 습지를 사르마티아의 도망자에게 양도하였으며, 또는 과잉인구를 로마제국 영토 내로 방출시키려는 결심을 하도록 자극한 것처럼 보였다. 로마공화국 전반기에 킴브리족과 튜턴족 무리를 수없이 많이 흘러 들어가게 한 발트 해안으로부터 40만 이민이 원정의 길에 올랐다. 이 대군이 전쟁과 기근으로 멸망하자, 곧 또 다른 모험가들이 뒤를 이어 나타났다. 수에비족과 반달족, 알라니족과 부르군트족 등은 라인강을 건너간 뒤로는 더 이상 물러나지 않았다. 최초로 정착한 정복자들은 새로운 침입자에 의해서 쫓겨나거나 전멸당했다. 수많은 야만족들이 북반구 모든 지역에서 모여든 것같이 보였다. 그리고 연달아 새로운 암흑과 공포가 밀려들더니 대군은 마침내 이탈리아의 태양을 뒤덮어 서방 세계를 암흑 속에 빠뜨리고야 말았다.

고트족이 다뉴브강 저편으로 쫓겨난 때로부터 2세기가 지나는 동안에 여러 가지 명칭과 계통의 야만족들이 속속 들어와 마침내 트라키아와 판노니아, 갈리아와 브리튼, 에스파냐와 아프리카 및 이탈리아를 점유하였다. 인류의 가장 소름 끼칠 만한 황폐와 좀처럼 믿기 어려울 정도의 파괴가 이와 같은 급격한 정복에 수반되었다. 그리고 이루 말할 수 없을 정도의 처참한 전쟁에 반드시 따르게 마련인 굶주림과 전염병이 유럽 전역에 만연했다. 이와 같이 처참한 광경을 목격한 당시 역사가들은 이를 묘사하는 데 적절한 말이 없음을 한탄할 정도였다. 그러나 말의 힘을 빌리지 않더라도 유럽의 전면적인 상태 변화로 말미암아, 이들 야만적인 침입자 수가 얼마나 많았으며, 또한 그 폭력이 얼마나 포악했는지 알 수 있다. 지구상 가장 매력적인 지역을 그처럼 장기간에 걸쳐 심각하게 괴롭혀온 이와 같은 처참한 결과도, 대부분은 결국 인구 증가율이 생존자원 증가율보다 높다는 단순한 한 원인에서 비롯되었다고 설명할 수 있다.

마키아벨리는 저서 《피렌체 역사》 서두에서 이렇게 말하고 있다. "라인강과 다뉴브강 사이에 위치한 북부 지방 주민들은 건강과 다산(多産)에 쾌적한 기후의 혜택을 입어 가끔 지나칠 정도로 인구가 증가되었으므로 그들 중 엄청나게 많은 수는 하는 수 없이 고향을 버리고 새로운 삶의 터전을 찾아야 했다. 그런 터전들 가운데 어느 지역이든지 인구가 너무 많아지기 시작해서 그 부담을 덜기를 바란다면 다음 방법을 따른다. 우선 인구는 세 조(組)로 나누어 각 조마다 각각 같은 수의 귀족과 평민, 부유한 자와 가난한 자를 포함한다. 그다음에는 제비를 뽑아서 당선된 조는 조국을 떠나 스스로 운명을 개척하는 길에 오르게 되며, 나머지 두 조는 조국에 머물러 보다 더 넓은 장소와 자유를 즐길 수 있다. 이러한 이주 때문에 로마제국이 몰락했다." 기번(Gibbon)은 마키아벨리를 평하여 그는 이러한 이민의 규칙적이며 협의적인 수단을 과장해서 표현하고 있다고 기술한다. 그러나 나는 이 점에 관해서는 마키아벨리는 그렇게 큰 잘못을 저지르지 않았으며, 또한 동일인이 동일 경작지를 1년 이상 소유하는 것을 허용하지 않는, 카이사르와 타키투스가 주목한 게르만법을 이끌어냈던, 남아도는 인구를 어쩔 수 없이 다른 곳으로 내보내야 하는 일이 자주 있을 것을 미리 내다본 것이었다고 생각한다. 카이사르가 이와 같은 풍습이 생기게 된 원인으로서 제시하는 것이 충분하다고는 볼 수 없다. 그러나 마키아벨리가 말한 이주에 대한 대비라는 측면에서 본다면 이와 같은 풍습은 상당히 유용할 것이며, 카이사르가 말한 여러 이유들 가운데 하나, 다시 말해서 사람들이 한 지점에 익숙해지면서 전쟁의 수고로움을 버리고 농사짓기를 선택하지 않도록 해야 함을 다시금 강조하게 될 것이다.

북유럽 주민이 과거에 현재보다 수가 훨씬 더 많았다고 보는 흄과 로버트슨의 현실성 없는 가정을 기번은 배척하고 있는데, 이는 지극히 정당하다. 그러나 기번은 그와 동시에 북방 여러 민족의 강력한 인구 생산력을 부정하는 듯하다. 이로 미루어보면 그는 과다한 인구와 현실적으로 많은 인구 사이에는 마치 필연적인 관계라도 있는 것처럼 해석했지만, 사실상 이 양자는 엄격히 구별해야 한다. 스코틀랜드 고지대는 대영제국 어떤 곳보다도 인구가 많을지도 모른다. 그리고 그 옛날 광대한 삼림으로 뒤덮여 주로 목축 생활을 영위하던 종족들이 점거한 북유럽 지방이 그 시대에는 현재보다도 더욱 인구가 조밀했다는 사실을 인정하는 것은 명백한 모순을 인정하는 꼴이 될 것이다. 그러나 《로마제국 쇠망사》에 상세히 기록되어 있는 것과 같은 사실이나 내가 이 책에서 개략적으로 서술한 사실조차도 이와 같은 여러 민족의 가장 강력한 인구 증가 경향과 자주 되풀이되는 실패를 회복시키는 자연적 번식력을 상상해 보고 나서야 합리적으로 설명될 수 있다.

킴브리족 최초 침입으로부터 서로마제국 몰락에 이르는 동안 게르만 민족의 식민과 약탈은 잠시도 그치지 않았다. 이 기간 동안 전쟁과 굶주림으로 생명을 잃는 자는 헤아릴 수 없이 많았는데, 만일 지극히 강력한 생명 공급의 원천이 없었다면 그와 같이 인구가 희박한 국토에서는 도저히 활력을 유지할 수 없었을 것이다.

기번은 게르만족이 갈리아 국경지대로 쳐들어오는 것을 막으려고 애쓴 발렌티니아누스 이야기를 기술하고 있다. 그에 따르면 적대 세력은 북방의 가장 멀리 떨어진 지방 종족으로부터 계속 공급되는 용감한 의용병에 의해서 재건되었다고 한다. 게르만족 일부가 참패를 당한 후에도 그렇게도 짧은 시간 안에 세력을 만회할 수 있었던 것은 결국 이국인을 쉽사리 채용할 수 있었던 것이 한 이유가 아니었을까 한다. 그러나 이와 같은 설명은 문제의 난점을 일부밖에 풀어주지 못한다. 즉 이와 같은 설명은 이 지구는 거북 등 위에 지탱하고 있다고 주장하는 것과 같지만, 그 거북은 과연 무엇에 의해서 지탱되고 있는가를 조금도 설명하지 못하고 있다. 따라서 북방의 어떤 저수지가 이 과감한 모험가들에게 화수분이 되었는가를 여전히 묻고 있다. 이 문제에 관해 몽테스키외(Montesquieu)가 내린 결론은 쉽사리 인정할 수 없다고 생각한다. 그는 일찍이 북유럽으로부터 밀려오는 야만 대군은 오늘날에는 찾아볼 수 없다고 말한다. 그리고 그 이유로서 로마인의 폭력에 쫓기나 북방으로 도망쳐간 남방 민족은 로마 세력이 왕성한 동안에는 그곳에 머물러 있었지만, 세력이 쇠퇴하자마자 전 유럽에 흩어지게 되었다는 점을 지적하고 있다.

이것과 동일한 현상은 샤를마뉴(카롤루스) 대제의 정복과 폭정 및 뒤이어 일어난 제국 멸망 후에도 나타났다. 몽테스키외는 말하고 있다. "만일 오늘날 어떤 국왕이 유럽에서처럼 포악한 권력을 휘두른다면 유럽은 북방으로 쫓겨나 세계 한구석에 갇힌 신세가 되어 세 번째로 유럽에 넘쳐흐르든가 유럽을 정복할 순간까지는 그곳에 머물러 있어야 할 것이다"라고. 그리고 저서에 달린 각주에는 이렇게 쓰여 있다. "우리는 북유럽 인구가 왜 예전만큼 조밀하지 않은가 하는 유명한 물음이 어떻게 정리되는지를 알 수 있다."

만일 이 유명한 문제 혹은 이 문제에 대한 해답이 결국 위에서 설명한 것처럼 정리된다면, 그것은 하나의 기적이라 할 것이다. 왜냐하면 식량을 얻을 때 초자연적인 도움 없이 한구석으로 모여든 민족이 로마제국의 위세가 이어지는 동안 그와 같이 황량한 지역에서 어떻게 살아갈 수 있었는지 상상하기조차 어렵기 때문이다. 그리고 엄청난 대군이 세계의 한구석을 발판으로 하여 자기 고향에 다시 돌아와 옛날의 풍부한 생활로 되돌아갈 때까지 수백 년 동안 참을성 있고 꿋꿋하게 공기와 얼음을 먹고 마시며 생활해 간 모습을 상상한다면 어느 누구라도 미소를 금할 수 없을 것이다.

그러나 일찍이 아메리카에서 일어나 널리 알려진 한 가지 사실을 당시 게르만족에게 적용해 본다면, 전쟁과 기근으로 인구 증가가 억제되지 않았을 경우 그들도 25년 또는 30년마다 그 수가 배로 늘어났을 것을 감안할 때, 모든 어려운 문제는 당장에 풀린다. 고대 게르만족에게 이와 같은 증가율을 적용시키는 것은 전혀 잘못된 일이 아니며, 오히려 필요하다는 것은 그들의 풍속에 관해서 타키투스가 남긴 극히 귀중한 묘사 속에 분명히 표현되어 있다. 즉 타키투스에 의하면 그들은 도시에서 살지 않았을 뿐만 아니라, 가까이에 사람들이 모여 사는 것도 허락지 않았다고 한다. 모든 주민들은 저마다 자기 집 주위에 넓은 빈터를 가지고 있었다. 이것은 화재를 방지하는 데 효과가 있었을 뿐만 아니라 전염병 만연을 막는 데도 큰 효과가 있었다. "그들은 대체로 한 명의 부인을 둔 것에 만족하고 있다. 부부 관계는 엄격하고 진지하며, 적어도 이 점에 관한 한 그들의 풍습은 최고의 찬사를 받을 만하다. 그들은 굳게 정조를 지켜 정욕을 도발하는 광경이나 환락의 유혹에 좀처럼 넘어가지 않는다. 간통은 극히 드문 일이며, 매춘부도 찾아볼 수 없다. 여자는 아무리 젊고 얼굴이 아름다우며 재산을 가졌더라도 그것만으로는 남편을 얻을 수는 없다. 왜냐하면 그곳에서는 어느 누구도 죄악을 웃는 얼굴로 지켜만 본다든가 남녀 간 유혹을 인지상정이라고 보는 자는 없기 때문이다. 자녀 수를 제한한다거나 남편 혈통을 이어받은 자를 한 사람이라도 죽게 하는 것을 불명예스러운 일로 여긴다. 그리고 이 지방의 아름답고 고결한 풍습은 다른 나라 훌륭한 법률보다도 훨씬 더 효과가 있다. 어머니는 모두 자기 자식을 몸소 젖을 먹여 키우며, 결코 하녀와 유모에게 맡기지 않는다. 젊은이들은 늦은 나이에 이성과의 성행위를 시작하며 따라서 사춘기 때 정력을 허비하지 않는다. 처녀들도 서둘러 결혼하지 않는다. 결혼에는 동등한 수준의 성숙과 발육이 요구된다. 서로 균형이 잘 잡힌 남녀가 부부가 되며 따라서 그 사이에서 태어나는 어린이도 부모의 활기를 물려

받는다. 일가친척이 많을수록 그의 만년은 보다 더 편안해지고, 자식 없는 것은 조금도 이로움이 없다."

그와 같은 풍습과 더불어 진취적 기상과 이주 습성이 필연적으로 가족 부양의 곤란을 없앨 것이므로 그보다 더 강력한 인구 증가 원칙이 적용되는 사회를 상상하는 것은 어렵다. 우리는 여기서 그처럼 오랫동안 로마제국과 싸움을 계속하여 마침내 그 제국을 무너뜨린 군대와 식민지 이주단의 다산력의 원천이 무엇인지 곧바로 알게 된다. 하기야 게르만 영토 내 인구가 두 번 계속해서 또는 단 한 번이라도 25년 동안에 2배로 증가한 적이 있었다고 말하기는 곤란하다. 끊임없는 전쟁, 보잘것없는 농업 생산력, 특히 대다수 종족들에게서 볼 수 있는, 그들 주위에 광대한 사막을 만들어서 장벽으로 삼는 기이한 습관은 사실상 인구 증가를 언제나 가로막았다. 인구가 과잉에 이른 경우는 한두 번이 아니었지만, 인구밀도가 적절하게 유지된 때는 한 번도 없었다.

그들은 사냥하는 장소로서 광대한 삼림을 그대로 방치해 두고 국토 태반을 목장으로 활용하고, 나머지 얼마 안 되는 땅을 조잡한 경작지로 사용하고 있었는데, 일단 굶주림이 찾아들어 자원 결핍을 절실하게 느낄 때에는 주민 대다수를 충족시키지 못하는 국토의 불모성에 대해 불평했다. 그러나 삼림을 개척하고 늪지대 물을 빼내어 증가된 인구를 능히 부양해 갈 수 있도록 토지를 개량하는 방책을 강구하지 아니하고, 도리어 그들의 호전적인 습관과 성급한 기질에 따라서 '먹을 것을 찾아 약탈을 하거나 명예를 얻으려고' 다른 나라로 쳐들어갔다. 이 모험가들은 자기의 칼로 영토를 획득하거나 여러 전쟁의 패배로 차단당했으며, 로마군에 수용되거나 로마 영토 여기저기로 흩어졌으며, 또는 약탈품을 배에다 싣고 그들이 없는 동안 활기를 회복한 고향으로 돌아가 결원을 보충하여 새로운 원정길에 오를 준비를 했다. 세대교체가 급격하게 이루어졌다. 식민지로 떠나거나, 전쟁과 기근으로 죽어나간 기성세대의 빈자리를 새로운 세대가 빠르게 채워갔다.

이러한 관점에서 본다면 북방 민족은 결코 인구가 고갈된 적이 없다. 로버트슨 박사는 이들의 침략에서 비롯된 재앙들을 묘사하면서 "그들은 인구가 고갈되어 더 이상 군대를 모을 수 없게 될 때까지 침략을 멈추지 않았다"고 말하는데, 이는 북방 민족이 인구가 매우 많았던 것처럼 묘사함으로써, 자신이 이전에 반박하려고 애썼던 오류에 스스로 빠져든 격이다. 전쟁으로 수많은 사람이 죽었음에도 트라키아, 판노니아, 갈리아, 에스파냐, 아프리카, 이탈리아, 잉글랜드 등지에 정착하여 본래 있던 종족을 거의 대체할 만큼 그곳을 장악하려면, 인구가 매우 많아야 했을 것이기 때문이다. 그러나 스스로도 말한 것처럼 이들의 정착에 걸린 기간은 200년에 달한다. 그 정도면 이전 세대의 빈자리를 메우고도 남을 규모의 새로운 세대가 생겨날 만한 시간이다.

북방으로부터 계속 내려오는 이민이 중단된 진짜 원인은 이민자들이 가장 탐냈던 유럽 나라들에게 이민자들이 더 이상 좋은 인상을 주지 못했기 때문이다. 그들은 가장 용감하며 모험적인 게르만족의 후예들이었는데, 이들이 그렇게도 짧은 기간 내에 선조 전래의 무용(武勇)을 잃어버리고, 대담하다는 점에서는 우월할지 모르지만 인구수와 기술력에서는 뒤떨어진 종족에게 그렇게 쉽사리 영토를 빼앗겼을 것 같지는 않다.

육상에서는 한때 이웃 종족의 용감함과 빈곤 때문에 활동을 저지당하고 있던 스칸디나비아족도 진취적 기상과 넘쳐흐르는 과잉인구의 힘으로 마침내 해상으로 진출할 길을 찾아냈다. 샤를마뉴 대제 통치하에서는 그의 용의주도함과 무용에 저항하기 어려웠으므로 그들은 얼씬도 못 했다. 그러나 샤를마뉴 뒤를 이은 군주들이 겁이 많고 나약해서 제국이 분쟁의 소용돌이에 빠져 있는 동안에 그들은 뭐든지 집어삼킬 듯한 불길처럼 니더작센 지역과 프리슬란트, 네덜란드와 플랑드르, 마인츠에 이르는 라인강 유역으로 세력을 확장해 나갔다.

오랫동안 해안지대를 약탈한 후 프랑스 중부로 침입하여 가장 화려한 도시를 불태워버리는 한편 군주들에게 막대한 공납을 부과하고, 마침내는 프랑스 국내에서 가장 비옥한 한 지방을 넘겨받았다. 더 나아가서 그들은 에스파냐와 이탈리아 및 그리스까지도 유린하여 가는 곳마다 황폐하게 만들어 공포에 떨게 했다. 때로는 약속이나 한 듯이 서로에게 창끝을 돌리기도 했다. 또한 때로는 마치 그들의 난폭한 침략으로 생긴 인명 손실을 다른 지방에서 보상하려는 듯이 미지의 나라나 아무도 살지 않는 지역에 정착민을 파견했다.

잉글랜드 색슨 왕의 폭정과 내전은 샤를마뉴 대제 치세 후에 나타난 쇠퇴가 프랑스에 미친 것과 같은 결과를 낳았다. 그리고 200년 동안 영국 여러 섬들은 이들 북방 침입자들에 의해 끊임없이 약탈당하고 가끔 일부는 정복당했다. 8~10세기 유럽 해안은 끝에서 끝까지 그들의 선박으로 뒤덮였다. 그리고 오늘날 가장 부강한 국가들도 당시에는 그들의 끊임없는 약탈 대상이었다. 그러나 이러한 국가의 무력이 점차로 강대해지면서 그런 침입은 성공 가능성이 사라졌다. 북방 민족은 점차 퇴각하여 본래 지역으로 되돌아가 침략과 이민을 양성하는 데 적합한 유목 생활을 포기하고 농상업과 같은 인내력이 필요한 일을 택할 수밖에 없었다. 그리고 이러한 노동 형식의 변화는 필연적으로 민족의 습성에 중대한 변화를 가져왔다.

끊임없이 전쟁과 이민을 단행하던 고대 스칸디나비아에서는 가족을 먹여 살리지 못할 것 같은 두려움 때문에 결혼을 회피하는 사람은 거의 없었을 것이다. 반면 근대 스칸디나비아에서는 이러한 두려움이 결혼을 억제하는 지속적인 요인이 되고 있다. 이와 같은 사실은 다른 곳에서 자세히 기술할 것이지만, 노르웨이 경우는 특히 현저하다. 그러나 이와 동일한 근심은 정도 차이는 있지만, 유럽 모든 곳에서 상당한 영향을 미치고 있다. 다행히 근대 세계의 비교적 평화로운 상태는 그렇게 급격한 인구 공급을 필요로 하지 않는다. 따라서 자연적인 다산력도 크게 요구되지 않는다.

말레는 그의 저서 《덴마크 역사》 서문에서 여러 북방 민족에 대해 설명하면서 여러 민족의 이주가 고향에서의 주거 공간 부족에서 비롯되었음을 증명할 아무런 증거도 발견할 수 없다고 기술한다. 그리고 이러한 이유의 하나로서 그는 북방 여러 나라에서 일단 대대적으로 이민을 떠난 뒤에는 그 고향은 가끔 오랜 시일에 걸쳐 황폐해져서 아무도 살지 않는 곳이 되었다는 사실을 들고 있다. 그러나 이와 같은 실례는 이따금 일어났을지는 모르나 흔한 일은 아니었을 것이다. 물론 당시 널리 유행한 모험과 이민 관습에 따라 한층 기름진 땅을 구하기 위하여 때때로 전 부족이 함께 이동했을 것이다. 그런 경우 필연적으로 그들이 점유하고 있었던 기존의 토지가 잠시 동안은 주인 없이 방치될 수밖에 없었을 것이다. 또한 어쩌면 살던 곳의 토양이나 위치에 어떤 특수한 결함이 있었을지도 모른다. 그렇다면 부근 야만인들로서는 그렇게 내버려진 이들 땅에 정착하기보다는 스스로 자기의 칼로써 보다 나은 운명을 개척하는 것이 그들의 기질에 적합했을지도 모른다. 이와 같은 부족 전체의 이민은 사회 분열을 원치 않는다는 증거는 되지만, 그렇다고 하여 그들이 고향에서 토지와 식량에 부족을 느끼지 않았다는 뜻은 아니다.

말레는 또 다른 이유로 다음과 같은 사실을 들고 있다. 스칸디나비아에서와 마찬가지로 작센에서도 광대한 토지가 조금도 개간된 흔적 없이 자연 그대로 미경작 상태로 남아 있다. 그러나 당시 덴마크 기록에 의하면, 해안지대에만 사람들이 살았고 바다에서 멀리 떨어진 곳에서는 하나의 큰 삼림을 이루고 있었던 것 같다. 말레가 여기에서 거주민 과잉과 실제 인구과잉을 혼동하는 일반적 오류에 빠져 있는 것은 분명하다. 주민들의 유목 풍습과 전쟁과 모험을 즐기는 성향은 토지 개간과 경작을 저해했다. 그리하여 이와 같은 큰 삼림은 생존자원 원천 범위를 아주 좁게 제한함으로써 인구과잉에 이바지했다.

왜 가난하고 춥고 인구가 적은 나라에서 오히려 인구밀집이 심화되고, 그로써 강력한 이주 충동이 생겨나는지를 설명해 줄, 우리가 종종 간과하고 있는 또 다른 이유를 발견할 수가 있다. 기후가 온화하고 인구가 조밀한 나라에서는, 그중에서도 특히 다수의 큰 도시와 공장을 가지고 있는 나라에서는 식량 공급 부족이 오랫동안 계속되면 반드시 유행성 질병이 맹렬한 전염병 형태로 또는 좀 더 완만한 만성 질병 형태로 나타난다. 이에 반해 가난하고 춥고 인구가 빈약한 나라에서는 공기 중에 살균 성분이 들어 있어서 부족한 식량과 거친 식사에서 비롯된 곤궁 상태가 상당 기간 이어지더라도 좀처럼 질병이 생기지 않는다. 따라서 이민을 부추기는 강력한 자극도 훨씬 더 장기적으로 작용한다.

그러나 그와 같이 말한다고 해서 북방 민족이 자기 고향에서 식량 부족과 기타 불편을 경험하지 않는 한 아직 한 번도 원정을 계획한 일이 없었다고 말하는 것은 아니다. 말레에 의하면, 이들 북방 민족은 매년 봄이 찾아들면 어떠한 지방을 향하여 싸움을 걸 것인가를 의논하기 위하여 회의를 개최하는 관습이 있었다고 한다. 아마 이것은 사실이었을 것이다. 그리고 그처럼 전쟁을 감행하려는 투지가 왕성했을 뿐만 아니라 강자의 권리를 신성한 권리로 생각하는 주민들 사이에서 전쟁 기회는 언제나 무르익어 있었을 것이다. 이와 같이 순수하며 아무런 이해관계도 없이 전쟁과 모험을 즐기는 심성 이외에도 내분, 세력이 강대한 적의 압박 및 온화한 기후 동경과 기타 원인이 이주를 부추겼을 것이다. 그러나 일반적 관점에서 이 문제를 살펴볼 때 나는 이 시대가 인구 원리의 전형적인 실례를 보여준다고 생각한다.

이 인구 원리야말로 로마제국의 멸망을 가져온 침략과 이주의 거센 물결에 숨어 있는 고유한 충동이자 행위의 원천이다. 이후 덴마크, 노르웨이와 같은 인구가 적은 나라들로부터 침략자들이 성난 파도처럼 밀려들어 200년 넘게 유럽의 광대한 지역을 약탈, 유린했던 것도 바로 이러한 인구 원리에서 그 원인을 찾을 수 있다. 그리고 이러한 사실은 당시의 인구 증가 속도가 거의 오늘날 미국의 인구 증가 속도에 비견될 만큼 빨랐다고 가정하지 않고는 설명되지 않는다. 이 가정을 받아들일 때에야 비로소 우리는 야만시대의 끝없이 벌어지는 끔찍한 전쟁과 대량 학살의 역겨운 기록들을 읽으면서도 당시 실제 인구 증가의 억제 요인이 무엇이었는지를 명확히 인식할 수 있다.

물론 인구에 대해서는 보다 더 미약한 장애가 여러 가지로 일어났을지도 모른다. 그러나 북유럽의 유목민들 사이에 있어서는 전쟁과 기근이 인구를 그 빈약한 생존자원 수준 이하로 억제한 주요 요인이었다고 단언할 수 있다.

7. 근대 유목국가 경우

일정한 주거지 대신 천막과 이동막사에서 살고 있는 아시아의 유목민족과 토지의 관계는 북유럽 양치기들과 토지의 관계보다 한층 더 멀다. 순수 타타르족에게 고향은 천막이지 토지가 아니다. 어떤 지역의 목초가 없어지게 되면 새로운 목초지를 향하여 질서 정연하게 이동해 간다. 여름에는 북으로 향하고 겨울에는 남으로 되돌아온다. 그러므로 이를 통해 그들은 가장 평화로운 시기에 전쟁에서 수행하는 가장 어려운 작전 활동에 대한 실제적이고 노련한 지식을 터득한다. 이러한 습성은 정처 없이 쏘다니는 이들 유랑민족에게 이주와 정복의 정신을 불어넣는 데 크게 이바지하는 것이 보통이다. 약탈하려는 욕망, 강력한 이웃 민족에 대한 두려움, 또는 목초지 부족에서 비롯되는 불편은 예나 지금이나 스키타이족들이 대담하게도 먹을 것이 풍부한 또는 강적의 침입을 받을 우려가 적은 미지의 나라로 진출하도록 하는 충분한 원인이 되었다.

스키타이 유목민은 침략을 감행할 때는 언제나 가장 야만적인 파괴적 정신을 발휘했는데, 특히 남방의 문명국으로 한꺼번에 몰려들 때에는 더욱 그러했다. 몽골인이 중국의 북부를 정복했을 때 냉정하고도 신중한 회의를 열어 인구가 조밀한 그 지방의 주민을 살육하여 그 광대한 토지를 목장으로 바꾸자는 안이 제출되었다. 이 끔찍한 계획은 한 중국 관리의 지혜와 단호한 대처 덕분에 실패했지만, 그런 계획을 세웠다는 사실만으로도 승리에 도취된 정복자의 비인도적인 처사와 유목민족들 사이에서 습성의 힘이 얼마나 강력한가를, 따라서 유목 문화에서 농업 문화로 변화하는 것이 얼마나 힘든가를 분명히 보여주고 있다.

아시아에 있어서의 이주 및 정복의 역사, 어떤 종족의 세력 확대와 소멸의 자취를 더듬어보면—대충 훑어보더라도—이런 사정은 더욱 분명해진다. 흉노의 침략, 광대한 지역에 걸친 몽골족과 타타르족의 침입, 아틸라·칭기즈칸·

티무르의 피비린내 나는 정복, 그리고 이들 여러 제국의 흥망에 따르는 동란의 시대를 통하여 인구가 억제되었다는 사실은 너무나 분명하다. 사소한 변덕과 욕심 때문에 한 부족 전체를 몰살하는 저 인간 살육의 시대 역사를 읽으며, 우리는 인구 증가의 원인을 탐구해 보려는 생각에 앞서, 정복자의 반복되는 살육의 칼날 앞에 끊임없이 새로운 희생자를 제공할 수 있었던 저 인구 증가 원리의 위력에 오직 경탄할 따름이다. 그러므로 우리는 오히려 타타르족의 현재 상황과 그런 난폭한 소동에 영향을 받지 않던 평상시 인구 증가 억제에 대해 연구해 보는 것이 더 유익할 것이다.

오늘날까지도 여전히 조상 풍습을 그대로 보존하고 있는 몽골인과 타타르인 자손이 현재 살고 있는 드넓은 지역은 대체로 아시아 중부 지방을 포함하며, 기후는 아주 화창하고 온화하다. 일반적으로 토질은 하늘이 내린 비옥한 땅이며 순수한 사막은 비교적 적다. 가끔 평원이라고 부르며, 러시아인들은 스텝[1]이라고 부르는, 떨기나무 그림자조차 찾아볼 길 없는 드넓게 펼쳐진 대초원은 우거진 목초로 뒤덮여 수많은 양과 소를 기르는 목장으로서 가장 알맞다. 물이 모자란다는 점이 이 드넓은 지역의 가장 큰 문제점이지만, 물이 공급되는 지방은 적당하게 경작만 하면 지금보다 4배 더 많은 인구를 먹여 살리는 데는 충분할 것이다. 개별적인 오르다,[2] 또는 종족은 각각 여름과 겨울에도 활용할 수 있는 목장이 딸린 영토를 가지고 있다. 그리고 그 드넓은 지역 인구는 많고 적음에 관계없이 지방마다 실제적인 비옥도에 비례하여 흩어져 있는 것 같다.

볼네(Volney)가 시리아 베두인족에 대해 그 필연적인 분포를 잘 설명해 준다. "이를테면 수에즈 사막, 홍해 사막, 또는 대사막 내지(內地)와 같은 불모지에 사는 종족들은 힘이 빈약하고 서로 멀리 떨어져서 살고 있다. 이에 반하여 다마스쿠스와 유프라테스강 사이와 같이 수풀이 무성한 지방에 사는 종족들은 힘이 강대하고, 서로 이웃해서 살고 있다. 알레포 파샬리크[3]와 하우란,[4] 가자

---

1) 나무가 없는, 특히 시베리아 대초원 지대.
2) 유라시아 몽골족 역사상의 사회·정치·군사 기구.
3) 오스만제국 세력권 내 주지사인 파샤(pasha)의 관할구역.
4) 지금의 이스라엘 영토.

(Gaza) 지구처럼 경작이 가능한 곳에서는 촌락도 많을 뿐만 아니라 또한 서로 이웃하고 있다." 이와 같이 주민들이 그들의 산업과 습관의 현실적인 상태하에서 얻을 수 있는 식량의 양에 비례하여 분포한다는 원칙은 시리아와 아라비아뿐만 아니라 타타르제국은 물론 전 세계적으로도 적용될 수 있으며, 단지 문명국에서는 상업 때문에 이로쿼이 같은 단순사회에서처럼 그렇게 명백하게 나타나지 않는다.

타타르제국 서부에 거주하는 이슬람 타타르족들은 토지 일부를 경작은 하지만 방법이 아주 서툴러서 그것을 생활의 주요 자원으로 삼기에는 충분하지 않다. 야만인의 게으름과 호전적 기풍은 지역마다 널리 퍼져 있었기 때문에, 그들은 약탈로 얻을 수 있는 것을 새삼스럽게 노동으로 얻으려고 하지 않았다. 《타타르 연대기》를 펼쳐보면 아무런 뚜렷한 전쟁과 변혁을 찾아볼 수 없는 시기에도 국내 평화와 산업은 약탈을 목적으로 하는 여러 사소한 경합과 상호 침략으로 끊임없이 위협을 당했다. 이슬람 타타르족은 전시는 물론 평시에도 이웃 나라를 약탈하고 도둑질하는 것으로 살아갔다고 한다.

호라즘 왕국의 지배자로 군림하던 우즈베크족은 공물을 바치던 사르트족과 투르크멘족에게 국내에서 가장 좋은 목장을 넘겨주었는데, 그것은 그 이웃 종족이 너무 가난해서 약탈할 것이 없었거나 또는 약탈은 꿈도 꾸지 말라는 듯이 경계가 심했기 때문이다. 약탈은 그들의 주요한 자원이다. 그들은 끊임없이 페르시아인, 대(大)부하라의 우즈베크족 영토를 침략했다. 그들이 약탈해 오는 노예와 기타 귀중품이 그들 부의 모두이기 때문에, 평화도 휴전도 그들의 이런 행동을 견제할 수 없다. 우즈베크족과 그들의 지배를 받는 투르크멘족은 끊임없이 충돌하고 있으며, 지배계층 왕족들이 두 세력 사이의 질투 감정을 이따금씩 부추겨 온 나라를 하루도 편안할 날 없는 혼란 상태로 몰아넣고 있다. 또한 투르크멘족은 언제나 쿠르드족, 아랍족과 싸웠는데 그들은 가끔 침입하여 가축 뿔을 절단하거나, 그들의 아내와 딸들을 빼앗아간다.

이슬람 타타르족 가운데 대부하라의 우즈베크족이 가장 문명화되었다고 생각하지만, 그들의 약탈 정신은 나머지 종족들에 비해 손색이 없다. 그들은 끊임없이 페르시아인과 싸우며 호라산 지방의 비옥한 평원을 내버려두고는 전혀 돌보지 않는다. 그들이 점유하는 지방은 자연적으로 가장 비옥하여 고대 주민

자손들 중에는 상업과 농업과 같은 평화로운 사업에 종사하는 자가 있었음에도 토양의 비옥함도, 눈앞에 보이는 모범적인 실례도 아직 그들의 오래된 습관을 바꾸기에는 부족했다. 그러므로 그들은 여전히 자연이 아낌없이 제공해 주는 혜택을 활용하기보다는 오히려 이웃 사람들을 마구 약탈하며 살해하는 것을 즐겼다.

투르키스탄 카자흐족은 북쪽과 동쪽 이웃 나라 사람들과 끊임없이 싸우면서 살아가고 있다. 겨울에는 대부하라 국경과 그들 국토 남쪽 지방에 출몰하는 칼무크족에 대한 침략을 시도한다. 다른 한편 그들은 야이크[5]의 카자흐스탄족과 노가이 타타르족을 끊임없이 위협한다. 여름에는 이글산맥을 가로질러 시베리아에 침입한다. 이런 침략 과정에서 그들은 가끔 이루 말할 수 없는 고생을 할 뿐만 아니라, 약탈물이라고 해봐야 모두 합쳐도 자기들 토지에 조금만 노력을 기울이면 쉽게 얻을 수 있는 정도의 양도 되지 않음에도 진지하게 농업에 종사하기를 싫어하고, 그런 생활에 필연적으로 따르게 되는 온갖 고생과 위험 속에 즐거이 몸을 내맡긴다.

나머지 이슬람 타타르족 생활 양식도 이들과 똑같고, 여기에서 다시 설명하는 것도 번잡한 일이기 때문에, 독자께서는 《타타르 연대기》와 그 속의 귀중한 각주를 참조하기 바란다. 이 사서(史書)를 지은 이는 호라즘 왕국 칸[6]이며, 자신의 행위가 이들 나라에서 행해지는 정책상의, 또는 복수와 약탈을 위한 전쟁이 얼마나 잔인하게 이루어지는가 실례를 보여주고 있다. 그는 가끔 대부하라에 침입하여 그때마다 어김없이 여러 도읍을 유린하여 거리와 마을을 깡그리 파괴하여 황폐하게 만들었다. 그들이 사로잡은 포로들 가운데 그들의 행동을 방해하는 것들은 그 자리에서 주저 없이 죽여버렸다. 자신에게 공물을 바치는 투르크멘족 세력을 감소시키기 위하여, 종족 유력자 모두를 성대한 잔치에 초대하여 단번에 2000명을 해치워버렸으며 투르크멘족 마을을 무참히 불살라버렸다. 그러나 그런 잔인무도한 행동에 대한 보복은 아랫사람들이 받게 되어 승리자 군대는 굶주림에 허덕이게 되었다.

일반적으로 이슬람 타타르족은 상업을 싫어하며, 그들 손에 들어오는 상인

---

5) 지금의 우랄 지방.
6) khan. 중세에, 몽골·터키·타타르·위구르 등에서 군주를 이르던 말.

을 모조리 해치우는 것을 업으로 삼고 있다. 그들이 장려하는 유일한 상업은 노예 매매이다. 노예는 약탈 원정에서 빼앗아오는 전리품의 주요 부분이자 부의 주된 원천이었다. 그 가운데 가축을 돌볼 자와 아내와 첩으로 삼을 수 있는 여자만을 남겨놓고 나머지는 팔아버린다. 체르케스 타타르인과 다게스탄 타타르인, 캅카스 부근 다른 종족들은 가난하고 산악 지방에서 사는 덕분에 침략받는 일이 비교적 적다 보니 대개는 주민이 넘쳐난다. 그리고 일반적인 방법으로 노예를 손에 넣을 수 없으면 서로 훔치며 때로는 그들 자신의 아내와 아이들을 팔기도 한다. 이슬람 타타르족들 사이에서는 아주 일반적인 이런 노예 거래는 그들 사이에서 끊임없이 벌어지는 투쟁의 한 원인일 수도 있는데, 이런 거래에서 공급이 풍족하게 이루어질 수 있다면 평화는 물론 동맹도 그들을 저지할 수 없기 때문이다.

이교도 타타르인, 칼무크족과 몽골족은 노예를 부리는 일 없이 일반적으로 남을 조금도 해치지 않는 평화로운 생활을 하면서 그들의 유일한 재산인 가축 생산물에 만족하고 있다. 그들은 약탈을 위해 싸우는 일은 별로 없으며, 이전에 당한 침입에 대한 복수 말고는 이웃 영토를 침범하지 않는다. 그렇다고 그들에게 파괴적인 전쟁이 전혀 없는 것도 아니다. 그들은 이슬람 타타르족들 침입에 끊임없이 방어하고 복수해 왔다. 그리고 중국 왕의 술책에 넘어가 칼무크족과 몽골족의 같은 혈족 사이에서 끊임없이 불화가 일어나다 보니 이들 종족들 가운데 어느 한 편을 깡그리 없애버리겠다는 적개심을 가질 정도로 지속되고 있다.

아라비아와 시리아 베두인족 역시 타타르제국 주민들과 별반 다를 것 없이 끊임없는 분쟁을 겪고 있다. 유목 생활의 성질 자체가 끊임없이 전쟁 기회를 부여하는 것처럼 보인다. 한 종족이 어떤 기간 동안 사용하는 목초지는 그 영토의 작은 한 부분일 뿐이다. 한 해 동안 드넓은 영토를 순차적으로 이용한다. 그리고 이 모든 것은 그 종족의 한 해 동안 생존에 절대적으로 필요하며, 또한 그들의 전용지로 생각하기 때문에 조금이라도 침해당하면 비록 상대가 멀리 떨어진 곳에 있더라도 전쟁을 시작할 수 있는 정당한 사유로 해석한다. 동맹국과 혈족 관계는 이런 전쟁을 한층 더 확대시킨다. 일단 피를 흘리면 보다 더 많은 피로 보상받아야 하며, 해를 거듭하면서 그런 사건이 늘어났기에 이들 종족 대부분은 서로 싸우며 영원히 적대적인 상태에서 살아가고 있다. 무함마드 출현 이전에는 1700회 싸웠다고 전해지며, 기번의 사실 그대로의 해석에 따르면 두 달 동안 부분적이나마 엄격하게 휴전 약속을 지켰다는 것은 무정부 상태와 전쟁에 대한 그들의 일반적 풍습을 보여주는 더욱 유력한 예증이라 할 수 있다.

그런 습관에서 비롯되는 인명 손실만으로도 그들 인구를 억제하기에 충분한 것처럼 보인다. 그러나 각종 산업, 그중에서도 생존자원 증가를 목적으로 하는 산업에 미치는 치명적인 장애의 영향이 훨씬 더 깊고 크다. 우물이나 저수지 하나 파는 데도 사전에 어느 정도 자본과 노력이 필요하다. 그런데 전쟁은 여러 달 동안 이루어놓은 성과와 꼬박 1년 동안 사용할 수 있는 자원을 하루아침에 깡그리 파괴할 수도 있다. 이런 해악은 서로 인과 관계로 작용하는 것처럼 보인다. 식량이 부족하다 보면 전쟁은 습관이 되고, 습관이 된 전쟁은 거꾸로 생존자원을 제한하는 강력한 원인이 된다.

어떤 종족은 그들이 살아가고 있는 사막의 성질상 운명적으로 유목 생활을 할 수밖에 없는 것 같다. 그러나 농업에 알맞은 토지에 살고 있는 종족도 약탈을 밥 먹듯이 하는 이웃 나라 사람들에게 둘러싸여 있는 동안에는 좀처럼 토지를 경작해 보려는 생각이 들지 않을 것이다. 시리아와 페르시아, 시베리아 국경지대 농민은 약탈을 밥 먹듯이 하는 잔인한 적의 침략에 끊임없이 시달렸기 때문에, 이리저리로 유랑하는 타타르족과 아랍족의 시기를 받을 만한 생활은 하지 않고 있다. 유목 문화에서 농업 문화로의 전환을 장려하기 위해서는 토질의 비옥함보다는 일정 수준의 안전이 더욱 필수적이라고 생각한다. 그러므로 만일 이런 안전이 보장되지 않는 곳에 정착한 노동자는, 전 재산을 짊어지고 떠도는 생활을 하는 자들보다 더한 운명의 우여곡절을 겪는다. 힘이 그다지 세지도 않지만 압제적인 오스만 튀르크 정부하에서는 농민들이 스스로 마을을 버리고 유목에 종사함으로써 오스만 튀르크 지배자와 이웃 나라 사람인 아랍인의 약탈을 피할 수 있으리라고 기대하는 것은 흔한 일이다.

그러나 수렵민과 마찬가지로 유목민에 대해서도 만일 오직 결핍만이 습관을 일변시킬 수 있다고 하면 유목민족으로서 살아남는 것은 거의 불가능하다고 말할 수 있다. 베두인 아랍족은 끊임없이 전쟁을 하고 있으며, 또한 생활고에서 비롯된 인구 증가를 제한하는 다른 억제 요인이 있음에도 그들의 인구는 식량 한계에 맹렬한 기세로 다가서서, 그들의 궁핍은 어린 시절로부터 끊임없이 함양되어 온 습관이라도 없다면 도저히 육체를 지탱해 나갈 수 없을 정도이다. 볼네에 따르면 아라비아 하층계급은 만성적인 곤궁과 기아 상태 속에서 살고 있다고 한다. 사막에서 살고 있는 여러 종족들은 이슬람교가 그들을 위한 것이 아니라고 말한다. "이유는 이렇다. 우리는 물 한 방울도 없는데, 어떻게 목욕을 할 수 있는가. 재산 한 푼도 없는데 어찌 기꺼이 내놓겠는가. 또한 우리는 1년 내내 단식을 하고 있는데 어떻게 라마단[7] 동안에 단식할 수 있겠는가?"

샤이크[8]의 부강은 종족 수의 많고 적음에 달려 있다. 따라서 부양 능력 유무에 개의치 않고 인구 증가에 부심한다. 그 자신이 중요시되는 까닭은 많은 수의 자손과 혈통을 가지고 있다는 데 있다. 그리고 일반적으로 권력이 생존 자원을 획득하는 사회에서는 각 가족의 권력과 지위는 전적으로 인원수에 의해서 결정된다. 그런 관념은 인구 증가를 크게 장려하며, 이것이 재산을 나누어 가질 수 있는 정도의 관대한 정신과 결부되어, 인구를 극한 상태까지 증가시켜 민중 전체를 이루 말할 수 없는 곤궁에 허덕이게 한다.

일부다처제 관습은 전쟁에 의해 많은 인명을 잃어버린 곳에서는 똑같은 결과를 낳곤 한다. 니부어(Niebuhr)는 일부다처제가 가족 수를 격증시켜 마침내 그 가족에서 갈라져 나온 자들을 지독한 궁핍에 허덕이게 한다고 보고 있다. 무함마드의 후예들은 동방의 가는 곳마다 수많은 무리를 이루어 살고 있지만, 그중 대다수가 이루 말할 수 없을 정도로 가난하게 살아가고 있다. 이슬람교도는 창조주를 칭송하기 위해서 자식을 낳는 것을 인간의 최대 의무의 하나로 삼는 무함마드의 가르침을 받들어 어느 정도까지 일부다처제를 받아들일 것을 강요한다. 그러나 다행히도 개인 이기심이 나머지 많은 경우에서처럼 어느 정도까지 입법자의 불합리를 올바르게 바로잡는다. 그러므로 가난한 아랍인은 자산이 부족하면 종교적인 복종을 받아들일 수밖에 없음에도 인구 증가에 대해서는 직접적이고 대대적으로 장려한다. 하지만 그런 장려가 얼마나 무

---

7) 이슬람력의 아홉 번째 달로, 해가 뜰 때부터 질 때까지 식사, 흡연, 음주, 성행위 따위를 금함.
8) sheikh(shaikh)는 이슬람 사회·조직의 지도자.

익하며 어리석은 것인가는 그 나라 현상 속에 뚜렷하게 나타나고 있다.

비록 그들 인구는 이전보다는 감소되지 않았더라도 이전보다 더 증가하지 않은 것만은 의심의 여지가 없다. 이런 사정의 직접적인 결과로 어떤 가족이 급격하게 증가하면 다른 가족을 내쳐야만 생존할 수 있다는 것은 피할 수 없는 일이다. 기번은 아랍인에 대해서 다음과 같이 말한다. "인구 한도는 생존자원의 양에 따라 규정된다. 따라서 이 광활한 반도(半島)의 주민은 그 수에서 땅이 기름지고 사람들이 부지런한 일개 주(州) 인구보다 적을 수도 있다." 아무리 결혼을 장려하더라도 이런 한도를 넘을 수는 없다. 적어도 아랍인이 현재 습관을 그대로 지켜나가는 한, 또한 아라비아가 현재와 같은 경작 상태를 그대로 유지해 가는 한 자녀 10명을 둔 모든 사람에게 천국행을 약속한들, 빈곤이 더욱 심해질지는 몰라도 인구 증가는 거의 바랄 수 없을 것이다. 인구에 대한 직접적인 장려는 위에서 말한 풍속을 하루아침에 바꾸며, 경작을 증진시킬 경향을 조금도 보이지 않는다. 증진시킬 경향을 보이기는커녕 사실상은 그 반대의 경향조차 보이고 있다. 왜냐하면 그런 장려에서 비롯된 결핍은 끊임없는 불안을 초래하며, 그런 불안은 약탈적 정신을 고무하여 전쟁 기회를 증가시킬 것에 틀림없기 때문이다.

더욱 기름진 땅에 살게 된 결과로 비교적 가축을 많이 기르게 된 타타르인들 사이에서, 약탈적 침략에서 얻은 노획물은 아랍인들의 경우보다는 훨씬 더 풍부하다. 그리고 각 종족은 세력이 강대했으므로 자연히 그 투쟁은 더한층 잔인해졌으며, 또한 빼앗은 사람을 노예로 삼는 습관이 일반적이었으므로 전쟁에서 잃는 사망자 수도 훨씬 많아질 것이다. 바로 이런 두 가지 사정으로 말미암아 어떤 운수 좋은 약탈자 무리는 그들보다는 모험성이 떨어지는 이웃 나라 사람들보다는 윤택한 생활을 하게 된다. 팔라스 교수는 러시아에 예속된 두 유목민족에 대해서 상세한 보고를 전하고 있는데, 한 종족은 거의 약탈로 생활을 유지해 가고 있고, 또 다른 종족은 이웃 나라 사람으로부터 위협을 당하지 않는 한 평화스럽게 살아가고 있다. 이처럼 서로 다른 관습에서 비롯된 상이한 인구 억제 요인을 탐구해 보는 것은 흥미로운 일일 것이다.

팔라스 교수에 따르면 키르기스인은 러시아에 속한 다른 어떤 유랑민족보다 안락하게 생활하고 있다고 한다. 그들에게서 보이는 열렬한 자유 독립 정신은 그들의 생활을 유지해 나가기에 충분한 수많은 가축을 쉽사리 획득할 수 있는 사정과 결부되어 그들 중 어느 누구도 다른 사람의 종으로 일하게 하지 않는다. 그들은 서로 친형제와 같은 대우를 기대하기에 부자도 다른 곳에서 노예를 구해다 부릴 수밖에 없다. 그렇다면 하층민이 궁핍에 허덕이게 될 정도까지 수가 늘어나는 것을 방해하는 여러 원인은 과연 무엇일까.

팔라스 교수는 부녀자들에 관한 악습과 가족 부양에 대한 근심에서 비롯된 결혼 억제가 과연 어느 정도까지 이 결과를 초래하는 데 공헌하고 있는가에 대해서는 말하지 않는다. 그러나 그들 집단 조직과 마음 내키는 대로 약탈하려는 정신에 관한 교수의 소론만으로도 이런 의문은 충분히 설명된다. 칸은 민중이 선거한 대표자 회의를 거쳐야만 그의 권위를 행사할 수 있다. 그러나 이런 승인된 법령조차도 끊임없이 공공연히 무시되지만 그것이 죄가 되지는 않는다. 키르기스인들 사이에서는 이웃 나라 사람인 카잘파크인·칼무크인 및 러시아인 등을 위협하여 사람과 가축 또는 상품을 약탈하지 못하도록 법률로 금지하고는 있지만, 누구도 이것을 어기는 것을 조금이라도 두려워하기는커녕 오히려 그러한 행위의 성공을 가장 영예로운 일로 자랑한다. 때로 그들은 홀몸으로 국경을 넘어 재물을 구하기도 하며, 때로는 유능한 우두머리 밑에 집결하여 사막의 대상(隊商)을 습격하여 물건을 약탈하기도 한다. 이런 약탈을 자행하는 과정에서 꽤 많은 키르기스인들이 죽거나 붙잡혀 노예가 되지만, 이 민족은 이에 대해 거의 무관심하다. 모험가 한 사람 한 사람이 개별적으로 약탈을 했다면 그 약탈한 물건은, 이를테면 가축이든 부녀자든 모두 그의 소유가 된다. 그리고 남자 노예와 상품은 부자와 외국 상인에게 매각된다.

이런 관습 외에도 키르기스인들 사이에서는 그 종족의 변덕스럽고 소란을 일으키기 좋아하는 성향 때문에 자주 민족 내부에서 싸움이 벌어지기 때문에, 폭력적 원인으로부터 생기는 인구 장애의 영향력이 나머지 모든 장애를 차단해 버릴 정도로 맹렬하다는 것을 쉽사리 상상할 수 있다. 물론 파괴적 전쟁이나 약탈이 저질러지고 가축이 죽어나가는 동안 우발적인 굶주림이 찾아들어 그들을 괴롭힐 수도 있다. 그러나 상황이 전개되는 일반적인 순서로 볼 때 먼저 가난이 찾아들면 그것이 새로운 약탈적 침략을 감행케 하는 신호가 된다고 할 것이다. 그리고 이런 침략을 통해 궁핍에 허덕이던 키르기스족은 생활을 유지하는 데 도움이 될 수많은 전리품을 가지고 돌아오거나 원정이 실패할 경우 자유와 목숨을 잃는다. 이들은 죽느냐 사느냐의 갈림길에서, 수단과 방법을 가리지 않는 노력을 통해서야 간신히 오랜 궁핍을 벗을 수 있다.

러시아 보호하에 1771년까지 볼가강 변 기름진 초원을 점거해 살고 있던 칼무크족은 일반적으로 다른 종족들과는 다르게 살아가고 있었다. 그들은 아주 잔인한 전쟁을 그렇게 자주 벌이지는 않는다. 칸의 권력은 절대적이었으며, 키르기스족에 비하면 내정은 훨씬 더 정돈되어 있으므로 개개 모험자의 약탈 원정은 금지되어 있다. 칼무크족 부인들은 자식을 많이 낳는다. 자녀가 없는 부부는 보기 드물고 대개 어느 오막살이 마당에서나 아이 서넛은 놀고 있는 것이 보인다. 팔라스 교수는 "이런 점으로 미루어보아 그들이 볼가강 초원에서 150년간이나 평온무사하게 살아오는 동안 눈에 띄게 인구가 늘어나는 게 당연한 것이라고 결론 내릴 수밖에 없다"고 말한다. 그러면서 교수는 그들이 이러한 예상과 달리 인구가 크게 증가하지 않았던 이유로 "말에서 떨어져 생긴 여러 가지 사고, 서로 다른 왕족들과 이웃 나라 사람들 사이에서 자주 일어나는 작은 규모의 투쟁, 그중에서도 특히 굶주림과 가난 때문에 죽어가는 수많은 하층민 수, 그리고 아이들이 가장 많이 희생되는 온갖 재난" 등을 들고 있다.

칼무크 종족은 러시아 보호하에 들어가게 되면서 순가레스족으로부터 떨어져 살게 되었는데, 그 수는 결코 많지 않았던 것 같다. 그러나 볼가강 변 기름진 초원을 점유하여 보다 더 평온한 생활을 하게 되자, 인구는 갑자기 늘어나 1662년 5만 가구에 이르렀다. 이때부터 1771년 이주의 시기에 이르기까지는 인구가 그다지 늘어나지 않은 것 같다. 아마 그들이 점유한 목초지 면적은 훨씬 더 많은 수의 인구를 포용할 수 있을 정도로 드넓지 못했을지도 모른다. 그것은 이 지방으로부터 칼무크 종족이 물러나게 된 것이 칸이 러시아의 행동에 대해서 분노를 느꼈다는 데 있을 뿐만 아니라, 동시에 주민들이 엄청나게 많은 수의 가축을 키울 목초지의 부족함에 불만스러워했다는 데 있었다는 사실에서 그 이유를 찾을 수 있다.

이주 당시 칼무크 종족은 5만 5000~6만 가구였다. 이런 기이한 이주를 감행한 칼무크 종족의 운명은 목초지 부족을 비롯한 이러저러한 불만으로 인해 새로운 땅으로 진출하려는 수많은 유랑종족이 겪게 되는 운명과 조금도 다름이 없었을 것이다. 겨울에 다른 곳으로 이주했는데 이루 말할 수 없는 힘든 여정에서 추위와 굶주림, 궁핍 때문에 수많은 사람이 죽었다. 키르기스족들이 그들을 죽이거나 사로잡아서 포로로 삼았으며, 다행히 목적지에 이른 자들도 처음에는 중국인에게 친절한 대접을 받았지만 나중에는 말할 수 없는 학대를 받았다.

이처럼 이주하기 이전의 칼무크족 하층민들은 이루 말할 수 없이 비참하고 곤궁하게 살아가고 있었으므로, 동식물과 초목 뿌리는 무엇이든지 자양물을 섭취할 수 있는 것이라면 모두 이를 식용으로 하는 버릇이 생겼다. 그들은 실제로 훔쳐온 가축 이외에는 크고 힘센 가축을 도살하는 일은 거의 없었다. 또한 훔쳐온 가축은 발각될 것을 두려워하여 즉석에서 잡아먹었다. 상처를 입은 말(馬)과 다 늙어빠진 말 또는 전염병 이외의 질병으로 죽은 들짐승 종류는 그들이 가장 즐겨 먹는 식량이었다. 가장 가난한 칼무크족 일부는 다 썩은 들짐승 고기를 먹었으며, 가축 똥도 먹곤 했다. 수없이 많은 아이들이 영양실조로 죽어갔다. 겨울이 되면 모든 하층계급 사람들이 추위와 굶주림으로 극심한 고통을 받았다. 그들이 기르는 양의 3분의 1, 때로는 그 이상이 겨울 동안 온갖 노력에도 죽어버렸다. 또한 겨울에 서리가 내려 가축들이 풀을 먹을 수 없게 되어 떼죽음당하는 일도 비일비재했다.

주로 부패한 식량과 주위에 내버려진 부패물의 썩은 냄새로부터 생기는 악성 열병, 무서운 천연두는 이들의 인구를 감소시켰다. 그들의 인구가 생존자원 한계에 거의 다다를 만큼 성장한 적도 있음을 생각할 때, 식량 부족과 거기서 비롯된 질병이 이들의 인구 증가를 억제한 주된 요인이라고 볼 수 있다.

여름철 몇 달 동안 타타르제국을 여행하는 사람은 광대한 무인지경의 평원에 풀을 뜯어 먹을 가축이 없으므로 그대로 내버려둔 들풀이 무성하게 자라고 있는 모습을 볼 것이다. 그리고 이 지방은 비록 주민들이 여전히 유목 생활을 계속하더라도, 아직 훨씬 더 많은 인구를 부양할 수 있으리라고 생각할지도 모른다. 그러나 그것은 섣부른 단정이다. 말이나 사람을 위해 일하는 가축의 힘은 그 몸의 가장 약한 부분의 힘의 크기에 비례한다. 가령 다리가 가늘고 연약하다면 다른 부위가 아무리 힘이 세더라도 소용이 없다. 등과 머리에 힘이 없다면 사지의 힘은 충분히 기능을 발휘할 수 없게 된다. 이런 이치는 생물을 부양하는 대지의 힘에도 그대로 적용된다. 흉년에도 생존을 이어간 소수 인구가 풍부한 계절에 넘쳐흐르는 다량의 식량을 모두 소비할 수는 없다.

인간의 노력과 선견지명을 좋은 방향으로 이끌어가면 대지가 부양할 수 있는 인구는 1년 평균생산량에 따라 규정되지만, 야생에서 생활하는, 또는 비문명 상태의 인구수는 평균생산량보다 훨씬 적을 것이다. 타타르족은 겨울 동안 가축 전부를 충분히 먹일 수 있을 정도로 많은 마른풀을 끌어모아 짊어지고 다니는 게 꽤나 힘들었을 것이다. 그런 것을 짊어지고 다니면 행동도 자연히 둔해지고 적의 공격을 받을 기회도 늘어나서 일단 불행한 일을 겪게 되면 한여름 동안 노고는 물거품이 될 수도 있다. 전투가 벌어지면 짊어지고 갈 수 없는 마초와 양식은 모두 불태워버리는 것이 일반적인 관례이기 때문이다. 그러므로 타타르족은 겨울에는 가축 중에서 가장 가치 있어 보이는 것에만 사료를 주었고, 나머지 가축은 다 말라버린 목초를 제멋대로 뜯어 먹고 살도록 내버려둔다. 이런 빈약한 생활은 살을 에는 모진 추위와 겹쳐 자연적으로 가축의 대부분을 몰살시키고 만다. 종족 인구는 가축 수와 비례한다. 타타르족의 평균 숫자는 황야를 달리는 야생마의 평균 숫자와 마찬가지로 해마다 돌아오는 겨울철 혹한과 식량 부족 때문에 여름철에 나는 풍부한 산물을 모두 소비할 수 없을 정도로 줄어든다.

가뭄과 악천후의 계절도, 그 빈도수에 비례하여 겨울과 똑같은 결과를 가져온다. 아라비아와 타타르 각 지방에서 가뭄은 그렇게 보기 드문 현상은 아니다. 가뭄 주기가 6~8년을 넘지 않으면 평균 인구는 대지가 부양 가능한 인구를 밑돈다. 이런 사실은 어떤 경우에도 들어맞지만, 그중에서도 유목 상태에서 사람은 특히 계절의 영향을 쉽게 받는다. 종자가 되는 가축이 많이 죽으면 흉작보다 훨씬 더 치명적이고 오랜 영향을 미치게 된다. 팔라스를 비롯한 여러 러시아 여행가들은 가축전염병이 이 지방에서 널리 유행하고 있다고 증언한다.

타타르족은 가족을 존중하고, 부녀자들이 가축과 집안일을 돌보는 데 아주 쓸모 있는 존재라고 생각하기 때문에, 가족 부양 능력을 걱정하여 결혼을 회피하는 사람은 그리 많지 않은 듯하다. 그러나 아내는 그녀의 부모에게서 돈을 주고 사는 것이므로 아내를 구할 수 없는 하층민도 있다. 빌럼(Willem van Rubroeck) 수도사는 이런 풍속에 대하여 말하고 있다. "부모들은 자기 딸이 팔릴 때까지는 모두 집에다 가두어두므로, 결혼도 하기 전에 몹시 녹이 슬어버린 노처녀 꼴이 되어버리는 딸자식도 적지 않다." 이슬람교를 믿는 타타르족 사이에서는 포로가 된 여성이 주부의 일을 대신하는 관습이 있었다. 그러나 노예를 거의 부리는 일이 없는 비이슬람 타타르족들 사이에서는 아내를 돈을 주고 사들일 수 없다 보니 가난한 주민들은 결혼할 수 없는 장애로 작용할 수밖에 없다. 특히 부자들 사이에서 유행하는 일부다처 풍습 때문에 그 가격이 더욱 비싸질 경우엔 더욱 그러하다.

칼무크족은 질투심이 그다지 강하지 않다고 한다. 그리고 그들 사이에 성병이 많다는 사실로 미루어보아 상당한 정도로 난잡한 성행위가 널리 이루어졌을 것이라고 상상할 수 있다.

그러므로 이번 장에서 고찰한 유목국가에서 인구를 생존자원 한계 이하로 머무르게 하는 주요 억제 요인은 아내를 얻는 데 따르는 어려움, 문란한 성관습, 전염병, 전쟁, 기근 및 극단적인 빈곤에서 비롯된 질병 등이라고 생각된다. 북유럽 유목민들의 경우, 이러한 억제 요인이 미치는 작용은 상대적으로 크지 않은 것으로 보인다.

8. 아프리카 경우

아프리카 각 지방을 두루 방문하고 돌아온 파크(Mungo Park)는 그곳의 경작 상태가 좋지 않고, 주민들도 많지 않다고 증언한다. 그는 아름다운 광활한 대지에 사람 하나 살지 않는 것을 보았고, 일반적으로 왕국들의 국경 지방은 인구가 희박하거나 아예 황무지였다고 한다. 감비아강·세네갈강 및 기타 해안에 가까운 늪지대는 보건상 인구 증가에 적합하지 않은 지역이나 그 외의 지역은 그렇지 않다고 한다. 그러므로 땅이 대단히 기름지고 노역·식용 어느 것으로도 이용할 수 있는 수많은 가축 무리를 바라볼 때, 또는 넓은 내륙 지방을 여행할 수 있는 여건이 자연적으로 갖추어져 있다는 것을 감안할 때, 그렇게도 자연의 혜택을 받는 국토가 현재처럼 황폐한 야만 상태로 남아 있는 것을 보고서 슬퍼할 수밖에 없었다고 말한다.

그러나 흑인종의 일반적 습성에 관한 파크의 기술을 통해서 이처럼 황폐한 채로 머물러 있게 된 원인을 분명히 알 수 있다. "국토가 수많은 작은 주로 나뉘어서 대부분이 서로 독립하여 경계하고 있는 나라에서는 아주 사소한 자극이라도 언제든 전쟁의 원인이 될 수 있다. 아프리카에서 일어나는 전쟁은 크게 두 가지로 나누어볼 수 있다. 공공연히 선포되는 전쟁인 킬리(Killi)와 약탈을 의미하는 테그리아(Tegria)가 그것이다. 테그리아는 흔한 일인데, 특히 건기가 시작되는 초기 즉 수확이 끝나 식량이 풍족한 때에 널리 행해진다. 그런데 이런 약탈 원정은 언제나 머지않아 보복을 받게 된다."

이와 같이 끊임없는 약탈에서 비롯된 재산의 불안정은 아이의 출산에 나쁜 영향을 미칠 수밖에 없다. 국경 지방의 황폐한 실상은 그 영향력을 분명히 말해주고 있다. 기후의 성질은 흑인들이 노동하기에 적합하지 않다. 그리고 그들이 노동 잉여생산물을 이용할 기회는 그다지 많지 않기에, 흑인들이 대개 자신의 생계유지에 필요한 토지만을 경작하는 데 만족을 느끼고 있다고 해서 새삼스럽게 놀랄 일은 아니다. 이런 여러 가지 원인 때문에 아프리카 각 지방이 미개간 상태로 남아 있게 된 것이다.

이런 끊임없는 전란과 약탈 때문에 상실되는 인명은 상당히 많을 것이다. 파크는 이러한 폭력적 억제 요인과 관계없이 흑인 가운데 오래 사는 이는 드물다고 보는 뷔퐁(Buffon)의 견해에 동의한다. 또한 파크는 대개 흑인들은 마흔 살만 되도 머리가 희끗희끗해지고 주름살투성이가 되며, 55~60세를 넘기는 자가 거의 없다고 말한다. 뷔퐁은 이처럼 단명하게 되는 이유를 이른 나이부터 시작되는 성교와 과도한 방탕에서 찾고 있다. 이 점에 관한 한 뷔퐁의 주장은 다소 과장된 감이 없지 않다. 그렇지만 적어도 열대 지방 흑인들이 한대 지방 주민들에 비해 훨씬 더 일찍 성숙해지며, 그만큼 일찍 죽는다고 판단하는 데에는 큰 무리가 없을 것이다.

뷔퐁의 말에 따르면 흑인 여자들은 아이를 많이 낳는다. 그러나 파크의 말에 따르면 흑인 여자들은 자식에게 2~3년 동안 젖을 먹이는 습관이 있는데, 이 기간 중 남편은 다른 아내와 정을 통한다. 흑인들 사이에서 일부다처제는 널리 인정되고 있다. 따라서 여자가 남자 수보다 엄청나게 많아야만 남자들이 독신에서 벗어날 수 있다. 이런 재난은 주로 노예들 몫으로 떨어진다. 파크에 따르면 자유인 하나에 노예 셋의 비율이라고 한다. 주인은 굶주리는 경우를 제외하고는 자기 집에서 부리는 노예를 팔아서 집안 살림에 보태는 일은 할 수 없다. 그러므로 주인은 자기 집 일에 필요한 정도 이상으로 노예를 늘리지는 않는다. 사들인 노예와 전쟁 노예의 생활은 전적으로 주인의 의사에 따라 결정된다. 그들은 가끔 이루 말할 수 없을 정도의 학대를 받으며, 자유인들 사이에서 유행하는 일부다처제 결과 여자를 빼앗는 일이 횡행한다. 엄격한 의미에서 독신 상태에 있는 여자는 거의 없지만, 기혼자 수가 많은 것을 감안하면 사회 상태는 인구 증가에 적합하지 않은 것 같다.

아프리카는 늘 노예 매매의 중심시장이었다. 이 때문에 아프리카를 떠나는 인구수는 언제나 많았지만, 유럽 식민지에 노예를 수송하기 시작한 뒤로는 더더욱 늘어났다. 그러나 프랭클린 박사가 지적하는 것처럼 지난 100년 동안 미국에 노예로 팔려간 흑인(이들 때문에 미국 인구 반이 흑인이 되었다) 때문에 아프리카 인구에 빈틈이 생긴 것을 발견하는 일은 어려울지도 모른다. 왜냐하면 그런 지속적인 인구 유출과 끊임없는 전쟁으로 인한 무수한 인명 손실, 악덕의 만연 등 인구 억제 요인이 있음에도 인구는 언제나 생존자원 한계치에 거의 다가붙기 때문이다. 파크는 그곳에 흉년과 굶주림이 자주 닥친다고 말한다. 그는 또한 아프리카 노예 제도의 형성 배경으로 든 네 가지 원인 가운데 전쟁 다음으로 굶주림을 들고 있다. 물론 궁핍한 경우에 한정되지만, 한 집안을 부양하기 위해 주인이 집안 노예를 팔아버릴 수 있는 명백한 허가를 받았다는 사실은 지독한 궁핍 상태가 자주 되풀이된다는 것을 뜻한다. 감비아 지방에서 3년 동안 흉년이 계속될 때 다수 주민이 노예가 되었다. 레이들리 박사가 파크에게 확실하게 말한 바에 따르면, 그 당시 수많은 자유인이 찾아와서 굶어 죽지 않으려고 스스로 노예가 되고 싶다고 애원했다고 한다.

파크는 만딩에 머무를 때, 식량난으로 가난한 사람들이 겪는 고통스러운 참상을 접하고서 비통한 마음을 금치 못했다. 파크가 그곳에 머무는 동안 매일 아침 부인 5~6명이 만사[1]의 집으로 찾아와서 일정한 양의 곡물을 받아가는 것을 보았다. 만사는 다섯 살쯤 되어 보이는 귀엽게 생긴 여자아이를 가리키면서 말한다. "저 아이를 보세요. 저 아이 어머니가 40일 치 식량 때문에 저 아이를 나에게 팔았고, 나는 똑같은 방법으로 다른 사내아이를 하나 샀습니다." 파크는 잘론카(Jallonka)의 한 소부락인 수우시타(Sooseeta)의 추장에게서 근래에 찾아든 심한 기근으로 양식을 조달할 수 없었다는 이야기를 들었다. 추장의 말에 따르면 곡식을 수확하기 전까지 쿨로(Kullo)의 모든 주민들은 29일 동안이나 곡식을 먹지 못해 매일 미모사의 일종인 니타(nitta)—토인들이 그렇게 부른다—꼬투리에 든 노란 가루나 대나무 씨를 빻아 만든 것을 먹으며 연명해 갔다고 한다.

파크의 보고에 따르면 아프리카에는 아직도 수많은 기름진 땅이 경작되지 않은 채로 남겨져 있으므로 기근의 원인은 인구 부족 때문이라고 주장하는 사람이 있을지도 모른다. 만일 그렇다면 그렇게도 많은 인구가 해마다 국외로 내보내질 이유가 없을 것이다. 흑인들에게는 재산의 안전과 일반적으로 그것에서 비롯되는 근면성이 없다. 적어도 이 양자가 없다면 인구 증가는 오직 곤

---

1) Mansa. 왕들 가운데 왕이라는 뜻으로 황제를 일컫지만 여기서는 우두머리, 추장의 의미.

궁을 더욱 심하게 할 뿐이다. 만일 인구가 희박한 지방에 사람을 늘리기 위해 막대한 액수의 출산 장려금을 교부한다면 결과는 오직 거듭되는 전란, 노예 수출 증가, 빈곤 가중 등으로 나타날 뿐 실질적인 인구 증가는 거의 기대하기 힘들 것이다.

어떤 민족의 모든 관습과 편견은 어느 정도까지는 이런 종류의 장려금과 같은 작용을 한다. 브루스에 의하면 샹갈라 흑인들은 민활하고 강대한 적들에게 사방으로 둘러싸여 가혹한 노동과 끊임없는 두려움 속에서 생활해 가기 때문에 여자에 대한 욕망은 아주 약하다. 그들 사이에서 일부다처제는 남자가 아니라 여자가 만들고 있다. 그들은 각국 별개 종족 또는 민족 속에서 살고 있으면서도 이들 여러 민족은 또한 각 가족으로 분가하고 있다. 전투가 벌어지면 각 가족은 저마다 자력으로 공격하고 방어하며, 약탈한 물건은 전부 그들이 갖는다. 그러므로 어머니들은 적은 가족 수의 불리함을 절실히 느껴 온 힘을 다해 식구 수를 늘리려 노력한다. 그러므로 남편은 아내의 극성스러운 요구에 응할 수밖에 없다. 갈라족 사회에서 유행하는 일부다처제의 동기도 이와 같은데, 이 두 종족의 경우 대개 첫 번째 부인은 두 번째 부인에게 남편에 대한 동맹을 맺자고 부탁한다. 이는 가족을 규합하여 실력을 키움으로써 전투가 벌어졌을 때 인원이 모자라서 자식들이 적에게 희생되는 일이 없도록 하기 위함이다. 대가족을 이루고자 하는 이런 열렬한 욕망은 그러나 온전히 이루어지기는 어렵다. 왜냐하면 늘어난 가족 수로 인한 빈곤이, 소수의 자녀 부양에 전념한 경우보다 오히려 더 적은 수의 자녀를 성장시키는 결과를 가져오기 때문이다.

브루스는 일부다처제에 아주 호의적이고 그 제도를 변호하는데, 이런 관습이 주로 행해지는 나라에서는 여아와 남아 출생비는 2 : 1 또는 3 : 1이라고 주장했다. 그런데 사실 이것 이외에는 변호할 거리가 없을지도 모른다. 그러나 그가 자기 주장의 근거로 내세운 막연한 연구의 권위 정도로는 그런 이례적인 사실을 납득시키기는 어렵다. 이런 풍토에서는 여성 수가 남성 수보다 훨씬 많아지고 있다는 점은 수긍할 만하다. 여자아이보다는 사내아이가 더 많이 태어난다고 보는 유럽에서도 여자 수가 남자보다 많다. 무덥고 건강에 좋지 않은 풍토와 야만적인 사회 상태에서 남자가 당하게 되는 사고 수는 문명국에 비해 훨씬 더 많을 것이다. 이에 반해 남자보다도 집 안에서 생활하는 일이 많은 여자는 찌는 듯한 햇볕과 습한 증기의 고통을 덜 받으며 또한 일반적으로 방탕한 생활로부터 생기는 질병에 걸릴 우려도 적을 뿐만 아니라, 무엇보다도 전쟁의 위해로부터 상대적으로 안전하다. 따라서 적대행위가 끊이지 않는 사회 환경에서는 전쟁에서 죽는 남자 숫자만으로도 남녀 비율 균형이 깨질 것은 틀림없다. 특히 에티오피아의 갈라족에 대해 언급한 것처럼 남성이란 남성은 모두 무차별적으로 살육하고, 오직 결혼 적령기 여성만을 살려두는 관습이 있는 곳에서는 더욱 심하다. 이러한 원인에 따른 남녀 간 인구 불균형이 일부다처제를 생겨나게 했을 것이며, 또한 열대 지방의 남아 여아 비율이 온대 지방과 매우 다를 것이라는 우리의 추측에 신빙성을 부여하는 근거가 된다.

브루스는 이 문제에 대해 평소에 가지고 있는 편견에 따라 일부 독신 여성의 존재가 한 나라 인구 증가에 치명적인 영향을 준다고 생각하는 듯싶다. 그는 제다족에 대해서 이렇게 말하고 있다. "생존자원이 희박한 한 공간에 엄청나게 많은 인구가 밀집된 결과, 식량이 극도로 부족해졌기 때문에 무함마드가 내려준 특권을 이용할 수 있는 주민은 거의 없어졌다. 그러므로 그들은 한 아내 이외의 어떤 여자와도 결혼할 수가 없으며 이 때문에 인구는 부족해지고 미혼 여성 수는 늘어난다." 그러나 이런 황무지에서 인구 부족은 온전히 식량 부족에 기인한 것이므로, 비록 한 남자가 아내 넷을 맞이하더라도 인구 증가 가능성은 크지 않을 것이 분명하다.

브루스의 보고에 따르면 모든 종류의 식료품 가격은 아주 저렴하며, 인간이 일상적으로 먹는 토지의 과실이 자연적으로 열매 맺는 아라비아 펠릭스[2]에서는 몇 사람의 아내를 맞이하더라도 그와 똑같은 수의 노예 또는 종을 먹이는 비용만 든다. 그들이 먹는 음식은 모두 동일하며 입고 다니는 푸른 빛깔 상의는 어느 것도 가격 차이는 없다. 그런 결과로 부녀자들의 독신 생활은 제약을 받아서 인구는 일부다처제로 말미암아 일부일처제 나라 인구에 비해 4배 더 늘어나지만 현실적으로 아라비아 어떤 지방도 인구가 조밀한 곳은 없는 것 같다.

일부다처제 때문에 유부녀 수가 늘어나고 독신 생활이 억제된다는 사실은

---

2) 행운의(행복한) 아라비아(Arabia Felix)라는 뜻으로 아라비아반도 남부를 일컬음.

이론의 여지가 없으나 그것이 과연 어느 정도나 실제 인구 증가에 영향을 끼치느냐는 전혀 다른 문제이다. 아마 그것은 인구를 식량 한계에까지 계속 늘려나갈지 모르지만, 그런 인구 증가에서 비롯되는 비참한 빈곤은 결코 출산에 좋은 영향을 미치지 못한다. 그리고 질병에 걸리기 쉬운 여러 원인을 내포하고 있는 풍토에서는 그런 극빈 상태가 여러 나라에서 부분적으로 볼 수 있는 엄청나게 높은 사망률의 가장 큰 원인임은 의심할 수 없는 사실이다.

브루스에 따르면 수에즈에서 바벨만델[3]에 이르는 홍해 전 연안지대는 건강에 아주 좋지 않은 곳으로, 특히 적도 부근은 더욱 심하다. 이 지방에서 발생하는 네다드라는 열병은 그 병에 걸리기만 하면 사흘 만에 죽는 것이 일상다반사일 정도로 치명적이다. 여행가들은 도처에서 죽어나가는 그 지방 풍경에 오싹한 전율을 느낀다고 한다.

제다는 물론 나머지 홍해 동해안에 잇닿아 있는 아라비아 전 지역도 마찬가지로 건강에 아주 좋지 않은 곳이다.

곤다르에서는 1년 내내 열병이 유행하여, 주민들 얼굴빛은 산송장 빛깔과 다를 게 없다.

세계에서 가장 경치가 아름다운 고장 중 하나인 시레에서는 매년 악성 발진티푸스가 기승을 부린다. 에티오피아 저지대에서는 악성 격일열(隔日熱)이 발생하여 수많은 사람이 죽어나간다. 또한 천연두는 여기저기에서 맹위를 떨쳐 커다란 인명 손실을 야기하며, 에티오피아 국경 여러 민족 사이에서는 특히 심해서 종족 전체가 죽음을 당하는 경우도 있다.

널리 알려진 바와 같이 살림이 가난하다 보면 식사는 거칠어지고 불결해지는데, 이 때문에 악성 질병이 생겨나는 것이 일반적이다. 브루스에 따르면 곤다르에서 가까운 차가사 주민은 수확을 3배 더 거두어들이지만 생활은 매우 빈곤하다. 또한 그는 티그레의 수도 아두와와 에티오피아 농민 전체에 대해서도 이런 견해를 말한다. 그 토지는 해마다 최고 입찰자에게 대여되며, 일반적으로 지주는 씨앗을 부담하는 대신에 수확량의 반을 갖는다. 수확량의 4분의 1 이상을 요구하지 않는 지주는 대단히 드물며, 따라서 농민들이 차지하는 몫은

---

3) 17~18세기 영국과 프랑스 등에서, 페림섬을 부른 이름. 홍해 입구에 있는 예멘령의 섬.

그의 불쌍한 가족이 겨우 입에 풀칠할 수 있는 정도에 불과하다.

브루스에 따르면 에티오피아에서 가장 우수한 민족의 하나인 아고우족은 상상조차 할 수 없을 정도로 비참하게 살고 있다고 한다. 또한 그는 말한다. "우리는 거의 사람같이 보이지 않을 정도로 얼굴에 주름이 지고 볕에 탄 수많은 여자들이 아이를 하나둘씩 등에 업고서 찌는 듯한 햇볕 아래를 빵 같은 것을 만들어 먹으려고 겨이삭(bent grass)[4] 씨앗을 찾아 헤매는 꼴을 보았다. 아고우족 여자들은 열한 살 때부터 아이를 낳기 시작한다. 소녀들은 보통 그 나이에 결혼을 하는데, 그들은 불임증이라는 걸 모른다." 에티오피아 국경지대의 한 마을인 딕산에서는 아이를 사고파는 것이 유일한 장사이다. 브루스가 관찰해 보니 해마다 아이 500명이 아라비아로 팔려가는데, 기근이라도 들면 그 수는 4배로 늘어난다고 한다.

에티오피아에서는 일부다처제가 철저하게 지켜지지는 않는다. 브루스는 이 점에 관해서 다소 색다른 주장을 한다. "우리는 예수회 수사들로부터 결혼과 일부다처제에 대해서 꽤나 많은 말을 듣지만, 에티오피아에서는 결혼이라 할 만한 것이 없다고 장담할 수 있다." 그러나 그것은 어찌 되었건 에티오피아에는 독신 생활을 하고 있는 여자가 거의 없다는 것, 그리고 자연적인 증식력이, 난잡한 성관계에 의해서 억제되고 있는 것을 제외하면 제대로 작동하고 있는 것은 분명하다. 물론 브루스가 기술하고 있는 풍습에서 미루어본다면 이 난잡한 성관계의 억제력이 아주 강력한 기능을 한다는 것은 분명하다.

전쟁이 미치는 인구 억제 효과는 대단히 강력해 보인다. 브루스에 따르면 이 불행한 땅은 과거 400년 동안 끊임없는 전쟁으로 황폐해졌는데, 전쟁 과정의 야만적인 행동은 전쟁에서 비롯된 피해를 10배나 더 심하게 키웠다고 한다. 브루스가 처음으로 에티오피아에 발을 들여놓았을 때 곤다르를 향해 진군하던 라스 미카엘에 의해서 한 마을이 철저하게 파괴된 것을 목격했다. 그는 또한 내란이 일어나던 당시에 대해 이렇게 말한다.

"반란군 무리는 뎀베아를 황폐하게 만들고는 남쪽에서부터 서쪽에 이르는 평야에 있는 모든 마을을 불살라 미카엘과 파실 사이 지역을 마치 사막처럼

---

4) 볏과의 두해살이풀. 잔꽃이 원기둥 모양으로 피어 겨를 뿌린 것처럼 보임.

황폐하게 만들었다. 국왕은 가끔 궁전 탑 위에 올라가 부유한 뎀베아 마을들이 불타는 모습을 보고 마음속으로 슬퍼했다.”

브루스는 또 다른 곳에서 이렇게 말하고 있다. “데그웨사의 모든 토지는 남김없이 유린당하고 남녀노소 가릴 것 없이 살해되었다. 가옥은 아주 철저하게 파괴되어 부근 일대의 참혹한 모습은 마치 홍수라도 휩쓸고 지나간 것처럼 황폐해진 채 내버려져 있었다. 왕이 다스리는 마을도 똑같은 운명이 되어 구원의 손길을 바라는 소리는 여기저기에서 들려왔지만 누구 한 사람 감히 구제책을 세우려는 자도 없었다.”

또한 그는 에티오피아의 한 주(州)인 마이차에서 토인들은 모두 젊어서 전사했으므로 우연히 늙은이를 만나면 타향 사람이라도 볼 수 있어서 좋다는 이야기를 들었다고 한다.

만약 브루스가 에티오피아의 현실에 대해 언급한 것이 진실에 가깝다면 그것은 모두 지나칠 정도로 영향을 미치는 전쟁, 해로운 질병, 난잡한 성관계 등과 같은 장애 속에서도 생존자원 수준만큼 인구를 증가시킨다는 인구 증가 원리의 힘을 명백히 보여준다.

에티오피아에 인접해 있는 여러 민족은 일반적으로 오래 살지 못한다. 브루스의 말에 따르면 22세 샹갈라 여자는 60세 안팎의 어떤 유럽의 부인보다도 훨씬 더 주름살이 많고 꼴이 흉하다고 한다. 그러므로 이런 모든 나라에서는 마치 끊임없이 이주를 계속하던 시대의 북유럽 유목민들 사이에서처럼 세대교체가 아주 빠르게 이루어졌으리라고 생각된다. 단지 양자가 다른 점은 우리의 북방 조상들이 타향 하늘 아래에서 죽었다면 에티오피아 부근 토인들은 고향에서 죽었다는 것뿐이다. 만약 이런 여러 민족들이 사망 등록부를 제대로 기록하고 보존해 왔더라면 해마다 사망률은(전쟁 희생자까지 포함하여) 유럽 여러 나라에서 대체로 34 : 1, 36 : 1 또는 40 : 1 비율을 보인다면 적어도 17 : 1이나 18 : 1 비율을 나타낼 것으로 생각된다.

브루스가 귀국하는 길에 지나온 일부 지방에 대한 묘사는 에티오피아의 그것보다 훨씬 더 무시무시하다. 이는 인구가, 유아 출생 숫자보다 식량 생산과 이 생산에 영향을 미치는 여러 자연적·정치적 요인에 따라 결정됨을 보여주고 있다.

브루스는 말한다. "6시 반에 우리들은 지난해 굶주림 때문에 주민들이 모두 죽은 가리가나라는 마을에 도착했다. 그들의 해골은 묻는 사람도 없이 옛날 마을이 있던 폐허 위에 흩어져 있었다. 우리들은 죽은 자들의 해골이 나뒹구는 곳에 천막을 쳤다. 해골이 없는 곳은 어디에도 없었다."

브루스는 또한 귀국 도중 어떤 거리와 마을에 대해서 기술하고 있다. "이곳에서 기댈 재산이라고는 말 25필이 고작이었다. 나머지 주민들은 마을에서 살고 있는 사람들과 마찬가지로 걸칠 옷도 없을 정도로 비참하고 비천한 1200명 아랍인이었다. 이것이 티와의 형편이었다. 그나마 형편이 유지되다가 다베이나 아랍족이 공격하고자 하는 마음을 먹는 순간 쑥밭이 되었으며, 수많은 기마병 때문에 밭은 하룻밤 사이에 모두 짓밟히고 불타 없어져 그 자리에는 비참한 가리가나 마을처럼 주민들 해골만이 뒹굴고 있었다."

"티와에서 베일라에 이르는 지역에는 물이 없다. 인데디데마와 몇 개 마을에서는 한때 우물물이 공급되면서 그들 소유지에서는 많은 옥수수를 생산했다. 그런데 악독한 다베이나 아랍족이 인데디데마와 그 부근 마을을 모조리 파괴하여 우물을 메우고 곡물을 불살라 모든 주민들은 굶어 죽을 지경이 되었다."

또한 브루스는 세나르를 떠나며 이렇게 기록했다. "우리들 눈에는 가뭄의 영향이 보이기 시작했다. 여기에는 심은 곡물도 별로 없었고, 심은 것도 발육이 대단히 늦어 싹이 거의 돋아나지 못할 정도였다. 북쪽으로 갈수록 우기(雨期)는 더 늦게 시작되는 것 같다. 수많은 사람들이 거친 빵을 만들어 먹기 위하여 목초 씨앗을 열심히 모으고 있었다. 그들은 뼈만 남은 듯 앙상하게 보였는데 그런 식량으로 겨우 연명하니 놀랄 일도 아니다. 여행가에게 있어서 현지에서 느끼는 식량 조달의 어려움은 가장 큰 위험 요소이자 그곳에 대한 나쁜 편견을 품게 하는 빌미가 된다."

"나일강에서 반 마일쯤 떨어져서 드넓은 대평원 북쪽에 있는 벽촌에 이르면 그곳은 숲으로 뒤덮인 강변을 제외하면 모두가 초원이었다. 곡물을 심은 곳은 어디에도 보이지 않았다. 이곳 주민들도 그동안 우리가 보아왔던 이들과 마찬가지로 목초 씨앗을 줍는 것으로 비참하게 연명하고 있었다."

그런 기후와 정치 상황하에서도 보다 뛰어난 통찰력과 근면성, 안전만 보장된다면 그들의 생활 상태도 눈에 띄게 개선되어 인구도 크게 늘어날 수 있지만, 이런 요건 없이 출생자 수만 늘어난다면 공연히 빈곤만 가중될 뿐 인구에는 큰 변화가 없을 것이다.

이와 똑같은 사실이 일찍이 번영을 누리고 인구가 조밀했던 이집트에도 적용될 수 있다. 이 나라는 현재 침체된 상태인데, 그것은 인구 증가력이 약화되었기 때문이 아니라, 사실은 아주 전제적이고 압제적인 정부에서 비롯된 재산의 불안정으로 말미암아 통찰력과 근면성이 쇠퇴되었기 때문이다. 이집트에서 인구 증가 원리는 기능을 최대한으로 발휘하여, 생존자원 수준까지 인구를 끌어올리고 있다. 그러나 이 원리의 힘이 현재보다 10배로 더 늘어나더라도 인구는 더 이상 늘어나지 않을 것이다.

나일강을 이용하여 가뭄에는 급수용 저수지로, 강수량이 많을 때에는 홍수방지용 방수로(放水路)로 이용한 대호수와 운하 및 대배수로 등과 같은 고대 토목공사 유적은 옛날 이집트 주민들이 기술과 근면성으로 지금보다 더 하천의 범람을 적절하게 이용하여 토지를 비옥하게 했다는 것과, 범람하는 물의 많고 적음을 통해서 오늘날 가끔 경험하게 되는 피해를 어느 정도까지 방지했다는 것을 뚜렷이 보여주고 있다. 총독 페트로니우스는 이전에는 언제나 기근의 원인이었던 물 부족 위기를 기술을 통해 극복, 이집트 전역에 풍작을 거둘 수 있게 했다고 전해진다. 범람하는 물이 모자라든 넘치든 둘 다 농민에게는 치명적이다. 그래서 고대인들은 배수로를 만들어 넘쳐흐르는 필요 없는 물을 리비아의 건조한 모래지대로 흘려보내어 사막까지도 사람이 살 수 있는 곳으로 만들었다. 그러나 이런 공사가 오늘날 다시 이루어질 가능성은 없고, 이용법도 졸렬하기 때문에 이익은커녕 해를 끼칠 가능성이 높다. 이렇게 게을러지고 생존자원이 감소한 것은 분명 무지하고 잔인한 정부와 민중의 비참한 생활상태 때문이다. 중심 세력을 이루고 있는 맘루크는 사적인 이익만 채울 생각에, 이 목적을 달성하는 데 가장 간단하다고 생각되는 방법, 곧 남의 재산을 무자비하게 차압하고 폭력을 써서 강제로 빼앗거나 끊임없이 새로운 조세를 강제적으로 부과하는 방법을 동원한다.

나라를 더욱 부유하게 만들면 그들이 얻을 수 있는 것이 그만큼 더 많아짐에도, 무지와 잔인한 성격 및 끊임없는 위협에 노출된 생활 때문에 그런 생각을 아예 못하고 있다. 그러므로 정부에게서는 어떤 토목공사도 기대할 수 없으며, 또한 어떤 자산가도 자본 소유를 암시하는 이러한 개량사업에 손댈 엄두를 내지 못한다. 당장 자신이 파멸할 것이 분명하기 때문이다. 그런 사정하에서는 고대에 이룬 이러한 놀라운 공사는 무시되며, 토지 경작법도 퇴보하여 생존자원이 크게 줄어들고, 따라서 인구가 크게 줄어드는 것은 조금도 이상할 게 없다. 그러나 나일강 범람 덕분에 비옥해진 삼각주의 자연적 옥토의 경우엔 자본은 아예 투자되지 않을 뿐 아니라 상속권도 없고 재산권도 거의 없지만 면적에 비해 인구수가 상당히 많다. 그러므로 만약 재산이 안정되고 출산 지도를 적절하게 한다면 점차로 경작지를 개량하고 더 늘려서 옛날 전성기로 되돌아갈 가능성도 충분하다. 이집트의 경우 인구 부족이 출산 증가를 저해한 것이 아니라 거꾸로 출산 부족이 인구 증가를 방해한 것이라고 분명히 말할 수 있다.

인구를 현재처럼 희소한 생존자원 한도 밑으로 끌어내린 직접적인 원인은 너무나 명백하다. 농민에게는 겨우 연명할 정도의 생존자원만 주어지는데, 그것도 먹는 것이라고는 효소도 향료도 들어 있지 않은 두라[5]로 만든 맛없는 빵과 물, 양파뿐이다. 그들이 가장 즐겨 먹는 수육과 지방 등은 집안에 특별한 큰일이라도 있어야, 그것도 비교적 부유한 가정에서만 먹을 수 있다. 그들이 사는 집은 진흙 오막살이이다. 그 안에 들어가면 다른 나라 사람들은 무더위와 내뿜는 연기 때문에 아마 질식할지도 모른다. 또한 그곳에는 불결·습기·영양실조에서 비롯되는 질병이 이따금씩 들이닥쳐 큰 피해를 낳곤 한다. 이런 육체적인 해악에 더하여 끊임없이 불안에 떨고 있는 상태, 즉 아랍족의 약탈에 대한 공포, 맘루크 습격, 가족들 사이에서 전해 내려오는 복수심, 그칠 사이 없이 일어나는 내란의 모든 해악 등이 있다.

1783년에 발생한 돌림병은 아주 치명적이었다. 1784~85년에는 나일강 물 부족으로 이집트에 심한 기근이 들었다. 볼네는 당시의 참상을 다음과 같이 전한다.

"카이로 거리에는 처음에는 거지들이 우글거렸지만, 머지않아 어떤 이는 굶어 죽고 어떤 이는 다른 곳으로 도망쳤기 때문에 거리에 사람 그림자 하나 볼

---

5) 볏과의 한해살이풀인 수수의 일종.

수 없었다. 엄청나게 많은 빈민들이 죽음을 면하려고 이웃 지방으로 흩어져 갔고, 이 때문에 시리아 마을은 이집트 사람들로 넘쳐났다. 길거리와 광장에는 굶주림에 허덕이는 사람들과 빈사 상태에 있는 사람들로 법석거렸으며, 이들은 굶주림의 고통을 덜어보자는 생각 하나로 온갖 몸서리쳐지는 수단을 다 썼으며 먹을 수 있는 것이면 무엇이든 구역질을 참아가며 게걸스럽게 먹었다. 또한 볼네는 옛 알렉산드리아 성벽 아래에서 지극히 초라하고 불쌍한 두 사람이 낙타 사체 위에서 썩은 고기를 먼저 먹으려고 개들과 싸우는 광경을 보았다고도 기술하고 있다. 그 2년 동안 전 주민의 6분의 1이 줄어든 것으로 추정된다."

9. 시베리아 남·북부 경우

아시아 북부 주민들 대부분은 주로 사냥과 고기잡이로 생활하고 있다. 이곳의 인구 증가 억제 요인은 아메리카 온대 지방에 비해 전쟁에서 비롯되는 장애가 훨씬 적고 굶주림에서 비롯되는 장애가 더 크다는 점을 제외하면, 아메리칸인디언들에게 미치는 억제 요인과 유사하다고 볼 수 있다. 페루즈의 기록을 참고하며 캄차카에서 페테르부르크까지 여행한 레셉스(Ferdinand de Lesseps)는 식량 부족으로 인한 이 지역의 비참한 풍경을 기술하고 있다. 그는 캄차카의 한 마을인 볼체레츠크에 머무는 동안 그곳에 대해 다음과 같이 묘사했다.

"심한 폭우로 홍수가 일어나면 하천에서 고기 떼가 떠내려가 버리기 때문에 큰 피해를 입는다. 캄차카 빈민들을 가장 괴롭히는 기근도 결국 이런 원인에서 비롯된 것인데, 실제로 지난해에도 캄차카반도 서해안 일대 모든 마을에 기근이 닥쳤다. 이런 무시무시한 재난이 이 지방에 시도 때도 없이 닥치기 때문에 현지 주민들은 좀 더 나은 식량을 찾아 고향을 버리고 캄차카강 유역으로 일가족 전체가 이주한다. 다행히 이 강에는 어류가 더 풍부하므로 좀 더 풍족하게 살 수 있는 가능성이 있다. 카슬로프(레셉스를 수행한 러시아 관리)는 서해안을 따라 계속 여행하고자 했지만 이런 기근 소식을 듣고서 도중에 우왕좌왕하다 굶어 죽기보다는 차라리 되돌아가는 편이 낫다고 생각하여 계획을 수정했다."

이렇게 해서 이들은 다른 여행 경로를 택했으나 그럼에도 썰매를 끌던 개들 거의 전부가 굶어 죽고 말았다. 그중 한 마리가 죽어 넘어지자 곧 다른 개들이 그것을 뜯어 먹었다.

오호츠크는 꽤나 큰 상업 도시지만 그곳 주민들은 하루속히 봄이 와서 오호타강 얼음이 녹기만을 목 빠지게 기다린다. 레셉스가 그곳에 갔을 때 저장된 마른 생선이 거의 다 떨어져가고 있었다. 그뿐만 아니라 곡식 빻은 것도 값이 너무 비싸 일반인들은 살 수 없었다. 강물을 퍼내고 작은 물고기들을 꽤 많이 잡았을 때, 이를 지켜본 주민들은 꽤나 시끄럽게 환호하며 떠들어댔다. 물고기를 잡으면 굶어 죽을 위험에 처한 이들에게 먼저 나누어주었다. 레셉스는 흥분한 어조로 말한다. "나는 이 불쌍한 사람들의 게걸스러움에 눈물을 금할 수 없었다. 온 가족이 저마다 물고기를 먼저 먹으려고 쟁탈전이 벌어졌고 그것도 내가 보는 가운데서 날것 그대로 마구 씹어 먹었다."

천연두가 시베리아 북방 전역에 맹렬하게 퍼지고 있었다. 레셉스는 캄차카의 경우 주민의 4분의 3이 이 병으로 죽었다고 한다.

팔라스도 이 보고를 확인해 준다. 그는 오비강 연안에서 생활 방식이 거의 같은 오스탸크족에 대해 이야기하면서, 그들 사이에 널리 퍼진 천연두가 이들의 인구 증가를 막는 주요 요인이라 할 수 있다고 기술한다. 지하에 굴을 파고 사는 이들은 지독한 더위와 불결함, 습기 때문에 고통받고 있으므로, 그들 사이에서 천연두 때문에 엄청나게 많은 사람이 죽는 것도 별로 이상한 일은 아니다. 오스탸크족은 서너 세대 가구가 한 오막살이에 살고 있는데, 이들의 생활상도 비길 데 없이 비참하다. 그들은 결코 손을 씻지 않으며, 물고기의 더러운 창자와 어린아이 대변 등을 깨끗하게 치우지 않는다. 팔라스는 이렇게 말한다. "이런 기사를 읽는 분은 누구나 쉽사리 그들 오막살이의 지독한 냄새, 독기 및 습기 등이 어떠했을지 짐작하실 것이다." 그들 중 자식을 많이 두고 있는 이는 거의 없다. 한 가족에 자녀 서넛을 두는 것은 드문 일이다. 팔라스는 영양실조로 어린 나이에 죽는 숫자가 많기 때문이라고 말한다. 부녀자들에게 지워진 비참한 노역 생활도 또 다른 이유가 될 수 있다. 확실히 그런 생활은 다산을 방해한다.

팔라스에 따르면 사모예드족은 겨울이면 사냥으로 더 많이 움직이기 때문에 오스탸크인처럼 불결하지는 않다. 그러나 팔라스는 이곳 부녀자들이 훨씬 더 비참하고 힘든 노역을 하고 있기 때문에, 이런 원인에 의한 인구 억제 작용은 오스탸크족보다 한층 더 심할 것이라고 생각했다.

이처럼 황폐한 지역에서 살고 있는 토인들 대부분은 이와 거의 다를 것 없는 비참한 생활을 계속하고 있다. 따라서 새삼스럽게 이 사실을 다시 기술하는 것은 공연하고 반복적인 설명이 될 뿐이다. 이상의 설명만으로도 빈약한 생존자원 수준 이하로 현재 인구를 유지하게 하는 주된 인구 억제 요인이 무엇인지에 대해 충분한 생각을 이끌어낼 수 있을 것이다.

러시아 여행자들은 러시아 남부와 볼가강 기슭은 토지가 매우 비옥하다고 기술하고 있다. 토지는 일반적으로 비료를 줄 필요가 없을 정도일 뿐 아니라, 오히려 비료를 주면 못쓰게 될 정도로 기름진 흑토이다. 만약 비료를 주게 되면 곡식은 너무나 잘되어 모두 땅에 쓰러져 썩어버린다. 이런 종류의 토지의 힘을 되찾게 하는 방법은 3년마다 한 번씩 경작하지 않고서 놀리는 것이다. 이런 방법을 통해서 어떤 토지는 생산력을 가없이 유지해 갈 수 있다고 한다. 그런데 그처럼 풍부한 식량을 획득할 수 있는 편의가 잘 갖추어지고 있음에도 인구가 희박한 지방이 많고, 어느 곳도 그 토질에서 기대할 수 있는 비율을 늘릴 정도로 인구가 많은 곳도 없다.

제임스 스튜어트(James Steuart) 경은 그런 지역에서 인구 증가는 불가능한 일인 것 같다고 말한다. 정치나 국민 관습상의 원인으로 인해 새로운 농지 개척이나 옛 농지 분배를 가로막는 장애물이 있다면 물자가 풍부한 곳에서도 사회의 일부 사람들은 곤궁에 허덕이게 된다. 한 나라는 오직 식량 생산력이 풍부한 것만으로는 충분하지 않으며, 그와 더불어 이를 적절히 분배해 줄 수단이 필요하다. 그러면 이런 지방의 인구 증가가 그렇게도 느린 이유는 무엇일까. 토지 상태는 그대로인데 노동 수요가 거의 없다 보니 사회 하층민이 생산물 분배에 참여할 수 있는 기회에서 제외되기 때문이다. 그곳의 경작 과정은 매우 단순하며, 인력을 많이 필요로 하지 않는다고 한다. 어떤 곳은 휴경지에다 씨앗만 뿌려놓으면 될 정도라고 한다. 밀 재배가 일반적인데 씨앗을 드문드문 뿌리더라도 일단 뿌려놓으면 5~6년 계속해서 처음 뿌린 씨앗 양보다 12~15배 많은 작물을 거둬들인다. 수확 때 떨어지는 씨앗만으로도 다음 해 수확에 충분하기 때문에 봄에 한 번만 써레로 땅을 고르게 해두면 된다. 토지 비옥도가 떨어지기 시작할 때까지 이런 과정을 되풀이한다. 시베리아 평원의 게으른 주민들에게 이처럼 잘 어울리는 곡물 재배법은 없다고 할 수 있다.

이런 농업 현황에다 제조업도 거의 없다시피 하다 보니 노동 수요는 쉽게 충족되었을 것이다. 물론 곡물 가격은 아주 저렴하겠지만 노임은 그보다 훨씬 더 저렴할 것이다. 지주들은 자녀를 부양하기에 충분한 여유로운 생활을 하겠지만, 그가 고용한 노동자들은 낮은 임금으로 인해 가족을 부양하는 데 어려움을 겪을 수밖에 없다.

토지는 비옥한데 인구가 부족한 것을 염려하여 자녀에 대해 보조금을 제공하고, 이로써 그들을 구제하여 노동자들이 더 많은 가족을 부양할 수 있도록 한다면 어떤 결과가 나올까. 아무도 찾지 않는 미고용 노동자가 넘쳐나게 될 것이다. 하루 치 식량 가격이 1펜스에 불과하더라도 아무도 쓰려고 하지 않는 이들 넘쳐나는 잉여노동자는 1파딩도 벌지 못하는 형편인 것이다. 농장주는 자신의 가족과 전부터 부려온 일꾼 한둘의 손을 빌려서도 경작에 필요한 작업을 충분히 마칠 수 있다. 그러므로 남아도는 인력은 그에게 전혀 필요 없는 존재이다. 따라서 농장주가 억지로 이들 남아도는 인력을 먹여 살리는 골치 아픈 일을 떠맡을 것이라 기대하기는 어렵다. 그런 사정하에서 만약 대단히 적은 노동 수요만으로도 공업노동 수요가 충족된다면 나머지 사람들은 무슨 일을 해야 할까? 사실상 그들은 마치 메마른 사막에 살고 있는 것처럼 아무런 생존자원도 가지고 있지 않다. 따라서 그들은 노동 수요가 있는 다른 장소로 옮겨가거나 아니면 가난에 허덕이다가 비참하게 죽을 수밖에 없다. 다행히도 아주 적은 양의 식량이 주어져서 굶어 죽는 것은 피했다 하더라도 원래 그들의 노동력을 활용할 기회가 드물기에, 비록 그들 자신의 생활은 어떻게든 꾸려나갈 수 있겠지만, 결혼을 해서 식구를 계속 늘려나갈 만한 힘은 없을 것이다.

경작이 잘되어 있고 인구도 가장 조밀한 유럽 여러 나라에서, 만약 토지와 농장이 현재처럼 분배되어 있으면서도 상공업이 발달되지 않았더라면 경작을 보다 더 발전시킬 동인(動因)이 아예 없으며 따라서 노동 수요도 없어서 인구는 훨씬 오래전부터 정지되었을 것이다. 그러므로 이 장에서 고찰하고 있는 나라의 지나치게 기름진 토지가 생활의 어려움을 줄여주기보다는 오히려 심각하게 만들 게 분명하다.

또한 이렇게 말할 수도 있다. 만약 드넓고 개간되지 않은 기름진 땅이 있다면 아메리카에서처럼 새로운 식민과 분배가 이루어져서 남아도는 인구도 자기가 먹을 식량을 생산할 뿐 아니라, 또한 그 수요도 만들어낼 것이다.

물론 이것은 유리한 조건하에서만 일어날 수 있다. 유리한 조건이란 다음과 같다. 첫째, 토지를 통해 비단 곡물뿐만 아니라, 다른 모든 자본재 획득이 가능할 것, 둘째 토지 가격이 저렴하고, 사유재산의 안전이 보장될 것, 셋째 일반 국민들이 근면하며 저축 문화가 정착되어 있을 것. 만약 이런 조건 중에서 하나만 없어도 인구 증가는 근본적으로 억제되거나 아예 중단될 것이다. 아무리 생산력이 뛰어난 땅이라도 삼림과 물이 모자란다면 대규모 식민에는 적합지 않을 것이다. 만약 농지 소유권이 확실하지 않다거나 그 내용이 예전보다 못한 것이라면 개인 저축은 좀처럼 이루어지지 않을 것이며, 토지에 투자하지도 않을 것이다. 또한 뿌리 깊은 게으름과 통찰력 부족은 아무리 생산 능력이 있더라도 생존자원 증가 및 분배를 불가능하게 할 수도 있다.

시베리아의 경우 위에서 언급한 유리한 조건이 모두 갖추어져 있지 않은 것은 분명하다. 비록 토지에 결함이 없더라도 급속한 인구 증가를 가로막는 정치적, 도덕적 장애 요소는 최선의 노력으로도 쉽사리 떨쳐낼 수 있는 게 아니다. 아메리카에서 농업자본의 급속한 증가는 노동자의 높은 임금에서 비롯되는 저축에 힘입은 바가 적지 않다. 혈기 왕성한 활동적인 청년이 오지에 들어가 자작 농장 경영을 시작할 때 적어도 20~30파운드가 필요하다고 한다. 그런데 아메리카처럼 노동 수요가 많고 임금이 비싼 곳에서는 이 정도 금액은 2~3년 안에 쉽게 저축할 수 있다. 그러나 시베리아의 남아도는 노동자들이 집을 짓고 가축과 도구를 사들이며 또한 그들의 새로운 토지를 정리하여 충분한 수확을 거둬들일 때까지 생활을 유지해 가는 데 필요한 자금을 모으는 것은 아주 어렵다. 그들의 자녀들 또한 성장해서 이만한 자금을 조달하는 게 쉽지 않을 것이다.

곡물시장이 협소하여 가격이 매우 저렴한 사회에서 경작자는 언제나 빈곤하다. 따라서 비록 가족들의 식량 걱정은 면할 수 있어도 자식들이 미개간지를 개척하는 데 지원할 만큼의 자본을 저축할 수는 없을 것이다. 이처럼 필요한 자본은 별로 큰 액수는 아니지만, 이 얼마 안 되는 금액조차도 농사짓는 이들에게는 쉽지 않다. 왜냐하면 곡식이 대풍작을 이뤘다 해도 살 사람을 찾을 수 없으며, 따라서 그 수확물을 장차 그들의 자식들이 그것과 동등한 비율의 생존자원과 노동을 얻을 수 있는 것과 같은 어떤 영구적인 물질과 교환할 수 없기 때문이다. 그러므로 그들은 자기 가족과 좁은 이웃 시장의 직접적인 수요를 충족시킬 정도의 곡물을 생산하는 것만으로 만족하는 경우가 많다. 그리고 가족이 많을 때에는 그 자녀들 역시 똑같은 실업노동자 처지로 전락하여 앞서 말한 경우와 마찬가지로 생존자원 부족으로 인해 더 이상의 성장을 기대하기 힘들어질 것이다.

그러므로 이런 나라에서 인구 증가에 필요한 것은 출산과 육아에 대한 직접적인 장려가 아니라 토지생산물 분배를 개선하여 유효수요를 창출해 내는 것이다. 그리고 이를 위해서는 제조업을 도입하고, 이에 대한 농민 수요를 북돋움으로써 국내시장 확대를 모색해야 한다.

이전의 러시아 여왕은 제조업과 농업을 장려하여 이에 종사하는 외국인에게 일정 기간 무이자로 자본을 빌려줬다. 이렇게 방향을 제대로 잡은 노력은 표트르 1세의 치세와 더불어 당연히 크나큰 효과를 거두었다. 그리하여 지난 수 세기 동안 인구가 정체되거나 지지부진하게 증가해 온 러시아령 인구, 그중에서도 특히 아시아 지역의 러시아령 인구는 최근 급작스럽게 늘어나기 시작한 것 같다. 시베리아의 보다 더 기름진 지방은 양호한 토질에 비해 인구가 여전히 부족하지만, 그중 어떤 지방은 농업이 상당히 번창하여 많은 곡물을 생산하고 있다. 1769년 대흉년에도 이세츠크 지방은 수확량은 줄어들었을지 모르나 그래도 이웃한 모든 지방을 굶주림의 공포에서 벗어나게 해주었을 뿐만 아니라 우랄 주물공장과 철공소에도 예년과 다름없이 곡물을 공급할 수 있었다. 또한 예니세이강 인근 크라스노야르스크 지방에서는 주민들이 게으르고 술독에 빠져서 지냈으나 곡식이 풍부하여 지금껏 대기근이 발생되었다는 기록은 없다. 팔라스는, 시베리아는 불과 200년 전까지만 해도 일반인에게 전혀 알려지지 않았던 황야로서, 인구의 측면에서 보자면 북미 사막지대보다도 훨씬 뒤떨어져 있었음에도 오늘날에는 그처럼 개척되어 러시아인 거주자 수가 원주민들 숫자를 넘어선 것은 매우 놀라운 일이라고 말했다.

팔라스가 시베리아에 머물던 당시 이처럼 비옥한 지방, 특히 크라스노야르스크 근방의 식료품 가격은 엄청나게 저렴했다. 가령 1푸드(40파운드) 밀가루는 2펜스 반, 황소 한 마리는 5~6실링, 암소 한 마리는 3~4실링에 팔렸다. 이처럼 엄청나게 싼 가격은 결국 토지생산물 판로(販路)가 거의 없었기 때문이었으며, 이것이 저출산의 주된 원인이었던 것으로 보인다. 그런데 그 뒤 몇 해가 지나자 그 가격은 상당히 뛰어올랐다. 이로 미루어보아 종래 문제점이 크게 시정되어 인구도 가파르게 증가했으리라는 것을 쉽게 알 수 있다.

그러나 팔라스는 시베리아로 주민들을 이주시키려는 여왕의 의도를 언제나 관리들이 이행하지 않았다는 사실, 그리고 임무를 위임받은 지주들이 나이나 질병, 근면성 부족 등 여러 면에서 목적에 어울리지 않는 이주민을 내보낸 사실에 불만을 제기한다. 그의 말에 따르면 볼가 지방으로 옮겨온 독일인 역시 새로운 정착지 개척에 필수적인 요소인 근면성이 부족했다. 근면성의 정착은 단순히 많은 정착민들을 끌어들이는 것보다 한 국가의 인구 증가에 있어서 더 중요한 의미를 갖는다. 모든 사람의 습성을 단번에 개조하여 근면성을 정착시킬 수 있다면, 어떤 정부도 외국으로부터의 이민을 장려하는 것과 같은 마지막 방법을 선택하지 않아도 될 것이다. 그러나 오랜 시일 동안 뿌리박힌 습성을 하루아침에 바꾸는 일은 불가능에 가깝다. 시베리아 지방의 빈민들이 영국 노동자만큼 근면하고 활동적인 인간이 되려면 가장 유리한 조건하에서도 오랜 시간이 필요할 것이다. 그리고 러시아 정부는 시베리아 유목민을 농경민으로 만들기 위하여 끊임없이 노력하고 있지만, 그들 중 다수가 게으름의 해악을 제거하려는 어떤 시도에도 계속해서 완강하게 저항하고 있다.

러시아 식민지에서 인구가 생존자원 한도 이상으로 급격하게 늘어나는 것을 막는 억제 요소로는 여러 가지가 있다. 시베리아의 일부 저지대 지역은 습지가 많아 건강에 좋지 않으며, 가축병의 피해도 크다. 볼가강 인근 토지는 자연적으로는 기름지지만 가뭄이 자주 찾아들기 때문에 3년 농사를 지으면 기껏해야 한 해 풍년이 든다. 사라토프 이민자들은 몇 년 동안 그곳에 거주한 뒤 다른 지방으로 옮겨갈 수밖에 없었고, 이로 인해 여왕은 100만 루블이 넘는 가옥 건축비를 지급해야 했다. 안정이나 편의를 꾀하려는 목적에서 식민지 가옥은 서로 붙여서 짓거나 가깝게 세움으로써 거주자들이 서로 다른 농장으로 흩어지는 일이 없도록 했다. 따라서 마을에서 멀리 떨어진 곳은 경작이 아직 충분하게 이루어져 있지 않음에도 그 마을 부근에는 땅이 모자라는 사태가 벌어졌다.

코체스네이아 식민지에서 이런 사실을 목격한 팔라스는, 이민자 일부를 다른 곳으로 이주시켜 남은 이들의 생활환경을 개선시켜야 한다고 제안했다. 그러나 이런 종류의 분리가 자발적으로 이루어지는 경우는 그리 많지 않으며,

또한 이주민 자손들이 새롭게 또 다른 식민지로 이주하여 정착하는 일은 결코 쉽지 않을 것이다. 사렙타에 있는 한창 발전 중인 모라비아형제단 정착지의 경우, 젊은이들은 목사의 허가 없이는 결혼할 수 없을 뿐만 아니라, 또한 그 허가도 시간이 꽤 지나고 나서야 내려진다고 한다. 그러므로 이런 새로운 식민지에서도 인구 증가에 대한 예방적 억제가 어느 정도 작용하고 있다고 볼 수 있다. 인구는 아메리카에서처럼 노동자의 실질임금이 높지 않으면 결코 급속도로 증가하지 않는다. 그리고 이 지역의 경우, 사회조건과 생산물에 대한 수요 부족이 새로운 식민지에서 흔히 나타나기 마련인 급격한 인구 증가 경향을 뒷받침하는 이러한 임금 상승 효과를 둔화시키고 있다.

10. 터키·페르시아 경우

여행가들의 여러 가지 보고를 토대로 터키[1] 영토 중 아시아에 속하는 지역의 인구 억제 요인과 현재 진행 중인 그곳의 쇠퇴 원인을 되짚어보는 것은 그리 어렵지 않다. 또한 터키의 아시아 지역 영토와 유럽 지역 영토 어디서든 그 생활 풍습에는 거의 차이가 없으므로 이 두 지역을 따로 구분해서 논의할 필요는 없을 것이다.

영토가 드넓은 데 비해 터키 인구가 적은 근본적인 원인은 의심할 바 없이 정부의 특징에 있다. 학정과 무능, 악법의 남용은 그로 인해 야기되는 사유재산의 불안정과 더불어 농업에 크나큰 장애 요인으로 작용하여 생존자원은 해가 갈수록 줄어들고 있으며, 그에 따라 인구도 감소하고 있다. 터키 술탄에게 납부하는 지세(地稅)인 미리(Miri)는 그 자체로는 그렇게 과중하지 않다. 그러나 터키 주지사와 그 앞잡이들은 터키 정부 전래의 악한 관습을 좇아 이 제도를 이용하여 착취할 방법을 생각해 냈다. 이들은 술탄이 정한 조세 제도를 근본적으로 바꿀 수는 없지만 수많은 변칙적인 방법을 동원하여 명목상으로는 증세가 아니었지만 사실상 엄청난 증세인 결과를 가져왔다.

볼네에 따르면 시리아에서 대부분의 토지는 그들 마음대로 처분할 수 있었는데, 토지를 빌려줄 때에는 가혹한 조건을 붙여 괴롭혔으며, 그 대가로 수확량의 절반을, 때로는 3분의 2까지도 착취했다. 수확이 끝나면 그들은 어떤 트집을 잡아서든 손실을 주장하며, 권력을 등에 업고 자기네들이 적당하다고 인정하는 것만큼의 부당한 요구량을 거둬들인다. 흉년에도 평년 때와 같은 양을 착취하여, 이를 충당하기 위해 빈민들은 가진 재산을 남김없이 팔아야 한다. 이런 끊임없는 압제에 더하여 불시에 무수히 많은 강탈이 자행된다. 때로는 어

---

1) 현재는 튀르키예.

떤 규정을 위반했다는 이유로 또는 위반 혐의를 받는다는 이유로 마을 전체에 공납을 부과하기도 한다. 주지사가 바뀔 때마다 선물을 제멋대로 강요했으며, 주지사 소유 말에 먹일 목초와 보리, 밀짚 등을 요구하기도 한다. 또한 여러 월권적인 명령이 떨어져 지방정부의 명령을 실행하는 군인들이 굶어 죽을 지경에 놓인 농민들의 고혈을 빨아먹는다. 농민을 대하는 이들의 태도는 매우 무자비하고 오만하다.

이러한 약탈 결과 가난한 하층민들은 파산하여 세금을 낼 여력이 없어지고, 따라서 그들은 그 마을의 불필요한 짐으로 전락하거나 다른 도시로 도망치듯 떠나가야 한다. 그렇지만 지세 액수는 좀처럼 바꿀 수 없으므로 책정된 액수는 딴 곳에서 벌충해야 한다. 따라서 그처럼 고향에서 내쫓긴 자들의 부담액은 나머지 주민들이 떠맡아야 하는데, 그들의 부담이 처음에는 그렇게 많지 않았지만 나중에는 도저히 감당할 수 없을 정도가 되고 만다. 가뭄과 기근이 두 해에 걸쳐 계속된다면, 모든 마을은 폐허가 되어 자포자기 상태가 되고, 그렇게 되면 그 마을에 부과된 세금까지 다른 이웃 지방이 떠안아야 하는 상황이 벌어진다.

기독교도에 대한 과세도 똑같은 전철을 밟는다. 처음에는 3피아스터,[2] 5피아스터, 11피아스터 등으로 액수를 매기다가 나중에는 35~40피아스터로 올라가며 이 때문에 부담자들은 지독한 궁핍으로 허덕이다가 그 나라를 떠날 수밖에 없다. 지난 40년 동안 조세는 이런 식으로 급속도로 늘어났다. 그 기간 동안 농업은 쇠퇴하고 인구는 감소했으며 콘스탄티노플(콘스탄티노폴리스)로 보내는 세금량도 줄어들었다.

농민들이 먹는 음식은 점차 보잘것없어졌고, 마침내는 어느 지방에서도 보리로 된 작고 납작한 케이크, 즉 두라와 파, 제비콩과 물뿐이었다. 한 알의 곡물도 버리지 않으려고 농민들은 곡물에 섞여 있는 온갖 쭉정이들까지 그대로 남겨두기 때문에 결과물은 더더욱 조악해진다. 레바논과 나블루스 산악지역에서는 흉년이 들면 도토리를 주워 모아 삶아 먹거나 잿불에 구워 먹는 것으로 연명한다.

---

2) 1피아스터는 1파운드의 100분의 1. 이집트·시리아·레바논 등 중동 제국의 화폐 단위.

이런 빈곤의 필연적인 결과로서 경작 기술은 참으로 한탄할 만한 지경에 머물러 있다. 농부들은 거의 농기구를 갖지 않고 있으며, 갖고 있더라도 아주 조잡하다. 가래는 대부분이 갈라진 나뭇가지에서 잘라낸 것이며, 이것을 바퀴도 달지 않고 그대로 사용하고 있다. 논밭을 가는 데는 당나귀와 암소를 부리며, 간혹 황소를 사용하기도 하지만 그것은 너무나 사치스러운 경우이다. 팔레스타인처럼 아랍족의 위협을 느끼고 있는 지방에서는 농부들은 다른 한 손에 소총을 들고 씨를 뿌려야 한다. 곡식은 채 다 익기도 전에 거두어들여 지하 동굴 속에 감춘다. 그리고 씨 뿌릴 때 쓰는 것은 되도록 작은 양을 사용한다. 왜냐하면 농부들은 그들의 생존을 유지하는 데 필요한 이상은 심지 않기 때문이다. 그들은 자기네들에게 당장 필요한 것을 충족시키는 것 이외에는 일하려 들지 않는다. 사실 근소한 양의 빵과 파, 푸른 셔츠 한 벌과 양털을 손에 넣는 것은 그렇게 큰 노동이 필요치 않다. "그러므로 농민 생활은 비참하다. 그러나 적어도 폭군의 배를 부르게 만들지는 않는다. 따라서 학정을 자행하는 자는 스스로 처벌을 받는다."

이상은 볼네가 시리아 농민의 실태에 대해 쓴 내용이지만, 이 지방을 두루 둘러본 다른 모든 여행가들도 동일한 기록을 남기고 있다. 그리고 이튼(Eton)의 말에 따르면 이런 묘사는 대부분 터키령에서의 농민 상태를 아주 사실에 가깝도록 나타낸 것이다. 일반적으로 각종 관직은 공매(公賣)에 붙여지며, 궁중 회의는 뇌물에 따라 좌지우지된다. 따라서 지방에 부임한 주지사는 강탈 등으로 불법 축재를 자행한다. 이런 면에서는 그 아래 부하들이 언제나 상관을 능가하며, 또 그는 그대로 자신의 부하를 위해 약탈할 거리를 남겨둔다.

주지사는 조공을 바치기 위해서도, 관직을 얻었을 때 지출한 비용을 보상하기 위해서도, 위엄을 유지하기 위해서도, 또한 우발적 사고에 대비하기 위해서도 금전을 조달해야 한다. 그리고 그는 황제 대리로서 문무(文武) 전권을 한 몸에 장악하고 있으므로 어떤 수단이라도 쓸 수 있지만, 언제나 재빠른 것이 최선책으로 간주된다. 내일 어찌 될 것인지를 예측할 수 없으므로 그는 자기가 관리하는 영토를 마치 단순한 일시적인 소유물로 생각하고, 되도록 단번에 다년간 수확을 거둬들이려고 하며, 후임자나 국부(國富)에 미치게 될 손해에 관해서는 조금도 개의치 않는다.

농민은 도시민보다 그런 약탈을 더 많이 받곤 한다. 농민은 직업 특성상 한 장소에 머물러 거주해야 하며 농산물을 쉽게 숨기지 못한다. 그뿐만 아니라 토지 소유권과 상속권도 불확실하다. 아버지가 사망하게 되면 유산은 국왕에게 귀속되므로, 그 자식은 많은 돈을 내고서야 상속권을 되찾을 수 있다. 그런 사정 때문에 농민들은 자연히 토지재산을 등한시하게 되어 전원을 내버리고 도시로 달려가려고 한다. 왜냐하면 도시에서는 생활이 일반적으로 그나마 나은 취급을 받을 뿐 아니라, 탐욕스러운 지배자의 눈을 피하여 비교적 쉽게 숨길 수 있는 재산을 획득할 수도 있기 때문이다.

　이곳의 농업을 망친 결정타는 여러 농산물에 최고가격 제한을 설정한 데 있다. 이 때문에 농민들은 농산물을 고정가격으로 도시에 제공할 수밖에 없다. 정부 힘이 미약할 뿐 아니라, 민중 봉기에 대한 두려움도 있기 때문에 전국 주요 도시에서 곡물 가격을 언제나 싼값으로 묶어두는 것이 터키 정부 방침이다. 흉년에는 조금이라도 곡식을 가지고 있으면 일정한 가격으로 팔아치우도록 강요하며, 이것을 어기면 사형에 처한다. 그리고 만약 그 근방에 곡식이 없다면 다른 지방에서 약탈해 온다. 그리하여 일단 콘스탄티노플에 식량 부족 사태라도 생긴다면 이것을 공급하기 위해서 적어도 10주는 굶주려야 한다. 다마스쿠스에서는 1784년 기근 때 시민들은 1파운드 빵에 겨우 1페니 동전을 냈을 뿐이나 시골 농민들은 곧 숨이 끊어질 것 같은 굶주림에 허덕여야 했다.

　농업에 대한 이런 방침이 어떤 결과를 낳는가에 대해서는 새삼 설명할 필요조차 없을 것이다. 생존자원이 감소하게 된 원인은 너무나 명백하다. 그리고 인구를 그처럼 감소된 생존자원 수준에 머물게 한 장애 요인도 확실하게 탐구할 수 있다. 여기엔 당연히 온갖 종류의 악덕과 빈곤이 포함된다.

　일반적으로 기독교 신자 가정은 일부다처제를 받아들인 이슬람교도 가정보다 자녀 수가 많은 것으로 보고 있다. 이는 참으로 이상한 사실이다. 왜냐하면 일부다처제는 여자의 불평등한 분배를 가져와 한 나라 전체 인구에는 도움이 되지 않지만, 아내를 많이 두고 있으면 한 아내를 두는 자보다도 더 많은 자식을 낳을 것이 당연한 이치이기 때문이다. 볼네는 주로 일부다처제 실행과 지나치게 일찍 결혼하는 것 때문에 터키인은 젊어서 이미 정력이 고갈되어 서른 살에 생식 능력을 상실하는 자가 아주 많다는 사실을 들어 원인을 설명하고 있다. 이튼은 일반인들이 자연에 배치되는 죄악을 널리 저지르고 있다는 사실에 주목하여, 이를 중요한 인구 억제 요인으로 보고 있다. 그는 인구가 감소하는 주된 원인으로 다음 다섯 가지를 들고 있다.

(1) 근절이 불가능한 흑사병.

(2) 적어도 터키의 아시아 지역에서 흑사병 이후 발생하는 무시무시한 혼란.

(3) 흑사병에 못지않은 참화를 낳을 뿐만 아니라, 또한 터키의 아시아 지역에 자주 엄습하는 유행병과 풍토병.

(4) 기근.

(5) 기근에 잇따르는, 기근보다 더 많은 인명 피해를 입히는 여러 질병들.

이튼은 터키 제국 각 지방에서 벌어진 흑사병의 참화를 자세히 설명하고 난 뒤 결론으로, 이슬람교도의 인구 감소라는 결과를 낳은 데는 이 원인 하나만으로도 충분하며, 또한 지금 사태가 그대로 이어진다면 터키 인구는 한 세기도 지나지 않아 소멸하게 될 것이라고 했다. 그러나 이런 추론과 그에 관한 계산은 확실히 잘못된 것이다. 이렇게 사망률이 높은 시기 동안의 인구 증가율은 아마 그가 알고 있는 것보다는 클 것이다. 또한 주목해야 할 것은 농민들의 노동이 겨우 자기 필요를 충족하는 정도에 그쳐, 단순히 자기 한 몸 굶주림을 방지하기 위해서만 씨를 심고, 남는 생산물은 아예 저축할 수 없는 나라에서는 크나큰 인명 손실은 쉽사리 회복되기 어렵다는 점이다. 그런 나라에서 인구 감소가 야기하는 자연적인 영향력은, 산업이 발달하고 재산이 안정되어 있는 나라가 느끼는 영향력과 같을 수 없다.

페르시아 입법자 조로아스터(자라투스트라)는 나무를 심고 논밭을 갈며 자녀를 키우는 일은 칭찬할 만한 행위라고 말한다. 그러나 여행자의 보고로 판단해 보면 하층민 중 다수 인구에게는 이는 쉬운 일이 아니다. 그리고 이런 경우에도 다른 모든 경우에서와 마찬가지로 개인의 사적인 이해가 입법자의 잘못을 바로잡는다. 장 샤르댕(Jean Chardin) 경은 말한다. "페르시아에서는 결혼에 드는 비용이 엄청나기에 돈 있는 사람들 외에는 파산을 두려워하여 감히 결혼할 엄두를 내지 못한다." 러시아 여행가들의 증언도 이를 뒷받침하는 것처럼 생각되는데, 하층계급 사람들은 늦게 결혼을 할 수밖에 없으며, 오직 부자들만 일찍 결혼할 수 있다고 전한다.

수백 년간 되풀이되어 온 무서운 혼란이 페르시아 농업에 치명적인 손상을 입혔다. 내우외환이 없었던 시기는 언제나 짧고 드물었다. 가장 평화로운 기간에도 국경에 인접한 여러 주는 타타르족의 약탈행위로 끊임없이 위협받았다. 그런 사태의 결과는 우리들이 예상했던 대로이다. 페르시아에서 경작지와 미경작지 비율은 1 : 10이라고 장 샤르댕 경은 말한다. 페르시아 왕의 관리와 개인 지주가 농민들에게 토지를 대여하는 방법은 결코 올바른 산업 장려책이 아니었다. 그뿐만 아니라 페르시아 곡물 재배는 우박과 가뭄, 메뚜기와 기타 곤충의 위해를 받아 피해를 보는 경우가 많기 때문에 토지 경작에 자본을 댈 엄두를 내지 못한다.

흑사병은 페르시아까지 확산되지 않는다. 그러나 러시아 여행가들의 말에 따르면 천연두가 심하여 아주 치명적인 위해를 가져온다고 한다.

페르시아에서 인구 억제에 대해서 이 이상 상세하게 논할 필요는 없을 것 같다. 왜냐하면 지금까지 논의한 터키의 상황과 큰 차이가 없을 것이기 때문이다. 터키에 흑사병 낳은 대대적인 파괴가 있다면 페르시아에서는 시도 때도 없이 일어나는 내란이 그와 비슷한 영향력을 발휘한다.

11. 남아시아·티베트 경우

    윌리엄 존스 경이 번역하여 《힌두법 개요》라는 제목으로 출간한 《마누법전》은 결혼을 대대적으로 장려하고 있으며, 남계(男系) 상속인을 가장 중요하게 생각하고 있다.

    "자식에 의해서 사람은 모든 사망을 이기며, 그 자식의 자식에 의해서 불사(不死)를 누리며, 또한 그 손자의 자식에 의해서 하늘에 오른다."

    "자식은 아버지를 푸트(put)라 부르는 지옥으로부터 구해주므로, 브라흐마가 몸소 그를 푸트라(puttra)라 명명하였도다."

    여러 가지로 상이한 혼례에 대하여, 마누(Manu)는 개별적인 예마다 특정한 자격을 부여하고 있다.

    "첫 혼례에 의한 아내, 즉 브라만의 아내에서 태어난 자식은 덕행을 하면 10명의 조상과 10명의 자손, 그리고 스물한 번째 사람인 자기 자신을 죄에서 구제한다."

    "다이바의 혼례에 따라 아내에게서 태어난 자식은 귀천 불문하고 각각 7명씩 조상과 자손을 구제하며, 아르샤의 혼례에 따라 아내에게서 태어난 자식은 각각 3명씩, 그리고 프라자파티야의 혼례에 따라 아내에게서 태어난 자식은 각각 6명씩의 조상과 자손을 구제한다."

    가사 관리자는 가장 중요한 지위에 있는 것으로 간주된다.

    "성승(聖僧)·선조의 망령·제신(諸神)·빈객들은 가장(家長)을 위하여 복된 일을 기원한다."

    "동생보다 먼저 결혼하지 않은 형은 특히 배척될 자의 부류에 속하게 된다."

    《마누법전》은 필연적으로 결혼을 하나의 종교적 의무로 간주한다. 특히 다수의 자손을 낳는 것보다 남계 상속에 더 초점을 맞추고 있다.

    "하나의 자식을 보게 된 아버지는 조상에 대한 부채를 갚은 셈이 된다."

"그의 출생에 의해서 부채를 갖게 되고, 또한 그를 통해서 불사를 얻게 되는 자식만이 비로소 하나의 의무 관념에서 태어난 존재라고 볼 수 있다. 현자는 그 밖의 모든 자식들을 쾌락의 심정에서부터 태어난 것으로 간주하고 있다."

과부는 어떤 경우에는 망부의 형제나 지정된 일정한 친족과 관계를 맺음으로써 한 명의 자식을 얻을 수 있지만, 그 이상은 자식을 얻을 수 없다. "법 규정에 따라 바라던 목적이 달성된 후에는 이 형제와 자매는 마치 아버지와 딸자식처럼 같이 살아가야 한다."

《마누법전》의 거의 모든 부분에서 호색주의는 일절 배척되며 정조를 지키는 일은 종교적 의무로 가르치고 있다.

"육신의 쾌락에 빠지는 자는 반드시 죄를 짓게 되지만, 이를 이겨내는 자는 하늘의 축복을 받는다."

"일체 쾌락을 내버리는 것은 그것을 얻는 것보다 훨씬 더 좋은 일이다."

이러한 문구가 인구 증가의 장려를 어느 정도 방해하는 경향이 있고, 신앙심이 강한 일부 인사들은 하나의 자식을 얻은 뒤에는 더 이상 육욕에 빠지려 하지 않을 뿐만 아니라, 또한 그런 법령이 없는 경우보다도 훨씬 더 독신 상태에 만족을 느끼도록 만든다는 점은 상상할 수 있다. 참으로 엄격하게 정조를 고수하려는 심정은 자손을 가진 의무감을 압도한다.

"무수한 브라만은 젊은 시절부터 육욕을 피하여 가정에 한 사람의 자녀도 남기지 않았음에도 천국에 올라갔다."

"또한 이처럼 금욕하는 남자와 마찬가지로, 정숙한 아내는 비록 자식을 낳지 않더라도 남편이 죽은 후 경건한 태도로 금욕을 하면 천국에 올라간다."

형제나 다른 친족이 앞서 말한 것과 같이 망부를 대신하여 대를 이을 아들을 낳아줄 수 있다는 것은 오직 예속계급 부인들에게만 적용될 뿐이다. 상류층 부인들은 남편 이외에는 다른 남자의 이름조차 입에 내지 않으며, "죽음이 죄를 모두 없애줄 때까지 언제나 엄격하게 의무를 이행하며, 모든 육욕적 쾌락을 피하여 이 세상에 비할 나위 없는 덕행을 즐겁게 계속 실천해 간다."

정욕 억제에 관한 이런 엄격한 교훈 이외에도 결혼을 장려하는 법령의 효과를 저해하는 요인이 있는 것 같다.

계급 구별과 동일한 가족에서의 동일한 직업 세습은 저마다 앞으로의 생활

설계를 명백히 지시해 주는 방편이 될 것이다. 그리고 아버지 수입으로 판단하여 아버지와 동일한 직업을 갖게 됨으로써 과연 한 가족을 지탱해 나갈 수 있느냐를 쉽사리 판단할 수 있을 것이다. 하기야 그의 계급에 적합한 직업에서 생계자원을 얻을 수 없다면 어떤 제한 아래, 다른 직업에서 생계자원을 구해야 한다. 그러나 이런 방편에는 어떤 종류의 치욕이 따르는 것 같다. 그러므로 이렇듯 자기 계급에서 뒤떨어져서 생활 상태를 그처럼 떨어뜨리게 되는 사실이 분명한 경우에도 그것을 따지지 않고 결혼하려는 사람이 그리 많을 것 같지는 않다.

그뿐만 아니라 아내를 고르는 일은 꽤나 어려운 일인 것 같다. 남자는 얼마 동안 독신을 지키지 않는다면 입법자가 지시하는 내용과 부합되는 배우자를 좀처럼 찾을 수 없을 것이다. 10개 가문에 관하여는 서술에서 보듯이 아무리 세대가 크고 암소·산양·면양·금·곡물 등이 풍부하다 하더라도 되도록 피해야 한다. 머리털이 너무 적거나 많은 처녀, 수다스러운 처녀, 눈이 나쁜 처녀, 듣기에 불쾌한 이름과 질병을 앓고 있는 처녀, 형제자매가 없는 처녀, 또는 아버지 이름이 널리 알려져 있지 않은 처녀 등은 모두 배척받는다. 그리고 만약 "용모에 조금도 결함이 없고 이름이 듣기 좋은, 그리고 마치 홍학(紅鶴)이나 새끼 코끼리처럼 우아하게 걷고 이와 머리카락의 양과 크기가 알맞게 균형이 잡히고 몸이 절묘하게 부드러운 처녀"를 선택한다면 아내 선택이 어느 정도 제한될 것이다. 천생연분의 아내를 골라내는 일이 아무리 어렵더라도 노예계급 여자가 브라만이나 크샤트리아의 아내가 되었다는 실재적인 예는 먼 옛날이야기 속에도 존재하지 않는다는데, 이것은 천생연분의 아내 선택이라는 어려운 문제가 이따금씩 발생함을 암시하는 것 같다.

인도인의 습관으로부터 생기는 또 하나의 결혼에 대한 장애는 형이 미혼이면 동생들도 모두 그 형처럼 미혼 상태로 남아 있어야 한다는 것이다. 왜냐하면 형보다 앞서 아내를 맞이하는 동생은 오명을 뒤집어쓰게 되어 사람들로부터 따돌림을 당하기 때문이다.

입법자 마누가 인도 부인의 풍습과 성벽으로 묘사하는 특징은 여성들에게는 아주 불리하다. 마누는 준엄한 어조로 기술하는데, 그 속에는 다음과 같은 구절이 있다. "남자에 대해 욕정이 있고 변덕스러우며, 확고한 애정이 없고 심술궂은 부녀자는 현세에서 아무리 엄중하게 감시받더라도 머지않아 남편으로부터 버림받게 될 것이다."

이런 특성이 만약 사실이라고 한다면, 아마 그것은 그 여성들에게 최소한의 자유조차 허용되어 있지 않았기 때문에 생기게 된 것이 아닌가 한다. 그러나 어쨌든 이 문구는 간통을 금하는 법률이 있었음에도 남녀 간 불의의 행위가 성행했다는 사실을 명시해 주고 있다. 또한 직업 무용가와 가수 아내 또는 아내의 매춘으로 생활해 가는 것과 같은 비천한 자의 아내에게는 해당 법률이 적용되지 않는다는 주석이 달려 있다. 이것으로 미루어볼 때 그런 부녀자의 특성은 결코 드물게 볼 수 있는 현상이 아니라, 어느 정도까지는 허용되고 있었다는 것이 분명하다. 그뿐만 아니라 부자들 사이에서 보이는 일부다처제 관행은 하층민의 결혼을 곤란케 하는 경우가 적지 않은데, 아마 주로 노예가 된 자들이 이런 곤란을 더욱 크게 느끼게 될 것이다.

그런 사정을 종합해 보면 인도에서의 인구 억제에는 예방적 억제도 포함되어 있는 것 같다. 그러나 일반에게 널리 행해지고 있는 풍습과 여론으로부터 미루어보면 일찍 결혼하는 경향은 언제나 심했으며, 대체로 장차 일가를 능히 부양해 나갈 수 있다는 가능성이 보이면 곧 결혼했다고 생각된다. 그리고 그 당연한 결과로 하층계급 사람들은 지독하게 가난해져 아주 검소하고 빈약한 생활을 해나갈 수밖에 없었다. 그리고 이런 검소한 생활을 한다는 것은 높은 덕성으로 간주됨으로써, 일반인들에게 더 널리 보급되어 어느 정도까지는 상층계급에게도 전파되어 갔다. 그리하여 인구는 생존자원 한계까지 바짝 접근하게 되어 마침내 국민 대부분은 겨우 연명해 나갈 정도의 식량만 얻을 수 있는 처지에 놓였다. 그런 상태에서는 흉작이 들 때마다 국민 생활은 도탄에 빠지게 되었으니, 인도는 어떤 시대에도 가장 무시무시한 기근을 면하지 못했던 것이다.

《마누법전》 일부분은 궁핍할 때 문제를 논하는 데 할당되어 있다. 이런 궁핍을 당할 때 처신하는 방법을 각 계급에 따라 가르친다. 기근과 결핍으로 괴로움을 당하는 브라만에 관해서도 가끔 언급되고 있다. 또한 음란하고 불법적인 행위를 했던 덕이 높은 옛날 인사들에 대해서도 언급한다. 입법자 마누는 궁핍함 때문에 이런 행위를 하게 된 것으로 보아 새삼스럽게 그 죄를 묻지 않았다.

"아지가르타는 굶어 죽게 되었을 때 소 몇 마리를 얻고자 자식을 팔아버림으로써 그를 죽이려고 했다. 그러나 그는 오직 굶주림으로부터 벗어나고자 그렇게 한 것이므로 어떤 죄도 되지 않았다."

"선악을 잘 분별한 바마데바는 굶주림에 허덕이게 되었을 때 개고기를 먹으려고 했지만, 그래도 그는 부정한 인간으로는 보이지 않았다."

"덕행과 악행 차이를 누구보다도 잘 분별하던 비스와미트라도 굶어 죽게 되자, 찬달라(불가촉천민)에게서 얻은 개의 엉덩이 고기를 먹으려 했다."

이들 최상층계급에 속하는 덕이 높은 위대한 인사들(모든 일반인들은 그를 부조해 줄 의무가 있다)마저 그런 곤궁 속에 허덕이게 되었다면 최하층계급 사람들의 고통도 쉽게 상상할 수 있을 것이다.

그런 문구는 이 법전이 편찬된 당시에 지독하게 힘들었던 때가 있었음을 명백히 말해준다. 그런 계절은 그 후 줄곧 일정한 기간을 두고 불규칙적으로 발생했다고 믿을 만한 이유가 있다. 한 예수회 수사가 1737~38년 기근 때 목격한 비참한 광경은 이루 말할 수 없을 만큼 끔찍했다고 전해진다. 그가 그 기근의 참상과 그것으로 말미암아 일어난 사망률에 관해 기술한 것만을 가지고서도 사람들 간담을 서늘케 하기에 충분하다. 다른 예수회 수사는 전반적인 상황을 이야기하면서 이렇게 말한다. "우리들은 해마다 2000명 자녀들에게 세례를 베풀고 있는데, 그들은 그 어버이들이 이미 양육할 수 없거나, 다 죽게 된 것을 집에서 쫓아내고자 그들 어머니가 우리들에게 팔아버린 아이들이다."

인구에 대한 적극적 억제는 말할 것도 없이 주로 수드라계급과 모든 계급으로부터 쫓겨나 도시 안에 사는 것도 허용되지 않는 보다 더 비참한 생활을 하는 사람들에게 가해질 것이다.

또한 이런 사람들 사이에서는 지독한 빈곤과 영양실조에서 비롯되는 유행병, 유아 사망이 맹위를 떨칠 수밖에 없다. 그리고 기근이 찾아들 때에는 이들 불행한 수많은 빈민들은 사회 중류계급이 그렇게 심한 생활난에 빠지기도 전에 소탕될 수도 있다. 레날 신부는 말한다(어떤 근거에서 나온 것인지는 나로서는 알 수 없다). "벼농사가 잘되지 않았을 때는 지주들은 소유지에서 사는 추방당한 빈민들이 쌀알 한 톨도 낭비하지 못하도록 그들의 오막살이에 불을 지르고,

도망치는 자는 쏘아 죽인다."

심지어 사회 중상류계급 사람들도 일가족 부양에 곤란을 느꼈을 뿐만 아니라, 또한 자기 소속 계급에서 낙오될까 두려워했기 때문에, 인도의 몇몇 지방 주민은 아주 참혹한 방법으로 자식 증가를 방지하기에 온 힘을 기울이게 되었다. 베나레스(바라나시)주의 한 지방인 주나포어 국경지대의 어떤 종족 사이에서는 여자아이를 죽이는 습관이 있는 것이 증명되었다. 어머니들은 딸들을 굶어 죽게 하는 것 말고는 다른 도리가 없었다. 사람들은 그런 참혹한 관습을 변명하기 위한 이유로, 딸에게 적당한 배우자를 택해주는 데 드는 막대한 비용을 내세웠다. 오직 한 마을만 이런 관습이 없었는데, 그 마을 안에는 노처녀 여러 명이 살고 있었다.

만약 그 원칙에만 따르면 종족은 존속될 수 없을 것이다. 그러나 일반 원칙의 특수한 예외와 다른 종족과의 잡혼에 의해서 종족 유지 목적은 충분히 이룰 수 있을 것이다. 동인도회사는 이런 주민들에게 비인도적인 관습을 더 이상 계속하지 않을 것을 서약하도록 했다.

말라바르 해안의 네이르족은 정식으로 혼인하는 경우가 없으며, 상속권은 형제의 어머니에게나 자매의 자식들에게 귀속된다. 왜냐하면 그 자식의 부친이 누구인지 불확실하기 때문이다.

브라만 사이에서는 한 사람 이상 형제가 있을 경우에는 그들 중 최연장자만 결혼한다. 그리고 독신인 동생들은 네이르족처럼 결혼하지 않고 형수와 동거 생활을 한다. 만약 맏형에게 자식이 없다면 둘째 형이 결혼하게 된다.

네이르족의 경우 부인 한 사람은 2명이나 4명, 또는 그 이상의 남성과 관계를 맺는 습관이 있다.

목수라든가 대장장이 같은 하층계급은 상층계급 풍속을 모방하기는 하지만, 한 부인과의 공동 관계는 오직 형제와 남성 혈연자로만 한정되며, 이것으로써 혈통상 다른 피가 섞이는 것을 방지하고 있는 점에서만 다를 뿐이다.

몽테스키외는 말라바르 해안의 네이르족의 이런 풍습에 주목하여 이것을 다음과 같은 가정을 토대로 하여 설명한다. 즉 그런 풍습을 받아들이게 된 것은 그것으로 이 종족의 가족 유대 관계를 약화시켜 그들을 병졸로서 더욱 자유롭게 그들의 천직을 다하게 하려는 데 목적이 있다. 그러나 나는 특히 다른 계급들도 이런 습관을 지켜왔다는 것을 생각해 볼 때 아마 그것은 대가족으로부터 생기는 빈곤에 대한 공포심에서 비롯되었다고 보는 것이 타당하다고 생각한다.

티베트에 관한 터너(Turner)의 보고에 따르면, 그곳에서도 이런 관습은 널리 행해지고 있다고 한다. 터너는 그 기원에 대해서는 확언하려 하지 않고, 오직 불모의 국토에 인구과잉이 되는 것을 두려워한 나머지 그런 관습이 생겨난 것이 아닌가 하는 가정을 내리고 있을 뿐이다. 동양 각지를 두루 여행하면서 터너는 인구과잉으로부터 필연적으로 생기는 결과를 관찰할 기회를 얻게 됨으로써 이런 결과의 진실을 올바르게 이해한 몇 안 되는 저술인들 중 한 사람이 될 수 있었다. 그는 이 문제에 관해 자기 의견을 힘차게 피력하면서 앞서 말한 습관에 대해서도 말한다.

"땅이 기름지지 못한 나라에 인구가 남아돌게 되는 것은 모든 재난 중에서도 가장 큰 재난이다. 이는 확실히 영구적인 갈등과 궁핍을 낳는다고 생각한다. 그 사회의 가장 활동적이며 가장 유능한 인사들은 다른 나라로 떠나가서 행운을 구하는 병사가 되거나 일확천금을 노리는 상인이 될 수밖에 없다. 그렇게 하지 않고 조국에 머물러 있다가는 그렇지 않아도 없는 수확에다 불시에 흉년이라도 들면 굶주림의 희생양이 될 수밖에 없다. 그러므로 전 가족을 그런 혼인 방식으로 구속함으로써 지나치게 급격한 인구 증가를 억제했던 것이다. 그리고 지상의 가장 기름진 지역에 널리 보급되어 세계의 가장 부유하고 다산적이며, 따라서 인구가 조밀한 나라에 가장 비인도적인 부자연스러운 습관을 발생케 하는 과잉인구의 공포도 이것에 의해서 예방되었던 것이다. 내가 여기서 말한 나라란 중국이다. 이 나라에서는 어떤 어머니는 많은 자녀들을 키우지도 않고 갓난아이를 들에다 내다 버려 죽게 한다. 참으로 끔찍한, 비인도적인 행위이지만 이는 결코 드문 일이 아니라고 생각한다."

이 지구상의 거의 모든 나라에서 각 개인은 일신상의 이해를 고려하여 인구의 자연적 증가를 저지하는 경향이 있는 습관이 몸에 배지 않을 수 없다. 그러나 티베트는 아마 정부 차원에서 그런 습관을 널리 일반에게 장려하는 동시에 인구의 증가를 장려하기보다는 오히려 억제하는 것을 공공의 목적으로 삼고 있는 것처럼 보이는 유일한 나라일 것이다.

인생의 첫출발을 내디딜 때 부티아족은 독신 상태를 지켜야만 출세할 수 있다는 가르침을 받는다. 왜냐하면 혼인 자체가 언제나 고위직이나 고관에 오르는 데 장애물이 되기 때문이다. 인구의 증가는 그처럼 입신출세하려는 야심과 종교라는 2대 장애 때문에 억제된다. 그리고 상류계급 인사들은 오로지 정치적 또는 종교적 직무에만 몰두하고, 종족 번성의 임무는 오롯이 농부나 노동자, 즉 밭을 갈고 자신의 노동으로 먹고사는 사람들에게만 떠넘기고 있다.

따라서 종교적인 은둔 생활이 성행하여 사원과 수녀원 수도 적지 않게 되었다. 여기에는 아주 엄한 법률이 있어 어쩔 수 없는 사정으로 여자가 사원 경내에서, 또는 남자가 수녀원 경내에서 하룻밤을 지내는 것조차 금하고 있다. 또한 하나의 규정을 만들어서 난잡한 성행위를 방지함으로써 남녀의 신성한 질서를 존중케 하고 있다.

티베트 국민은 판이한 두 계급으로 나누어져 그중 하나는 속세의 일을 수행하고, 또 하나는 하늘과의 교섭을 관장한다. 속세의 어떤 간섭도 일정하게 규정된 승려의 성스러운 임무를 방해할 수 없다. 승려는 상호 간에 약조를 맺어 정신계 사무를 관장하며, 속인은 그의 노동을 통해서 국가의 부를 키우고 인구를 증식한다.

그런데 속인 사이에서도 인구 증가는 아주 지지부진하다. 한 집안 형제는 모두 그 나이와 인원수에 상관없이 저마다의 운명을 맏형이 선택한 한 여자에게 맡겨 그 여성을 가정부처럼 생각한다. 그리고 일터에서 얼마를 벌든 그 번 것은 결국 모두 그 공동 저장소로 흘러 들어가게 되어 있다.

남편 수는 분명히 정해져 있지 않을 뿐만 아니라, 또한 몇 명 이내여야 한다는 제한도 없다. 때로는 구성원이 몇 명 되지도 않는 가족에 남성은 단 하나만 있는 경우도 있다. 터너는 말한다. "테슈 룸부의 어떤 높은 신분의 원주민은 나에게 당시 근방에 살고 있는 다섯 형제가 한 여자와 똑같은 부부 관계를 맺고 행복하게 같이 살고 있다고 힘주어 말했다. 그보다도 인원수가 많은 경우는 결코 없는 것 같다. 그런데 이런 종류의 맹약은 반드시 하층민들 사이에만 한정된 게 아니라, 가장 부유한 가정에서도 가끔 볼 수 있다."

이런 습관은 수많은 승려들의 독신 생활과 더불어 반드시 인구에 대한 예방적 억제로서 아주 크게 작용할 것이 분명하다. 그러나 토지의 자연적인 불모성에 관한 터너의 논의에 비추어 판단해 보면 이런 대단한 장애 요인이 있음에도 인구는 생존자원 수준에 근접한 흔적이 있는데, 이 사실은 테슈 룸부에서 거지 수를 보고서 확인할 수 있다고 생각한다. 이처럼 거지와 그들을 돌보는 자선에 대해서 기술한 터너의 소론은 평범하지만 아주 정확하고 중요하므로, 몇 번이라도 되풀이해서 논의될 필요가 있다.

터너는 말한다.

"나는 하루하루 생활이 평온무사하게 되풀이되어 가는 것으로 생각하고 있던 곳에서 꿈에도 생각하지 못했던 엄청나게 많은 거지와 게으른 무리가 있음을 발견하게 되었다. 그러나 무차별하게 자선을 베풀 수 있는 곳에서는 단지 자선을 베풀어야 할 대상 인물을 찾기에 부족을 느끼지 않을 뿐만 아니라, 언제나 베풀 수 있는 양(量)을 넘어서는 희망자가 모여들게 된다는 데 생각이 미쳤을 때 나는 그 무리를 보고도 조금도 놀라지 않았다. 테슈 룸부에서는 식량 부족으로 고민하는 일은 없다. 아마 이 세계에서 가장 거대하고 체구가 건장한 무슬만족의 수많은 무리들조차도 이 빈약한 생활을 유지해 가려고 의지하게 되는 것은 바로 이러한 자비심이다. 이 밖에 300명에 이르는 힌두인과 고사인족, 순나족이 날마다 이 장소에서 라마(Lama)의 자비로 양육되고 있다는 얘기를 들었다."

12. 중국·일본 경우

　중국 인구에 대해서 최근 발표된 보고는 아주 이상적이므로 다수 독자들은 이상하게 생각할 것이다. 따라서 자칫 독자들이 중국어를 알지 못하는 데서 혹시 계산 중에 어떤 우연적인 잘못이라도 끼어든 게 아닐까, 또는 조지 스톤턴(George Staunton) 경에게 자료를 제공한 중국 관리가 나라 자랑을 하려는 나머지(이런 일은 어디서나 있는 일이지만, 중국에서는 특히 심하다), 자국의 국력과 자원을 지나치게 과장한 것이 아닐까 상상할 수도 있다. 이런 잘못은 어떤 경우에도 있을 것 같지 않다고는 말할 수 없으나, 그와 동시에 조지 스톤턴 경의 기술도 다른 믿을 만한 보고와는 본질적으로 다른 점이 없다는 것도 알 수 있을 것이다. 그리고 이런 기술이 어떤 모순을 포함하기는커녕, 사실에 가깝다는 것은 중국을 방문한 저술가들이 입을 모아 말하는, 중국의 토질이 비옥하다는 사실에 관한 기술을 참고해 보면 거의 확실하다.

　뒤알드(Du Halde)에 따르면 강희제 재위 초기에 행해진 호구조사 결과 세대수는 1105만 2872호이고 병역에 복무할 수 있는 남자는 모두 5978만 8364명이다. 여기에는 왕족, 궁정 역원, 관리와 제대한 병졸, 학자와 진사, 의사와 승려 및 20세 미만자, 수많은 수상생활자들은 포함되어 있지 않다고 한다.

　어느 나라에서든 징병 가능 연령자와 총인구 비율은 대체로 1 : 4로 추정된다. 5978만 8364×4＝2억 3915만 3456명이 된다. 그러나 이 문제에 관한 일반적 추정에서 청년은 20세 미만으로 이미 병사가 될 수 있다고 여겨진다. 따라서 우리는 이 수치를 훨씬 더 늘려야 한다. 이처럼 호구에서 제외된 자들 중에는 상류계급 거의 전부와 수많은 하층계급 사람들이 포함되어 있는 것 같다. 이런 모든 사정을 참작해 본다면 뒤알드가 조사한 총인구는 조지 스톤턴 경이 계산한 3억 3300만 명과 큰 차이가 없다.

　병역에 복무할 수 있는 사람 수에 비해 세대수 비율이 낮다는 것은 뒤알드의 기술 중에서 주목할 만한 점인데, 이는 조지 스톤턴 경이 중국에서 널리 행해지고 있다고 말한 하나의 관습으로 설명할 수 있다. 그는 한 집안에 아버지와 아들, 손자 3대에 걸친 모든 가족이 저마다 처자를 거느리고 같이 살아가는 일이 드물지 않다고 말한다. 가족 성원에게는 각각 작은 방이 할당되어 따로따로 떨어져서 침실에 들어가는데, 그 사이를 천장에서 거적을 내려 경계로 삼는다. 유일하게 함께 쓰는 방은 식당이다. 중국에는 이 밖에도 수많은 노예가 있다. 이들은 물론 그들이 속하는 가족의 한 구성원으로 간주될 수 있을 것이다. 이상 두 가지 사정은 뒤알드의 보고 중 일견 서로 상충되는 것처럼 보이는 점을 충분히 설명한다.

중국 인구를 설명하기 위해서 구태여 중국 기후가 출생에 매우 유리하며, 중국 부녀자들은 다른 나라 부녀자들보다 자식을 더 많이 낳는다고 본 몽테스키외의 가정(假定)을 생각할 필요는 없을 것이다. 그런 결과를 불러온 주원인은 다음과 같은 것이 아닌가 한다.

첫째는 자연적으로 땅이 비옥하며, 또한 온대 중 가장 유리한 위치인 따뜻한 지역을 점하고 있다는 것, 바꾸어 말하면 지세가 토지생산물에 가장 적합하다는 점이다. 뒤알드는 중국 어느 곳에서나 볼 수 있는 비옥한 토지에 대해서 꽤 많은 장(章)을 빌려 이야기하고 있다. 그에 따르면 다른 왕국에서 생산되는 것은 모두 중국에서 발견되지만, 중국에서 생산되는 것 가운데 다른 왕국에서는 찾아볼 수 없는 게 한없이 많다고 한다. 그는 또한 이런 풍요로움은 토양의 비옥도와 몸을 아끼지 않는 주민들의 근면함, 국토에다 물을 대는 수많은 호수와 하천, 냇물과 운하 덕분이라고 말한다.

둘째는 중국이 건국 초부터 농업을 크게 장려하여 노동자들이 생존자원을 되도록 많이 생산해 내도록 이끌어왔다는 점이다. 뒤알드는 이들 백성들이 그렇게 좀처럼 믿을 수 없을 정도로 수고를 다하면서 토지 경작에 전력을 기울인 것은 비단 그들의 사사로운 이익 때문만이 아니라, 오히려 농업에 대한 그들의 존경과 건국 이래로 황제 자신이 언제나 농업에 대해서 표시해 온 깊은 경의라고 말한다. 대단히 고명한 어떤 황제는 농민 신분으로 보위에 올랐다. 또 다른 어떤 황제는 당시 아직도 물로 가득 차 있던 낮은 지역 여러 곳에 운하를 파서 바다로 물을 내보냈고, 또한 이런 운하를 이용하여 토지를 기름지게 만들었다. 이 황제는 그 밖에도 비료 주기와 경작법, 관개법과 토지 개간법에 관한 책도 여러 권 편찬했다. 다른 수많은 황제들도 농업에 대한 열성을 나타내어 장려하는 법률을 제정하고 있다. 특히 기원전 179년에 즉위한 문제(文帝)는 어느 황제보다도 농업 존중을 강조했다. 이 황제는 국토가 전란 때문에 황폐해진 것을 보자 궁전 소속 토지를 몸소 경작하는 모범을 보임으로써 그 신하들을 토지 경작에 종사시키려고 했다. 이 때문에 궁중 신하들과 고관들도 따를 수밖에 없었다.

이런 옛일에서 비롯된 것으로 보이는 큰 제사가 해마다 태양이 물병자리 제15도에 들어가는 날(중국에서는 이날을 입춘이라고 한다)에 전 중국의 각 도시에서 엄숙히 거행된다. 황제가 모범을 보여서 농부를 고무하려고 몸소 행차하여 장엄한 태도로 몇 이랑의 땅을 간다. 각 도시 관리들도 동일한 제전을 거행한다. 황족과 기타 저명한 관리들도 황제를 본받아 가래를 손에 잡게 된다. 이 제전은 먼저 황제 자신이 제주가 되어, 백성을 위하여 많은 수확이 있도록 상제(上帝)에게 봄의 산 제물을 바치는 의식에서 시작된다.

뒤알드가 살던 당시의 황제는 아주 장엄한 의식으로 이 제전을 거행했는데, 기타 여러 가지 점에서도 이 황제는 농민을 대단히 존중했다. 농민들의 근면을 격려하기 위해 황제는 각 주 장관들에게 칙령을 내려 해마다 그 지방 농민들 중에 농사에 전력하며 어떠한 비난도 받지 않고, 가족이 화목하며, 이웃 사람과 친목을 도모하고, 절약하는 생활을 하여 사치를 배격한 점에서 특히 뛰어난 자를 황제에게 보고해 올리도록 했다. 각지 관리들은 그 지방에서 근면한 농부를 표창하고 자기 토지를 내버리고 돌보지 않는 자에게는 형벌로서 불명예의 낙인을 찍었다.

정치가 가부장제적 성질을 띠고 황제를 신민의 아버지로 또는 교화의 원천으로 숭배하고 있는 나라에서는, 농업에 대한 그런 크나큰 존경심은 효과가 크다. 계급 순위에서도 농민은 상인이나 직공보다 상위에 있으며, 자기 소유의 토지를 조금이라도 갖는 것이 하층계급 사람들의 간절한 바람이다. 중국에서 제조업자는 농민과는 비교도 안 될 정도로 수가 적다. 그리고 중화제국 국토 전체는 약간의 예외를 제외하고는 오직 사람이 먹는 식량 생산에 바쳐진다. 목초지가 거의 없으므로 목장도 많지 않다. 또한 어떤 가축을 기르기 위해서 들에다 보리와 콩 또는 순무 같은 것을 재배하는 일도 없다. 교통은 주로 수로에 의존하기 때문에 도로는 수도 적고 좁다. 태만과 변덕으로 또는 대지주의 사냥터로 만들기 위하여 황폐해지도록 내버려진 공유지와 경작지도 아예 없다. 적어도 경작할 수 있는 땅으로 놀리는 곳은 없다. 따사로운 햇볕을 받는 비옥한 토양에서는 대체로 한 해에 두 번 수확하는데, 이것은 토양을 개량하거나 다른 토양과의 혼합, 비료 주기, 관개 등과 같은 신중하고 적절한 노력을 통해서 토지 결함을 보충한 결과이다. 부자들과 권세가들의 사치 생활에 이바지하거나 아무런 실익도 없는 직업에 종사하는 농업노동력은 아주 적다. 군대 병사들도 위병근무에 소집되는 단기간 또는 훈련과 기타 특별한 근무에 종사하는 경우를 제외하고는 주로 농업에 종사한다. 그 밖에도 중국에서는 다른 나라보다 훨씬 많은 종류의 동식물을 사육, 재배하여 식량으로 충당하고 있으므로, 생존자원량은 훨씬 더 많아지는 셈이다.

조지 스톤턴 경의 이런 보고는 뒤알드와 나머지 예수회 선교사들에 의해서도 확인된다. 그들은 입을 모아 중국인이 토지의 비료 주기와 관개 등에 온 힘을 다 쏟고 있음을, 또는 식량을 대량으로 생산하는 데 성공했음을 기술하고 있다. 그런 농업 제도는 인구에 큰 영향을 미치는 게 분명하다.

마지막으로, 결혼에 대해 강력히 장려한 결과 국내의 막대한 생산물은 각자에게 아주 적은 양이 돌아가게 되었고, 따라서 중국은 세계의 어떤 나라들보다도 생존자원 대비 인구가 조밀한 나라가 되었다.

중국인 결혼에는 크게 두 가지 목적이 있다고 알려져 있다. 하나는 조상에 대한 제사를 단절시키지 않기 위함이요, 또 하나는 종족 번성을 위해서이다. 뒤알드는, 어버이에 대한 자식의 존경과 복종, 즉 효도는 중국 정치의 요체인데, 이런 효도는 어버이가 세상을 떠난 뒤까지 계속되며, 마치 살아 있는 사람을 대하는 것과 같이 똑같은 의무를 이행한다고 말한다. 이런 가르침의 결과로 아버지가 된 자는 자식들을 모두 결혼시킬 때까지는 불명예 비슷한 감정을 갖게 되어 마음이 평안치 못하다. 그리고 맏이는 비록 아무런 유산도 상속받지 못하더라도 동생들을 양육하여 결혼시켜야 한다. 왜냐하면 혈통이 끊겨 조상에 대한 제사가 중단되는 일이 있어서는 안 되기 때문이다.

조지 스톤턴 경에 따르면, 무릇 강력히 권장되고 널리 실천되는 일은 그것이 무엇이든 결국 종교적 의무와 다를 바 없으며, 중국에서는 결혼이 그런 종교적 의무와 같아서 장차 가족을 부양할 수 있다는 가능성이 조금이라도 있다면 누구나 결혼을 한다. 그러나 이런 가능성은 어느 때나 반드시 실현되는 것은 아닌데, 그런 경우 자식은 그를 낳아준 부모에 의해서 가련하게도 버려진다. 하지만 그처럼 부모가 자식을 내다 버릴 수 있다는 사실 그 자체는 의심할 바 없이 더욱 결혼하기를 쉽게 하여 인구 증가를 조장하는 경향이 있다. 이처럼 막다른 골목에 이르면 자식을 내다 버릴 수 있는 마지막 수단을 예상하게 되므로 결혼 생활에 들어가는 것을 그렇게 근심하지 않는다. 그러나 어버이의 정으로서는 적어도 죽느냐 사느냐의 곤궁에 빠지게 되는 경우를 제외하고는 그런 수단에 기대는 것을 피하기 위해서 언제나 한 걸음 앞서 조치를 취한다. 자녀들, 특히 사내아이는 부모를 부양해야 할 의무가 있기 때문에, 가난한 백성들에게 결혼은 신중히 결정해야 할 수단이다.

이처럼 결혼을 장려하게 된 결과 부자들 사이에서는 재산의 세분화 현상이 일어나게 되었다. 이는 그 자체로 인구 증가를 유도하는 강력한 작용을 한다. 중국에서 재산상의 불평등은 신분상의 불평등에 비해 그리 크지 않다. 아버지는 대대로 중용에 따라 토지재산을 분배한다. 돌아간 아버지의 전 재산을 한 자식이 다 갖는 일은 드물다. 더구나 대개가 일찍 결혼하기 때문에, 재산이 방계 상속을 통해서 증가되는 일도 드물다. 이런 원인들은 끊임없이 부를 균등하게 만드는 작용을 한다. 그러므로 스스로 재산 증식에 골몰할 필요도 없을 정도의 큰 부를 상속하는 자는 거의 없다. 부자는 3대를 가지 못한다는 말은 중국인들 사이에서 통하는 속담이기도 하다.

결혼 장려는 빈민들에게 노동 보수를 최저한도로 떨어뜨려 그들을 극도의 비참한 상태로 몰아넣는다. 조지 스톤턴 경은 말한다. "가는 곳마다 노동임금이 아주 저렴하기 때문에 보통 사람들 식사는 참으로 보잘것없다. 그러므로 그들은 마치 군영 내 병사들처럼 대가족을 형성하여 공동생활을 하는 한편, 공동 식당을 경영하며 최대한으로 아끼는데도 식량은 언제나 식물성으로 한정되고 동물성 식량은 아주 드물게, 나오더라도 아주 적은 양이 식탁에 오른다."

뒤알드는 중국인들의 고된 노동에 대해, 그리고 생존자원 획득을 위하여 사용하는 다른 나라에는 알려져 있지 않은 여러 가지 진기한 방편과 재간에 대해 말한다. "중국인은 아주 절제 있고 근면한 생활을 하지만, 그럼에도 많은 사람들이 지독한 곤궁에 허덕이고 있는 것은 부정할 수 없다. 빈민들 중에는 더 이상 부양할 여력이 없어 자식을 길거리에 버리는 자도 있다. 베이징(北京)과 광둥(廣東) 같은 대도시에서는 이런 처참한 광경을 얼마든지 볼 수 있다."

예수회 수사 프레마르(Prémare)는 같은 예수회 소속 친구에게 보낸 편지에서 이렇게 썼다. "나는 그대에게 하나의 사실을 이야기하려고 합니다. 그것은 겉으로는 역설처럼 보일는지 모르지만 대단히 진실한 이야기입니다. 그것은 세계에서 가장 부유하고 가장 번화한 이 제국이 어떤 의미에서는 가장 빈곤하고 가장 처량한 제국이라는 사실입니다. 이 나라는 땅이 그렇게도 드넓고 기름지지만, 주민들을 부양하기에는 충분하지 않습니다. 그들에게 안락한 생활을 보장해 주기 위해서는 지금보다 4배는 더 넓은 영토가 필요할 것입니다. 광둥에는 조금도 에누리 없이 100만이 넘는 시민들이 살고 있으며, 또한 3~4리그 떨어진 어떤 도시에는 그보다 더 많은 시민들이 살고 있습니다. 사정이 그러하니 과연 누가 이 성(省)의 주민 수를 헤아릴 수 있겠습니까. 그러나 이와 마찬가지의, 인구가 조밀한 15개 성을 포함하는 전 제국의 주민 수는 얼마나 될까요. 아마 그 숫자는 수억에 이를지도 모릅니다. 그런데 이 헤아릴 수 없이 많은 인구의 3분의 1은 자기 생활을 적절하게 유지해 가기에 충분한 곡식을 얻지 못하고 있는 형편입니다."

"사람들이 극도의 곤궁에 처하게 되면 가장 소름 끼치는 수단을 선택하기 마련입니다. 사물을 치밀하게 관찰할 줄 아는 사람이라면 중국에서 어머니가 자식을 죽이거나 내다 버리며, 또는 어버이들이 몇 푼 안 되는 돈을 받고 딸자식을 팔아버리거나, 혹은 이기적인 사람과 도둑질하는 사람들이 횡행하는 광경을 보고도 조금도 이상하게 여기지 않을 것입니다. 오히려 그보다 더한 참상이 일어나지 않는다는 것과, 수백만 빈민들이 자주 일어나는 기근을 당하고서도 유럽 역사에서 접할 수 있는, 그러한 처참하고도 극단적인 행위에 호소하는 일 없이 그대로 굶어 죽는 것이 이상한 일이라 할 수 있겠습니다."

"유럽에서 가난한 사람은 게으르기 때문이며, 만약 일할 마음만 있다면 어떻게도 먹고살 수 있다고 생각하지만, 중국에서는 이것이 통하지 않습니다. 왜냐하면 이런 가난한 사람들의 고역과 노력은 상상조차 할 수 없을 정도이기 때문입니다. 중국인들은 때로는 무릎까지 올라오는 물속에서 하루 종일 땅을 파며 지내지만, 저녁에는 한 숟갈이나 될까 말까 한 쌀밥을 먹고 그 쌀로 끓인 맛없는 물을 마시며 즐거워합니다. 일반적으로 그들이 먹는 것은 이런 것뿐입니다."

이런 내용은 뒤알드의 보고에서도 똑같이 되풀이된다. 그리고 이는 다소 과장된 면은 있지만 중국에서 인구가 어떻게 증가해 왔으며, 그 결과 어떻게 생활이 곤궁해졌는지 상상하는 데는 충분하다. 비옥한 토양과 농업 장려로 인구가 자연적으로 증가하는 것은 참으로 바람직한 일이다. 그러나 결혼 장려로 증가한 인구는 곤궁을 그만큼 가중시켰을 뿐만 아니라, 나아가 다른 이들이 누려야 할 행복까지 제약하는 해악을 끼쳤다.

중국 영토 면적은 프랑스 영토의 약 8배로 산정된다. 프랑스 인구가 겨우 2600만이라고 가정하더라도 그 8배는 2억 800만이다. 그리고 인구 증가에 관해 앞서 말한 3대 원인을 고려한다면 중국과 프랑스 양국 인구밀도 비율은 333 : 208, 약 3 : 2로 추정해도 무리가 없음을 알게 될 것이다.

인구 증가의 자연적 경향은 어느 곳에서나 아주 크기 때문에, 어떤 한 나라 인구가 도달하게 된 인구 최대수를 설명하기란 그렇게 어렵지 않을 것이다. 연구상 그보다 훨씬 곤란하며, 동시에 훨씬 더 흥미로운 점은 그 이상 인구 증가를 저지하는 직접적인 원인을 탐구하는 것이다. 인구 증식력은 동등한 좋은 환경 아래에 있으면 중국 인구도 미국의 각 주(州) 인구처럼 25년 동안 배로 늘어나겠지만, 중국 국토는 그처럼 증가한 인구를 부양할 수 없다는 것이 분명하므로 사실은 그렇게 증가하지 못한다. 그러면 중국이 이처럼 강력한 증식력을 가진 이유는 무엇인가. 그리고 인구를 생존자원 수준으로 붙들어두는 억제의 종류와 근절의 형태는 어떤 것인가.

중국에는 결혼을 각별히 장려하는 문화가 있으니 인구에 대한 예방적 억제는 작용하지 않으리라 상상한다면 실수이다. 뒤알드는 말한다. "승려 수는 100만 명을 훨씬 돌파하고 있다. 그중 베이징에만도 미혼 승려가 2000명이나 되며, 그 밖에도 황제 칙명으로 각지에 건립된 사찰에 25만 명이 살고 있다. 학예 방면에 종사하는 독신자만도 9만 명에 이른다."

가난한 사람들은 일가족을 부양할 가능성이 조금이라도 있으면 언제든 결혼하려고 할 것이며, 또한 젖먹이를 죽일 수 있으므로 이 점에 관해서 그들은 결혼을 그렇게 큰일로 생각하지 않을지도 모른다. 그러나 남김없이 자식을 내버린다거나, 또는 자신과 가족을 노예로 파는 것 말고는 달리 살길이 없다는 것이 명백해지면 그들도 좀처럼 결혼하려 하지 않을 것이다. 그리고 하층계급 사람들은 지독한 곤궁 속에서 허덕이고 있으므로 그런 확실성은 심심치 않게 나타날 것이 틀림없다. 그러나 주된 예방적 억제는(뒤알드가 말하는 것처럼) 중국에서 곤궁이 낳은 하나의 산물인 수많은 노예들의 존재이다. 사람은 가끔 자기 자식을 팔아버릴 뿐만 아니라, 심지어는 아주 헐값에 자신과 아내까지 팔아버린다. 보통 방법은 다시 찾을 것을 조건으로 자기 몸을 담보로 잡히는데, 이 때문에 수많은 남녀 종이 한 집에서 자유롭지 못한 생활을 하고 있다.

흄은 고대인들 사이에서 노예 매매 풍습에 대해서 이야기하는 가운데, 일반적으로 성인 노예를 사들이는 편이 어린 노예를 키워서 부리는 것보다 오히려 싸게 먹힌다고 갈파했다. 그런데 이 말은 특히 중국인에게 해당한다고 볼 수 있다. 글깨나 쓴다는 작자들은 붓을 모아 중국에서 기근이 자주 일어난다는 사실을 기술하는데, 그런 시기에 노예는 겨우 목숨만 이어가게 해주는 대가로 자기의 몸을 팔아버렸을 것이다. 따라서 일반 주인으로서 노예에게 출산을 장려하는 일은 전혀 도움이 되지 않는다. 사정이 이러하므로 우리들은 중국에서 대부분 노예들은 유럽에서처럼 독신이라고 상상할 수 있을 것이다.

남녀 간 불륜 관계에서 비롯되는 인구 억제는 중국에서는 그렇게 현저하지 않은 것 같다. 부인들은 정숙하고 단정하며, 간통은 좀처럼 찾아볼 수 없다고 한다. 그러나 축첩 풍습은 널리 이루어지고 있으며, 대도시에는 매춘부들이 존재한다. 하지만 그 수는 대체로 적고, 조지 스톤턴 경에 따르면 미혼자와 자기 집을 잠시 떠나 있는 소수 남편들에게 한정된 정도이다.

질병에 의한 인구의 적극적 억제는 상당히 눈에 띄지만 사람들이 예측할 정도로 그렇게 크지는 않은 것 같다. 중국 기후는 대체로 건강에 아주 좋다. 어떤 선교사는 흑사병이나 나머지 전염병은 그곳에서 한 세기에 한 번 일어날까 말까 할 정도라고 말했으나 이는 잘못된 판단이다. 왜냐하면 어떤 다른 선교사는 그런 질병이 결코 드문 것은 아니라고 기술하고 있기 때문이다. 가난한 사람들은 일반적으로 일정한 무덤을 가지고 있지 않은데, 이들 가난한 사람들의 매장에 관해서 관리에게 내려진 훈령 가운데는 전염병이 유행할 때에는 길바닥에 시신들이 넘쳐나 이 때문에 공기가 먼 곳까지 오염된다는 기록이 남아 있다. 더구나 전염병이 발생했을 때에 관한 설명이 나와 있으니, 이것만 보더라도 전염병이 결코 드문 현상이 아님을 알 수 있다. 매달 초하루와 열닷새를 기해 관리들은 모임을 열고 시민들에게 지루하게 이야기를 늘어놓는다. 그 때 각 장관들은 마치 가족들에게 훈시하는 아버지 같은 역할을 한다. 뒤알드가 기록하고 있는 이들 훈시 속에는 다음과 같은 구절이 있다. "곡식이 부족한 데다 엎친 데 덮친 격으로 전염병이 발생하여 이곳저곳이 황폐지는 해에는 경계해야 한다. 그럴 때에는 동족들에게 동정을 표시해야 하며, 여유 있는 물건을 모두 동원해서 그들을 돕는 일이야말로 그대들이 해야 할 일이다."

전염병은 언제나 아이들을 더욱 괴롭힌다. 한 예수회 수사는 가난 때문에 세상에 태어남과 동시에 살해되는 갓난아이 수에 대해서 기술했다. "베이징의 여러 교회에서는 물로 세례를 받는 아이들의 수가 5000 내지 6000명에 달하지 않는 해가 드물다. 이런 성과는 우리가 부양할 수 있는 전도사 수에 비례하여 늘어나기도 하고 줄어들기도 한다. 만약 전도사 수가 충분하다면 그들의 직무는 버려져 죽어가는 아이를 돌보는 일에만 국한되지 않고, 그들의 열의를 실천에 옮길 다른 기회가 또한 많이 있을 것이다. 특히 천연두나 다른 전염병이 좀처럼 믿을 수 없을 정도로 수많은 아이를 빼앗아가는 계절에는 특히 그러하다." 하층민들의 극빈 상태가 질병을 일으키고 이런 질병이 마침내 부모가 온갖 어려움을 무릅쓰고 양육하는 아이들을 대량으로 죽인다는 것은 말할 필요도 없다.

실제로 내버려진 아이 수가 어느 정도인지는 추측조차 어려운 일이지만, 중국 학자들 말을 그대로 믿는다면 이런 풍습은 일반적인 관습임이 분명하다. 여태까지 정부는 가끔 이런 풍습을 금지하려고 했지만 그때마다 실패로 돌아갔다. 앞서 언급한 바 있는, 어느 자애심과 지혜로 이름 높은 관리가 쓴 훈령서(訓令書)에는 그곳에 기아수용소 설립이 제창되고 있으며, 또한 현재는 폐지되었지만 비슷한 종류의 고대 제도가 있었다고 기록되어 있다. 또한 그 책에는 빈번히 행해지는 유아 유기와 그것을 단행할 수밖에 없게 하는 무서운 빈곤에 대해서 상세히 기술되어 있다. "찢어지게 가난하기 때문에 자기 자식에게 먹을 것을 줄 수 없는 자들이 대부분이다. 수많은 유아 유기가 벌어지는 이유는 바로 여기에 있다. 나라의 수도와 각 성 고을에서, 또는 가장 상업이 번창한 곳에서 가장 많이 볼 수 있다. 그러나 그렇게 인구가 많지 않은 지방에서도, 심지어는 시골에서도 다수의 유아 유기행위가 발생한다. 도시에는 가옥이 밀집해 있으므로 이런 풍습은 더한층 사람의 눈에 잘 띈다. 구제의 손길이 필요한 이런 불쌍한 아이들을 어느 곳에서든 쉽게 볼 수 있다."

같은 책에는 아이를 물에 빠뜨려 죽게 하는 것을 금하는 포고가 실려 있다. 거기에 다음과 같은 구절이 있다. "갓난아기가 무자비하게도 물결 속에 내던져져 이제 막 시작된 생을 잃어야 한다면 과연 그 어머니는 자식에게 생명을 주었다 말할 수 있을까. 부모의 빈곤이야말로 죄의 원인이다. 그들이 자기의 생명을 유지해 가는 것조차 곤란하다고 느끼게 된다면, 과연 어떻게 하여 그 자식을 위하여 유모를 고용하며 필요한 비용을 조달할 수 있을까. 이런 사정은 그들을 절망에 빠뜨린다. 그리고 한 생명을 살리기 위하여 두 사람의 생명을 희생시킨다는 일은 도저히 참을 수 없는 일이기 때문에, 어머니는 남편을 구하기 위하여 자식을 희생시킬 것에 동의한다. 물론 이는 어버이의 정으로서는 도저히 참을 수 없는 일이긴 하지만, 최후에는 비장한 결심을 하여 스스로의 생명을 연장하기 위해 자식의 생명도 하는 수 없이 끊어버릴 수밖에 없다고 생각하게 된다. 그러나 비록 그들이 그 자식을 남이 보지 않는 비밀 장소에 내버린다 할지라도 그 갓난아이의 애처로운 울음소리는 부모의 가슴을 뒤흔들어 놓고야 말 것이다. 그렇다면 그들은 과연 어떤 수단을 써야 좋을까. 흐르는 물에 아이를 내버리는 일이다. 그렇게 하면 아이의 모습은 곧 물결 속에 사라져 순식간에 생명을 잃게 되는 것이다."

이는 유아 살해의 일반적 유행에 관한 신뢰할 만한 기록이다.

조지 스톤턴 경은 그가 수집할 수 있었던 가장 믿을 만한 보고에 입각하여 베이징에서 매년 기아자 수가 약 2000명에 달한다고 기술하고 있다. 그러나 그 수는 해마다 크게 달라지는데 풍년이 드느냐 흉년이 드느냐에 따라서 좌우되는 것이 틀림없다. 어떤 맹렬한 전염병이나 파멸적인 기근이 한번 휩쓸고 지나간 이후에는 그 수가 지극히 적을 것이며, 인구가 다시 조밀하게 됨에 따라서 그 수도 점점 증가하게 될 것이다. 그리고 해마다 평균적인 생산물을 가지고는 넘쳐흐르는 인구를 먹여 살릴 수 없게 되었을 때, 흉작이라도 들면 그 수는 곧 최대가 되리라는 것은 의심의 여지가 없다.

이런 흉작은 그렇게 드문 현상이 아니며, 물론 전쟁과 내란이 끼치는 억제력도 작지 않지만, 흉작에 뒤이어 일어나는 기근이야말로 중국 인구에 대한 적극적 억제 중에서 가장 강력한 것이다. 중국 왕조사에는 기근에 관한 기록이 간간이 남아 있다. 만약 그런 기근이 극심한 참해를 가져오게 한 것이 아니었다면, 중화제국의 대사건이나 혁명의 기록과 동등한 비중을 가지고서 기록되었을 리가 없다.

예수교도 중 한 신자는 관리들이 시민에 대해서 최대의 동정을 표시하는 것처럼 보이는 것은 가뭄이나 폭우, 또는 몇 개의 지방을 삼켜버리고도 남을 만한 거대한 메뚜기 떼의 습격과 같은 이변 때문에 흉작이 들 우려가 있는 경우라고 말한다. 여기에 열거한 여러 원인은 아마 중국에 흉작을 가져오는 가장 주된 원인이 아닐까 한다. 그리고 관련 기록을 살펴보면 흉작은 결코 드문 현상이 아닌 듯하다.

미어레스는 그해 모든 수확을 소멸시켜 기근을 가져오게 한 맹렬한 태풍에 대해 설명하고 있다. "1787년 태풍이 있은 후에 심한 가뭄이 찾아든 중국 남방 전토는 예전에 없던 기근으로 허덕이게 되었는데, 이 때문에 믿기 힘들 만큼 많은 수의 인명이 희생됐다. 광둥에서는 굶주린 나머지 최후의 숨을 헐떡거리는 빈민의 모습을 얼마든지 볼 수 있었다. 또 한편 어머니들은 그 어린 자식을 살해함으로써 또는 젊은이들은 늙은이들을 단번에 죽임으로써 완만한 죽음의 고통에서 벗어나게 하는 것을 하나의 의무로 생각했다."

예수회 신부 파르냉(Parrenin)은 왕립학회 회원에게 보낸 편지에서 "당신이 좀처럼 믿을 수 없는 또 하나의 사실이 있으니, 그것은 기근이 중국에서는 그렇게도 빈번히 일어난다는 사실이다." 또 편지 말미에는 "만약 기근이라도 가끔 일어나서 중국이 가지고 있는 엄청나게 많은 수의 주민을 감소시키지 않는다면 중국은 도저히 평화롭게 살아갈 수는 없을 것이다"라고 썼다. 또한 그는 이와 같이 빈발하는 기근의 원인에 대해 이야기하는 대목에서, 기근이 들 때 중국은 이웃으로부터 도움을 전혀 받을 수 없기 때문에, 국내 여러 성으로부터 자원 일체를 징발할 수밖에 없다고 말하는데, 이는 올바른 관찰이다. 다음으로 그는 황제가 국가 곡물창고를 열어 피해가 아주 심한 지방을 구하려고 하여도 지체와 간교한 책동 때문에 실패로 돌아가는 경우가 종종 있음을 기술하고 있다. 즉 어떤 성이 극심한 가뭄 또는 예기치 못한 홍수로 말미암아 흉작이 되었을 때 대관들은 국가의 곡창에 의지하려고 하지만, 이러한 곡창을 담당하는 하급 관리들의 부정행위 때문에 곡창이 온통 비어 있는 것을 보는 경우가 가끔 있다는 것이다. 그래서 조사와 수색이 행해지지만 일반적으로 그렇게 불미스러운 보고를 관청에 알리기를 꺼리는 풍토가 있다. 게다가 이런 진정서는 다수의 손을 거쳐 많은 시일이 지난 뒤에야 비로소 황제 손에 들어가게 된다. 이에 국가 대관들이 모여 민중의 곤궁을 구제하는 방법을 심의하라는 명령을 황제로부터 받게 된다. 그러면 얼마 안 있어 민중을 불쌍히 여긴다는 언사로 가득 찬 선언이 전국에 걸쳐 공포된다. 마침내 재판소 결의도 공포되지만 그 밖의 수많은 형식주의가 공공연히 그 실행을 지연시킨다. 그러는 동안에 곤궁에 허덕이는 사람들은 구제의 손길이 미치기도 전에 모두 굶어 죽고 만다. 굶어 죽지 않으려는 자는 사력을 다해 다른 지방으로 구원을 찾아 떠나지만, 대부분은 가는 도중에 죽고 만다.

흉작이 들었을 때 만약 궁정이 어떤 빈민 구제법도 강구하지 않는다면 약탈자들의 무리는 곧 한 덩어리로 규합하여 점차 그 수를 더해 마침내 그 지방의 평화를 어지럽히게 된다. 이에 대비하여 언제나 무수한 명령이 내려지며 기근이 지나갈 때까지 민중을 위로하고 격려하는 여러 가지 운동이 끊임없이 행해진다. 그러나 민중을 구제하려는 동기가 대체로 순진한 동정의 마음에서 나오지 아니하고 정략적인 데서 나온다면, 빈민들이 필요를 느낄 때, 그 필요로 하는 방법으로써 구제를 받을 수는 없을 것이다.

그가 꼽은 기근을 일으키는 또 다른 중요한 원인은 술을 빚을 때 아주 많은 양의 곡물이 사용된다는 사실이다. 그러나 여기서 그는 큰 오류를 범하고 있다. 그로지어(Grosier) 신부의 중국에 관한 객관적인 기술에도 이런 오류가 그대로 인용되어 이것이 마치 죄악의 가장 큰 원천인 것으로 취급되고 있다. 그러나 사실은 이 원인의 전반적인 경향은 반대 방향을 향하고 있다. 즉 곡물이 필수 식량 이외의 어떠한 용도에 소비된다면 인구는 식량 한계에 도달하기 전에 이미 그 증가가 억제된다. 그리고 기근이 찾아든 시기에 곡물을 이런 특수한 용도로부터 전용할 수 있으므로 결국은 다른 어떠한 수단에 따르는 것보다는 더한층 풍부한 공공의 곡창이 열리는 셈이 된다. 그리고 그런 소비가 일단 정착되면 마치 국토 일부가 그 위에서 사는 모든 사람들과 더불어 제거된 것이나 다름없는 결과를 얻는다. 평년작이라면 전보다 좋지도 나쁘지도 않은 상황이겠지만, 흉작이라면 그 나라 생산물 생산에 도움을 준 사람들에게는 전혀 돌아가지 않고 생산자들 몫으로만 돌아온다. 만약 중국에 양조장이 없었다면 인구는 훨씬 더 많았을지도 모른다. 그러나 흉년이면 그 자원은 현재 가지고 있는 것보다도 훨씬 더 적어질 것이다. 그리고 같은 크기의 원인이 작용하는 한 그 결과로서 기근이 찾아들 우려도 보다 더 빈번해질 뿐만 아니라, 기근의 정도도 더 심해질 것이다.

일본의 현황은 많은 점에서 중국과 유사하기 때문에 상세하게 논하는 것은 공연한 반복이 될 것이다. 몽테스키외는 일본에 인구가 많은 까닭은 여자가 남자보다 더 많이 태어나는 데 있다고 본다. 그러나 일본 인구가 조밀해진 주된 원인은 의심할 바 없이 토착민들이 중국과 마찬가지로 옛날부터 주로 농업에 종사해 왔다는 점에 있다.

툰베리(Thunberg)가 쓴 일본에 관한 저서 머리말을 읽어보면, 주민들이 참으로 행복하고 풍부한 생활을 누리고 있다는 이 나라에 인구 억제 요인이 작용하리라고는 좀처럼 생각하기 어렵다. 그러나 그의 저서를 계속 읽어가다 보면 머리말에서 받은 인상과는 서로 어긋나는 부분이 있음을 알게 된다. 그리고 캠퍼(Kœmpfer)가 집필한 귀중한 일본사 저서를 살펴보면 일본에는 충분한 인구 억제 요소가 존재한다는 사실이 분명히 드러난다. 그는 일본에서 간행된 2개 연대사 발췌문을 보여주고 있는데, 거기에는 여러 사망률과 전염병, 기근과 피비린내 나는 전란, 기타 파괴적인 원인에 관한 아주 흥미진진한 기록이 실려 있다. 일본인이 호전성과 선동성, 방탕과 야심이라는 측면에서 중국인과는 완전히 다르지만, 캠퍼의 보고에 따르면 일본 사회에 만연한 퇴폐적인 성문화와 잦은 전쟁 및 내분은 중국의 유아 살해에 상응하는 인구 억제 효과를 갖는다. 또한 질병과 기근 등의 적극적 인구 억제 요인은 두 나라가 거의 동일 수준에 있는 것처럼 보인다.

13. 그리스 경우

역사 초기 그리스와 로마의 경우, 자원 분배가 비교적 평등하게 이루어지고, 농업 위주 경제가 운영되었다는 점에서 현저한 인구 증가를 가능케 한 원동력을 찾을 수 있다는 것은 널리 인정된 사실이다. 농업은 흄이 논하는 것처럼, 비단 민중 생존에 가장 필요한 산업 종목일 뿐만 아니라, 또한 실제로 민중을 생존케 하는 유일한 산업 종목이다. 근대 세계의 여러 기술과 제조업도 농산물 생산량을 늘리고 분배를 편리하게 해주는 데 기여하지만 농업만큼 인구 증가에 직결되지는 않는다.

특정 원인들로 인해 토지자산이 세분화되지 않은 나라에서는 이런 여러 기술과 제조업은 상당한 인구 규모를 유지하는 데 절대적으로 필요하다. 만약 그런 것이 없었더라면 근대 유럽에는 인구가 그렇게 늘어나지 못했을 것이다. 그러나 토지자산이 세분화된 나라에서는 이런 여러 기술과 제조업이 반드시 필수적인 조건이라고 할 수는 없다. 토지자산의 세분화 그 자체가 곧 하나의 큰 목적을, 즉 분배의 균등화라는 목표를 달성한다. 전쟁으로 인해 인력이 끊임없이 필요해지면, 이런 동기는 가족에 대한 자연적인 애정과 결부되어 토지 소유자들이 더 많은 자손을 양육할 수 있도록 그들 소유지를 되도록 넓게 경작케 할 것이라고 생각된다.

그리스와 로마 역사 초기에는 사람들이 여러 개 작은 나라로 분립되었는데, 이는 그런 동기에 힘을 더해주었다. 자유민 수가 1~2만 명을 넘지 못했던 곳에서 각 개인은 스스로 자기 노력의 가치를 깨닫고 있었을 것이다. 그리고 호시탐탐 노리는 적국에 포위된 자기 나라가 국가 방위와 안전을 유지해 가기 위해서는 주로 자국 인구 힘에 의지할 수밖에 없음을 시민들은 알고 있었다. 따라서 적어도 자기에게 할당된 토지를 경작하지 않고 내버려두는 것과 같은 처사는 한 시민으로서 의무를 게을리하는 것이라고 느꼈을 것이다. 이는 농업에 대한 인위적인 장려 없이도 농업에 대하여 큰 주의를 불러일으켰을 것이다. 그리고 인구는 토지생산량보다 더 빠르게 증가하므로 이러한 잉여인구가 전쟁이나 질병이라는 배출구를 찾지 못할 땐 주로 이민이나 식민에서 그 해결책을 찾았다. 이렇게 자주 되풀이되는 이민이나 식민의 필요성은 국토의 협소와 결부되어 인구는 생존자원 이상으로 증가하려는 강력한 경향을 가지고 있다는 사실을 입법자와 철학자들로 하여금 깨닫게 했다. 그러므로 이들 입법자와 철학자들은 오늘날의 정치가와 기획자들처럼 사회 행복과 안녕에 그런 중대한 영향을 미치는 인구 문제에 대한 고찰을 간과하지 않았다. 물론 인구과잉이라는 곤란한 문제를 해결하기 위하여 그들이 취한 야만적인 수단은 비난받아 마땅하지만, 그 깊은 통찰에는 존경을 나타내지 않을 수 없다. 참으로 그들은 이런 곤란이 제거되지 않으면 공화국의 평등과 행복에 관한 가장 좋은 계획을 무너뜨리고도 남을 힘을 가졌다는 사실을 충분히 이해하고 있었다.

식민 능력에는 물론 한계가 있다. 식민 목적에 특별히 적합한 위치에 놓여 있지 않는 나라는 일정 기간이 지난 후에는 고국을 떠난 시민들이 정주하기에 적합한 빈터를 찾는 게 아예 불가능하게는 되지 않더라도 아주 어려워질지도 모른다. 그러므로 식민 이외 어떤 다른 방법을 생각해야 할 필요가 있었다.

유아 살해 풍습은 그리스에서는 아득한 옛날부터 행해온 흔적이 있다. 그런데 아메리카 여러 지방에서 이런 풍습이 발생하게 된 이유는 자주 찾아드는 기근과 잦은 전쟁에 시달리는 야만적인 방랑 생활 가운데서 많은 아이들을 양육하는 것이 아주 어려웠다는 데 있었다. 그리스인 조상, 즉 그리스 원주민들의 유아 살해 풍습도 동일한 기원을 가졌다고 볼 수 있다. 유아 유기행위를 허가한 것은 솔론(Solon)이지만, 이는 단지 그 당시까지 이미 널리 행해져 왔던 습관에 법률적인 허가를 부여한 것일 뿐이다.

유아 유기를 허가할 때 솔론은 확실히 다음 두 가지 목적을 갖고 있었다. 첫째는 가장 명백한 사실인데, 이는 널리 빈곤과 불만을 불러일으킬 우려가 있을 정도로 지나치게 많은 인구가 출생되는 것을 방지하는 것이요, 둘째는 지나치게 많은 가족을 부양해야 한다는 공포심을 제거하며 따라서 결혼에 대한 주된 장애를 제거하여 인구를 국토가 능히 지탱해 갈 수 있는 수준에 머물게 하려는 것이었다. 중국에서 이것에 관해 실제로 이루어진 결과를 보면, 첫째 목적보다는 둘째 목적에 더 초점을 맞추었다고 볼 수 있다. 그러나 비록 입법자가 이것을 알지 못했더라도, 또는 이 시대 야만적인 풍습에 자극을 받아 모든 부모들이 빈곤 때문에 유아 살해를 생각하게 되었더라도, 어쨌든 이런 풍습은 앞서 말한 두 가지 목적을 위해, 그리고 사물의 본성이 허용하는 한 식량과 인구 사이의 필요한 비율을 지속적으로 유지하도록 유도하는 장치로 설계되었다.

그리스의 정치학 저술가들은 이런 비율에 유의하는 것이 아주 중요하다는 것, 그리고 이것에서 필연적으로 생기는 폐해, 즉 인구의 부족 또는 과잉에서 생기는 허약함과 빈곤이라는 문제점에 주목하는 것이 아주 중요하다고 역설한 후, 이것의 적절한 상호 비율을 유지할 수 있는 여러 방책을 제안하고 있다.

플라톤은 그의 법률에 관한 저서 《국가》에서 공화국 문제를 고찰하고 있는데, 그는 공화국에서의 자유민 및 주택 수를 5040으로 제한했다. 그는 각 가정의 아버지가 자식들 중 하나를 골라 소유지 상속자로 하고 딸은 법률에 따라 출가시키고, 또한 그 밖에도 자식이 있으면 이를 자식이 없는 다른 시민에게 양자로 분배한다면 그처럼 한정된 수가 유지될 수 있다고 생각했다. 그러나 유아 수가 전체적으로 너무 많거나 너무 적은 경우 사법관(법률수호관)은 특히 이 점을 고려하여 5040이라는 숫자를 계속 유지해 갈 수 있는 수단을 강구해야 한다. 이 목적을 달성하는 데는 여러 방법이 있음을 플라톤은 인정하고 있다. 인구 증가가 지나치게 빠르다거나 지나치게 느리다면 표창과 징벌을 통해 적절하게 조절할 수 있다는 것이다.

그는 《국가》에서 이 문제를 보다 상세히 논하여, 남자들 중에서 가장 우수한 자는 여자들 중에서 가장 우수한 여자와, 그리고 열등한 시민은 열등한 사람끼리 서로 결혼시켜야 하며, 또한 전자들 사이에서 태어난 아이는 키워야 할 것이나, 후자들 사이에서 태어난 아이는 키워서는 안 된다고 제안한다. 법률로써 정해진 어떤 축제일에 서로 결합할 젊은 남녀들은 한자리에 모여 엄숙한 의식 아래 결혼하게 된다. 그러나 결혼할 남녀의 수효는 법관이 결정한다. 즉 전쟁과 질병 및 기타 원인에서 비롯되는 인구 감소, 그리고 국가 자원과 필요 인구를 고려하여 되도록 적당한 시민 수를 유지할 수 있을 정도로 결혼 수를 정한다. 그리고 시민들 중에서 가장 우수한 자에게서 태어난 아이들은 시내에서 떨어진 장소에서 살면서 아이들을 돌보는 것을 업으로 하는 유모 손에 의해서 양육된다. 그러나 열등한 시민 또는 사지가 불완전한 시민에게서 태어난 아이들은 사람들이 알지 못하는 장소에 묻어버린다.

다음으로 결혼 적령기는 여자가 20세, 남자가 30세라고 보았다. 여자는 20세부터 40세까지 국가를 위하여 자식을 낳아야 하며, 남자는 30세부터 55세까지 자식을 낳음으로써 의무를 다해야 한다. 만약 어떤 남자가 이 나이보다 앞서 또는 그 뒤에 아이를 낳게 하여 사회에 내보낸다면 그 행위는 마치 정식 결혼도 하지 않고 단지 음란한 마음에 충동을 받아 아이를 가지게 한 것과 마찬가지로 죄를 짓는 것이며 신성 모독행위로 문책받을 것이다. 또한 적당한 생식 연령에 이른 남자가 나이가 찬 여자와 결혼을 하더라도, 만약 사법관에 의해서 혼례를 올리지 않는다면 앞서 말한 규정을 준용하여 남자는 국가에 대하여 사생아나 다를 게 없는, 신성을 모독하는 불륜을 통해 태어난 자식을 제공한 것으로 간주한다. 플라톤은 국가에 대하여 자녀를 제공해야 할 나이를 이미 넘은 남녀에 대해서는 성관계를 자유롭게 할 수 있도록 허용했지만, 아이를 낳아서는 안 된다고 했다. 만약 우연히 아이가 태어나더라도 마치 부모가 양육할 수 없는 경우와 마찬가지로 내버려야 한다.

이러한 주장에 비춰볼 때, 플라톤은 인구가 생존자원 이상으로 증가하는 경향이 있다는 사실을 분명히 알고 있었을 것이다. 그가 인구 증가를 억제하기 위하여 제안한 방법은 그리 훌륭하다 할 수 없지만, 방법 자체와 적용될 범위를 볼 때 그가 인구 억제의 중요성에 대해 생각을 많이 했음을 알 수 있다. 그가 한편으로는 전쟁에 의해서 상실되는 수많은 생명을 고찰하면서도(물론 소공화국에서는 이 문제를 고찰해야 한다) 다른 한편으로는 다음 방책을, 즉 모든 열등하고 불완전한 시민의 자식을 살해할 뿐만 아니라, 법으로 정한 해당 연령이 아닌 자가 낳은 자식과 법으로 정한 절차를 갖추지 않고 태어난 자식도 모조리 살해해야 하며, 또한 결혼 연령을 늘려 규정함으로써 결혼 수를 조절하는 등 방책을 제안한 이유는 어디에 있을까. 결국 그의 경험과 이성이 인구 증가 원리의 강력한 힘과 이를 억제할 필요가 있다는 사실을 명확히 느꼈다는 데서 찾을 수 있다.

아리스토텔레스는 이런 필요를 더한층 분명하게 알고 있었던 것으로 보인다. 그는 결혼 적령기를 남자는 37세, 여자는 18세로 지정했다. 만약 그렇게 한다면 많은 여자들이 독신으로 일생을 보내야 할 운명에 놓일 게 분명하다. 왜냐하면 37세 남자가 18세 여자만큼 수가 많지는 않기 때문이다. 그는 그처럼 남자의 결혼 연령을 늦게 지정했음에도 불구하고 지나치게 많은 아이가 태어날 것을 두려워하고 있다. 따라서 그는 각 부부 사이에서 태어날 자식 수를 제한할 것과 또한 여자가 지정된 숫자의 아이를 낳은 뒤에 다시 임신했다면 중절수술로 출생을 미리 막아야 한다고 제안한다.

아리스토텔레스의 주장에 따르면 국가를 위하여 자식을 낳는 기간은 남자는 54~55세 정도로 그쳐야 한다. 왜냐하면 나이가 너무 많은 사람들과 나이가 너무 어린 사람들 사이에서 난 자식은 모두 몸과 마음 상태가 완전하다고 할 수는 없기 때문이다. 또한 그는 남녀가 모두 법으로 정해진 연령이 지난 뒤에도 종래 관계를 그대로 계속해 가도 무관하지만, 플라톤 《국가》에서처럼 그런 관계의 결과로서 생긴 아이는 세상 빛을 보게 해서는 안 된다고 주장한다.

아리스토텔레스는 플라톤의 저서 《국가》에서 제창한 공화국 공적을 논함에 있어서 플라톤은 인구 문제에 충분히 주의를 기울인 게 결코 아니라고 인정하고, 또한 아이 수를 제한하지 않고 균등한 재산 분배를 주장하는 것은 모순이라고 비난한다. 또한 이 문제에 관한 법률은 재산이 균등하게 분배되어 있는 국가에서는 다른 국가에서보다는 더욱 정확하고 꼼꼼해야 한다고 아리스토텔레스는 갈파하고 있다. 참으로 보통 국가에서 인구 증가는 토지재산만 더잘게 나누도록 할 뿐이나, 이에 반하여 그런 공화국에서는 토지가 이미 균등하게 분배되어 있어 더 이상 잘게 나눌 수 없을 정도의 단위로 되어 있기 때문에, 남아도는 인구를 수용할 여지는 전혀 없다.

다음으로 그는 어떤 경우에도 산아 비율을 규정해 놓음으로써 적당한 수를 넘지 않도록 해둘 필요가 있다고 논하고 있다. 이런 규정을 만들 때에는 사망률은 물론 불임률도 고려해야 한다. 그러나 일반 국가에서처럼 만약 누구나 저마다 바라는 대로 많은 자녀를 자유롭게 가질 수 있다면 필연적으로 빈곤에 빠지게 될 것이고 빈곤이야말로 악행과 폭동의 원인이 된다. 이런 이유 때문에 정치 문제를 가장 처음으로 저술한 사람 중 한 사람인 코린토스의 페이돈(Pheidon)은 플라톤의 제안과는 정반대로 재산을 균등하게 나누어주지 않고 인구 증가를 제한해야 한다고 논했다.

시민들 사이에서 재산을 평등하게 분배하는 것을 가장 건전한 제도라고 제창한 칼케돈의 팔레아스(Phaleas)에 대해 논한 뒤, 아리스토텔레스는 다시금 플라톤의 재산에 관한 규정을 언급한다. "그처럼 재산의 한도를 규제하려면 동시에 자녀 수도 규제하는 게 절대적으로 필요하다는 사실을 무시하면 안 된다. 만약 자녀 수가 그들을 양육할 생존자원 한도를 초과한다면 재산에 관한 법률은 있으나 마나 한 것이 될 것이며, 여러 가족들도 부유한 생활에서 거지 생활로 떨어지게 될 것이니, 이는 공공의 안녕을 위협하는 일이다.

이런 문장으로 미루어보면 강력한 인구 증가 경향은 만약 엄격한 실정법에 의해서 억제되지 않는다면 재산 평등을 기초로 하는 모든 제도에 절대적으로 치명적인 타격을 입히리라는 사실을 아리스토텔레스는 분명히 알고 있었던 것처럼 보인다. 그리고 이와 같은 종류의 조직 일체를 부정하는 논거로서 아리스토텔레스 자신이 제창하고 있는 법률이 필요하다는 사실 이상으로 유력한 것은 없다.

그는 뒤에 스파르타에 관해서도 논했는데, 이를 살펴보면 그가 인구 원리를 완전히 이해하고 있었다는 사실이 좀 더 분명하게 드러난다. 상속에 관한 법률이 제대로 갖춰져 있지 않아서 스파르타의 토지재산은 소수자가 독점하는 결과를 낳았는데, 이 때문에 국내 인구는 크게 줄어들었다. 이런 폐해를 바로잡고 끊임없이 일어나는 전쟁에 병사를 공급하기 위하여 리쿠르고스(Lycourgos) 이전의 여러 왕들은 외국인 귀화를 환영하는 것이 보통이었다. 반면 아리스토텔레스는 재산을 보다 더 평등하게 분배하여 시민을 증가시키는 편이 훨씬 나은 방법이라고 보았다. 그러나 아이와 관련된 법률은 이런 개선책과는 전혀 어긋나는 것이었다. 입법자는 시민 수를 늘리려고 전력을 다하여 아이 출생을 장려했다. 자식이 3명인 자는 야경(夜警) 의무를 면제받았고, 자식이 4명인 자는 일체의 공적인 부담에서 해방되었다. 그러나 아리스토텔레스가 정당하게 논하는 것처럼 토지 분배는 전과 조금도 다름이 없으니 아이들이 많이 태어나면 빈곤은 더 심해질 뿐이라는 사실은 분명하다.

그는 리쿠르고스 이외의 수많은 입법자들이 빠지게 되었던 잘못을 이 점에서 정확히 찾아내어 적절한 부양이 보장되지 않는 상태에서 자녀 출산만을 장려하는 일은 빈곤을 더욱 심화할지언정 한 나라 인구를 크게 증가시킬 수는 없다는 사실을 충분히 이해하고 있었던 것 같다.

크레타섬의 입법자도 솔론과 페이돈, 플라톤 및 아리스토텔레스 등과 마찬가지로 빈곤을 방지하기 위해 인구 제한 필요성을 인정했다. 그리고 그런 사람들의 의견과 또한 그 의견에 따라 제정된 법률은 물론 상당한 영향을 미쳤으리라고 상상할 수도 있다. 따라서 늦은 나이의 결혼과 나머지 여러 원인에서 비롯되는 예방적 인구 억제는 아마 그리스 자유민들 사이에서 상당한 수준으로 작용했을 것이다.

인구에 대한 적극적인 억제 요인은 이들 여러 작은 나라들이 거의 끊임없이 벌여온 전쟁에서 찾을 수 있다. 아테네에도 일찍이 맹렬한 흑사병이 발생한 역사가 있으며, 또한 플라톤은 질병 때문에 공화국 인구가 크게 줄어드는 경우를 가정하고 있다. 그들의 전쟁은 끊임없이 계속되었을 뿐만 아니라, 아주 잔인무도했다. 적은 수로 구성된 군대에서는 모두 육탄전에 참가하므로 대부분 군중이 적과 접촉하는 일이 거의 없이 끝나는 근대 대규모 군대에 비해서 전사자 수는 훨씬 많았을 것이다. 그뿐만 아니라 공화국의 자유민들은 전쟁이 일어날 때마다 대부분 군인으로 참가했으므로, 그 피해는 대단히 컸고, 피해를 회복하는 것도 쉽지 않은 일이었다.

14. 로마 경우

　이탈리아의 여러 소국들이 겪은 참혹한 전쟁 피해, 특히 로마 패권을 장악하기 위한 첫 번째 전쟁이 입힌 피해는 그리스의 경우보다도 훨씬 더 처참했던 것으로 보인다. 월리스(Wallace)는《고대와 현대 인류의 수에 관한 논문》에서 그 당시 창검에 맞아 죽은 무수한 목숨을 언급하여 말한다. "그즈음 이탈리아사를 정독할 때 우리는 이 나라가 완전히 정복될 때까지 끊임없이 벌어졌던 전쟁에 참전한 막대한 인원을 어떻게 조달했는지 기이하게 생각했다." 또한 리비우스(Livius)도 볼스키족과 아이퀴족이 그처럼 자주 정복당하면서도 여전히 새로운 병사를 출정시킬 수 있었던 사실에 놀라고 있다. 그러나 이런 놀라운 사실은 전쟁으로 지속적인 인명 피해가 날 때 인구 증가력은 더욱 강해진다는 사실, 그리하여 다른 나라에 비해 출산율이 높아질 뿐만 아니라, 건강한 아이 비율도 높아져 마침내 이 아이들이 성장하여 무기를 잡게 된다는 사실 등으로도 충분히 설명될 것이다. 그들로 하여금 고대 게르만 민족처럼 연속적인 패배로 괴멸 상태에 빠졌던 군대를 기적적으로 군세를 회복하여 후세 사가들을 놀라게 할 수 있었던 것은 새로운 인적 자원이 아주 빠르게 공급되었기 때문이다.

　그러나 이탈리아에도 그리스에서처럼 유아 살해 풍습은 예로부터 행해져 왔다고 믿을 수 있는 이유가 있다. 로물루스의 한 법률은 세 살 미만 유아 유기를 금하고 있는데, 이런 사실은 갓난아기를 유기하는 풍습이 종전에 이미 유행되고 있었다는 것을 의미한다. 하지만 이처럼 갓난아기를 유기하는 풍습은 전쟁 때문에 인구가 많이 감소되었더라도 아직 새로 자라나는 세대에게 충분한 여지를 줄 수 없는 경우에만 적용되었다. 따라서 이런 풍습은 오롯이 인구 증가력에 대한 적극적 억제의 하나로 간주되어야 할 것이다. 그러나 사실상 그것은 인구 증가를 저지하기는커녕 도리어 촉진시킨 것이 분명하다.

로마인 자신들은 공화국 탄생 시초로부터 마지막에 이르기까지 끊임없는 전쟁에 종사했는데, 전쟁 대부분은 몸서리칠 정도로 파괴적이었기 때문에, 이 원인에서 비롯되는 인구의 적극적 억제 효과는 아주 대단했을 것이다. 그러나 그것이 아무리 대단했더라도 만약 보다 더 유력한 인구 감소 원인이 생기지 않았다면, 오직 이 원인만으로는 제정시대 로마 시민 수를 격감시켜 마침내 아우구스투스 황제와 트라야누스 황제가 결혼 및 산아 장려법을 발표하기에 이르지는 못했을 것이다.

일찍이 로마에 자리 잡았던 재산상의 평등이 점차로 붕괴되어 마침내 토지가 소수 대지주 손아귀에 들어가게 됨에 따라, 자활 수단을 상실한 시민은 자연히 마치 근대 여러 국가에서처럼 자신의 노동력을 부자에게 파는 것 외에는 굶주림에서 벗어날 길이 없게 되었다. 그러나 로마의 사치가 심해질수록 몰려드는 노예 수도 늘어나고 이들이 농업과 제조업과 같은 모든 직업을 독점하였으므로 시민들은 자신의 노동력을 팔 길이 없었다. 사정이 이러했으니 놀랄 일은 자유민 수가 감소되었다는 사실에 있는 것이 아니라, 대지주들 틈바구니 속에서도 자유민들이 다행히 생존해 갈 수 있었다는 사실에 있다. 또한 실제로도 어떤 기괴하고 불합리한 관습, 즉 가난한 시민들에게 다량의 곡물을 무료로 나눠준다는 관습이 없었더라면 시민들 다수는 더 이상 연명해 나가지 못했을 것이다.

이런 관습은 그즈음 로마의 기형적인 상태에서는 반드시 필요했던 것일 수도 있다. 아우구스투스 황제 시절에는 20만 명이 전적으로 이런 배급에 의존해 살았다. 배급량은 한 사람 몫으로는 충분했지만 가족 몫으로는 너무나 작았다. 따라서 이런 식량 배급이 인구 증가에 도움이 될 수는 없었다. 그리고 가난한 사람들 사이에서 행해진 유아 유기 풍습을 논하는 플루타르코스(Ploutarchos)의 태도에서 미루어보면 세 아이법(jus trium liberorum)[1]이 있었음에도 엄청나게 많은 아이들이 살해되었다고 믿을 만한 충분한 이유가 있다. 또한 타키투스도 게르만 민족을 논함에 있어서 로마의 이런 풍습을 언급하여 동일한 결론을 내린 것으로 보인다. 그러면 오직 자선에 의지하는 것 외에는 전혀

---

1) 자녀 셋을 둔 아버지에게 내려진 특권.

의식으로 삼을 게 없는 사람들, 자기 몸 하나 건사하기도 힘들어, 아내와 자녀 두셋을 양육하는 것은 엄두조차 낼 수 없는 가난한 사람들 사이에서 그런 법률은 실제로 어느 정도의 효과를 가졌던 것일까. 만약 노예의 반수라도 나라 밖으로 쫓아내고 그 대신 시민들을 농업과 제조업에 종사하도록 했다면 그 결과는 출산 장려법을 실행하는 것보다 더욱 확실하고 신속하게 로마 시민 수를 증가시킬 수 있었을지도 모를 일이다.

로마 상류층 사이에서는 세 아이법, 그리고 그와 비슷한 경향을 가진 법률들이 어느 정도 효과가 있었다는 증거가 있다. 사실상 이런 법률은 원래가 여러 가지 특권을 인정하게 되어 있었으므로 성질상 주로 상류사회가 대상이었을 것이다. 그러나 인구 증가에 대해서 예방적 작용을 하는 온갖 악습이 사회 전반에 만연해 있었고, 이러한 법률은 이를 바로잡는 데 아무런 영향도 미칠 수 없었다. 몽테스키외는 "원래 풍기 문란을 바로잡고자 만들어진 감찰국이 도리어 그로 인해 파괴되었다. 일반화된 퇴폐는 감찰을 무력화시킨다"라고 정확히 통찰한 바 있다. 아우구스투스 황제가 혼인법을 제정한 뒤 34년이 지나서 로마 기사들은 드디어 법률 폐지를 청원했다. 기혼자와 미혼자를 구별해 본 결과 미혼자가 기혼자보다 훨씬 더 많다는 것이 판명되었다. 이 사실은 그런 법률이 아무런 효력도 없었음을 보여주는 유력한 증거이기도 하다.

대부분의 나라에서 인구 증가의 예방적 작용을 하는 여러 악습은 결혼 수의 감소에 따른 결과라기보다는 그 원인이라고 보아야 할 것이다. 로마에서 도덕적 타락은 적어도 상류계급의 결혼을 방해한 직접적인 원인인 듯하다. 우리는 메텔루스 누미디쿠스(Metellus Numidicus)가 감찰관으로서 행한 연설을 분개와 혐오의 감정 없이는 읽을 수 없다. 그는 말한다. "만약 아내를 맞이하지 않고서도 살아갈 수 있다면 우리들은 지금 당장에 이런 해악으로부터 벗어날 수 있을 것이다. 그러나 자연법칙은 아내가 있으면 좀처럼 행복하게 살아갈 수 없다는 것, 반면 아내가 없으면 우리들 대를 이어갈 수 없게 된다는 것을 가르쳐 주고 있다. 그러므로 우리들은 순간적인 쾌락보다는 오히려 영속적인 안정을 존중하여 이를 추구해야 할 것이다."

중국과 기타 여러 나라에서처럼 전혀 종교적 요소를 포함하지 않고 단지 사태의 긴급함에 쫓기어 발표된 결혼과 출산 장려를 위한 실정법은 좀처럼 의도하는 목적을 이룰 수 없다. 일반적으로 이런 법률을 제안한 입법자의 무지만을 드러내는 데 그친다. 그럼에도 그런 법률을 표면상으로 분명히 필요로 했다는 사실은 거의 언제나 그 나라의 도덕 및 정치의 부패상이 매우 심각했음을 드러낸다. 그리고 그런 법률이 가장 요청되는 나라에서는 단지 여러 악습이 널리 행해지고 있는 것을 볼 뿐만 아니라 그 정치 조직 자체가 출산과 인구 증가에 부정적인 요소로 작용한다는 것을 알 수 있다.

흄은 로마가 트라야누스 황제와 안토니누스 황제 통치하에 오랫동안 태평성대를 구가하는 동안 인구가 가장 많았다고 생각한다.

그러나 나는 위와 같은 관점에서 월리스의 생각에 전적으로 찬동하여 이를 부정할 수밖에 없다. 우리는 출산이 여전하게 번성하고 있는 동안에는 비록 전쟁이 있더라도 그렇게 심하게 인구 감소가 일어나지 않는다는 것, 반대로 생존자원이 부족하다면 평화로운 시대에도 인구 증가는 불가능하다는 사실을 너무나 잘 알고 있다. 트라야누스 황제 통치하에서 결혼에 관한 법률이 개정되었다는 사실은, 당시에도 여러 악습이 만연해 있었다는 점과, 인구가 결코 크게 증가하지는 못했으리라는 점을 알려준다.

또는 엄청나게 많았던 노예들은 로마 시민의 욕망을 충족시키고도 남음이 있었을 것이라고 말할지도 모른다. 그러나 이러한 노예들의 노동을 대단히 많은 인구를 양육해 갈 정도로 충분히 농업에 투자한 것 같지는 않다. 몇몇 지방은 예외였는지도 모르지만, 이탈리아에서 농업의 쇠퇴는 널리 알려져 있는 사실이다. 다량의 곡물을 수입해 시민들에게 무료로 나눠주던 것과 같은 악습은 농업에 큰 타격을 주었다. 그 상처는 그 뒤 끝내 치유되지 못했다. 흄은 또한 이렇게 말한다. "종래에는 곡물 수출국이었던 이탈리아가 그 뒤로는 날마다 양식을 사방에서 구해야 할 처지에 놓였다고 로마 학자들은 한탄하고 있다. 그들은 이런 변화의 원인을 인구 증가에서 찾지 않고 오로지 농경사업을 게을리했다는 데서 찾고 있다." 또 다른 곳에서 흄은 이렇게 말한다. "고대 논자들은 모두 노예들이 비교적 먼 데 있는 나라에서, 그중에서도 시리아와 실리시아, 카파도키아와 소아시아, 트라키아와 이집트 등지에서 이탈리아로 끊임없이 밀려 들어왔다고 말하지만, 이탈리아 인구는 좀처럼 증가하지 않았다. 그리고 여러 저술가들은 농공업이 여전히 침체한 상태에 있었던 것을 한탄하고 있다."

그러므로 트라야누스 황제와 안토니누스 황제 통치하에서 평화가 민중의 습관을 갑자기 바꿔버림으로써 이런 사정을 근본적으로 변혁시켰다고는 믿기 어렵다.

노예 상태는 다음 사실에 의해서, 즉 이 노예 제도가 행해지는 나라의 인구 증가에는 심히 불리하므로 그것은 앞서 말한 것과 같은 끊임없는 외국으로부터의 유입이 필요하다는 사실에 의해서 가장 잘 증명된다. 월리스는 고대 노예가 근대 하층민에 비해 인구 증가에 보다 더 공헌한 바가 있었다고 논했지만, 그것이 사실과 어긋남은 앞서 지적한 사실이 충분히 이야기해 주고 있다. 참으로 그가 말한 것처럼 근대 노동자는 누구나 모두 결혼하는 것은 아니며, 또한 그들 자녀의 다수는 부모의 빈곤과 부주의 때문에 죽게 되거나, 불구가 되어 쓸모없는 존재가 되어버리는 일이 있음은 사실이다. 그러나 인구 증가에 대한 그런 장애가 있음에도 어떤 나라에서도 사회 하층계급이 노동 수요를 충족시킬 수 있을 정도의 인구를 양육할 수 없었던 실제 사례는 하나도 제시할 수 없을 것이다.

노예 제도에는 인구 증가를 방해하는 특수한 장애가 따르게 되며, 또한 이 때문에 끊임없이 인원수를 보충해야 한다. 이것을 설명하기 위해서 노예를 가축에 비유해 보자. 이런 비유는 월리스와 흄이 시도했는데, 월리스는 노예를 보호하여 그 자식을 양육하는 일은 주인에게 이익을 가져온다고 주장했고, 이어 대해서 흄은 노예에게 출산을 장려하기보다는 오히려 그것을 방지하는 것이 훨씬 더 주인에게 이익을 가져온다고 주장했다. 만약 월리스의 주장이 옳다면, 노예는 생식력을 통해서 쉽사리 자기 인원수를 유지할 수 있었을 것이다.

그러나 그것을 유지할 수 없었음은 널리 알려진 사실이므로, 흄의 주장이 옳다는 것이 명백히 증명된다.

"런던에서 한 아이가 노동을 감당할 수 있는 연령에 이르기까지 양육하는 비용은 스코틀랜드와 아일랜드에서 누더기 옷을 입고 오트밀과 감자만 먹고 오막살이집에서 자란 같은 또래 아이를 사오는 비용보다 훨씬 더 많이 들 것이다. 그러므로 부유하고 인구밀도가 매우 높은 나라의 노예 소유자들은 노예 임신을 저지하거나 중절수술, 유아 살해를 장려하는 습관이 있었다."

남자 노예는 여자 노예의 수보다 훨씬 더 많았다는 것은 월리스도 인정하는 바이며, 이 때문에 그들의 인구 증가가 더욱 곤란해질 수밖에 없었다. 그러므로 그리스와 로마 노예들 사이에서는 인구에 대한 예방적 억제가 크게 작용했으리라는 것을 알 수 있다. 또한 그들 노예들은 학대받고 먹을 것도 충분치 못했으며, 때로는 많은 수가 비좁고 불결한 에르가스툴라(토굴)에 함께 갇혀 사는 일도 있었으므로, 질병으로 인한 인구에 대한 적극적 억제 요인도 강력한 작용을 했다. 전염병이 돌 때 노예계급이 가장 심한 피해를 입었으리라는 것은 어렵지 않게 상상할 수 있다.

그러나 노예 제도가 그것이 행해지고 있는 나라의 인구 증가에 불리하다는 사실이 반드시 인구 문제, 또는 고대와 근대의 여러 나라에서 인구조밀이라는 큰 문제를 해결해 주는 관건이 되는 것은 아니다. 엄청나게 많은 노예를 끊임없이 다른 나라에 공급하면서도 인구를 조금도 감소시키지 않은 몇몇 나라가 있음을 우리는 알고 있다. 만약 이런 노예 공급이 이를 받아들이는 나라의 노동 수요에 정확히 비례하여 계속 주입되었다면(아마 사실상 그랬을지도 모른다) 이 나라의 인구조밀에 관한 문제는 근대 여러 국가에서의 문제와 똑같은 근거에 입각하여 그 나라가 충분히 고용할 수 있으며, 또한 부양할 수 있는 인구수에 의해서 결정될 것이다. 그러므로 가내노예 제도가 널리 행해지고 있는가를 떠나서, 다음 사실은 논란의 여지가 없는 명제로 인정해도 좋을 것이다. 만약 수출과 수입을 할 수 있을 정도로 드넓은 영토를 갖게 된다면 비록 사치와 절약 풍습은 조금 변화가 있더라도 이 나라 인구는 토지로부터 생산될 수 있는 식량의 양과 비례하여 증감될 것이다. 그리고 어떤 물질적·도덕적 원인도 이상적으로 작용하지 않는 한, 인구 증가에 대해서 생존자원의 생산 및 분배에 영향을 미치는 범위를 넘어선 영구적인 영향력을 끼칠 수는 없을 것이다.

고대 및 근대의 인구에 관한 논쟁에서는 이런 점에 대해 충분한 주의를 기울이지 않았다. 그리고 양자 모두 이 문제의 물질적·도덕적 원인을 설득력 있게 제시하지 못했다. 한 국가의 인구가 늘어나고 생산성이 증가할수록 생산잠재력은 그만큼 줄어든다. 따라서 인구를 이처럼 정체되거나 지지부진하게 증가하는 생산량 수준에 맞추기 위해서는 인구 억제가 보다 강력하게 작용해야 한다는 점을 양자 모두 무시한 것 같다. 그러므로 고대와 근대 국민들에게서 인구 억제 요인이 발견된다 하더라도 그것이 곧 인구조밀을 부정할 근거가 될 수는 없다. 흄과 월리스 두 사람도 이런 물질적 원인을 아주 중요하게 생각하지만, 이상과 같은 관점에서 볼 때 물질적 원인이 근대 국민들 사이에 존재한다고 해서 근대 국민이 고대 국민보다도 인구가 부족하다고 단언할 수는 없는 노릇이다.

그들은 그 자신이 제시한 도덕적 원인에 대해서도 동일한 잘못을 저지르고 있다. 월리스는 고대사회 인구가 아주 조밀했다고 주장하는 주요 근거로 고대인 사이에서의 결혼의 적극적인 장려를 들고 있다. 그러나 결혼 장려를 위하여 여러 가지 실정법이 필요했다는 사실은 인구가 남아돈다기보다는 오히려 모자란다는 뜻이다. 이를테면 그가 특히 언급하고 있는 스파르타의 경우, 결혼 장려 법률은 인구 부족을 구제코자 하는 눈앞의 목적에서 제정되는데, 이 사실은 앞선 장에서 기술한 아리스토텔레스의 글이 말해주고 있다. 인구과잉인 나라의 입법자는 결혼과 출산을 장려하는 법률을 제정하려고 하지 않을 것이다. 월리스의 나머지 의논도 자세히 검토해 보면 앞선 의논과 다름없이 그 목적에 대해서 아무런 효과도 없었음을 알 수 있을 것이다.

마찬가지로 흄이 제시한 원인들도 하나같이 불완전한 것으로 이는 흄이 구하고자 하는 추론을 지지하기보다는 배반하고 있다. 그는 근대국가에는 남녀 하인들과 그 밖에 미혼자 수가 많다는 사실을 가지고 근대국가 인구의 조밀함을 부정할 하나의 논거로 보고 있다. 그러나 사실은 이와는 정반대의 결론이 오히려 더 정당하다고 생각된다. 물론 가족 부양의 곤란이 너무나 심하여 수많은 남녀들이 독신으로 있는 경우 우리는 마땅히 이 사실을 바탕으로 인구 정체라는 추정을 내리겠지만, 그렇다고 인구 절대수가 결코 크지 않다는 추정은 내릴 수 없다. 왜냐하면 일가족 부양이 곤란하다는 것은 인구 절대수가 크며, 따라서 생계의 길이 모두 차단되어 있는 사정에서 발생될 수 있기 때문이다. 그리고 이와 똑같은 곤란은 인구가 희박하며, 정체 상태에 있는 나라에서도 얼마든지 존재할 수 있음은 말할 필요도 없다.

총인구에 대한 미혼자 수 비율은 과연 그 인구가 증가되고 있는가, 아니면 정체되어 있는가, 또는 감소하고 있는가를 판단하기 위한 어느 정도의 기준이 되기는 한다. 그러나 이것이 인구의 조밀성을 판단할 어떤 절대적인 기준이 될 수는 없다. 또한 이는 판단의 오류를 가져오기 쉽다. 이를테면 남방 어떤 나라에서는 일반적으로 일찍 결혼하는 풍습이 유행하여 독신을 지키는 여성들의 수는 아주 적지만 인구 증가는 미미할 뿐만 아니라, 인구 규모도 크지 않은 형편이다. 이런 경우엔 인구의 예방적 억제 대신 적극적인 억제가 크게 작용한다. 일체의 적극적 억제와 예방적 억제를 합한 총합(總合)이 인구 증가를 억압하는 직접적인 원인인 것은 사실이다. 그러나 어떤 나라에서도 이 총합을 정확하게 산정한다는 것은 불가능에 가깝다. 따라서 이런 여러 가지 억제 요인 중에서 몇몇을 취하여 이것만을 따로 분리하여 고찰해 본다 할지라도 객관적인 결론을 내리기는 힘들다. 왜냐하면 하나의 억제가 과대해지면 다른 억제의 부족이 이를 상쇄하는 경향이 있기 때문이다. 출생과 사망 수에 영향을 미치는 원인은 상황에 따라 평균 인구에 영향을 미치기도 하고 미치지 않기도 한다. 그러나 생존자원 생산과 분배에 영향을 미치는 원인은 반드시 인구에도 영향을 미친다. 따라서 우리가 확실히 신뢰할 수 있는 것은 (현실적인 계산을 따로 한다면) 오직 이 후자의 원인뿐이다.

이처럼 인류 사회 연구를 진행해 오면서 지금까지 살펴본 인구에 대한 모든 억제 요인은 분명히 도덕적 억제와 악덕, 곤궁 가운데 어느 것에든 귀속된다.

예방적 억제 중에서 내가 도덕적 억제라고 이름 붙인 것은 물론 인구의 자연적 증가를 어느 정도 억압하는 작용을 하기는 했지만, 엄밀하게 해석할 경우, 이는 다른 여러 가지 억제에 비해서 그 작용이 미약했다는 것을 인정하지 않을 수 없다. 예방적 억제 중에서 악덕 항목에 포함될 부문은 로마시대 후기, 그리고 그 외 일부 나라들에 심대한 영향을 미친 것 같지만, 전체적으로 본다면 그 작용은 적극적 억제에는 이르지 못한 것 같다. 인구 증식력은 크게 작용해 왔으나, 그로 인해 생겨난 잉여인구는 폭력적인 여러 억제 요인에 의해서 상쇄되었다. 이런 여러 원인 중 가장 뚜렷하게 눈에 띄는 것은 전쟁이며 그다음이 기근과 파멸적인 질병이다. 이상 고찰해 온 나라의 대부분에서 인구가 그 나라들의 평균적인 생존자원량에 정확히 일치되는 예는 거의 찾아볼 수 없으며, 양극단 사이를 오르내리는 것이 일반적인 경향인 듯하다. 특히 충분히 예측할 수 있는 것처럼 문화 수준이 뒤떨어진 나라에서는 이러한 결핍과 풍족함의 양 극단을 오가는 변화가 더욱 뚜렷하게 나타나고 있음을 알 수 있다.

제2편
근대 유럽에 나타난 인구 억제 요인

1. 노르웨이 경우

근대 유럽 여러 나라를 고찰해 볼 때, 우리의 연구에 도움이 되는 것은 출생과 사망 및 혼인이 기록되어 있는 호적부이다. 그것은 아주 정확하다면 인구 증가에 대해서 현재 작용하고 있는 여러 억제가 적극적인 것이냐, 예방적인 것이냐를 어느 정도 확실하게 알 수 있다. 대부분 유럽 여러 나라 국민의 습관은 생활 사정이 비슷하기에 같은 점이 많으며, 따라서 호적부도 동일한 결과를 보여주는 경우가 적지 않다. 그러나 이런 우연적인 일치를 너무나 지나치게 신뢰한 결과 종래 통계학자들은 대체로 여러 나라 사망률에는 큰 차이가 없다고 상상하는 것과 같은 잘못에 빠지고 있다. 그렇지만 사실은 그것과는 정반대로 사망률은 변화무쌍한 것이어서 같은 나라에서도 곳에 따라 크게 차이가 나며, 또한 어느 한도 내에서는 인간의 힘으로 좌우할 수 있는 여러 가지 요인에 지배되는 것 같다.

노르웨이는 거의 18세기 내내 겪었던 현저한 인구 고갈에서는 벗어났다. 이 나라 기후는 전염병에 대해 놀랄 만한 저항력을 가지고 있다. 그리고 평년 사망률은 호적부 기록이 정확한 것으로 알려져 있는 유럽 다른 어떤 나라보다 높지 않다. 한 해 사망자 수와 총인구 비율이 전국적으로 1 : 48에 지나지 않는다. 그럼에도 노르웨이 인구는 결코 급격한 증가를 보인 것 같지 않다. 급격한 증가가 시작된 것은 최근 10~15년 이래이며, 그 이전까지는 아주 완만한 증가세를 보였다. 왜냐하면 이 나라는 일찍부터 사람들이 정착한 곳임에도 1769년의 인구는 겨우 72만 3141명이었다.

노르웨이의 경제 상황을 검토해 보기에 앞서 우리들은 이 나라의 적극적인 인구 억제는 종래 너무나 적었기 때문에 그만큼 예방적 억제 비율이 높을 것이라 추측할 수 있다. 사실 노르웨이의 한 해 결혼한 사람 수와 총인구 비율은 호적부에 의하면 1 : 130이며, 이런 낮은 비율은 스위스를 제외한 어떤 나라 호적부에서도 찾아볼 수 없다.

이처럼 결혼하는 수가 적은 원인 중 하나는 수년 전까지 실시되었던 징병 제도에 있다. 덴마크와 노르웨이에서는 농민과 노동자 집에서 태어난 남자는 모두 병사가 된다. 종전에는 지방 사령관이 농민들 중에서 자기가 원하는 연령대 남자들을 마음대로 뽑아서 모을 수 있었는데, 그때 너무 어린 장정들을 골랐던 것이다. 일단 군무에 종사하게 된 뒤에는 일가족을 능히 부양할 수 있는 자력을 가지고 있다는 것을 증명하는 보증서에 해당 교구 목사의 서명을 얻어서 제출해야 결혼할 수 있으며, 또한 사령관 허가를 얻어야 했다. 이런 보증서와 허가를 얻기가 곤란했을 뿐 아니라, 비용도 많이 들었으므로 아주 좋은 환경에 있지 않다면 10년 복무 기간이 끝날 때까지 결혼은 엄두도 내지 못하는 것이 보통이었다. 또한 36세 미만 남자들은 언제라도 소집에 응할 의무가 있으며, 사령관은 가장 나이가 많은 자부터 먼저 채용하는 일이 흔했기에 꽤 나이를 먹기까지는 마음 놓고 가정을 꾸려갈 수가 없었던 것이다.

목사는 군무에 종사하지 않는 자의 결혼을 금지할 법률상 권리를 가지고 있지는 않지만, 관습상 이런 종류의 자유재량권이 어느 정도 허용되었다. 따라서 목사는 가끔 가족 부양 능력이 없어 보이는 자의 결혼을 거절했다.

그러나 이런 종류의 장애는 그것이 법률에서 비롯되었건 습관에서 비롯되었건 간에, 오늘날에는 거의 소멸되어 버렸다. 나이에 관계없이, 또한 사령관과 목사 허가 없이도 자유롭게 결혼할 수 있게 되었으며, 징병 제도에서는 처음엔 20세 장정 모두를, 다음에는 22세 장정 모두를 소집하는 식으로 필요한 수가 채워질 때까지 계속 징집했다.

일반적으로 사관들은 그런 개정에 부정적이었다. 그들은 20세라는 나이가 아직 발육이 충분치 않아 훌륭한 병사가 될 수 없는 나이라고 주장한다. 또한 많은 사람들은 농민들이 오늘날에는 일찍 결혼하게 되었으므로 국가가 좀처럼 부양할 수 없을 정도로 많은 아이들이 앞으로 태어날 것이라고 생각하고 있다.

그러나 징병에 관한 규정과는 별도로 노르웨이에는 여전히 일찍 결혼하는 것에 대해서 가장 큰 장애가 되는 특수한 사정이 가로놓여 있었다. 노르웨이에는 시골의 잉여인구를 수용할 만한 대공업 도시가 없으며, 또한 각 마을도 언제나 수요보다 많은 노동자를 공급하고 있기 때문에 일자리를 찾아서 다른 곳에 가보아도 좀처럼 일자리를 얻을 가능성이 없었다. 따라서 해외 이민 기회라도 주어지지 않는다면 노르웨이 농민들은 보통 자기 고향에 머물러 있다. 그런데 사망률이 낮아 가옥과 일자리에 여분이 생기는 일은 좀처럼 없기 때문에 그들이 가족을 능히 부양할 수 있는 지위를 얻기까지에는 상당히 오랜 세월을 기다려야 함을 깨닫는 때가 많다.

일반적으로 노르웨이 농장에는 크기에 비례하여 많든 적든 이른바 하우스맨이라고 부르는 기혼 노동자가 있다. 그들은 주인으로부터 집 한 채와 일가족을 먹여 살릴 수 있는 정도의 토지를 받는 대신에 언제라도 주인의 명령에 따라서 일정한 값싼 임금을 받고 주인을 위하여 일할 의무를 지고 있다. 도시 근방이나 해안 지방을 제외하면 이런 곳에 빈자리가 생겨야만 가족 부양의 길이 열린다. 인구가 적고 또한 일자리 종류도 적기 때문에 이 문제는 각 개인의 눈에 뚜렷하게 비칠 수밖에 없다. 그러므로 그런 빈자리가 생기기까지는 결혼하고 싶은 생각을 억제하는 것이 절대로 필요하다는 것을 느낄 수밖에 없다. 비록 충분한 재료가 있어서 스스로 집을 지으려고 해도 만약 주인이 이미 충분한 노동자를 보유하고 있다면 충분한 토지를 빌릴 가능성은 없다. 그리고 대체로 여름 서너 달 동안에는 일자리를 얻을 수 있더라도 1년 중 가족을 부양할 수 있을 정도로 벌 수 있는 기회는 거의 없다고 해도 과언이 아니다. 결혼하려는 남녀가 더 이상 참을 수 없어 스스로 집을 짓거나 또는 지으려고 계획하며, 혼자 힘으로 살아가려고 단단히 결심을 하고 있더라도 교구 목사가 결혼 거절의 자유재량권을 행사할지도 모르는 일이다.

그러므로 젊은 남녀는 하우스맨 자리에 빈자리가 생길 때까지는 하는 수 없이 하인으로서 혼자 주인 밑에 머물러 있을 수밖에 없다. 따라서 이런 홀몸 하인들은 여느 농장에도, 여느 신사의 저택에도 넘쳐났다. 노르웨이에서 분업은 그렇게 발달되지 못하였다. 또한 가계 생필품은 거의 모두 각 가정에 공급된다. 술 빚기와 빵 굽기, 빨래 같은 일상적인 일을 가정에서 행하고 있을 뿐 아니라, 자기들이 먹을 치즈와 버터를 손수 만들거나 구입하고 소와 양도 손수 도살하며 식료품을 사들인다. 그리고 농부와 그 밖의 일반 시골 사람들은 아마와 양모를 방적하며, 리넨 천과 모직물을 짠다. 크리스티아니아[1]와 트론헤임 같은 대도시에도 시장이라 할 만한 곳은 거의 없다. 싱싱한 고기 한 점을 손에 넣는 것도 아주 어려운 일이며, 한여름에도 1파운드의 신선한 버터를 살 수 없다. 정기시장은 오직 1년 중 일정 계절에만 열리는데, 보존 식료품은 모두 이때 사들인다. 만약 게을러서 이때 사두지 않는다면, 나중에는 모든 물품을 팔지 않기 때문에 아주 불편해진다. 잠시 시골에 머무는 사람이나 농장이 없는 소상인들은 이런 불편을 소리 높여 호소한다. 또한 토지재산을 갖고 있는 상인의 아내들도 노르웨이 가정 살림이 너무나 광범하고 복잡하기 때문에, 이것을 돌보는 데 모든 주의를 빼앗겨 다른 일은 전혀 돌볼 시간 여유가 없다고 불평을 늘어놓는다.

이런 제도가 수많은 하인들을 필요로 한다는 사실은 명백하다. 또한 그들 하인들은 그렇게 근면하지도 않고 같은 일을 하는 데도 다른 나라에서보다 더 많은 사람이 필요하다는 말도 있다. 그 결과 어떤 세대에도 영국에 비해 2~3배에 이르는 하인이 필요하다. 얼핏 자신이 부리는 하인과 조금도 다름 없어 보이는 시골 농장주도 가끔 자기 처자까지 합쳐 20명 대가족을 거느리고 있는 경우가 있다.

그러므로 기혼자에 비해 독신자는 생존자원에 대한 제한이 훨씬 덜하다. 이런 상황에서는 상업자본 증가와 농장 분할·개량에 의해서 기혼 노동자에게 부여될 일자리가 많이 늘어날 때까지 하층계급 인구가 그렇게 많이 증가될 수는 없다. 인구가 보다 조밀한 나라에서는 이 점은 언제나 아주 불명료하다. 사람들은 모두 이웃 사람들에 못지않게 충분히 일자리를 얻을 기회를 얻을 수 있다고 생각하며, 또한 한 곳에서 실패하더라도 다른 곳에서는 성공할 수 있다고 생각한다. 그래서 그들은 결혼을 하며 요행을 바라게 된다.

이렇게 해서 태어나게 된 과잉인구가 적극적인 억제 요인인 빈곤과 질병에 의해서 제한당하는 것은 너무나 흔한 일이다. 그러나 노르웨이에서 이 점은 그렇게 모호하지 않다. 노르웨이에서는 노동 수요 증가에 의해 부양 가능 식구가 얼마나 늘어나는지 한층 명료하게 간파할 수 있다. 인구가 대단히 적기 때

---

1) 지금의 노르웨이 수도인 오슬로.

문에 도시에서도 이 점에 관하여 계산을 잘못할 염려는 없다. 시골에서는 소유지를 분할·개량하고 하우스맨 지위를 크게 증가시키면 곧(부정적인 뜻에서) 유명해진다. 사람이 만약 하우스맨의 지위를 얻게 되면 결혼을 하여 가족을 부양할 수 있게 되며 그것을 얻지 못하면 여전히 독신을 지켜나간다. 그렇게 하여 과잉인구가 일단 나타난 후에 없어지는 것이 아니라 처음부터 미리 방지된다.

　노르웨이에서는 앞서 설명한 것과 같은 사회 상태 때문에 인구의 예방적 억제가 널리 행해지고 있으며, 또한 징병 제도가 일찍 결혼하는 것을 방해하고 있어서 하층민 생활 상태가 기후와 토질에서 상상할 수 있는 것보다도 좋다는 것은 의심의 여지가 없다. 해안 지방에서는 어업을 통해 충분한 식량을 얻을 가능성이 있기 때문에 예방적 억제는 그렇게 널리 이루어지지 않는다. 따라서 이들은 아주 가난하며 내륙 지역 농민과는 비교도 되지 않을 정도의 비참한 상태에 있다.

　노르웨이 토지의 대부분은 곡식 재배에는 전혀 맞지 않으며, 기후도 변덕스럽다. 8월 하순에는 특히 '철의 밤(iron nights)'이라 불리는 밤이 사흘이나 계속되는데, 철의 밤이라는 명칭은 대풍작의 기대를 가끔 날려버리는 데서 나왔다. 이런 경우 예외 없이 하층계급이 생활고에 허덕이게 되지만, 앞서 말했듯이 가축을 기르는 하우스맨 이외에 독립노동자라 부를 만한 이들이 거의 없기 때문에 그들은 생활고에 허덕인 나머지 소나무 속껍질을 빵에 섞어서 먹어야 할 지경이 되어도 일반적으로 겨울을 대비해서 준비해 두었던 치즈, 소금을 먹인 버터와 육류, 생선 및 말린 돼지고기 등으로 생활고를 완화시킬 수 있다. 곡식 부족을 가장 절실하게 느끼는 시기는 대체로 수확 전 두 달 동안이지만, 다행히 가장 가난한 사람들도 대개는 2~3마리, 많은 사람은 5~6마리는 가지고 있는 암소들이 젖을 내기 시작하기 때문에 특히 아이들이 있는 가정에는 큰 도움이 된다. 1799년 여름에 이웃 스웨덴인들은 최악의 기근에 허덕이게 되었지만, 노르웨이인들 얼굴에는 풍족한 빛이 돌았다. 주목할 만한 사실은 노르웨이 하우스맨과 농부의 남자아이들이 비슷한 연령대와 처지에 놓인 영국 남자아이에 비해 훨씬 더 살찌고 발육도 좋을 뿐만 아니라, 다리도 튼실하다는 점이다.

또한 노르웨이인들의 사망률이 그렇게 낮은 것은 의심할 바 없이 예방적 억제의 보급과 더불어 특히 사람 건강에 적합한 풍토에서 비롯된다. 그러나 기후나 토지 상태가 일반 주민들의 건강에 눈에 띄게 유리하다고 상상할 수 있는 것은 전혀 없다. 어떤 나라에서든지 나이가 어린 아이들이 대체적으로 많이 죽기 때문에, 총인구수에 비해 아이 수가 비교적 적은 노르웨이에서는 비록 기후의 적합성이 같더라도 자연히 다른 나라보다 사망률이 떨어지는 원인이 된다.

노르웨이 사망률이 낮은 또 하나의 주요 원인은 도시 규모가 작을 뿐만 아니라, 또한 그 수도 적고 따라서 비위생적인 공장에서 일하는 노동자 수가 적다는 점에 있다고 할 수 있다. 다른 나라 농촌들 중에는 노르웨이처럼 인구의 예방적 억제가 널리 행해지고 있지 않음에도, 노르웨이와 거의 같은 정도로 사망률이 낮은 곳이 얼마든지 있다. 그러나 그런 경우의 조사는 어느 특수한 농촌에 한정시켜 행해진 것인 데 반하여, 1 : 48이라는 노르웨이의 비율은 전국적으로 조사가 실시되었다는 사실을 잊어서는 안 된다. 그리고 이들 농촌의 남아도는 인구는 끊임없는 도시 이주를 통해서 처리되지만, 이들 대다수는 죽어도 교구 호적부에는 오르지 않는다. 이에 반해 노르웨이에서는 사망자를 모두 헤아리기 때문에, 국가가 부양할 수 있는 것보다 더 많은 인간이 태어나면 어떤 형태로든 높은 사망률을 나타낸다. 사람들은 병에 걸려 죽지 않으면 기근으로 죽는다. 사실 아무리 공기가 맑고 기후가 쾌적하다 하더라도 식량이 조악하고 불충분하면, 질병과 사망을 초래한다는 것은 널리 알려진 사실이다. 그러므로 해외로 대대적으로 이주를 하지 않고 국가 자원도 대대적으로 늘어나지 않는다면 노르웨이는 아무리 공기가 맑고 사람들의 직업이 건강에 좋더라도, 결국 예방적 억제의 보급을 강구해야만 다른 나라보다도 낮은 사망률을 유지할 수 있다.

노르웨이는 예로부터 고레스(Gores)라고 불리는 대소유지 또는 대농장으로 나뉘었던 것 같다. 그리고 상속법에 따르면 재산은 모두 평등하게 형제들에게 분배하도록 되어 있었음에도 이런 소유지가 그 뒤 한층 더 세세하게 나뉘지 않았다는 것은 오히려 이상한 일이다. 이것은 인구 증가가 얼마나 지지부진했는지를 보여주는 증거이기도 하다. 물론 오늘날에는 대부분 소유지가 반(半)고레스, 4분의 1고레스, 또는 그 이하로 나뉘고 있다. 그러나 부친이 사망한 경우에는 위원은 소유지 가치를 낮게 평가하고 만약 장남이 그 소유지를 저당 잡히거나 다른 방법으로 동생의 몫을 그렇게 낮게 평가된 가격으로 지급할 수 있으면 모든 소유지를 상속할 수 있는 것이 종래의 일반적인 관례였다. 그리고 그는 습관의 힘과 선천적인 나태 때문에 단지 선조 대대로 내려오는 경영법을 그대로 따라갈 뿐, 개선하려 하지 않았다.

노르웨이에서 농장 개량을 저해하는 또 하나의 큰 장애는 '오델의 권리 (Odel's right)'라고 불리는 법률이다. 이 법률에 따르면 직계자손은 누구라도 매각 당시 가격만 내면 이전에 가족이 매각한 농장을 다시 사들일 수 있었다. 종전에는 직계자손뿐만 아니라 방계자손도 이런 권리를 가지고 있었으며, 또한 시효 제한도 아예 없었기에 산 사람은 판 사람이 언제 어느 때 되사겠다고 할지 몰라 언제나 불안에 사로잡혀 있었다. 그 후 시효는 20년으로 한정되었고, 1771년 10년으로 단축되는 동시에 모든 방계자손은 제외되었으나 10년간 계속해서 소유하고 있어야 했다. 왜냐하면 이 기간이 끝나기 전에 법률상 청구권을 가지는 자가 소유자에게 자기 권리를 포기하지 않겠다는 사실을 통고한다면(비록 그즈음에 그로서는 다시 그것을 사들일 수는 없더라도) 소유자는 그때로부터 다시 6년이 지난 다음에야 소유를 완전히 보장받을 수 있었기 때문이다. 또한 직계자손 장남은 동생이 다시 사들인 땅을 또다시 사들일 수 있으므로 이런 법률은 현재처럼 개정된 상태에서도 여전히 개량을 가로막는 가장 큰 장애 요인이다. 더구나 시효 기간이 정해 있지 않고 소유지를 되사는 일이 자주 이루어졌던 종전 같은 상태에서는 그런 법률이야말로 농장 개량을 방해하는 가장 큰 요인이었던 것은 분명하다. 따라서 여러 세기에 걸쳐서 노르웨이 인구 증가가 아주 지지부진했던 원인도 여기에 있다고 볼 수 있다.

토지 개척과 경작에 대한 또 하나의 곤란은, 삼림에 대해서 큰 목재상(木材商)들이 불안감을 갖게 된 데서 비롯되었다. 원래 한 농장이 자손들에게 분배될 때에 소유자는 삼림에 대해서도 일정한 권리를 가지고 있어서 저마다 되도록 많이 나무를 베어내려고 하는데, 바로 이 때문에 나무는 제대로 자라기도 전에 잘려나가 삼림은 황폐해진다. 이것을 방지하기 위하여 목재상들은 농장주들에게서 드넓은 삼림지대를 사들이는데, 이런 때 농장주들에게 지금부터는 농장을 재분할하지 않을 것, 하우스맨들을 더 이상 늘리지 않을 것, 늘어나는 가족 수가 아무리 적더라도 그들에게는 삼림에 대해 어떠한 권리도 주지 않을 것 등을 약속하도록 한다. 이것을 사들인 상인들은 적어도 소농장주들과 하우스맨들이 그 목재를 개인 용도로 베어내지 않는 한 그렇게 엄격하게 대하지 않는 것 같다. 이런 삼림지대를 매각해 버린 농장주들은 법률로 그곳에 가축을 놓아기르고, 가옥용과 수리용, 땔감용 등으로 필요한 목재를 베어낼 권리를 남겨둔다.

하우스맨 주택지 둘레에 있는 얼마 되지 않는 토지라도 이를 경작하기 위해서는 먼저 삼림 소유자에게 그 토지가 수목 성장에 적합하지 않음을 분명하게 나타내야 하며, 다음으로는 지방장관 허가를 얻어야 한다. 이렇게 지방장관 허가가 필요한 것은 아마 소유자에게서 합법적으로 허가를 얻었는지를 확인할 목적 때문일 것이다.

이상 설명한 것과 같이 인위적인 장애 요소라고 볼 수 있는 토지 개량에 대한 제한에 더하여 이 나라의 자연도 모든 면에서 토지 면적에 비해 경작과 인구에 대한 좀처럼 극복하기 어려운 장애 요소가 된다. 노르웨이인들은 비록 유목 생활을 하지는 않지만, 아직도 상당한 정도로 목축 상태에 머물러 있으며, 따라서 가축에 크게 의지한다. 산맥에 접한 고원지대는 곡물 재배에는 전혀 맞지 않아서 오직 한여름 서너 달 동안 가축을 놓아기르는 데 이용할 수 있을 뿐이다. 그러므로 농장주들은 이 계절이 되면 가축 전부를 이곳으로 보내어 나머지 가족들이 그것을 돌보게 한다. 그들은 그곳에서 내다 팔 것과 자체적으로 소비하는 버터와 치즈를 모두 제조한다. 그런데 아주 곤란한 일은 긴 겨울 동안 가축을 기르는 일인데, 이것을 위해서는 산골짜기에 있는 가장 기름진 땅을 건초를 마련하기 위하여 할당해 둘 필요가 있다. 만약 경작지를 너무나 확장시키면, 가축 수는 반드시 감소될 것이며, 나아가 높은 지대 대부분도 전혀 쓸모없는 땅이 되고 말 것이다. 이런 경우 전체적으로 보아 이 나라가 예전보다 더 많은 인구를 부양할 수 있을까 하는 의문이 들 수밖에 없다.

그러나 이런 모든 장애가 있음에도 노르웨이는 개량 가능성이 충분하며, 그것은 근년에 나타나기 시작하고 있다. 코펜하겐의 한 교수는 노르웨이 농업의 진보가 그렇게도 느린 것은 스스로 개량사업의 모범을 보임으로써 선조 이래 농장 관리에 대한 무지와 편견을 깨뜨릴 만한 능력 있는 농장 경영자(농장주)가 없기 때문이라고 이야기했는데, 내가 노르웨이에서 목격한 바에 따르면 오늘날에는 이런 문제는 어느 정도까지는 보충되었다고 말할 수 있다. 오늘날 수많은 총명한 상인들과 견문이 넓은 일반 관리들도 농업에 종사하고 있다. 크리스티아니아 부근 농촌에서도 농법이 더욱더 개량되고 있다. 그리고 트론헤임 부근에서는 목초의 인공 재배가 이루어지게 되었다. 노르웨이처럼 가축을 위하여 많은 양의 겨울철 식량이 필요한 나라에서는 이것이 지니는 의의는 크다. 감자 재배는 어느 곳에서도 성공을 거두고 있으며, 비록 산간벽지에서는 아직 일반인들이 감자를 즐겨 먹지는 않지만 그 쓰임새는 더욱더 늘어나고 있다.

농장 분할은 옛날보다는 오히려 근년에 나타난 관습이다. 그리고 노르웨이에서는 상품 판로가 대농장의 완전한 경작을 촉진시킬 정도로 넓지는 않기 때문에, 아마 농장 분할은 오늘날까지 토지 개량을 부추겨 왔을지도 모른다. 정확한 판단을 내릴 수 있는 위치에 있는 사람들은 모두 노르웨이 농업이 근년에야 크게 진보된 것을 인정하는 것 같으며, 또한 호적부는 이런 진보에 따라서 인구도 더욱 빠르게 증가되었음을 보여주고 있다. 1775~84년 10년 동안을 평균해 보면, 출생 대 사망 비율은 141 : 100이었다 그러나 이런 증가는 급격하게 이루어진 느낌이 없지 않다. 왜냐하면 1785년은 기근과 전염병의 해로서 사망자 수가 출생자 수를 훨씬 더 넘어서고 있으며, 그 뒤 4년 동안은, 그중에서도 1789년 출생 초과가 그렇게 크지 않았기 때문이다. 그러나 1789~94년 5년 동안 출생 대 사망 비율은 150 : 100에 가까웠다.

견문이 넓고 생각 있는 인사는 이 문제와 새로 제정된 징병 명령에서 비롯될 결과에 대하여, 또한 무슨 일이 있더라도 인구 증가를 적극적으로 장려하려는 덴마크 왕실의 명백한 의도에 대하여 저마다 염려의 빛을 보이고 있다. 노르웨이에서는 1785년 이래로 대흉년이 찾아든 적은 한 번도 없었으나 인구가 급격하게 증가된 오늘날에, 만약 그런 흉작이 든다면 이루 말할 수 없는 궁핍에서 허덕이게 될 것이라고 염려하고 있다.

여행가들이 잉여인구 문제에 대한 근심의 소리를 들을 수 있을 뿐만 아니라, 또한 하층계급의 행복이 이러한 원인 때문에 위협받을 위험성이 있다는 것을 어느 정도 깨닫고 이해하는 나라는 유럽에서는 노르웨이뿐이라고 생각한다. 이것은 분명히 인구가 적다는 것과 또한 이 문제 범위가 좁기 때문에 생긴 것이다. 가령 우리들의 주의가 한 교구에만 한정되어 그곳에서 다른 곳으로 이주하지 않는다면 대충대충 살펴보더라도 다음 사실, 만약 누구라도 20세에 결혼하면 농부는 그가 아무리 신중하게 자기 토지를 개량하더라도 자식들에게 충분한 직업과 식량을 오롯이 줄 수 없음을 무시하지는 않을 것이다. 그러나 인구가 조밀한 나라에서 그런 교구를 다수 종합할 때 문제 범위가 더 넓어질 뿐만 아니라, 또한 쉽게 이주할 수 있기 때문에 우리들이 관찰하는 것이 모호해져서 혼란에 빠지게 된다. 그래서 우리들은 예전에 아주 명백했던 진리를 깨닫지 못하고 불합리하게도 한 국토 전체는 각 부분 총계보다도 훨씬 더 많은 인구를 부양할 수 있는 힘을 가지고 있는 것처럼 이해하게 된다.

2. 스웨덴 경우

스웨덴은 많은 점에서 노르웨이와 비슷하다. 인구 대부분은 노르웨이와 똑같은 방법으로 농업에 종사하고 있다. 또한 대부분 시골에서는 농민을 위해 일하는 기혼 노동자가 노르웨이 하우스맨처럼 토지 약간을 가지고 이것을 생계의 주된 원천으로 삼고 있으며, 한편으로는 젊은 미혼 남녀는 하인으로서 농가에서 생활하고 있다. 그러나 이런 상태가 노르웨이에서처럼 그렇게 완전하다거나 일반적인 것은 아니다. 또한 이것 외에는 스웨덴은 노르웨이보다 국토도 넓고 인구도 많으며, 또한 도시도 엄청나게 크고 직업 종류도 많기 때문에 인구 증가에 대한 예방적 억제는 노르웨이만큼 크지 않다. 그보다는 적극적인 억제 작용이 보다 강력하게 작용하고 있으며 사망률도 높아지고 있다.

바르겐틴이 《스톡홀름왕립아카데미의 짧은 추억》에 발표한 한 논문에 따르면 1663년에 이르기까지의 9년 동안 스웨덴 전체 연평균 사망률과 총인구 비율은 1 : 34 3/4이었다. 그는 이 통계표 추가분을 프라이스 박사에게 제공했는데, 그것에 따르면 21년 동안 평균비율은 이것과 거의 같은 1 : 34 3/5이었다. 많은 스웨덴 인구가 농업에 종사하고 있다는 사실을 떠올려본다면 이것은 의심할 바 없이 아주 높은 사망률이다. 캔슬러가 작성한 스웨덴에 관한 보고에서 어떤 계산에 따르면 도시인구와 시골인구 비율이 겨우 1 : 13이다. 그러나 인구가 조밀한 나라에서는 이러한 비율은 가끔 1 : 3이나 그 이상을 나타내는 때도 있다. 그러므로 도시의 높은 사망률은 스웨덴에서는 일반 사망률에 그렇게 큰 영향을 미칠 수 없다.

쥐스밀히에 따르면, 농촌 평균사망률은 40명에 1명꼴이다. 프로이센과 포메라니아(포메른)에는 건강에 좋지 못한 많은 대도시가 있으며, 또한 도시와 시골 인구 비율은 1 : 4이지만 사망률은 37 : 1에서 더 올라가지 않는다. 앞선 장에서 이야기한 것과 같이 노르웨이에서는 시골인구와 도시인구 비율은 스웨덴보다 훨씬 더 높은 비율을 보이고 있음에도, 노르웨이 사망률은 48 : 1로서 이것은 스웨덴에 비해 놀랄 만치 적은 수이다. 스웨덴 도시는 노르웨이 도시에 비해 크고 비위생적이지만 그렇다고 이 나라가 자연적으로 인간 수명에 더 불리하다고 인정할 만한 근거는 없다. 노르웨이 산악지대는 일반적으로 사람이 살기에 적합하지 않으며, 시골에서 사람이 살 수 있는 곳은 오직 산과 산 사이에 끼어 있는 계곡뿐이다. 그런데 이 계곡들 중 많은 곳은 폭이 좁고 깊은 산중 비탈진 틈바구니에 끼어 있으며, 계곡 밑 개간지도 거의 수직선에 가까울 정도로 높이 솟은 절벽으로 둘러싸여 있으므로, 햇빛을 많이 받지 못한다. 따라서 여기보다 햇빛이 잘 들어 습기가 적은 스웨덴 토지만큼 건강에 적합하다고는 말하기 어렵다.

그러므로 스웨덴의 높은 사망률은 다음과 같은 가정을 전제로 할 때 설명할 수 있다. 국민의 관습과 정부의 끊임없는 인구 장려정책으로 인해 인구는 생존자원 한계에 육박하는 경향이 있으며, 나아가 빈곤과 영양불량의 필연적 결과인 질병을 낳는 경향이 있다는 것이다. 이런 가정은 실제 조사를 통해서 진실이라는 것이 판명되고 있다.

스웨덴은 인구를 부양할 수 있을 만큼 식량을 충분히 생산하지는 못한다. 1768년과 1772년 통계에 따르면 한 해 곡물류 부족량은 44만 턴(tun)[1]이다. 부족량의 거의 대부분은 대체로 외국에서 수입해 오는데, 그 밖에 돼지고기와 버터 및 치즈류도 다량 수입된다.

스웨덴은 술을 빚는 데 40만 턴 넘게 곡물을 소비한다고 한다. 정부가 술 빚기를 금지하면 수입량은 감소하겠지만, 자주 닥치는 흉년 때 부족량을 보충할 정도로 많이 수입하지는 않는다. 술 빚기가 자유로울 때에는 대풍년에도 38만 8000턴이나 수입된다고 한다. 그러므로 결국 스웨덴에서는 풍년 때 모든 생산량 이외에도 40만 턴을 더 소비하며, 흉년에는 한 해 곡물 부족량 거의 대부분만큼을 소비할 수 없게 된다. 대다수 국민들은 찢어지게 가난하기 때문에 곡물값이 비싸면 종전과 같은 분량을 사들일 수 없다. 그러므로 곡물상은 곡물을 다량 수입하고자 하는 의욕을 느끼지 못한다. 그러나 수확량이 4분의 1에

---

1) 스웨덴 부피 단위로 정확히는 알 수 없으나, 2분의 1쿼터(quarter)보다 적을 것이다. 대략 56킬로그램 이하.

서 3분의 1로 감소되면 노동자는 하는 수 없이 종래 소비해 온 곡물량의 '거의' 4분의 3이나 3분의 2로 만족할 수밖에 없으며, 나머지 부분에 대해서는 발명의 어머니인 필요가 제안하는 대용물을 써야 한다. '거의'라는 말을 쓴 것은 흉년 때 평년보다도 수입이 어느 정도까지 증가되지 않는다고는 좀처럼 상상하기 어렵기 때문이다. 캔슬러가 발표한 통계표에는 이처럼 현저한 차이는 나타나고 있지 않지만, 이 통계표에 따르면 수입이 가장 많았던 해는 1768년으로 수입량은 59만 265턴이다. 그러나 이 최대 수입량도 평균부족액보다 15만 턴 더 많을 뿐이다. 그렇다면 이것으로 수확의 4분의 1에서 3분의 1의 부족을 과연 어느 정도까지 보충할 수 있을 것인가를 생각해 보면 총수입량이 얼마나 미미한 규모인지 알 수 있다.

스웨덴 인구는 캔슬러가 집필하던 즈음에는 약 250만 명이었다. 그는 1인당 곡식 4턴이 필요하다고 보고 있다. 이런 가정에 따르면 스웨덴 한 해 수요량은 1000만 턴이므로 겨우 40~50만 턴을 들여와서는 부족량 250만~300만 턴을 충당하는 데 별로 큰 효과가 없을 것이다. 그러므로 만약 평균수입액과 차이만을 문제로 한다면 스웨덴이 흉년에 수입을 통한 보충이 전혀 보잘것없다는 것을 알 수 있다.

이에 따른 당연한 결과로서 스웨덴 인구 증가는 풍년이 되느냐 흉년이 되느냐에 따라서 크게 좌우된다. 그러므로 출생과 혼인 및 사망이 수확 상태에 따라서 증감된다는 것을 호적부 기록을 통해 알 수 있다는 바르겐틴의 흥미롭고 교훈적인 소론에 새삼스럽게 놀랄 필요는 없다. 그는 자기가 작성한 9년 동안의 통계표에서 다음 예를 들고 있다.

작황	연도	혼인	출생	사망
흉년	1757	18,799	81,878	68,054
	1758	19,584	83,299	74,370
풍년	1759	23,210	85,579	62,662
	1760	23,283	90,635	60,083

이 표에 따르면 1760년 출생 대 사망 비율은 15 : 10이지만, 1758년은 겨우 11 : 10이다. 또한 그가 계산한 1757년과 60년 인구의 경우, 1760년 혼인자 수와

총인구 비율은 1 : 101이지만 1757년은 1 : 124이다. 또한 1760년 사망자 수와 총인구 비율은 1 : 39, 1757년은 1 : 32, 1758년은 1 : 31이다.

스웨덴 호적부에 관한 그의 논문에 따르면 건강에 좋지 않은 때에는 해마다 약 29명에 한 사람, 건강에 좋은 때에는 39명에 한 사람의 비율로 되어 있는데, 이 양자를 평균하면 사망률은 36명에 한 사람 비율이라고 생각할 수 있다고 한다. 그러나 이런 추론은 정확하지 않은 것 같다. 왜냐하면 29와 39의 평균이 34로 나오기 때문이다. 사실 그가 발표한 표를 보면 평균사망률은 36 : 1이 아니라, 약 34 3/4 : 1이라는 것이 증명되고 있다.

한 해 결혼자 수와 총인구 비율은 평균 약 1 : 112인데 그때그때 가족 부양에 대한 기대(가능성)에 따라서 많을 때에는 1 : 101, 적을 때에는 1 : 124로 비율이 달라진다. 그러나 이런 계산은 기껏 9년 동안을 대상으로 이루어진 것이므로 아마 실제로는 비율 차이가 더 클 수도 있다.

그는 또한 논문집에 수록된 다른 논문에서, 스웨덴에서는 가장 수확이 많은 해는 또한 아이가 가장 많이 태어난 해라는 것을 지적한다.

다른 여러 나라에서도 만약 정확하게 관찰해 본다면, 비록 범위는 다르지만 차이는 똑같음을 알 수 있다. 스웨덴에 대해서 말하면 이런 차이는 그 나라의 인구를 현저하게 증가시키는 경향을 보여주고 있다. 또한 이 경향은 단지 생존자원의 급속한 증가에 조금도 지체 없이 따라 일어날 뿐만 아니라, 일시적 또는 우연적 식량 증가가 있을 때마다 전진을 개시한다는 것을 보여주고 있다. 그리하여 스웨덴 인구 증가는 끊임없이 식량의 평균증가율을 능가하여 지독한 궁핍이 주기적으로 닥치고 그로 인해 질병이 발생한다. 인구는 끊임없이 증가하려는 경향이 있음에도 스웨덴 정부와 경제학자들이 인구 증가를 부르짖는 것은 정말 이상한 일이다.

캔츨러의 관찰에 따르면 스웨덴 정부는 외국인을 국내로 이주시킬 능력도 없고 임의로 출산 수를 증가시킬 능력이 없는데도, 1748년 이래로 인구 증가에 적합하다고 생각되는 온갖 수단을 강구하고 있다고 한다. 그러나 정부가 실제로 외국인 이주를 이끌어낼 뿐만 아니라 임의로 출생자 수를 증가시킬 수 있는 능력을 갖추고 있다고 가정한다면 대체 어떤 결과를 낳을까. 만약 이주해 온 외국인들이 우수한 경작법을 들여올 수 없는 사람들이라면 그들은 스스로 굶어 죽거나 수많은 스웨덴인들을 굶어 죽게 할지도 모른다. 그리고 한 해 출생자 수가 급증하면, 그 결과는 사망률의 급증으로 이어질 수 있다는 사실도 바르겐틴의 표가 명백히 보여준다. 그 때문에 현재 인구는 도리어 감소할 수도 있다. 왜냐하면 영양결핍과 주택 밀집 때문에 일단 전염병이라도 발생하면 그것은 단지 남아도는 인구를 청소하는 정도를 넘어서서 국가가 적절하게 부양할 수 있는 인구 일부와 때로는 상당한 인구까지 빼앗아갈 수도 있기 때문이다.

농사일이 필연적으로 짧은 여름 몇 달 동안으로 한정된 북부 기후대에는 어느 곳에서나 이 기간 중에는 일손 부족을 느낄 것이다. 그러나 이런 일시적인 부족과 노동에 대한 사실상 유효수요는 엄격히 구별해야 하는데, 후자는 다만 두세 달 동안이 아니라 1년 내내 일감과 가족 부양을 할 수 있는 능력을 포함한다. 스웨덴 인구는 자연적으로 증가하는 과정에서, 언제나 이런 유효수요에 응할 수 있는 여유를 갖추고 있다. 따라서 이런 수요가 공급보다 많아지면(외국인에 의해서 이루어졌든 출생 증가에 의해서 이루어졌든지 간에) 가난만 초래할 뿐이다.

스웨덴 논자들이 주장하기를, 이 나라(스웨덴)에서 특정인이 특정 시일 내에 생산하는 수량은 다른 나라에서 같은 수의 사람이 같은 기간 내에 생산하는 수량의 겨우 3분의 1이며, 따라서 국민의 근면에 관해 비난하는 목소리가 꽤나 시끄럽다고 한다. 그런 비난의 원인에 대한 일반적 근거에 대해서는 외국인 관점에서는 완전한 판단을 내릴 수 없다. 그러나 이런 경우는 스웨덴인이 사실상 근면성이 부족하다기보다는 오히려 기후와 토지 성질에서 비롯된 게 아닐까 생각한다. 한 해 중 대부분 그들의 노력은 가혹한 기후의 영향을 받지 않을 수 없으며, 농업에 종사할 수 있는 시기에는 토지가 원래 빈약하다는 것과 일정한 생산량을 얻기 위해서는 드넓은 면적이 필요하다는 것 때문에 비교적 많은 노동력을 부릴 수밖에 없다. 토질은 빈약한데 면적만 큰 농장은 토질은 기름지나 면적은 좁은 농장보다 훨씬 더 많은 비용을 들여야만 같은 양의 생산물을 얻을 수 있다는 사실은 널리 알려져 있다. 일반적으로 스웨덴 토질이 원래 빈약하다는 사실은 부정할 수 없다.

나는 일찍이 스웨덴 서부를 두루 둘러보고 나서 노르웨이로부터 스톡홀름을 횡단했으며, 또한 배를 타고 동해안을 따라 핀란드로 여행했었는데, 그 도중에 예상했던 정도로 국민의 근면성이 결여되어 있는 모습을 보지 못했다는 것을 솔직히 고백한다. 내가 판단할 수 있는 한 적어도 영국에서라면 개간할 수 있는 땅으로서 개간되지 않은 곳은 별로 없었을 뿐만 아니라, 한 번도 가래질을 하지 않았지만 경작지로 쓰는 땅을 많이 봤다. 그런 토지에는 5~10야드마다 거대한 암석이 흩어져 있는데, 이 암석의 크기에 따라서 이것을 피하여 가래질을 하거나 들어서 파내야 한다. 가래는 아주 가벼워 말 한 마리가 끌며 나무 그루터기 사이를 갈 때 그루터기가 낮으면 가래를 들고 넘어가는 것이 보통이다. 가래질을 하는 사람은 그것을 아주 기민하게 해치우며, 말을 멈추게 하는 일은 거의 또는 아예 없다.

　나로서는 현재 드넓은 삼림지대의 경작지로서의 가치에 대해서는 당장에 어떤 단안을 내릴 수 없다. 그러나 스웨덴과 노르웨이 두 나라 사람들은 그런 토지를 개간할 때 실재 가치를 미리 고려하지 않고 무턱대고 삼림을 벌채한다고 비난받고 있다. 그 결과 태워버린 나무 재를 비료로 하면 한 번 정도는 호밀을 대량 거둬들일 수 있지만, 그것 때문에 수많은 자라나는 나무가 희생되어 그 토지는 나중에 거의 황폐해지고 만다. 호밀을 거둬들인 뒤에는 우연히 자라난 풀로 가축을 키우는 것이 일반적이다. 원래 토지가 기름지다면 가축은 전나무 발생을 방지할 수 있지만, 만약 토질이 빈약하다면 가축은 오랫동안 이곳에 머물러 있을 수 없기에, 부는 바람에 실려 날아오는 씨앗이 자연히 심어져서 그 토지는 또다시 전나무가 무성하게 자라난다.

　노르웨이와 스웨덴 두 나라에서 그런 종류의 많은 토지를 관찰하는 동안에 나는 그런 현상으로 미루어보아(물론 다른 여러 가지 이유로 그렇게 상상할 수 없을지는 모르지만) 두 나라가 과거에는 현재보다도 인구가 조밀했던 것이 아닐까 상상하곤 했다. 오늘날에는 삼림으로 뒤덮인 토지도 1000년 전 옛날에는 곡식을 생산하고 있었던 것이 아닐까. 그 후 전쟁과 돌림병, 어쩌면 이 둘보다도 더욱 강력하게 인구를 파괴하는 가혹한 정치가 갑자기 주민 대부분을 죽이거나 내쫓아 마침내 인구를 감소시킨 것이 아닐까. 또한 노르웨이와 스웨덴은 토지를 20~30년 동안만 내버려두면 국토의 면모가 완전히 바뀌는 게 아닐까. 그러나 이것은 단지 나만의 개인적인 생각일 뿐이며, 어느 정도까지는 사실을 추측해야 할 정도로 의미가 있는 문제가 아님을 독자들은 이미 알고 있으리라고 생각한다.

스웨덴 농업으로 다시 돌아가본다. 이 나라에서는 국민의 게으름과는 무관하게 정치적 통제 속에 경작의 자연적 진보를 저해하는 어떤 요인이 확실히 존재한다. 이 나라에는 아직도 견디기 어려운 부역 제도가 남아 있으며, 토지 소유자는 왕의 영토에 부역해야 한다. 이 나라 우편마차는 요금이 저렴하여 여행자에게는 편리하지만, 이 때문에 농장주는 인부와 마필을 필요 이상으로 징발당하는 때가 많다. 스웨덴 경제학자들의 계산에 따르면 이런 제도의 폐지로 얻는 노동만으로도 해마다 곡식 30만 턴을 생산할 수 있다고 한다. 또한 이 나라에서는 시장이 너무나 멀고 따라서 필연적인 결과로 분업은 불완전할 수밖에 없고, 그 때문에 꽤나 많은 시간과 노력이 낭비된다. 그리고 농민들 사이에 근면성과 활동성은 없다고 말할 수는 없지만 곡물 윤작을 조절하고 토지에 비료를 주고 개량하는 가장 좋은 방법에 대한 지식이 없는 것은 분명하다.

그러므로 만약 정부가 힘써 그러한 장애 요소를 제거하여 농민의 근면을 선도함과 아울러 농업 지식을 보급한다면, 고아원 500개를 세우는 것보다 이 나라 인구에 더 많은 도움이 될 것이다.

캔츨러에 따르면 종래 정부가 채용해 온 인구 장려책의 주된 것은 의료원과 산원(産院), 고아원 설립이었다고 한다. 빈민 치료를 목적으로 하는 의료원 설립은 많은 경우 아주 유익하며 스웨덴의 경우에는 특히 그러했다. 그러나 이런 의료원과 같은 목적으로 세워진 프랑스의 실례를 볼 때 이런 시설을 전반적으로 장려할 값어치가 있는가는 의문이다. 산원은 유익하다기보다는 오히려 유해한 것이 아닌가 생각된다. 왜냐하면 일반적인 경영 방침은 확실히 최악을 조장시키는 경향을 보이기 때문이다. 고아원은 표방하는 직접적인 목적을 이룰 수 있느냐에 관계없이 어떤 관점에서 보더라도 국가에는 유해하다. 하지만 그것이 과연 어떻게 유해한 작용을 하는가는 다른 장에서 논술할 기회가 있을 것이다.

그러나 스웨덴 정부도 오로지 이런 방책에만 호소하고 있는 것은 아니다. 1776년 법령에 따라 곡물 매매는 전국적으로 완전히 자유로워졌으며, 자기 소비량 이상을 생산하는 스코네주(州)에서는 수출세는 모두 철폐되었다. 이해까지 남부 여러 주에서는 곡물 운반이 곤란하다는 것과 어떤 가격으로도 외국인에게 매각하는 일이 아예 금지되어 있었기 때문에, 농업은 판로가 없어서 방해를 받았던 것이다. 북부 여러 주는 이 점에서 아직도 여러 어려움을 겪고 있다. 그런데 생산량은 결코 소비량에 미치지 못하기 때문에 어려움을 절실하게 느끼지는 못한다. 그러나 일반적으로 생산물 판로가 없다는 것은 농업 발전에 아주 치명적이며, 이 때문에 풍년이 들면 대폭적인 식량 가격 하락을 면하기 어려웠다.

하지만 스웨덴 인구를 증가시키는 데 다른 어떤 원인보다도 더 많이 이바지한 것은 헨먼, 즉 농장마다의 인원을 제한한 법률을 1748년에 철폐시킨 일이다. 이 법률의 목적은 토지 소유주 자식들이 스스로 처녀지를 개간하고 경작하도록 해서 단시일 안에 국토를 개량하려는 데 있었다. 그러나 실제 경험에 비추어보면 그 자식들은 그런 사업을 해나갈 만한 자금이 없었기 때문에, 다른 방면에서 행복을 구할 수밖에 없었다. 그 결과 수많은 이주자들이 생겼다. 이에 반하여 오늘날에는 가장인 아버지가 토지재산을 임의대로 분할할 수 있을 뿐만 아니라, 정부도 그런 분할을 특히 장려하고 있다. 스웨덴에서의 헨먼, 농장 면적이 드넓다는 것과 한 가족의 힘만으로는 그것을 완전히 경작할 수 없음을 참작한다면 그런 분할은 어떠한 관점에서든 아주 유익하다고 볼 수 있다.

1751년 스웨덴 인구는 222만 9661명이었다. 1799년 내가 스톡홀름에서 바르겐틴의 후계자인 니칸데르(Nicander) 교수에게서 받은 보고서에 따르면, 스웨덴 인구는 304만 3731명이었다. 이는 상주인구가 꽤 많이 늘어났음을 뜻한다. 이런 증가에 비례해서 토지생산물도 증가했으니, 곡물 수입은 이전보다 증가하지 않을 뿐만 아니라, 민중의 생활 상태도 평균적으로 이전보다 질이 떨어졌다고 생각할 이유는 없다.

그러나 이런 증가는 주기적 장애에 부딪치지 않고서 순조롭게 진행된 것이 아니므로, 그런 장애는 비록 그 진행을 저지하지는 않았다 하더라도 증가 속도를 지연시켜 왔다. 그런 장애가 최근 50년 동안에 어떻게 빈발했는가에 대해서는 말할 수 있는 충분한 자료를 제공할 수 없지만, 부분적으로는 지적할 수 있다. 이 장에서 이미 인용한 바 있는 바르겐틴의 논문에 따르면, 1757~58년은 흉년으로 인한 사망자는 비교적 많았으며, 1768년의 수입 증가를 감안하면 수확이 적었던 것 같다. 바르겐틴이 프라이스 박사에게 제공한 추가표에 따르면 1771~73년 3년 동안은 특히 사망률이 높았다. 그리고 1789년도 특히 사망률이 높았다. 왜냐하면 니칸데르 교수에게서 입수한 보고서에 따르면 1789년 한 해가 더해진 것 때문에 1795년에 이르기까지의 20년 동안 출생 대 사망 평균비율이 큰 영향을 받았기 때문이다. 이런 비율은 1789년을 계산에 넣으면 100 : 77이 되며, 제외하면 100 : 75가 되는데, 이것은 20년 동안 평균비율에 대해 1년이 만들어내는 차이로는 너무나 크다. 마지막으로 내가 스웨덴에 머물러 있던 1799년은 아주 치명적인 1년이었던 것 같다. 노르웨이와 잇닿은 지방 농민들은 그해를 선례를 찾을 수 없는 흉년이었다고 얘기한다. 가축들은 지난해 가뭄 때문에 겨울 동안 모두 심한 피해를 입었으며, 수확 약 한 달 전 7월에는 주민들 중 적지 않은 이들이 전나무 속껍질과 말린 팽이밥만을 재료로 할 뿐, 맛과 영양분을 더하기 위해서 보리를 조금 섞은 거친 빵을 먹고 지냈다. 농민들의 누르스름하고 우울한 얼굴빛은 그들의 영양결핍을 말해주고 있었다. 이 때문에 많은 사람들이 죽었다. 그러나 이처럼 형편없는 식사에서 비롯된 결과는 그즈음에는 아직 충분히 나타나지 않았다. 그것은 뒷날 전염병 형태로 나타날 것이다.

스웨덴 하층민이 이런 가혹한 곤궁을 참아내는 인내력은 참으로 놀랄 만하며, 이것은 그들이 오롯이 자기 자원에만 의존하며, 통치자의 변덕이 아니라 필연이라는 법칙에 순종하는 믿음에서 생겨났다. 앞서 언급한 대로 기혼 노동자 대부분은 손바닥만 한 땅을 경작하고 있다. 따라서 일기불순으로 흉년이 들거나 가축이 죽는다면, 그들은 자신들이 궁핍을 겪게 된 원인을 이해하고 이것을 재앙으로 받아들인다. 누구라도 보편적인 자연법에서 비롯한다고 생각되는 재난에 대해서는 진득하게 인내하면서 그것에 복종한다. 그러나 정부와 상류계급이 허영과 잘못된 자선심으로 하층계급이 하는 일에 끊임없이 간섭함으로써 하층계급이 누리는 모든 복지는 바로 통치자와 부유한 자선가들이 베푼 것으로 믿도록 할 수도 있다. 하지만 이런 경우에는 이들 하층계급도 자신이 당하는 일체 해악에 대한 책임을 통치자와 부유한 자선가들에게 돌리는 것은 당연한 일이며, 그런 경우 인내 따위는 좀처럼 기대할 수 없다. 만약 성급한 생각이 명백한 행동으로 나타나 보다 더 큰 해악을 낳을 우려가 있을 때에는 물론 이것을 방지하기 위하여 강제적으로 성급함을 억누를 필요도 있을 것이다. 그러나 이런 경우에도 왜 그렇게 성급함을 느끼게 되었는가 하는 사실 자체는 분명히 시인해야 하며, 따라서 인내심을 떨어뜨리는 마음을 부추기는 짓거리를 한 사람들에게는 그 결과에 대해서 응당 책임을 물어야 한다.

스웨덴인은 1799년 지독한 기근을 비상한 인내력으로 참아냈지만, 그 뒤 정부가 양조 금지법을 공표했을 때는 국내가 대단한 혼란에 빠졌다고 한다.

물론 이 법령은 국민 복지를 도모하기 위해서 제정되었으나, 이 법령에 대한 민중의 태도는 그들이 자연법칙에서 비롯된 재난을 참아내는 정신과 정부 법령에서 비롯된 결핍을 참아내는 정신이 반드시 똑같지는 않음을 보여주는 흥미로운 사례이다.

스웨덴에서 인구 증가 추세를 완만하게 하는 질병 유행기는 일반적으로 극심한 결핍에서 오는 영양불량에서 비롯되는 것 같다. 그리고 이런 결핍은 수출이 널리 행해지거나 또는 해마다 노동자들 사이에 식량이 아낌없이 분배되었기 때문에 비축된 식량이 없는 나라, 따라서 흉작이 발생하기 전에 이미 생산량이 허용하는 한도까지 인구가 증가된 나라에 기후가 불순해지면 찾아든다. 그러므로 만약 스웨덴 일부 경제학자들이 주장하는 대로 900만~1000만 인구가 있어야 한다면, 우선 그 정도 인구에 충분한 식량을 생산할 수 있어야 한다. 그렇게 되면 산원(産院)이나 고아원 없이도 충분한 인구 규모를 이룰 수 있을 것이다.

1789년은 사망률이 높았음에도 니칸데르 교수의 보고서에 따르면 국민 일반의 건강 상태는 오히려 증진되었다고 생각된다. 1795년까지 20년 동안 평균사망률은 37명에 1명꼴이지만, 그 이전 20년 동안 평균사망률은 약 35명에 1명꼴이었다. 1795년까지 20년 동안 증가율은 그다지 늘어나지 않았기에 사망률 감소는 예방적 억제가 분명히 크게 작용했을 것이다. 이런 추론은 니칸데르 교수에게서 입수한 또 하나의 통계표를 통해서 확증된다. 쥐스밀히가 인용한 바르겐틴의 계산에 따르면 1789년의 출생 비율은 부부 다섯 쌍에 해마다 아이 하나가 태어나는 정도였다. 그러나 1795년에는 5.1 : 1이며, 사생아를 제외하면 5.3 : 1인데, 이는 전보다 결혼을 일찍 하지도 않았고 아이를 많이 낳지도 않았음을 증명한다.

1825년(덧붙임)

이후의 보고서에 따르면 스웨덴의 건강 상태는 계속 증진되고 있는 것이 분명하다. 이로 미루어보아 국민의 생활 상태는 점차 좋아지고 있다고 추론할 수 있다.

스웨덴과 핀란드 두 나라에서 1805년까지 5년간 모든 연령을 포함하는 생존자 평균수는 남자 156만 4611명 여자 168만 3457명으로 합계 324만 8068명이었다. 한 해 평균 사망자 수는 남자 4만 147명 여자가 3만 9266명으로 남자 평균사망률은 38.97 : 1, 여자는 42.87 : 1로 평균비율 40.92 : 1이었다.

한 해 평균 출생자 수는 남자 5만 5119명, 여자 5만 2762명으로 합계 10만 7882명이었다. 남자 총수 대비 남자 출생률 28.38 : 1, 여자 총수 대비 여자 출생률 31.92 : 1로 평균비율 30.15 : 1이었다.

밀른(Milne)이 앞서 통계와 기타 자료를 바탕으로 작성한 귀중한 통계표에 따르면 1805년까지 5년 동안 스웨덴의 사망률 표준을 기준으로 보면 남자의 생존 확률은 37.82세, 여자는 41.019세로 평균 39.385세이며, 남자의 절반은 약 43세까지, 여자의 절반은 약 48세까지 사는데, 따라서 남녀 출생자 가운데 절반은 45세까지 사는 셈이다.

출생률 1 : 30.15, 사망률 1 : 40.92라면 한 해 출생 초과 대비 인구 비율은 1 : 114.5이며, 이것이 계속된다면(본서 제2편 11장 끝부분 〈표 2〉에 따라) 80년도 지나지 않아 인구는 2배로 늘어날 것이다.

1825년 3월 《백과사전 평론》에는 1784년 이래의 스웨덴 인구 증가를 조사한 위원회 보고서가 실려 있는데, 그것에 따르면 핀란드를 제외한 스웨덴 본토 인구는 1748년 173만 6483명, 1773년 195만 8797명, 1798년 235만 2298명, 1823년 268만 7457명이었다. 1823년에는 사망 5만 6054명, 출생 9만 8259명이었다. 따라서 오직 이해 출생 초과가 4만 2205명인데, 만약 다음 해인 1824년에 똑같은 수만큼 늘어난다면 최근 15년 동안 연평균 초과 수는 2만 3333명이 될 것이다. 이 평균 초과를 평균 인구와 비교하면 1 : 108이 되며 만약 이것이 지속된다면 75년이 지나면 인구는 2배로 늘어날 것이다. 이 통계를 토대로 계산해보면 1823년 출생자 대비 총인구 비율은 1 : 27.3, 사망자 대비 총인구 비율은 1 : 47.9이다. 그러므로 스웨덴의 건강 상태와 인구 증가율은 1805년 이래로 계속 향상되고 있다. 이런 진보는 농공업 발달과 종두법 실시 덕분이다. 지난 세기 중반 이후 사망률의 점진적인 감소는 아주 인상적이다.

3. 러시아 경우

러시아의 출생, 사망 및 혼인에 관한 일람표는 결과가 너무나도 터무니없어서 그대로 받아들이기에는 미심쩍은 구석이 많다. 그러나 그 자료 수집 방식이 매해 규칙적이라는 점은 주목할 가치가 있다.

1768년 B. F. 헤르만이 상트페테르부르크 아카데미에 제출한 《아카데미 새 소식 제4권》에 발표한 한 논문에서 제국 내 여러 지방과 도시의 출생, 사망 및 혼인을 비교하여 다음과 같은 비율을 제시하고 있다.

지역	출생	사망
상트페테르부르크	13	10
모스크바 지역	21	10
시역(市域)을 뺀 나머지 모스크바 지구	21	10
트베리	26	10
노브고로드	20	10
프스코프	22	10
랴잔	20	10
보로네시	29	10
볼로그다 대주교관할구	23	10
코스트로마	20	10
아르한겔스크	13	10
토볼스크	21	10
토볼스크시(市)	13	10
레발	11	10
볼로그다	12	10

이런 비율 중 약간은 이상하게 높은 것을 볼 수 있을 것이다. 이를테면 보로네시에서는 출생 대 사망 비율이 3 : 1인데 이는 일찍이 미국에 나타났던 최고 비율과 맞먹을 정도로 높다. 그러나 이 비율을 평균한 결과는 그 뒤 관찰을 통해서 어느 정도까지 확증되었다. 투크(Tooke)는 그의 저서 《러시아제국 총람》에서 전국적인 출생 대 사망의 일반적 비율을 225 : 100, 2.25 : 1로 기록하고 있다. 그런데 이 비율은 1793년 일람표에서 얻은 것이다.

헤르만은 매년 결혼과 출생자 수에서 다음 결론을 이끌어내고 있다.

지역		결혼한 부부 한 쌍이 낳는 아이 숫자
상트페테르부르크		4명
모스크바 지역		약 3명
트베리		3명
노브고로드		3명
프스코프		3명
랴잔		3명
보로네시		4명
볼로그다		4명
코스트로마		3명
아르한겔스크		4명
레발		4명
토볼스크주(州)		4명
토볼스크시(市)	1768~1778년	3명
	1779~1783년	5명
	1783년	3명

헤르만이 각 정부의 주민 수를 대략적으로 계산하여 얻은 다음 통계에서 알 수 있듯이, 러시아의 출산율은 다른 나라보다 높지 않고 사망률은 훨씬 더 낮다.

지역		연간 사망자
상트페테르부르크		28 : 1
모스크바 지역		32 : 1
모스크바 지구		74 : 1
트베리		75 : 1
노브고로드		68 6/7 : 1
프스코프		70 4/5 : 1
랴잔		50 : 1
보로네시		79 : 1
볼로그다 대주교관할구		65 : 1
코스트로마		59 : 1
아르한겔스크		28 3/5 : 1
레발		29 : 1
토볼스크주		44 : 1
토볼스크시	1783년	32 : 1 22 1/4 : 1

헤르만의 계산에 따르면 러시아 대부분 지방의 한 해 사망률은 60 : 1이다. 이 통계치는 지나치게 높을 뿐만 아니라 일부 지방의 경우 예상 밖의 결과를 보이므로 이것을 정확하다고 믿을 수는 없다. 그러나 이것은 이후 작성된 일람표에 의해서 거의 확인되고 있는데, 투크에 따르면 이 일람표에 나타난 러시아 전체의 일반 사망률은 58 : 1이다. 그러나 투크 자신은 이 수치의 정확성을 의심하는 것 같다. 내가 들은 믿을 만한 정보에 따르면, 어떤 지방에서나 누락된 사망자가 누락된 출생자보다 훨씬 많으며, 따라서 표면상에 나타난 아주 높은 출생률 대 아주 낮은 사망률은 과장된 것임에 틀림없다. 특히 우크라이나에서는 수많은 아이들이 성직자 모르게 그 아버지에 의해 남몰래 매장된다고 한다. 수없이 되풀이되는 징병은 엄청나게 많은 인원을 빼앗아가지만, 사망자는 등록되지 않는다. 제국 내 다른 지방으로 전 가족이 이주해 가는 자들이 많으며 범죄인은 시베리아로 이송되는데, 그 과정에서 여행 도중이나 어떤 정규 호적부가 없는 장소에서 사망하는 자도 분명히 많을 것이다. 또한 출생 등

록에는 흥미를 갖지만 사망 등록에는 조금도 흥미를 느끼지 않는 교구 성직자들의 태만도 어느 정도 작용할 것이다.

그 밖에도 다음 이유를 덧붙일 필요가 있다. 각 지방 인구는 그 지방 각 소유지에 속하는 농민 수에 의해서 계산된다는 사실이다. 그러나 그들 대부분은 도시로 이주해도 좋다는 허가를 얻은 것은 널리 알려진 사실이다. 그러므로 그들의 출생은 지방에서는 분명히 나타나지만 사망은 명백하지 않다. 표면적인 도시 사망률은 현재 수를 바탕으로 계산되기 때문에 그런 이주에 비례하여 증가하는 일은 없다. 도시 사망 일람표는 그 도시에서 현재 살고 있다는 것이 판명된 일정 인원 중에서 사망자 수를 분명하게 나타내는 데 반하여, 지방 사망 일람표는 목적이 그 지방 추정 인구 중 사망자 수를 표시하는 데 있으면서도 사실은 훨씬 더 적은 인구 중 사망자 수를 나타내고 있을 뿐이다. 왜냐하면 추정된 인구 중 적지 않은 숫자가 현재 살고 있지 않기 때문이다.

1784년 조사에 따르면 상트페테르부르크 인구는 남자 12만 6827명, 여자는 겨우 6만 5619명이었다. 남자 수가 여자 수의 거의 2배에 달한다. 그런데 이렇게 된 원인은 수많은 남자들이 인두세를 거둘 목적으로 가족을 시골에 남겨 두고 도시로 몰려갔다는 사실과 귀족들 사이에서 행해지는 관습에 따라 꽤 많은 농부들을 가내 하인으로 고용하여 상트페테르부르크와 모스크바에 머무르게 한 데 있었다.

러시아 출생자 수의 총인구에 대한 비율은 다른 나라의 일반 평균율과 큰 차이가 없는 약 26 : 1의 비율로 나타난다.

앞서 인용한 헤르만의 논문에 따르면 생후 1년 안에 사망하는 남아 비율은 상트페테르부르크 5 : 1, 트볼스크주 10 : 1, 트볼스크시 3 : 1, 볼로그다 대주교 관할구 14 : 1, 노브고로드 31 : 1, 보로네시에서는 24 : 1, 아르한겔스크 5 : 1이다. 이런 지방 가운데는 유아 사망률이 아주 낮은 곳이 있으며, 특히 계산상 커다란 잘못이 있을 것 같지 않으므로 일반 사망률이 낮다는 것은 더욱 확실하다. 스웨덴에서는 태어나 1년 내에 사망하는 유아 비율은 5 : 1이나 그 이상이다.

헤르만에 따르면 러시아에서의 한 해 혼인자 수와 총인구 비율은 도시에서는 약 100 : 1, 지방에서는 약 70~80 : 1 비율이다. 그러나 투크에 따르면 그가

15주에 대해 작성한 일람표에는 92 : 1 비율로 나타난다.

이런 비율은 다른 여러 나라와 거의 차이가 없다. 상트페테르부르크의 비율은 140 : 1이며 이것으로도 앞서 말한 것과 같이 여자에 비해 남자 수가 엄청나게 많다는 사실은 충분히 설명된다.

상트페테르부르크시 호적부는 전적으로 믿을 수 있다고 생각하며, 그 호적부는 기후가 일반적으로 건강에 좋다는 것을 입증하고 있다. 그러나 그중에는 다른 모든 나라에서 관찰된 사실과는 정반대되는 한 가지 사실이 기록되어 있다. 그것은 여자아이 사망률이 남자아이 사망률보다 훨씬 더 높다는 사실이다. 1781~85년 동안 태어나 1년 안에 사망한 남자아이는 1000명 중 겨우 147명이었으나, 여자아이는 1000명 중 310명이었다. 양자 비율은 10 : 21이니 뜻밖의 비율이다. 실제로 그 전 수년 동안 비율은 10 : 14에 지나지 않았기에 그것은 어느 정도까지는 우발적인 것이 분명하다. 그러나 임신 기간을 제외하면 어떤 연령에서도 여자 사망률은 남자에 비하여 언제나 낮은 것이 보통이기에, 그런 비율도 이례적인 것이다. 스웨덴 기후는 러시아 기후와 그렇게 큰 차이는 나지 않는다. 바르겐틴은 스웨덴 통계표에 대해 말하면서 여자 사망률이 낮은 것은 비단 그들의 생활이 규칙적이며 힘이 덜 든다는 사실과 아울러 어릴 적부터 나이가 들어서까지 조금도 쉬지 않고 작용하는 하나의 자연법칙에서 비롯된다고 주장했다.

크라프트에 따르면, 상트페테르부르크에서 출생한 총인구 중 절반은 25세까지는 사는데 이것은 대도시임에도 어릴 적 건강 상태가 유별나게 양호하다는 것을 보여준다. 그러나 20세를 넘자 사망률은 유럽의 다른 어떤 도시보다도 훨씬 더 높아지는데, 그 원인이 과도한 폭음에 있다고 본다. 열 살에서 열다섯 살 사이 사망률은 아주 낮아 남자 47 : 1, 여자 29 : 1 비율이라면 스무 살에서 스물다섯 살 사이 사망률은 아주 높아 남자 9 : 1, 여자 13 : 1 비율이다. 통계표가 보여주는 바에 따르면 그런 유별난 사망률은 주로 늑막염과 열병, 폐병에서 비롯된다. 총인구 가운데 늑막염이 4분의 1을, 열병이 3분의 1을, 폐병이 6분의 1을 각각 사멸시키고 있으니, 총사망자 수 가운데 7분의 5는 이 세 가지 병마 때문에 죽는다.

크라프트에 따르면 1781~85년 동안 일반 사망률은 37 : 1이었다. 그보다 앞선 기간에는 35 : 1, 1785년 이후 돌림병이 돌았던 기간에는 29 : 1이었다. 이런 평균사망률은 대도시로서는 낮다고 볼 수밖에 없지만 크라프트의 논문에 따르면, 병원과 교도소 및 고아원 사망자 수는 아예 빠져 있거나 정확히 기록되지 않은 것으로 보인다. 따라서 만약 이런 사망자 수를 더하면 표면상으로 나타난 도시 건강 상태에 분명하고 뚜렷한 차이를 낳을 것이다.

고아원 한 곳에서만도 사망자 수가 꽤 많다. 그러나 정규적인 통계도 공포되지 않고 있으며, 또한 구두 보고는 언제나 어느 정도의 불확실성을 피할 수 없다. 그러므로 나는 이 문제에 관해서 몸소 수집한 자료를 좀처럼 믿을 수 없다. 그렇지만 상트페테르부르크 수용소의 시중드는 사람들에게 상세하게 물어보고 답을 얻어보니 한 달에 약 100명이 사망하는 것으로 보인다. 지난겨울에는(1788년 겨울) 하루에 18명 매장하는 일도 드문 일이 아니었다. 하루 동안 받은 고아 평균 숫자만도 약 10명이다. 그런데 그들은 모두 수용 후 사흘째 되는 날 양육을 위해 시골로 보내지지만, 그중 대다수는 데리고 왔을 때 이미 빈사 상태에 있었으므로 사망률도 자연히 높아질 수밖에 없다. 하루 동안 받은 숫자라는 것도 그다지 믿음이 가지 않지만, 내가 실제로 목격한 바에 따르면 이 숫자는 앞서 말한 것처럼 사망률과 더불어 사실과 크게 어긋난다고는 생각하지 않는다. 내가 정오쯤에 수용소를 찾았을 때 바로 아이 넷을 받았는데, 그중 한 아이는 빈사 상태에 있었던 게 분명했고, 또 다른 한 아이도 오래 살 것 같지는 않았다.

수용소 일부는 산원(産院)으로 사용되는데 그들은 병원을 찾아오는 부인에게 한마디도 묻지 않고 무조건 입원을 허가해 준다. 그렇게 해서 태어나는 아이는 병원 보모가 키우며 다른 아이들처럼 시골로 보내지는 않는다. 그 어머니가 바란다면 그곳에 머무르면서 보모로서 자신이 낳은 아이를 키울 수는 있지만, 데리고 갈 수는 없다. 그러나 그 부모가 양육할 능력이 있음이 증명되면 언제라도 넘겨주도록 되어 있다. 또한 부모는 자기 자식을 데리고 갈 수 없을 때에도 면회는 가능하기 때문에 면회할 때의 편리를 위하여 아이들을 받아들일 때 모두 이름패와 번호를 달아야 한다.

시골에 있는 보모는 한 달에 겨우 2루블 수당을 받으나 2루블 지폐는 1크라운 절반의 가치에 지나지 않기에 결국 한 주에 약 15펜스밖에는 받지 못하는 셈이다. 그런데도 수용소의 한 달 총비용은 10만 루블이다. 이 수용소에 들어오는 정규 수입은 필요한 액수에도 미치지 못하지만, 정부가 모든 사무를 관리하고 있으므로 모자라는 액수는 정부에서 모두 떠맡는다. 유아 수용에 아무런 제한도 없기 때문에 비용도 제한이 없어야 한다. 그러나 실상은 무한정으로 아이를 수용하면서 이들을 부양할 기금에는 한계가 있기 때문에 결국 무서운 폐해를 낳게 될 것은 뻔하다. 그러므로 그런 기구는 만약 그것이 정당하게 경영되면, 바꿔 말해서 이례적인 사망률이 비용의 급격한 증가를 막지 못하는 경우 아주 부유한 정부 보호를 받지 않으면 그리 오래 존속할 수 없다. 정부의 보호를 받는다 하더라도 결과는 마찬가지일 것이다.

시골로 보낸 아이는 예닐곱 살이 되면 수용소로 다시 돌아와 온갖 종류의 직업과 수예에 관해 교육을 받는다. 보통 작업시간은 아침 6시부터 정오까지, 오후 2시부터 4시까지이다. 그리고 소녀는 열여덟 살, 소년은 스무 살 또는 스물한 살이 되면 수용소를 떠나야 한다. 시골로 보낸 아이들 중에는 수용소가 만원일 경우 돌아오지 못할 수도 있다.

최고 사망률은 말할 필요도 없이 수용 직후의 유아들 사이에서 그리고 수용소에서 양육 중인 아이들 사이에서 주로 나타나지만, 시골에서 데리고 온 가장 건강한 연령에 있는 아이들 가운데서도 사망률이 꽤 높다. 나는 수용소의 깨끗한 방마다 상쾌한 기분이 넘쳐흐르는 것을 보고 크게 감탄하고 있을 때 그 소식을 들었으므로 좀 뜻밖이다 싶었다. 건물 자체는 궁전 같아서 어느 방이든 넓고 우아하며 환기도 잘되었다. 내가 참관했을 때에는 180명의 아이들이 식탁에 둘러앉아 있었는데, 모두 깨끗한 옷을 입었고, 식탁보도 깨끗했을 뿐만 아니라, 저마다 자기 냅킨을 가지고 있었고 식료품들도 아주 좋은 것 같았으며, 실내에도 고약한 냄새가 나지 않았다. 기숙사에는 저마다 개별 침대가 있으며, 덮개도 커튼도 없는 철제 침대였으나 침대보와 깔개는 각별히 깨끗했다.

대규모 수용소로서 믿을 수 없을 정도로 깨끗한 것은, 러시아 황후가 경영상의 모든 사소한 일에도 흥미를 느껴 상트페테르부르크에 머물 때는 거의 매주 몸소 이곳을 시찰하곤 했기 때문이다. 이처럼 세심하게 신경을 쓰고 있음에도 사망률이 높은 것은 어린 시절 체질이 하루 여덟 시간의 노동을 이겨낼 수 없다는 명백한 증거이기도 하다. 아이들 얼굴은 창백하고 병색을 띠었다. 수용소의 소년, 소녀에 기준을 두고 국민의 아름다움을 판단한다면 러시아는 매우 불리할 것이다.

만약 이 수용소에서 나타나는 사망률을 뺀다면 상트페테르부르크 사망표는 시의 진정한 건강 상태를 전혀 보여줄 수 없게 될 것이다. 이와 동시에 건강 상태를 판단할 약간의 자료, 이를테면 1000명 중 사망자 수 같은 통계는 앞서 말한 사정의 영향을 받지 않음을 생각해야 한다. 자녀 양육에 곤란을 느끼는 자가 자녀를 고아원에 보내지 않는다면 별문제이겠지만, 실제로는 고아원으로 보내는 경우가 비일비재하다. 그리고 안락한 환경 아래에서 모든 것이 편리한 가옥과 통풍이 잘되는 곳에서 사는 유아 사망률이 출생아 전체 평균사망률보다 훨씬 더 낮은 것은 말할 필요도 없다.

모스크바 고아원은 상트페테르부르크 고아원과 똑같은 방침으로 경영되고 있다. 투크는 모스크바 고아원 창립 이후 1786년까지 20년 동안 생겨난 그곳의 막대한 유아 사망자 수를 발표하면서 만약 우리들이 수용 직후에 사망한 수와 데리고 왔을 때 이미 병에 걸려 있었던 아이의 수를 정확히 알 수 있다면 그 사망자 수에서 응당 그 고아원 책임으로 돌려야 할 부분은 전체의 아주 작은 부분에 지나지 않을 것이라고 말했다. 왜냐하면 어차피 죽을 수밖에 없는 아이들의 사망에 대한 책임을, 해마다 건강하고 활동적이며 근면한 시민을 국가에 제공하고 있는 자선단체에게 돌리는 것처럼 이치에 어긋나는 일은 없기 때문이라는 것이다.

그러나 나는 대체로 그렇게 너무나 빨리 죽는 것은 자선(慈善)이라는 엉터리 이름으로 부르는 이런 시설의 책임이라고 보고 싶다. 만약 러시아의 여러 도시와 지방의 유아 사망률 보고서가 어느 정도 믿을 만한 것이라면 그 사망률은 엄청나게 낮다는 사실을 인정할 것이다. 따라서 고아원에서 사망률이 높은 것은 어머니의 애정 어린 돌봄을 무엇보다도 필요로 하는 때 어머니가 자식을 내다 버리도록 장려하는 시설의 책임으로 돌려야 할 것이다. 어린아이의 생명은 바람 앞의 등불처럼 위태롭기 때문에 몇 시간 동안이라도 소홀히 할 수 없다.

이런 문제를 좀 더 고찰해 보면 그런 시설은 단지 그 직접적인 목적을 이루고 있지 못할 뿐만 아니라, 또한 아주 뚜렷하게 방탕한 풍습을 조장함으로써 결혼을 방해하며, 나아가 인구의 주된 원천을 고갈시킨다는 것을 알 수 있다. 나는 상트페테르부르크에서 이 문제를 두고 여러 여자들과 의견을 나눠봤지만, 그들은 모두 입을 모아 이런 시설이 이미 뚜렷하게 그러한 결과를 가져왔음을 인정하고 있었다. 처녀로서 아이를 낳는 일도 아주 사소한 하나의 실수에 지나지 않는다고 생각한다. 상트페테르부르크의 어떤 영국 상인이 나에게 이야기하기를, 그의 가정에서 살고 있는 한 러시아 처녀는 아주 엄격한 주부 밑에 있으면서 어린아이를 6명이나 고아원에 보냈는데도 끝내 쫓겨나지 않았다고 한다.

그러나 여기에서 주의해야 할 것은 처녀가 성관계를 통해서 어린아이를 6명이나 낳는다는 것은 대체로 이례적인 일이라는 점이다. 음탕한 풍습이 성행하는 곳에서 국민 수와 출생자 수 비율은 결혼한 자들 사이에서와 똑같은 비율을 나타내지 않는다. 양육할 수 없는 아이는 얼마든지 받아줄 테니 결혼하라고 아무리 선전해도 그런 음탕한 풍습에 따르는 결혼 감소와 그 결과인 출생자 수 감소를 보충할 수는 없다.

이런 시설에서 생기는 놀랄 만한 사망률과 그로부터 필연적으로 파생되는 음탕한 풍습을 생각해 볼 때, 만약 수단 방법을 가리지 않고 인구 증가를 억제하려고 한다면, 무제한으로 아이를 수용할 수 있는 수많은 고아원을 설립하는 일보다 더 유효한 방책은 없다고 말할 수 있을 것이다. 그리고 국민의 도덕적 감정도 이 때문에 상당히 손상될 것임에 틀림없다. 왜냐하면 어머니들에게는 스스로 자식을 내버리도록 장려하는 동시에 또한 어린아이에 대한 모성애는 편견에 지나지 않으며, 이를 근절하는 것이 오히려 국익에 도움이 됨을 어머니들에게 열심히 가르치게 되기 때문이다. 잘못된 수치심 때문에 가끔 일어나는 영아 살해를 방지하기 위하여 대다수의 국민들 마음속에 깃들어 있는 가장 선하고 가장 유용한 감정을 희생시켜야 한다면, 그것은 너무나 큰 대가를 치르는 것이다.

고아원이 표방하는 목적을 이루었다고 가정한다면 러시아는 노예 상태에 처해 있으므로 그것은 다른 어떤 나라에서 인정되는 것보다도 더한층 그 존재가치가 인정될 것이다. 왜냐하면 고아원에서 성장한 아이들은 모두 자유민이 되며 따라서 그 자격에서 국가에 공헌하는 바는 단지 개개의 지주에 예속된 노예 수를 증가시키는 것에 비해 아마 훨씬 더 클 것이기 때문이다. 그러나 러시아와는 사정이 다른 나라에서 이런 시설이 완전히 성공을 거둔다면, 그 성공은 다른 사회 부분에 대해 분명히 큰 해를 미치게 될 것이다. 결혼에 대한 참된 장려는 높은 임금과 적당한 수의 노동자로 충당되어야 할 여러 가지 직업의 증가이다. 그런데 고아들이 이런 직업과 도제(徒弟) 등의 주요 부분을 차지한다면, 사회의 정당한 부분에서의 노동 수요는 이에 따라 감소하여 가족 부양은 더더욱 어려워지고, 결혼에 대한 참된 장려도 사라질 수밖에 없다.

러시아는 막대한 천혜의 자원을 가지고 있다. 생산량은 현재 소비량을 초과하므로 산업 활동이 훨씬 더 자유로워지고 국내 상품 판로가 내륙까지 확대되면 인구는 놀랄 만한 속도로 증가할 것이다. 이에 대한 주된 장애는 농민의 봉건제적인 종속(차라리 노예제라 부르는 것이 더 어울릴 것이다)과 그런 상태에 필연적으로 따르는 무지와 게으름이다. 러시아 귀족의 재산은 소유하는 노예 수에 의해서 계산된다. 그리고 이런 농노들은 가축처럼 사고파는 대상이지 정착 농민은 아니다. 귀족 수입은 모든 남자에게 부과하는 인두세에서 나온다. 한 영역 내 농노가 증가할 경우에는 일정한 기간을 두고 토지를 새로 분할하는데, 그것에는 경지를 확장시키는 경우와 옛 영지(領地)가 다시 분할되는 경우가 있다.

각 가족에게는 경작할 만하고 과세를 납부할 수 있는 정도의 토지가 할당된다. 자기에게 할당된 토지를 지나치게 개량해서 수확이 가족을 부양할 수 있을 뿐만 아니라 인두세를 내기에 필요한 정도보다 많아지는 것은 농부 자신에게 이롭지 못하다. 왜냐하면 그렇게 되면 자연히 이다음에 토지를 다시 분할하게 될 때 그가 여태까지 보존해 온 토지는 두 가족을 부양할 수 있다고 간주되어 토지의 절반이 몰수되기 때문이다. 이런 상태이므로 열심히 경작할 이유가 없다. 여태까지 경작해 온 토지 가운데 일부를 몰수당한 농부는 인두세를 낼 힘이 없음을 호소하여 자기 자신이 몸소 또는 그 자식이 도시에 나가서 그것을 벌게 해줄 것을 청원하게 된다. 그리고 대개는 이런 청원이 너무나 귀찮기에 영주들은 인두세를 조금 올리는 것을 조건으로 비교적 쉽게 허가한다. 그 결과, 시골 경작지들은 반쯤 경작된 상태 그대로 내버려져 인구의 참된 원천은 근본적으로 손상된다.

나는 상트페테르부르크의 한 귀족에게 그의 소유지 관리법에 대해서 몇 가지 물어본 적이 있다. 이에 대해서 그는 자신의 소유지가 과연 적절하게 경작되고 있는지 여부를 몸소 조사해 본 일이 없다고 마치 남의 일처럼 대답했다. 그는 이렇게 말했다. "나로서는 마찬가집니다. 좋을 것도 나쁠 것도 없지요." 그는 자기 농노에게 인두세를 어디서 벌든 어떻게 벌든 무관하다고 말했으며, 그저 인두세 받는 걸로 만족하고 있었다. 그러나 그런 관리법은 결국 안일과 눈앞의 이익을 위하여 자기 소유지의 장래 인구를, 나아가 장래 수입 증가를 희생시킬 게 분명하다.

하지만 요 몇 해 많은 귀족들이 자기 영토 개량과 인구 증가에 꽤 신경을 쓰게 된 것은 분명하다. 그런데 이것은 토지 경작과 개량에 크게 애썼던 예카테리나 여제(女帝)의 교시와 시범에 주로 자극을 받았기 때문이다. 여제는 독일 이주민을 다수 받아들였는데 이는 국내에 노예 대신 자유민을 증가시키는 데 도움을 주었을 뿐만 아니라, 보다 더 중요한 사실은 종래 러시아 농민이 알지 못했던 근면의 미덕과 이를 올바른 방향으로 사용하는 방법에 대해서 모범을 보여준 것이었다.

이런 노력은 대체로 크게 성공했다. 그리고 여제가 통치하는 동안과 그 이후, 거의 러시아제국 전역에서 농업과 인구가 크게 개량되고 증가한 것은 분명하다.

인두세로 추정된 1763년 인구는 1472만 6696명이며 같은 계산법에 따른 1783년 인구는 2567만 7000명인데, 만약 이 숫자에 잘못이 없다면 엄청나게 늘어난 것이다. 그러나 1783년 계산은 1763년 계산보다 정확하고 완전하다고 생각한다. 인두세를 내지 않은 지방까지 계산에 넣어보니 1763년 인구는 얼추 2000만 명, 1796년 인구는 얼추 3600만 명이었다.

투크의 《러시아제국 총람》 재판(再版)에는 1799년 출생과 사망 및 혼인에 관한 한 통계표가 실려 있다. 이 표는 독일의 믿을 만한 정기간행물에서 가지고 온 것으로 종교회의에 제출된 일반 보고서에서 충실하게 인용된 것이다. 이 표에는 모든 주교(主敎) 관할구가 포함되어 있으나, 다만 브루즐라프(Bruzlaw)만은 그 구(區)의 정확한 사망표를 작성하는 데 곤란한 사정이 있었으므로 결국 삽입되지 못했다. 대략적 결과는 다음과 같다.

	남자	여자	합계
출생	531,015	460,900	991,915
사망	275,582	264,807	540,389
결혼			257,513
출생 초과	255,432	196,093	451,525

어떤 통계표보다도 정확할 뿐만 아니라, 출생과 사망 비율도 종전 통계표보다 크기 때문에 58이라는 배수는 과대하다고 생각한다. 이 통계표에 따르면 출생과 사망 비율은 약 183 : 100, 출생과 결혼 비율은 385 : 100, 그리고 사망과 혼인 비율은 210 : 100으로 모두 종전 여러 통계표 결과보다 더 타당해 보이는 비율이다.

1825년(덧붙임)

유목종족(遊牧種族)과 점령지 주민들까지 합한 러시아 인구는 1822년 5447만 6931명이었다. 그러나 인구 통계에서 가장 흥미로운 부분은 출생과 사망 및 혼인 통계표를 얻을 수 있는 부분이다.

《브리태니커 백과사전》'러시아' 항목에 실린 다음 통계표는 종교회의가 공표한 보고서를 바탕으로 작성된 것으로, 이는 러시아 국민의 최대 조직인 그리스정교회 신도만 포함한다.

	1806년	1810년	1816년	1820년
결혼	299,057	320,389	329,683	317,805
출생	1,361,286	1,374,926	1,457,606	1,570,399
사망	818,595	903,380	820,383	917,680

그리스정교회에 속한 인구는 4035만 1000명으로 추산된다.

만약 사망에 대한 출생의 평균 초과를 1820년까지 14년 동안 적용하면 이 초과 수만으로도 인구는 위 기간 내에 806만 4616명이 증가되었으며, 따라서 1820년 인구를 4035만 1000명이라고 한다면 1806년 인구는 3228만 6384명이다. 14년 동안 출생의 평균 초과 수를 평균 인구 수와 대비해 보면 1 : 63이다. 그런데 이 비율은 (본서 제2편 11장 끝부분 〈표 2〉에 따르면) 44년이 채 지나지 않아서 인구가 2배 늘어난 것이니 가장 급속한 증가율이다.

출생과 결혼 비율은 4.5 : 1, 출생과 사망 비율은 5 : 3, 혼인과 총인구 비율은 1 : 114, 출생과 총인구 비율은 1 : 25.2, 사망과 총인구 비율(사망률)은 1 : 41.9이다.

이런 비율의 대부분은 본장 처음 부분에 실은 비율과는 근본적으로 차이가 나지만, 이편이 훨씬 더 정확하다고 믿을 만한 충분한 이유가 있다. 그리고 현재 러시아에서 진행되고 있는 급속한 인구 증가 상황과 보다 확실하게 일치된다. 표면상으로 사망률이 증가한 것은 건강이 저하된 까닭이라기보다는 오히려 이전 호적부가 정확하지 못했기 때문이다. 1796년 이전 호적부가 아주 불완전했다는 사실은 오늘날 인정되고 있다.

4. 중부 유럽 경우

　이상 내가 북부 유럽 여러 나라에 대해서 서술한 것에 대해 이 나라들이 지닌 상대적 중요성이라는 관점에서 볼 때 일부 독자들은 장황하다고 생각했을 것이다. 그러나 그렇게 상세히 서술한 이유는 이들 여러 나라의 국내경제가 많은 점에서 우리 영국과는 본질적으로 서로 다를 뿐만 아니라, 또한 이런 여러 나라를 두루 견학해 본 관계로 세상엔 아직 알려지지 않은 약간의 상세한 점을 기술할 수 있지 않을까 하는 생각에서였다. 중부 유럽에서는 분업, 직업 분포, 도시와 지방 인구 비율 등이 영국의 그것과 비슷한 점이 꽤 많아서, 인구 억제를 특별히 기술할 만한 정도로 기이한 여러 가지 습관을 찾으려 해도 좀처럼 얻을 수 없을 것이다. 그러므로 나는 주로 독자의 주의를 나라별 출생과 혼인 및 사망 일람표에서 얻어지는 몇몇 추론으로 돌리고자 한다. 그리고 이런 논거는 국내경제에 관하여 가장 날카로운 관찰력을 가진 여행가의 보고서보다 더 많은 지식을 여러 점에서 우리들에게 전해줄 수 있을 것이다.

　이런 종류의 일람표를 고찰함에 있어서 가장 흥미롭고 교훈적인 부분은, 혼인자 수가 사망자 수에 따라 변한다는 사실이다. 일찍이 몽테스키외는 두 사람에게 안락하게 살아갈 수 있는 토지만 생기면 혼인은 반드시 이루어질 것이라고 말했다. 그러나 경험에 비추어볼 때 유럽 대부분의 나라에서 현재 인구 상태로는 일가족 부양 수단의 갑작스럽고도 커다란 증가는 전혀 기대할 수 없다. 그러므로 일반적으로 낡은 혼인이 해체되어야 새로운 혼인이 들어설 여지가 생긴다. 따라서 어떤 원인으로 인해 수많은 사람들이 사망하거나 국가 정책이 농업과 상업에 특히 유리하게 갑작스럽게 바뀐 뒤가 아니라면 한 해 혼인자 수도 주로 한 해 사망자 수에 따라 규제된다는 사실을 알게 된다. 양자는 서로 영향을 미친다. 일반 사람들이 선견지명을 가지고서 자기 자녀 모두를 적절하고 충분히 키울 수 있는 가능성이 보일 때까지 혼인을 미루는 나라는 거의 없다. 따라서 거의 모든 나라에서 사망률 일부는 지나치게 빈번한 혼인을 통해서 무리하게 만들어지고 있다. 또한 어떤 나라에서도 혼인율이 높은 데서 비롯되었든, 대도시와 공장이 많다거나 환경이 자연적으로 건강에 좋지 못하다는 데서 비롯되었든 사망률이 높다는 것이 필연적으로 혼인자 수를 늘리게 될 것이다.

이런 관찰의 가장 뚜렷한 예는 네덜란드 일부 마을에서 볼 수 있다. 쥐스밀히는 전염병과 전쟁 참해를 입지 않았거나 생존자원이 갑작스럽게 크게 증가하지 않은 나라의 경우 한 해 혼인자 수와 주민 수의 평균비율을 107 : 1과 113 : 1 사이라고 계산한다. 그리고 신진 통계학자인 크로메는 92 : 1과 122 : 1의 중간을 취하여 혼인자 수와 주민 수의 평균비율을 1 : 108로 얼추 계산한다. 그러나 쥐스밀히가 가장 정확하다고 보는 네덜란드 22개 마을 호적부에는 해마다 64명 가운데 1명이 혼인하는 것으로 나타나 있다. 이는 앞서 말한 평균비율과는 차이가 엄청나게 크다.

나는 이 마을 사망률을 모르는 상태에서 처음 숫자를 접했을 때 참으로 놀랐다. 쥐스밀히는 이런 평범하다고는 할 수 없는 비율을 근거로 네덜란드에 생계유지 수단이 많고 다양하리라는 판단을 내리고 있지만 이는 납득하기 어렵다. 왜냐하면 네덜란드는 오랫동안 똑같은 상태 그대로 이어져 왔으므로 새로운 직업과 생계유지 수단이 늘어날 이유도 없을 뿐 아니라, 오히려 국민 대다수가 기존의 전통적인 직업과 생계유지 수단에 종사하고 있을 것이기 때문이다. 그러나 혼인율은 108 : 1이며 사망률은 보통 36 : 1인데, 이곳에서는 사망률이 22 : 1에서 23 : 1 사이인 것으로 판명되었으므로, 이 어려운 문제도 대강이나마 해결되었다. 출생자 수와 사망자 수는 거의 똑같았다. 혼인자 수가 엄청나게 많은 것은 어떤 새로운 생존자원을 찾아냈던 데서 비롯된 것이 아니었기에 인구는 전혀 늘어나지 않았다. 이런 혼인자 수는 다만 노부부들이 죽으면서 급격히 해체되고 따라서 일가를 부양할 수 있는 직업에 빈자리가 났던 것에서 비롯된 것일 뿐이다.

이런 경우 혼인율이 너무 높아서, 인구가 생존자원 한계에 육박하면서 사망률이 높아졌는지, 주민들의 직업 상태와 나라의 비위생성 때문에 자연히 높아진 사망률이 혼인율을 높였는지는 의문이다. 그러나 현재 실례를 볼 때 나는 조금의 의심도 없이 후자의 추정을 선택하고자 한다. 왜냐하면 혁명 전 네덜란드 일반 국민들의 생활은 대체로 풍족했기 때문이다. 사망률이 높은 것은 토지가 습하고 운하가 많다는 점에서, 또 한편으로는 앉아 일하는 직업에 종사하는 자들이 많은 반면 농업 같은 건강에 유리한 직업에 종사하는 자가 적다는 점에서 비롯되었다고 생각한다.

네덜란드의 상황과 뚜렷하게 대조를 이루는, 이 문제에 대한 적절한 예증이 될 수 있는 것은 앞서 기술한 노르웨이의 상황이다. 노르웨이에서 사망률은 48명 가운데 한 사람, 혼인율은 130명 가운데 한 사람이며, 네덜란드 마을에서는 사망률이 23명 가운데 한 사람, 혼인율은 64명 가운데 한 사람이다.

양자의 혼인과 사망은 모두 2배 이상 차이가 난다. 그러나 상대적 비율은 아주 정확하게 유지되고 있는데, 이는 사망과 혼인이 밀접한 상관관계에 있으며, 한 나라 농업이 급격하게 발달하여 생존자원이 급증하지 않는 한 혼인 증가는 사망 증가를 동반하며, 반대 경우도 마찬가지이다. 러시아에서는 농업이 급격하게 발전하고 있다. 따라서 사망률이 아주 낮음에도 혼인율은 그렇게 낮지 않다. 그러나 이제부터 러시아 인구가 증가하는 과정에서 만약 혼인율이 오늘날과 같은 상태를 그대로 지속해 간다면 사망률은 증가할 수밖에 없으며, 또한 사망률이 지금과 같은 상태를 그대로 지속해 간다면 혼인율도 감소할 것이다.

쥐스밀히는 한 나라가 발전하고 청결과 건강 및 인구 증가 등이 더욱 증진되어 모든 생계유지 수단을 보다 완전하게 점유하게 되면, 혼인율이 점차로 줄어든다는 뚜렷한 실례를 보여준다.

할레시(市)의 경우 1700년 한 해 혼인자 수와 총인구 비율은 1 : 77이었지만, 그 후 55년 동안 이 비율은 점차로 변화하여 쥐스밀히의 계산에 따르면 167 : 1로 감소했다. 이것은 아주 범상치 않은 변화로서, 만약 계산이 정확하다면 이를 통해 혼인에 대한 억제가 어느 정도로 작용했는지, 그것이 어떻게 생존자원 수준과 조화를 이루었는지를 알 수 있다. 그러나 이런 인구수는 계산을 통해서가 아니라 다만 추측을 통해서 얻어진 것이기 때문에 이런 비범한 비율 변화도 정확하지 않을 수 있으며, 또는 그 일부는 다른 원인을 통해서 생겨났을지도 모른다.

라이프치히시(市)는 혼인자 수와 총인구 비율이 1620년 1 : 82였으나 1741~56년에는 1 : 120이었다.

아우구스부르크는 혼인자 수와 총인구 비율이 1510년 1 : 86이었으나 1750년 1 : 123이었다.

단치히는 혼인자 수와 총인구 비율이 1705년 1 : 89, 1745년 1 : 118이었다.

마그데부르크 공국은 혼인자 수와 총인구 비율이 1700년 1 : 87, 1752~55년 1 : 125였다.

할버슈타트 왕국은 혼인자 수와 총인구 비율이 1690년 1 : 88, 1756년 1 : 112였다.

클레베 공국은 혼인자 수와 총인구 비율이 1705년 1 : 83, 1755년 1 : 100이었다.

브란덴부르크 선제후국(選帝侯國)은 혼인자 수와 총인구 비율이 1700년 1 : 76, 1755년 1 : 108이었다.

이와 유사한 실례들은 얼마든지 들 수 있지만, 앞서 말한 실례만으로도 다음과 같은 사실을 충분히 알 수 있다. 그 이전의 높은 사망률에서 비롯되었건 농·상업 발달에서 비롯되었건 간에 생존자원이 갑작스럽게 증가하면서 혼인율이 높아질 수 있는 여지가 있는 나라에서는 이 비율이 사람들이 새로운 일자리를 모두 차지해서 더 이상 늘어난 인구를 받아들일 수 없게 되면 해마다 줄어들 것이다.

오랫동안 인구가 많고 사망률은 동일한 상태를 유지해 온, 그리고 새로운 자원을 개발하지 못한 여러 나라에서 혼인은 주로 사망을 통해서 규제되기 때문에, 어느 시기에도 총인구와 사망률은 거의 동일한 비율 상태를 보일 것이다. 그리고 해마다 생존자원이 증가하는 나라에서도 그 증가가 일률적이며 영속적이라면 똑같은 불변성을 지닐 것이다. 반세기에 걸쳐서 해마다 혼인 수가 사망을 통해 해체되는 혼인 수를 초과한다면 인구는 계속 증가할 것이며, 증가 속도도 빨라질 것이다. 그러나 총인구와 혼인 비율은 모든 기간을 통하여 일정한 비율을 유지할 것이다.

쥐스밀히는 이런 비율을 상이한 환경의 여러 나라의 경우를 통해 확인하려고 힘썼다. 브란덴부르크 선제후국 마을에서는 해마다 109명 가운데 단지 한 사람이 혼인한다. 농촌 일반 비율은 108 : 1~115 : 1이다. 선제후국 소도시에서는 사망률이 보다 높아서 1 : 98이다. 앞서 말한 네덜란드 마을에서는 1 : 64, 베를린 1 : 110, 파리 1 : 137이다. 크로메에 따르면 미혼자들이 많은 파리와 로마 두 도시에서는 1 : 60이다.

그러나 모든 일반적 비율은 종류를 떠나 아주 신중하게 적용해야 한다. 왜냐하면 식량과 인구 증가가 똑같은 비율을 보이는 경우는 좀처럼 없을 뿐만 아니라, 이런 원인이나 국민 습관에 어떤 변화가 일어나서 그 나라 사정이 바뀌는 경우, 어떤 시기에 참이었던 비율도 다른 시기에는 참이 아닐 수 있기 때문이다.

그런 문제에 대하여 예외를 허용하지 않는 원칙을 수립하는 것은 매우 어렵다. 일반적으로 말하면 이전에 생긴 높은 사망률이나 농·상업 발달로 생계유지 수단 확보가 보다 수월해지면 해마다 혼인율도 높아진다고 생각하지만, 반드시 그런 결과가 생긴다고는 볼 수 없다. 가령 국민이 종전부터 극심한 곤궁에 허덕여 왔으며, 또한 통찰력 결핍으로 이런 상황에 미처 대비하지 못하여 많은 사람들이 사망했다면, 그리고 이후 생활조건이 급속도로 개선되어 어느 정도 여유를 찾게 되면 혼인율은 이전과는 그리 큰 차이가 없더라도 이전보다는 더 많은 자식을 양육할 수 있게 될 것이며, 따라서 사회에 필요한 인구도 출생 증가가 아니라 사망 감소를 통해서 공급될 것이다.

이와 마찬가지로 만약 어떤 나라 인구가 오랫동안 정체되어 쉽게 증가하지 않는다면, 교육 개선이나 기타 원인에서 비롯되는 국민 습관 변화 때문에 혼인율이 감소할 수도 있을 것이다. 그러나 언제나 빈곤에 따라다니는 질병 때문에 죽는 아이 수가 줄어들 것이므로 혼인자 수 감소는 사망자 수 감소를 통해서 균형을 이루게 되어 인구는 보다 적은 수의 출산으로 적당한 수준을 유지할 수 있을 것이다.

그러므로 국민 습관에서 볼 수 있는 변화도 생각해야 한다.

이상에서 도출할 수 있는 가장 일반적인 원칙은 혼인에 대한 직접적인 장려는 반드시 사망률 증가를 가져온다는 사실이다. 혼인을 원하는 자연적인 욕망은 어느 나라에서나 두드러지기 때문에 아무런 장려가 없더라도 혼인할 여유만 생기면 언제나 모두 혼인하려 들 것이다. 그러므로 혼인에 대한 그런 장려는 아무런 효용도 없게 되거나 혼인할 여유가 없음에도 혼인을 부추기게 되고, 결과적으로는 빈곤과 사망률 증가를 초래한다.

몽테스키외는 그의 저서 《페르시아인의 편지》에서 말한다. 지난날 프랑스가 다른 나라와 전쟁을 할 때, 수많은 젊은이들이 징병을 피하기 위해 일가를 부양할 능력이 없으면서도 혼인했는데, 그 결과 수많은 아이들이 태어남으로써 "프랑스에서 찾을 수 있는 것은 빈곤과 기아, 그리고 질병밖에 없었다."

이처럼 혼인에 대한 직접적인 장려가 필연적으로 어떤 결과를 가져왔는지 정확하게 알고 있었던 그가 《법의 정신》에서 유럽은 인구 증가 촉진을 위한 법률이 아직도 필요하다고 기술하고 있는 것은 참으로 놀라운 일이다.

쥐스밀히도 같은 생각이다. 그는 식량이 더 이상 증가할 여지가 없어지면 혼인자 수도 필연적으로 정체되리라 생각하여 혼인자 수가 사망으로 해체되는 혼인자 수를 통해서 정확하게 측정되는 몇몇 나라 경우를 검토하고 있지만 그래도 그는 혼인자 수를 늘리는 일을 정부의 주요한 의무의 하나로 보고 있다. 그는 아우구스투스 황제와 트라야누스 황제의 예를 인용하면서 혼인자 비율을 120 : 1~125 : 1에서 80 : 1~90 : 1로 끌어올릴 수 있는 지도자라면 참으로 민중의 아버지라고 부를 만한 인물일 것이라고 기술했다. 그러나 그가 스스로 인용한 예증을 통해서도 분명하게 드러난 것처럼, 오랜 시일 동안 인구가 조밀했던 나라에서는 사망이 혼인을 가장 크게 장려하는 요인이다. 따라서 혼인자 수를 그렇게 크게 증가시킬 수 있는 황제와 정치가는 민중의 아버지라기보다는 민중의 파괴자라고 불러야 마땅하다.

출생률과 총인구 비율은 혼인자 수 비율에 따라 좌우되며, 대대적인 인구 증가가 불가능한 나라에서는 혼인과 마찬가지로 주로 사망률에 따라 좌우된다. 사실상 인구가 감소되지 않고 있는 나라에서는 출생은 언제나 사망을 통해서 생긴 빈자리를 채우며, 그 나라의 자원 증가가 허용하는 정도까지 늘어나도록 할 것이다. 유럽의 거의 모든 지방에서는 맹렬한 유행병과 파괴적 전쟁이 잠시 정지된 기간 중에는 출생이 사망을 초과한다. 그러나 사망률이 나라와 환경에 따라 크게 차이가 나므로 출생률도 마찬가지로 차이를 보이며, 사망에 대한 출생 초과율 역시 그 변화 정도가 다르다.

사망률이 약 23 : 1인 네덜란드 39개 마을에서는 출생률도 약 23 : 1이다. 파리 주변 15개 마을에서는 사망률이 훨씬 더 높기 때문에 총인구 대비 출생 비율은 위의 비율과 같거나 오히려 그것보다 높다. 출생률은 22.7 : 1이며 사망률도 동일하다. 인구가 늘어나고 있는 브란덴부르크 소도시에서는 사망률은 29 : 1, 출생률은 24 7/16 : 1이다.

스웨덴은 사망률 35 : 1, 출생률 28 : 1이다. 브란덴부르크의 1056개 마을에서는 사망률 39 : 1~40 : 1, 출생률 약 30 : 1이다. 노르웨이에서는 사망률이 48 : 1, 출생률 34 : 1이다. 이런 모든 실례에서 나라마다 상황이 허용할 수 있는 출생 초과를 적당히 참작하면 사망률을 통해서 출생률을 예측할 수 있다.

통계학자들은 모든 나라에 널리 적용할 수 있는 사망률의 일반적 표준을 구하려고 힘써왔지만, 비록 그런 표준을 구했다 하더라도 그것이 얼마나 유용할지는 의문이다. 그것은 유럽과 세계 인구를 확인하는 데 거의 도움이 되지 않을 것이며, 또한 이것을 특수한 나라와 특수한 지방에다 적용한다면 큰 오류를 일으키기 쉽다. 사망률이 나라와 환경에 따라서 20 : 1~60 : 1에 이르기까지 천차만별인 경우 특정 나라의 도시 수와 주민 습관 및 환경의 보건 등 상황에 대한 지식 없는 개별적 예에 일반적 비율을 적용하는 데는 무리가 따른다. 그 나라에 적합한 특수 비율을 알 수 있다면 구태여 일반적 비율에 의존할 필요는 없다.

그러나 여러 나라의 사망률을 좌우하는 요인들 가운데 매우 중요하고 보편적인 요인이 하나 있다. 도시 수, 그리고 농촌과 도시 거주자의 비율이 바로 그것이다. 밀집된 가옥과 앉아서 일하는 직업이 건강에 나쁘다는 것은 널리 알려져 있는 사실이다. 따라서 그런 생활을 하는 사람들 수는 농업 종사자 수에 비하여 한 나라 일반 사망률에 더욱 큰 영향을 미친다. 이런 원칙을 바탕으로 도시인구와 농촌인구 비율이 1 : 3인 경우 사망률은 약 36 : 1, 그 비율이 2 : 5~3 : 7에서는 35 : 1이나 33 : 1로 올라가며, 또한 그 비율이 2 : 7~1 : 4에서는 36 : 1 밑으로 떨어지는 것으로 계산되었다. 이런 계산을 근거로 한 1756년 통계에서 사망률은 프로이센 38 : 1, 포메라니아 37.5 : 1, 노이마르크 37 : 1, 선제후국 35 : 1이다.

쥐스밀히에 따르면 도시와 농촌을 총괄한 모든 나라에 통하는 가장 가까운 평균사망률은 36 : 1이다. 그러나 크로메는 이런 평균비율은 쥐스밀히가 집필하던 당시에는 타당했을지 모르나 유럽 대부분 나라에서 도시 수와 규모가 증대된 현재에는 타당성이 없다고 말한다. 그는 이런 사망률은 쥐스밀히의 시대에도 사실보다는 오히려 낮았으며, 오늘날에는 30 : 1이 표준에 더 가깝다고 주장한다. 쥐스밀히도 다른 많은 통계학자들처럼 전염병이 발생한 해를 계산에 넣지 않았기 때문에 사망률이 너무 낮다는 게 사실일 수도 있다. 그러나 크로메는 쥐스밀히의 일반 사망률에 대치될 수 있는 것을 수립할 만한 충분한 증거를 보이지 못했다. 그는 프로이센 왕국 전체 사망률을 30 : 1로 보는 뷔싱(Büsching)의 견해를 인용한다. 그러나 이런 추정은 겨우 3년 동안의 통계에서 구한 것으로, 사실 그 기간은 일반적인 평균을 결정하기에는 너무 짧다.

실제로 프로이센 왕국의 이런 비율은 크로메가 나중에 기록하게 된 다음 관찰과는 앞뒤가 맞지 않는다. 1784년까지 5년간의 통계표에 따르면 사망률은 겨우 37 : 1이었다. 같은 기간 출생과 사망 비율은 131 : 100이었다. 슐레지엔의 경우 1781~84년 동안 사망률은 30 : 1이며 출생 대 사망 비율은 128 : 100이었다. 헬데를란트에서는 1776~81년 동안 사망률은 27 : 1, 출생률은 26 : 1이었다. 이 두 지방은 프로이센 왕국 중에서도 사망률이 가장 높은 지방인데, 나머지 지방에서는 사망률이 아주 낮다. 예를 들어 1781~84년 동안 뇌샤텔과 발렝긴 평균사망률은 겨우 44 : 1, 출생률은 31 : 1이었다. 할버슈타트 공국은 더 낮아서 1778~84년 동안 사망률은 45~46 : 1, 출생 대 사망 비율은 137 : 100이었다.

크로메는 유럽 여러 나라를 세 부류로 나누어 저마다 다른 사망률을 적용해야 한다는 일반적 결론을 내렸다. 농촌인구와 도시인구 비율이 3 : 1로 높은 가장 부유하고 인구가 조밀한 나라의 경우 사망률은 30 : 1로 간주할 수 있다. 인구와 경작 면에서 중간 정도인 나라에서 사망률은 32 : 1, 인구가 희박한 북유럽 여러 나라에서는 36 : 1이라는 쥐스밀히의 비율이 적용될 수 있다는 것이다.

이런 비율들은 가령 전염병이 발생한 해의 영향을 충분히 계산에 넣고 생각하더라도 어느 정도 과장된 것처럼 보인다. 근년에 유럽 대부분의 도시에 퍼진 생활 주변을 깨끗이 하는 풍습은, 위생의 관점에서 보아 도시의 확대로부터 발생되는 폐해를 상쇄하고도 남을 것이다.

1825년(덧붙임)

지금처럼 늘어난 프로이센 인구에 대한 조사가 1817년에 이루어졌다. 그 결과 인구수는 1053만 6571명에 남자 524만 4308명, 여자 532만 535명으로 드러났다.

출생자 수 45만 4031명, 사망자 수 30만 6484명, 혼인자 수는 11만 2034명이었다. 총출생자 중 남녀 비율은 20 : 19, 총수 중 4분의 1인 5만 3576명은 사생아였는데 이들 중 10분의 3은 태어나 1년 안에 사망했고, 적출자(嫡出者)는 10분의 2가 사망했다.

위 숫자를 토대로 비율을 산출하면 출생 대 사망 149 : 100, 출생 대 혼인 4 : 1, 출생 대 총인구 1 : 23.2, 사망 대 총인구는 남자 1 : 33, 여자 1 : 36, 양자를 합하면 1 : 34.5이며 혼인 대 총인구는 1 : 94이다. 또한 사망에 대한 출생 초과 수와 인구는 1 : 62이므로 만약 이런 비율이 지속된다면 43년도 채 지나지 않아서 인구는 2배로 늘어날 것이다. 그러나 이런 비율이 과연 얼마 동안이나 지속되는가에 대해서는 말한 것이 아예 없으므로, 이를 기초로 어떤 타당한 결론을 이끌어낼 수는 없으나, 인구가 비상한 속도로 증가하고 있다는 사실만큼은 의심의 여지가 없다.

5. 스위스 경우

스위스의 사정은 여러 면에서 유럽 다른 나라들과는 크게 다르다. 이 나라에 대해서 수집해 온 여러 사실 중 어떤 것은 대단히 흥미로울 뿐 아니라 본서의 일반론을 뒷받침하는 훌륭한 본보기가 되기 때문에 따로 한 장을 할애하여 살펴볼 가치가 있다고 생각한다.

35~40년 이전에 인구 감소를 알리는 심각한 비상경보가 스위스 전역에 울려 퍼졌다. 수년 전 설립된 베른경제협회 회보는 공업·기술·농업·제조업 등의 쇠퇴와 인구 부족 위기가 눈앞에 다가왔음을 한탄하는 기사로 가득 채워졌다. 이 회보 필자들 대부분은 국가 인구가 감소했다는 현상을 새삼스럽게 입증할 필요도 없을 정도로 명백한 사실처럼 생각하고 있었다. 따라서 그들은 주로 그 구제책을 생각해 내는 데 골몰하여 조산사(助産師) 수입, 고아원 설립, 미혼녀 지참금 지급, 해외 이민 금지 및 외국인 이주 장려 등을 다른 여러 가지 정책과 함께 제안했다.

그런데 목사 뮈레(Muret)는 그 당시의 귀중한 자료가 담긴 논문을 발표했다. 뮈레 목사는 구제책을 제안하기에 앞서 폐해의 진상부터 먼저 규명해야 한다고 생각했다. 이를 위해 그는 교구별 호적부를 교구 창립 초기까지 거슬러 올라가서 신중하게 조사하고, 70년 단위로 1기는 1620년, 2기는 1690년, 3기는 1760년까지 세 기간으로 나누어서 이 기간의 출생자 수를 비교했다.

그 결과 출생자 수는 1기보다 2기가 더 적으며, 또한 (2기는 조금 누락되고, 3기는 어느 정도 초과되어 기재된 것이 있다는 전제하에) 3기 출생자 수도 2기보다 약간 적음을 발견함으로써 1550년 이래로 계속 인구가 감소한 것이 분명하다고 생각했다.

그러나 위 전제를 모두 인정하더라도 결론은 그가 상상한 만큼 확실한 것은 아닌 것 같다. 그리고 그 논문에 나타난 다른 여러 가지 사실로 미루어보아,

스위스는 이 기간 중 앞 장에서 상상했던 것과 같은 경우에 부닥쳤다는 생각이 들었다. 만사에 신중을 기하는 것과 청결한 생활을 하는 것과 같은 국민 습관 개선은 국민의 건강 상태를 점차로 향상시켰고, 따라서 아이들이 보다 순조롭게 성장할 수 있게 됨으로써 훨씬 더 적은 출생자 수만으로도 필요한 인구가 충당되었다고 보아야 한다. 그렇다면 총인구 대비 한 해 출생률이 처음보다 뒤로 갈수록 더 낮아지는 게 당연하다.

뮈레의 정확한 계산에 따르면 3기 사망률은 대단히 낮으며, 청춘기까지 성장하는 아이 비율은 대단히 높다. 앞서 1~2기에는 이런 비율이 결코 똑같을 수는 없었다. 뮈레는 말한다. "옛날 스위스 인구가 감소한 것은 그즈음 자주 돌았던 전염병 때문이다." 그러면서 덧붙이기를, "그렇게 무서운 재난이 자주 일어났음에도 인구가 유지될 수 있었다면, 이는 기후가 좋고 국가가 인구를 급속히 회복시킬 만한 자원을 가지고 있음을 증명한다." 뮈레는 이런 관찰을 적용했어야 함에도 불구하고 이를 게을리했고, 또한 출생이 크게 증가하지 않고서는 인구가 그렇게 빠르게 회복할 수 없다는 것, 그런 파괴의 마수에 대항하여 국가가 자기를 방위할 수 있기 위해서는 총인구와 출생 비율이 다른 어느 시대보다도 커야 한다는 것을 망각하고 있다.

뮈레가 제시한 통계표 중 하나는 1312년 이래로 스위스에서 유행한 돌림병 기록을 모두 포함하고 있는 것이다. 이에 따르면 이런 무서운 병마는 1기 내내 짧은 휴지기를 두고 자주 이 나라를 휩쓸었으며, 2기의 끝인 22년 전에 이르기까지 여러 번 참혹한 피해를 안겼다.

돌림병이 자주 유행하는 시기에도 국민의 건강 상태가 양호하고 일반 사망률도 아주 낮을 수 있다는 상상은 현실성이 없다. 가령 이런 사망률이 그런 재난을 당할 우려가 없는 현대 다른 국가에서 나타날 경우를 가정해 보자. 3기의 경우처럼 45 : 1 대신에 약 32 : 1이었다고 가정해 보자. 그러면 출생률도 상대적 비율을 유지해 가기에 36 : 1이 아니라 약 26 : 1이 될 것이다. 한 나라 인구를 출생자 수로 계산하면 시기에 따라서 큰 차이가 나는 수치를 얻게 된다. 따라서 출생의 절대수는 1기 때가 더 크더라도 이 사실은 결코 인구가 더 많음을 뜻하지는 않는다.

지금 제시된 실례에서 17개 교구에서 1기 70년 동안 출생 총수는 4만 9860

명으로 한 해 평균은 약 712명인데 여기에 26을 곱한다면 1만 8512명이 된다. 마지막 시기인 3기 총출생자 수는 4만 3910명으로 한 해 평균은 약 626명이다. 여기에 36을 곱하면 2만 2536명이다. 그러므로 계산에 잘못이 없다면 인구가 감소되었다기보다는 상당히 증가했다고 보아야 한다.

내가 1기 사망률을 너무 높게 잡지 않은 데는 여러 이유가 있다. 특히 제네바와 가까운 도시에 관한 계산이 한 예인데, 이것에 따르면 16세기 생존확률, 즉 출생자의 반수만이 살아남을 수 있는 연령이 겨우 4,883년, 즉 4와 10분의 9년보다 낮았으며, 평균수명은 18.551년, 약 18년 반에 지나지 않는다. 17세기 당시의 생존확률은 11.607년, 평균수명은 23.358년이다. 18세기에 들어서면 생존확률은 증가되어 27.183년이고, 평균수명은 32.2년이다.

물론 정도 차이는 있지만, 이것과 유사한 사망률 감소 현상이 스위스에서도 나타났을 가능성은 있다. 그리고 앞서 이야기한 대로 다른 여러 나라 호적부를 통해서 사망률이 높아지면 출생률도 높아진다는 것을 알게 된다.

뮈레는 출생이 사망에 의존한다는 사실에 관해서 수많은 실례를 든다. 그러나 불행히도 그는 인구의 참된 원리를 알고 있지 못했으므로 다만 놀랍고 신기하다는 반응만을 보였을 뿐이다.

뮈레는 스위스 부인들의 생식력 결핍에 대해 언급하면서 프로이센과 브란덴부르크, 스웨덴과 프랑스, 그리고 실제로 호적부를 볼 수 있었던 나머지 모든 나라의 총인구수 대 세례를 받은 자 비율은 36 : 1인 보(Vaud) 지방보다 크다고 주장했다. 또한 최근 리옹주(州)에서 실시된 통계에 따르면 리옹시 28 : 1, 그외의 여러 소도시 25 : 1, 기타 교구는 23~24 : 1인 데 반해 보 지방에서는 가장 출산율이 높은 작은 교구 두 군데의 비율도 26 : 1을 넘지 않으며, 기타 다른 교구들은 40 : 1에도 못 미칠 만큼 차이가 꽤 크다고 주장했다. 아울러 '평균수명'에도 이것과 '똑같은 차이'가 나타나고 있다고 지적했다. 리옹 지방에서는 25년 반이지만, 보 지방에서는 가장 짧은 평균수명(습지가 많고 건강에 좋지 않은 교구 1개 지역만의 현상이지만)도 29년 반이며, 나머지 수많은 지방에서는 45년 이상이다.

뮈레는 또한 말한다. "그러나 아이들이 유년기의 위기를 가장 잘 피할 수 있는 나라, 어떤 계산법을 통해서도 언제나 평균수명이 다른 나라를 넘어서는 나라가 바로 출생률이 가장 낮은 나라인데, 도대체 그 이유는 어디서 오는 것인가. 또한 모든 교구 중 평균수명이 가장 높은 교구가 인구 증가 경향이 가장 낮은 이유는 무엇인가."

"이 문제를 해결하기 위하여 나는 신이 모든 장소의 인구가 적당한 균형을 이룰 수 있도록 나라마다 생명력을 그 생식력에 반비례하도록 만드신 게 아닐까 하는 가정을 세웠다."

"사실상 나의 가정은 경험을 통해서 입증되고 있다. 알프스 산중의 한 마을인 레장(Leysin) 인구는 400명임에도 한 해 출생자 수는 8명을 조금 넘는 정도이다. 대체로 인구 400명 대비 한 해 출생자 수는 보 지방의 경우 11명, 리옹 지방은 16명이다. 그러나 만약 20세까지 이 8명과 11명, 16명이 동일한 숫자로 감소한다면 결국 생명력이 미약한 곳은 생식력이 강하며, 이에 반하여 생식력이 미약한 곳은 생명력이 강함을 알 수 있다. 그리하여 가장 건강에 적합한 나라는 생식력이 미약하기 때문에 인구가 남아돌지는 않지만, 반대로 건강에 좋지 않은 나라는 생식력이 보통 이상으로 강하기에 인구를 유지해 갈 수 있는 것이다."

뮈레가 호적부를 통해서 건강한 국민은 생식력이 약하고 아이를 가장 적게 낳는다는 사실을 발견하고 얼마나 놀랐는가는, 그가 이 현상을 설명할 때 기적에 의존하고 있다는 사실로도 알 수 있다. 그런 사실은 부인 생식력이 건강에 반비례한다는 식의 기묘한 가정에 의존하지 않고도 설명이 가능하다.

나라별로 토양과 환경이 다르고 국민 습관과 직업도 다르기 때문에, 나라별 건강 상태에도 큰 차이가 나는 것은 어쩔 수 없다. 이런저런 원인들 때문에 사망률이 높게 나오면 그것에 비례하여 출생자 수가 늘어나는 현상을 볼 수 있다. 왜냐하면 그것은 해마다 노동 수요 증가로 혼인자 수가 증가할 뿐 아니라 결혼 시기도 빨라져 아이를 더 많이 낳을 수 있는 연령에 혼인이 이루어짐으로써 생식력이 높아지기 때문이다.

이에 반하여 한 나라나 교구의 건강 상태가 엄청나게 향상되었을 때 만약 그 풍습 때문에 이민을 통해서 잉여인구를 처리할 배출구를 찾지 못한다면 예방적 억제가 절대적으로 필요하다는 데 주의를 기울일 것이고, 이를 받아들이지 않으면 굶어 죽을 수밖에 없을 것이다. 따라서 혼인 시기는 늦춰지고 혼인율도 떨어질 것이며, 그에 따라 출산 능력도 저하될 것이다.

뮈레가 언급한 레장 교구에서는 다소 다른 양상을 보인다. 이 교구는 알프스 산속에 있는데 그렇게 높은 곳은 아니지만, 공기는 아주 맑고 위생적일 뿐만 아니라 주민들은 모두가 목축업에 종사하고 있어서 결과적으로 가장 건강한 환경조건을 갖춘 곳이다. 뮈레의 계산이 정확하다는 데는 의심의 여지가 없지만 그래도 그 계산에 따르면 이 교구에서 생존확률은 61세로 놀라울 정도로 높다. 그리고 평균 출생자 수가 30년 동안 사망자 수와 거의 정확하게 일치되었다는 사실은, 해외 이주가 그다지 활발하지 않으며, 인구를 먹여 살릴 교구 내 자원이 양적으로 거의 변화가 없었음을 명백히 증명해 준다. 이에 대해서 목초지에는 한도가 있어 양과 질을 쉽게 증가시킬 수 없었으리라는 추측이 가능하다. 목장에서 사육할 수 있는 가축 수는 물론 그 가축을 먹이고 기르는 데 필요한 인원수에도 제한이 따른다.

이런 조건에서는 사망으로 목자(牧者)와 젖 짜는 사람, 그리고 그 외 관련 직업에 빈자리가 생겨야만 성인기로 접어든 젊은이들이 아버지 집을 떠나서 혼인할 수 있다. 그런데 그런 빈자리는 국민의 건강 상태가 아주 양호한 편이기 때문에 그리 쉽게 생기지 않을 것이므로 대다수 젊은이들은 젊은 시절의 대부분을 거의 독신으로 보내거나 아내와 자식들과 함께 굶어 죽는 가장 명백한 위험을 무릅쓰는 수밖에 없다. 이런 경향은 노르웨이보다 한층 더 심하다. 특히 출생과 사망이 거의 동일하다는 사실에서 볼 때 당연히 있을 수 있는 일이다.

불행히도 아버지가 보통 이상의 대가족을 거느리게 된다면 혼인자 수는 증가하기보다는 오히려 감소하는 경향을 보일 수 있다. 아마도 그 집의 가장은 재산이 적기 때문에 아이들에게 충분한 일자리를 찾아주지는 못하겠지만, 절약 생활만 하면 가족 모두를 먹여 살릴 수는 있을 것이다. 그러나 자녀들의 독립 시기는 한참 늦어지고, 결혼 시기는 아무리 빨라도 아버지가 죽고 난 이후가 될 것이다. 자식이 2명뿐이라면, 그중 한 사람은 아버지 집에 살면서 혼인할 것이며, 나머지 한 사람도 아버지 사망과 더불어 혼인하게 될 것이다. 일반적으로 식구 중에 4명 이상의 성인 미혼자가 있느냐 없느냐가 남녀 한 쌍이 혼인하여 새로운 가정을 꾸려나갈 수 있는 여지가 있느냐 없느냐의 차이를 낳는다고 말할 수 있다.

이 교구에서는 소수의 예외를 제외하면 아주 늦게 혼인을 한다. 그뿐만 아니라 환경이 건강에 아주 좋아서 부부 중 어느 한쪽의 죽음을 통한 혼인 해체가 아주 완만하게 이루어지기 때문에 현재 부부 대부분이 이미 꽤 나이가 많으며, 따라서 다수 부인들이 이미 생산력을 잃은 게 분명하다. 그 결과 현재 혼인 총수와 연간 출생자 수 비율은 12 : 1이라는 이례적인 숫자를 나타냈다. 또한 출생률은 총인구 대비 약 49분의 1, 16세 이상과 이하 비율은 3 : 1에 가까웠다.

뮈레는 이 교구와 대조를 이루는, 출생자 수를 인구 측정 기준으로 간주할 수 없다는 증거 사례로 쥐라산맥 속에 자리잡은 생세르그(Saint-Cergue) 교구를 든다. 그곳에서는 현재 혼인 총수와 한 해 출생자 수 비율은 겨우 4 : 1이며, 출생률은 총인구 대비 26분의 1, 16세 이상과 이하 비율은 똑같았다.

다른 교구와 비교해 보자면 레장의 출생률은 생세르그에 비해 겨우 5분의 1 남짓 더 많으며, 실제 조사 결과는 레장 인구는 405명이나 생세르그는 겨우 171명이었다.

여기서는 가장 뚜렷하게 대조되는 교구를 택했지만, 그 밖에 다른 교구에서도 아무리 거리가 가깝고 환경이 비슷하더라도 비율에는 차이가 크다는 것을 확인할 수 있다.

기묘하게 생각되는 것은 그가 이러한 관찰 또는 내가 여기에서 인용하지는 않았지만 그와 비슷한 경향의 관찰을 했음에도 보 지방의 인구 감소를 출생률로 설명하고자 했던 점이다. 출생률은 시대와 장소에 따라 얼마든지 변화할 수 있다. 레장과 생세르그 두 교구의 출생률이 이례적으로 대조적인 것도 결국 시간과 여러 환경적 요인에 기인한 것이다. 생세르그에서는 무사하게 성인이 되는 아이의 비율이 높은 것을 보면, 이 교구의 자연적 건강 상태가 레장에 비해 눈에 띄게 형편없다고는 생각하지 않는다. 출생과 사망 비율은 7 : 4였다. 그러나 총인구수는 171명을 넘지 않았으므로 그렇게 출생이 크게 초과되었어도 지난 2세기 동안 규칙적으로 인구를 증가시킬 수 없었다는 것은 분명하다. 따라서 그런 초과율은 근년 생세르그 교구의 농·상업이 급격하게 진보했거나 해외 이주 활성화 때문임이 분명하다. 나로서는 후자 쪽일 가능성이 높다고 생각한다. 이는 앞서 언급했듯이 성인 비율이 비교적 낮다는 사실에서도 확인된다. 이 교구는 쥐라산맥 속에 있고 파리에서 제네바로 이어지는 간선도로를 따라갈 수 있으므로 이주가 용이하다. 그리고 그 교구는 도시와 평지에 인구를 공급하는 인간 번식소 역할을 해온 것처럼 생각되지만, 해매다 일정한 숫자의 성인이 나라 밖으로 나가면서 그 숫자만큼 나머지 남은 사람들이 혼인하여 자녀를 양육할 수 있는 여지를 만들었다.

어떤 특정 교구의 이주 습관은 환경뿐만 아니라, 우연적 사건에도 영향을 받는다. 이를테면 서너 번 이주가 큰 성공을 거두면 마을 전체가 고무되지만 실패하면 이주 욕구는 위축될 것이다. 만약 레장 마을에 이주 풍습이 전파된다면 출생률이 변화할 것은 확실하다. 그리고 20년 뒤 호적부를 조사해 보면 그 결과는 뮈레가 계산했던 당시 생세르그 교구와 눈에 띄게 대조적이었던 것처럼 그즈음 비율과 큰 차이를 보일 것이다. 요컨대 사망률 외에도 여러 원인이 발생하기에 서로 다른 시기 인구를 출생률로부터 추정하는 것은 매우 부정확한 방법임을 분명히 알 수 있다.

뮈레가 수집한 사실은 모두 귀중하지만 그 추론이 언제나 유용하다고 인정하기는 어렵다. 그는 브베이(Vevay)에서 약간 계산을 해봤는데 그것은 혼인의 생식력에 관한 문제를 실제로 정확하게 보여주었으며, 또한 그즈음 특히 그 목적이 있었던 것은 아니었지만 생식력에 관한 일반적 추정법이 잘못되었다는 것을 분명히 밝혀주었다. 그는 375명의 어머니가 한 번의 사산(死産)도 없이 2093명의 아이를 낳은 것을 발견했다. 어머니 1명당 5 10/12, 약 6명을 낳은 셈이다. 그러나 여기서 말하는 어머니는 단순히 아내가 아니라 정말로 아이를 낳은 산모를 뜻한다. 브베이에서 아이를 낳지 못하는 아내의 일반적 비율을 478 : 20으로 본 그의 가정이 맞는다면 기혼녀 1명당 5 1/3명을 낳은 셈이다. 그런데 이 수치는 주민들이 자연이 지시하는 시기가 와도 혼인하지 않으며 또한 혼인한 후에도 응당 가져야 할 아이를 갖지 않는다고 비난받는 어떤 도시의 기록이다. 보 지방에서는 한 해 혼인자 수와 한 해 출생자 수의 일반 비율이 1 : 3.9이기 때문에 보통 계산 방법에 따르면 한 쌍의 혼인은 평균 아이 3.9명을 낳는다.

뮈레는 보 지방을 8개 지역으로 분류하여 다음과 같은 사실을 발견해 냈다. 7개 도시의 평균수명은 36세, 생명의 개연율(蓋然率), 곧 출생한 자의 반수(半數)가 살아남을 수 있는 연령은 37세였다. 36개 마을에서는 평균수명이 37세, 반수가 살아남을 수 있는 연령은 42세였다. 알프스 산속 아홉 교구의 경우 평

균 40세, 반수가 살아남을 수 있는 연령은 47세였다. 쥐라산맥 지방 일곱 교구
는 평균수명 38세, 반수가 살아남을 수 있는 연령은 42세, 곡식을 생산하는 지
방인 12개 교구에서는 평균수명 37세, 반수가 살아남을 수 있는 연령은 40세,
큰 포도밭이 있는 18개 교구에서는 평균수명 34세, 반수가 살아남을 수 있는
연령은 37세, 포도밭과 언덕이 뒤섞여 있는 6개 교구에서는 평균수명 33.9세,
반수가 살아남을 수 있는 연령은 36세, 그리고 늪이 많은 한 교구에서는 평균
수명 29세, 반수가 살아남을 수 있는 연령은 24세였다.

또 다른 표에 따르면 15세 미만 사망자 비율은 레장 교구에서는 5 : 1 이하
였는데 이것은 오히려 예외로서 알프스와 쥐라산맥 속에 있는 많은 교구에서
는 4분의 1 이하였으며, 보 지방 전체로는 3분의 1 이하였다.

로잔과 브베이 등 대도시에는 다수 외국인들이 이주하여 성인 대비 16세
미만 인구 비율은 레장 교구와 거의 비슷하게 높은 비율을 보여 약 3 : 1이었
다. 해외 이주가 많지 않은 교구의 경우 양자 비율은 거의 동등한 정도에 가까
웠다.

뮈레의 계산에 따르면 보 지방의 총인구는 11만 3000명, 그중 성인이 7만
6000명이었다. 그러므로 주 전체적으로 성인과 16세 미만 인구 비율은 2 : 1
이다. 성인 7만 6000명 중 혼인자 수는 3만 8000명이며, 따라서 미혼자도 3만
8000명이었다. 그는 미혼자 중 9000명은 홀어미나 홀아비였다고 한다. 이주 풍
습이 활성화되어 있음에도 미혼자가 그렇게 많은 것을 감안하면 이주가 해마
다 혼인자 수에 영향을 끼쳐 인구 증가를 억제하는 요인이 되었다고 판단할
근거는 없다.

뮈레가 작성한 표에 따르면 보 지방에서 한 해 혼인 수와 전 주민 비율은
1 : 140으로, 노르웨이보다도 훨씬 더 낮다.

뮈레의 이런 계산은 모두 그가 관찰한 지역들이 전체적으로 인구에 대한
예방적 억제가 상당한 정도로 가능하다는 점을 시사하는데, 동일한 경향이
스위스 다른 지방에서도 널리 나타나고 있다. 물론 장소에 따라, 환경과 주민
의 직업이 건강에 미치는 영향이나 그 지방의 자원이 인구 증가의 여지를 마
련해 주느냐 아니냐에 따라서 상당한 차이가 나는 것은 어쩔 수 없는 일이다.

베른시(市)에서는 1583~1654년 동안 최고평의회 참여 자격이 인정된 유산계

급 세대수가 487세대나 되었지만, 그중 379세대는 2세기 동안에 소멸되고 1783년에는 겨우 108세대만 남았다. 1684~1784년 한 세기 동안 207세대가 소멸되었다. 1624~1712년 유산계급 자격은 80개 세대에게 부여되었다. 1623년 최고평의회는 서로 다른 112세대를 포함시켰지만, 그중 살아남은 것은 겨우 58세대였다.

베른시의 미혼자 수는 홀어미와 홀아비를 합치면 성인 전체 인구 가운데 16세 이상과 이하 비율은 약 3 : 1이다. 이것은 예방적 억제가 크게 작용했다는 증거이다.

베른주 농민은 원래 부유하기로 소문이 났는데, 이는 농민이 무기와 장신구를 소유하고 있음을 증명해야 혼인 허가를 받을 수 있도록 규정한 당국의 법률 덕분이다. 이 법률은 빈민들에게서 혼인 자격을 박탈했으며, 많은 사람들에게 부지런하고 절약하는 생활에 힘써야만 혼인 희망을 가질 수 있다는 인식을 심어줌으로써 그들 습관에 좋은 영향을 미쳤던 것이다. 오로지 혼인하겠다는 생각에 국내나 국외에서 열심히 일하는 젊은이는 혼인에 필요한 액수만큼 돈을 번 뒤에도, 성취감을 느껴 혼인 허가를 얻기에 필요한 금액에 만족하지 않고 나아가 가족 부양 준비로 벌 수 있을 만큼 벌려고 계속 노력할 것이다.

나는 스위스에 머물러 있는 동안 여러 작은 주에 대한 상세한 자료를 얻을 수 없어 꽤 실망했으나 그즈음이 스위스 국내가 뒤숭숭한 때였기 때문에 어쩔 수 없었다. 그러나 이들 작은 주들은 거의 전부가 목장이기 때문에 특히 건강에 적합하다는 점이나 예방적 억제가 절대로 필요하다는 점에서 보 지방의 알프스 산지에 있는 교구와 비슷하다고 볼 수 있다. 물론 이주가 활발히 이루어지고 제조업이 들어서는 등 변화가 일어나고 있는 주는 예외이다.

오직 목축 생활에만 의지하는 국가의 인구 증가에는 명백한 한계가 있다. 산악지대 목장처럼 개량하기 곤란한 땅은 다시없다. 그것은 하는 수 없이 자연에 맡길 수밖에 없으며, 이미 충분한 수의 가축이 사육되면 그 이상 가축을 늘리는 것은 불가능하다. 스위스나 노르웨이의 경우 가장 곤란한 점은 겨울철 가축에게 먹일 충분한 목초를 얻는 일이다. 이 목적을 위하여 농부들은 구두에다 쇠갈고리를 달고 가축이 접근할 수 없는 곳까지 가서 건초를 마련하기도 한다. 또한 곳에 따라서는 3인치도 자라지 않은 풀을 한 해에 세 번 자를 때도 있다. 계곡에 있는 들판은 마치 축구장 잔디밭처럼 가위로 자른 듯 평평하다. 스위스에서도 노르웨이와 마찬가지로 풀 베는 기술은 최고의 경지에 이른 것 같다. 그러나 계곡 토지의 개량은 주로 가축에게서 생기는 비료에 의존하기 때문에 마른풀 양과 가축 수는 서로 제약을 가한다. 또한 인구가 가축 생산물을 통해서 제한되는 것은 말할 필요도 없기 때문에 결국 인구는 일정한 한도를 넘어서는 증가될 수 없을 뿐만 아니라, 그 한도도 그다지 높지 않다. 그러므로 스위스 인구는 지난 17세기 동안 평지에서는 증가했지만, 산악지대에서는 정체 상태에 있었다. 뮈레에 따르면 보 지방의 알프스 산지 인구는 눈에 띄게 감소했다고 한다. 그러나 증거는 불확실하다. 그리고 알프스 산속 가축들이 종전보다 줄었다는 것은 사실이 아닌 것 같다. 그런데 만약 인구수가 사실상 종전보다 감소했다면 이는 출생자 수 감소와 생활 양식 개선과 같은 변화에서 비롯된 것이라고 할 수 있다.

일부 더 작은 주들에서는 제조업이 시작되어 일자리가 많아지고 동시에 곡물 구입에 충당할 수출품이 증가함으로써 인구도 자연히 증가했다. 그러나 제조업이 시작된 지방이 대체로 건강과 도덕, 행복의 관점에서는 오히려 퇴화한 것으로 보인다.

목축은 성격상 본래 그 일에 종사할 수 있는 사람 수보다도 훨씬 더 많은 사람들에게 식량을 공급해 준다. 따라서 순수한 목축국가에서는 실업자 또는 일자리는 갖고 있지만 실태는 거의 실업자나 다름없는 사람들이 많을 것이다. 그런 사정은 자연히 이주 풍습을 조성하게 되는데, 많은 스위스인들이 외국에 나가 노동에 종사하는 이유도 여기에 있다. 농장에 필요하지 않은 자녀들은 혼인할 수 있는 유일한 기회로 스스로 군에 입대하거나 이주를 계획한다.

예방적 억제가 아주 강력하게 기능하는 나라에 이주의 정신이 보통 이상으로 작용하면, 인구 증가를 일시적으로 억제할 가능성이 있다. 만약 그렇다면 이는 하층계급 생활 상태 개선에 크게 기여할 것이 분명하다. 스위스를 방문한 외국인들은 모두 스위스 농민 생활 상태가 다른 나라에 비하여 양호함을 인정하고 있다. 그런데 나는 최근 스위스를 여행했을 때 그들 상태가 소문과는 딴판임을 발견하고 조금 실망했다. 그런 불행한 변화의 가장 큰 원인은 바로 최근 나라가 어려움을 당하면서 국민이 받은 손실과 고난에서 찾아야 한다. 비록 일시적으로는 국민 안녕과 행복 증진에 기여할지 모르나 궁극적으로는 해악을 끼치는 정부의 잘못된 인구 장려정책에도 일부 책임이 있다.

나는 쥐라산맥 속의 주(Joux) 호수를 찾아갔을 때 그러한 잘못된 인구 장려정책의 부작용을 직접 목격할 수 있었다. 우리 일행이 호반에 자리잡은 작은 숙소에 도착하자마자 숙소 안주인은 부근 교구 전체가 모두 가난하며 비참하게 살고 있음을 호소하기 시작했다. 이 지방은 산물은 아주 적은데도 주민들은 넘쳐흐르고 있으며, 소년 소녀들은 아직은 학교에서 공부할 나이인데도 혼인을 일찍 한다. 이렇게 혼인을 일찍 하는 풍습이 이어진다면 그들은 좀처럼 궁핍한 생활에서 벗어날 수 없을 것이라고 했다.

그 뒤 우리들을 오르브강 수원지로 안내해 준 어떤 농부에게서 이 문제에 대한 좀 더 상세한 이야기를 들었다. 농부는 내가 지금까지 만나 이야기를 주고받은 어느 누구에 못지않게 인구 원리를 잘 이해하고 있는 듯싶었다. 그는 부인들이 아이를 많이 낳지만 산지 공기는 맑고 건강에 좋기 때문에 사망자 수는 절대적 궁핍의 결과에서 비롯된 경우를 제외하면 아주 적다고 말했다. 토지는 기름지지 못하고 빈약하기 때문에 해마다 성인이 되는 사람들에게 충분한 일자리와 식량을 줄 수 없다. 따라서 임금은 엄청나게 싸며 아무리 절약해도 그것으로 일가족을 먹여 살리기에는 턱없이 모자라다. 대부분의 사람들이 이루 말할 수 없이 비참하게 살아가고 있음에도 다른 사람들은 이것에 조금도 개의치 않고 여전히 혼인을 계속하고 양육할 능력도 안 되는 처지이면서도 수많은 아이들을 낳는다. 농부는 일찍 결혼하는 풍습을 '국가의 해악'이라 여겼으며, 또한 그로부터 불가피하게 생겨나는 불행을 절실히 느낀 것처럼 보였다. 법률로 남자는 40세 미만은 혼인 생활을 금하고 비록 40세가 되었어도 상대는 '노처녀'로 제한되며, 이것으로 자녀 수도 2~3명에 그치게 하고, 6명에서 8명을 낳는 일이 없도록 할 필요가 있다고 생각했다.

나는 그 농부가 이 문제에 관해 열성적으로 논하는 진지함과 특히 결론으로 제안한 구제책을 듣고서 감탄할 수밖에 없었다. 그런 급진적인 구제책을 제안하고 있는 것을 보니 그 농부는 과잉인구에서 비롯되는 폐해를 상당히 심각하게 실제로 보고 느낀 것 같았다. 아닌 게 아니라 물어보니 그 또한 이른 나이에 결혼한 사람들 중 하나였다.

이 문제를 이론적으로 이해하면서 그가 저지른 유일한 오류는 고찰 범위를 메마른 산악지대로만 한정하여 평야지대는 제외했다는 점이다. 아마 그는 기름진 땅에서는 곡식과 일자리가 많을 것이므로 그런 궁핍도 없고, 따라서 일찍 혼인을 해도 별다른 문제가 없을 것이라고 생각한 듯하다. 평야에서 살아본 적이 별로 없으므로 그런 생각을 한 것도 무리는 아니다. 특히 평야에서는 문제 범위가 너무나 넓기 때문에 어려움의 참모습이 더더욱 쉽게 은폐될 뿐만 아니라, 낮고 거친 땅과 도시 및 제조업 등을 통해서 자연히 생기는 높은 사망률 때문에 인구 문제의 어려움은 사실상 줄어들고 있다.

조혼 관습을 국가의 주된 해악이라고 생각하는 이유가 무엇인지 물어보았더니 그는 이론적으로 아주 정확하게 다음과 같이 설명했다. 수년 전 채석가공업(採石加工業)이 시작되어 잠시 동안은 크게 번창하여 부근 일대 사람들에게 높은 임금과 일자리를 제공해 주었다. 따라서 일가족 부양도 쉬워지고 아이들에게도 일찍 일자리를 구해줄 수 있었으므로 많은 사람들이 이른 나이에 혼인하게 되었다. 이런 풍습은 유행 변화, 우연적 사고 등으로 인해 채석가공업이 거의 자취를 감출 때까지 계속됐다. 일찍 혼인한 만큼 아이들이 빨리 태어나다 보니 많은 사람들이 이주를 해도 과잉인구를 해결할 수 없게 되었다. 그리고 그런 남아도는 인구가 낳은 결과가 어땠는지는 그가 이미 얘기한 대로이며, 이는 부분적이나마 나 자신도 실제로 경험한 바 있다.

또한 나는 스위스와 사부아(Savoie)의 여러 지방을 여행하면서 주 호수의 안내자처럼 인구 원리가 사회에 어떤 결과를 미치는가를 충분히 이해하지는 못했지만, 그 원리가 그들 자신의 개인적 이해와 관계가 있다는 것만은 잘 알고 있는 여러 명의 하층민들을 만나볼 수 있었다. 그들은 일가족을 부양할 수 있는 충분한 준비가 되어 있지 않을 때 혼인하면 어떤 재난을 겪는지를 너무나도 잘 알고 있었다. 이렇게 이 문제에 대해서 널리 유포되고 있는 생각에서 미루어볼 때 일반 국민들이 인구 원리와 그것이 노동임금을 떨어뜨려 빈곤을 낳는다는 결과를 이해할 수 있도록 하는 게 결코 어려운 일은 아니라고 생각한다.

스위스에는 빈민 구제를 위한 특별 시설은 없지만 일반적으로 모든 교구는 공용을 목적으로 하는 약간의 영주권과 토지재산을 소유하고, 이것으로 교구

빈민을 구제한다. 그러나 그런 일을 하기 위한 기금에는 한도가 있기 때문에 부족한 자금을 충당하기 위해 기부금을 모으기도 한다. 하지만 주어지는 돈은 액수가 작고, 또한 그것도 확실하지 않다 보니 영국 교구세만큼 나쁜 영향을 미치지는 않는다. 근년에 교구 소속 공유지를 각 개인에게 나눠줬는데, 이는 물론 토지 개량과 인구 증가의 경향을 낳았지만, 결과적으로는 지나치게 조직적으로 혼인을 장려함으로써 빈민이 늘어나게 되었다. 나는 부유한 농촌 마을 근방에서 많은 거지들을 자주 목격했다.

그러나 농업을 발전시키려는 베른경제협회의 노력이 어느 정도 성공을 거두었다는 것, 국가 자원 증가로 과잉인구를 수용할 여지가 어느 정도 생겼을 뿐아니라, 새롭게 증가한 인구 가운데 상당수에게 식량과 의복을 제공해 줄 수있게 되었다는 것은 분명한 사실이다.

1764년 보 지방을 포함한 베른주 전체 인구는 33만 6689명으로 추산되었으며 1764~77년 동안 해마다 2000명씩, 1778~91년 동안에는 3109명이 증가했다.

6. 프랑스 경우 (1)

혁명 전 프랑스에서 교구 등록부는 특별히 신중하게 기록되지도 않았고, 특히 오랜 시일에 걸쳐서 기입되어 온 것도 아닐뿐더러, 종래에 발표되어 온 것으로서 아주 색다른 결과를 보여준 것도 별로 없기 때문에, 만약 프랑스혁명에 따라 일어나 세상 사람들을 매우 놀라게 한 한 가지 사정만 없었더라면 굳이 새삼스럽게 한 장을 마련하여 이 나라 문제를 이야기하지는 않았을 것이다. 그 사정이란 바로 꽤나 오랫동안 파괴적인 전쟁이 계속되어 사망자가 속출했음에도 인구는 조금도 감소되지 않았다는 사실이다.

각 주의 보고서를 기초로 한 대규모 국가적 편찬사업이 현재 파리에서 꽤 진척 중에 있는데, 이것이 완성되면 통계학에 아주 귀중한 새로운 자료를 더해 줄 수 있을 것이다. 각 주의 보고서는 아직 작성이 완료되지 않았지만, 이 사업을 감독하고 있는 한 담당자의 말에 따르면 프랑스 인구가 혁명 중에 조금도 줄어들지 않고 도리어 늘어난 것이 확실하다고 한다.

만약 그런 사정이 사실이라면 이는 본서의 주장을 아주 강력하게 확인해 주는 것이다. 그리고 이것을 사실이라 보고 그런 사실이 과연 어떻게 일어날 수 있는 것인가를 좀 더 자세히 연구해서 밝힌다면 우리의 연구에 조금이나마 빛을 보태어 줄 것이다.

어느 나라에든 해마다 성년이 된 인원 가운데 결혼하지 못하는 이들이 생긴다. 그러나 이렇게 누적된 미혼자 수가 증가하지 않고 일정 수준을 유지하는 이유는 매년 사망자 수와 증가된 인구수가 어느 정도 균형을 이루고 있기 때문이다. 앞 장에서 이미 말했듯이 보 지방에서는 미혼자 무리는 과부와 홀아비, 그리고 현재 사실상 혼인 상태에 있지 않은 사람들을 모두 포함해서 기혼자 전체와 숫자가 같다. 그러나 프랑스처럼 사망률이나 혼인율이 스위스보다 높은 나라에서는 총인구 대비 미혼자 비율은 그리 높지 않다.

1800년 파리에서 간행된 푸셰(Peuchet)의 《통계학 입문》에 실린 한 계산에 따르면 프랑스에서 18~50세 독신 남자는 145만 1063명, 같은 연령대로서 미혼자와 기혼자를 포함한 남자 총수는 500만 명으로 추산된다. 조사 시기는 분명치 않지만 지은이가 '평시에'라는 말을 사용하는 것으로 미루어보면 혁명 전 시기를 뜻하는 게 아닌가 싶다. 그러면 145만 1063명이라는 숫자를 혁명이 일어난 그즈음 징병 가능 연령에 드는 독신 남자 총수를 보여주는 것이라고 가정하자.

전쟁이 일어나기 전 프랑스 인구는 국민공회를 통해서 2636만 3074명으로 추산되었다. 이 숫자가 과장된 것이라고 믿을 만한 이유는 없다. 네케르(Necker)는 인구수를 2480만 명으로 기록하고 있는데, 그즈음 한 해 출생자 수는 100만 명을 초과한 것이 확실하다고 썼다. 그가 계산한 출생률인 25 3/4 : 1을 적용하여 계산하면 총인구는 얼추 2600만 명이다. 그런데 이 계산은 국민공회 추산보다 시기적으로 10년 앞선 것이다.

한 해 출생자가 100만 명을 넘는다는 가정을 수용하고 그중 5분의 2 이상이 18세 이전에 사망하는 것으로 계산하면 한 해 60만 명 이상이 18세에 이르게 된다. 네케르에 따르면 한 해 혼인 수는 21만 3774건이다. 그러나 이 숫자는 인구가 늘어나기만 했던 10년 동안의 평균이기 때문에 아마 좀 지나치게 적은 수가 아닌가 한다. 가령 그 수를 22만 건이라고 한다면 혼인 연령에 접어든 60만 명 중 44만 명이 혼인한 셈이다. 따라서 18세에 이른 인구 중 한 해 평균 혼인자 수를 공제하면 나머지는 16만 명, 그중 남자가 8만 명이다.

그러므로 징병 연령이 된 미혼 남자 145만 1063명과 해마다 들어오는 18세 남자 8만 명은 한 해 혼인자 수에 조금도 영향을 미치지 않고 군역에 종사하게 된다. 그러나 이 145만 1063명이 한꺼번에 모두 징집된다고는 상상할 수 없다. 그리고 그중 많은 병사들은 혼인을 하고 있어서 인구 증식에 전혀 이바지하지 않는다고는 할 수 없다. 그러면 독신 남자 집단 중 60만 명이 한꺼번에 군대에 편입된다고 가정하자. 그리고 60만이라는 수는 일부는 해마다 18세에 이르는, 그리고 아직 혼인할 의사가 없는 8만 명 중에서 또한 나머지 일부는 전쟁이 일어날 당시 존재한 독신 남자들 중 나머지 수 85만 1063명 중에서 취한 것으로 하자. 이런 두 원천으로부터 15만 명이 10년 동안 해마다 보급되더라도 통상적인 혼인자 수는 매년 1만 이상 증가할 것이 분명하다.

10년 세월이 흐르는 동안 원래 독신 남자에 속한 집단 가운데서도 징집 연령을 초과하는 수많은 자들이 생길 것이다. 그러나 이는 혼인 생활에서 그들의 생식 능력을 통해서 보충될 것이며, 실제로는 그 이상인지도 모른다. 일반적으로 50세에 이른 남자는 병역 연령을 초과한 자로 간주되지만, 만약 그가 아직도 생식 능력이 있는 여자와 혼인을 하면 인구 증식에 결코 쓸모없는 존재가 아님을 처음부터 고려해야 한다. 그리고 사실상 해마다 15만 신병 보급은 주로 매해 18세에 달하는 30만 명 남자들 중에서 이루어질 것이며, 한 해 혼인자 수 대부분도 원래 남아 있는 독신남 집단에서 공급될 것이다. 40~50대에 이른 홀아비와 독신남들은 평상시에는 적당한 배우자를 찾는 게 어려울지도 모르지만 남성 배우자 수가 부족해지면 어려움 따위는 그다지 느끼지 못할 것이다. 그리고 60만 명이 군에 편입되면 한 해 혼인자 수가 크게 증가될 여지가 생긴다. 이는 실제 현실로 입증되고 있다.

원래 독신 남자들 중 상당수는 별다른 변화가 없는 한 여전히 독신 상태를 지속하겠지만 사정이 바뀐다면 혼인하게 될지도 모른다. 그리고 다수의 18세 미만 젊은이들이 징병을 피하고자 이른 나이에 혼인 생활에 들어간다는 것도 이미 알려진 사실이다. 이런 기피행위는 아주 성행하여 독신자 수를 대폭 감소시키게 되었으므로, 마침내 1798년 초에는 기혼자를 징병 대상에서 제외하는 법률을 폐지할 필요가 생겨 새로운 법령 발포 후 혼인한 자는 독신자와 아무런 차별 없이 징병되었다. 그 후 국가 인구를 사실상 증가시키고 있는 사람들까지 적지 않게 징집되었는데, 이런 징집에 저촉되지 않았던 혼인자 수만도 아직 혁명 전 평균 혼인자 수를 초과했다. 그뿐만 아니라 남편 입대로 일시 부부 관계가 중단되었더라도 전혀 자녀를 낳지 않았다고는 할 수 없다.

프랑시스 디베르누아(Francis d'Ivernois) 경은 확실히 프랑스 국민 손실을 과장되게 생각하는 경향이 있는데, 그는 1799년까지 프랑스군 전사자 총계를 육해군 통틀어 150만으로 추산한다. 이 인구 문제를 예증하기 위하여 내가 계산한 총수는 디베르누아 경의 추정 수보다 60만 명이나 더 많다. 그러나 그는 혁명에 뒤따르는 다른 파괴 원인에서 비롯된 사망자들 또한 100만으로 계산한다. 그러나 이런 사망자는 남녀노소 가릴 것 없이 모두 당했기 때문에 이것이 똑같은 정도로 인구에 영향을 미치지는 않을 것이며, 따라서 그의 계산에 들어 있지 않은 혈기 왕성한 60만 명 남자는 보다 더 중요한 역할을 할 것이다. 또한 혁명전쟁 후반기에는 징병이 옛 영토에서보다는 새 영토에서 더욱 엄격하고 강제적으로 이루어진 흔적이 있으며, 새 영토 인구는 500만~600만 명으로 추정되기 때문에 150만으로 추정되는 전사자 중 상당수는 새 영토 인구였을 것이다.

혁명 초기 아주 쉽게 이혼할 수 있도록 허용한 법률은 도덕적 관점이나 정치적 관점에서 보더라도 근본적으로 잘못된 것이었지만, 남자가 크게 모자라던 사정에서는 어느 정도는 일부다처 풍습과도 비슷하게 작용해서 남편 수에 비해 아이 수를 증가시켰다. 그뿐만 아니라 남편이 없는 부인도 모두 아이를 아예 낳지 않았다고는 할 수 없다. 왜냐하면 혁명 전 출생자 총수 가운데 47분의 1을 차지했던 사생아가 11분의 1로 늘었기 때문이다. 이는 물론 도덕적 타락의 한탄스러운 증거이지만, 그 때문에 출생자 수가 증가했다는 것은 부인할 수 없다. 그리고 프랑스 농촌 부인들은 일손이 모자라다 보니 혁명 전보다도 더 많은 돈을 벌 수 있었으므로 대부분 아이들은 죽지 않고 살아남았을 것이다.

이런 모든 사정을 고려해 볼 때 프랑스 인구는 혁명이 진행되는 동안에 여러 파괴 원인이 작용했음에도 불구하고 농업이 여전히 같은 양의 생존자원을 공급할 수 있었다면 조금도 인구 감소를 초래하지 않았을 가능성이 있다. 그런데 아무리 프랑스 제조업이 큰 타격을 받았더라도 농업은 쇠퇴하기는커녕 증진되었다는 것이 오늘날 널리 인정되고 있다. 전쟁 중 어떤 시기를 보더라도 소집된 군대 수가 혁명 전 제조업에 종사한 남자 수를 초과했다고는 상상할 수 없다. 이런 제조업 파괴로 직장을 빼앗긴 동시에 군에도 입대하지 않은 사람들은 물론 농업노동자가 되었음에 틀림없다. 또한 프랑스에서는 부인들이 밭에서 주로 일하는 습관이 있는데, 이런 습관은 혁명 기간 중에는 더욱 심해졌을지도 모른다. 동시에 유능한 일손이 모자랐기 때문에 임금도 자연히 뛰어올랐을 것이다. 또한 새로운 토지를 더 많이 경작했을 뿐 아니라, 최대 소비자인 외국 고객이 크게 줄어들었으므로 실질임금 인상이 혼인을 크게 장려했을 뿐 아니라, 또한 농민 생활을 더욱 개선시켜 그들 자녀들을 보다 더 많이 성장시켰을 것이다.

프랑스에서는 어느 시대에나 소농장주와 소자산가들의 수가 많았다. 그리고 그런 상태는 한 국민의 순(純) 잉여생산량, 한 국민이 자유로이 처분할 수 있는 부에 대해서는 결코 유리하지는 않지만, 때로는 생산량의 절대적 증가에는 불리하지 않으며, 그것이 언제나 인구 증가를 강하게 촉진시키곤 한다. 귀족과 성직자의 드넓은 영지를 매각 분할했기 때문에 지주 수는 혁명 기간 중 급격하게 증가되었다. 그리고 이런 영지 일부분은 유원지와 사냥터였기 때문에 새로운 영지는 경작지가 되었다. 다만 지세가 고율(高率)이었을 뿐만 아니라, 불공평하게 부과되고 있었다. 그러나 경작자의 생활을 위협한 기존의 압박이 소멸되었으므로, 그런 결함은 거의 상쇄되었다고 볼 수 있다. 또한 광범위한 영토 매각 및 분할은 농업, 또는 총생산량에 유리하게 작용하였는데, 이는 인구 그 자체에 큰 의미를 갖는 것이었다.

이렇게 생각해 볼 때 생존자원은 혁명 기간 중에는 비록 증가하지 않았다 할지라도 역시 감소하지도 않았다고 생각해도 무방하다. 그런데 현재 프랑스의 경작 상태는 확실히 이런 가정을 확증해 준다.

그러므로 우리는 프랑스의 한 해 출생자 수가 혁명 기간 중 7분의 1이 감소되었다고 보는 프랑시스 디베르누아 경의 추정에 좀처럼 동의할 수 없다. 오히려 반대로 7분의 1이 증가되었다고 보는 것이 사실에 가까울지 모른다. 네케르는 혁명 전 프랑스의 총인구 대비 출생자 수 평균비율을 25 3/4 : 1로 봤다. 이미 제출된 일부 주(州)의 보고서에 따르면 많은 농촌지역에서 그 비율이 21 : 1, 22 : 1, 22.5 : 1, 23 : 1로 나왔다. 물론 이런 비율은 어느 정도까지는 인구 일부가 군에 입대하였기 때문에 생겨난 것이지만, 나는 주된 원인이 출생자 수의 급증에 있음을 의심치 않는다. 만약 모든 주의 보고서가 완료되어 출생률이 증가하고 있지 않음에도 인구가 감소하지 않은 것으로 판명된다면 이는 네케르의 출생 증가율이 지나치게 축소되었거나, 전쟁터에 나가지 않았던 사람들의 사망률이 평소보다 크게 줄었거나 둘 중 하나라고 할 수 있다. 그리고 네케르의 출생 증가율이 지나치게 축소되었다는 것은 그가 이것에 의거하여 인구를 지나치게 축소해서 추정한 흔적이 있다는 것에 비춰볼 때 분명한 일이며, 또한 후자의 낮은 사망률은 높은 임금과 도시에서 농촌으로 이주하는 사실에 비춰볼 때 있을 수 있는 일이다.

네케르와 모오(Moheau)에 따르면, 혁명 전 프랑스 사망률은 30~31 1/8 : 1이었다. 도시 인구수에 대한 농촌 인구수 비율이 1 : 3.5임을 생각해 보면, 이런 사망률은 엄청나게 크며, 아마 그것은 남아도는 인구에서 비롯된 궁핍의 결과일 것이다. 그리고 프랑스 농민의 상태에 관한 아서 영(Arthur Young)의(네케르가 전적으로 동의를 표하는) 언급에 따르면 이는 사실인 것 같다. 만약 이 남아도는 인구 일부가 다른 곳으로 이주하여 이 때문에 사망률이 30 : 1에서 35 : 1로 떨어졌다면, 이런 변화는 전쟁에서 비롯되는 국경지대 손해를 보상하는 데 크게 이바지할 것이다.

위에서 말한 두 원인은 저마다 일부분씩 작용한 것이 아닌가 한다. 출생은 증가하고 국내에 잔류해 있던 자들의 사망자 수는 감소했다. 따라서 이런 두 가지 사정을 종합해 봤을 때 보고서가 완성되면 가령 전사자와 실종자를 포함하더라도 사망자 수는 혁명 기간 중 결코 출생자 수를 초과하지 않았다는 점이 판명될 것이다.

주지사 보고서는 공화력 9년(1800~01)[1]을 기준으로 작성된 것이며, 1789년과 비교해야 한다. 그러나 만약 출생 대 인구 비율이 다만 제9년도 한 해만을 보여주는 것이라면 그것은 혁명 기간 중 출생 대 인구 평균비율을 보여주지 못할 것이다. 이런 사변(事變) 때문에 일어나게 된 혼란의 시대에 아주 정확한 등록부가 기록될 리가 만무하지만, 나는 이론상 전쟁이 개시된 직후와 그것이 진행 중인 다른 시기의 출생 대 총인구 비율은 1800년과 1801년에 비해 더 높았다고 생각한다. 만약 한 해 혼인자 수가 혁명 기간 중 증가되지 않았다는 사실이 보고서를 통해 확증된다면 이런 사정은 앞선 장에서 말한 사생아의 엄청난 증가를 통해서 충분히 설명될 것이다. 사실 네케르의 추산에 따르면 혁명 전 총출생자 수 대비 사생아 비율은 47 : 1이었으나 현재에는 11 : 1로 증가했다.

프랑시스 디베르누아 경은 말한다. "혁명이나 전쟁으로 희생된 인명수를 전쟁터와 병원에서 계산해 볼 수 있다고 생각하는 자는 먼저 정치 산술의 기본 원리부터 배워야 할 것이다. 혁명이나 전쟁 때문에 살해된 사망자 수보다 혁명

---

1) 1793년 국민공회가 그레고리력을 폐지하고 개정한 달력. 공화제 선언일인 1792년 9월 22일을 원년으로 함.

이나 전쟁 때문에 세상에 태어나는 것이 저지되거나 지금부터 저지될 아이 수가 훨씬 더 중요하다. 이것이 프랑스 인구가 받게 된 가장 큰 상처이다. 가령 살해된 남자 총수 중, 겨우 200만 명이 살아남아 200만 명 여자와 혼인했다고 가정하자. 뷔퐁의 계산에 따라 이 200만 쌍의 부부가 39세를 기준으로 그들의 부모가 그랬던 것처럼 1200만 명의 아이를 낳을 것이다. 이런 관점에서 볼 때 그런 인명 파괴 결과는 헤아릴 수 없이 크다는 것을 알 수 있다. 왜냐하면 그런 인명 파괴는 프랑스가 애석하게 여기는 250만이라는 현실적인 남자 수를 잃었다는 점보다도 앞으로 세상에 태어날 1200만 아이를 잃었다는 점에 더욱 더 큰 의의를 가지고 있기 때문이다. 프랑스가 이런 가공스러운 타격의 진가를 알아차리게 될 날이 곧 닥칠 것이다."

그러나 앞서 말한 추리에 충분한 근거가 있다고 해도 프랑스는 혁명을 통해서 한 명의 출생도 잃지 않았을 것이다. 물론 프랑스로서는 죽은 250만 명에 대해 슬퍼해야 할 정당한 이유는 있지만, 그렇다고 그 자손에 대해서까지 슬퍼할 이유는 없다. 왜냐하면 이 250만 명이 국내에서 살아남았다고 가정한다면, 현재 프랑스에 생존하고 있는 다른 부모에게서 태어난 그것에 비례하는 아이들은 결코 세상에 태어날 수 없었을 것이기 때문이다. 유럽에서 가장 통치가 잘되고 있는 나라에서도 만약 세상에 태어나는 것을 저지당한 후손을 애도해야 한다면, 우리와 같은 처지에서 언제나 상복을 입고 슬픔에 잠겨 있어야 할 것이다.

어떤 나라에서도 사망에서 비롯된 결원은 출생으로 보충되곤 하지만, 그렇다고 이것이 인명을 함부로 희생시켜도 된다고 변호하는 구실이 될 수는 없다는 것은 도덕적 관점에서 볼 때 분명하다. 이런 경우에 저질러지는 죄악, 살아남은 주민이 겪는 고통과 궁핍, 광범위한 황폐와 불행은 인구 결원이 재빨리 회복되리라는 이유만으로 결코 보상되는 것은 아니다. 가장 절박하게 필요한 때가 아니라면 활기차게 생을 영위하는 인명과, 그와 똑같은 숫자의 기댈 곳 없는 아이를 맞바꿀 어떤 도덕적, 정치적 권리도 우리가 갖고 있지 않다.

또한 주의할 점은 비록 수적 측면에서 프랑스 인구가 혁명으로 인해 큰 타격을 받지는 않았을지 모르지만, 그 줄어든 인구가 우리가 계산한 바에 어느 정도 가깝다면 프랑스의 군사력은 타격을 받을 수밖에 없다. 지금 프랑스 인구는 여성과 아이가 평소보다 엄청나게 많고 징병 대상이 되는 미혼자 수는 아주 눈에 띄게 줄어든 게 분명하다. 이 사실은 이미 접수된 주지사 보고서를 통해 입증되었다.

남자 부족이 한 나라 인구에 근본적인 영향을 미치기 시작하는 것은 본래 독신자 무리가 모두 없어지고 해마다 청춘기에 접어드는 남자 수에서부터 한 해 일반적인 혼인율을 충당할 수 있는 인원수를 공제한 나머지 수가 한 해 수요를 채우지 못했을 때이다. 전쟁이 끝날 즈음 프랑스는 아마 이런 시점과는 상당한 거리가 있었을 것이다. 그러나 여성과 아이 비율이 증가하고 징병 대상 남자가 현저하게 줄어들고 있는 현재와 같은 인구에서는, 만약 프랑스가 한때 시도했던 것과 같은 대규모적인 활동을 되풀이한다면 인구 원천을 고갈시킬 게 뻔하다.

어느 시대에나 프랑스에서는 혼인율이 높다는 것과 아이 수가 많다는 것 때문에 총인구 대비 징병 대상 남자 비율은 언제나 낮았다. 네케르는 이런 점을 특히 주목했다. 농민들의 극심한 곤궁의 결과 3~4세 이하 유아 사망률이 놀랄 만한 정도로 나타나며, 그리하여 아이 수는 어른 수에 비해 언제나 지나치게 높은 비율을 보이게 될 것이다. 이런 경우 100만 명은 민중 생활이 비교적 부유한 나라의 100만 명에 비해 똑같은 병력도 노동력도 보이지 못할 것이라고 당연하다는 듯이 말한다.

혁명 전 스위스는 같은 시대의 프랑스에 비해 총인구에서 훨씬 더 높은 비율로 성인을 전쟁터에 보냈으며, 또한 성인에게 적합한 일자리 수도 훨씬 많았던 것이다.

에스파냐 인구에 대해서는 타운센드(Townsend)의 귀중하고 흥미진진한 에스파냐 여행기를 추천한다. 독자는 그 속에서 인구 원리가 아주 적절하게 예증되고 있는 것을 발견할 수 있을 것이다. 나는 특히 1장(章)을 할애하여 이 나라를 논해보려고 했지만, 책 내용이 너무 장황해질 우려가 있을 뿐 아니라, 이런저런 나라에서 추출되는 추론이 결국 똑같은 것으로 귀착될 수밖에 없으니 되풀이한 것을 다시 되풀이하는 꼴이 될까 저어해서 그렇게 하지는 않았다. 그 밖에 타운센드가 애써서 만든 잘된 작품에 덧붙일 아무것도 가지고 있지 않다.

7. 프랑스 경우 (2)

공화력 9년을 기준으로 작성된 보고서와 1813년 이후 정부에서 발표한 몇몇 보고서에 나타난 출생률은 내가 예상했던 것보다는 낮지만 이 때문에 앞선 장에서 말한 추산과 가정을 바꾸는 것은 옳지 않다고 생각했다. 왜냐하면 첫째, 그런 보고는 혼인 장려와 출생률이 최대였다고 생각되는 혁명 초기 상황이 빠져 있으며, 둘째, 그것들은 앞선 장에서 설명하고자 했던 중대한 사실인 프랑스 인구는 혁명 기간 중 사망자가 잇달아 나왔음에도 불구하고 조금도 감소되지 않았다는 사실을 충분히 입증하고 있다고 생각하기 때문이다. 이런 주요 사실은 출생률 증가보다는 사망률의 감소에서 비롯된 것이었을 수도 있다.

공화력 9년에 나온 보고서에 따르면 총인구 대비 출생과 사망 및 혼인 비율은 다음과 같다.

출생	사망	혼인
33 : 1	38.5 : 1	157 : 1

그러나 이것들은 겨우 1년 동안의 비율에 지나지 않으므로 이것을 근거로 하여 어떤 정확한 추론을 이끌어낸다는 것은 어려운 일이다. 또한 이런 비율들은 출생과 사망 및 혼인 비율이 언제나 낮았던 옛 프랑스 인구보다도 300만~400만이나 많은 인구에 적용된다. 또한 《의사록 요약》 중 어떤 설명에 따르면 등록부가 그렇게 신중하게 기록되지 않았을 것이라고 하는데, 그럴 수 있는 일이다. 그런 사정하에서 기록되었다면 그 비율은 숫자상에 나타난 의미를 입증한다고는 결코 볼 수 없다.

푸셰가 《논문집》에 이어 출간한 《통계학 입문》에 따르면, 공화력 11년에 출생 대 인구 평균비율을 확인하기 위해 샤프탈(Chaptal)의 지휘하에 조사가 실시되었다. 그런데 이 조사가 공화력 9년 보고 직후에 이루어졌다는 사실은 정부 당국이 공화력 9년 보고를 정확하다고 생각하지 않았음을 입증한다. 조사 목적을 이루기 위하여 프랑스 전체에서 가장 정확한 보고를 할 수 있을 것으로 생각되는 30개 코뮌[1]을 선정했다. 공화력 8년과 9년, 10년 보고서에서는 출생률 28.35 : 1, 사망률 30.09 : 1, 혼인율 132,078 : 1이었다.

푸셰는 인구 대비 출생 비율이 여기에서는 종전 추산보다도 훨씬 더 높음을 인정하고 있지만, 이것은 실제 조사에서 얻어진 것이기에 우선적으로 채택해야 한다고 생각한다.

1813년 정부가 발표한 보고에 따르면, 옛 프랑스 인구가 2878만 6911명인데, 이것을 공화력 9년도 추산 인구 2800만 명과 비교해 본다면 1802~13년 사이 11년 동안 약 80만 명이 증가된 셈이다.

혼인에 관한 보고서는 하나도 없고 출생과 사망에 대한 보고서는 다만 50개 주에서 제출했다.

이들 50개 주에서는 1802~11년 10년 동안 출생자 총수 547만 8669명, 사망자 총수 969만 6857명이다. 이것은 인구 1671만 719명과 비교해 본다면 출생률 30.5 : 1, 사망률 35.5 : 1이다.

이들 50개 주가 조사 대상으로 선택된 것은 이 주들이 가장 많이 증가되었기 때문이라고 상상해도 무방하다. 사실상 이들 50개 주는 공화력 9년도 계산 이래로 전국적인 증가 숫자를 거의 전부 포함하고 있다. 따라서 다른 주의 인구는 거의 정체 상태에 있었을 것이다. 또 혼인에 관한 보고가 공표되지 않은 이유는 그 보고가 만족스럽지 않았을 뿐만 아니라, 혼인 감소와 사생아 증가를 보여주었기 때문이라고 추측해도 잘못은 아닐 것이다.

이들 보고와 이에 따르는 여러 사정을 근거로 판단해 본다면 다음 결론을 내릴 수 있을 것이다. 혁명 전 출생률이 실제로 어느 정도였는지 또는 그 후 6~7년 동안 '조혼(早婚)'에 관한 문제가 《의사록 요약》에 나오며 《통계학 입문》

---

1) 도시 자치 단체. 행정·사법의 권한까지 행사.

에서는 출생률이 21 : 1, 22 : 1, 23 : 1이라고 나왔던 시대의 출생률이 실제로 어느 정도였든지 간에 오늘날 출생률과 사망률 및 혼인율은 모두 이전의 추정 비율보다 낮다.

만약 이를 사실이라 인정한다면 당연한 결과로서 혁명 전 인구 추산은 부정확한 것이 아닌가, 그리고 1792년 이후 인구는 조금도 증가되지 않고 오히려 감소된 것이 아닐까 하는 의문이 생겨난다. 이에 대해서 나는 명백히 아니라고 단언한다. 앞서 여러 장에서 기술한 것처럼 출생과 사망 및 혼인 비율은 나라에 따라 차이가 크고, 같은 나라에서도 시대와 사정에 따라 차이가 크다는 것을 믿을 만한 유력한 근거가 있다.

스위스에서 나타난 이런 종류의 변화는 거의 확실하다. 또한 영국에서도 건강이 증진되면서 그와 비슷한 결과를 낳은 것은 의심할 수 없는 사실이다. 그리고 만약 우리들이 이 문제에 관해서 수집할 수 있는 최상의 전거(典據)를 조금이라도 신뢰한다면, 유럽의 거의 모든 나라에서 사망률이 지난 1~2세기 동안 감소했다는 사실은 의심할 수 없으리라. 그러므로 출생과 사망 및 혼인 비율이 떨어지는데도 똑같은 인구수가 유지되었다거나 명백히 증가되었다는 사실이 있더라도 그런 사실만으로 놀랄 것은 없다. 문제는 다만 지금 프랑스 상황에서 그런 변화가 있을 수 있다고 생각할 수 있느냐이다.

그런데 혁명 전 프랑스 하층계급 상태가 아주 비참했다는 사실은 널리 알려진 바이다. 영국의 하루 임금이 약 17펜스였을 때 프랑스는 약 20수(10펜스)였으며 동일한 품질의 밀 가격도 양국 간에는 차이가 없었다. 따라서 아서 영은 혁명 발발 시 프랑스 노동계급 가운데 "76퍼센트는 영국 노동계급보다 식량과 의복이 형편없었으며, 부양도 제대로 받지 못했다"고 말한다. 그의 말에 과장된 점이 없지는 않지만, 또한 사실상의 물가 차이를 충분히 고려하지 않았다는 문제점이 있으나 그의 저서는 어느 장에서든 그즈음 프랑스 노동계급의 빈곤 상태를 묘사해 주고, 또한 인구가 생존자원 한계에까지 바싹 다가가고 있음을 암시하는 서술로 가득하다.

또한 프랑스 농민 상태가 혁명과 국유지 분할을 통해서 결정적으로 개선되었다는 사실도 잘 알려져 있다. 이 문제를 이야기하는 모든 저술가들은 일부는 경작지 확장을 통해서, 일부는 군대 수요를 통해서 노동임금이 엄청나게 올라가게 된 것에 주목했다. 푸셰의 《통계학 입문》에 따르면 식료품 가격에는 변동이 없는데도 평균임금은 20수에서 30수로 올랐다고 한다. 버벡(Birbeck)은 그의 최근 저작인 《프랑스 농촌 여행기》에서 식사가 제공되지 않는 임금이 하루 20펜스이며, 모든 식료품 가격은 영국의 반값도 되지 않는다고 말한다. 이런 비율을 통해 산출한다면 프랑스 노동자는 영국 노동자가 하루 3실링 4펜스로 살 수 있는 것과 같은 양의 생활필수품을 구입할 수 있다. 그러나 영국의 보통 하루 임금이 아직도 3실링 4펜스까지 뛰어오른 적은 한 번도 없다.

이런 서술에 다소 문제가 있어도 프랑스 하층계급 생활 상태가 눈에 띄게 개선되었다는 것은 분명한 사실이다. 그러나 빈곤에서 느끼는 압박에서 벗어난다는 것이 사망률 감소 없이 이루어진다는 것은 물리적으로는 거의 불가능하며, 만약 사망률이 감소되면서 인구가 급격하게 증가되지 않았다면 필연적으로 출생률이 감소될 수밖에 없다. 1802~13년 10년 동안 인구는 증가했지만, 그 속도는 매우 완만했던 것으로 보인다. 따라서 그런 사정을 근거로 판단해 본다면 출생과 사망 및 혼인 비율은 감소했거나 전체적으로 억제되었다고 결론지을 수 있다. 인구 증가율과 기후의 자연적 건강성, 그리고 도시와 제조업의 상태 등이 거의 동일하다고 인정되는 두 나라 중에서, 빈곤의 압박이 보다 더 강한 나라에서 출생과 사망 및 혼인 비율이 보다 더 높아진다는 명제처럼 논쟁의 여지가 없는 것도 없다.

그렇다면 예전부터 상상해 온 것처럼 1802년 이래 프랑스 출생률이 30 : 1 이라고 해서 네케르가 25 3/4 대신 30을 적용한 것이 반드시 옳다고 볼 수는 없다. 만약 혁명 전과 후의 프랑스 노동계급에 관한 서술이 다소라도 사실에 가깝다면 두 시기의 인구 증가 속도는 거의 동일했던 것처럼 보이기 때문에, 현재 출생률은 네케르가 집필하던 시대에는 적용할 수 없다. 그와 동시에 그가 너무 낮은 비율을 적용한 것도 있을 수 없는 일은 아니다. 어떤 사정이 있더라도 프랑스 인구가 1785~1802년 사이에 2550만 명에서 2800만 명으로 증가했다고는 믿기 어렵다. 그러나 만약 출생률이 그즈음 25 3/4 : 1이 아닌 27 : 1이었다고 인정한다면, 이는 가능성이 있는 범위 내에서 최대 수치이지만, 1785~1813년 동안 약 200만 명이 증가한 셈이다. 물론 이런 증가는 영국에서 나타난 증가율에는 훨씬 미치지 못하지만, 인구 원리의 힘은 가장 강력한 장애도 극복할 수 있음을 충분히 보여주고 있다.

혁명이 시작된 후 첫 6~7년 동안 나타난 출생 증가 문제에 관해서는 영원히 어떠한 해결책도 찾을 수 없을 것으로 보인다.

그즈음 혼란스러운 사정하에서 등록부를 질서 정연하게 관리했으리라고는 생각할 수 없다. 그뿐만 아니라 그것은 공화력 9년에는 자료조차 모으지 못했으므로 그것이 그 뒤에 완전무결한 형태로 발표될 기회는 없었다고 볼 수 있다.

1825년(덧붙임)

이 책 최신판이 발간된 후, 프랑스 인구에 관한 보다 더 상세한 사항이 발표되었다.

1814년과 15년에 결정된, 프랑스 영토 경계선 안에 포함되는 영역 전체를 대상으로 1817년 이래로 출생·사망·혼인에 관한 정규적인 보고가 발표되고 있으며, 1820년에는 인구조사가 실시되었다.

1825년 경도국(經度局 : Bureau des Longitudes)의 연보에는 1822년까지 6년 동안 출생과 사망 및 혼인 숫자가 표시되어 있는데 총수는 다음과 같다.

출생	사망	혼인	사망 대비 초과 출생
5,747,249	4,589,089	1,313,502	1,158,160

연평균은 다음과 같다.

출생	사망	혼인	사망 대비 초과 출생
957,875	764,848	218,917	193,027

각 도(道)의 조사에 따르면 1820년도 인구는 3045만 1187명이었다.

이런 숫자에서 산출한다면 총인구 대비 한 해 출생률은 31.79 : 1, 거의 32분의 1이고 한 해 사망률은 39.81 : 1, 거의 40분의 1이며, 총인구 대비 혼인율은 139 : 1, 출생 대비 사망 비율은 125.23 : 100, 거의 5 : 4이며, 출생 대비 혼인 비율은 4.37 : 1이다. 적자(嫡子) 대비 사생아 비율은 14.6 : 1, 여아 대비 남아 비율은 15 : 16, 사망 대비 초과 출생자 수와 총인구 비율(보고에 오류가 없다면 인구 증가율을 결정하는 비율)은 1 : 157이다.

1822년까지 6년 동안 출생과 사망 및 혼인을 기록한 보고서가 과연 어느 정도까지 정확한가에 대해서는 단언할 수 없다. 이 보고들은 겉보기로는 괜찮은 규칙성을 지니고 있다. 그러나 겉보기로는 그것과 똑같이 규칙적인 영국 등록부에도 출생과 사망자 수가 엄청나게 많이 빠져 있음을 알 수 있다. 이 사실은 두 차례에 걸친 조사 기간 중 사망 대비 초과 출생자 수가 이 조사를 통해서 산출된 인구 증가에 훨씬 미치지 못한다는 사정을 통해서 증명된다. 지난 25년 동안 프랑스에서 실시된 조사는 영국에서 실시된 조사처럼 불규칙적인 데다 충분히 믿을 만한 것도 아니었다. 그러나 앞서 이야기한 대로 1813년 조사와 1820년 조사를 비교할 수 있다. 따라서 만약 두 조사 결과가 모두 같은 정도로 사실에 가깝다면, 1813~20년 7년 동안 프랑스 인구 증가는 사망 대비 초과 출생자 수를 통해 산출한다면 1822년까지 6년 동안의 증가보다도 훨씬 더 빠르게 증가했음을 보여줄 것이다. 앞서 이야기한 대로 6년 동안 초과된 총수는 115만 8160명, 연평균은 19만 3027명인데, 이것을 평균 인구, 1820년 인구에서 1년 동안 증가한 수를 공제한 것과 비교한다면 한 해 증가율은 약 1 : 156이다. 그리고 한 해 동안 사망자 대비 초과 출생자 수 인구 비율은 본서 제2편 11장 끝에 있는 〈표 2〉에 따르면 약 108년 만에 인구를 2배로 늘릴 수 있는 비율이다.

또 한편 1813년 옛 프랑스 인구는 2878만 6911명이기 때문에 그 7년 동안 인구의 차이 또는 증가는 166만 4276명이며, 한 해 평균 증가는 19만 3026명이 아니라 23만 7753명이다. 그리고 이런 한 해 동안의 증가 인구를 그 7년 동안 평균 인구와 비교하면 1 : 156이 아니라 1 : 124이다. 이 증가율은 108년이 아니라 약 86년 만에 인구를 2배로 늘리는 비율이다. 이로 미루어볼 때 1822년까지 6년 동안 출생과 사망에 관한 보고서에는 빠진 게 상당할 것으로 생각된다. 실제로 이 두 조사가 똑같은 정도로 사실에 가깝다면 1817년 이전 3년 동안 출생률이 눈에 띄게 바뀌었다고 볼 흔적은 없기 때문에, 프랑스 등록부는 비록 똑같다고는 할 수 없어도 영국 등록부와 마찬가지로 수정이 필요하다. 다음 장에서 영국과 웨일스 출생 보고에는 6분의 1, 사망 보고에는 12분의 1 정도가 빠진 것으로 가정했다. 물론 이런 정도 수정을 프랑스 등록부에 적용한다면 1813~20년까지 인구 증가를 설명하는 데 필요한 숫자를 넘어설 수도 있다. 그러나 만약 출생 누락을 10분의 1, 사망 누락을 20분의 1로 가정한다면, 출생 대비 인구 비율은 29.1 : 1, 사망 대비 인구 비율은 38.1 : 1이다. 이런 비율에서 산출한다면 한 해 동안 사망을 초과하는 출생 인구 비율은 1 : 123보다조금 높고, 또한 이것에다 외국의 소수 사망자 수를 고려한다면 1813~20년까지 프랑스에 나타났던 것과 동일하게 2배로 늘어난 기간과 증가율을 나타낼것인데, 이것은 두 조사가 같은 정도로 사실에 가깝다고 가정했을 때 이야기이다.

이처럼 출생과 사망에 관한 보고서에서 빠진 부분을 참작하더라도 사망률은 종전에 수집된 어떤 등록부에서보다도 낮으며 출생률 또한 혁명 전이나 앞서 말한 것처럼 공화력 8, 9, 10년에 제출된 30개 주 보고서에 비해 낮다고 볼수 있다. 그리고 9년도 일반 보고서에는 빠진 것이 엄청나게 많으며, 1813년 50개 주 보고서에서 빠진 부분이 그 뒤 등록부에서 빠진 부분보다 더 적다고 믿을 만한 충분한 이유가 있기 때문에, 인구는 근년에 증가되었음에도 출생률은도리어 감소하고 있다고 추정할 수 있다. 이런 인구 증가율은 혁명 이후 노동계급 생활 상태가 개선되고 동시에 백신접종 실시에서 비롯된 사망률 감소의결과인 것 같다. 이런 사실은 인구 증가율 상승은 출생률 감소와는 전혀 충돌되지 않고 이루어질 수 있으며, 출생률 감소는 어떤 이유에서든 결국 사망률이 감소할 때 쉽게 이루어짐을 보여주고 있다.

저마다 다른 시기에 여러 나라 인구를, 출생 증가를 근거로 측정할 때 자칫저지르기 쉬운 잘못으로 다음 사실을 들 수 있다. 네케르에 따르면 1780년까지6년 동안 한 해 평균 출생자 수는 95만 8586명지만, 1822년까지 6년 동안 한해 평균 출생자 수는 앞서 말한 것과 같이 95만 7875명이다. 그러므로 출생자수를 근거로 인구를 추정한다면 42년 동안 인구는 증가된 것이 아니라 감소된것인데, 실제 조사 결과에 따르면 이 기간 동안 약 400만 명이 증가되었다고 믿을 만한 충분한 이유가 있다.

8. 영국 경우 (1)

　우리는 영국 사회 상태를 그렇게 상세하게 살펴보지 않고서도 인구에 대한 예방적 억제가 모든 계급을 통하여 상당한 정도로 보급되어 있는 것을 인정하게 된다. 주로 도시에 거주하는 상류계급 사람들은 이성과 불륜 관계를 가지기 쉬워서 혼인에 대한 흥미를 잃어버리는 경우가 많다. 또한 다른 사람들은 가정을 가지게 되면 지출을 줄여야 하며, 생활의 즐거움을 포기해야 한다는 사실을 염려하여 혼인에 대한 생각을 단념하게 된다. 물론 재산이 충분히 있다면야 그런 염려는 할 필요도 없을 것이나 하층계급으로 내려갈수록 이렇게 미리 앞일을 더 절실히 생각하게 된다.

　교양교육 덕분에 신사계급과 겨우 교제할 수 있는 정도의 수입을 가진 사람은, 결혼을 하고 가정을 이루면 종전의 교제를 모두 끊어버릴 것을 굳게 각오해야 한다. 교양 있는 인사가 배우자감으로 선택하는 여자는 자신과 똑같은 관습과 감정 속에서 자라왔으며, 또한 혼인을 통해 신분이 바뀌는(보잘것없는 신분으로 떨어지는) 사회와는 완전히 다른 사회에서 서로 다른 사람들과의 교제에 익숙해진 사람이다. 자기가 사랑하는 여자가, 그녀의 익숙한 관습과 기호에는 전혀 어울리지도 않는 위치로 떨어지는 데 쉽사리 동의할 수 있는 남자는 세상에 없다. 세상 사람들은 정규교육이 끝나고 더 이상 교육을 받지 않게 되는 상황에서 사회계층이라는 사다리를 두세 단계 내려가는 것을 터무니없는 망상이 아니라 참된 죄악으로 생각할 것이다. 만약 교제가 필요하게 되면 그것은 바로 자유롭고 평등하며 서로에게 이득이 되어야 하며, 결코 후원자를 찾는다거나 가난한 자가 부유한 자에게 의존하려 드는 그런 식은 안 된다.

　이런 염려 때문에 많은 젊은이들이 일찍 결혼하는 것을 단념하고 있다. 물론 정욕에 사로잡힌다거나 판단력이 미약하다면 그런 염려는 하지 않을 수도 있다. 또한 도덕적 사랑과 같은 정열의 즐거움으로도 때로는 그것에 따르는 모든 해악을 보상할 수 없다는 사실은 정말 비참하다. 그러나 생각건대 그런 혼인의 결과가, 흔히 신중한 태도를 보이는 사람들의 예언이 어긋나기보다는 오히려 정당성을 증명한다는 사실을 인정해야 할 것이다.

상인과 농민의 아들에게는 되도록 혼인하지 말라고 충고한다. 그리고 일반적으로 그들이 일가를 부양할 수 있는 장사나 농장 일자리를 얻을 때까지는 이런 충고에 따라야 한다고 생각한다. 그런데 그들은 나이를 꽤 먹고 나서야 일가를 부양할 수 있는 장사와 농장 일자리를 얻을 수 있다. 농장이 부족하다는 것은 널리 불평의 근원이며, 또한 모든 종류의 장사에서는 경쟁이 아주 심하기 때문에 모두가 성공할 수는 없다. 다른 어떤 사회 부분보다 회계사무소 사무원과 나머지 모든 종류의 상업과 자유직업 경쟁자들 사이에서 특히 인구 증가에 대한 예방적 억제가 널리 이루어지고 있음은 있을 수 있는 이야기이다.

하루에 18펜스~2실링을 벌어서 독신자로 안락하게 살아가는 노동자는 이 한 사람 몫으로도 충분치 않은 쥐꼬리만 한 수입을 너덧 사람에게 나눠줘야 하는 경우에 마주친다면 분명히 머뭇거릴 것이다. 비록 임금이 아무리 적고 노동이 아무리 힘들어도 사랑하는 이를 위해서라면 기꺼이 참을 수도 있다. 그러나 만약 대가족을 거느리고 있는 데다 불운한 일이라도 닥치면 아무리 절약하고 땀 흘려 일하더라도 결국 두 눈 뜨고 자식이 굶어 죽는 꼴을 보거나 교구에다 자식에 대한 부양을 맡겨야 할 어려움에 부닥칠 것을 각오해야 한다. 독립심이란 어느 누구도 그것이 사라져 없어지는 것을 원치 않는 감정이다. 그런데 영국 구빈법은 독립심을 점차로 약화시켜 마침내 완전히 없애버리는 가장 유력한 제도라고 할 수 있다.

부잣집 하인들이 온갖 어려움을 무릅쓰고서라도 혼인을 하기 위해서는 훨씬 더 크고 강력한 억제를 돌파해야 한다. 그들은 생활필수품과 편의용품을 거의 주인과 같은 정도로 가지고 있다. 노동계급이 하는 일과 먹는 것에 비하면 그들이 하는 일은 훨씬 편할 뿐 아니라 먹는 것도 사치스럽다. 또한 주인이 자신들에게 모욕을 줬다고 느끼면 언제라도 주인을 바꿀 수 있다고 생각하기 때문에 의존심도 희미하다. 이렇게 그들의 현재 지위는 안락하지만 만약 혼인이라도 하게 된다면? 상업과 농업을 꾸려나갈 만한 지식도 자본도 없고, 그렇다고 하루하루 노동으로 생존자원을 버는 것에도 익숙지 않으며 따라서 그런 일도 할 수 없다면, 결국 그들의 유일한 피난처는 나이 들어서 행복을 가져다 줄 것이라는 전망이 전혀 없는 보잘것없는 선술집뿐이다. 그러므로 그들 대다수는 장래 어두운 그림자에 위협을 느껴 지금 그대로 독신 생활에 만족하게 된다.

만약 이런 영국 사회에 대한 묘사가 사실에 가깝다면 인구에 대한 예방적 억제는 사회 모든 계급을 통해서 상당하게 작용하고 있다고 말할 수 있다. 그런데 이런 관찰은 1800년 통과된 인구법의 결과로 제출된 등록부 초록(抄錄)을 통해서 좀 더 분명하게 입증된다.

이 초록 내용을 보면 영국과 웨일스의 한 해 혼인 수 대비 총인구 비율은 1 : 123 1/5인데 이미 논술된 여러 나라 중 노르웨이와 스위스를 제외한다면 이보다 혼인율 낮은 나라는 없다.

이전 세기(17세기) 초에 쇼트(Short) 박사는 이 비율을 약 1 : 115라고 추산했다. 이런 계산은 그즈음으로서는 정확했던 것 같다. 그런데 상업과 농업의 급속한 발전에 따라 인구는 종전의 어느 때보다 빠르게 증가되었음에도 현재 혼인율이 감소된 사실은 한편으로는 근년에 나타난 사망률 감소의 원인이자 다른 한편으로는 그 결과이기도 하다.

최신 인구법의 결과로 나온 혼인 보고서는 등록부의 다른 어떤 부분보다도 의심스러운 점이 적다고 생각한다.

쇼트 박사는 자신의 저서 《도시와 농촌 사망률 통계표에 관한 새로운 고찰》에서 말한다. "우리나라의 어떤 저명한 판사의 관찰에 찬성하여 인류 성장과 증식은 인류 특성에 내재하는 어떤 것보다 오히려 민중이 일가 부양에 몹시 성가시고 비용이 드는 것을 두려워하여 혼인을 회피하려는 경계심과 같은 곤란 때문에 저해되는 때가 많다고 단언할 수 있다." 또한 그는 이런 견해를 근거로 독신자에게 세금을 무겁게 매기고, 그것으로 기혼 빈민 구제에 충당해야 한다고 제안한다.

출생을 저지당하는 인원수에 관한 이 저명한 판사의 관찰은 전적으로 타당하지만, 독신자에게 형벌을 내려야 한다는 추론은 평등에 어긋난다고 생각한다. 실제로 우리 영국에서는 자연적인 인구 증가력이 전폭적으로 작용할 수 있는 정도까지는 아직 나아가지 못하고 있다. 그러나 대가족을 부양하기에 부족한 임금과 빈곤에서 직간접적으로 비롯되는 사망률을 생각하는 동시에 또한 여기에다 대도시와 공장 및 교구 구빈원에서 요절(夭折)하는 아이 무리를 더하여 생각한다면 어떨까. 만약 한 해 출생자 수가 이와 같은 요절에 의하여 격감하지 않는 한 장차 성장한 증가 인구에게 일자리와 식량을 마련해 주기 위해서는 영국 노동유지기금은 이 나라에서 일찍이 볼 수 없었던 급격한 속도로 증가되어야 할 것이라는 사실을 받아들여야 한다.

따라서 독신자와 만혼자도 그런 몸가짐을 가졌다고 해서 실제 인구를 감소시키는 데 조금도 이바지하지는 않으며, 다만 이른 나이에 사망하는 사람의 비율을 감소시키는 데 그칠 뿐이다. 그러므로 이런 관점에서 본다면 결코 엄한 문책과 처벌을 받아야 할 이유는 없다.

출생과 사망에 관한 보고서에 빠진 것이 있다고 생각하는 데는 충분한 근거가 있다. 따라서 총인구 대비 출생과 사망 비율을 정확하게 추산해 내는 것은 어렵다.

영국과 웨일스의 현재 인구를 1800년까지 5년 동안의 평균 사망자 수로 나누면 사망률은 겨우 49 : 1이지만, 대도시와 공장 수를 감안한다면 이것은 너무 낮은 비율이라서 사실과는 거리가 멀다.

영국 농촌인구 대비 도시인구 비율은 어떻게 되든 간에 본토의 남부 지방 3 : 1 비율보다는 큰 여러 주들과 맞먹는 것은 확실한데, 그 비율이 실제로 2 : 1을 넘어섰다고 믿을 만한 이유가 충분히 갖추어져 있다. 따라서 크로메의 표준에 따르면 사망률은 30 : 1이며, 쥐스밀히에 따르면 사망률은 33 : 1을 넘어서야 할 것이다. 《인구법 결과에 관한 고찰》에는 매장 등록부에 누락이 발생한 여러 원인을 지적하고 있지만, 이 누락 합계에 대해서는 아무런 숫자도 제시하지 않았으며, 따라서 나 또한 그런 숫자를 제출할 어떤 자료도 없다. 그러므로 만약 이런 누락된 총수가 현재 한 해 사망률이 40 : 1과 거의 비슷하다면, 이것은 이 나라 현실에서 생각해 볼 때 우리들이 상상할 수 있는 가장 낮은 사망률이며, 만약 이것이 사실이라면 그것은 영국이 신중한 태도와 청결을 존중하는 풍습에서나 환경의 자연적 건강성에서 다른 여러 나라들보다 훨씬 더 앞서 있음을 나타낸다는 것을 지적하고자 한다.

사실 사망률을 떨어뜨리는 경향이 있는 위 두 가지 원인이 이 나라에서 상당한 정도로 작용하는 것은 거의 확실하다. 앞서 말한 것처럼 한 해 혼인율이 낮다는 것은 구빈법이 있음에도 불구하고, 사회 복지에 아주 유리한, 신중하게 사리를 분별하는 습관이 사회 전반에 퍼져 있음을 보여준다. 그런데 영국 지방 교구가 일반적으로 건강에 매우 적합하다는 사실은 아주 명백한 증거를 통해 알려지고 있다. 프라이스 박사는 퍼시벌(Percival) 박사가 여러 교구 목사들을 대상으로 한 적극적인 조사를 통해서 얻은 보고를 인용하는데, 이것에 따르면 일부 마을에서 한 해 사망자 수는 45분의 1, 50분의 1, 60분의 1, 66분의 1 내지 75분의 1에 지나지 않는다. 이들 교구 중 많은 곳에서는 출생 대비 사망 비율이 2 : 1 이상이며, 또한 어떤 교구에서는 3 : 1 이상이다. 그러나 이것은 이례적인 것이므로 이를 전국 농촌에 적용할 수는 없다. 일부 평지, 그중에서도 습지와 가까운 곳에서는 이 비율 차이가 꽤 커서 심지어 사망이 출생을 초과하는 곳도 몇 군데 있다.

쇼트 박사는 일부러 환경이 아주 다른 교구 54개를 택하여 그곳 등록부를 수집했는데 그것에 따르면 평균사망률은 37 : 1로 높다. 이것은 현재 영국의 일반 농촌 교구 사망률보다도 확실히 훨씬 더 높다. 쇼트 박사가 선택한 기간 동안 아마 보통 때보다 더 맹렬하게 퍼져가는 유행병이 있었을지도 모른다. 그러나 유행병이 창궐하는 기간은 언제나 계산에 넣어야 하며, 만약 그렇지 않으면 큰 오류에 빠질 위험성이 있다. 쥐스밀히가 조사한 브란덴부르크 1056개 마을의 사망률은, 평온했던 6년 동안은 43 : 1, 평온했던 해와 시끄러웠던 해가 뒤섞인 10년 동안은 약 38.5 : 1을 나타내고 있다. F. M. 이든(Eden) 경이 이야기하는 영국 마을의 사망률은 대략 47~48 : 1인 것처럼 보이는데, 인구법 결과로 작성된 최근 보고에서는 이것보다도 훨씬 더 좋은 건강 상태가 나타나고 있다. 이런 관찰을 종합하여 만약 46~48 : 1이 질병이 창궐하는 계절을 포함한 농촌의 평균사망률이라고 본다면 이것은 있음직하다고 생각되는 가장 낮은 사망률일 것이다. 그러나 영국 전체 평균을 얻기 위하여 여기에 도시와 공업지대 사망률을 더한다면 그 비율은 40 : 1로 올라갈 수도 있다.

프라이스 박사에 따르면 영국 주민 대다수를 포함하는 런던 사망률은 그가 조사한 그즈음에는 20 3/4 : 1이며, 노리치는 24 : 1, 노샘프턴은 26.5 : 1, 뉴베리는 27.5 : 1, 맨체스터는 28 : 1, 리버풀은 27.5 : 1이었다. 박사는 맨체스터와 리버풀, 기타 대도시에서 볼 수 있는 것처럼 한 해 도시 사망자 수는 사망률이 가장 낮은 연령에 있는 사람들이 밀려들어 인구를 급격하게 증가시키지만 않는다면 28 : 1로 낮게 나타나는 경우는 거의 없다고 말한다. 대체로 그는 사망률은 대도시의 경우 19 : 1~22 또는 23 : 1, 중소도시는 24~28 : 1, 지방 마을은 40~50 : 1이라고 본다.

이런 서술을 두고서 프라이스 박사는 도시의 비위생성을 과장하는 경향이 있다고 이의를 제기할 수도 있다. 그러나 이런 이의는 오직 런던에만 해당된다. 수록된 다른 도시들에 대한 기록은 박사 자신의 견해로는 좌우할 수 없는 문서를 바탕으로 얻은 것이다. 하지만 비단 런던뿐만 아니라 영국 다른 도시나 심지어 농촌에서도 이런 추산이 행해지던 그즈음이 현재보다 건강 상태가 좋지 않았다고 믿을 만한 충분한 이유가 있음을 기억하기 바란다. 윌리엄 헤버든(William Heberden) 박사는 프라이스 박사가 런던 생존율 산출 자료로 삼은 1759~68년까지 10년 동안 등록부는 최근 등록부보다 훨씬 더 좋지 않은 건강 상태를 나타내고 있다고 말한다. 그리고 인구법을 근거로 작성된 보고서는 비록 매장 등록부에 누락된 게 많다고 해도 우리나라 모든 지방 도시와 시골의 건강 상태가 종전에 비해서는 훨씬 더 좋아졌다는 사실을 보여준다. 그와 동시에 나는 《인구법 결과에 관한 고찰》에 기재되어 있는 31 : 1이라는 런던 사망률은 사실보다는 낮은 것으로 생각할 수밖에 없다. 누락된 매장 숫자는 아마 5000을 넘을 것으로 생각하며, 종군(從軍)이나 상거래를 위하여 다른 곳으로 나간 사람 수에도 충분히 주의를 기울이지 않고 있다. 그러나 사망률이 얼마나 되는가를 추산하는 데는 오직 현재 살고 있는 인구만을 계산에 넣어야 한다.

대도시나 보통 정도 도시에서도 특히 아이들을 해치는 위해 요소가 잠재해 있는 것 같다. 또한 그 사회에서 사망률이 가장 높은 부분은 그 원인이 일반적으로 당연히 도시 생활에 따르는 고도의 사치와 방탕보다는, 아이들의 허약한 폐(肺)에 해롭다고 생각되는 답답하고 혼탁한 공기와 아이들이 거의 빠짐없이 경험하게 되는 집단생활에 있음을 보여주는 것 같다. 아주 규칙적이며 평온하게 생활해 가는 건전한 부부도 그들 자녀들을 도시에서도 시골처럼 건강하게 양육하는 일은 어려울 것이다.

예전 조사에 따르면 런던에서는 출생자 반이 세 살 미만에 사망하며, 빈과 스톡홀름에서는 두 살 미만, 맨체스터에서는 다섯 살 미만, 노리치에서도 다섯 살 미만, 노샘프턴에서는 열 살 미만에 사망한다. 이에 반해서 지방 마을에서는 출생자의 반(半)은 30세나 35세, 40세나 46세 그 이상 장수한다. 리(Lee) 박사는 요크셔 애크워스 교구에서 20년 동안 사망한 사람의 모든 연령을 따로 정확하게 계산해 냈는데, 그것에 따르면 주민의 반이 46세까지 생존한 것 같다. 그러므로 만약 사망률이 60~66 : 1, 또는 75 : 1밖에 안 되는 여러 교구 중 어떤 곳에서든 똑같은 방법으로 계산한다면 출생자의 반은 틀림없이 50~55세까지 생존했음을 알 수 있다.

도시 출생아의 반이 생존하는 평균연령 계산은 인구 추산보다는 등록부에 나타난 출생과 사망 수에 따르기 때문에, 그런 계산은 어떤 임의 장소에서의 한 해 사망률 계산보다는 불확실하게 될 우려가 적다.

이 도시 사망률을 통해서 생기게 되는 결원을 보충하며, 또한 증가하기만 하는 모든 인구 수요를 채우기 위해서는 끊임없이 지방에서 보충되어야 하는데, 사실 그런 공급은 지방의 수많은 출생을 통해서 언제나 흘러 들어오는 것 같다. 심지어 출생이 사망을 초과하는 도시에서도 그 고장에서 태어나지 않은 자의 혼인을 통해서 그런 결과를 낳고 있다. 쇼트 박사 추산에 따르면 우리나라 지방 도시 인구 증가가 현재처럼 급격하지 않았던 시대에는 혼인한 자의 19분의 9는 타지 사람이었다. 웨스트민스터 진료소에서 조사해 보니 혼인한 남자 1618명과 같은 수의 혼인한 여자 1618명 중 런던에서 태어난 남자는 329명, 여자는 495명이 전부였다.

프라이스 박사는 사망이 출생을 초과하는 런던과 그 부근 교구는 해마다 1만 명이 충원되어야 한다고 가정했다. 그론트(Graunt)는 그즈음 런던에 대한 보충만도 6000명이라고 추산했으며, 런던시 사망률이 돌림병이나 파괴를 가져온 다른 큰 원인으로 인해 아무리 높아도 손실은 언제나 2년만 지나면 완전히 회복된다고 논한다.

이런 수요는 모두 지방에서 공급되기 때문에 만약 영국 전체 출생 대 사망 비율을 수많은 주민들이 이주하는 지방 교구에서 관찰한 비율을 가지고 추산한다면 커다란 오류에 빠질 것은 분명하다.

그러나 적어도 농업노동의 유지자금이 감소되지 않는 한 우리들은 그런 이주를 통해서 지방 인구가 감소될 것이라고 말하는 프라이스 박사 생각에 동의할 필요는 없다. 출생률과 혼인율이 증명하는 대로 지방 인구 수요는 도시와 공장이 증가되고 있음에도 결코 그렇게 절박하지는 않다.

　영국과 웨일스의 현재 인구를 최근 5개년 동안의 평균 세례 수로 나눈다면 세례를 받은 자 대 인구수 비율은 약 1 : 36이지만, 세례를 받은 사람의 수는 엄청나게 많은 수가 빠졌다고 인정할 수 있다.

　쇼트 박사는 영국에서의 출생 대 인구 비율을 1 : 28으로 추산했다. 서퍽주(州) 농사 보고에서는 출생 대 인구 비율이 1 : 30이다. 최근 보고에 따르면 서퍽 전반에 걸친 출생 대 인구 비율은 1 : 33을 크게 밑돌지는 않는다. 이든 경은 13개 마을을 실제로 조사하여 정확한 보고를 발표했는데, 이것에 따르면 출생 대 인구 비율은 1 : 33이며, 또한 도시와 공업지대 교구에서 얻은 보고에 따르면 1 : 27 3/4이었다. 그런 일체 사정을 모두 종합해 보는 동시에 세상에 널리 알려져 있는 출생 등록부 누락과 근년 인구 증가를 참작하여 출생 대 인구의 실질 비율을 1 : 30으로 가정해 본다. 그렇게 할 때 가령 현재 사망률을 앞서 말한 바대로 40 : 1이라고 한다면 우리들은 최근 보고서에 나타난 세례자 대 사망 비율에 가까운 수치를 얻을 수 있다. 출생 대 사망 비율은 4 : 3 또는 13 1/3 : 10이 되는데, 이 비율은 외국에서 사망한 인원수를 참작해도 국내 인구가 아메리카 독립전쟁 이래 증가한 이유를 충분히 설명할 수 있다.

　《인구법 결과에 관한 고찰》에는 영국 평균수명이 1780년 이래로 100 : 117 비율로 증가되어 왔다고 기록되어 있다. 그것이 사실이라면 그렇게 짧은 기간에 그처럼 커다란 변화가 일어났다는 것은 참으로 놀랄 만한 현상이다. 그러나 나는 이 사망률 감소가 모두 건강 증진을 통해서가 아니라, 일부는 그 시기 이후 영국 대외무역의 급격한 발전을 통해서 외국에서 사망하는 자가 격증했던 것에서 비롯되며, 또한 수많은 사람들이 군에 입대하게 되므로 이 대병력을 유지하기 위해서는 끊임없이 신병을 보충할 필요가 있었다는 점에서 비롯되는 것으로 믿고 싶다. 이런 인구 유출이 끊임없이 계속된다면 반드시 보고서에 나타난 것과 같은 결과를 초래하여, 출생과 혼인이 다소 급속도로 증가하더라도 사망률은 증가되지 않을 것이다. 그러나 이것과 동시에 1780년 이래로 인구가 증가되어 왔다는 것과 현재 사망률이 엄청나게 낮다는 것은 엄연한 사실이기 때문에 나는 이런 결과의 상당한 부분이 건강 상태 증진에서 비롯된 것으로 믿으려 한다.

사망률 36 : 1은 1세기 전체 평균으로는 너무 낮은 것 같지만, 이 사망률에서 산출되는 12 : 10이라는 출생 대 사망 비율은 한 나라 인구를 125년 만에 2배로 늘리는 비율이며, 따라서 1세기 전체 평균으로도 타당한 높은 비율이다. 근년에 계산된 기록 가운데 이것보다도 급속한 증가를 나타내는 것은 없다.

그러나 우리들은 그런 출생 대 사망 비율이나 총인구 대비 어떤 가정적(假定的)인 출생 및 사망 비율이 1세기를 통하여 전혀 변동되지 않고 언제나 그대로 지속되어 왔다고 상상해서는 안 된다. 상당히 오랫동안 등록부를 갖추어 온 나라는 어떤 나라를 막론하고 시기 변동에 따라서 눈에 띄는 변화를 겪음을 알 수 있다. 쇼트 박사는 이 세기 중기의 출생 대 사망 비율을 11 : 10으로 추산했는데, 만약 그즈음 출생이 인구의 28분의 1이었다면 사망률은 30 4/5 : 1로 높았다는 뜻이 된다. 우리는 지금 사망 대비 출생 비율이 10 : 13을 넘는다고 가정하지만, 만약 이런 비율을 다음 1세기 동안 인구 증가를 추정할 표준으로 간주한다면 커다란 오류에 빠질 수도 있다. 영국 자원이 13 : 10이라는 영구적인 출생 대 사망 비율을 지속시킬 수 있어 그 정도로 오랜 시일에 걸쳐서 격증되어 갈 것이라고 상상하는 일은 최소한 이런 비율이 수많은 인구의 국외 유출을 전제로 할 때나 있을 수 있는 일이다.

수집할 수 있는 모든 자료를 종합적으로 판단해 보면 영국과 웨일스 총인구 대비 출생 비율은 1 : 30이지만, 이런 비율은 노르웨이와 스위스를 제외하면 지금까지 논의해 온 어느 나라보다도 크지 않다. 그런데 종래 예를 본다면 정치평론가들은 출생률이 높은 국가는 부강을 나타내는 가장 확실한 상징이라고 생각하는 것이 보통이었다. 그러나 그런 편견은 빨리 내버리는 게 좋다. 미국이나 러시아와 같은 국가와 비슷한 사정하에 있는 나라들이나 예전에 사망률이 높았던 나라들로서는 출생률이 높다는 것은 참으로 기뻐할 징조이겠으나 인구가 조밀한 나라에서는 높은 출생률보다 더 나쁜 징조는 없으며, 따라서 낮은 출생률보다 더 좋은 징조도 없다.

프랑시스 디베르누아 경은 아주 적절하게 다음과 같이 말한다. "만약 유럽 여러 나라들이 해마다 자기 나라의 정확한 인구조사표를 작성 발표하여 그 보고서의 둘째 칸에 아이 사망 연령을 정확하게 기입한다면, 이 둘째 칸이야 말로 정부 업적과 국민 행복의 상대적 정도를 보여주게 될 것이다. 그렇게 하면 단순한 숫자 기술만으로도 어떤 논설보다 더 우월한 결정적인 논증이 될 수 있을 것이다." 그런 조사표를 바탕으로 한 추론이 중요하다는 사실에 대해서는 나도 전적으로 찬성한다.

그러나 그런 추론을 함에 있어서 가장 주의해야 할 것은 출생자 수를 표시하는 칸보다 오히려 유년 시절을 거쳐 성년이 된 자의 숫자를 표시하는 칸에 분명히 더 신경을 써야 한다는 것이다. 그리고 이런 수는 총인구 대비 출생 비율이 가장 낮은 나라에서 가장 높게 나타나는 것이 보통이다. 이 점에서 영국은 노르웨이와 스위스 다음이지만, 영국 대도시와 공장 수를 고려할 때 이것은 정말 이상한 사실이다. 영국에서 인구 수요가 완전히 충족되고 있다는 것은 명백한 사실이기 때문에, 만약 그것이 낮은 출생률을 통해서 이루어진다면 이는 사망률이 아주 낮음을 결정적으로 확증하는 것이기 때문에 자랑으로 삼아도 좋을 특징이다.

만약 이후 조사에서 내가 추산한 출생과 매장 누락 수가 지나치게 부풀려졌다는 사실이 판명된다면 이런 특징은(다른 사정에 변화가 없는 한 국민의 복지와 선정을 표시하는 최고 판정 표준이라고 인정할 수 있다) 내가 상상했던 것보다 훨씬 더 크게 되는 것이니, 가장 기쁜 일이다. 전제적으로 가난하고 자연적으로 건강에 적합지 않은 나라에서는 총인구 대비 출생 비율은 일반적으로 아주 높음을 알 수 있다.

1800년까지 5년 동안 평균한 출생 대 혼인 비율은 347 : 100이었다. 그런데 1760년에는 362 : 100이었다. 이것으로 미루어보면 종전 출생 등록부가 아무리 불완전한 것이라 할지라도 현재보다는 누락이 적었다고 할 수 있다. 그러나 등록부에 나타난 이런 표면적 변화는 누락과는 아무런 관계도 없는 여러 원인에서 비롯되는 경우도 있다. 만약 알려진 대로 지난 세기말 건강 상태가 중기와 비교해서 보다 더 좋아졌던 것에서 비롯된 것이라면, 어린 시절을 무사히 보낸 아이 수가 많아지면서 출생아 중 성장하여 결혼한 이들의 비율도 따라서 높아지게 되며, 이런 경우 출생 대비 현재 혼인 비율은 높아질 것이다. 이에 반해서 종전에는 조혼 때문에 오늘날보다 아이를 많이 낳게 되었다고 하면 혼인 대비 출생 비율은 높아질 것이다. 바로 이런 원인들이 작용하여 앞서 등록부에서 본 것과 같은 결과를 낳게 된다. 따라서 그런 결과가 존재한다고 해서 등록부의 정확성이 향상됐다는 견해를 부정할 어떠한 추론도 이끌어낼 수 없다. 이런 두 가지 원인이 한 해 출생 대 혼인 비율에 미치는 영향에 대해서는 다음 장에서 설명하려고 한다.

출생과 사망 등록에서 누락된 것이 이전 세기의 후반기보다 전반기에 더 많았다고 인정할 만한 올바른 근거가 있느냐 하는 일반적인 의문에 나는 이렇게 대답한다. 최근 보고는 전반기가 정확성이 더 떨어진다는 의심을 굳게 하는 경향이 있으며, 따라서 이전 세기 전반기 등록부는 어느 점으로 보더라도 과거 인구를 추산할 근거로 삼기에는 부적절하다. 보고서를 보면 1710년과 20년, 30년에 각각 사망이 출생을 초과한 것으로 나타나 있다. 그런데 1750년대에서 끝나는 10년 단위의 여섯 시기를 취하여 출생자 총수와 사망자 총수를 비교해 보면 출생 초과 수는 아주 적은데 이것은 오직 출생자 수만으로 산출하여 같은 기간 내에 생겼다고 인정되는 100만 명 증가를 설명하기에는 충분하지 못하다. 따라서 등록부가 부정확하여 출생 누락이 사망 누락보다 많았거나 10년 간격을 두고 이 시기가 정확한 평균을 보여주지 않았거나 둘 중 하나이다.

그해의 출생 대 사망 비율이 다른 해보다 불리했을지도 모른다. 사실 그중 한 해, 곧 1710년은 심한 기근과 궁핍이 찾아든 해였다. 그러나 있을 수 있는 이런 의심스러운 점이 최초의 6시기에 영향을 미쳤다면 1780년까지 다음 3시기에는 정반대 상황이 발생했다고 할 수 있다. 즉 앞서 말한 것과 동일한 계산법에 따르면 이 30년 동안 150만 명이 증가한 셈이다. 어쨌든 그런 방법으로 선정된 개별적인 3년은 올바른 평균을 구하기에는 결코 충분치 않음을 인정해야 한다. 또한 이런 특정적인 해는 출생에 관해서는 평소보다 더 유리했을 수도 있으며, 1780~85년까지 출생 증가가 아주 적었다는 사실에 의해 신뢰성을 준다. 만약 1780년 출생이 우연하게도 평균보다 높았다면, 비록 이 기간 인구 증가가 종전보다 감소되었다고 가정하지 않더라도 가능한 일이었을 것이다.

그러므로 대체로 초기 등록부에는 부정확한 의문점이 있다는 사실과 또한 서로 떨어져 있는 조금 다른 해 자료에서 일반적 추론을 끌어내는 것이 아주 위험하다는 사실을 고려한다면 그해부터 해마다 조사를 실시해서, 그에 따라 정확한 평균치를 얻을 수 있게 된 1780년보다 이전 출생을 바탕으로 산출된 인구 추산은 어느 것도 신뢰할 수 없다고 생각한다. 이런 생각을 더한층 확실하게 해주는 근거로 다음 사실을 지적한다. 영국과 웨일스 등록부 통계 총결산 개요에는 1790년 출생 총수 24만 8774명, 1795년은 24만 7218명, 1800년은 24만 7147명으로 나타나 있다는 사실이다 따라서 이 5년 간격을 둔 3시기 출생자 수를 바탕으로 인구를 추산해 본다면 최근 10년 동안 인구는 눈에 띄게 증가되었다고 믿을 만한 충분한 이유가 있음에도 마치 규칙적으로 감소되어 온 것처럼 보인다.

《인구법 결과에 관한 고찰》에는 출생을 바탕으로 산출된 전(前)세기에 걸친 영국과 웨일스 인구가 실려 있지만, 앞서 말한 것과 같은 사정 때문에 거의 신뢰할 수 없다. 따라서 나는 혁명기의 인구는 오히려 가옥 수를 기초로 한 옛 계산법에 따르는 것이 좋다고 생각한다.

이전 세기 여러 시기의 인구 추산이 비록 개연성은 없어도 상반되는 조사 결과가 서로 교정되는 경우도 있기 때문에 사실과 크게 동떨어진 것은 아닐 수도 있다. 그러나 그런 추산의 기초가 된 출생률이 조금도 변함이 없다고 보는 가정은, 계산 그 자체에서 잘못을 드러낸다. 이런 추산에 따르면 1760~80년까지 인구 증가가 1780~1800년까지 인구 증가보다 더 빨랐다는 뜻이 되지만, 1800년 사망자 수를 100으로 본다면 1780년은 117로 높게 나온다. 따라서 1780년 이전 출생률은 1800년 출생률보다 분명히 훨씬 더 높았을 것이니, 만약 그렇지 않으면 그보다 앞선 시기 인구가 더욱 빠르게 증가했을 리가 없다. 그런데 이 사실은 출생률에는 변함이 없다는 가정을 여지없이 뒤집는다.

사실 나는 다른 나라를 유추하거나 킹(King)과 쇼트 박사의 계산에 의거하여 전세기 초기와 중기 출생률은 말기 출생률보다 높았다고 가정했어야 했는지도 모른다. 그러나 그렇게 가정하여 출생자 수를 산출한다면 금세기 초 인구는 《인구법 결과에 관한 고찰》에 나타나 있는 인구보다도 적을 것인데, 사실 이러한 인구는 적어도 너무 적다고 믿을 만한 충분한 이유가 있다. 대버넌트(Davenant)에 따르면 1690년 가옥 수는 131만 9215채인데, 이 수치가 지나치게 많다고는 생각하지 않는다. 1호당 인구는 5와 3/5이지만, 5명으로 계산하더라도 그즈음 인구는 650만을 훨씬 넘는다. 이 시기부터 1710년까지 약 50만 인구가 감소되었다고는 생각할 수 없다. 이것으로 미루어볼 때 출생자 수 누락이 현재의 출생자 수나 사망자 수 누락에 비해 더 많았음에 틀림없다. 그런데 이 사실은 앞서 말한 바대로 18세기 전반기 인구 증가는 출생을 바탕으로 산출할 때 사망 대비 출생 비율을 통해 확인할 수 있는 인구 증가보다 훨씬 더 크다고 보는 관찰을 통해서 더욱 확실하게 증명된다. 이런 이유 때문에 어떤 관점에서 보더라도 출생을 바탕으로 산출되는 숫자는 좀처럼 믿을 수 없다.

지금까지의 논술을 통해서 독자는 출생이나 사망 등록부가 비록 누락된 것이 있건 없건 아무런 의혹도 존재하지 않는다고 해도 인구 추산에는 언제나 아주 불확실한 자료만 제공할 뿐이라는 사실을 이해했으리라고 생각한다. 어떤 나라에서든 나라마다 사정 변화가 있으므로, 이런 등록부는 모두 믿을 만한 지침이라고 할 수는 없다. 종래 정치평론가들은 출생자 수가 얼핏 대단히 규칙적으로 보이기 때문에 그들의 계산 기초로 사망자 수보다는 출생자 수를 더 널리 채택했다. 네케르는 프랑스 인구를 추산할 때 사망자 수는 전염병과 이주 등을 통해서 일시적으로 바뀔 수도 있기에 출생자 수가 가장 확실한 기준이라고 말한다. 그러나 등록부상 출생자 수가 겉보기로 일정불변하게 보인다는 사실이야말로 가끔 큰 잘못을 낳곤 한다. 흑사병이나 여타 치명적인 전염병이 유행되는 동안 사망률은 훨씬 더 높아지며, 그것이 끝난 뒤에는 도리어 훨씬 더 감소되기 때문에, 만약 어떤 나라에서의 2~3년 동안의 매장 등록부에서 그런 사정을 발견했다면 그런 질병이 유행되었다는 것을 분명히 알 수 있다. 이런 사정 때문에 우리들은 아주 짧은 기간 내에 일어난 높은 사망률을 그대로 전부 계산에 넣어서는 안 된다는 사실을 알게 될 것이다. 그러나 출생 등록부 속에는 우리에게 길라잡이가 될 이런 종류의 것이 전혀 없다.

그런데 전염병으로 한 나라 인구가 8분의 1이나 상실된다면 그 뒤 5~6년 동안 평균은 출생자 수 증가를 보일 것이며, 따라서 이 기준을 바탕으로 계산한다면 사실 인구가 가장 적었던 시기가 가장 많았던 시기가 될 수도 있다. 이런 사실은 쥐스밀히의 여러 일람표 속에, 특히 다음 장에 삽입한 프로이센과 리투아니아에 관한 일람표 속에 아주 적절하게 표시되어 있다. 이것에 따르면 인구의 3분의 1을 상실한 해의 다음 해에는 출생이 격증되며, 5년 동안 평균도 거의 감소를 보이지 않고 있다. 그런데 그즈음은 말할 필요도 없이 종전 인구를 만회하려고 첫출발을 내디딘 때였다.

우리들은 1700년 이래로 영국에서 있었던 이상할 정도로 높았던 사망률에 대해서는 알지 못한다. 그런데 영국의 출생 및 사망 대비 총인구 비율은 전세기 중 유럽 여러 나라에서처럼 그렇게 큰 변화를 겪지는 않았다고 믿을 만한 충분한 이유가 있다. 그러나 동시에 질병이 유행하던 시기에는 참혹함의 정도에 비례해서 유럽 여러 나라의 그것과 똑같은 변화를 가져오게 한 것은 확실하다. 또한 근년에 사망률에 나타난 변화를 통해 종전에도 출생에 관해서는 똑같은 변화가 일어났다는 것을 믿게 되며, 따라서 지금은 정당하다고 인정되는 비율도 과거와 장래 시기에 적용할 때는 각별히 주의해야 한다는 것을 가르쳐주고 있다.

9. 영국 경우 (2)

1811년 인구법의 여러 보고서 결과는 확실히 보통 경우와는 아주 달랐다. 그것은 도시의 증가와 제조업 종사자의 증가에도 불구하고 인구는 급격하게 증가하고 건강 상태도 눈에 띄게 개선되었다는 사실을 보여준다. 그뿐만 아니라 한 나라 자원이 급속도로 증가될 때 인구는 어떤 장애에 부딪혀도 곧 증가하기 시작한다는 적절한 예증을 보여주고 있다.

등록부에 나타난 출생과 사망 및 혼인 비율과 더불어 1800년 총인구로 미루어볼 때 일정 기간 인구 증가율은 출생 대 사망 비율이 4 : 3, 사망률이 40 : 1인 경우에 나타날 증가율을 넘어섰음을 보여준다.

이런 증가율이면 인구는 해마다 120분의 1만큼 불어나는데 만약 이런 증가율이 지속된다면 제11장 〈표 2〉에 의거하여 인구는 83년 반 만에 2배로 늘어날 것이다. 부유하고 인구가 조밀한 나라에서는 인구 증가율이 둔화될 것이라 예상하지만 1810년까지 감소되기는커녕 엄청나게 증가된 흔적이 있다.

각 교구에서 올린 보고서에 따르면 1810년 영국과 웨일스 인구는(군인·선원 등을 30분의 1로서 가산한다면) 합계 1048만 8000명으로 추산되었는데, 이것을 동일한 방법으로 측정된 1800년 인구 916만 8000명과 비교해 보면 10년 동안 132만 명이 증가된 셈이다.

이 10년 동안 등록된 세례자 수는 287만 8906명이며, 매장자 수는 195만 189명이었다. 그러므로 출생 초과는 92만 8717명이 되며, 앞선 두 가지 계산에서 나타난 증가에는 훨씬 미치지 못한다. 이런 결핍은 1800년도 조사의 사실성이 떨어지거나 출생과 매장 등록부가 부정확했거나, 또는 이 두 가지 원인이 같이 작용했기 때문일 수 있다.

왜냐하면 1800년도 인구에 대한 추산에 잘못이 없을 뿐만 아니라 출생과 매장이 하나도 빠짐없이 모두 등록부에 기재되었다면, 출생 초과 수는 실제 인구 증가 수를 초과할 수는 있어도 그것에 미치지 못할 까닭은 없기 때문이다. 국외에서 죽은 육해군 병사 수는 초과했을 것이기 때문이다.

이런 결과를 낳은 데는 앞서 말한 두 가지 원인이 작용했겠지만, 그중에서도 후자 원인, 조사의 사실성이 떨어졌다기보다는 등록부가 부정확했다는 것이 훨씬 더 큰 영향을 미쳤을 것이다.

1세기를 통틀어 인구를 추산할 때 출생자 수는 어느 시기에서든 인구 대비 비율이 같다고 가정해 왔다. 그러나 그런 가정 때문에 한 나라 인구를 오랜 시일 간격을 둔 서로 다른 시기별로 추산하면 앞서 말한 대로 이따금 큰 실수를 할 수도 있다. 하지만 1800~10년 동안 인구가 급격하게 증가했다는 것은 널리 알려진 사실이므로 이 기간 중에는 출생률이 눈에 띄게 감소하지는 않았을 것이다. 그렇지만 만약 최근 조사를 정확하다고 가정하고 1810년 출생을 1800년 출생과 비교한다면, 결과는 1800년 인구가 그해 조사 결과보다도 많았던 것처럼 보이게 될 것이다.

그리하여 1810년에 이르는 최근 5개년 동안 평균 출생자 수는 29만 7000명이며, 1800년에 이르는 5개년 동안 평균 출생자 수는 26만 3000명이다. 그러나 이렇게 29만 7000명에 대해서 26만 3000명이라고 하면 가령 출생률이 동일하다면 1810년 인구수 1048만 8000명에 대하여 1800년 인구수는 928만 7000명이어야 하며, 따라서 같은 해 조사 결과인 919만 8000명이 되지는 않을 것이다. 그뿐만 아니라 1795~1800년까지 인구 증가는 일람표에 따르면 5년을 1기로 하는 이전 대부분 기간에 비하여 엄청나게 적다. 또한 등록부를 얼핏 훑어만 보더라도 1796년과 1800년에 줄어든 숫자를 포함한 1795년 이후 5개년 동안 출생률은 일반 평균보다 훨씬 낮음을 알 수 있다. 이런 이유와 이 문제에 관한 일반적인 인상을 종합해 본다면 1800년 조사한 수치는 실제보다 모자라며, 그즈음 인구는 적어도 928만 7000명, 보고에 나타난 숫자보다도 약 11만 9000명은 더 많았다고 생각한다.

그러나 그렇게 가정하더라도 등록부에 나타난 것과 같은 10년 동안 사망자 수를 초과한 출생자 수도, 출생 대비 사망 비율도 인구가 928만 7000명으로부터 1048만 8000명으로 증가된 이유를 설명할 수 없다. 그뿐만 아니라 이런 증가는 두 시기 출생률이 보여주는 증가보다 그리 작지 않다. 그러므로 아주 부정확하다고 생각될 뿐 아니라, 특히 출생자 수 등록에 문제가 많다고 보는 등록부상에서 출생 및 사망자 누락이 있었을 것으로 보인다.

그런데 혼인 등록부에는 누락이 거의 또는 전혀 없다고 믿을 만한 이유가 있다. 그러므로 가령 출생자 수 누락을 6분의 1로 잡는다면 출생 대 혼인 비율은 1 : 4인데, 이 비율은 다른 이유를 통해서도 충분히 입증된 것으로 생각된다. 그러나 만약 이런 가정이 허용된다면 10년 동안 사망 대비 출생자 초과 수와 출생자 증가 수에서 산출한 인구수가 일치될 수 있는 꽤 많은 사망자 수가 누락되었다는 게 공평한 생각일 것이다.

10년 동안에 등록된 출생자 수는 앞서 말한 대로 287만 8906명인데 이것에다 6분의 1의 증가를 가산하면 335만 8723명이 된다. 또한 등록된 매장자 수는 195만 189명인데 이것에다 12분의 1의 증가를 가산하면 211만 2704명이 된다. 전자로부터 후자를 공제한다면 124만 6019명이라는 출생 초과 수가 나온다. 10년 동안 증가된 이 인구수를 1810년 수정된 인구수 928만 7000명에 가산하면 1053만 3019명이 되는데, 이 수는 10년 동안 국외에서 사망했다고 생각되는 수를 제외한다면 1810년 계산을 4만 5000이나 초과한다. 그런데 1810년도 국외 사망자 수는 일반적으로 남자 출생자 수의 4.25퍼센트로 계산되지만, 이 경우 같은 기간 내 국외 사망 남자 수를 보다 더 정확하게 산정하는 방법이 있다. 최근 인구 보고에서는 출생자 수와 사망자 수는 남녀가 따로 되어 있기 때문에 여아에 대한 남아 출생 초과 수를 사망자 수에 비해 본다면 남자 4만 5000명이 국외에서 사망했다는 사실을 알 수 있다.

그러므로 출생과 매장에 대한 누락 가정 수는 지금으로서는 매우 타당하다고 생각한다.

마지막으로 동일한 가정이 과연 그런 사망률하에서 10년 동안 인구가 928만 7000명에서 1048만 8000명으로 증가된 이유를 설명할 수 있는 것과 같은 출생 대 사망 비율을 보일 수 있을지를 연구해 볼 필요가 있다.

1810년 인구를 그 이전 5개년 동안 평균 출생자 수에다 그 6분의 1을 가산한 수로 나누면 출생 대 인구 비율은 1 : 30이다. 그러나 만약 인구가 상당히 신속하게 증가되었다면, 5개년 동안 평균 출생자 수가 그 기간 후반부 인구수에 비해 너무 적게 나온 것은 분명하다. 또한 5개년 동안에는 정확한 비율이 될 수 있어도, 10개년 동안에는 그렇지 못한 경우가 얼마든지 있을 수 있다. 그러므로 같은 기간 내 인구 증가에 적용할 수 있는 참된 비율을 구하기 위해서는 기간 전체의 연평균 출생자 수와 기간 전체의 평균 인구수를 비교해야 한다.

6분의 1을 가산한다면 총출생자 수는 앞서 말한 것처럼 335만 8723명이며, 10년 동안 연평균은 33만 5872명이다. 평균 인구 1048만 8000명(1810년 인구수)과 928만 7000명(1800년 수정 인구수)의 평균 수는 988만 7000이다. 그런데 이것을 평균 출생자 수로 나누면 출생 대 인구 비율은 1 : 30이 아니라 1 : 29.5 이하이며 이는 상당히 큰 차이이다.

또한 마찬가지로 1810년 인구에 12분의 1을 가산한 그 이전 5개년 동안 평균 매장 수로 나누면 사망률은 약 50 : 1이다. 그러나 출생에 대한 것과 똑같은 근거에서 5개년 동안 평균 매장자 수를 그 시기 말 인구와 비교해 볼 때 매장 비율은 너무 낮게 나올 것이다. 그뿐만 아니라 이런 경우는 매장 대 인구 비율은 기간 전체적으로 결코 동일하지 않다는 사실이 판명된다. 사실 등록부는 10년 동안 점차로 국내 건강 상태가 개선됨으로써 사망률이 감소되었다는 것을 분명히 보여준다. 한 해 평균 출생자 수는 26만 3000명에서 28만 7000명으로 8분의 1 넘게 증가되었음에도 매장자 수는 19만 2000명에서 19만 6000명으로 48분의 1 정도 증가되었을 뿐이다. 따라서 바라는 목적을 달성하기 위해서는 평균 사망자 수와 평균 인구수를 비교해야 한다.

그런데 12분의 1을 가산한 10년 동안 총매장자 수는 앞서 말한 대로 211만 2704명이며, 평균 인구는 988만 7000명이다. 전자로 후자를 나눈다면 한 해 평균 매장 수와 인구 비율은 1 : 47에 미치지 못한다. 그러나 출생률은 1 : 29.5, 사망률은 1 : 47이기 때문에 한 나라 인구 총수에는 해마다 79분의 1씩 가산되어 10년 동안(해외 사망자 4만 3000명 제외) 928만 7000명에서 1053만 1000명으로 증가했는데, 이것은 출생 초과 수를 근거로 산출한 수치와 거의 일치한다.

따라서 1800~10년까지 출생과 사망의 가상적인 누락 수가 사실과 동떨어졌다고는 할 수 없다.

그러나 이런 6분의 1 출생 누락과 12분의 1 매장 누락이 1800~10년 기간 동안에 대해서 참에 가까운 숫자라고 인정할 수 있다면, 이것을 1780~1800년 기간 동안에 적용하더라도 큰 지장은 없을 것이다. 그뿐만 아니라 오직 출생만으로 산출된 결과 일부도 이것을 통해서 수정될 수 있을 것이다. 확실하고 상세한 조사 다음으로 가장 신뢰할 수 있는 것은 사망을 초과한 출생자 수를 바탕으로 산출해 낸 숫자이다. 실제로 등록부에 출생과 사망이 하나도 빠짐없이 기재되어 이미 알려진 인구수에서 시작한다면 실제 조사와 조금도 다름이 없다. 또한 등록부상 누락된 수와 해외 사망자 수를 적당하게 참작한다면 자주 변동되기 쉬운 출생 대 총인구 비율에서 산출한 숫자보다도 훨씬 더 사실에 가까운 근사치를 얻을 수 있다.

1780~1800년까지 20년 동안 보고된 총출생자 수는 501만 4899명이며 매장 총수는 384만 455명이다. 그런데 만약에 전자에다 6분의 1, 후자에다 12분의 1을 가산한다면 각각 585만 715명과 416만 492명이라는 숫자가 나온다. 그리고 전자에서 후자를 공제하면 사망 초과 출생자 수는 169만 223명이다. 이런 초과 수를 출생으로 산출한 릭먼(Rickman)의 일람표에 표시된 1780년 인구 795만 3000명에 가산하면 결과는 964만 3000명으로 나오는데, 이 숫자는 국외 사망자 수를 충분히 참작하더라도 앞서 수정된 1800년 인구뿐만 아니라 상세 조사 결과로 얻어진 일람표 속 인구수보다 더 많다.

그러나 방금 상술한 것처럼 보다 확실한 근거에서 출발하여 1800년 수정 인구를 확정 수로 보고 국외 사망자 추산 수 12만 4000명을 공제한 20년 동안 초과 출생자 수를 여기에서 빼면 1780년 인구는 772만 1000명이지 795만 3000명은 아니다. 그런데 이 수는 사실에 가까운 것으로 믿을 만한 충분한 이유가 있다. 또한 1780년뿐 아니라 그 외의 여러 시기에도 출생을 근거로 한 추산은 실제로 조사를 했을 때 비로소 판명될 숫자보다 더 많은 인구수와 훨씬 더 불규칙적인 증가율을 보여준다. 이것은 출생 대 인구 비율이 가변적이어서 전체적으로는 1800년보다는 1780년과 그 뒤 20년의 나머지 시기 동안의 출생 대 인구 비율이 더 높았다는 데서 비롯되었다.

이를테면 1795년 인구수는 905만 5000명이고 1800년 인구수는 916만 8000명으로 표시되어 있다. 그러나 만약 전자 수가 정확하다고 보고 그것에다 5년 동안 출생 초과 수를 가산한다면, 가령 등록부 누락을 조금도 참작하지 않더라도 1800년 인구는 939만 8000명이지 916만 8000명은 아니다. 또한 1800년 보고 수치를 정확하다고 보고, 이것으로부터 1800년 이전 5년 동안 출생 초과 수를 공제한다면 1795년 인구는 882만 5000명이며, 결코 905만 5000명은 아니다. 그러므로 1795년 출생에서 산출된 숫자는 정확하다고는 볼 수 없다는 결론이 나온다.

그 시기의 인구를 구하는 가장 안전한 방법은 앞서 말한 대로 등록부 수정을 적용하여, 먼저 남아 출생자 수의 4.25퍼센트를 국외 사망자로 보아 그 수만큼 공제하고 나머지 출생 초과 수를 1800년 수정 보고 수에서 빼는 것이다. 이런 경우 1795년 인구수는 883만 1086명이 될 텐데, 이는 5개년 동안 출생에서 산출된 일람표에서 보듯이 11만 3000명이 아니라 45만 5914명이 증가되었음을 뜻한다.

동일한 방법을 1790~1795년 기간에 적용해 보면, 사망 대비 출생 초과 수(앞서 말한 것과 같이 수정한 뒤 남아 출생자 수 4.25퍼센트를 국외 사망자로 간주하여 계산한다면)는 41만 5669명이 될 것이며, 이 수를 앞서 계산한 1795년도 인구 883만 1086명에서 공제하면 1790년 인구는 841만 5417명이 남는다.

마찬가지로 계산했을 때, 1785~1790년까지 출생 초과 수는 41만 6776명이며, 따라서 1785년 인구는 799만 8641명이다. 또한, 1780~1785년까지 출생 초과 수는 27만 7544명이며, 1780년 인구수는 772만 1097명이 될 것이다.

이상 1780~1810년까지 두 인구표는 다음과 같다.

〈표 1〉
1811년 출판된 《인구 개요》 서론에 실린 출생 수만을 근거로 산출된 인구수

〈표 2〉
국외 사망자와 등록부 누락을 공제한, 사망 대비 초과 출생자를 근거로 산출된 인구수

연도	인구수	연도	인구수
1780	7,953,000	1780	7,721,000
1785	8,016,000	1785	7,998,000
1790	8,675,000	1790	8,415,000
1795	9,055,000	1795	8,831,000
1800	9,168,000	1800	9,287,000
1805	9,828,000	1805	9,837,000
1810	10,488,000	1810	10,488,000

첫 번째 표(출생 수만을 근거로 산출된 표)에서 5개년 기간마다 개별적으로 추가된 증가분은 다음과 같다.

시기	증가분(명)
1780~1785	63,000
1785~1790	659,000
1790~1795	380,000
1795~1800	113,000
1800~1805	660,000
1805~1810	660,000

두 번째 표(사망 대비 초과 출생자를 근거로 산출된 표)에서 등록부를 수정한 다음 5개년 기간마다 개별적으로 추가된 증가분은 다음과 같다.

시기	증가분(명)
1780~1785	277,000
1785~1790	417,000
1790~1795	416,000
1795~1800	456,000
1800~1805	550,000
1805~1810	651,000

〈표 2〉에 따른 인구 증가가 〈표 1〉에 따른 인구 증가보다 훨씬 더 자연스럽고 개연성이 있는 것처럼 보인다.

이를테면 1780~1785년까지 인구 증가가 6만 3000명에 머물렀던 것이 그다음 시기에는 65만 9000명이 되었다거나 1795~1800년까지 인구 증가가 11만 3000명에 머물렀던 것이 그다음 시기에는 66만 명이 된다거나 하는 것은 좀처럼 있을 수 없는 일이다. 그러나 여기에서 그런 일이 있을 수 있는지 없는지를 굳이 논할 필요는 없다. 그런데 새로운 표가 옳은가 그른가를 떠나서 예전 표가 잘못된 것임은 분명하다. 등록부 누락을 아예 고려하지 않는다면, 1780~1785년까지 출생 초과 수가 보여주는 증가는 6만 3000명이 아니라 19만 3000명이다.

또한 등록부 누락을 상상할 수 있는 범위 내에서 최대한도로 추정하더라도 1785~1790년까지 사망 대비 출생 초과 수가 65만 9000명으로 나올 수는 없다. 누락에 대해 아예 고려하지 않는다면 겨우 31만 7306명 초과한 셈이다. 그러므로 만약 출생 누락을 6분의 1이 아니라 4분의 1로, 매장 누락과 해외 사망자는 아예 없다고 가정하더라도 초과 수는 앞서 기술한 숫자보다는 훨씬 적을 것이다.

또한 이 기간 내 인구 증가를 출생 대 사망 비율과 사망률로 산출하더라도 결과는 마찬가지가 될 것이다. 최초 시기에 증가는 이미 말한 것보다 훨씬 더 크게 나타나겠지만, 다른 시기에 증가는 훨씬 더 적게 나타나리라고 생각한다.

예전 표 중의 다른 기간, 가령 1795~1800년까지 기간에도 이와 비슷한 경향이 나타난다.

이에 반하여 만약 기간별 출생 대 사망 비율이 상당히 정확하게 추산되어 평균 인구와 비교된다면 이 표준을 통해서 결정된 인구 증가율은 어떤 기간에서도 앞서 말한 수정을 가한 뒤 출생 초과 수에서 산출한 증가율과 거의 정확하게 일치할 것이다. 그리고 그런 수정이 어느 정도 부정확하다고 해도(충분히 있을 수 있는 일이지만) 그런 부정확성에서 비롯되는 오류는 예전 표의 기초를 이루는 가정, 즉 출생 대 인구 비율은 언제나 동일하다는 가정에서 필연적으로 발생하는 오류보다는 훨씬 더 적다는 것은 주목할 만한 일이다.

물론 그렇다고 해서 더 나은 연구 자료를 찾을 수 없는데도 이러한 방식으로 이루어지는 인구 계산 결과는 무조건 거부해야 한다는 얘기는 아니다. 그러나 지금 경우는 세례를 받은 자와 매장된 자의 등록부는 모두 1780년 이래로 해마다 발표되고 있을 뿐만 아니라, 또한 최근의 확실한 조사에 기초를 두고 있기 때문에 이것에서 산출한 1780년 이래 인구표는 종전 것보다 정확하다는 점과 다만 출생으로부터만 산출하는 추산은 특히 일정 기간 내 인구 증가를 추산할 때 정확할 수 없다는 점을 아울러 명시하고 있다. 땅덩이가 큰 나라의 인구 총수를 추산할 때 20~30만이라는 수는 그렇게 큰 수는 아니지만, 5~10년 기간의 증가율을 잘못 계산하면 이는 치명적인 오류를 불러일으킨다.

임의로 선정된 5개년 동안의 인구 증가가 6만 3000명이냐 27만 7000명이냐, 11만 5000명이냐 45만 6000명이냐, 또는 65만 9000명이냐 41만 7000명이냐에 따라서 각 기간 내 증가율에 관한 결론에 근본적인 차이를 가져오게 될 게 분명하다.

그런데 1780년에 이르는 한 세기 동안 세례 및 매장 등록부가 해마다 보고되지 않았기 때문에 똑같은 방법으로 수정할 수는 없다. 또한 1780년 이전 출생자 수에서 산출된 표에는(이 시기에는 몇 년 간격을 두고 이따금씩 등록된 수가 발표되었다) 다만 5년 평균 출생 대 인구 비율이 눈에 띄게 변화했을 뿐 아니라, 선정된 개개 연도가 그런 평균율을 조금도 정확하게 나타내지 못했기 때문에 커다란 오차가 생길 수 있으리라는 것은 분명하다. 《인구 개요》 서론에 게재되어 있는 세례와 매장 및 혼인에 관한 귀중한 일람표를 얼핏 훑어보더라도 개개 연도별 출생과 사망 및 혼인에서 추산된 인구수라는 게 믿을 수 없음을 쉽게 알 수 있다. 이를테면 혼인 대 인구 비율을 언제나 동일하다고 가정하고, 이것에서 산출한 1800년과 1801년 두 해 인구와 그다음 해인 1802년과 1803년 두 해 인구를 서로 비교해 볼 때, 만약 첫 두 해의 인구가 900만이라면 그다음 두 해의 인구는 1200만을 훨씬 넘게 될 것이다. 그런 짧은 기간 내에는 300만 이상, 3분의 1 이상 크게 늘어나는 결과가 된다. 또한 이것과 마찬가지로 출생에서 추산된 1800년과 1801년 두 해 인구와 1803년과 1804년 두 해 인구를 서로 비교하더라도 결과적으로는 앞서 말한 것과 큰 차이가 나지 않을 터인데 이에 따르면 3년 동안 적어도 260만 명은 증가한 셈이 된다.

그러나 그런 결과를 보더라도 총인구 대비 출생과 사망 및 혼인 비율이 아주 낮다는 것, 따라서 일시적 원인으로 이들 세 가지 중 어느 것이 바뀐다고 해서 총인구에도 그와 비슷한 변동이 일어나지는 않는다는 사실을 생각한다면 그다지 놀랄 일은 아닐 것이다. 이를테면 어떤 해의 출생이 3분의 1이 증가되었더라도 그것은 인구를 3분의 1만큼 증가시키지는 않고, 기껏해야 80분의 1이 아니면 90분의 1 정도만 증가시킬 것이다.

그러므로 앞 장에서 설명한 것과 같이 출생 보고만을 근거로 10년마다 산출한 1780년 이전 세기의 인구표는 확실한 자료를 바탕으로 하지 않은 대강의 근사치일 뿐이며, 일정 시기의 상대적 증가율을 추산하는 데는 믿을 만한 게 되지 못한다.

이 장에서 제안한 1810년 수정 인구를 1800년 인구와 비교해 보면 두 계산의 차이보다는 완만한 증가율을 보이고 있을 뿐만 아니라, 47 : 29.5라고 가정한 출생 대 사망 비율도 실제보다 낮은 것처럼 보인다. 그러나 이런 정도 비율도 부유하고 인구가 조밀한 국토에서는 엄청나게 높다. 이에 따르면 한 나라 인구는 해마다 79분의 1씩 증가하는데, 만약 이런 추세가 계속된다면 본서 제2편 11장 〈표 2〉를 통해서 알 수 있듯이 55년이 채 지나지 않아서 인구는 2배로 증가할 것이다.

원래 그런 증가율은 사물의 본성상 끊임없이 이어질 수는 없다. 그런 증가율은 다만 농업과 공업 양면에서 생산력 급증에 따르는 노동 수요 급증에 자극받아 발생한 것에 지나지 않는다. 그리고 이 양자는 인구를 급격하게 증가시키는 가장 유력한 촉진 요소이다. 그런 사실은 인구 원리를 적절하게 예증해 주는 것으로서, 만약 대도시와 제조업 일자리 및 점차로 늘어나는 부유하고 사치스러운 국민 습관이 있음에도 한 나라 자원이 급격하게 증가해 간다면, 또한 만약 그런 자원이 노동 수요를 끊임없이 늘려주기에 유리하도록 분배된다면, 인구는 반드시 이것과 보조를 맞추어서 증가될 것임을 증명하고 있다.

1825년(덧붙임)

1817년 이 책 최신판을 펴낸 뒤로 제3차 인구조사가 실시되었으며, 조사 결과는 우리의 눈길을 끌 만하다.

1821년 조사와 릭먼이 쓴 서론에 실린 1801년과 1811년 수정 보고서에 따르면 대영제국 인구는 1801년 1094만 2646명, 1811년 1259만 6803명, 1821년 1439만 1631명이었다.

이런 수는 처음 설명한 방법으로 산출된 것으로서 1811년 육해군에 편입된 엄청나게 많은 남자 수를 포함하는데, 이것에 따르면 1800~11년까지 10년 동안 15퍼센트, 1810~21년까지 10년 동안 겨우 14.25퍼센트 증가했음을 보여준다. 그러나 육해군과 상업에 종사하는 남성 64만 500명 가운데 3분의 1 이상은 아일랜드인과 외국인으로 생각된다. 그러므로 1801~11년 거주 인구에 겨우 30분의 1을 가산하고, 1821년은 평화 상태가 계속되었으므로 이때 국외에 있던 남자를 50분의 1로 가정한다면(1801년 수치에 누락이 있을 것으로 생각되지만 일단 여기에서는 제외) 앞서 말한 세 시기 영국과 웨일스 인구는 다음과 같다. 1801년 916만 8000명, 1811년 1050만 2500명, 1821년 1221만 8500명이며, 따라서 1800~11년 동안에는 14.5퍼센트, 1810~21년 동안에는 16 1/3퍼센트가 증가한 셈이다. 이런 두 증가율 가운데 전자는 51년 만에, 후자는 46년 만에 인구를 2배로 늘려놓을 것이다. 그러나 본래 마땅히 거주 인구에 속해야 할 육해군과 상업 종사자 비율은 어느 정도까지는 불확실성에서 자유로울 수 없을 뿐 아니라, 남자인구는 다른 이유 때문에 여자인구보다는 이동이 심하기 때문에 여자만으로 인구 증가율을 추산하는 편이 좋다는 아주 그럴듯한 안이 제출되어 있다. 그런데 대영제국 여자인구는 1801년 549만 2354명, 1811년 626만 2716명, 1821년 725만 3728명이며, 1기에는 14.02퍼센트, 2기에는 15.82퍼센트 증가를 보인다.

스코틀랜드만 놓고 보면 1기는 13퍼센트, 2기는 14.5퍼센트이다. 스코틀랜드를 제외한 영국과 웨일스의 증가도 이와 거의 동일하며, 특히 2기의 경우 여자인구만으로 추산하거나 총인구에서 추산하더라도 육해군과 기타 사정을 참작한다면 거의 똑같다. 이것은 그런 참작이 타당하다는 것을 보여주는 한 예이다. 동시에 또한 다음과 같이 말할 수도 있다. 만약 1800~21년까지 대부분을 차지한 전쟁기간 때문에 남자인구가 예년보다 많이 사망했다면, 여자인구는 증가되었을지는 모르지만 총인구까지 증가되었을 리는 없다. 따라서 만약 총인구가 증가되었다면 아마 많은 수의 남자가 군인으로 거주 인구에 포함되어 계산되었거나 스코틀랜드와 아일랜드에서 이주해 왔기 때문일 것이다.

위에서 말한 수치와 증가율은 《인구 개요》 서론에서 릭먼이 제시한 것이다. 그러나 본장 처음 부분에서 내가 그렇게 추정할 충분한 근거가 있다고 말한 것처럼 첫 번째 조사는 1811년 조사처럼 정확하지 않다. 그렇다면 이 두 기간 동안 증가율은 앞서 말한 것처럼 그렇게 높지는 않지만 그래도 여전히 엄청나게 높다고 생각한다.

가정된 계산에 따르면 1801년 조사에 나타난 인구는 실제보다 약 11만 9000명이 부족하다. 그러므로 만약 이런 기초 위에 서서 1801년 조사에 나타난 여자인구에 6만 명이 누락되었다고 보고, 1811년에는 3만 명이 누락되었다고 가정한다면, 시기별로 영국과 웨일스의 여자 수는 다음과 같다. 1801년 468만 7867명, 1811년 531만 3219명, 1821년 614만 4709명이다. 이를 토대로 계산하면 1801~11년까지 증가율은 13.3퍼센트, 1811~21년까지 증가율은 15.6퍼센트가 되어 전자와 같은 증가율이 계속되어 간다면 인구는 약 55년 만에 2배로 늘어나며, 후자의 경우라면 인구는 48년 만에 2배로 늘어날 것이다. 20년간의 평균증가율이 그대로 이어진다면 인구는 약 51년 만에 2배로 늘어날 것이다.

국내 실제 인구를 영토와 비교할 때, 또는 대도시와 공장 수를 생각해 볼 때, 이것은 분명 너무나 엄청난 증가율이다. 그러나 《인구 개요》 서론에 게재된 증가율보다는 높지 않다. 그런데 이 비율을 따르더라도 교구 등록부 누락, 그중에서도 출생 누락이 근년에 감소되기는커녕 도리어 증가되었음을 잊어서는 안 된다. 이 사실은 일정 부분 릭먼의 보고서에서 입증된다. 그는 말한다. "세례를 받은 자와 매장자 누락 문제에 관해서 본다면 해마다 평균 세례자 누락 수는(각주 마지막 기재에 따르면) 1만 4860명이고, 평균 매장자 누락 수는 런던을 제외하고 3899명이기 때문에 1811년 두 수치는 약 4 : 1의 비율을 보인다. 또한 현재 한 해 세례자 누락 수는 (각주 마지막 기재에 따르면) 2만 3066명이고 평균 매장자 누락 수는 런던을 제외하고 4657명이기 때문에 양자 비율은 5 : 1이다. 그리고 인구가 조밀하고 특히 비국교도들이 많은 곳의 성직자는 대개 조사를 꺼리기 때문에 앞서 말한 비율은 세례자 누락 총수와 그 비율을 올바르게 표시하고 있지는 않다." 이에 반해서 매장지는 사람들 눈에 띄기 쉬우며, 이것에 관계하는 사람들 중에서도 성직자는 언제나 매장 수 보고서를(명확성에는 어느 정도 차이는 있지만) 입수할 수 있다.

비국교도 증가나 다른 원인에서 비롯된 출생 등록 누락 수가 근년에 감소하기는커녕 도리어 증가했다는 사실은 이런 근거에서 추정할 수 있다. 그러나 1812년 인구법 공포 이후 출생 등록부는 상당히 신중하게 관리되어 왔다고 생각한다. 따라서 1820년까지 10년 동안 출생 대 혼인의 비율은—물론 총인구 대비 출생 및 혼인 비율은 1800년에 비해, 또는 1810년까지 10년 동안에 비해 감소했지만, 이전보다는 늘어난 것이 확실하다. 이런 실정이기 때문에 출생 및 매장의 확실한 누락 수에 대해 어떤 새로운 결론을 내리려고 한다면 보다 많은 조사 자료가 출간되는 것을 기다릴 수밖에 없다. 확실하다고 생각되는 것은 다음과 같은 사실이다. 출생 누락은 6분의 1, 매장 누락(국외 사망자 수를 적당하게 참작하여)은 12분의 1이라고 가정한다면, 이는 릭먼이 산출한 1781~1801년까지 20년 동안의 증가에 대해서는 충분한 설명이 될 수 있지만, 조사에 의한 1801~21년까지 인구조사에 따른 20년 동안의 인구 증가를 설명하기에는 부족하다.

인구조사, 특히 최근 두 번의 조사에서는 한 사람의 주소가 반드시 1개소로만 한정되어 있지 않다 보니 한 사람이 두 번 넘게 계산되는 일이 있어서 실제 수보다 늘었으면 늘었지 줄어들지는 않을 것이라고 추측하는 자가 있다고 한다. 이에 따른다면 한편으로는 인구가 분명히 엄청난 속도로 증가되었을 때, 또 다른 한편으로는 총인구 대비 출생과 혼인 비율이 감소되었다는 사실도 설명될 수 있으리라고 생각한다. 그러나 그런 감소는 사망률 감소를 통해서도 일어날 수 있으므로 만약 사망률 감소가 다른 근거를 통해서도 확증된다면 그런 현상은 충분히 설명될 수 있다. 그리고 비록 계산 중복에서 비롯된 것이 실제로 나타나더라도 그 숫자는 미미할 것이다.

출생과 매장에 많은 누락이 있으며, 특히 출생 누락이 매장 누락보다도 많다는 데에는 의심의 여지가 없다. 보고서 작성에 관계한 모든 성직자의 증언도(릭먼에 따르면) 이 점에서는 일치된다. 1801~21년 동안 누락과, 우리가 1781~1801년 동안에 상상했던 누락 비율이 같다고 가정하자. 그리고 1801년 이래 중복 계산은 누락을 통해서 상쇄되는 것으로 계산한다면, 출생 초과 수만으로도(해외 사망자 수를 제외하더라도) 1821년 인구는 같은 해 계산에 18만 4404명이 추가되며 해외 사망자를 참작하여 가산한다면(해외 사망자는 이런 경우 남아 출생 초과 수를 남녀 사망자 수와 비교해 보면 12만 8651명임을 알 수 있다) 31만 3055명이 추가된다.

최근 두 차례에 걸친 조사에 나타난 중복 계산 회계가 누락을 통해서 상쇄되지 않는다면 그 조사 결과는 여전히 엄청난 인구 증가를 나타내고 있는 것이다. 1801~11년까지 증가율은 약 13(12.88)퍼센트인데 이것은 약 57년 만에 인구가 2배로 늘어나는 정도의 비율이다. 또한 1811~21년까지 증가율은 약 15(14.95)퍼센트이며 이것은 50년 만에 인구가 2배로 늘어나는 수준이다.

조사에 일부 누락이 있는지 또는 심각한 오류가 있는지에 대해서는 현재로서는 확고하게 단정을 내릴 수 없으므로, 나는 이 장 처음 부분에 게재된 1781~1811년 인구 수정표를 고쳐야 한다고는 생각하지 않는다. 어쨌든 그 수정표는 오직 출생만으로 추산하기보다는 훨씬 더 안전한 원칙에 따르고 있기 때문에, 그것이 보여주는 인구 증가율은 서론에 나타난 증가율보다는 더욱 정확하다고 볼 수 있다. 인구 보고서를 보다 면밀히 검토할수록 출생률은 언제나 거의 동일하다고 가정한 과거 인구 추산이 부정확하다는 것을 알 수 있다. 만약 1801년 이래 인구를 릭먼이 1801년 이전 인구를 추산할 때 사용한 방법으로 추산한다면 1821년 인구는 1162만 5334명에 지나지 않을 것이다. 그러나 조사 결과는 1221만 8500명이기 때문에 결국 59만 3166명, 약 60만 명 가까이가 부족한 셈이다. 그 이유는 릭먼의 방법으로 계산할 때 누락된 수를 전혀 고려하지 않았던 출생 대 인구 비율은 1821년 1 : 36.58에 지나지 않았던 것이 1801년 1 : 34.8로 나타나고 있기 때문이다.

만약 조사가 정확하다고 가정한다면 출생률(누락된 수를 아예 도외시하고 각 기간 말 인구를 그 이전 5개년 평균 출생자 수와 비교해서 얻은)은 1801년 1 : 34.8, 1811년 1 : 35.3, 1821년 1 : 36.58이 될 것이다.

총인구 대비 혼인 비율에 대해서도 이것과 동일한, 아니 이보다 더 큰 변화가 일어날 것이다.

1801년 이 비율은 1 : 122.2였지만 1811년 1 : 126.6, 1821년 1 : 131.1이었다. 만약 1820년까지 20년 동안 혼인 누락 수가 아주 적고, 총인구 대비 혼인 비율이 언제나 1801년 총인구 대비 혼인 비율과 동일하다고 가정하여 혼인자 수를 통해서 인구를 추산한다면 1821년 인구는 1221만 8500명이며, 이는 그해 실제 조사보다 84만 952명이나 부족한 수치이다.

그러므로 만약 우리의 계산이 어느 정도 믿을 만하다면, 출생과 사망 및 혼인 비율에서 추산해 낸 과거 인구수가 그다지 신뢰할 만한 것이 못 된다는 사실을 알게 될 것이다. 조사를 통해 판명된, 20년 동안의 이런 중대한 비율 변화를 가져온 원인은 아마 그 이전에도 분명히 동일한 힘으로 작용했을 것이다. 그리고 일반인들은 한 나라의 건강 상태 향상은 사망률을 감소시킬 뿐만 아니라 출생과 혼인율까지 감소시킨다는 것이 진실임을 깨닫게 될 것이다.

10. 스코틀랜드·아일랜드 경우

스코틀랜드 통계 보고서를 상세히 검토하면 인구 원리에 관한 많은 예증을 얻을 수 있다. 그러나 나는 이미 이 부분에 대해서 너무나 길게 서술했으므로 독자들이 권태를 느낄까 저어되어 여기에서는 나에게 깊은 인상을 준 몇 가지 실례를 드는 것으로 그치려고 한다.

스코틀랜드 대부분 교구의 출생과 사망 및 혼인 등록부에 누락이 있음은 널리 알려진 사실이기 때문에, 이로부터 올바른 결론을 이끌어내는 것은 거의 불가능하다. 수많은 호적부 기록이 이상한 결과를 나타내고 있다. 이를테면 커크쿠드브라이트주(州)에 위치한 크로스미카엘 교구 사망률은 겨우 98 : 1이며 한 해 혼인율은 192 : 1이다. 그런 비율은 전대미문의 건강 상태와 대단히 강력한 예방적 억제가 작용했음을 보여주지만, 이런 숫자가 주로 매장 등록이 누락되었다는 것과 일부 혼례가 다른 교구에서 거행되었다는 사정에서 비롯된 것임은 의심의 여지가 없다.

그러나 일반적으로 정확하다고 보는 호적부를 근거로 판단하면 지방 교구 사망률은 낮아 45 : 1~55 : 1이라는 비율도 보기 드문 일은 아니다. 윌키(Wilkie)가 케틀 교구(敎區) 사망자를 토대로 계산한 생존확률표에 따르면 갓난아이의 평균수명은 46.6세라는 높은 수치를 보이고 있으며, 태어난 지 첫 1년 만에 사망하는 수는 겨우 10분의 1이다. 윌키는 제1권에 발표된 제36교구 보고서에 따르면 갓난아이의 평균수명은 40.3세라고도 말한다. 그러나 그가 마지막 권에 발표된 웹스터 박사의 추산표에서 계산해 낸 스코틀랜드 전역 일람표에서는 갓난아이의 평균수명은 겨우 31세이다. 윌키는 이 수치가 에든버러시(市)의 통계 수치를 겨우 넘어서는 정도로 지나치게 낮다고 보았다.

스코틀랜드 호적부는 일반적으로 아주 불완전하다고 할 수 있으니, 이를테면 1801년 《인구 개요》에 발표된 보고서에는 99개 교구 기록만 실려 있다. 따라서 이것을 기초로 추론하면 이 보고는 비정상적일 만큼 양호한 건강 상태와 아주 낮은 출생률을 보이게 되는 셈이다. 이들 99개 교구의 총인구수는 1810년 21만 7873명, 1800년까지 5개년 동안 평균 매장자 수는 약 3815명이며, 평균 출생자 수는 4928명이었다. 따라서 이것으로 미루어보면 이들 여러 교구 사망률은 기껏해야 56 : 1, 출생률은 44 : 1이다. 그러나 그런 비율은 너무나 이례적이어서 좀처럼 사실에 가깝다고는 믿기 어렵다. 이런 비율을 월키의 계산과 종합해서 생각해 본다면 스코틀랜드의 사망과 출생 비율이 영국과 웨일스에서 인정되고 있는 비율보다 낮을 일은 없을 것이다. 영국과 웨일스의 사망률은 40 : 1, 출생률은 30 : 1, 출생 대 사망 비율은 4 : 3이라고 인정된다.

또한 혼인에 관해서 추산하는 일은 더한층 곤란할지도 모른다. 왜냐하면 그곳의 혼인 등록은 아주 불규칙적일 뿐만 아니라, 《인구 개요》에 그에 대한 기록이 기재되어 있지 않기 때문이다. 《통계 보고》의 기록을 토대로 계산한다면 스코틀랜드의 혼인 추세는 영국에 비해 대체로 왕성하다고 당연히 생각할 것이다. 그러나 양국의 출생과 사망이, 또한 총인구 대비 비율이 같다는 것이 사실이라면 혼인율에 커다란 차이가 생길 리 없다. 예방적 억제가 양국에서 비슷한 수준으로 기능하고 있을 뿐 아니라, 기후도 비슷하게 건강에 좋다고 가정한다면, 스코틀랜드에는 도시와 공장이 적기 때문에 보다 극심한 결핍과 빈곤이 찾아들게 되리라는 것은 주목할 만한 점이다.

통계표를 개관하면 스코틀랜드 하층계급의 상태가 근래에 눈에 띄게 개선되었다는 것을 분명히 알 수 있다. 식료품 가격은 올랐지만 노동임금은 대체로 그 이상으로 올랐다. 그리고 대부분 교구에서는 일반 민중 사이에서 육류 소비량이 이전보다 증가되고 주택과 의복도 개선되는 한편 청결 풍습도 면모를 완전히 일신했다고 인정되고 있다.

이런 진보를 이룩하게 된 원인 중 하나는 예방적 억제 증가에 있다고 본다. 몇몇 교구에서는 만혼 풍습이 인정되고 있는데 이런 풍습이 인정되고 있지 않은 곳에서도 그런 풍습이 행해졌으리라는 것은 출생 대 혼인 비율이나 그 밖의 여러 사정에서 쉽사리 알아볼 수 있다. 엘진 교구 보고서 작성자는 스코틀랜드 인구 감소의 일반적 원인을 열거하면서 농장 병합으로 혼인자 수가 감소하고, 나아가 모든 계급의 혈기 왕성한 젊은이들이 다른 나라로 이주하여 대부분은 다시 고향으로 돌아오지 않는다는 사실을 들고 있다. 또한 다른 원인의 하나로서 사치에서 비롯되는 혼인 감소를 제시하면서 이것은 적어도 사람들이 꽤 나이를 먹을 때까지 혼인을 삼갈 뿐만 아니라 태어나는 아이도 체질이 허약할 것이라고 말한다. 그는 말한다. "이 때문에 얼마나 많은 젊은이들이 혼인을 하지 못하고 혼자 지냈는지는 좀처럼 헤아릴 수 없을 정도이다. 만약 금세기 초라도, 아니 그보다 훨씬 뒤인 1745년경이라도 태어났다면 그들은 이미 수많은 혈기 왕성한 아이들의 어버이가 되지 않았을까?"

이런 결과는 주로 인력을 별로 필요로 하지 않을 정도로 발달된 목축 기술과 농경 기술 덕분에 인구가 감소된 지방에서 일어났다. 그런데 이전 세기말이나 금세기 초 이래로 나타난 인구 감소를 각각 다른 시기에서의 출생률로 추산한다면, 특히 스위스와 프랑스에 관해서 내가 지적한 오류에 빠지게 되어 그 결과 실제보다도 더 큰 차이를 낳게 될 것은 의심의 여지가 없다.

내가 이 문제에 관해서 여러 가지 보고서로부터 이끌어내려는 일반적 추론은 혼인이 종전보다도 늦어졌다는 사실이다. 그러나 여기에는 약간의 명백한 예외가 있다. 제조업이 시작되어 아이들이 6~7세가 되면, 쉽사리 일자리를 찾을 수 있는 교구에서는 자연히 조혼하는 풍습이 생긴다. 그런데 이 제조업이 크게 번창하는 동안에는 조혼에서 비롯되는 폐해도 그렇게 눈에 띄게 드러나지 않는다. 그렇지만 폐해가 눈에 띄게 드러나지 않는 한 이유는 6~7세라는 어린 나이에 고용되는 소년 노동자 사이에서 생기는 부자연스러운 사망률을 통해서 새로운 가족을 위한 여지가 생긴다는 사실에 있음을 우리는 유감스럽게도 인정할 수밖에 없다.

그러나 스코틀랜드의 다른 지방, 그중에서도 특히 헤브리디스제도[1]와 일부 고원지대의 인구는 소유지가 세분화되면서 눈에 띄게 증가했는데, 혼인 연령도 제조업의 개시에 자극을 받은 것은 아니지만 종래보다는 훨씬 더 빨라지고 있다. 이 지방에서는 조혼에서 비롯되는 빈곤이 너무나도 눈에 띄게 드러나고 있다. 셰틀랜드주(州)의 델팅 교구에 대한 보고서에는 다음과 같은 사실이 기록되어 있다. 사람들이 너무나 어린 나이에 혼인한다는 것, 그리고 되도록 많

---

1) 스코틀랜드 서북쪽에 있는 섬들.

은 인구를 영내(領內)에 살도록 해서 대구잡이를 하려는 영주(領主) 때문에 이런 조혼의 풍습이 장려된다는 것, 그리고 사람들은 대체로 부채와 대가족 때문에 고민하게 된다는 것이다. 종전에 이 지방에는 지방령이라 불리는 몇 가지 낡은 규칙이 있었는데, 스코틀랜드 화폐로 40파운드어치의 자유재산을 갖지 못한 남녀는 혼인할 수 없다는 규칙이 있었다. 이런 규칙은 오늘날에는 이미 시행되지 않고 있다. 이런 규칙들은 메리 여왕이나 제임스 6세 때 스코틀랜드 의회를 통해서 제정, 비준됐던 것이다.

셰틀랜드주의 브리세이, 버라, 퀴프 교구에 대한 보고서에는, 농장이 아주 적어 경작을 하는 자는 거의 없다고 기록되어 있다. 지주들의 목적은 자기 영지 내에 되도록 어부를 많이 두는 것이었는데, 바로 이것이 농업 개량의 가장 큰 장애물이다. 이들 어부들은 주인을 위하여 고기잡이에 나가지만, 주인은 이들에게 값싼 임금을 지급하거나 잡은 고기를 헐값에 사들인다. 보고자는 말한다. "대부분 지방에서는 인구 증가가 유리하다고 간주되는데, 이는 사실이다. 그러나 셰틀랜드의 현상은 정반대이다. 농장은 세분화되어 있는 데다 젊은이들은 아무런 저축도 없는 상태에서 혼인이 장려되고 있다. 그러니 당연한 결과로 빈곤이 찾아들게 된다. 현재 이들 여러 섬에는 부양 가능 인원수의 2배나 되는 사람들이 살고 있다."

파이프주(州) 오치더데란 교구의 보고 작성자는 말한다. "노동자 식사가 형편없다 보니 끊임없이 이어지는 힘든 일이 그의 육체에 미치는 영향을 도저히 막을 수 없으며, 그 결과 그의 육체는 비정상적으로 빨리 소모된다. 그렇게도 고통스러운 역경에 빠지게 되는 혼인 생활을 사람들이 자진해서 이어간다는 사실은 양성이 결합한다는 것과 독립적 생활을 사랑한다는 마음이 인성의 기본적인 원칙임을 분명히 보여준다." 여기서 독립적 생활을 사랑하는 마음을 자손을 사랑하는 마음이라고 바꿔서 표현했더라면 더욱 좋았을 것이다.

쥐라섬은 많은 이주민을 끊임없이 내보내고 있음에도 주민들은 사실상 과잉 상태에 있는 것 같다. 한 농장에 50~60명이 우글거리고 있는 곳도 적지 않다. 보고자는 그렇게 많은 사람들이 제조업과 기타 산업이 발달되지 않은 곳에서 살고 있는 것은 지주들에게는 큰 짐이 될 뿐만 아니라, 국가에도 도움이 되지 않는다고 말한다.

또 다른 한 보고자는, 1770년 아메리카로 대대적으로 이민을 떠났으며, 최근 전쟁 중에 수많은 젊은이들이 사망했음에도 인구가 급증한 것을 보고 깜짝 놀란다. 그는 이것의 적절한 원인을 지적하는 것은 곤란한 일이라고 보고 있으며, 나아가 그렇게 인구 증가가 계속되는데도 증가된 사람들에게 일자리를 마련해 주지 못한다면 이 지방은 머잖아 그들을 더 이상 감당할 수 없게 될 것이라고도 논한다. 또한 칼란더 교구의 보고자는, 이 지방 여러 마을과 비슷한 환경에 있는 다른 여러 마을에서는 거의 헐벗고 굶주린 상태에 있는 군중이 넘쳐흘러 잠잘 곳과 먹을 것을 찾아 사방을 헤매고 있으며, 한 도시나 한 마을 인구가 그 주민의 산업을 초과하여 증가된다면 그 순간부터 그 고장은 쇠퇴할 수밖에 없다고 말했다.

급격한 인구 증가를 보여주는 매우 드문 예가 엘진 지방의 듀딜 교구 호적부에 나타나 있다. 본래 초과 기재는 기록 누락만큼은 저질러지지 않기 때문에, 이것은 주목할 가치가 있다고 생각한다. 한 해 출생 대 총인구 비율은 1 : 12, 혼인 대 총인구 비율은 1 : 55, 사망 대 총인구 비율도 1 : 55, 출생 대 사망 비율은 70 : 15, 다시 말해서 4 2/3 : 1이다. 사망자 수는 누락시킨 흔적이 있으므로 어느 정도 부정확하다고 생각해도 무방하지만, 총인구 12분의 1인 놀라운 한 해 출생률은 단순한 잘못은 아닐 것이다. 그런데 이 교구에 관한 다른 사정들이 이 말을 확증해 주는 것 같다. 830명 인구 중 독신자는 겨우 3명이며 혼인 부부 한 쌍이 평균적으로 자녀 7명을 낳는다. 그러나 그런 사정임에도 1745년 이래로 인구는 상당히 감소한 것으로 보인다. 그런데 이런 급격한 출생률 증가 흐름은 아마 급격하게 이루어진 이민 추세에서 비롯되었을 것이다. 보고자는 이런 대규모 이주 사실을 언급하면서 꽤나 유복하게 살던 사람들까지 단순한 소문에 혹해서 농장주와 자유농민을 꿈꾸면서 근래에 스코틀랜드 각지로부터 이민을 떠나갔다고 기술한다.

그런 이상한 출생률은 분명히 이주 풍습에서 비롯되었는데, 이것은 다만 한 나라 인구 일부를 다른 곳으로 이주시키는 것만으로는 인구를 감소시킨다는 게 아주 어려운 것임을 보여준다. 그러나 산업과 생존자원을 빼앗으면 인구는 곧 감소된다.

이 교구에서는 한 해 출생자 수 대비 혼인 수 비율이 4 2/3 : 1에 지나지 않은 것처럼 보이지만, 혼인한 부부 한 쌍의 평균 출생자 수는 7명이라고 말할 수 있다. 이런 차이는 나머지 많은 교구에서도 나타나는데, 이 사실로 미루어 볼 때 이들 여러 보고자들이 부정확한 한 해 동안의 출생 대 혼인 비율에만 의존하지 않고 다른 계산법도 적절하게 채용했을 것으로 보인다. 그들은 개별 조사와 호적부 조사를 통해서 어머니 한 사람이 혼인 생활 동안 몇 명의 아이를 낳는가를 알아냈을 것이다.

스코틀랜드 부인들은 아이를 많이 낳는 것 같다. 혼인 부부 한 쌍이 평균 아이 6명을 낳는 일도 자주 있으며 평균 7~7.5명을 낳는 경우도 그렇게 드문 일이 아니다. 아주 이상하게 생각되는 한 가지 예로는 그처럼 많은 아이들이 사실상 각 가정에서 생존했던 것 같은데, 이것은 물론 이보다 더 많은 아이들이 과거에도 태어났으며 또한 앞으로도 태어나리라는 것을 뜻한다. 킨카딘주의 니그 교구 보고서에 따르면 그곳에서는 농가 57곳에 아이 405명, 한 집에 평균 7 1/9명의 아이가 있으며 42개 어부 가정은 아이 314명, 한 집에 평균 약 7.5명이다. 농가 7곳에는 아이가 없었지만 어부 가정에는 모두 아이가 있었다고 한다. 만약 이 기록이 정확하다면 매 혼인마다 그 혼인 생활이 계속되는 동안에는 적어도 9~10명을 낳았으며, 또한 낳을 것이라고 생각할 수밖에 없다.

실제 조사를 통해서 알 수 있는 것은 혼인 부부 한 쌍이 약 3명의 아이를 두고 있는 경우, 또는 5~4.5명으로 1세대를 이루고 있는 경우(가장 일반적인 비율이다) 혼인 부부 한 쌍의 평균 출산 수가 3명을 훨씬 넘지는 않을 것이라고 추론하는 것은 잘못이라는 점이다. 우리는 다음 사실을 기억해야 한다. 올해 혼인한 신세대는 물론 아이가 없을 것이며, 지난해 혼인한 자들은 기껏해야 1명, 2년 전 혼인한 사람들이 모두 아이 2명을 둘 것이라고는 상상할 수 없으며, 3년 전 혼인한 사람들은 자연법칙상 아이 3명 이하를 두게 될 것이 확실하다는 사실이다. 10년 동안에 아이 5명 중 하나를 잃어버리는 것은 아주 낮은 사망률이며, 또한 10년 뒤는 맏이가 부모 슬하를 떠나기 시작하는 시기라고 보아도 무방할 것이다. 그러므로 모든 혼인이 그 혼인 생활이 계속되는 동안 정확히 아이 5명을 낳는다고 가정하더라도 그들이 충분하다고 여겨지는 데까지 증가한 가정에도 아이 수는 겨우 4명이며, 증가가 막 시작된 가정도 대부분은 아이 3명 이하밖에는 두지 못할 것이다. 따라서 한부모 가정을 고려한다면 조사 결과가 한 가정마다 평균 4.5명을 두고 있느냐 여부는 의심스러울 수밖에 없다. 앞서 언급한 듀딜 교구에서는 혼인 부부 한 쌍당 아이 수는 7명이며, 한 가정당 인원은 5명에 지나지 않는다고 기록되어 있다.

스코틀랜드 빈민들은 일반적으로 교구 목사 감독하에 분배되는 자발적인 의연금의 보조를 받고 있다. 그런데 이 의연금은 대체로 상당히 적절하게 처리된 것 같다. 그러나 빈민들에겐 구호청구권이 없을 뿐만 아니라, 의연금도 모집하는 방법이 확실하지 않은 데다 충분하지도 않기 때문에 그들은 이것을 다만 굶어 죽을 지경이 되었을 때 마지막으로 의지하는 자금으로 생각했을 뿐, 결코 안심하고 믿을 수 있는 자금 또는 궁핍함을 당할 때마다 국법을 통해서 충분히 지급되는 자금으로는 생각하지 않았다.

이런 결과 때문에 일반 빈민들은 그처럼 빈궁하고 확실하지도 않은 구제를 구걸하지 않기 위해서 열심히 일하게 되었다. 수많은 보고서에 따르면 그들 중 질병과 노후에 대비하여 저축을 하지 않는 자는 드물며, 일반적으로 교구 구제를 받아야 하는 어려움에 처한 사람이 있으면 다 자란 아이와 친척들은 널리 세상 사람들이 집안의 불명예라고 생각하는 그런 몰락을 미리 방지하고자 앞장서서 돕는다고 한다.

각 지역의 교구 보고자들은 가끔 영국 빈민 구제 제도를 격렬하게 비난하고 스코틀랜드 구제 방법이 더 낫다고 말한다. 페이즐리시(市) 보고를 보면, 그 도시는 공업 도시이며 빈민이 꽤 많음에도 보고자는 영국 구빈 제도를 비난한다. 어느 정도 지나친 감도 없지 않지만 그 보고자는 말한다. "영국처럼 막대한 빈민 구제기금을 두는 나라도 없지만, 그 나라만큼 빈민들이 엄청나게 많은 나라도 없다. 영국 빈민들의 생활 상태는 다른 어떤 나라 빈민들에 비해서도 가장 비참하다."

칼라브룩 지역 보고서는 빈민 구제 방책을 어떻게 할 것인가에 대한 아주 적절한 대답을 제시한다. "궁핍과 빈곤은 그것을 구제하기 위해서 마련된 기금에 비례해서 증가한다. 따라서 자선금은 분배해 줄 필요가 생기는 순간까지는 세상에 알리지 말아야 한다. 일반적으로 스코틀랜드 지방 교구에서는 때때로 자발적으로 갹출되는 소액 기부금만으로도 충분하다. 이미 충분히 마련된 것을 입법부가 공연히 기금 증가에 간섭할 필요는 없다. 요컨대 구빈세 신설은 필요 없을 뿐 아니라 빈민들에게는 어떤 구제도 해주지 못하면서 토지 소유자를 압박하게 될 것이기 때문에 도리어 해롭다."

이것은 대체로 스코틀랜드 성직자들이 품고 있는 견해인 것 같다. 그러나 예외적인 경우도 있어서, 때로는 구빈세 부과를 공인하여 시행을 추진한다는 말도 들린다. 그러나 그런 교구들 중에는 아직 실제로 실험을 해보지 않은 곳이 많기 때문에 조금도 놀랄 일이 아니다. 인구 원리를 이론적으로도 충분히 파악하지 못하고 있을 뿐만 아니라, 구빈법 실시에서 비롯되는 폐해에 대해서도 충분히 알지 못하고 있었다면, 이 문제에 부딪치자 그들이 곧 구빈세 부과 제도(자선가냐 아니냐를 떠나서 저마다 능력에 따라서 의연금을 부담하며, 그 금액도 필요에 따라서 증감될 수 있는 것과 같은 부과 제도)를 제창하게 된 것은 아주 당연한 일이다.

다른 나라에서와 마찬가지로 스코틀랜드에서도 풍토병과 전염병은 주로 빈민들에게 찾아들고 있다. 어떤 지방에서는 괴혈병이 크게 맹위를 떨쳐 좀처럼 근절되지 않는다. 다른 지방에는 전염성이 있는 한센병이 발생되고 있는데, 그 결과는 언제나 소름 끼칠 만할 것이어서 생명을 빼앗기는 일도 자주 있다. 한 논자(論者)는 이것을 인간 본성에 대해 하늘이 내리는 재앙이자 죽음이라고 부른다. 이 병의 원인은 일반적으로 춥고 습기 찬 환경, 빈약하고 영양분이 없는 음식, 습기에 찬 밀집된 가옥에서 생기는 혼탁한 공기, 만성화된 게으름, 불결 등에 있다고 본다.

일반적으로 류머티즘에 걸리지 않은 자가 거의 없으며, 폐결핵도 일반인들 사이에는 적지 않은데, 이것들도 앞서 언급한 원인에서 주로 비롯된다. 사람들은 어떤 특수한 사정에서 빈민 상태가 악화된 곳에서는 언제나 그런 질병 중 특히 폐결핵이 맹렬한 기세로 전염된다는 사실은 알고 있다. 가벼운 신경성 열병과 그 밖에 보다 더 격렬하고 악성인 열병도 가끔 전염성을 띠어 때로는 엄청나게 많은 인명을 빼앗아간다. 그러나 예전에 스코틀랜드를 덮친 흑사병이 사라진 이후 가장 치명적인 전염병은 천연두였는데, 보고에 의하면 많은 지방에서는 정기적으로 덮치고 있으며, 다른 일부 지방에서는 불규칙하게 발생하고 있으나 7~8년 이상 간격을 두는 때는 드물다고 한다. 천연두의 참화는 예전처럼 치명적이지는 않지만, 일부 교구에서는 아직도 섬뜩할 정도이다. 종두에 대한 편견도 아직 상당한 정도로 남아 있고 치료 방법도 집이 좁고 혼잡하기 때문에 불완전하게 될 수밖에 없으며, 심지어 많은 지방에서는 병중에도 서로 왕래하는 풍습이 남아 있어서 사망률도 꽤 높고, 주로 빈민 자녀들이 희생된다는 것을 쉽게 생각할 수 있다. 헤브리디스제도와 북부 고원지대 일부 교구에서는 한 가정에 인구가 4명 반~5명에서 6명 반~7명으로 증가하고 있다. 그런 인구 격증이 그것에 상응하는 물자가 없는 상태하에서 생긴다면 질병을 유발시키지는 않더라도 일단 그것이 덮치면 그 참화가 10배 더 심하게 될 것은 분명하다.

스코틀랜드는 언제나 흉년 때문에 고통을 겪는데, 소름 끼치도록 극심한 기근도 심심치 않게 발생한다. 1635년과 1680년, 1688년과 17세기 끝,[2] 1740년과 1756년, 1766년과 1778년, 1782년과 1783년에 극심한 궁핍에 허덕였다는 기록이 남아 있다. 1680년에는 이런 원인 때문에 수많은 가정이 사멸하여 그 결과 종래 인구가 조밀하던 곳이 6마일을 가도 사람 그림자 하나 찾아볼 수 없을 정도가 되었다고 한다. 17세기 끝 7년 동안은 흉년이었다. 몬퀴터 교구 보고자가 전하는 말에 따르면 그 근방의 한 농장에 있었던 16가족 중 13가족이 소멸되고 다른 농장에서는 169명 중 겨우 3가족만(농장주 포함)만 살아남았다고 한다.

지금은 100명을 수용하는 대농장도 그즈음에는 아예 황폐해져서 마침내 양을 기르는 곳으로 바뀌었다. 교구 주민 절반이 죽었다고 말하는 사람이 있는가 하면 4분의 1만 살아남았다고 단언하는 사람도 있을 정도이다. 수많은 농장들이 1709년까지 황폐한 상태로 남아 있었다. 1740년 또다시 흉년이 찾아들게 되었으니, 사망자는 그리 많지 않았지만 빈민들은 큰 고통을 겪어야 했다. 많은 사람들이 빵을 위해 일자리를 찾아 헤맸다. 건장한 남자들도 하루 꼬박 일하여 겨우 2펜스라도 벌면 대만족이었다. 1782~83년에도 사망자는 내지 않았지만 지독한 궁핍이 찾아들었다. 보고자는 말한다. "이런 위기 때 아메리카 전쟁이 종식되지 않았더라면, 또한 해군을 위하여 마련했던 막대한 군수품, 특히 완두콩을 팔지 않았더라면 과연 어떤 황폐와 공포의 광경이 이 나라에 나타났을까!"

---

2) 원문에는 16세기로 나와 있는데 전후 관계로 볼 때 17세기가 맞다.

이와 유사한 기록들이 통계 보고서 곳곳에 나타난다. 식량 부족으로 겪는 고통의 성질과 강도가 어떠한지는, 이 정도 설명만으로도 충분히 짐작할 수 있을 것이다.

1783년 일부 고원지대 인구가 소멸되었으며, 이 때문에 웹스터 박사의 조사 이후 그 지방 인구가 감소했다고 말한다. 일반적으로 소규모 자영농 대부분은 우리들이 상상한 것처럼 흉작 때문에 아예 몰락하고 말았다. 고원지대에 있는 소규모 자영농들은 불확실한 미래 앞에서 생존자원을 얻기 위해 일개 노동자가 되어 평원지대로 이주해 갈 수밖에 없었다. 그런 흉년 동안에 나타난 농민 붕괴의 영향을, 마지막 조사 때 몇몇 교구에서는 침체된 상태와 필연적인 결과인 민중의 빈곤과 궁핍 속에서 여전히 찾아볼 수 있었다.

밴프주 그레인지 교구의 보고서에 따르면 채소류 개량이 일절 중지되고 농부들은 곡식 재배에만 온 힘을 쏟았다고 한다. 이 때문에 소작인들은 거의 대부분 몰락했으며, 이 시기를 경계로 폐결핵이 자주 찾아들었다. 이것은 1783년의 흉년과 조잡한 식사, 1782년과 1787년 수확기에 오랫동안 불순한 일기가 계속되었다는 사실 등에서 원인을 찾을 수 있다. 또 그 수확기에 노동자들은 석 달 동안 심한 추위와 습기 때문에 고생했다. 그러나 주된 원인은 하층계급 사이에서 일어난 생활 양식 변화에서 찾아야 할 것이다. 예전만 해도 어떤 가장이든 맥주 한 통쯤은 자기 뜻대로 할 수 있었으며, 때로는 얼마 안 되는 양들 중에서 한 마리쯤은 잡을 수 있었지만 지금은 사정이 바뀌고 말았다. 빈민들 사이에서 자주 보이는 생활필수품 부족, 습기와 악취로 가득 찬 가옥, 중류계급 사람들 사이에 널리 퍼져 있는 침체 상태 등은 질병과 높은 사망률의 주요한 원인이 된 것 같다. 젊은이들은 폐결핵으로 죽으며, 보다 나이 든 사람들은 수종증과 신경성 열병으로 죽는다.

이 교구 상태는, 그 밖에 이와 비슷한 것이 있지만 스코틀랜드의 일반적 상태에 대한 하나의 예외로 생각할 수 있는데, 이것은 분명히 소작인 몰락에서 비롯되었다. 사실 농업 자원과 자본 손실처럼 쉽사리 한 나라를 참화 속으로 몰아넣는 것은 없기 때문에 이런 결과는 조금도 놀랄 일이 아니다.

이 교구에서 질병은 1783년 기근과 조잡한 식사 때문에 증가되었다고 볼 수 있다. 이것과 똑같은 현상이 나머지 많은 교구에서도 나타나는데, 비록 절대적인 기근으로 사망하는 자는 많지 않더라도 치명적인 질병이 예외 없이 뒤따랐다.

또한 일부 교구에서는 출생과 혼인 수가 풍흉(豊凶)에 따라 좌우된다는 기록도 있다.

로스주(州) 딩월 교구의 경우, 1783년 기근 이후 출생자 수가 평균보다 16명이나 적고 최근 수년 동안의 최저치보다 14명이나 미달이었다. 또한 1787년은 풍년이었는데 그다음 해에는 출생자 수가 동일한 비율로 증가되어 평년보다 17명, 가장 많았던 다른 해보다 11명이나 초과했다.

오크니제도의 던로스니스 교구 보고서에 따르면 한 해 혼인 수는 계절과 깊은 관계가 있다고 한다. 풍년에는 30쌍 이상으로 높아지지만 흉년에는 그 절반에도 미치지 못한다.

스코틀랜드 인구 증가 총수는 1755년 웹스터 박사 조사 이래로 약 26만 명인데, 그에 상응하는 필요 식량은 농공업 개량과 감자 재배 증대로 충당되었다. 감자는 일반 국민들이 날마다 먹는 식량의 3분의 2를 차지한다. 스코틀랜드 출생 초과 수의 반은 이민을 통해 해외로 흘러나간다고 추산되는데, 이는 나라 살림에 적잖은 여유를 주어 국내 거주민들의 생활 개선에 크게 도움이 된다. 스코틀랜드 인구는 여전히 과잉 상태인 것은 확실하지만, 주민 수가 훨씬 적었던 한 세기나 반세기 전만큼 남아도는 상태는 아니다.

아일랜드 인구에 관해서는 상세한 것이 거의 알려져 있지 않다. 그러므로 나는 감자를 주식으로 삼게 되면서 전세기(前世紀) 중 인구가 급격하게 증가되었다는 한 가지 사실만을 말하고자 한다. 그러나 이 영양가 많은 감자는 값이 쌀 뿐만 아니라, 손바닥만 한 땅에서도 재배만 하면 일가를 지탱할 만한 양을 평년에도 얻을 수 있다. 그러나 일반 국민은 무지하고 무기력하여 당장 긴급한 최저 생활필수품 이외에는 아무것도 바라지 않으므로, 국가의 산업과 현존 자원이 허용하는 범위를 넘어서 인구를 증가시킬 정도로 혼인이 널리 이루어진다. 따라서 그 필연적인 결과로서 하층민이 가난하기 이를 데 없는 비참한 상태에 빠지게 된다. 인구 억제는 지독한 가난, 습기가 많고 좁은 집, 조악하고 그나마도 충분치 못한 의복, 때때로 닥치는 기근 등에서 비롯되는 질병과 같은 적극적 억제가 주를 이룬다. 근년에는 이런 적극적인 억제 외에도 국내 소란과 내전 및 계엄령 등 죄악과 곤궁이 포함되었다.

1825년(덧붙임)

1821년에 실시된 최근 조사에 따르면 아일랜드 인구는 680만 1827명이지만 1695년에는 103만 4000명에 지나지 않았다고 한다. 이 숫자가 정확하다면 이것은 125년 동안에 약 45년마다 인구가 2배로 늘어나는 비율로 인구가 끊임없이 증가했음을 보여주는 실례이다. 이와 똑같은 기간 내에 그렇게 급격하게 증가된 실례는 아마 유럽 어떤 나라에서도 찾아볼 수 없을 것이라고 생각한다.

아일랜드에는 특수한 사정이 있으므로 평균사망률과 인구 대비 출생과 조혼 비율을 살펴보는 게 아주 흥미로운 일이겠지만 불행히도 정확한 교구 등록부가 보존되어 있지 않을 뿐만 아니라, 이에 관한 정보를 찾을 수도 없었다.

11. 결혼과 출산력

각국의 출생·사망 및 혼인 등록부와 일정한 증가율을 보이는 현재 인구수에서 혼인의 실제 출산력과 혼인할 나이까지 생존하는 산아의 실제 비율을 각각 이끌어낼 수 있다면 아주 바람직하다고 할 수 있다. 물론 이 문제는 명확하게 해결될 수 없을지도 모르지만 다음과 같은 고찰에 주의를 기울인다면 어느 정도는 접근할 수 있을 뿐 아니라, 수많은 등록부상의 어려운 문제도 일부나마 해결할 수 있을 것이다.

그러나 사전에 말해두어야 할 것은 대부분의 나라에서 등록부상의 출생 및 사망 누락이 혼인 누락보다 많으며, 따라서 혼인율은 거의 언제나 과장되게 나타난다는 사실이다. 최근 영국에서 시행된 조사에서도 혼인 등록부는 충분한 근거가 있어서 거의 정확하다고 생각하지만, 출생과 사망에는 확실히 아주 많은 누락이 있는 것으로 알려져 있다. 이런 누락은 다소 차이는 있을지 모르지만 다른 여러 나라에서도 예외 없이 발견된다.

가령 인구가 정체되고 이민도 없으며, 출생과 사망 및 혼인 등록부 기록이 정확하게 기재되고 인구 대비 출생과 사망 및 혼인 비율이 언제나 일정한 비율을 유지하는 나라가 있다고 상상한다면, 한 해 출생자 수 대비 한 해 혼인자 수 비율은 재혼과 삼혼(三婚)을 포함하는 혼인당 출산 자녀 수를 나타낼 것이다. 또한 재혼과 삼혼인 경우를 감안, 계산에 적절한 수정을 가한다면 성년이 되어 혼인할 때까지 살아남는 산아 비율도 도출할 수 있을 것이다. 또한 연간 사망률을 통해 정확한 기대수명 수치를 구할 수 있을 것이다.

그러나 인구가 증가 또는 감소하고 출생과 사망 및 혼인도 똑같은 비율로 증가 또는 감소하는 경우, 이러한 변화는 일체의 비율을 교란시킬 것에 틀림없다. 왜냐하면 등록부상에서는 같은 시기에 일어난 사건도 자연의 질서 속에서는 같은 시기에 일어난 것이 아니며, 증감 현상도 분명히 시간차를 두고서 일어났을 것이기 때문이다.

　무엇보다 어느 해의 출생자 수는 자연의 이치로 같은 해에 행해진 혼인에서 생긴 것이 아니라 그 전년도의 혼인에서 생긴 것이 틀림없다.

　그렇다면 재혼과 삼혼을 포함한 혼인의 출산력을 규명하기 위하여 등록부에서 일정 기간(이를테면 30년간)을 따로 떼어서 그 기간 중에 이루어진 모든 혼인에서 출생한 아이 수를 검토해 보기로 하자. 이 기간 초기에 이루어진 혼인이 이 기간보다 앞서 이루어진 혼인에서 태어난 다수 산아와 시기상 겹치며, 기간 끝 무렵에는 그 기간 내에 이루어진 혼인에서 태어난 다수 산아가 다음 기간 혼인과 시기적으로 겹친다는 것은 분명하다. 그러면 전자 수를 공제하고 후자 수를 더할 수 있다면 이 기간 중에 이루어진 혼인에서 태어난 산아 총수를 정확하게 알 수 있으며 따라서 이들 혼인의 참된 출산력도 알 수 있게 될 것이다. 만약 인구 증가가 정체되어서 가산된 출생자 수와 공제된 출생자 수가 똑같다면 등록부에 나타나는 출생 대 혼인 비율은 언제나 혼인의 참된 출산력을 나타낼 것이다.

　이에 반하여 인구가 증가 또는 감소되는 경우 가산될 출생자 수와 공제될 출생자 수는 결코 일치하지 않으며, 따라서 등록부에 나타나는 출생 대 혼인 비율은 결코 혼인의 참된 출산력을 나타내지 못할 것이다. 인구가 증가할 때는 가산될 출생자 수가 공제될 출생자 수보다 클 것이 분명하며, 등록부에 나타난 출생 대 혼인 비율은 언제나 혼인의 참된 출산력을 나타내기에는 너무나 적을 것이다. 인구가 감소 중일 때는 이것과 정반대 결과가 생긴다. 그러므로 문제는 출생자 수와 사망자 수가 동일하지 않은 경우에 과연 얼마를 가산하고 얼마를 공제해야 좋은가 하는 점으로 귀결된다.

　유럽에서의 출생 대 혼인 평균비율은 약 4 : 1이다. 지금 설명의 편의상 혼인하는 부부 한 쌍이 한 해 건너 하나 비율로 아이 4명을 낳는다고 가정해 보자. 이런 경우 등록부의 어느 기간부터 시작한다 할지라도 그 이전 8년 동안 혼인은 아직 그 낳을 자녀의 반수만 낳았을 뿐이며, 나머지 반수는 현재 기간 내 혼인과 겹칠 것이기 때문에 이것은 당연히 공제해야 한다. 마찬가지로 이 기간의 마지막 8년 동안 혼인은 아직 반수만을 낳았을 뿐이기에 마땅히 나머지 반수를 가산해야 한다. 그러나 임의의 8년 동안 출생 반수는 그다음 3년 9개월 동안 총출생자 수와 거의 동일하다고 간주할 수 있다. 최대한 급격히 증가된다면 다음 3년 반 동안 총출생자 수를 넘을 것이며, 천천히 증가된다면 다음 4년 동안 총출생자 수에 접근할 것이기 때문에 평균하면 3년 9개월로 쓸 수 있다. 따라서 우리들은 이 기간의 처음 3년 9개월 동안 출생자 수를 공제하고 이 기간 다음의 3년 9개월 동안 출생자 수를 가산한다면 이 기간 내에 이루어진 혼인 총수에서 비롯된 출생자 수와 혼인의 출산력까지도 거의 정확하게 알 수 있을 것이다. 그러나 어떤 한 나라 인구가 정규적으로 증가되고 있을 뿐만 아니라 출생과 사망 및 혼인이 언제나 서로 간에 또는 총인구 대비 비율이 같다면 어떤 기간 동안 출생 총수와 일정 햇수가 지난 뒤 똑같은 다른 기간 동안 출생 총수 비율은 같을 것인데, 이는 마치 어떤 1~5년 동안의 평균 출생자 수가 일정 햇수가 지난 뒤 1~5년 동안 평균 출생자 수와 똑같은 비율을 보이게 되는 것과 같다. 그런데 이 사실은 혼인에 대해서도 그대로 해당된다. 따라서 혼인의 출산력을 측정하기 위해서는 올해나 5개년 동안 평균 혼인자 수와 그 다음 해 출생자 수 및 3년 9개월 뒤에 취한 5개년 동안 평균 출생자 수를 비교하면 된다.

지금 우리는 예를 들어 혼인하는 부부 한 쌍이 아이 4명을 낳는다고 가정했다. 그러나 유럽에서는 출생 대 혼인 평균비율은 4 : 1이며 유럽 인구는 널리 알려진 것처럼 증가하고 있으므로 혼인 출산력도 분명히 4보다는 클 것이다. 이런 사정을 참작하여 3년 9개월 대신에 4년 간격을 선택하면 거의 사실에 가까운 숫자를 얻을 수 있을 것이다. 그리고 이런 기간은 나라에 따라서 다르겠지만, 그 차이는 우리들이 처음 상상한 것만큼 크지는 않을 것이다. 혼인 출산력이 높은 나라에서는 일반적으로 출산과 출산 사이의 시간 간격이 좁지만 출산력이 낮은 나라에서는 출산과 출산 사이의 시간 간격이 넓으므로, 출산력 정도는 다를지라도 그 기간 길이는 여전히 제자리를 유지하는 경우가 있기 때문이다.

이런 관찰을 통해 인구가 급하게 증가할수록 혼인의 참된 출산력은 등록부에 나타난 혼인 대비 출생 비율을 훨씬 초과한다는 점이 분명해질 것이다. 지금까지 여기에서 이야기해 온 방식은 자연적인 혼인 출산력 추정을 시도하는 것이다. 그러나 자연적인 혼인 출산력은 초혼이나 기혼 부인들의 출산력, 그중에서도 특히 가장 임신하기 쉬운 연령대 여성들의 자연적 출산력과는 엄격히 구별되어야 한다. 여성의 자연적인 출산력은 세계 대부분 지역에서 거의 동일할 테지만 혼인 출산력은 각국의 특수 사정에 따라, 그중에서도 특히 만혼자 숫자에 영향을 받기 쉽다. 어떤 나라에서든 재혼과 삼혼은 중대한 의의를 갖는데, 이는 평균비율에 뚜렷한 영향을 미친다. 쥐스밀히에 따르면 포메라니아주 전역에서 1748~56년 동안에 혼인한 자는 5만 6956명이며 그중 1만 586명은 홀어미와 홀아비들이었다. 뷔싱에 따르면 프로이센과 슐레지엔에서의 1781년 혼인자 수는 2만 9308명이며, 그중 4841명은 홀어미와 홀아비들이었다. 따라서 혼인율 6분의 1은 과장된 것이다. 기혼 부인들의 출산력을 추정할 때 사생아 수는 비록 작지만 혼인 초과를 상쇄하곤 한다. 또한 홀아비는 홀어미들보다 재혼하는 경우가 많으므로 앞서 말한 수정은 이런 이유 때문에 온전히 그대로 적용할 수는 없다. 그러나 혼인과 출생 또는 사망을 비교하여 태어나서 혼인할 때까지 살아남는 자의 비율을 추정하고자 할 때(이것이 우리가 앞으로 연구하고자 하는 문제이다) 이런 수정 작업이 반드시 필요하다.

둘째로 혼인을 한 그해에 출산이 이루어지는 것은 아니며, 평균 혼인 연령과 출산의 시간적 간격과 마찬가지로 언제나 일정한 간격을 두고 이루어진다. 인구가 증가하는 시기라면 올해 혼인은 작년보다 출산이 적을 것이며, 같은 해 출산 수와 비교해 볼 때 혼인 수는 태어난 아이들 중 성인으로 자라나 혼인에 이르는 아이의 비율을 설명하기에는 턱없이 그 수가 적다. 인구가 감소하는 시기에는 이와 정반대 현상이 나타난다. 그러므로 이러한 비율을 구하기 위해서는 어느 해에 이루어지는 혼인과 그해 평균 혼인 연령만큼 거슬러 올라간 해의 출생을 비교해야 한다.

그러나 이 시기의 간격 때문에 같은 시기 혼인과 사망을 비교하는 편이(본질적으로 그렇게 정확할 수는 없지만) 편리한 때가 많다. 평균 혼인 연령과 평균 사망 연령의 차이는 출생에서 평균 혼인 연령에 이르는 햇수보다 적은 것이 원칙이다. 따라서 같은 시기 한 해 사망 대비 한 해 혼인 비율은 혼인 대 출생 비율에 비해서 출생아 중 살아남아서 혼인하는 자의 참된 비율을 훨씬 더 잘 보여줄 것이다. 출생 대 혼인 비율은 재혼과 삼혼을 적당하게 참작하더라도 인구가 절대로 정체 상태를 지속하는 경우가 아니면 출생아 중 살아남아서 혼인하는 자의 참된 비율을 결코 보여줄 수 없다. 그러나 평균 혼인 연령은 인구가 증가 또는 감소하고 있는 경우라도 여전히 평균 사망 연령과 동일할 수 있다. 이런 경우(재혼과 삼혼을 참작하고 나서) 등록부에 기록된 혼인과 같은 해의 사망 기록을 비교하면 출생아 중 살아남아서 혼인하는 자의 참된 비율을 거의 정확하게 보여줄 것이다. 그러나 일반적으로 인구가 증가하는 시기에는 평균 혼인 연령이 평균 사망 연령보다 낮기 때문에 혼인 대비 같은 해 사망 비율도 출생아 중 살아남아서 혼인하는 자의 참된 비율을 보여주기에는 너무 높다고 할 것이다. 따라서 이 비율을 구하기 위해서는 어떤 특정한 해 혼인자 수를 그해의 평균 혼인 연령과 사망 연령 차이와 같은 정도의 간격을 둔, 그 뒤 어느 해 사망자 수(등록부에 기록된)를 비교해야 한다.

평균 혼인 연령과 평균 사망 연령 사이에 필연적인 관계는 없다. 자원이 풍부하여 급속도로 인구를 증가시킬 수 있는 나라에서는 평균수명(평균 사망 연령)이 아주 높아지지만, 혼인 연령은 대단히 낮아지는 경우가 있다. 이런 때 혼인 대비 등록부에 기록된 같은 해 사망 비율은(재혼과 삼혼을 적당하게 참작하더라도) 여전히 너무 높아 출생아 중 살아남아서 혼인하는 자의 참된 비율을 보여주지는 못할 것이다. 그런 나라에서는 평균 사망 연령을 40세, 평균 혼인 연령을 겨우 20세로 가정해 볼 수 있으며, 물론 드물지만 그 경우에도 혼인과 사망 간격은 출생과 혼인 간격과 같다.

이런 여러 견해를 등록부 전반에 적용하더라도 원래 출생과 사망 및 혼인 비율은 똑같은 높이에 머물러 있지 않고 변화할 뿐만 아니라, 평균 혼인 연령을 알지 못하기 때문에 출생아 총수 중 살아남아서 혼인하는 자의 참된 비율을 찾아볼 수는 없다. 그러나 그것을 통해서 그 속에 포함된 지식에서 여러 유익한 추론을 이끌어내어 겉으로 나타난 몇몇 모순을 해결할 수는 있다. 따라서 사망 대비 혼인 비율이 대단히 높은 나라에서는 일반적으로 평균 혼인 연령이 평균 사망 연령보다도 훨씬 이르다고 믿을 만한 이유가 있다.

1799년 러시아 통계표(투크가 작성, 본서 제2편 3장 끝부분 참조)에 따르면 혼인 대 사망 비율은 100 : 210이다. 재혼과 삼혼을 감안하여 혼인자 수에서 6분의 1을 공제하면 그 비율은 100 : 252이다. 이로 미루어보면 출생자 수 252명 중 200명은 살아남아서 혼인한다는 결과가 나오지만, 실제 그 정도로 건강한 나라가 있다고는 생각하지 않는다.

그런데 러시아의 혼인 연령이 평균수명(평균 사망 연령)보다 15년이나 낮다고 가정한다면(이것은 사실인 것 같다) 우리들은 출생아 총수 중 살아남아서 혼인하는 자의 비율을 구하려면 올해의 혼인과 15년 뒤의 사망을 비교해야 한다. 지금 가령, 출생 대비 사망 비율을(본서 제1편 3장 끝부분에서 이야기한 것처럼) 183 : 100, 사망률을 50분의 1로 가정한다면 한 해 증가 수는 인구의 약 60분의 1이 되며, 따라서 15년 동안 사망자 수는 0.28보다는 좀 더 많이 증가될 것이다. 그러므로 혼인 대비 15년 뒤 사망 비율은 100 : 322가 된다. 따라서 출생아 총수 322명 중에 200명은 살아남아서 혼인하지만, 이 비율은 널리 알려진 대로 러시아 아이들의 건강 상태와 혼인 연령이 빠르다는 것으로 미루어 있을 수 있다. 혼인 대비 출생 비율은 100 : 385이기 때문에 앞서 말한 것과 같은 원칙에 따라 혼인 출산력은 100 : 411, 곧 재혼과 삼혼까지 포함하여 혼인 부부 한 쌍의 평균 출생은 4.11명이다.

이 책의 러시아에 관한 장 처음에 게재된 여러 가지 일람표들은 아마 정확하지는 못할 것이다. 출생자 수와 사망자 수에는 모두 누락이 있을 것으로 생각되지만, 사망자 수는 누락이 특히 심하다고 생각하며, 따라서 혼인율은 지나치게 높게 나타난다. 러시아의 이런 높은 혼인율에 관해서는 또 다른 이유가 있을지도 모른다. 이를테면 예카테리나 여제는 신법전에 관한 칙서에서 농민들 사이에는 다음과 같은 습관, 곧 어버이들은 아직 나이 어린 자식을 이미 성인이 된 여자와 혼인시킴으로써 여자 노예를 사들이는 비용을 절약하고자 하는 습관이 널리 퍼져 있다는 사실을 지적한다. 이런 여자들은 대개 그 아버지의 정부(情婦)가 되는데 여제는 그런 습관은 인구 증가에 해악을 끼친다고 비난했다. 이런 습관은 자연히 재혼과 삼혼을 보통 이상으로 초래하여 등록부에 기록된 혼인과 출생 비율을 보통 이상으로 늘리는 것은 말할 필요도 없다.

필라델피아 학회 회보에는 〈미합중국의 생존확률에 관한 고찰〉이라는 표제의 바턴(Barton)의 논문이 실려 있다. 이것에 따르면 혼인 대 출생 비율은 1 : 4.5이다. 그는 실제로는 1 : 6.5라고 말하지만, 그가 부여한 숫자에서는 단지 1 : 4.5로만 나올 뿐이다. 그러나 이 비율은 주로 도시에서 얻은 것이기 때문에 출생률은 아마 지나치게 낮을지도 모른다. 그러므로 나는 도시와 시골 평균을

5로 하면 거의 잘못이 없을 것으로 생각한다. 그의 논문에 사망률은 약 45 : 1이다. 따라서 인구가 25년마다 2배로 늘어난다면 출생률은 약 20 : 1이다. 이런 가정에 따를 때 혼인 대비 사망 비율은 1 : 2 2/9이며 여기에 재혼과 삼혼까지 감안하면 거의 1 : 2.7이 될 것이다. 그러나 우리는 출생 27명 중 20명이 살아남아서 혼인하게 된다는 것은 좀처럼 상상할 수 없다. 그런데 만약 혼인 연령이 평균 사망 연령보다 10년 빠르다면(충분히 있을 수 있는 가정) 출생 총수 중 살아남아서 혼인하게 되는 자의 참된 비율을 구하기 위해서는 금년도 혼인과 10년 후 사망을 비교해야 한다. 여기에서 기술하는 것과 같은 인구 증가율에 따르면 10년 동안 사망 증가는 0.3을 조금 넘게 되며, 그 결과 살아남아서 혼인하게 되는 자는 351명 중 200명, 약 35명 중 20명이지 결코 27명 중 20명이 되지는 않을 것이다. 앞서 기술한 원칙에 따라서 혼인자 수를 4년 뒤 출생자 수와 비교하면 혼인 출산력은 5.58이 될 것이다. 태어나서 살아남는 반수(半數)의 연령에 관한 바턴 계산은 아메리카 전체에다 적용할 수는 없다 이 계산의 기초가 되는 등록부는 필라델피아와 나머지 한두 소도시와 마을에서 얻어진 것이지만, 그런 도시와 마을은 유럽의 보통 도시만큼도 건강하다고는 보이지 않으므로 전국 표준은 될 수 없다.

영국의 혼인 대비 평균출생률은 근년에 약 100 : 350 정도인 것 같다. 나는 영국의 인구 억제를 다룬 장에서 출생과 사망 누락 총수를 대략 6분의 1로 추산했지만, 만약 이것을 7분의 1로 출생에 가산한다면 사생아도 포함될 것이다. 이런 경우 혼인 대비 출생 비율은 1 : 4, 혼인 대비 사망 비율은 1 : 3이며, 만약 재혼과 삼혼을 참작한다면 혼인 대 사망 비율은 1 : 3.6이 될 것이다. 가령 영국 혼인 연령이 평균 사망 연령보다도 약 7년 빠르다고 가정한다면 이 7년 동안 인구 증가는(현재 한 해 인구 증가율 120분의 1에 따라 계산하면) 0.06이 되며 살아남아 혼인하는 출생자 비율은 381명 중 200명, 반수 이상이 된다. 혼인자 수와 4년 뒤 출생자 수를 비교하면 혼인 출생률은 4.136이다.

이런 실례들은 혼인 출산력과 출산아 중 살아남아서 혼인하는 비율을 판정하기 위해 등록부를 근거로 여러 원칙을 적용하는 방법을 보여주기에는 충분할 것이나 다만 근사치를 보여주는 것에 지나지 않으며, 목적하는 바는 충분히 믿을 수 있는 정확한 결과를 얻기보다는 오히려 겉으로 드러난 의문의 해

명에 있음을 기억해야 한다.

재혼과 삼혼의 경우를 참작하는 일이 얼마나 중요한지 그에 대해 살펴본다. 혼인 부부 한 쌍이 4명을 낳는다고 하고, 출생자 수와 사망자 수가 똑같다고 가정하자. 이런 결과를 낳기 위해서는 출생아 반수가 하나도 죽지 않고 살아서 혼인하는 것이 무엇보다 필수 요건이다. 그러나 만약 재혼과 삼혼의 경우를 참작하여 혼인자 수에서 6분의 1을 공제하고 나서, 이를 사망자 수와 비교하면 그 비율은 1 : 4 4/5이며, 따라서 살아남아 혼인하는 사람의 비율은 4 4/5 중에서 2로도 충분할 것이다. 같은 원칙에 따라 만약 출생 대 혼인 비율이 4 : 1이며, 출생아 반수는 하나도 죽지 않고 살아남아서 혼인하게 된다고 가정한다면, 인구는 얼핏 정체 상태에 있는 것처럼 보일지 모른다. 그러나 혼인자 수에서 6분의 1을 공제하고 사망 대 혼인 비율이 4 : 1이 된다면 등록부에 기록된 사망 대 혼인 비율은 겨우 3 1/3이 되고, 출생 대 사망 비율은 4 : 3 1/3, 12 : 10이 되어 결국 상당히 신속하게 증가한다.

또한 주의해야 할 것은 홀아비는 홀어미보다 재혼하는 경우가 훨씬 더 많기 때문에 살아남아서 혼인하는 남자 비율을 알기 위해서는 혼인자 수에서 6분의 1이 아니라 5분의 1을 공제해야 한다는 점이다. 이런 수정에 따라 만약 매 혼인 부부 한 쌍이 자녀 4명을 낳는다고 가정하면 남아 5명 중 겨우 2명만 살아남아서 혼인하더라도 인구에는 증감이 없게 되며, 만약 한 쌍 혼인에 자녀 5명이 태어난다고 가정한다면, 3분의 1 이하로 충분히 목적을 이룰 수 있을 것이며, 나머지 계산도 이것에 준한다. 살아남아서 혼인하는 남아 비율을 추정할 때 남아 출생률이 여아 출생률보다 크다는 사실도 참작해야 한다.

출생이 사망을 초과하기 위해서는 다음과 같은 세 가지 원인이 작용되어야 하는 것 같다. (1) 결혼의 다산력(多産力), (2) 출생아 중 살아남아서 결혼하게 되는 자의 비율, (3) 혼인 연령이 평균수명에 비해서 빨라야 할 것, 곧 혼인과 출생에 따른 세대의 추이가 사망에 따른 세대의 추이에 비해서 짧을 것. 프라이스 박사는 이 마지막 원인을 고찰해 보지 못한 것 같다. 왜냐하면 박사는 생식력에 아무런 변화가 없는 경우, 인구 증가 속도는 혼인의 장려가 평균수명에 따라 결정되는 것이라고 적절히 설명하고 있으면서도 박사 자신의 소신을 설명하는 데는 평균수명의 증대는 단순히 성인이 되어 혼인하게 되는 인원수의 증가에 영향을 끼친다고만 생각할 뿐, 나머지 혼인 연령과의 간격에는 아무런 영향도 미치지 않는다고 생각하고 있기 때문이다. 그러나 어떤 증가 원칙, 예를 들어 현재 혼인 부부 한 쌍이 다음 세대에 한 쌍 이상의 혼인(재혼과 삼혼을 포함하여)을 낳게 된다는 원칙이 있다면 이런 세대가 사망에 따른 세대 추이에 비해 보다 더 빨리 변화해 가면서 인구 증가도 빨라질 것은 분명하다.

　이상 세 가지 원인 중 어느 하나에 유리한 변화가 일어난다면 다른 두 원인에 아무런 변화가 생기지 않더라도 인구에 영향을 미쳐 사망 대비 출생 초과가 훨씬 더 크게 등록부상에 나타나게 될 것은 분명하다. 처음 두 원인에 대해서 본다면, 어느 쪽이 증가되더라도 모두 출생 대비 사망 비율에는 똑같은 영향을 미칠 테지만, 출생 대비 혼인 비율에 관해서는 정반대 방향으로 영향을 미칠 것이다. 혼인 출산력이 커지면 커질수록 출생 대 혼인 비율은 커지며, 산아 중 살아남아서 혼인하는 자 비율이 커지면 커질수록 출생 대 혼인 비율은 작아질 것이다. 따라서 만약 일정한 한도 안에서 혼인 출산력과 산아 중 살아남아 혼인하는 자 비율이 동시에 증가할 때에는 등록부상에 나타나는 출생 대비 혼인 비율은 아무런 변화도 가져오지 않는 경우도 있다. 여러 나라 등록부상 증가율에는 심한 차이가 있음에도 출생과 혼인에 관해서는 똑같은 결과를 보이는 경우가 가끔 있는 것도 바로 이 때문이다.

　사실상 출생 대비 혼인 비율은 증가율을 판정하는 어떤 표준이 되는 것은 아니다. 양자 비율이 5 : 1이라면 한 나라 인구는 정체되거나 감소되기도 한다. 이에 반하여 4 : 1인 경우 상당히 빠른 속도로 증가되는 경우도 있다. 그러나 증가율이 일정하다면 그것이 다른 원인에서 생기는 것이더라도 등록부에 나타나는 출생 대비 혼인 비율은 오히려 낮은 것이 좋다. 왜냐하면 이 비율이 낮으면 낮을수록 살아남아 혼인하는 산아 비율은 커질 것이며, 따라서 그만큼 그 나라 건강이 증진되었음을 의미하기 때문이다.

　크로메는 혼인의 출산력이 4명 이하일 경우 인구는 대단히 불안한 상태에 있다고 논하면서 한 해 동안 혼인 대비 출생 비율로 혼인 출산력을 측정한다. 만약 이 관찰이 정당하다면 유럽의 많은 나라의 인구는 불안한 상태에 있다고 할 수 있는데, 왜냐하면 많은 나라 등록부에 나타나는 혼인 대비 출생 비율은 1 : 4보다 낮기 때문이다. 혼인의 출산력을 올바르게 나타내기 위해 등록부상 비율을 어떻게 수정해야 할 것인가에 대해서는 이미 언급한 바 있다. 만약 출생아의 대부분이 살아남아 혼인할 뿐 아니라, 혼인 연령이 평균수명보다 상당히 빠르다면 등록부상의 그러한 비율은 빠른 증가율과 결코 모순되지 않는다. 러시아에서는 출생 대비 혼인 비율이 4 : 1보다 낮은 것 같지만, 인구는 유럽의 다른 어떤 나라보다도 급속도로 증가하고 있다. 영국에서의 인구 증가는 프랑스보다 빠르지만 등록부 누락을 참작한다면 출생 대비 혼인 비율은 영국에서는 약 4 : 1, 프랑스에서는 4 4/5 : 1이다. 아메리카처럼 급격하게 인구가 증가하기 위해서는 모든 증가 원인이 작용되어야 한다. 그리고 혼인의 출산력이 대단히 클 때에는 혼인 대비 출생 비율은 확실히 1 : 4를 넘을 것이다. 그러나 출생력이 충분히 작용할 수 없는 경우에서는 언제나 높은 사망률을 낳는 높은 출생률보다 오히려 성장하여 혼인하는 산아 비율을 높게 하는 유년 시절 건강 상태를 좋게 함으로써 인구를 증가시키는 편이 좋다. 그러므로 보통 경우에는 혼인 대비 출생 비율이 1 : 4 이하더라도 좋지 않은 징조라고 볼 수는 없다.

여기에서 주의해야 할 것은, 출생한 자의 대부분이 살아남아서 혼인한다고 해서 그 나라에 조혼 풍습이 있다거나 인구의 예방적 억제가 널리 행해지지 않고 있다고 단언할 수는 없다는 점이다. 노르웨이와 스위스와 같은 나라에서는 출생아의 반수가 40세 이상까지 살 수 있었을 뿐 아니라, 출생아의 반수 이상이 살아남아서 혼인하게 됨에도 20세에서 40세에 이르는 대부분의 사람들이 독신 생활을 보내고 있는 것은 분명하며, 예방적 억제도 아주 왕성한 것 같다. 영국에서는 출생자의 반수는 35세까지 생존하며, 과반수는 살아남아 혼인하지만 예방적 억제는 노르웨이와 스위스에는 미치지 못해도(우리들이 알고 있는 것처럼) 상당한 정도로 행해지고 있는 것 같다. 아마 예방적 억제는 총인구 대비 한 해 출생률이 낮다는 것에 따라 가장 잘 측정될지도 모른다. 그런데 총인구 대비 한 해 동안의 혼인 비율은 똑같은 사정하에 있는 나라에서는 정확한 척도가 되겠지만 혼인의 생식력, 청춘기 이하의 인구 비율, 인구 증가 등이 각각 다른 나라에서는 그렇게 될 수 없다.

한 나라의 혼인이 수의 많고 적음에 관계없이 모두 빨리 이루어짐으로써 많은 아이를 낳게 된다면, 똑같은 출생률을 유지하기 위해서는 혼인율을 떨어뜨려야 한다. 만약 그렇지 않고 혼인율이 동일하다면 출생률은 보다 더 커질 것이다. 이 후자의 경우는 프랑스에 해당하는 것 같다. 왜냐하면 프랑스에서는 출생과 사망 모두 스웨덴보다 크지만 혼인율은 거의 동일하거나 오히려 낮기 때문이다. 두 나라를 비교하여 한 나라의 인구 중 청년기 이하의 비율이 다른 나라보다 큰 경우에는, 총인구에 대한 한 해 동안 혼인의 일반적 비율은 혼인 연령에 도달한 사람들 사이에 예방적 억제가 동일하게 행해진다는 것을 뜻하지는 않는다.

예방적 억제가 도시에서 가장 성행한다는 것은 의심의 여지가 없는 사실이지만, 그럼에도 도시가 시골에 비해 혼인율이 높은 일부 원인은 외부인 유입과 청년기 이하 인구 비율이 낮다는 데 있다. 그런데 이 반대도 사실일 것이다. 따라서 아메리카처럼 인구 반수가 16세 이하인 나라에서는 한 해의 결혼은 예방적 억제의 작용이 사실상 얼마나 미미한가를 정확하게 나타내지 못할 것이다.

그러나 대부분 나라에서 부인들의 자연적 출산율을 거의 동일하다고 가정한다면 대체로 저출산 비율은 상당히 정확하게 예방적 억제가 행해지는 정도를 보여줄지 모른다. 그런데 이런 경우 그런 억제가 주로 만혼에 따른 출산력 부족 때문에 생기는지 청춘기를 넘어선 인구 중 독신으로 일생을 보내는 자의 비율이 높기 때문에 생기는 것인지는 그리 중요하지 않다.

임의의 출생 대비 사망 비율과 총인구 대비 출생과 사망 비율을 알고 이것으로 인구 증가율과 인구가 2배로 늘어나는 기간을 산출한 다음 두 일람표를 참조하기 바란다. 이 일람표는 쥐스밀히의 저서에서 옮겨 실은 것이지만, 표 자체는 오일러가 작성한 것으로 상당히 정확하다고 생각한다. 〈표 1〉은 사망률을 36:1로 가정하고 있기 때문에 그런 사망률을 보이는 나라에만 해당될 뿐이다. 〈표 2〉는 일반적인 것으로서 사망을 초과하는 출생 대비 총인구 비율만을 기초로 하기 때문에 사망률의 높고 낮음에 관계없이 모든 나라에 널리 적용될 수 있다. 또한 내가 지금 (1825년) 〈표 3〉를 추가했지만, 이것은 영국과 나머지 몇 나라에서 10년마다 인구조사를 행하는 습관이 있는 것을 고려했기 때문이다.

⟨표 1⟩
현재 인구 10만 3000명, 사망률 36 : 1인 어떤 나라

사망 대비 출생비		사망 대비 출생 초과율	초과 출생 대 총인구의 비율	인구 배가 기간
	11	227	1/360	250년
	12	555	1/180	125
	13	833	1/120	83 1/2
	14	1110	1/90	62 3/4
	15	1388	1/72	50 1/4
	16	1666	1/60	42
10 :	17	1943	1/51	35 3/4
	18	2221	1/45	31 2/3
	19	2499	1/40	28
	20	2777	1/36	25 3/10
	22	3332	1/30	21 1/6
	25	4165	1/24	17
	30	5554	1/18	12 4/5

⟨표 2⟩

사망 대비 출생 초과 대 현재 총인구 비율		인구 배가 기간(소수점 이하 4자리까지)	사망 대비 출생 초과 대 현재 총인구 비율	인구 배가 기간 (소수점 이하 4자리까지)
	10	7.2722	21	14.9000
	11	7.9659	22	15.5932
	12	8.6595	23	16.2864
	13	9.3530	24	16.9797
	14	10.0465	25	17.6729
1 :	15	10.7400	26	18.3662
	16	11.2598	27	19.0594
	17	12.1266	28	19.7527
	18	12.8200	29	20.4458
	19	13.5133	30	21.1391

1 :	32	22.5255	210	145.9072
	34	23.9119	220	152.8387
	36	25.2983	230	159.7702
	38	26.6847	240	166.7017
	40	28.0711	250	173.6332
	42	29.4574	260	180.5647
	44	30.8438	270	187.4961
	46	32.2302	280	194.4275
	48	43.6161	290	201.3590
	50	35.0092	300	208.2905
1 :	55	38.4687	310	215.2220
	60	41.9345	320	222.1535
	65	45.4003	330	229.0850
	70	48.8661	340	236.0164
	75	52.3318	350	242.9479
	80	55.7977	360	249.8794
	85	59.2634	370	256.8109
	90	62.7292	380	263.7425
	95	66.1950	390	270.6740
	100	69.6607	400	277.6055
1 :	110	76.5923	410	284.5370
	120	83.5230	420	291.4685
	130	90.4554	430	298.4000
	140	97.3868	440	305.3314
	150	104.3183	450	312.2629
	160	111.2598	460	319.1943
	170	118.1813	470	326.1258
	180	125.1128	480	333.0573
	190	138.9757	490	339.9888
	200	138.9757	500	346.9202
			1 : 1000	693.49

〈표 3〉

I 10년 동안 증가 백분율	II 배가 기간	I 10년간의 증가 백분율	II 배가 기간	I 10년간의 증가 백분율	II 배가 기간
1	696.60년	16	46.70년	30.5	26.03년
1.5	465.55	16.5	45.38	31	25.67
2	350.02	17	44.14	31.5	25.31
2.5	280.70	17.5	42.98	32	24.96
3	234.49	18	41.87	32.5	24.63
3.5	201.48	18.5	40.83	33	24.30
4	176.73	19	39.84	33.5	23.99
4.5	157.47	19.5	38.91	34	23.68
5	142.06	20	38.01	34.5	23.38
5.5	129.46			35	23.09
6	118.95	20.5	37.17	35.5	22.81
6.5	110.06	21	36.36	36	22.54
7	102.44	21.5	35.59	36.5	22.27
7.5	95.84	22	34.85	37	22.01
8	90.06	22.5	34.15	37.5	21.76
8.5	84.96	23	33.48	38	21.52
9	80.43	23.5	32.83	38.5	21.28
9.5	76.37	24	32.22	39	21.04
10	72.72	24.5	31.63	39.5	20.82
10.5	69.42	25	31.06	40	20.61
11	66.41	25.5	30.51	41	20.17
11.5	63.67	26	29.99	42	19.76
12	61.12	26.5	29.48	43	19.37
12.5	58.06	27	28.99	44	19.00
13	56.71	27.5	28.53	45	18.65
13.5	54.73	28	28.07	46	18.31
14	52.90	28.5	27.65	47	17.99
14.5	51.19	29	27.22	48	17.68
15	49.59	29.5	26.81	49	17.38
15.5	48.10	30	26.41	50	17.06

케임브리지 피터 하우스의 브리지 목사가 작성했는데, 이는 증가율이 일정하게 지속된다고 가정하여 어떤 10년 동안에 나타난 증가의 백분율에서 증가율과 인구가 2배로 늘어나는 데 걸리는 기간을 산출하고자 하였다.

출생 대비 사망 비율이 일정하다면 사망률이 높아질 경우 2배로 늘어나는 기간이 짧아진다는 것이다. 왜냐하면 이런 가정에 따르면 출생 증가와 더불어 사망도 증가하며, 총인구 대비 출생과 사망 비율은 사망률이 낮기 때문에 연장자 수가 많은 경우보다도 높아지기 때문이다.

투크에 따르면 러시아 사망률은 58 : 1, 출생률은 26 : 1이다. 매장 누락을 참작하여 사망률을 52 : 1로 가정하면 출생 대비 사망 비율은 2 : 1이 되며, 총인구 대비 초과 출생 비율은 52분의 1이 될 것이다. 〈표 2〉에 따르면 이런 때 약 36년이 걸려서 2배로 늘어난다. 그러나 출생 대비 사망 비율을 2 : 1로 하는 한편 〈표 1〉처럼 사망률을 36 : 1로 가정한다면 사망 대비 출생 초과는 총인구의 36분의 1이며 겨우 25년 만에 2배로 늘어날 것이다.

12. 호적부의 출생·사망·혼인에 유행병이 미치는 영향

쥐스밀히가 수집한 50~60년 기간을 포함하는 아주 귀중한 사망률 일람표를 통해서 다음 사실이 명백히 판명된다. 유럽의 모든 나라에 주기적으로 유행병이 퍼져서 인구 증가가 억제되었다는 사실, 1세기 동안 한 나라 주민의 3분의 1에서 4분의 1을 소탕할 정도로 맹렬한 흑사병이 한두 번 덮치지 않았던 나라는 아주 드물다는 사실 등이다. 그런데 그렇게 죽음을 가져오게 할 유행병이 출생과 사망 및 혼인의 일반 비율에 어떠한 영향을 미치는가는 1692~1757년 프로이센과 리투아니아의 여러 통계표를 통해 뚜렷하게 알 수 있다.

원래 표는 기간 전부를 통하여 해마다 혼인과 출생 및 사망을 포함하고 있지만 표를 축소하기 위하여 나는 특별히 고찰해야 할 수치를 기록한 해를 제외하고 4~5년이라는 짧은 기간 동안 일반적 평균만 게재했다. 쥐스밀히는 흑사병이 크게 유행한 직후인 1711년을 원래의 표 일반 평균에는 포함시키지 않았으며, 그 숫자만 특별히 게재했다. 만약 그 숫자가 정확하다면 이는 높은 사망률이 혼인에 얼마나 큰 영향을 미치는지를 보여준다.

쥐스밀히는 인구의 3분의 1 이상이 흑사병 때문에 사망했다고 계산하고 있으나 이렇게 인구가 크게 감소되었음에도 1711년 혼인자 수는 흑사병이 유행되기 전 6년 동안 평균 수의 거의 2배임이 통계표 속에 나타난다. 이런 결과를 가져오게 한 것은 혼인 연령에 이른 젊은이들의 거의 모두가 노동 수요와 풍부한 일자리에 자극받아 당장 혼인하려고 했기 때문일 것이다. 이 엄청나게 많은 혼인자 수는 물론 혼인한 그해에 그에 비례하는 많은 출생자 수를 낳을 수는 없었을 것이다.

연평균	혼인 수	출생 수	사망 수	결혼 대비 출생 비율	사망 대비 출생 비율
1697년까지 5년 동안	5,747	19,715	14,862	10 : 34	100 : 132
1702년까지 5년 동안	6,070	24,112	14,474	10 : 39	100 : 165
1708년까지 6년 동안	6,082	26,896	16,430	10 : 44	100 : 163
1709 ⎰흑사병 2년간 1710 ⎱ 사망 수			247,733		
1711년	12,028	32,522	10,131	10 : 27	100 : 320
1712년	6,267	22,970	10,445	10 : 36	100 : 220
1716년까지 5년 동안	4,968	21,603	11,984	10 : 43	100 : 180
1721년까지 5년 동안	4,324	21,396	12,039	10 : 49	100 : 177
1726년까지 5년 동안	4,719	21,452	12,863	10 : 45	100 : 166
1731년까지 5년 동안	4,808	29,554	12,825	10 : 42	100 : 160
1735년까지 4년 동안	5,424	22,692	15,475	10 : 41	100 : 146
1736년	5,280	21,859	26,371	질병유행의 해	
1737년	5,765	18,930	24,480		
1742년까지 5년 동안	5,582	22,099	15,255	10 : 39	100 : 144
1746년까지 4년 동안	5,469	22,275	15,117	10 : 46	100 : 167
1751년까지 5년 동안	5,432	22,235	17,272	10 : 43	100 : 163
1756년까지 5년 동안	5,599	22,892	19,154	10 : 50	100 : 148
흑사병 유행 전 16년 동안	95,585	380,516	245,763	10 : 39	100 : 154
흑사병 유행 후 46년 동안	248,777	1,083,872	690,324	10 : 43	100 : 157
질병 없이 좋은 62년 동안	344,361	1,464,388 936,087	936,087	10 : 43	100 : 156
출생의 사망 초과		528,301			
흑사병이 유행하던 2년 동안	5,477	23,977	247,733		
흑사병을 포함한 전 64년 동안	340,838	1,488,365 1,183,820	1,183,820	10 : 42	100 : 125
출생의 사망 초과		304,545			

왜냐하면 신혼부부가 그해 안에 아이 1명 이상을 낳을 리 없고 나머지 출생자 수는 흑사병이 유행되는 동안에 죽지 않고 살아남은 부부들 사이에서 태어난 것이 분명하기 때문이다. 따라서 이해 출생 대비 혼인 비율이 2.7 : 1, 곧

27 : 10에 지나지 않았다 하더라도 조금도 놀랄 필요가 없다. 그러나 출생 대비 혼인 비율은 그렇게 크지 않았더라도 혼인자 수가 엄청나게 많았기 때문에 출생의 절대수는 많았음에 틀림없다. 그뿐만 아니라 사망자 수는 자연히 적어졌으므로 출생 대비 사망 비율은 320 : 100이라는 놀라운 숫자를 보이게 되었다. 이러한 출생의 초과는 아마 일찍이 아메리카에 나타났던 것에 비길 수 있을지도 모른다.

그다음 해인 1712년에는 물론 혼인이 크게 감소했던 것이 분명하다. 왜냐하면 청년기 남녀 거의 모두가 전년에 모두 혼인하였기에 그해 혼인은 주로 흑사병이 지나간 뒤 청년기에 접어든 사람들 사이에서만 행해졌기 때문이다. 그러나 혼인 연령에 접어든 사람들이 한 사람 남김없이 모두 전년에 혼인했다고는 생각할 수 없기 때문에, 1712년 혼인자 수도 인구에 비해서는 아직도 많은 편이며, 전해 혼인자 수에 비해 반수를 넘지 않지만 흑사병 유행 직전 평균보다는 크다. 1712년에는 혼인자 수가 비교적 적었기 때문에 출생 대비 혼인 비율은 3.6 : 1, 곧 36 : 10인데, 이는 전년에 비해서는 높아졌지만 나머지 여러 나라에 비해서는 별로 높지 않다. 그러나 출생 대비 사망 비율은 220 : 100으로 나타남으로써 혼인자 수가 급격히 증가된 전해보다는 낮지만 다른 여러 나라에 비하면 아직도 엄청나게 높다. 만약 사망률이 36 : 1이라면, 출생 초과 수(앞서 게재된 〈표 1〉에 따름)는 한 나라 인구를 21 1/8년 만에 2배로 늘리게 된다.

이 시기부터 해마다 이루어지는 혼인자 수는 인구 감소의 영향을 받아 흑사병 유행 전의 평균수명보다 훨씬 더 줄어들었지만, 이것은 주로 해마다 혼인 연령에 접어드는 인구가 감소했기 때문이다. 흑사병이 유행하고서 9~10년 뒤인 1720년에는 해마다 혼인자 수가 가장 적었는데, 이는 사고 때문이거나 인구에 대한 예방적 억제가 작용하기 시작했기 때문일 것이다. 그런데 출생 대비 혼인 비율이 눈에 띄게 올라간 때가 바로 이해였다. 1717~21년 동안에는 이 비율이 표에 나타난 것처럼 49 : 10이지만 특히 1719년과 1720년에는 50 : 10과 55 : 10이다.

쥐스밀히는 흑사병 유행 이후 프로이센의 혼인 출산력에 대해 독자의 주의를 환기시키고 있는데, 그는 한 해 동안의 출생자 수 대비 혼인자 수 비율이 50 : 10이라고 밝힌다. 일반 평균에서 판단하면 그즈음 프로이센에서 혼인 출산력이 높았다고 인정할 이유는 충분하다. 그러나 이 1년 동안 비율은, 아니 이 기간 동안 비율조차도 이것에 대한 충분한 증거가 되지 못한다. 왜냐하면 이 비율은 분명히 그해 혼인 감소에서 비롯된 것이지, 출생 증가에서 비롯된 것은 아니기 때문이다. 흑사병이 유행하고 나서 2년 동안은 출생자 수가 사망자 수를 크게 초과했지만, 혼인 대비 출생 비율은 낮아서 보통 계산법에 따르면 혼인한 부부 한 쌍이 아이 2.7~3.6명을 낳을 뿐이었다. 표의 마지막 기간(1752~56년)에는 출생 대비 혼인 비율이 5 : 1이고, 1756년 한 해는 6.1 : 1이지만 그동안에 나타난 출생 대비 사망 비율은 148 : 100에 지나지 않는다. 그러나 만약 혼인 대비 높은 출생비가 혼인 감소가 아니라 엄청나게 많은 출생 증가에 의한 것이었다면 그런 경우는 실제로 일어날 수 없었을 것이다.

위의 표에 포함된 64년 동안 여러 시기에 나타난 출생 대비 사망 변동에 대해서는 특히 주의해 볼 필요가 있다. 흑사병이 유행한 직후 4년 동안의 평균을 취해보면 출생 대비 사망 비율은 22 : 10을 넘으며, 가령 사망률을 36분의 1이라고 본다면 21년 만에 인구가 2배로 늘어난 셈이다. 그런데 1711~31년까지 20년 동안 출생 대비 사망 평균비율은 약 17 : 10이 되는데, 이런 비율은 (앞 장 〈표 1〉에 따르면) 약 35년 만에 인구가 2배로 늘어나는 셈이다. 그러나 20년 동안이 아니라 64년 동안 모두를 취해본다면 출생 대비 사망 평균비율은 12 : 10으로 떨어지며, 이런 비율로는 125년은 지나야 인구가 2배로 늘어난다. 만약 아주 짧은 기간을 취하여 거기에 흑사병에서 비롯된(1710년) 사망률을 포함시키거나 1736년과 37년 유행병에서 비롯된 사망률을 포함시키더라도 사망은 출생을 초과하고, 따라서 인구는 감소되는 것처럼 보일 수도 있다.

쥐스밀히는 흑사병이 지난 뒤 프로이센 사망률은 36분의 1이 아니라 38분의 1이었을 것이라고 생각하는데, 독자들 가운데에는 그런 대사건에서 비롯된 풍부한 식량은 마침내 보다 더 큰 변화를 일으킬 것이라고 보는 사람도 있을지 모른다. 쇼트 박사는 일반적으로 높은 사망률이 나타난 다음에는 이상할 정도로 좋은 건강 상태가 따라 나타남을 지적한다. 이런 관찰은 물론 비슷한 연령대 사람들을 비교한다면 가능할 수도 있다. 그러나 3세 미만 아이는 가장 유리한 사정하에서도 다른 연령대 아이보다 사망 위험성이 높기 때문에, 높은 사망률을 보인 뒤에 따라 나타나는 엄청나게 높은 출생률은, 무엇보다도 이 시기의 자연적 건강 상태를 상쇄하여 일반 사망률에 커다란 차이를 가져오게 하는 것을 저지한다.

흑사병이 유행한 뒤 프로이센 인구를 1711년 사망자 수로 나누면 사망률은 약 31분의 1이며, 따라서 인구는 감소가 아니라 증가된 셈인데 이것은 그해에 엄청나게 많은 아이가 태어났기 때문이다. 그러나 이 아이들이 성장하여 어른이 될 시기가 된다면 이런 높은 사망률도 반드시 종식될 것이기 때문에 쥐스밀히의 관찰도 이 경우에는 정당한 것이 될 것이다. 하지만 일반적으로 이전의 높은 사망률은 그 이후 사망자 수보다는 출생자 수에 더욱 큰 영향을 미치게 된다. 표를 보면 한 해 사망자 수는 인구 증가에 따라서 규칙적으로 증가되어 처음부터 끝까지 거의 똑같은 비율을 유지함을 알 수 있다. 그러나 한 해 출생자 수에는 모든 기간을 통하여 큰 차이는 없다. 그런데 이 기간에 인구는 2배 이상으로 증가하고 있기 때문에 총인구 대비 출생 비율이 그 기간의 처음과 나중에 큰 차이를 보였을 것이다.

이런 사정 때문에 어떤 나라의 과거 인구를 측정할 때 일정한 출생률을 가정하는 일이 얼마나 잘못되기 쉬운지 알 수 있다. 위의 예에서는 만약 그런 가정에 선다면 인구는 흑사병 때문에 각별히 감소되지 않았다는 결론을 내릴 수도 있다. 그러나 사망자 수를 관찰하면 3분의 1을 잃어버렸음을 알 수 있다.

이런 변화는 정도 차이는 있겠지만 쥐스밀히가 수집한 나머지 다른 여러 표들에 기록된 출생과 사망 및 혼인 비율에 나타나 있다. 그런데 이 문제를 다루는 논자들은 겨우 몇 년 동안의 비율을 기초로 과거와 미래 인구를 추정하려 들기 때문에 여기서 그런 실례를 들어서 주의를 환기시키는 것도 부질없는 일은 아니라고 생각한다.

브란덴부르크 선거구에서는 1712년까지 15년 동안, 출생 대비 사망 비율은 약 17 : 10이었지만, 1718년까지 6년 동안 13 : 10으로 내려가고, 1752년까지 4년 동안은 11 : 10, 1756년까지 4년 동안은 12 : 10이었다. 그런데 1759년까지 3년 동안 사망은 눈에 띄게 출생을 초과했다. 총인구 대비 출생 비율은 제시되어 있지 않지만, 출생 대 사망 비율에 나타난 큰 변동이 사망자 수 변동에서만 비롯된 것으로 보기는 어렵다. 출생 대비 혼인 비율은 거의 같은데, 양극단에서도 38 : 10과 35 : 10에 그치며, 평균은 약 37 : 10이다. 이 표에서는 1757년 이후

3년 동안 그렇게 지독한 유행병은 나타나지 않고 있으며, 또한 그 기간만으로 그치고 있다.

포메라니아 공국에서는, 60년 동안(1694~1754) 출생 대 사망 평균비율은 138 : 100이었다. 그러나 6년 단위로 나누어볼 때 어떤 기간에는 177 : 100, 155 : 100이라는 높은 비율을 나타내고 있으며, 어떤 기간에는 124 : 100, 130 : 100이라는 낮은 비율을 나타낸다. 5~6년을 1기로 하는 여러 시기에서 출생 대 혼인의 양극단 비율은 36 : 10과, 43 : 10으로 60년 동안 평균은 약 38 : 10이었다. 유행병이 돌았던 해도 때때로 있었던 것 같은데 그중 3년은 사망자 수가 출생자 수를 초과한다. 그러나 이런 일시적인 인구 감소도 결코 그것에 상응하여 출생 감소를 불러오지 않았을 뿐만 아니라, 모든 통계표 중 가장 높은 혼인 비율을 나타낸 것도 한 번 유행병이 돌고난 다음 해에, 그리고 또 한 번은 다음다음 해에 있었다. 그러나 사망 초과는 통계표 마지막 해인 1759년에 이르는 3년까지는 그렇게 심하지 않았다.

브란덴부르크의 노이마르크에서는 60년 동안(1695~1756)의 출생 대 사망 평균비율은 처음 30년 동안은 148 : 100, 나중 30년 동안은 127 : 100이었으니 60년 전체적으로는 136 : 100이었다. 5년을 1기로 본다면 어떤 시기에는 171~167 : 100이라는 높은 비율을 보이고, 어떤 시기에는 118~128 : 100이라는 낮은 비율을 보인다. 1726년까지 5년 동안 한 해 평균 출생자 수는 7012명, 1746년까지 5년 동안은 6927명이므로 출생자 수에서 판단한다면 중간인 20년 동안 인구는 감소되었다고 추정할 수 있다. 그러나 이 기간에 나타난 출생과 사망 평균비율로 판단해 보면 그동안 유행병이 돌았던 해가 있었음에도 불구하고 인구는 눈에 띄게 증가된 것 같다. 따라서 총인구 대비 출생 비율은 아주 달라졌을 게 틀림없다. 같은 표 중 다른 20년 동안에도 출생과 혼인에 관해서는 똑같은 결과가 나타난다. 그리고 출생 대비 혼인의 양극단 비율은 34 : 10과 42 : 10으로 평균은 약 38 : 10이다. 1757년 이후 3년 동안은 다른 여러 표에서와 마찬가지로 사망률이 아주 높다.

마그데부르크 공국에서는, 1756년까지 64년 동안 출생 대 사망 평균비율은 123 : 100으로, 첫 28년 동안은 142 : 100, 나중 34년 동안은 겨우 112 : 100이었다. 5년 단위로 보자면 어떤 시기는 170 : 100이라는 높은 비율을 보이고 있으며, 이에 반하여 어떤 시기에는 사망이 출생을 초과하고 있다. 그렇게 대단치 않은 유행병이 발생한 해는 표 전체를 통하여 상당히 복잡하게 분포되어 있는 것 같다. 세 가지 또는 네 가지 유행병이 해마다 계속 발생하여 인구를 감소시킨 경우가 두 번 있지만, 그 후에는 혼인과 출생이 증가되고 있다. 혼인 대비 출생 비율의 양극단은 10 : 42와 10 : 34이며, 따라서 64년 동안 평균비율은 10 : 39이다. 이 표에 대해서 쥐스밀히는 다음과 같이 말한다. 평균 사망자 수는 1715년이나 1720년 이후 인구가 3분의 1 더 늘었음을 보여주지만, 출생자 수와 혼인자 수는 인구가 정체 또는 감소되었음을 입증해 줄 것이라고. 그런데 그는 이런 결론을 내릴 때 1759년까지 유행병이 맹렬했던 3년 동안을 계산에 넣고 있지만, 이 기간에는 혼인과 출생 모두 감소된 듯싶다.

할버슈타트 공국에서는, 1756년까지 68년 동안 출생 대비 사망 평균비율은 124 : 100이었다. 그렇지만 5년을 1기로 하는 어떤 기간에는 160 : 100으로 올라 갔는가 하면, 어떤 기간에는 110 : 100이라는 낮은 비율을 보이기도 한다. 68년 전체를 통한 증가는 눈에 띄지만 1723년까지 5년 동안 평균 출생자 수는 2818 명, 1750년까지 4년 동안은 2628명이었으므로, 이것으로 미루어보면 27년 동안 인구는 격감된 것처럼 보일 것이다. 이런 겉모습은 32년 동안 이어진 혼인에 있어서도 나타나고 있다. 1718년까지 5년 동안 평균 혼인자 수는 727명이고, 1750 년까지 5년 동안 평균 혼인자 수는 689명이었다. 이 두 기간 중에는 사망률은 눈에 띄게 증가했을 것이다. 유행병이 자주 발생한 흔적이 있지만 거의 어느 경우에서든 사망자 수가 출생자 수를 넘어설 정도로 많았으며, 그 뒤 엄청나게 많은 혼인이 이루어져 수년 후에는 출생률이 높아지는 것이 보통이었다. 표 전체를 통해서 혼인자 수가 가장 많았던 해는 유행병 때문에 사망자 수가 출생자 수의 3분의 1 넘게 많았던 1750년의 다음 해인 1751년이었는데 그 후 4~5년 동안 출생률이 가장 높게 나타난다. 출생 대 혼인 비율의 양 극단은 42 : 10과 34 : 10으로 68년 동안 평균비율은 38 : 10이다.

그 나머지 여러 가지 통계표도 이것과 결과가 비슷하다. 총인구 대비 사망 비율도, 출생과 혼인 비율도 모두 끊임없이 바뀌고 있다는 사실은 지금까지 나온 설명으로도 충분히 알 수 있을 것이다.

그런데 가장 변동이 낮은 비율은 출생과 결혼 비율이라고 할 수 있을 것이다. 이 비율들은 큰 변동 상황에 그다지 영향받지 않는 혼인의 출산력에 따라 주로 결정되기 때문이다. 실제로 혼인의 출산력이 표에 나타난 혼인 대비 출생 비율처럼 그렇게 크게 바뀐다고는 상상할 수 없다. 그런데 출산력 자체는 크게 변동하지 않는다 하더라도 다른 원인이 그것과 동일한 결과를 낳는다. 어느 해 출생자 수는 그해 혼인에서 비롯된 것이 아니라, 주로 그해로부터 몇 년 앞서 이루어진 혼인에서 비롯된 것이다. 따라서 만약 4~5년 동안 혼인율이 높아졌다가 다음 1~2년 동안 우연히 낮아지는 일이 생긴다면, 이 1~2년 동안 호적부에 나타난 출생 대비 혼인 비율은 증대된다. 그런데 이것과는 반대로 4~5년 동안 혼인율이 비교적 낮았다가 다음 1~2년 동안에 높아진다면 이 1~2년 동안 호적부에 나타나는 출생 대비 혼인 비율은 감소될 것이다.

이 사실은 프로이센과 리투아니아 표 속에 적절한 예를 통해 증명되고 있는데, 쥐스밀히의 다른 여러 통계표도 모두 이것을 확증해 준다. 그것에 따르면 출생 대 혼인의 극단적인 비율은 주로 출생자 수보다는 오히려 혼인자 수에 따라 좌우되는 때가 더 많고, 따라서 조혼의 출산력 변동보다는 혼인에 대한 의향과 장려의 변화에서 한층 더 많이 비롯됨을 알 수 있다.

이들 여러 통계표를 통해서 찾아볼 수 있는 보통 유행병이 퍼진 해는, 일찍이 대흑사병이 프로이센 통계표에 미친 것과 같은 큰 영향을 혼인과 출생에 미치지는 않을 것이다. 그러나 유행 정도에 비례하여 대체로 비슷한 작용을 하는 것을 찾아볼 수 있을 것이다. 그 밖의 여러 나라 호적부, 그중에서도 특히 도시 호적부를 살펴보면 17세기 말~18세기 초에 흑사병이 자주 덮친 것 같다.

이런 여러 통계표에 나타난 흑사병과 질병 유행은 인구가 급격히 증가한 뒤 생긴다는 사실을 볼 때, 이런 경우 주민 수가 건강을 유지해 나가는 데 필요한 의식주를 초과한 것은 아닌가 생각할 수밖에 없다. 이런 가정을 따른다면 주민 대부분은 형편없는 생활을 할 수밖에 없고, 따라서 수많은 식구들이 붐비는 속에서 살아갔을 것이다. 그러므로 비록 국가 전체 인구가 절대수로는 그렇게 조밀하지 않더라도 이런 자연적 원인 때문에 질병이 유발되었을 수도 있다. 또한 인구가 희박한 나라에서도 식량과 살 곳이 충분히 마련되지 않은 동안에 인구가 증가하면 주민들은 주택과 식량난에 허덕이게 될 수밖에 없다. 만약 스코틀랜드 북부 고원지대에서 지금부터 10~12년 동안 혼인율이 증가하고 보다 더 많은 아이를 낳는다면, 국외로 이주를 하지 않는 한 가구당 식구는 5 명에서 7명으로 늘어날 것이다. 그뿐만 아니라 이 사실은 생활 수준을 떨어뜨릴 수밖에 없는 궁핍과 함께 일반인들 건강에 가장 좋지 않은 영향을 미칠 것이다.

13. 앞서 말한 사회관에서 비롯된 일반적 추론

앞서 말한 것처럼 여러 억제 요인이 인구 증가 추세를 완만하게 하는 직접적인 원인일 뿐 아니라, 그런 억제책을 강구하게 된 것이 주로 식량 부족의 결과라는 사실은, 생존자원의 급증으로 이런 억제 요인이 어느 정도 사라지면 인구가 급격하게 증가된다는 점에 비추어서 명백하게 알 수 있다.

주택과 식량이 풍부하며 건강에 적합한 나라에 건설된 모든 새로운 식민지가 끊임없이 급격한 인구 증가를 보여왔음은 널리 인정되는 사실이다. 그런데 고대 그리스 때부터 수많은 식민지들이 1~2세기를 지나면서 본국에 저항하게 되었을 뿐만 아니라 본국을 훨씬 뛰어넘는 때도 있었다. 시칠리아섬 시라쿠사와 아그리겐툼,[1] 이탈리아 타렌툼[2]과 로크리, 소아시아 에페수스와 밀레투스 등은 모든 보고에 따르면 적어도 고대 그리스 어떤 도시에도 뒤떨어지지 않았다.

이런 식민지들은 원래 모두 무지몽매하고 야만적인 사람들이 살고 있는 지방에 건설되었지만, 이들 야만인들이 새로운 이주자들에게 쉽사리 굴복했으므로 이주자들은 넓고 기름진 땅을 얻을 수 있었다. 이스라엘인들이 가나안 땅을 떠돌아다니고 있을 동안에 인구는 아주 완만하게 증가되었지만, 일단 이집트의 기름진 땅에 머물러 살게 된 뒤로 모든 기간을 통해서 인구는 15년마다 2배로 늘었다고 계산되고 있다. 그러나 아득한 옛날의 실례를 이끌어낼 필요도 없이 유럽인들의 아메리카 식민은 내가 굳게 믿어 의심치 않는 하나의 진리를 충분히 증명해 준다. 비용을 거의 들이지 않고 또는 무상으로 드넓은 기름진 땅을 얻을 수 있다는 사실은 일반적으로 모든 장애를 극복하고도 남을 만큼 인구가 2배로 늘어나게 하는 강력한 자극원이 된다.

---

1) 아그리젠토의 로마 시대 이름.
2) 타란토의 옛 이름.

어떤 식민지라 해도 멕시코·페루 및 키토[3] 등의 에스파냐 식민지만큼 무자비하게 압박을 당한 곳도 없을 것으로 생각된다. 모국의 학정과 미신, 그리고 온갖 악덕들이 식민지에 적용되었다. 엄청나게 많은 세금이 국왕에 의해서 부과되었을 뿐만 아니라, 무역에도 이루 말할 수 없는 자의적인 제한을 받았다. 총독들은 국왕과 자신들의 이익을 위해 마음대로 탐하고 갈취를 자행했다. 그러나 이런 온갖 고난하에 놓여 있었음에도 식민지 인구는 급격히 증가하였다. 울로아에 따르면, 예를 들어 일찍이 작은 인디언 마을에 지나지 않던 키토시(市)도 50여 년 전에 인구가 5~6만 명이었다고 한다. 또한 정복 후 건설된 리마시는 1746년 대지진이 일어나기 전에 이미 주민이 5~6만 명 또는 그보다 훨씬 더 많았다고 한다. 또한 멕시코는 인구가 10만이라고 말하는데, 에스파냐 저술가들의 과장이라 하더라도 몬테수마[4] 시대 인구보다 5배는 더 많은 것으로 보인다.

포르투갈의 브라질 식민지도 이에 못지않은 학정하에 있지만, 30여 년 전 이미 유럽계 주민만도 60만 명에 이르렀던 것으로 추정된다.

네덜란드와 프랑스의 식민지들은 독점 상사(商社)의 지배하에 있으면서도 계속 번영을 누렸다.

그러나 영국의 북미 식민지, 오늘날 아메리카합중국의 강대한 주민들은 인구 증식의 관점에서 다른 모든 식민지를 능가했다. 그들은 에스파냐와 포르투갈의 식민지와 마찬가지로 기름진 땅을 충분히 가지고 있었을 뿐 아니라, 높은 수준의 자유와 평등을 누리고 있었다. 대외무역에는 다소의 제한이 없는 것은 아니었지만, 내정에서만큼은 매우 자유로웠다. 그즈음의 정치제도는 재산 양도와 분할에 적합한 것이었다. 일정 기간 동안 소유자가 개간하지 않은 토지는 다른 누구에게나 나누어줄 수 있다고 규정되었다. 펜실베이니아에는 장자상속권이라는 것이 없었고, 뉴잉글랜드의 여러 지방에서는 맏이는 겨우 두 사람 몫을 받는 데 지나지 않았다. 어떤 주에서는 보통 물품으로 바치는 십일조(十一租)가 없었을 뿐 아니라, 그 밖의 세금이라는 것도 거의 없었다.

또한 기름진 땅값도 엄청나게 저렴하고 환경적 조건은 곡물 수출에 적합했

---

3) 에콰도르의 수도(首都).
4) 고대 멕시코의 황제(재위 기간 1504~20). 에스파냐의 멕시코 침략 당시 아스테카 왕국 지배자.

기 때문에, 소유한 자본을 농업에 투입하는 것이 가장 유리했다. 동시에 농업은 가장 많은 건전한 일자리를 제공해 주었고 가장 가치 있는 생산물을 사회에 공급해 주었다.

이런 유리한 요인들이 서로 결합되어 일찍이 역사상 유례를 찾아볼 수 없을 정도로 급속하게 인구 증가를 보여주었다. 북부 지방 전체 인구는 25년마다 2배로 증가했다. 1643년 뉴잉글랜드 4개 주의 원래 인구수는 2만 1200명이었다. 그 뒤 계산해 보니 이 4개 주에서 퇴거한 인원수가 그곳으로 들어간 인원수보다 많다고 한다. 그런데도 1760년 인구는 50만 명으로 늘어났고 이는 25년 만에 2배로 늘어난 셈이다. 뉴저지에서는 22년마다 2배로 늘어났던 것 같지만, 로드아일랜드에서는 보다 더 짧았던 것 같다. 주민들이 오로지 농업에 종사하며 사치를 몰랐던 산간벽촌 식민지에서는 15년마다 2배로 늘어난 것 같다. 사람들이 자연스럽게 가장 먼저 살게 된 해안 지방에서 인구는 약 35년마다 2배로 늘었으며, 어떤 해안 도시는 정체 상태에 있었다. 최근 아메리카에서 실시한 인구조사에 따르면 모든 주를 일괄하여 인구는 여전히 25년마다 2배로 증가되는 속도를 유지해 오고 있는 셈이다. 또한 현재 아메리카 총인구는 유럽에서 건너오는 이민에 의해서 아무런 실질적 영향을 받지 않을 만큼 2배로 증가하고 있다. 그뿐 아니라, 해안에 가까운 도시와 시골의 인구 증가는 비교적 완만했음이 밝혀지고 있기 때문에, 일반적으로 내륙 일대에서는 오직 출생으로만 인구가 2배로 늘어나는 기간이 25년보다 훨씬 더 짧았을 것은 분명하다.

1820년 아메리카합중국 인구는 제4차 인구조사에 따르면 786만 1710명이었다. 그런 막대한 수의 인구는 영국에서 떠나온 소수 이민을 조상으로 하지만, 영국의 현재 인구가 이런 이민을 통해서 감소되고 있다고 믿을 이유는 없다. 그와는 반대로 어느 정도의 이민은 도리어 모국 인구에 유리하다고 알려져 있다. 예를 들어 미국에 가장 많은 이민을 보낸 에스파냐의 두 주에서 그 전보다도 인구가 더욱 증가되었다는 사실은 특히 주목을 받았다.

북아메리카에서 그처럼 급격하게 증가한 영국 이민자들의 숫자가 본래 얼마나 됐는지는 별문제로 하더라도, 같은 시기에 대영제국에서 같은 수의 인구가 같은 기간 안에 똑같이 증가되지 않았던 이유를 생각해 보자. 이것에 대한 명백한 이유는 식량 부족이다. 그리고 이는 앞서 말한 것과 같은 모든 사회에서 널리 행해지고 있는 인구에 대한 직접적인 세 가지 억제 중 가장 유력한 원인으로 간주되는데, 이는 비록 오래된 나라라도 전쟁, 유행병, 기근이나 자연의 격변 등에 의한 황폐를 신속히 회복시킬 수 있다는 사실에 비추어서 명백하다. 이런 경우 그런 여러 나라는 잠시 동안 새로운 식민지와 같은 지위에 놓이게 되는데, 그 결과도 언제나 예기되는 것과 대개 일치한다. 만약 주민의 산업이 파괴되지 않을 경우에는 생존자원은 곧 감소된 인구 수요량을 초과해서 불가피한 결과로서 종래 거의 정체 상태였던 인구도 증식되기 시작하여 이 추세는 이전 인구를 회복할 때까지 계속될 것이다.

기름진 플랑드르 지방은 그처럼 자주 가장 파괴적인 전쟁터로 바뀌었음에도 수년 동안만이라도 전쟁만 없으면 곧 전과 다름없이 부유하고 인구가 조밀한 상태로 되돌아가곤 했다. 이미 앞서 언급한 것과 같이 감소(減少)를 모르는 프랑스 인구는 가장 적절한 일례이다. 쥐스밀히의 여러 통계표는 높은 사망률을 보인 뒤에는 인구가 꽤 급격하게 증가한다는 사실을 끊임없이 입증한다. 그리고 내가 삽입한 프로이센과 리투아니아 통계표는, 이 점에서 특히 눈에 띄는 바가 있다.

1666년 런던을 휩쓴 무시무시한 흑사병의 영향은 15~20년 뒤에는 흔적조차 찾아볼 수 없었다. 터키와 이집트 같은 나라에서는 주기적으로 엄습해서 국토를 황폐하게 만드는 흑사병 때문에 대체로 인구가 크게 감소되고 있는가 어떤가는 의문이라고 할 수 있다. 만약 이런 여러 나라의 현재 인구가 종전보다도 더욱 격감되었다면 그 원인은 흑사병에서 비롯된 손실보다는 민중을 괴롭히는 학정과 압박, 그에 따른 농업 쇠퇴에 있다고 하겠다. 중국, 남아시아, 이집트 및 기타 여러 나라의 가장 황량한 기근의 흔적도 모두 아주 짧은 시일 내에 소멸해 버리는 것이 보통이었다. 그뿐만 아니라 화산 폭발이나 지진과 같은 가공할 천재지변이 자주 일어나 주민들을 내쫓거나 그 근면성을 떨어뜨리지 않는 한, 한 나라의 평균 인구에는 별로 큰 영향을 미치지 않음은 널리 알려진 사실이다.

이미 앞서 제시한 여러 나라 호적부를 통해서 인구 증가는 불규칙적이지만, 주기적으로 엄습한 흑사병과 그 밖의 질병이 유행하는 계절 때문에 억제되는 것으로 판명되었다. 쇼트 박사는 사망률 일람표에 관한 흥미있는 연구에서 가끔 '남아도는 인류를 교정하는 가공할 방법'이라는 말을 자주 사용하는데, 박사가 여러 보고에서 수집한 모든 흑사병과 기타 악성 유행병 및 기근에 관한 일람표는 바로 그런 작용의 영원성과 보편성을 보여준다.

그의 일람표에 나타나는 유행병의 해, 흑사병과 그 밖의 맹렬한 유행병이 널리 퍼졌던 해(가벼운 유행병은 기록하지 않은 것 같다)는 모두 431번인데, 그중 32번은 기원전에 있었던 일이다. 그러므로 기원후 햇수를 399로 나누면 그런 유행병은(우리들이 잘 알고 있는 나라에서는) 평균적으로 4년 반 시차를 두고서 주기적으로 엄습했다는 것을 알 수 있다.

표에 나타난 254번에 걸친 대기근과 흉작 중에서 15번은 기원전의 일이며, 최초는 아브라함 시대 팔레스타인에서 발생했다. 만약 이 15를 공제한 나머지 수로 기원후 햇수를 나눈다면 이 가공할 천재지변은 평균적으로 7년 반 시차를 두고서 엄습한 것으로 보인다.

그런 '과잉인구를 교정하는 가공할 방법'이 과연 어느 정도로 급격한 인구 증가에서 비롯되었는가를 판단하는 것은 대단히 어렵다. 질병 대부분은 원인이 아주 신비로울 뿐 아니라, 종류도 너무나 많기 때문에, 특히 어떤 한 원인만을 지나치게 중시하는 것은 잘못이지만 이런 원인들 중에는 사람들로 붐비는 집과 질도 떨어지고 양도 모자라는 식량(한 나라 인구가 국내 주택과 식량이 허용하는 정도를 넘어서 급증할 때 나타나는 자연스러운 결과)도 포함되어야 할 것이다.

거의 모든 유행병에 관한 역사서는 이런 가설을 확증하는 경향이 있다. 왜냐하면 일반적으로 악성 유행병은 주로 하층민들 사이에 맹렬하게 퍼지기 때문이다. 쇼트 박사의 여러 통계표에서도 이런 사정을 자주 확인할 수 있다. 또한 악성 유행병이 발생하는 시기는 식량이 모자라거나 질이 떨어지는 시기 직전이나 직후인 것 같다. 쇼트 박사는 또한 다른 곳에서는 대흑사병이 특히 하층 천민을 크게 감소시킨다고 기술하며, 또한 여러 종류 질병에 관해서 설명하는 가운데 거칠고 질이 떨어지는 식량 때문에 생기는 질병이 일반적으로 가장 오래 지속된다고 말한다.

우리는 경험을 통해서 열병이 감옥과 공장, 사람들로 붐비는 구빈원이나 대도시의 비좁고 빽빽한 시가지에서 발생한다는 사실을 알고 있으며, 결국 그 원인은 지독한 빈곤으로 요약된다. 그러므로 이런 종류의 원인이 점차 악화되어 일찍이 유럽 여러 나라를 휩쓸던 파괴적인 대흑사병을 일으키고 널리 퍼뜨리는 데 큰 역할을 했다는 것을 의심할 수는 없다. 그러나 오늘날에는 이런 원인도 상당히 완화되었기 때문에 흑사병은 많은 곳에서 완전히 절멸된 것처럼 보인다.

인류에 대한 또 하나의 큰 재난인 기근은 인구 증가가 필연적으로 발생시키는 성질의 것이 아니다. 인구 증가가 급속도로 이루어진다 하더라도 원래 점진적인 것이며, 사람 몸은 아주 짧은 기간이라도 식량이 없으면 생존할 수 없으므로, 식량이 공급될 수 있는 한도를 넘어서서 인류가 성장할 수는 없다. 인구 증가가 반드시 기근의 원인은 아닐지라도 발생의 바탕을 마련해 주는 요인이며, 때때로 하층민들은 간신히 생명을 유지해 갈 수 있는 가장 작은 양의 식량으로만 생활해야 하는 결과, 흉작 때문에 식량이 조금이라도 모자라면 굶어 죽는다고 아우성을 친다. 따라서 인구 증가는 기근의 주요한 원인 중의 하나라고 단언할 수 있다. 쇼트 박사는 기근이 찾아들 징조로서 1년이나 수년 동안의 풍작을 드는데, 이것은 올바른 생각이다. 왜냐하면 만약 물자가 풍부하고 값이 싸다면 일반적인 결과로서 많은 사람들의 혼인을 촉진케 할 뿐만 아니라, 평년 작황을 나타낸 해에도 식량이 모자란다는 생각이 들게 할 정도의 궁핍을 불러올 것이기 때문이다.

유럽에서 가장 일반적으로 치명적인 유행병으로 간주되는 천연두는 많은 지방에서는 규칙적으로 엄습하지만, 모든 유행병 속에서도 이 병만큼은 정말 설명하기 어렵다. 쇼트 박사는 말한다. "역사적으로 볼 때 이 질병은 과거와 현재의 계절이나 날씨 또는 성질에 좌우되는 것 같지는 않고, 엄동설한에도 자주 유행되지는 않지만, 대기 상태 변화에 관계없이 언제나 유행되는 것 같다." 그런데 천연두가 과연 어떤 상황에서 발생했는지에 대한 실례는 알려진 바가 없다.

그러므로 나는 가난과, 비좁고 사람들로 붐비는 집 때문에 천연두가 발생했다고 단언할 수는 없다. 그러나 그 유행이 주기적이며 그 피해가 아이들, 특히 하층민 아이들 사이에 심하게 나타나는 곳에서는 가난과 사람들로 붐비는 집이 언제나 질병 발생보다 앞선 조건이자 반드시 함께 따라오는 요인이라고 말해도 좋을 것이다. 곧 일단 천연두가 사라지면서 평균적인 아이 숫자도 증가하고, 그 결과 사람들은 점점 더 가난하게 되며, 집은 더더욱 사람들로 비좁게 되어 마침내는 이런 추세는 나중에 다시 천연두가 찾아들어 남아도는 인구를 소멸시킬 때까지 계속되곤 한다.

이 모든 경우에서 우리들은 질병의 실제적인 발생을 인구 증가에 돌리는 것을 강조하지 않는다 해도 그것 때문에 쉽게 감염이 일어나며, 또한 피해 범위를 넓히고 보다 더 치명적인 결과를 가져오는 힘을 가지고 있다는 사실만은 인정할 수밖에 없다.

쇼트 박사의 주장에 따르면, 일단 맹렬하게 널리 퍼지는 치명적인 유행병이 찾아들면, 그 때문에 노쇠하고 병약한 사람들이 많이 죽게 되므로 그 뒤에는 사회 전체의 건강도는 향상된다고 한다. 이것 외에도 주택과 식량에 여유가 생기면서 하층민 상태가 보다 더 개선되는 것도 원인이다. 또한 그의 주장에 따르면 출생률이 아주 높은 해 다음에는 사망률과 질병률이 아주 높은 해가 이어지며, 마치 자연이 사망에서 비롯된 손실을 방지하거나 급속히 회복시켜 주는 것처럼 사망률이 높았던 해의 다음 해에는 출생률이 아주 높아진다. 대개 질병과 사망이 많았던 해 다음 해에는 살아남은 생식 능력자 수에 비해 출생이 더 많아진다

이 마지막 결과는 프로이센과 리투아니아 통계표에 가장 명백하게 예증되어 있다. 그리고 이 통계표와 쥐스밀히의 나머지 여러 통계표를 바탕으로 생각하면 한 나라에서 생산물이 증가하여 혼인을 대대적으로 촉진시킬 수 있을 정도로 노동자 생활 상태가 개선되면 조혼 풍습도 널리 개선되며, 마침내 인구 증가가 생산물 증가를 넘어선다. 유럽 대륙 호적부는 인구의 급격한 증가가 앞서 말한 것 같은 치명적인 질병 때문에 저해된 수많은 실례를 보여준다. 그리고 이 사실로 미루어볼 때 생존자원이 인구를 증가시키기에 충분할 정도로 증가되고 있지만, 아직 수요 전체를 감당하기에 충분하지 못한 나라는 인구 증가와 평균적 생산이 균형을 잘 유지하는 나라보다 주기적으로 닥치는 유행병에 걸리기 쉽다고 말할 수 있다.

이 반대도 물론 사실일 것이다. 주기적으로 질병이 엄습하는 나라는 그렇지 않은 나라보다는 인구 증가, 사망 대비 출생 초과가 질병과 질병 중간기에는 더욱 커질 것이다. 이를테면 만약 터키와 이집트가 최근 1세기 동안 평균 인

구에 거의 증감이 없었다면, 주기적으로 찾아드는 흑사병 중간기에 사망 대비 출생 초과가 영국과 프랑스보다도 분명히 훨씬 컸을 것이다.

현재 인구 증가율을 기초로 산출한 장래 인구 증감의 개괄적인 계산은 이런 이유 때문에 좀처럼 신뢰할 수 없다. 윌리엄 페티 경은 1800년에 런던 주민은 535만 9000명이 될 것이라고 추산했지만, 지금은 그렇기는커녕 그 숫자의 5분의 1도 되지 못한다. 이튼은 최근 터키제국 인구는 지금부터 1세기 안으로 소멸될 것으로 예언했지만 그런 사태는 확실히 일어나지 않을 것이다. 만약 미국이 지금부터 150년 동안 현재와 같은 증가율을 지속해 간다면 그 인구는 아마 중국 인구를 넘어설 수도 있는데, 물론 예언이라는 게 위험한 짓이기도 하지만, 500년이나 600년이라면 모를까 150년 내에 그 정도로 인구가 증가되지는 않을 것이라고 생각한다.

확실히 지금보다 옛날에 흑사병과 기타 맹렬한 유행병이 더 자주 유럽을 습격했다. 그런데 이는 많은 저술가들이 말한 것처럼 옛날의 사망률 대비 높은 출생률을 대부분 설명해 준다. 왜냐하면 종래에는 이런 비율을 아주 짧은 기간에서 구했을 뿐만 아니라, 일반적으로 흑사병이 유행하는 해를 우연적인 사건으로 생각하고 제외하는 것이 보통이었기 때문이다.

최근 1세기 동안 영국의 출생 대비 사망 비율은 약 12 : 10, 120 : 100으로 생각할 수 있다. 1780년까지 10년 동안 프랑스에서는 약 115 : 100이었다. 물론 변동이 있었으나 그 정도는 그렇게 크지 않았다. 따라서 영국과 프랑스 두 나라 인구는 다른 많은 나라보다 국내 평균생산량과 균형을 이루고 있었음을 알수 있다. 예방적 억제의 작용(전쟁, 대도시와 공장 내에서 모르는 사이에 어김없이 이루어지는 인명 파괴, 수많은 빈민들로 붐비는 집과 충분하지 못한 식량)은 모두 인구가 생존자원 이상으로 증식되는 것을 방해하는데, 여기에 언뜻 이상한 느낌이 드는 말을 한다면 이런 장애는 격렬한 대유행병을 대신하여 남아도는 인구를 소멸시켜 준다고 할 것이다. 만약 흑사병이 크게 유행해서 영국에서 200만명, 프랑스에서 600만 명이 사망했다고 가정한다면, 주민들이 이 몸서리나는 재해에서 벗어난 뒤에는 사망 대비 출생 비율이 지난 1세기 동안 두 나라에서 나타난 평균비율보다도 훨씬 더 높아질 것은 의심의 여지가 없다.

뉴저지에서는 출생 대비 사망 비율은 1743년까지 7년 동안 평균 300 : 100이었으나 영국과 프랑스에서는 120 : 100을 넘지 않았다. 이런 차이는 참으로 놀랄 만한 사실이나, 그렇다고 놀란 나머지 이것을 신(神)의 기적적인 간섭의 결과라고 생각해서는 안 된다. 그 원인은 먼 곳에 있는 것도 아니요, 잠재적인 것도 신비로운 것도 아니요, 바로 우리들 신변 가까이에서 우리들 주위를 둘러싸고 있는 것으로서, 조금이라도 탐구심이 있는 자는 쉽게 발견할 수 있다. 참으로 신의 힘이 직접적으로 작용하지 않고는 돌 하나도 땅에 떨어질 수 없으며, 풀 한 포기 나무 한 그루도 자랄 수 없다고 믿는 것은 가장 자유로운 철학 정신과 일치된다. 그러나 우리들은 모험을 통해서 그런 자연 작용이 거의 언제나 일정한 법칙에 따라서 이루어짐을 알고 있다. 따라서 인구를 증가시키는 여러 원인 또한 우리가 알고 있는 다른 자연법칙처럼 천지개벽 이래로 끊임없이 작용하여 왔을 것이다.

인간의 성욕은 어떤 시대에도 거의 같을 것이기 때문에, 대수학(代數學) 용어를 사용한다면 언제나 이것을 일정량이라고 인정할 수 있을 것이다. 어떤 나라에서도 인구는 그 나라가 생산하거나 획득할 수 있는 식량보다 더 많이 증식되는 것을 막는 필연이라는 법칙이 눈앞에 펼쳐져서 분명히 알 수 있는 일이기에, 잠시라도 의심할 수는 없다. 자연이 남아도는 인구를 억제하기 위하여 행하는 여러 작용의 규칙성을 파악하기 힘들어, 그 작용 형태를 언제나 예언할 수는 없더라도 그 작용이 존재한다는 것은 확실하다. 수년 동안 출생자 대비 사망자 비율로 미루어서 한 나라 인구 증가가 증가된 또는 획득된 식량 비율을 훨씬 초과한 사실이 판명된다면, 적어도 국외 이주라도 단행되지 않는다면 머잖아 사망이 출생을 초과하게 되며, 수년 동안에 보인 증가도 결코 그 나라의 참된 평균일 수 없다는 사실을 확실히 알 수 있다. 만약 그 밖에 인구를 감퇴시킬 원인이 없고 예방적 억제도 강력하게 작용하지 않는다면, 어떤 나라도 주기적으로 찾아오는 흑사병과 기근의 영향을 피할 수 없다.

한 나라 인구의 현실적이고 영구적인 증가의 참된 기준은 생존자원 증가이다. 물론 이 기준도 다소 변화할 수 있는데, 이러한 변화는 얼마든지 현실에서 관찰될 수 있다. 그런데 일부 나라에서는 인구 증가가 강제적으로 이루어진 느낌이 없지 않다. 국민은 점차로 최소한도 식량으로 생활하도록 길들여지고 있다. 그런 나라에서는 생존자원이 조금도 증가하지 않았음에도 인구는 지속적으로 증가된 시기도 분명히 있었을 것이다. 중국, 인도, 베두인 아랍족이 점령한 여러 나라들, 이 책 제1편에서 서술된 나라들이 그 부류에 속할 것으로 생각된다. 이런 여러 나라의 평균생산량은 주민들 생명을 지탱할 수 있을 정도에 지나지 않으며, 만약 흉년이라도 들면 치명적인 타격을 받을 수밖에 없고, 그런 상태하에 있는 국민은 기근의 영향을 피할 수 없다.

노동임금이 현재 대단히 높은 미국에서는 흉년이 들어도 하층계급 사람들이 물질적 어려움을 느끼지 않으면서 대대적인 절약 생활을 할 수도 있다. 기근이 발생할 가능성은 거의 없는 것 같다. 그러나 지금부터 인구가 증가됨에 따라 노동임금도 크게 떨어지는 시기가 올 수 있다. 이 경우 인구는 그 증가에 상응하는 생존자원 증가 없이 줄곧 증가될 것이다. 유럽 여러 나라에서는 나라에 따라 생활 풍습이 다르기 때문에, 주민 수와 식량 소비량 비율의 어느 정도 차이는 피할 수 없다. 예를 들어 영국 남부 노동자는 오랜 세월 질 좋은 밀가루빵을 먹어왔으므로 스코틀랜드 농민들처럼 살게 된다면 그 절반은 굶주림에 시달리게 될 것이다.

그들도 언젠가는 가혹한 필연이라는 법칙의 끊임없는 작용으로 마침내는 중국 하층민과 같은 생활 수준으로 떨어질 수도 있을 것이다. 그때 영국은 똑같은 양의 식량으로 보다 많은 인구를 부양할 수 있을 것이나, 그 실현은 언제나 곤란할 뿐만 아니라 적어도 인류애를 느끼는 사람이라면 누구든 분명히 그런 일이 실패하기를 바랄 것이다.

이상에서 인구가 그 증가에 상응하는 생존자원 증가 없이 지속적으로 증가할 수 있는 실례 몇 가지를 들었다. 그러나 서로 다른 나라에서 나타나는, 식량과 부양 가능 인구 사이의 차이가 넘을 수 없는 일정한 한도에 의해서 제한되고 있음은 분명하다. 적어도 인구가 절대적으로 감소하고 있지 않는 한, 식량은 노동인구를 부양할 수 있을 정도가 되어야 한다.

다른 여러 조건이 똑같다면, 한 나라 인구의 많고 적음은 그 나라가 생산하여 얻을 수 있는 식량 생산량에 비례하며, 행복의 정도 또한 그 식량이 분배되는 양, 하루 동안 노동으로 사들일 수 있는 양에 비례한다고 분명히 말할 수 있다. 옥수수 생산국은 가축 생산국보다 인구가 많으며, 쌀 생산국은 옥수수 생산국보다 인구가 많다. 그러나 그들의 행복은 인구의 조밀 정도나 그 나라의 빈부, 노약(老弱)이 아니라 인구와 식량 상호 간 비율에 의존한다.

이런 비율은 새 식민지에서 가장 유리하다고 생각된다. 왜냐하면 그곳에서는 낡은 국가의 지식과 근면성이 새로운 국가의 기름진, 그리고 누구의 소유로도 되어 있지 않은 토지에 영향을 주기 때문이다. 다른 경우에는 한 나라의 노약은 이런 관점에서 그다지 중요하지 않다. 예를 들어 대영제국의 식량은 2000년이나 3000년, 아니 4000년 전 옛날보다 지금 주민들에게 더 풍부하게 분배된다. 그러나 가난하고 인구가 희박한 스코틀랜드 고원지대에서는 유럽에서 가장 인구가 조밀한 지방보다도 더욱 남아도는 인구 때문에 고민한다.

가령 어떤 나라가 보다 기술적으로 진보한 타국에게 침략받지 않는 상태에서 자신의 문명을 발달시키도록 내버려둔다면, 그 생산량을 단수(單數) 단위로 생각하던 시대에서 100만 단위로 생각할 수 있는 시대에 이르는 유구한 세월 속에서 대다수 사람들이 직간접으로 식량 부족 때문에 고난을 겪지 않는 때는 한시도 없었을 것이다. 역사 이래로 유럽 모든 나라에서는, 그중에는 아직도 절대적인 기근을 경험해 보지 못한 나라도 있겠지만, 수천만 명 인류가 모두 이 단순한 원인 때문에 억압되어 왔던 것이다.

따라서 인류 역사를 세심하게 관찰하는 자는 인간이 존재해 왔거나 존재하는 모든 시대, 모든 국가를 통해서 인정할 수밖에 없는 진리가 있음을 알게 된다.

인구 증가는 필연적으로 생존자원에 의해 제한된다는 사실이 바로 그것이다.

인구는 강력하고 명백한 억제 작용을 통해 저지되지 않는 한, 생존자원 증가에 따라서 반드시 증가한다.

이런 억제와 인구를 생존자원 수준에 머물도록 하는 여러 억제는 도덕적 억제, 죄악 및 궁핍인가?

이 제2편에서 고찰해 온 사회 상태를 제1편 고찰 대상으로 삼았던 여러 나라 사회 상태와 비교해 보면, 근대 유럽에서는 과거에 비해 또는 문명이 뒤떨어진 다른 지방에 비해 인구에 대한 적극적 억제는 더 약하고 예방적 억제가 더 강하다는 사실을 알게 될 것이다.

야만족 인구 증가를 크게 억제하는 전쟁은 가령 최근에 일어난 불행한 혁명 이전 시기를 계산에 넣더라도 확실히 감소하고 있다. 그리고 몸을 깨끗이 하는 풍습이 널리 보급되고, 도시 위생 설비와 건축물이 개량되고, 경제학에 관한 지식이 증진되면서 토지 산물 분배가 더욱 공평하게 이루어지면서 흑사병, 악독한 질병 및 기근 같은 것은 확실히 완화되었을 뿐 아니라, 예전처럼 자주 일어나지도 않았다.

인구에 대한 예방적 억제에 관해서 보면 그중 도덕적 억제에 속하는 부류가 현재는 남자들 사이에서 그렇게 널리 행해진다고는 볼 수 없으나, 제1편에서 고찰한 여러 나라에서보다는 훨씬 더 대대적으로 행해지고 있다고 확신한다. 또한 근대 유럽에서는 과거나 미개민족에 비해 보다 더 많은 여성들이 생애의 상당히 긴 세월 동안 이 미덕을 실천하면서 지내는 것은 의심할 여지가 없다. 그러나 이것이 어떻든지 간에, 만약 우리들이 도덕적 억제라는 말을 결과에는 관계없이 신중하게 생각해서 혼인을 연기하는 것을 뜻하는 일반적인 용어로 생각한다면, 그것은(이런 관점에서 볼 때) 근대 유럽에서 인구를 생존자원 수준에 머물게 하는 여러 억제 중에서 가장 유력한 것으로 생각할 수 있을 것이다.

제3편

인구 원리에 기인하는 해악 제거를 위해
제안 또는 실시된 여러 제도와 그 대책에 대하여

1. 평등 제도 (1)
월리스(Wallace)·콩도르세(Condorcet)

인류의 과거와 현재 상태를 이상의 두 편에서 논술된 것과 같은 관점에서 관찰하는 사람은, 인류와 사회의 완전성을 주장하는 모든 논자들이 인구의 원리에 관한 논쟁을 접하면서 이 문제를 극히 경시할 뿐만 아니라 인구과잉으로부터 일어나게 되는 곤란은 아득히 먼 미래에나 일어날 일이라고 생각하는 것을 보고서는 놀라지 않을 수 없을 것이다. 월리스 같은 이는 이 인구의 원리 자체가 그의 평등주의에 대하여 치명적인 중요성을 갖는다는 것을 시인하는 사람이다. 그런데 그런 사람조차도 이 지구 전체가 하나의 화원처럼 경작되어 이미 그 이상의 생산 증가는 불가능해지는 상태에 이르기까지는 어떠한 곤란도 이 원인으로부터 생겨나지 않을 것이라고 생각하고 있는 것 같다. 만일 이것이 사실이어서 아름다운 평등의 제도가 어떤 면에서 봤을 때 실현 가능하다고 하면, 그와 같이 아득한 장래의 곤란을 염려하느라고 평등사회를 실현코자 하는 우리의 열망이 조금이라도 식을 필요는 없을 것이다. 그와 같이 아득한 장래에 일어나는 일은 차라리 신의 섭리에 일임하는 것이 좋을지도 모를 일이다. 그러나 만일 이 논문에서의 나의 견해가 정당하다고 하면, 인구의 원리로부터 생기는 곤란은 결코 그와 같이 먼 장래에 있는 것이 아니라 바로 우리들의 눈앞에 있다고 볼 수 있다. 만일 인류의 평등이 실천된다면 식량의 부족으로 말미암은 궁핍은 현재 이 순간으로부터 전 지구가 하나의 화원처럼 경작되어질 때까지—경작이 발전되어 가는 어떠한 시기에도—모든 인류를 끊임없이 괴롭히게 될 것이다. 물론 이 지구상의 생산량은 해마다 증가하리라고 생각한다. 그러나 인구는 그것보다 훨씬 더 급격하게 증가할 것이며, 따라서 식량 생산량을 훨씬 웃도는 이 우세한 힘은 반드시 주기적으로 또는 항상 도덕적 억제와 죄악 및 궁핍에 의해 억제되어야 한다.

콩도르세의 《인간 정신 진보의 역사적 개관 초고(Esquisse d'un Tableau Historique des Progrès l'Esprit Humain)》는 죽을 때까지 줄곧 그를 괴롭혀 온 참혹한 압박을 받아가면서 쓴 것이라고 한다. 만일 콩도르세가 살아 있는 동안에는 이 책이 세상 빛을 보게 될 희망은 없으며, 또 그것에 대하여 프랑스 일반의 찬동을 얻을 가망도 없음을 자각하면서도 집필했다고 하면, 이 사람이야말로 가장 자기 원리에 충실한 유별난 인물 중 하나라고 볼 수 있다. 그런데 일상생활의 경험은 그가 품고 있던 그 원리를 여지없이 배반하고 있었던 것이다. 인류 진보의 필연성을 확신했던 콩도르세가 세계에서 가장 문명화된 국가들 중 하나에서 가장 야만적 시대의 가장 야만적인 민족들조차도 부끄럽게 생각할 더러운 욕정·공포·잔인성·악의·복수·야심·광기 및 우매로 말미암아 인심이 타락하고 있는 광경을 목격했을 때 사상적으로 큰 충격을 느꼈을 것에 틀림없다. 따라서 어떠한 일이 일어난다 할지라도 이를 백안시하고 오직 자기 원리의 올바름을 어디까지나 확신해 나가는 이외에는 충격을 이겨낼 방도가 없었을 것이다.

콩도르세 사후에 출간된 이 저술은 그가 완성시키고자 기획했던 대저술의 윤곽을 보여주는 것에 불과하다. 따라서 이 책은 모든 이론의 올바름을 증명할 수 있는 유일한 수단이라 할 상세한 설명과 실례를 결여하고 있다. 사실 그의 이론이 얼마나 모순된 것인가는 공상적이 아닌 현실적인 사태에 그의 이론을 적용시켜 약간의 고찰을 가하기만 해도 충분히 알 수 있는 일이다.

콩도르세는 완전성을 향하여 줄달음치는 인간 장래의 진보를 논하는 그의 저서 마지막 장에서 다음과 같이 기술하고 있다. 유럽의 여러 문명화된 국가들의 토지 넓이와 인구의 다과(多寡)를 비교함으로써 그들의 경작 상황과 그들의 노동의 정도, 그리고 분업 상태와 그들의 생계 수단 등을 고찰해 본다면, 자신의 노동력 외에는 생계를 해결할 수단이 없는 상당한 수의 인간이 없으면 나라 전체가 기존과 동일한 수준의 생계 수단을 확보할 수 없으며, 따라서 인구 역시 동일 규모로 유지해 갈 수 없다는 사실을 알게 된다고.

콩도르세는 이러한 종류의 계급이 필요하다는 점을 인정하고 있을 뿐만 아니라, 가장(家長)의 생명과 건강에 전적으로 의지하는 이들 계층 가정의 불안한 살림에 대해 언급하면서, 다음과 같은 정당한 의견을 진술하고 있다. "이 세상에는 불평등이나 종속 관계 또는 궁핍과 같은 원인이 있어, 그것이 끊임없이 우리 사회에서 가장 그 수가 많고 활동적인 계급을 위협하고 있다." 그의 이와 같은 곤란성에 대한 설명은 올바르게 잘되어 있기는 하나, 그 곤란성을 제거하려는 그의 방법이 충분할 결과를 낳을 수 있을지는 의문이다.

콩도르세는 인간의 기대수명과 금리를 계산, 이를 바탕으로 기금을 조성할 것을 제안하고 있다. 그 기금이란 늙은 사람들에게 지불할 일정한 장려금을 말한다. 일부는 늙은 사람들 자신의 저축으로부터, 나머지 일부는 젊을 때 아껴 저축했지만 그 기금의 이익은 받지 못하고 사망한 사람들의 저축으로부터 마련되는 것이다. 또한 이와 같은 기금은 가장을 잃은 처자들에게도 보조금으로 지급되어야 하며, 또한 결혼할 연령에 도달한 젊은이들에게도 생업에 필요한 자본으로서 충분히 제공되어야 한다고 말하고 있다. 그뿐만 아니라 그는 이와 같은 제도가 사회적으로 보호받을 수 있어야 한다고 주장하고 있다. 즉 이러한 사회적 보호를 바탕으로 공정한 계산이 이루어진다면 신용이 대자산가의 배타적 특권으로 전용되지 않으며, 그 기반은 더욱 굳건해지고 산업의 진보와 상업 활동이 대자본가에게 의존하는 정도가 줄어들므로 평등 상태를 보다 완벽하게 보장해 줄 수단이 될 수 있다고 부언하고 있다.

그와 같은 제도와 계산은 책상 위에서는 대단히 유망하게 보일지도 모르지만 일단 실생활에 적용해 보면 전혀 도움이 되지 않는다는 것을 알 것이다. 콩도르세는 오직 자신의 노동력으로만 생활해 나갈 수 있는 계급이 어떠한 경우에도 필요하다는 점을 인정하고 있다. 콩도르세는 어찌하여 이것을 인정한 것일까. 그것은 아마 증가한 인구를 부양할 만한 생존자원을 얻는 데 필요한 노동은 궁핍이라는 자극이 없다면 도저히 얻어질 수 없는 것이라고 생각한 것 이외에 아무런 이유도 없을 것이다.

그러면 만일 상기한 것 같은 제도가 생김으로써 근로에 대한 자극이 없어졌다고 가정해 보자. 즉 신용 문제에 관하여 또는 그 처자 권속의 장래를 돌보는 문제에 관하여 나태한 자와 근면한 자가 똑같은 대접을 받는다면 오늘날 개인들이 일반적 번영의 원동력인 보다 나아지고자 하는 노력을 할 까닭이 없다. 가령 지금 하나의 심판기관을 설립하여 각 개인의 요구를 검토하며 또 각자 노력의 정도를 검토하여 보조 여부를 결정한다고 하면, 이는 결국 영국의 구빈법을 보다 확대된 규모로 답습하는 것에 지나지 않으며, 따라서 자유와 평등의 참된 원칙을 송두리째 파괴하는 결과를 가져올 것이다.

그러나 이 제도에 대해 상술한 바와 같은 반론을 잠시 접어두고 또한 이 제도가 생산에 아무런 장애도 되지 않는다고 가정한다 할지라도 여전히 최대의 난점이 남아 있다.

누구라도 만일 일가를 먹여 살릴 수 있는 충분한 식량을 가질 보장만 생긴다면 거의 모두가 가족을 가질 것이다. 그리고 그곳에서 태어나는 아이들이 빈곤의 공포로부터 해방된다면 인구는 엄청나게 빠른 속도로 증가할 것에 틀림없다. 이 점에 관해서는 콩도르세 자신도 충분히 인정하고 있었던 것 같다. 그는 장래의 개선 문제를 기술하고 난 후에 다음과 같이 논하고 있다.

"그러나 산업과 행복이 이와 같이 발달·증진된다면 각 세대는 점차로 많은 향락을 누리게 될 것이며, 그 결과 인간의 체질상으로 보아 인구 증가를 초래하는 것은 당연하다 할 것이다. 과연 그렇다면 어떤 시기가 도래하면 이 두 가지의 필연적 법칙이 서로 모순되지 않을까? 이런 경우에 인구수의 증가가 그들의 생계 수단을 능가하게 된다면, 그 필연적 결과로서 행복과 인구가 계속적으로 감퇴되는 현상, 즉 퇴보적인 경향을 보이게 되거나 그렇지 않으면 적어도 선과 악의 주기적 반복 현상이 일어나지 않을까? 그리고 이러한 선악의 주기적 반복 현상이 곧 주기적 빈곤의 원인이 되는 것이 아닐까? 그것은 인간 사회의 개량이 이미 이 이상으로 진전될 수 없다는 한계점을 보이는 것이며, 또한 인간의 완전성에 대한 한계점, 즉 인간이 언젠가는 한번 도달할지도 모르지만 그 이상으로는 나아갈 수 없는 한계점을 보여주는 것이 아닐까?"

그는 또한 계속하여 다음과 같이 부언하고 있다.

"그와 같은 시기의 도래가 우리에게 얼마나 까마득히 먼 미래의 얘기인지를 모르는 이는 없다. 그러한 시기가 과연 올지도 의문이다. 그것은 오늘날 우리들이 거의 상상도 할 수 없을 정도로 인류가 진보된 후가 아니면 일어날 수 없는 일이므로, 그와 같은 일에 대해서 과연 일어날 것인가 아닌가를 현재 시점에 논하는 것은 가당치 않다."

인구수가 그들의 생존자원을 초과했을 경우 일어나리라고 예상되는 상태를 콩도르세는 묘사하고 있는데, 그것은 정당하다. 콩도르세가 말하는 주기적 반복은 반드시 일어날 것에 틀림없으며, 그것이 주기적으로 찾아드는 궁핍의 끊임없는 원인이 되리라는 점도 의심할 수 없을 것이다. 단지 이와 같은 묘사에서 내가 콩도르세와 의견을 달리하는 점은, 그와 같은 상태가 인류에게 도래할 시기에 대해서뿐이다. 즉 콩도르세는 그와 같은 상태는 극단적으로 먼 미래가 아니면 도저히 일어날 수 없는 것으로 생각하고 있다. 그러나 내가 이 책의 처음에 서술한 바 있는 일정한 영토에 있어서의 인구와 식량의 자연적 증가 비율—이것은 인류 사회의 모든 단계를 통해서 언제나 존재해 온 빈곤이라는 것에 의해서 뚜렷하게 확증되고 있다—이 다소라도 진리에 가까운 것이라고 한다면 콩도르세의 견해와는 정반대로 인구수가 그들의 생존자원을 초과하는 시기는 이미 오래전에 도래했었다는 것, 그리고 이 필연적인 진동 즉 주기적으로 찾아드는 궁핍의 끊임없는 원인이 대부분의 나라에 있어서는 인류의 역사가 있은 이래로 언제나 줄곧 존재해 왔으며, 또한 현재에도 존재하고 있다는 것을 알게 될 것이다.

그러나 콩도르세는 더 나아가서 그가 그렇게도 아득한 장래에 도래할 것으로 생각하고 있는 시기가 비록 온다고 할지라도 인류가 그것 때문에 위험을 당할 필요는 없다고 말하고 있다. 또한 그는 이와 같은 곤란을 제거할 하나의 방법을 기술하고 있는데, 그 방법은 도저히 나에게는 이해되지 않는 것이다. 콩도르세는 그와 같은 시기에 이르러서는 미신으로부터 생기는 어리석은 편견이 근절되어 이에 따른 도덕의 부패와 타락 현상은 더 이상 없을 것이라고 말한 후에, 임신을 방해하는 난혼(亂婚)이라든가 또는 이것과 마찬가지로 부자연스러운 다른 수단에 대해 암시적으로 언급하고 있다. 그러나 그와 같은 방법으로써 이러한 곤란을 제거하는 일이야말로 인류의 평등과 그 완전성을 희구하는 사람들이 지향하는 목적이며 대상인 도덕과 순결한 풍속을 파괴하는 것이라는 사실은 대다수의 사람들에게는 분명한 일이다.

콩도르세가 검토하려고 마지막으로 내놓은 문제는 인체의 완성이라는 것이다. 그는 다음과 같이 말하고 있다. 즉 "이미 예시된 증거들이 현재 인간이 가지고 있는 것과 같은 자연적 능력과 신체 구조를 가지고서도 인간은 점차로 끝없이 완전성을 향하여 나아가리라는 것을, 더구나 이와 같은 구조와 자연적 능력 그 자체가 모두 개선될 가망이 있다는 것을 충분히 증명할 만큼 커다란 설득력을 갖게 된다면 인간의 앞날이 유망하다는 것은 참으로 확실한 것이 아닐까"라고.

그는 의학의 진보, 보다 건강한 식생활과 주거환경, 과로를 피하고 적당한 운동으로 체력을 단련하는 생활문화, 인간 타락의 2대 원인인 가난과 과도한 사치의 극복, 그리고 이성과 사회질서의 발달로 촉진된 육체에 관한 지식의 진보에 따른 유전병과 전염병의 점진적인 감소 등에 의해서 인류는 비록 절대 불사의 경지에는 도달할 수 없다고 할지라도, 탄생 순간부터 자연사에 이르는 기간은 끊임없이 연장되어 마침내 무한하다는 말이 타당한 것이 되는 기간까지 연장될 것이라고 추론하고 있다. 이어 그는 이때의 무한이라는 말은 실제 무한에는 도달하지 못하지만 끊임없이 무한한 거리에 접근해 간다는 것, 또는 말로써는 좀처럼 그 한계를 표현할 수 없을 정도로 오랜 기간 계속되는 것을 의미한다고 정의하고 있다.

그러나 이와 같은 두 가지 의미의 어느 편을 취한다 할지라도 이 말을 인간의 수명에 적용시킨다는 것은 극히 비과학적이며 자연법칙의 어떠한 현상에 의해서도 전혀 보증되지 못한다. 여러 가지 원인 때문에 생기는 변화는 규칙적으로 줄곧 앞으로 달려가는 증가와는 본질적으로 판이하다. 인간의 평균수명은 기후의 적합성, 식생활의 질, 풍습의 선악 및 기타 원인에 의해서 어느 정도까지는 변화될지도 모른다. 그러나 우리들이 인류의 역사에 대해서 신빙할 수 있는 기록을 가지게 된 이래로 인간의 자연적 수명이 다소라도 길어졌는지 어떤지는 심히 의심스럽다. 모든 시대를 통해서 내려진 추정은 확실히 이와 같은 가정과는 정반대이다. 나는 이러한 추정을 크게 중시하려고 하지는 않지만 이 추론이 존재한다는 사실 그 자체는, 곧 이러한 추정과는 반대로 인간의 수명이 현저하게 길어진 사실이 없다는 것을 증명하는 일임에 틀림없다고 생각한다.

또한 어떤 이는 이렇게 말할지도 모른다. 즉 이 세계는 극히 그 역사가 짧아서 아직도 유년기에 있다고 볼 수 있기 때문에, 그렇듯 빠르게 변화가 찾아오리라고 기대해서는 안 된다고.

만일 그렇게 말할 수 있다면 인류의 모든 과학은 곧 종말을 고하게 되며, 결과로부터 원인을 구하는 추론 방법은 폐기되고 말 것이다. 그렇게 되면 자연이라는 교과서를 읽어도 이미 아무런 도움도 되지 않을 것이므로 이것에 대해서 눈을 감아야 할 것이다. 또한 가장 당돌하고 불확실한 억측이 수차에 걸친 신중한 실험에 입각한 가장 엄밀하고 진지한 이론과 꼭 같은 확신을 가지고서 제출될지도 모른다. 우리는 또다시 낡아빠진 사색 방법으로 되돌아가서 학설을 사실 위에다 구축하지 아니하고, 사실을 학설에다 끼워 맞추게 될지도 모른다. 뉴턴의 만고불변의 이론이 데카르트(Descartes)의 무모하고 정도를 벗어난 가설과 동등한 입장에 놓이게 될지도 모른다. 요컨대 자연의 법칙이란 것이 만일 그처럼 변덕스럽고 유동적인 것이라고 한다면, 또한 그렇게도 까마득히 오랜 세월 동안 불변적이었던 것이 하루아침에 변화한다면, 인간 정신은 이미 연구해 보려는 일체의 흥미를 잃고 오히려 뒤로 물러나 무위도식에 빠지든가 그렇지 않으면 부질없는 꿈에 취하여 망상의 환멸을 즐길 수밖에 없다.

자연법칙과 인과법칙의 항구성은 모든 인간 지식의 기초이다. 만일 변화가 전혀 일어날 징조가 없는데도 불구하고 변화가 일어날 것이라고 추론할 수 있다면 우리들은 어떠한 단정이라도 내릴 수 있게 된다. 따라서 내일 달이 지구와 충돌하게 되리라고 단정하는 일은 태양이 예정된 시간에 떠오를 것이라고 언명하는 것과 마찬가지로 서로 모순되는 일이 없는가 생각하게 될 것이다.

유사 이래 오늘에 이르기까지 인간 수명이 연장되고 있음을 보여주는 항구적인 징후나 증거는 어디에도 없다. 기후·풍속·식습관 및 기타 원인이 수명에 미친 뚜렷한 효과는 인간의 수명은 무한히 연장될 수 있다는 주장의 구실이 되고 있지만, 그들의 주장의 근거는 다음과 같이 말하는 것으로 보아 박약하다는 것을 알 수 있다. 그들은 인간의 수명 한계는 일정치 않아 정확한 기간을 제시할 수 없으므로 인간은 몇 살까지 살 수 있고, 그 이상은 살 수 없다는 식으로 확언할 수 없다. 따라서 인간의 수명은 영원히, 아마도 무한하게 또는 무제한적으로 연장될 것이라고 말한다. 그러나 이러한 주장이 모순되고 잘못되었다는 것은 콩도르세가 자연의 일반적 법칙의 하나라고 간주하는 그의 이른바 동식물의 유기적 완성 또는 퇴화의 개념을 한번 검토해 보면 곧 알 수 있는 일이다.

들은 바에 의하면, 일부 가축 개량 업자들은 가축 품종 개량에 한계란 없다는 말을 무슨 금언처럼 여긴다고 한다. 이러한 믿음은 태어난 새끼 가운데 일부는 어미보다 우수한 품종일 것이라는 생각에서 기인한다. 저 유명한 레스터(Leicester)종(種)의 양(羊)의 경우, 품종 개량의 주요 목표는 양의 머리와 다리를 작게 만드는 것이다. 앞서 말한 격언을 따른다면 이 품종의 양들은 장차 머리와 다리가 거의 남아 있지 않을 것이다. 그러나 이것은 분명히 불합리한 것이므로 우리는 이와 같은 전제가 알맞지 않다는 것, 그리고 비록 정확히 어디까지인지는 알 수 없을지라도 한계는 분명 존재한다는 것을 인정할 수밖에 없다. 레스터종의 경우 양의 머리와 다리가 얼마만큼 작아질 수 있는지 정확히 결론 내리긴 어렵다. 그러나 그것은 콩도르세가 말하는 것과 같이 무제한으로, 또는 무한하게 작아지는 것은 아니다. 나는 이와 같은 경우에 있어서 이미 그 이상의 개량은 전혀 불가능하다는 한계를 제시할 수는 없지만 도저히 도달할 수 없다는 점만은 얼마든지 지적할 수 있다. 즉 양의 머리와 다리는 아무리 개량된다 할지라도 생쥐의 머리와 다리처럼 작아질 수는 없다고 감히 단언한다.

따라서 동물에 관해서는 새끼들 중 어떤 것은 어미보다 훨씬 더 우수한 품종으로 태어난다거나 품종 개량은 무한히 완전한 경지로 접근해 간다고는 말할 수 없다.

야생 식물이 아름다운 정원의 꽃으로 진화하는 과정은 아마도 동물 가운데서 일어나는 그 어떠한 진화 과정보다도 현저할 것이지만, 이 경우라 할지라도 그 진화가 무제한적으로, 또는 무한하게 이루어진다고 단정하는 것은 지극히 어리석은 생각이다. 식물 개량에 있어서 가장 중점을 두는 목표 중 하나는 그 크기를 증대시키는 일이다. 사실 꽃의 크기는 개량을 통해서 점차로 커지고 있다. 만일 그 진화가 참으로 무한한 것이라면 꽃의 크기는 무한히 증대되어 갈 테지만 그런 일은 있을 수 없다. 따라서 동물에 있어서와 마찬가지로 식물에 있어서도 그 개량에는 한도가 있으며, 단지 그 한계점이 과연 어디인가를 정확히 알지 못하고 있는 것뿐이다.

꽃의 품평회에 출품하여 상을 타려고 경쟁하는 원예가가 더 많은 비료를 사용했음에도 바라는 결과를 얻지 못하는 경우도 드물지 않다. 또한 이 이상으로는 절대로 자라지 않을 것이라고 말할 수 있을 정도로 훌륭한 카네이션과 아네모네를 보았다는 사람이 있다면 그것은 너무 지나친 말일 것이다. 그러나 그는 장래의 사실에 의해서도 뒤집혀질 두려움 없이 다음과 같이 말할 수 있을지 모른다. 즉 카네이션 또는 아네모네는 아무리 재배를 잘한다 할지라도 결코 양배추 정도로 커지는 일은 없으나, 그래도 양배추보다 더 큰 크기라는 것은 능히 생각할 수 있는 것이라고. 어느 누구도 이 이상으로는 절대로 커질 수 없다고 할 정도로 큰 밀의 이삭을 보았다든가, 또는 이 이상으로는 절대로 크게 될 수 없다고 할 정도로 큰 떡갈나무를 보았다고 말할 수는 없을지라도, 아무리 하여도 그 이상의 크기로는 성장하지 않는다는 어떤 크기라면 이를 쉽사리 또는 정확하게 제시할 수 있을 것이다. 따라서 이 모든 경우에 있어서 무한히 진보한다고 말하는 것과, 그 진보의 한도가 분명치 않다고 말하는 것을 엄격히 구별하지 않으면 안 된다.

그러면 어찌하여 동식물의 크기는 무한히 증대될 수 없는 것일까. 아마도 너무 지나치게 커지면 무게 때문에 더 이상 스스로를 지탱할 수 없게 되기 때문이 아닐까 한다. 우리는 이것을 경험을 통해서 아는 수밖에 없는데, 나는 이러한 동식물의 크기를 유지하게 하는 힘의 정도에 관한 경험을 통해서 다음과 같이 대답할 수 있다. 즉 나는 카네이션이 양배추의 크기에 도달하기 훨씬 이전에 이미 그 줄기로써는 도저히 꽃의 무게를 지탱할 수 없다는 것을 알고 있다. 그러나 이는 내가 카네이션의 줄기 조직이 연약하다는 것을 경험적으로 알고 있기에 가능하다. 물론 자연계에는 양배추 정도로 큰 머리를 지탱할 수 있는 카네이션과 비슷한 크기의 생물종이 어딘가에 존재할지도 모른다.

식물의 수명을 결정짓는 원리에 대해서는 현재까지 아무것도 알려진 게 없다. 어째서 어떤 식물은 1년생이고, 어떤 식물은 2년생인지, 그런가 하면 또 어떤 식물은 수백 년을 넘게 살 수 있는지 분명히 설명할 수 있는 사람은 아무도 없다. 이와 같은 사례에 관한 문제는 순전히 경험의 문제이며, 여기에 있어서는 동물이든 식물이든 인간이든 구별이 있을 리 없다. 따라서 우리의 육체를 형성하고 있는 가시적인 유기물이 결국 사멸한다는 것을 과거의 모든 시대의 경험이 불변적으로 증거해 주므로 나도 그것을 보고서 인간이란 죽을 수밖에 없는 존재라고 결론 내릴 수 있을 뿐이다.

"우리는 우리 자신이 알고 있는 것에 의거하지 않고서 과연 무엇을 판단할 수 있을까?"

적어도 인류는 확실히 그 생명을 무한히 연장시키는 방향으로 진보해 왔으며, 또한 이 순간에도 역시 진보하고 있다는 그 주장이 명백히 증명되지 않는 한, 나는 건전한 사색이 명하는 바에 따라서 지상의 인간은 죽을 수밖에 없다는 나의 견해를 견지할 수밖에 없다. 그리고 내가 동식물의 구체적 사례를 인용한 이유는 단지 어떤 부분적인 개량이 행해진다는 사실과 장래의 개량의 한계를 정확히 정할 수는 없다는 사실을 근거로, 무제한의 진보가 가능하다는 주장은 잘못된 것임을 분명히 해두기 위해서이다.

동식물에 있어서 어느 정도의 개량이 가능하다는 것은 누구도 의심할 수 없다. 실제로 우리는 이러한 명백하고도 뚜렷한 진보의 성과를 경험해 왔다. 그럼에도 나는 그와 같은 진보가 무한하다고 보는 것은 큰 잘못이라고 생각한다. 인간의 생명에 관해서는 비록 여러 원인으로 인하여 커다란 변화가 있다고 하더라도, 이 세계가 시작된 이래로 인간의 체격 그 자체가 유기적으로 과연 어느 정도로 진보되었는가 하는 것은 크게 의심스러운 바이다. 그러므로 인간이 유기적으로 완성될 수 있다는 주장의 근거는 대단히 희박하며, 단순한 억측에 불과하다고 보아도 무방하다. 그러나 생식에 주의를 기울인다면 인간에 대해서도 동물의 경우처럼 어느 정도까지는 개선될 수도 있다.

지능이 자손들에게 과연 유전될 수 있는가의 여부는 의심스러운 일이지만 신체의 크기·힘·아름다움·기질 또는 장수(長壽)도 어느 정도까지는 유전될 수 있다. 그러므로 잘못은 다소의 개선이 가능하다고 보는 데 있는 것이 아니라 그러한 일정한 개선의 가능성을 진보의 무제한성으로 혼동하는 데 있다. 그러나 인종 개량의 경우, 성공하기 위해서는 열등한 인간에게 금욕을 강제하는 것이 필수적이므로, 이러한 실험이 일반화될 가능성은 희박하다. 내가 아는 한에 있어서는 이러한 유형의 시도가 성공한 유일한 사례는 고대의 비커스태프(Bickerstaff) 가문의 경우뿐이다. 이 가문의 경우 신중한 혼인을 통해 피부가 희어지고 신장이 커지는 효과를 봤다고 하며, 특히 모드(Maud)라는 젖 짜는 하녀와의 신중한 교접이 큰 효과를 발휘하여, 이로써 이 가문 혈통이 지닌 신체상의 주요 결점이 교정되었다고 한다.

이만하면 인구에 관한 논의를 펼치는 데 있어서 인간 수명 증가라는 요소에 지나치게 큰 의미 부여를 해서는 안 된다는 점을 충분히 밝혔다고 본다. 결국 그러한 요소는 인간이 영원한 생명에 다가가려는 시도가 얼마나 헛된 일인 지만을 새삼 부각시킬 뿐인 것이다.

콩도르세의 저서는 비단 한 저명한 개인의 견해를 담고 있을 뿐 아니라 혁명 초기 프랑스 지식인들의 일반적인 사고방식을 개괄적으로나마 반영한다는 면에서 주목할 만한 가치가 있는 책이라 하겠다.

대부분의 사람들은 분명 인간은 영원이라는 생명을 얻게 될 것이라든가 인간과 사회는 언젠가 궁극의 완전성에 도달할 것이라고 주장하는 어리석은 역설에 대하여 아주 정색하며 논박하는 일은 결국 시간과 말의 낭비라고 생각할 것이며, 따라서 그와 같은 무모한 억측은 무시해 버리는 것이 상책이라고 생각할지도 모른다. 그러나 나는 그렇게 생각하지 않는다. 이런 종류의 역설이 훌륭한 천재적 능력을 가진 인사들에 의해서 주장되는 경우에는 그저 무시해 버리는 것만으로는 결코 그들로 하여금 스스로의 잘못을 깨닫게 할 수 없기 때문이다. 이들은 자신의 사고의 폭과 이해의 크기에 크나큰 자부심을 품고 있기 때문에 자신이 무시당하는 것은 단지 동시대 사람들의 이해력이 빈약하고 협소하다는 것을 보여주는 것으로 여기고, 세상 사람들은 아직 그들의 숭고한 진리를 받아들일 만한 준비가 되어 있지 못하다고 생각할 것이기 때문이다.

이에 반하여 건전한 사색에 의해서 보증된 이론이라면 언제든 받아들일 수 있는 열린 사고로 공평하게 이 문제를 연구해야만, 그들이 내세우는 허구적인 가설은 과학의 영역을 확대시키는 것이 아니라 도리어 그것을 축소시킬 것이며, 인류의 정신 발달을 저해하고 학문적 유아기로의 퇴행을 가져오리라는 것, 그리고 근래의 급속한 과학적 진보를 가능케 한 철학적 사유의 토대를 훼손하는 결과를 초래하리라는 것을 곧 깨닫게 될 것이다. 광범위한 영역에 걸쳐 자유롭게 사색하려는 최근의 열정은 아마 과학의 각 방면에서 예기치 않았던 대발견이 이루어진 결과 이에 자극을 받아 생겨난 일종의 정신적 도취라 할 수 있다. 그와 같은 성공에 현혹된 사람들은 이성의 힘으로 모든 걸 이해할 수 있다는 환상에 빠져 아직 참다운 진보라 증명되지 않은 이론과 기존의 검증된 과학적 진보를 동일시하는 오류를 범하고 있다. 만일 다소라도 엄정한 사색을 통해 그 도취된 기분에서 깨어날 수 있다면 그들도 끈기 있는 연구와 확실한 근거에 입각한 증명 대신 허무맹랑한 망상과 아무런 근거도 없는 주장을 내세우는 것은 결국 진리와 건전한 사색의 대의를 손상시킬 뿐 아무런 도움도 되지 않는다는 사실을 깨닫게 될 것이다.

2. 평등 제도 (2)
고드윈(Godwin)

　정치적 정의(正義)에 관한 고드윈의 독창적인 저서를 읽는 자는 누구나 활기에 넘친 문장, 추론 과정이 보여주는 설득력과 정확성, 사상의 견실함, 특히 주장 전체를 어디까지나 진리라고 생각하도록 만드는 인상적인 진지한 태도 등에 감동하지 않을 수 없을 것이다. 그러나 동시에, 그의 탐구가 건강한 철학이 요구하는 주의 사항에 소홀했고, 그로 인해 전제와 결론이 자주 상충하고 또 때로는 저자 자신이 제시한 반론을 논파조차 하지 못하는 경우가 있다는 점을 고백하지 않을 수 없다. 그의 사유는 실제와 거리가 있는, 일반적이고 추상적인 전제에 과도하게 의존한 나머지 중도를 크게 벗어나 있다.

　고드윈이 제안하는 평등의 제도는 얼핏 보아 지금까지 나타난 그 어떤 이론보다 아름답고 매혹적이다. 이념과 신념에 따른 사회 개량은 강제적인 힘에 의해 창출, 유지되는 어떠한 변혁보다 훨씬 영속적일 가능성이 높다. 또한 개인의 판단이 무제한적으로 행사되는 사회제도는 개인의 판단이 사회의 공적 판단에 예속될 수밖에 없는 현재의 제도보다 분명 우월한, 탁월하고도 매력적인 이념이 아닐 수 없다. 자기애 대신 이타심이 사회의 작동 원리로 기능하는 그러한 사회는 일견 모두가 바라 마지않는 이상적인 사회상일 것이다. 요컨대 그와 같이 아름다운 한 폭의 그림을 바라보는 자는 누구나 기쁨과 찬미의 감정에 사로잡혀 하루라도 속히 그것이 실현될 그날이 도래하기를 열망할 것이다. 그러나 이 일을 어찌하랴! 그러한 시기는 결코 도래하지 않을 것이니 말이다. 그 조직 전체는 상상이 낳은 아름다운 하나의 환영―즉 일장춘몽에 불과하다. 행복과 불사(不死)의 원리만이 지배하는 '장대한 궁전', 진리와 도덕이 가득한 '장엄한 전당'은 우리가 현실 생활로 눈을 돌려 이 지상에 있어서의 인간의 참된 모습을 생각하게 될 때에는 한갓 공중누각처럼 사라지고 말 것이다.

고드윈은 그가 쓴 여덟 번째 책 제3장의 결론에서 인구 문제에 관하여 다음과 같이 말하고 있다. "인간 사회에는 하나의 원리가 있는데, 인구는 바로 이 원리에 의해 생존에 필요한 자원의 한계 이상으로 성장하지 않는다. 그러므로 아메리카와 아시아의 유목민족들 가운데 오랜 세월 동안 인구가 토지의 경작을 필요로 할 정도로 증가된 예는 없다."

고드윈이 어떤 신비적인 불가사의한 원인이 있는 것으로 보고 무비판적으로 내세웠던 이 원칙이야말로 사실은 하나의 필연의 법칙—즉 궁핍과 그 궁핍에 대한 공포라고 생각된다.

고드윈의 저서 전체에 걸쳐 드러나는 커다란 오류는 문명사회에 만연한 죄악과 빈곤의 책임을 인간 사회의 인위적 제도에다 돌리고 있는 점이다. 그에 의하면 정치상의 여러 규칙과 전통적인 재산관리 제도는 일체의 죄악의 원천이며 인류를 타락케 하는 모든 범죄의 온상이다. 그것이 만일 사실이라면 이 세계의 여러 해악을 제거하는 일은 절대로 바랄 수 없는 일은 아닐 것 같다. 그리고 이성은 이러한 위대한 목표를 추구하는 데 있어서 유일하고도 가장 적합한 수단인 것처럼 보인다. 그러나 실상은 다음과 같다. 즉 인간 사회의 여러 제도들은 인류에게 허다한 해악을 초래하는 명백하고 유력한 원인인 것처럼 보이며 또한 실제로 그러한 경우도 있지만 자연의 법칙과 인간의 욕정으로부터 생기는 뿌리 깊은 해악과 비교해 보면 사실은 경미하고 피상적인 원인에 불과한 것이다.

평등의 제도에 수반하는 여러 이익을 논하는 장에서 고드윈은 다음과 같이 말하고 있다.

"압제근성·노예근성·사기근성 등은 모두 전통적인 재산관리 제도의 직접적인 산물이다. 이것들은 모두 인간의 지적 진보의 장애물이다. 그 밖의 질투·악의·복수심 등과 같은 악덕들 역시 마찬가지이다. 사람들이 평등하게 자연의 혜택을 나누어 가지며 풍족한 생활을 영위하는 사회 상태하에서는 이러한 악덕은 반드시 소멸되고 말 것이다. 또한 편협한 이기심의 원칙도 사라질 것인바, 왜냐하면 아무도 자기의 얼마 안 되는 저축을 수호할 필요가 없을 뿐 아니라 더이상 가난을 근심할 필요가 없기에 사회 구성원 모두가 사회 전반의 이익만을 생각하는데 자기 전 생애의 존재 의의를 발견하게 될 것이기 때문이다. 또한 이미 싸울 만한 문제가 없으므로 누구든 이웃과 적이 되는 일도 없을 것이다. 따라서 그 결과로서 이성의 명령에 따라 박애심이 지상의 질서로 자리 잡게 될 것이다. 정신은 육체를 지탱해 나가기 위하여 끊임없이 골몰하던 구속 상태에서 해방되어 마음 내키는 대로 자유롭게 사상의 광야를 뛰놀게 될 것이다. 그리하여 각자는 서로의 연구를 돕게 될 것이다."

확실히 행복한 풍경이다. 그러나 이것이 현실과 유리된 얼토당토않은 환상도(幻想圖)에 불과하다는 것은 이미 독자께서도 너무나 잘 알고 있을 것으로 생각한다.

인간이란 그렇게 물질의 풍족 속에서만 살아갈 수 없는 존재이다. 또한 모든 인간에게 자연의 해택을 골고루 분배해 줄 수도 없는 일이다. 만일 기존의 재산관리 제도가 없어진다면 각자는 힘으로써 자신의 재산을 수호해 가지 않으면 안 될지도 모른다. 따라서 이기심이 승리를 거두어 싸움의 원인이 되는 문제가 그치지 않을 것이다. 각자는 생존에 골몰하게 될 것이므로 자유로이 상상의 광야를 달릴 수 있는 자는 아무도 없을 것이다.

고드윈이 인간 사회의 실상에 얼마나 부주의했는지는 그가 과잉인구의 문제점을 다루는 방식만 보아도 곧 알 수 있다. 그는 이렇게 말하고 있다.

"인구과잉 문제를 미래의 시각에서 바라보라. 이것이 이와 같은 반대론에 대해 내가 제시할 수 있는 명백한 답변이다. 지구에서 인간이 살아갈 수 있는 면적의 4분의 3은 아직도 경작되지 않은 채로 남아 있다. 이미 경작되어 있는 곳이라 할지라도 아직 얼마든지 개량할 여지가 있다. 이후 수천 년에 걸쳐서 인구가 끊임없이 증가한다 할지라도 이 지구에는 여전히 주민들을 먹여 살릴 충분한 양식이 있을 것이다."

토지의 생산이 이미 그 이상으로는 절대로 증가될 수 없는 시기에 도달하기 전까지는 아무리 인구가 과잉되어도 아무런 궁핍도 곤란도 생기지 않으리라고 생각하는 것은 잘못이라는 사실을 이미 지적한 바 있다. 그러나 여기에서는 잠시 고드윈의 평등의 제도가 실천되었다고 가정하여, 그와 같이 완전무결한 사회 상태에서도 얼마나 빠른 시일 내에 이와 같은 곤란의 도래를 예기하지 않으면 안 되는가를 한번 생각해 보기로 하자. 그렇게 생각해 보려는 이유는, 적어도 실제로 적용할 수 없는 이론이란 도저히 정당한 이론이 될 수 없을 것이기 때문이다.

먼저 죄악과 빈곤의 일체 원인이 이 섬나라인 영국에서 아주 없어져버렸다고 가정해 보자. 전쟁도 말다툼도 없다. 불건전한 상거래도 제조업도 없다. 궁중의 음모와 상업과 부도덕한 환락을 좇는 거대한 인파도, 전염병의 만연도 없다. 단순하고 건강하며 분별 있는 오락이 음주와 도박을 대신한다. 건강에 나쁜 영향을 끼치는 대도시는 사라진다. 이 지상낙원의 행복한 거주자들 대부분은 각지에 흩어져 있는 촌락의 시골집에서 산다. 모든 사람은 평등하다. 사치품을 위한 노동은 소멸되고 농사에 반드시 필요한 노동에는 모든 사람들이 즐거이 종사한다. 이 섬나라의 주민 수와 그 생산물의 양은 현재와 조금도 다름이 없다고 가정하자. 그러면 공평무사한 정의감에 기인하는 박애의 정신에 의해서 그 생산물은 각자의 욕망에 따라서 분배될 것이다. 물론 그들이 모두 매일 육식을 한다는 것은 불가능할지 모르나 때때로 고기를 섞은 채식은 검소한 생활을 하는 사람들의 욕구를 만족시켜 줄 것이며, 또한 그들의 건강과 체력과 활기를 유지해 가기에 충분할 것이다.

고드윈은 결혼을 하나의 기만행위이자 독점이라고 간주한다. 가령 남녀의 교제가 완전한 자유 원칙에 입각해서 행해진다고 가정하자. 고드윈은 비록 그와 같은 자유가 허용된다 하더라도 난잡한 성문화가 만연하리라고는 생각지 않는다. 이 점은 나도 전적으로 동감이다. 문란한 성은 일종의 비도덕적이며 오염되고 부자연스러운 취미로서, 이는 우리가 가정한 소박하고 도덕적인 사회상에서는 일반적으로 보편화되지는 않을 것이다. 사람들은 그 관계가 지속되는 한 자신이 선택한 배우자 한 사람에게만 충실할 것이다. 또한 고드윈에 의하면, 한 여자가 몇 명의 자녀를 낳거나 또는 그 자녀가 누구에게 속하느냐 하는 것은 큰 문제가 되지 않는다. 식량과 원조 물자는 풍족한 곳에서 모자라는 곳으로 자발적으로 흘러갈 것이며, 모든 사람들은 제각기 자기 능력에 따라서 자진하여 자녀의 교육에 임할 것이다.

이 이상 인구 증가를 위한 유리한 조건을 갖춘 사회 형태를 상상하기는 어렵다. 쉽게 이혼할 수 없도록 한 현재의 결혼 제도는 확실히 인구 증가를 저해하는 요인이 된다. 반면 우리가 가정하고 있는 사회에서는 자유로운 남녀 교제로 인해 조혼이 유행하게 될 것이다. 또한 양육 부담에 대한 걱정이 없을 것이므로 출산이 폭발적으로 늘어나, 예컨대 23세 여성 가운데 자식이 없는 여자는 100명 중 하나에 불과할 정도가 될 것이다.

이처럼 인구 증가를 촉진하는 최적의 환경을 갖춘 사회에서라면 인구는 지금까지 알려진 그 어떤 사회에서보다도 훨씬 더 빠른 속도로 증가할 것이다. 나는 이미 아메리카 변두리의 한 식민지 인구가 15년 만에 2배로 증가했던 사례를 언급한 바 있다. 영국은 확실히 아메리카의 변두리 식민지보다는 보건 수준이 높다. 더구나 영국의 주택들은 공기가 잘 통하고 위생적이며 식민지 가옥보다 대가족을 꾸리기에 적합한 조건을 갖추고 있다. 따라서 식민지와 마찬가지로 이곳의 인구 역시 15년 안에 2배 이상 성장하지 않으리라고 생각할 하등의 이유가 없다. 하지만 보다 신중을 기하기 위해 우리가 상상하고 있는 사회에서는 25년 만에 인구가 2배로 증가한다고 가정하기로 하자. 이는 미합중국의 그 어느 지역의 인구 증가율보다 낮은 수치이다.

우리는 이미 재산은 평등하게 분배한다는 것, 그리고 전 사회의 노동력이 주로 농업 방면에 투입된다고 가정한 바 있는데, 만일 이 두 가지가 실현된다면 이 나라의 생산고는 확실히 증가될 것에 틀림없다. 그러나 매일 반시간씩의 일만 하면 된다는 고드윈의 계산은 증가 일로인 인구의 수요에 응하기에는 충분치 못함이 분명하다. 모든 사람들이 그들의 시간의 절반을 이 목적을 위하여 사용하지 않으면 안 될지도 모른다. 그런데 그런 정도의 노력 또는 그 이상의 노력을 경주한다 할지라도 적어도 이 나라의 지질(地質)을 알고 기존 경작지의 비옥도와 미경작지의 불모성을 생각해 보는 사람은 과연 향후 25년 동안에 영국의 식량 총생산고가 2배로 늘어날 것인지는 심히 의심스럽게 생각할 것이다. 단 한 가지 성공할 수 있는 좋은 방법은 현재 목장으로 쓰는 땅을 경작지로 바꾸고 동물의 사료를 만들기 위하여 사용하는 일을 금지하는 일일 것이다. 그러나 이 방법도 역시 실행할 수 없을 것으로 생각된다. 왜냐하면 영국의 지질은 비료를 주지 않고서는 많은 양을 생산할 수 없는데, 그 토지에 가장 적합한 비료를 만들려면 반드시 가축이 필요하기 때문이다.

이상과 같이 이 섬나라의 평균생산량을 25년 이내에 2배로 증가시킨다는 것은 매우 어려운 일이지만, 어쨌든 그렇게 됐다고 하자. 그렇다면 이 무렵의 식량 생산량은—거의 전부가 채소뿐이긴 하지만—1100만 명에서 2200만으로 증가된 인구를 먹이기에 충분할 것이다.

하지만 이때로부터 또 한 번 25년이 지났을 때는 증가하는 인구 수요를 충족시킬 만한 식량이 과연 어디로부터 얻어질 것인가. 과연 어느 곳에 아직 개간되지 않은 경작지가 남아 있을까. 이미 경작한 땅을 개량하는 데 필요한 비료를 과연 어디서 구할 수 있을까. 적어도 토지에 관해서 다소라도 지식을 갖고 있는 자라면 두 번째의 25년 동안 이 나라의 평균생산량을 현재 우리가 산출하는 것과 같은 분량만큼 늘리는 일은 도저히 불가능하다고 말할 것이다. 그런데 물론 있을 수 없는 일이지만 하여간 이와 같은 증가가 일어나는 것으로 가정해 보기로 하자. 원래 이 의론에는 충분히 승산이 있으므로 아무리 양보해도 무관하다. 그렇지만 이 정도 양보를 한다고 해도 두 번째 25년이 막바지에 이를 무렵 1100만 명의 사람은 식량을 얻을 수가 없게 된다. 그리하여 기껏해야 3300만 명을 먹여 살릴 수 있는 식량을 4400만 명의 인구가 나누어 먹지 않으면 안 될 것이다.

아아! 그러나 그런 경우에 이르면 풍부한 생활로 근심 걱정에서 해방되고, 편협한 이기심도 자취를 감추고 정신은 육체를 지탱해 나갈 끊임없는 고통으로부터 벗어나 그 본래의 경지인 사상의 광야에서 자유롭게 뛰놀게 된다는 저 인간 사회의 광경은 과연 어떻게 될 것일까. 이 아름다운 환상의 누각은 냉혹한 진리의 번쩍임과 동시에 사라지고 말 것이다.

풍족한 생활 속에서 함양된 박애의 정신도 싸늘한 결핍이 찾아들 때 쉽사리 무너지고 말 것이다. 그렇게 되면 사라졌던 증오의 감정도 다시 머리를 쳐들게 될 것이 아닌가. 그리고 자기보존의 강력한 본능이 다른 일체의 우아하고 고상한 정서를 대신하게 만들 저 악의 유혹은 인간성이 도저히 저항할 수 없을 정도로 강력해질 것이다. 곡식은 익기도 전에 거두어들이게 되며, 또는 부정하게 은닉될 것이고 어두운 죄악들이 꼬리를 물고 나타날 것이다. 이제는 대가족 가정에 충분한 식량이 공급되지 않는다. 자녀들은 영양불량으로 허약해진다. 얼굴에서 건강한 장밋빛 홍조가 사라지고 궁핍을 말해주는 푸르게 멍든 뺨과 움푹 들어간 눈동자만이 눈에 띄게 될 것이다. 소수의 가슴속에 아직도 남아 있는 자비심은 그래도 남에게 다소의 자비라도 베풀려고 최후의 몸부림을 칠지도 모른다. 그러나 결국은 이기심이 마음의 세계를 지배하게 될 것이다.

고드윈이 가장 나쁜, 인간들의 원죄의 원인이라고 간주한 사악한 사회제도는 이곳에 없다. 또한 공공의 선(善)과 개인의 선 사이에 아무런 대립도 없었고, 공공 이익을 독점하고 있는 사람들도 없었다. 아무도 부당한 법률을 공포함으로써 사회질서를 문란케 하지도 않았다. 다른 사람을 사랑하는 마음은 만인의 가슴속에 심어지고 있었다. 그럼에도 불구하고 50년이라는 짧은 세월이 경과되는 동안에 현재의 사회 상태를 타락시키고 있는 폭행과 압박과 허위와 궁핍과 그리고 온갖 증오할 만한 죄악과 모든 종류의 곤란이 불가피한 사정에 의해서, 또는 인간성의 고유한 법칙에 의해서 그리고 모든 인간의 사회적 통제와는 아무런 관계없이 이 세상에 나타나게 된 것이다.

　아직까지 이 침울한 광경의 실상을 충분히 이해할 수 없다면, 다음 25년 동안의 모습을 생각해 보기로 하자. 인구의 자연적 증가의 결과로서 해마다 4400만의 인간이 굶주리게 될 것이다. 그리고 1세기 말에 이르면 인구는 1억 7600만 명으로 불어나지만, 식량 총생산량은 기껏해야 5500만 명을 먹여 살릴 수 있을 정도밖에 안 될 것이므로 1억 2100만 명의 인간이 먹지 못하는 상태에 놓이게 된다. 그뿐만 아니라 이 결과는 식량 생산량이 절대적으로 증가하고 매년 그 증가율은 우리가 가장 대담하게 상상할 수 있는 정도보다도 훨씬 더 클 것이라는 가정을 전제로 한 것이다.

　의심할 바 없이 인구 증가의 원칙으로부터 생겨나는 이와 같은 곤란은 일찍이 고드윈이 묘사한 것과는 전혀 판이하다. 그는 이렇게 말했다.

　"이후 수천 년에 걸쳐서 인구가 끊임없이 증가한다 할지라도 지구상에는 여전히 주민들을 먹여 살릴 충분한 양식이 있을 것이다."

　상술한 바와 같은 과잉된 인구라는 것이 일찍이 이 세계에 존재하지 않았다는 사실을 나도 충분히 알고 있다.

　"인간 사회에는 하나의 원리가 있는데 인구는 바로 이 원리에 의해 생존에 필요한 자원의 한계 이상으로 성장하지 않는다"라는 고드윈의 통찰은 참으로 옳다. 문제는 이 원칙이란 것이 과연 무엇인가 하는 점이다. 그것은 어떤 비밀스럽고 불가사의한 원인일까? 하늘이 신비로운 방식으로 개입하여 일시적으로 남자에겐 발기부전을 여자에겐 불임을 일으키게 하는 걸까? 아니면 우리가 이해할 수 있고 추론할 수 있는 그런 원리일까? 인간이 처한 온갖 조건들

속에서 다양한 힘이 작용하는 가운데서도 어떤 지속적인 경향성을 보이는 어떤 것? 빈곤, 혹은 빈곤에 대한 두려움? 인간이 만든 온갖 제도들로 인해 어느 정도 줄어들었으나 결코 완전히는 사라지지 않을 현 인간 존재에 깃든 본성의 법칙에 따른 불가피하고도 필연적인 결과들?

우리가 지금까지 상상해 온 사회의 주요 원칙들이 가장 절박한 필요들에 의해 얼마나 쉽게 무너질 수 있는가를 살펴보는 것은 흥미롭다. 고드윈에 따르면 외부환경의 영향에 종속적이므로 상당히 오랫동안 빈곤의 고통이 계속되면 반드시 공공 및 사유재산을 약탈하는 일이 일어날 것이다. 이러한 범법행위들이 점점 더 빈번해지고 광범위하게 퍼져나갈수록 그 사회의 적극적이고 이해력 있는 지식인들은 인구가 빠른 속도로 늘어나는 가운데 국가의 연간 식량 생산량은 줄어들기 시작했음을 깨닫게 된다. 따라서 이때야말로 위기일발의 시기이므로 공공의 안전을 위해 조속히 어떠한 수단이 강구되지 않으면 안된다. 이에 일종의 회의가 열리고 현 상황의 심각성이 강도 높게 논의될 것이다. 풍족한 생활을 하고 있던 동안에는 모두 자진하여 이웃 사람의 빈곤을 돕고 있었으므로 누가 가장 적게 일했는지 또는 누가 가장 적게 소유하고 있었는지 하는 것은 거의 문제가 되지 않았다. 그런데 이제 문제가 되는 것은 어떤 사람이 자기가 사용하지 않는 물건을 다른 사람에게 양도하느냐 하지 않느냐의 것이 아니라, 바로 그 자신의 생존에 직결된 식량을 이웃에게 나누어주느냐 아니냐 하는 것이다. 그리고 마침내 다음과 같은 사실이 분명하게 드러날 것이다. 즉 빈곤에 허덕이는 사람들의 수는 식량을 제공할 수 있는 사람들의 수와 그 양을 훨씬 초과하고 있다는 사실, 이와 같은 절박한 결핍의 결과, 국내 생산으로써는 도저히 그 전부를 충족시킬 수 없으므로 가끔 정의를 유린하는 난폭한 일이 행해진다는 사실, 그리고 이와 같은 난폭한 유린행위는 자칫하면 식량의 공급 증가를 저해하는 원인이 되기 때문에, 이를 통제하지 않으면 사회 전체를 혼란의 도가니로 몰아넣게 되리라는 사실, 만일 생산 증가를 도모하는 방법이 있다면 그것을 실현하는 것이 무엇보다도 급선무이므로 온갖 어려움을 무릅쓰고 그것을 실천하도록 해야 한다는 사실, 그리고 이 최대의 불가결한 목적을 달성하기 위해서는 보다 완벽한 토지 분할이 이루어져야 하며 또한 가장 강력한 제재 방법으로써 각자의 재산이 약탈되는 일이 없도록 이를 방위해야 한다는 사실 등등이 그것이다.

그런데 어떤 반대론자는 어쩌면 다음과 같이 말할지도 모른다. 즉 토지가 비옥해지고 몇몇 우연한 사건들의 영향을 받아 어떤 토지는 그 소유주들을 충분히 먹여 살리고도 남을 식량을 생산할지도 모른다. 그렇지만 이기심이 발동하게 되면 그들은 그 토지의 잉여생산물을 다른 사람에게 나누어주는 데 반드시 상당한 대가를 요구하게 될 것이라고. 이와 같은 반대론에 대해서는 이렇게 답할 수 있을 것 같다. 이것은 참으로 좋지 않은 일이긴 하지만 재산의 안전이 유지되지 않기 때문에 일어나는 심각한 정신적 고통에 비하면 문제도 되지 않는 해악이라고. 한 사람이 소비하는 식량의 양은 음식을 담을 수 있는 위장의 협소한 용량 때문에 당연히 제한적이다. 그러나 이 제한을 초과한 나머지가 내버려지리라고는 도저히 생각할 수 없다. 그리고 이 과잉된 부분이 다른 사람의 노동과 교환된다면 이는 다른 사람들이 모두 굶어 죽는 것보다는 좋은 일이라 할 것이다.

그러므로 재산의 문제에 관해서는 현재 이 사회에서 행해지고 있는 것과 유사한 재산 제도가 확립되는 것이 이 사회에 쇄도하는 해악을 제거하는 데 불충분하지만 최선의 정책이 될 것이다.

앞서 말한 문제와 밀접한 관계를 갖는 것으로서 다음으로 논의되어야 할 문제는 남녀 관계이다. 이 사회를 괴롭히고 있는 곤란의 참된 원인에 주의를 게을리하지 않는 사람들은 다음과 같이 주장할 것이다. 즉 설령 이타적인 사회 분위기가 잘 갖춰져 있고 사회의 온 관심과 노동력을 식량 생산에 집중시켜 해마다 식량 생산량을 획기적으로 늘린다 해도, 그 생산량은 결코 인구의 증가 속도를 따르지는 못할 거라고 말이다. 따라서 어떻게든 인구 증가를 억제할 필요가 있다. 그런데 그 가장 명백한 자연적 억제는 각자가 자신의 자녀들을 양육하는 것이다. 그렇게 하면 어느 정도까지는 인구의 증가를 조절할 수 있을 것이다. 왜냐하면 어느 누구도 양육할 자신도 없는데 마구 자녀를 낳으려고는 하지 않을 것이기 때문이다. 그럼에도 부양 능력이 없으면서 무분별하게 자녀를 낳아, 자신은 물론 자식마저 결핍과 가난의 구렁텅이에 빠트리는 그런 사람에게는 본보기로서 불명예와 불이익이 따르도록 해야 한다.

엄격한 결혼 제도, 또는 적어도 자신의 자녀는 스스로 책임지도록 하는 묵시적 규범의 표명은 식량 부족이라는 위기에 처한 공동체가 고민하여 선택할 수 있는 자연스러운 해결책이라 할 수 있다.

이와 같은 관점에서 보자면, 순결을 저버리는 것이 남자보다 여자에게 훨씬 더 큰 수치로 여겨지는 이유가 자연스럽게 이해된다. 일반적으로 여자가 자식을 부양할 충분한 능력을 갖췄으리라 기대하기는 어렵기 때문이다. 따라서 한 여성이 자식을 부양하는 책임을 거부하는 한 남자와 만나 자식을 낳고 불화로 그 남편이 떠나버리게 되면, 그녀의 자식은 어쩔 수 없이 사회가 부양을 떠맡을 수밖에 없다. 그렇지 않으면 아이는 굶어 죽을 수밖에 없을 것이다. 부부간의 문제를 법적으로 처벌하는 것은 정당하다고 보기 어렵기 때문에, 이런 고통스러운 일들이 빈번하게 재연되는 것을 막기 위해 당사자가 그에 따르는 불명예를 짊어지도록 하는 사회적 분위기가 조성된 것이다. 특히 여성에게 있어서 이러한 불명예는 더욱 명백하고 현저하게 드러난다. 자식의 아버지가 누군지 모르는 경우는 있어도 어머니가 누군지 모르는 경우는 거의 없기 때문이다. 그리하여 사회에 고통을 야기하는 이러한 행위의 증거가 뚜렷할수록 그만큼 사회는 최대의 비난을 가한다. 모든 남성에게 자녀 부양의 책임을 지우는 규범을 성문법으로 만든다면 자신뿐 아니라 남까지 불행하게 만드는 그런 사람이 응당 받게 되는 불명예와 더불어 가족 부양이라는 고통스러운 책임까지 떠맡게 되므로, 남자에게는 이 정도면 충분한 처벌이 된다고 말할 수 있을 것이다.

오늘날 남자라면 거의 눈감아주는 것과 같은 죄를 여자가 범하게 되면 사회로부터 거의 매장되다시피 한다는 것은 아무리 생각해도 자연적 정의에 어긋나는 일이다. 그러나 사회에 중대한 해악을 미치는 사건이 자주 일어나지 못하게 하는 가장 명백하고 유효한 방법으로서, 그와 같은 관습이 생겨난 데는 이유가 있는 것이어서, 비록 정당하지는 못하다 할지라도 자연적인 현상이라고는 할 수 있다. 그리고 이 관습의 기원은 오늘날에 와서는 관습 그 자체로부터 파생한 새로운 사상 속에 망각되고 말았다. 처음에는 국가적 필요에 의해 강제되었던 것이 오늘날에는 여성적 정숙함이라는 미덕으로 칭송받으며 사회에 강력한 영향력을 떨치고 있지만 그 본래 취지는 잊은 것이다.

재산권 보장과 결혼 제도라는 사회체제의 근간을 이루는 두 법제가 일단 확립되면 필연적으로 조건의 불평등성이 뒤따를 수밖에 없다. 재산 분배가 완료된 이후에 태어난 아이들은 이미 모두 타인의 차지가 된 세상에 들어선 셈이다. 부모가 지나치게 많은 대가족을 꾸리느라 아이들을 부양할 수 없다면, 자신의 몫은 하나도 없는 이 세상에서 그 아이들이 무엇을 할 수 있겠는가? 우리는 만인이 동등하게 생산물의 소유권을 요구하는 평등의 제도가 사회에 미칠 치명적인 부작용에 대해서 이미 살펴본 바 있다. 본래 분배받은 토지에 비해 지나치게 커진 대가족의 구성원들이 정의를 내세우며 다른 사람의 잉여생산물 일부를 요구할 수는 없다. 인간 본성의 불가피한 특성 때문이 아닌가 싶은데, 무릇 못 가진 자는 필연적으로 생겨나는 법이다. 이들은 삶이라는 제비뽑기에서 아무런 표시 없는 제비를 뽑은 불운한 사람들이다. 이들의 숫자는 이들을 지원할 잉여생산물의 한도를 초과하게 될 것이다. 잉여생산물의 지원에 있어서 도덕적 가치는 지극히 예외적인 경우를 제외하면 판단의 기준이 되기 힘들다. 잉여생산물의 소유자는 좀 더 명확한 기준을 요구할 것이다. 그리고 그들이 선택할 지원 대상이 능력 있고 자신의 힘으로 살아가려는 의지로 충만하며 이후 스스로 더 많은 잉여생산물을 만들어냄으로써 사회에 기여하고 다른 사람들을 도울 수 있는 그런 사람들이 되는 것은 자연스럽고도 공정한 처사라 할 수 있다.

생존의 절대조건인 식량이 부족한 사람들은 식량을 얻는 대신 그들의 노동을 제공하게 될 것이다. 이러한 노동력을 대가로 조성될 자원은 토지 소유자의 자기 소비량을 제외한 나머지 잉여생산물의 총량이 될 것이다. 이 자원을 필요로 하는 인원이 많아질수록 자연스럽게 각 개인에게 돌아가는 분배량은 줄어들어 노동을 통해 얻는 대가는 그만큼 작아질 수밖에 없다. 그리하여 사람들은 보잘것없는 생계비를 벌기 위해 자신의 노동을 팔아야 하고, 질병과 가난에 시달리며 자녀 양육에도 어려움을 겪게 된다. 이와 반대로 만약 자원이 수요에 비해 훨씬 빠른 속도로 증가한다면 개인에게 돌아가는 분배량은 그만큼 커질 것이다. 노동에 따른 대가로 받는 식량의 양도 훨씬 풍족해질 것이다. 노동자들은 편안하고 안락한 삶을 영위하게 될 것이며 그에 따라 자연스럽게 더 많은 자녀를 낳을 것이다.

어느 나라에서든 하층민들의 행불행 또는 빈곤의 정도는 바로 이와 같은 자원의 양에 따라 결정된다. 그리고 이렇게 결정된 행불행과 빈곤의 정도에 따라 인구는 증가, 정체, 또는 감소하게 된다.

요컨대 인간이 상상할 수 있는 가장 아름다운 형태로 쌓아 올린 사회—즉 이기심보다는 이타심을 그 활동 원리로 삼고, 권력 대신에 이성으로써 그 사회 성원의 모든 악성을 교정하고자 하는 사회—도 결국 극히 짧은 시일 내에 어떤 인위적인 여러 제도의 결함으로부터가 아니라 불가피한 자연법칙에 따라서 지금 우리들이 살아가고 있는 사회와 본질적으로 크게 차이가 없는 사회로 변질되고 말 것이다. 이기심에 따라 움직이는, 소유자계급과 노동자계급으로 쪼개진 오늘날의 사회 말이다.

이상의 가정에서 나는 인구 증가를 실제보다 낮게, 그리고 생산물의 증가를 실제보다 높게 설정했다. 그럼에도 우리가 가정한 사회의 인구 증가 속도는 지금까지 알려진 그 어떤 사회보다 높을 것이 분명하다. 앞서 25년으로 설정했던 인구가 2배로 성장하는 기간을 15년으로 잡는다면, 또 이를 감당할 식량 생산에 투입되어야 할 노동력을 고찰해 본다면, 우리는 감히 확신을 갖고서 이렇게 말할 수 있다. 고드윈의 사회제도가 현실에 구현된다면, 그 사회는 인구 증가의 단순한 원리에 따라 기껏해야 30년도 지나지 않아 완전히 붕괴될 것이라고.

내가 여기서 이주(移住) 문제를 다루지 않은 데는 분명한 이유가 있다. 만일 우리가 가정한 것과 같은 사회가 유럽 어딘가에 생겨난다면 그곳은 인구 문제로 인해 이민자를 받을 수 없을 것이다. 또한 이 이상적인 아름다운 사회가 우리 영국에 국한하여 생겨난다면 그 최초의 순수성은 기괴하게 변질될 것이고, 애초에 약속했던 행복의 풍경은 어디서도 찾을 수 없게 될 것이며, 머지않아 사회 구성원들은 자발적으로 이곳을 벗어나 현재 우리가 살고 있는 것과 같은 사회제도를 갖춘 유럽의 다른 나라로 이주하거나, 차라리 새로운 땅을 찾아 정착지를 일구는 고난을 감수하려 들 것이다.

3. 평등 제도 (3)

내가 그 판단력을 높게 평가하는 몇몇 지인들로부터 요 몇 년간 새 개정판에는 월리스, 콩도르세, 고드윈 등의 평등 제도에 관한 논의 부분은 빼는 것이 낫겠다는 충고를 들었다. 무엇보다 흥미가 떨어지고, 인구이론을 설명, 예증하는 것을 핵심으로 하는 이 책의 저술 의도와도 부합하지 않는다는 이유에서였다. 그러나 평등론의 이 부분 때문에 인구 증가의 원리를 연구하게 되었기에 이 문제에 대해서 내가 다소의 편파심을 갖고 있다는 점은 부인할 수 없는 사실이나, 이 문제를 잠시 떠나서 생각해 본다 할지라도 나는 이 책의 논의에 인구 증가의 원리를 기초로 한 평등주의의 비판이 응당 포함되어야 한다고 생각한다. 그리고 이와 같은 비판은, 이를 다른 어떠한 곳에 두는 것보다도 인구이론의 예증과 적용을 다루는 장에 포함시키는 것이 가장 적당하며, 가장 유효하다고 생각한다.

모든 인류 사회, 특히 문명 진보가 가장 현저한 사회의 겉모습은 언제나 피상적인 관찰자로 하여금 평등의 제도와 공동재산 제도의 실시에 의해서 엄청나게 커다란 개선이 이룩될 것이라는 신앙을 품게 만드는 것 같다. 이러한 사람들은 사회의 한쪽에 풍족함이, 그리고 다른 한쪽에 빈곤함이 있는 것을 보고서는 자연적이며 명백한 구제책은 생산물을 평등하게 분배하는 데 있다고 생각한다. 또한 인간의 막대한 노력이 사소한 일, 쓸데없는 일, 심지어는 해악을 끼치는 일에 낭비되는 것을 보고서는 이를 바로잡아 그 막대한 노력을 보다 유효적절하게 사용할 수 있을 거라 생각한다. 잇달아 새로운 기계장치가 발명되자 이를 근거로 인간 노동의 총량이 현저하게 감소할 것이라고도 생각한다. 그러나 외관상으로는 사람들 모두에게 풍족함과 여가와 행복을 약속해 주는 것처럼 보이는 여러 가지 수단이 있음에도 불구하고 오늘날 사회 구성원들 대다수가 짊어져야 할 노고나 노동은 그다지 줄어들지 않았으며, 그들의 생활상 역시 비록 악화됐다고 할 수는 없어도 눈에 띄게 개선된 점은 보이지 않는다.

이러한 사정이고 보면 평등 제도에 대한 제안이 끊이지 않고 나오는 것도 별로 이상한 일은 아니다. 그러나 이처럼 평등을 옹호하는 견해들은 일련의 토론을 거치고 진보를 향한 몇몇 거대한 기획이 실패로 돌아간 뒤에는 아무도 귀 기울이지 않는 잘못된 이념으로 간주되기에 이른다. 그럼에도 세상이 앞으로도 계속 지속된다면 평등의 제도는, 듀걸드 스튜어트(Dugald Stewart)의 비유를 빌리자면, 손풍금의 선율처럼 일정한 간격을 두고 계속해서 들려오기를 멈추지 않을 것이다.

그리고 오늘날에도 이러한 평등론이 다시금 부활할 조짐이 보이므로 나는 평등의 제도에 관해 구판에서 다룬 내용을 신판에서도 그대로 싣고 이에 얼마간의 내용을 덧붙이고자 한 것이다.

내가 충심으로 존경하는 로버트 오언(Robert Owen)은 최근 《사회에 관한 새로운 견해(A New View of Society)》라는 표제의 저서를 출간했는데, 그의 출간 목적은 대중에게 노동과 재화의 공유를 바탕으로 하는 사회제도 이론을 소개하는 데 있었다. 그리고 최근 하층민들 사이에 다음과 같은 사상, 즉 토지는 원래 민중의 것이기 때문에 지대는 민중들 사이에 평등하게 분배되어야 하며, 또한 그들의 자연적 유산으로부터 생기는 이익도 당연히 그들에게 귀속되어야 함에도 불구하고 그들의 재산관리인인 지주의 부정과 압제에 의해서 그것이 약탈당하고 있다는 식의 생각이 유포되고 있는 것도 역시 널리 알려져 있는 사실이다.

나는 오언이야말로 진정한 박애가로서 사회에 진력한 공로가 다대한 것으로 믿고 있다. 그리고 적어도 인류를 사랑하는 자라면 누구든 방직공장의 미성년 노동자의 노동시간 제한 및 어린아이 고용 금지 법안을 통과시키기 위해 진력하고 있는 그를 충심으로 응원해야 마땅할 것이다. 또한 2000명에 달하는 직공들과의 다년간의 교제에서 얻은 경험과 지식, 그리고 그의 관리 방식이 일구어낸 성공 등으로 미루어볼 때 교육에 관련된 여러 문제에 관한 그의 견해는 충분히 경청할 필요가 있다. 그와 같은 실제 경험에 기반한 이론은 현실과 유리된 탁상의 이론보다 훨씬 더 고려해 볼 만한 가치가 있음은 말할 것도 없다.

그러나 토지에 관한 그의 새로운 이념에 대한 세간의 관심은 지극히 미미한 실정이다. 더구나 그 이념 자체가 커다란 무지를 드러내고 있다. 하지만 노동자계층의 잘못된 생각에 대해서는 언제나 관용과 관심으로 대할 필요가 있다. 그것은 그들이 처한 현실조건과 배움의 부족으로 인해 첫인상에 현혹되거나 흑심을 품은 자의 감언이설에 넘어가기 쉬운 특성에서 비롯된 충분히 이해할 만한 결과이기 때문이다. 아주 극단적인 경우를 제외한다면, 우리는 그들에게 즉각적인 변혁을 요구해서는 안 된다. 오히려 참을성을 갖고서 교육을 점진적으로 보급시킴으로써 그들이 진실의 감각에 눈뜨기를 기다려야 한다.

이미 앞선 장들에서 평등의 제도에 관해 논했으므로, 여기서 새삼스럽게 이들 이념에 대해 논박할 생각은 없다. 다만 인구 증가 원리에 기인하여 평등 제도에 반대하는 이유를 첨가함과 아울러 이 반대론이 과연 어떻게 실제로 적용되는가를 간단하게 기술해 두고자 할 뿐이다.

평등 제도에 대한 반대 논리로는 크게 두 가지를 들 수 있다. 첫째, 경험상 또는 이론상으로 보더라도 평등 제도는 인간이 나태한 본성을 극복하고 식량과 생활의 편리 및 안락을 돕는, 행복에 필수적인 물건의 생산에 더욱더 매진하도록 유도하는 동인으로 적합지 않다. 둘째, 사유재산 제도 및 신의 명령에 따라 만인에게 부과된 자식 부양이라는 도덕적 의무 이상으로 훨씬 더 전면적이고 강압적인 수단이 아니고는 막을 수 없는 인구 증가의 경향, 즉 생존자원의 한계보다 빠른 속도로 증가하는 인구의 속성에 따라 필연적으로 발생하게 될 빈곤과 불행으로 인해 평등 제도는 단기간에 종말을 맞을 수밖에 없다.

여기서 첫 번째 반론은 내 생각으로는 의심의 여지가 없는 절대적인 사실이다. 선한 행위에는 자연스러운 보상을 제공하고, 대중이 사회적 상승의 희망과 사회적 추락의 두려움을 갖도록 광범위하고 보편적인 영향력을 행사하는 불평등의 조건이야말로 인간의 에너지와 능력을 개발하고 인간 미덕의 실천과 진보를 이끌어내는 데 가장 뛰어나고 적합한 방식이라는 점에는 모두가 동의할 것이다. 그리고 역사는 일찍이 존재했던 평등주의사회에 있어서는 이러한 자극의 결핍이 반드시 그 사회를 침체시켜 마침내 사멸로 이끌게 된다는 사실을 예증하고 있다. 그러나 이런 역사적 경험이나 이론만으로는 반대 진영의 반론을 원천 봉쇄하기엔 충분치 않은 듯하다. 가령 역사적으로 평등 제도가 실제로 구현된 사례는 극소수에 불과하며, 그런 사례들조차 대부분 야만국가나 다름없는 사회에 국한되어 일어났던 일이므로 이를 엄청난 문명의 진보를 이룬 현재 사회에 그대로 대입하여 판단할 수는 없다는 주장이 있을 수 있다.

또 다른 예로, 고대시대에 상당한 수준의 사회적 평등에 접근한 사회임에도 왕성한 인간 활동과 진보를 위한 노력이 경주되었음을 보여주는 기록을 심심치 않게 발견할 수 있다. 근대시대를 살펴보더라도, 몇몇 사회들, 특히 모라비아인 사회의 경우는 상당한 정도의 공유재산 제도하에서도 사회 구성원이 근면함을 잃지 않을 수 있다는 사실을 보여준다. 또한 그동안 인간을 야만 상태의 나태와 무지로부터 문명화된 삶의 활동과 지성으로 끌어올리는 동인으로서 불평등의 조건이 필요했다고 하더라도, 이러한 목표에 도달한 이후에도 그것이 꼭 필요하다고는 볼 수 없다는 주장이 있을 수 있다. 말하자면 자극제를 사용할 때 의도한 효과를 본 이후에도 사용을 중단하지 않고 계속해서 남용하면 오히려 피로와 질병을 유발하고 심지어 죽음에 이를 수도 있는 것처럼, 이제는 불평등의 조건이라는 자극제 사용을 중단하고 식이요법에 들어갈 단계라는 것이다.

이와 같은 관찰은 적어도 인간의 특성을 연구해 온 사람들에게 확신을 줄 수 있는 그런 성질의 것은 아니다. 그러나 어느 정도 수긍할 수 있는 점도 있기 때문에 현대사회에 있어서 평등주의를 실험해 보고자 하는 제안을 전적으로 불합리한 망상이라고 치부해 버릴 수만은 없게 한다.

하지만 평등 제도에 대한 또 하나의 반론, 즉 인구 증가 원리에 기인한 반론은 그것이 비단 때와 장소를 불문하고 경험을 통하여 보다 더 보편적으로 또한 한결같이 확인되고 있을 뿐 아니라 이론상으로도 의심의 여지가 없기 때문에 어떠한 그럴듯한 반박도 이것에 가해질 여지가 없으며, 따라서 새삼스럽게 검증을 요구할 필요도 없다. 이 진실은 토지에 관해서 널리 알려지고 있는 성질과 거의 모든 촌락에서 나타나고 있는 출생자 대비 사망자 비율 경향을 통해 간단히 알 수 있다. 영국의 경우 인구밀도가 높은 나라에서 필연적으로 야기되는 가족 부양상의 실제적인 곤란에도 불구하고 출생자 대비 사망자 비율은—만일 호적부상에 누락이 없다고 한다면—2:1로 나타나고 있다. 이러한 비율은 50명당 1명꼴인 시골 지방의 평균사망률을 감안하고, 또 교구로부터 유입 인구가 없다고 가정할 때 영국의 인구가 41년 만에 2배로 성장하리라는 것을 의미한다. 평등 제도하에 있다고 가정한다면―그것이 오언이 제창하는 것과 같은 평등 제도의 경우이거나 또는 교구토지조합 제도의 경우이거나를 불문하고―다른 교구로 이주해 가는 인구는 없을 게 분명하며 인구 증가율은 현재보다 훨씬 높을 것이다. 그렇다면 각 개인에게 분배되는 토지생산물의 수량은 해마다 감소할 것이고 마침내는 모든 사회 구성원들이 결핍과 곤궁으로 허덕이게 될 것이다.

이것은 지극히 간단명료한 의문이다. 따라서 이와 같은 의문에 대해서 합리적인 해답을 줄 수 없는 사람은 적어도 평등 제도를 제안하거나 지지해서는 안 될 것이다. 그러나 나는 아직 이론상에 있어서조차도 이에 대한 합리적인 답변을 들어본 기억이 없다.

현 사회구조를 놓고 볼 때, 고도로 진보된 사회, 혹은 한창 진보가 이루어지고 있는 사회에 있어서 도덕적 억제가 갖는 중요성을 그토록 역설하면서도 반대로, 교육의 보편화와 인간의 내면적 성숙을 바탕으로 이룩될 평등사회에서는 도덕적 억제가 충분히 제 기능을 할 수 없다고 보는 것은 모순이 아니냐는 식의 주장을 가끔 듣는다. 그러나 이는 대단히 피상적인 관찰이 아닐 수 없다. 이 같은 주장을 펼치는 사람들은 평등 제도와 공유제에 기반을 둔 사회에서는 도덕적 억제를 장려하고 촉진할 유인이나 동기가 단번에 사라지고 만다는 사실을 못 보고 있는 것이다.

그러면 여기에 어떤 평등사회가 있는데, 식량 증산을 위해 최대의 노력을 기울였는데도 불구하고 인구가 식량의 극한점까지 증가되어 뭇사람들이 심각한 빈곤 상태에 처했다고 가정해 보자. 이 같은 상황에서는 사회를 아사 상태에서 구출하기 위해 인구 증가율을 저지시키는 것이 절대적으로 필요하다. 그러나 그러한 억제를 단행하기 위하여 자발적으로 결혼을 연기하거나 단념하려는 자가 과연 있을까. 평등 제도가 실시된 필연적 결과로서 인간의 정욕이 당장에 소멸되어 버린다고는 생각되지 않는다. 만일 그렇다면 결혼하고 싶어 하는 사람들은 자기의 희망이 억지로 강제되는 것을 고통으로 여길 것이다. 그런데 뭇사람들은 모두 평등하면 환경도 역시 동일하기 때문에, 어떤 개인이 다른 사람보다도 더 많이 억제의 의무를 짊어져야 할 이유는 조금도 없다. 그러나 사회 일반의 궁핍화를 막기 위해서는 어떻게든 억제를 단행하지 않을 수 없다. 그러므로 평등사회에서는 어떤 종류의 일반적 법률을 제정하여 필요한 제한을 가할 수밖에 없다. 그러나 이러한 법률을 과연 어떻게 실시할 것이며 또 그 위반자는 어떻게 처벌할 것인가. 조혼자를 조소와 멸시의 대상으로 만들어버릴 것인가, 체형을 가할 것인가, 수년간의 금고에 처할 것인가, 그렇지 않으면 자녀를 유기해 버리도록 할 것인가. 이와 같은 위법 사항에 대하여 직접적인 형벌을 가하는 것은 다시없이 불쾌하고 부자연스러운 처사가 아닐까. 그렇지만 한 나라의 자원이 겨우 완만하게 증가되어 가는 인구를 지탱할 수 있는 정도에 불과한 경우, 가장 비참한 불행을 막기 위하여 조혼을 방지하는 일이 절대로 필요하다고 하면, 그때에는 각 개인에게 그 자녀 부양의 책임을 부과시키는 것이 가장 자연스럽고 가장 공평할 뿐만 아니라, 또한 신의 율법에도, 그리고 가장 현명한 사람들에 의해서 제정된 법률에도 부합되는 일이 아닐까. 즉 그는 자기의 욕망에 빠진 결과로 당연히 야기되는 여러 가지 자연적 불편과 곤란을 받는 것만으로도 이미 충분한 형벌을 받게 되는 셈이니 그 이상 따로 형벌을 가하지 않아도 좋지 않을까 하는 것이다.

대가족의 부양에 따르는 곤란을 미리 알아차리고 자연히 조혼을 꺼리는 일은 모든 문명사회의 모든 계급에서 널리 행해지고 있는 일이지만, 앞으로 하층민의 지식과 분별력이 점차로 증진되어 감에 따라 더한층 유효하게 행해지리라는 것은 의심의 여지가 없다. 그러나 이 같은 자연적 억제의 작용은 오직 재산법과 상속법의 존재에 의존하는 것인데, 평등사회 또는 재산공유제 사회에 있어서는 그보다 훨씬 더 부자연스러운 인위적인 규칙으로써 이를 억제하지 않으면 안 된다. 오언도 이 점을 충분히 감지하여 인구 증가로부터 야기되는 곤란을 제거할 방법을 고안해 내려고 몹시 고심했던 것이다. 그러나 그가 이 문제에 대하여 인위적이지 않거나 비도덕적이고 가혹하지 않은 어떠한 적절한 해법도 제시할 수 없었다는 사실, 고금을 막론하고 그와 비슷한 시도를 한 이들 가운데 그 누구도 성공한 사례가 없다는 사실은, 인구이론에 바탕을 둔 평등주의에 대한 반론이 비록 이론상으로라도 그럴듯한 반박의 여지가 없다는 것을 입증한다.

인구가 생존자원 이상으로 증가하는 경향이 있다는 것은 대영제국의 거의 모든 지방 교구의 호적부에 나타나고 있는 사실이다. 따라서 이와 같은 인구 증가의 경향이 어떠한 방법을 통해 저지되지 않는다면, 결국엔 사회 구성원 모두가 결핍과 곤궁에 처하게 되리라는 것도 명백한 사실이다. 따라서 평등사회에 있어서는 부자연스럽고 부도덕하며 가혹한 규칙에 의하지 않고서는 인구 증가율을 억제할 수 없다는 사실이야말로 곧 일체의 평등 제도에 대한 결정적인 반론이 되는 것이다.

4. 이주

　평등주의자들이 일반적으로 꿈꾸는 완벽한 사회에서 이주 자원의 문제는 거론될 필요가 없겠지만, 오늘 우리가 살아가는 사회, 즉 여전히 발전이 진행 중인 불완전한 사회에서는 당연히 고려 대상이 된다. 그리고 각 나라의 산업이 동시에 똑같은 방향과 수준으로 발전하는 것은 아니므로 이미 경작지가 포화 상태에 이른 나라의 과잉인구 문제에 대한 자연스럽고 확실한 해결책은 그곳의 넘쳐나는 인구를 아직 경작할 곳이 많이 남아 있는 지역으로 이주시키는 것이라 할 수 있다. 이처럼 인구가 적은 광활한 지역으로의 이주는 언뜻 보기에 인구 문제에 대한 완벽한 해결책으로, 혹은 적어도 인구과잉에 따른 악의 도래를 먼 미래에나 있을 일로 만들 탁월한 구제책으로 보인다. 그러나 일단 경험에 비추어볼 때, 또는 이들 문명화되지 않은 지역의 실상을 참작해 볼 때, 그것은 적절한 구제 수단이기는커녕 한순간의 임시방편에 가깝다는 것을 알 수 있을 것이다.

　진행 중인 식민사업에 관한 보고에 따르면 초기 이주민들이 봉착하게 되는 위험과 고난과 고생은 모국에 있을 때보다 한층 더 심하다. 만일 가족 부양의 곤란으로부터 생기는 정도의 불행을 피하기 위해서라면 아메리카 신세계를 향한 유럽 사람의 이주는 벌써 아득한 옛날에 그 자취를 감추고 말았을지도 모른다. 이러한 이주를 가능케 했던 것은 정착민들이 품었던 강력한 열정, 즉 더 나은 생활에 대한 갈망, 모험적 정신, 종교적 열망 덕분이었다. 이러한 정열은 초기의 모험자로 하여금 일체의 장애를 극복케 했지만 더불어 비인도적 행위를 일삼게 하여 이주의 참된 목적을 깨뜨린 예도 적지 않았다. 현재 멕시코와 에스파냐 사람의 성질이 어떨지는 몰라도 이 두 나라의 최초의 기록을 읽을 때마다 우리는 오히려 멸망당한 민족이 도덕적 자질에 있어서 정복자에 비해 훨씬 더 우월했다는 것을 통감하지 않을 수 없다.

영국 사람들이 이주해 간 아메리카의 여러 지방은 인구가 희박하기 때문에 새로운 식민지 건설에 적합했지만, 개척에는 끔찍한 고통과 어려움이 따랐다. 월터 롤리(Walter Raleigh) 경에 의해 세워지고 델라웨어(Delaware) 경에 의해 확립된 버지니아 식민지의 경우 정착 계획은 세 차례나 실패를 겪어야 했다. 첫 번째 시도 때는 정착지의 거의 반수가 야만족들에 의해서 파괴되었고, 그 나머지도 고된 노동에 따른 피로와 굶주림에 굴복하여 결국 모국으로 철수했던 것이다. 두 번째 시도된 식민지 역시 완전히 전멸되고 말았는데 그 원인은 분명하지 않지만 아마 그들도 인디언들에 의해서 멸망당한 것이 아닌가 한다. 세 번째 식민지의 운명도 마찬가지로 비참했다. 그리고 네 번째로 감행된 식민지에서 이주민 숫자는 굶주림과 질병으로 인해 6개월 만에 500명에서 불과 60명으로 줄어들었고 그나마도 굶주림과 절망 속에 영국으로 돌아왔던 것이다. 당시 델라웨어 경은 식량과 그 밖의 만반의 구호품을 가득 실은 선대를 이끌고 체서피크만(灣)에서 그들을 마중했다.

뉴잉글랜드로의 최초의 청교도 이민자들은 수가 많지 않았다. 그들은 기후가 불순하던 시기에 상륙했을 뿐 아니라 개인적 자금 이외에는 의지할 만한 아무런 자원도 갖지 못했다. 겨울철이 예년보다 빨리 찾아들어 추위도 몹시 심했다. 그뿐만 아니라 가는 곳마다 삼림으로 뒤덮여 있었으므로 오랜 항해로 병들고 피곤한 자의 원기를 회복시킬 수 있는 시설도, 유아에게 영양이 될 만한 양식도 거의 얻을 수 없었다. 그리하여 그들의 거의 반수가 괴혈병과 식량 부족과 추위로 사망하고 말았다. 그러나 살아남은 자들은 그러한 고난에 굴하지 않고 강력한 의지와 종교적 압제로부터 벗어났다는 만족감에 힘입어 이 야만국을 점차로 안락하게 생활해 나갈 수 있도록 개척해 갔던 것이다.

후일 급속도로 발전된 바베이도스(Barbados)의 농장지대도 처음에는 사람의 발길이 닿은 적 없는 원시의 자연환경과 극단적인 식량 부족 상황, 농지를 확보하기 위해 베어내야 할 빽빽하게 들어찬 거대한 삼림지대와 맞닥뜨려야 했다. 또한 첫해의 수확물은 절망적일 만큼 적었을 뿐만 아니라 영국 본토에서의 식량 공급마저 느리고 불확실했다.

1663년 기아나(Guiana)에 강력한 식민지를 건설하려던 프랑스의 계획도 끔찍한 실패로 돌아갔다. 1만 2000명에 이르는 개척민들이 우기(雨期)에 상륙하여 천막이나 조악한 오두막에 거주했다. 이들은 끔찍한 기후와 생필품 부족으로 고통받으며 점차 생활에 지쳐갔다. 전염병이 돌기 시작했고, 정착민들은 하층 사회에서 흔히 볼 수 있는 무기력하고 나태한 삶에 빠져들었고 결국엔 대부분이 절망과 두려움에 싸여 죽고 말았다. 이주 계획은 대실패였다. 정착민 가운데 강건한 정신력과 체력을 지닌 2000명만이 험악한 기후와 빈곤을 이겨내고 살아남아 본국으로 돌아갈 수 있었다. 이주 계획에 투입된 예산만 해도 2600만 리브르에 달했다.

콜린스는 뉴홀란드 포트잭슨만(灣)에 최근 세워진 정착지에서 정착민들이 자급자족에 이르기까지 수년간 겪어야 했던 극심한 빈곤과 비참에 대해 기술한 바 있다. 물론 이러한 곤란은 이주민의 성격으로 인해 더욱 심화된 측면이 있다. 그러나 열악한 위생환경, 첫 수확의 실패, 모국으로부터의 물자 공급의 불확실성 등 당시의 주변 여건 자체만으로도 이미 절망적이라 하기에 충분했다. 비문명지역의 식민지 개척은 불굴의 인내력뿐만 아니라 엄청난 규모의 자원 조달이 필수적이라는 사실을 단적으로 보여주는 사례라 하겠다.

유럽 및 아시아의 인구가 희박한 지역에 식민지를 건설하는 데는 분명히 이보다 훨씬 더 많은 자원이 필요하다. 이들 지역 원주민들이 지닌 힘과 호전성을 감안할 때, 정착지를 보호하기 위해서는 상당한 수준의 군사적 뒷받침이 필수적이다. 강대국의 개척지조차도 끊임없이 침입해 오는 이웃 부족의 공격을 방어하는 데 상당한 곤란을 겪고 있으며 약탈을 목적으로 한 이러한 침략으로 인해 농민들의 노동은 지속적으로 방해받고 있다. 러시아의 예카테리나 여제는 이민족으로부터 볼가강 부근에 세운 개척지를 보호하기 위해 요새를 건설할 필요를 느꼈다. 그리하여 그녀는 백성들이 크림 타타르족의 침입에 고통받고 있다는 명분을 내세워—이는 아마도 정당한 명분이었다—마침내 크림반도 전역을 점령하여 호전적인 주변 부족들을 몰아내고 세력을 약화시킴으로써 평화를 이룩할 수 있었다.

물론 이들 지역에 처음 개척지를 세울 때 토양과 기후, 생필품 부족 등으로 겪었던 어려움의 강도는 아메리카 대륙 식민지 건설 때와 거의 비슷했다. 이튼의 《터키제국 이야기》에 의하면, 7만 5000명에 달하는 기독교도들이 러시아에 의해 크림반도로부터 노가이 타타르족(Nogai Tartars)이 버리고 떠난 지역으로 강제 이주되었다. 그러나 이주민들이 거주할 가옥이 다 준공되기도 전에 겨울철이 닥쳐와 그들 대부분은 굴을 파고 들어가 닥치는 대로 옷가지 등을 그 위에 덮는 것으로 추위를 피하는 수밖에 없었다. 이로 인해 이주민 대다수가 목숨을 잃었다. 수년 후에 살아남은 자는 겨우 7000명에 불과했다. 또한 그의 책에 따르면, 보리스테네스강[1] 기슭에 건설된 이탈리아의 식민지도 물자 공급 관리 부실로 인해 똑같은 운명을 겪고 말았다고 한다.

새로운 식민지 건설에 따르는 곤란이 어떠한가에 관한 보도는 거의 모두가 비슷하므로 이 이상 실례를 들 필요는 없을 것 같다. 프랭클린 박사의 한 담당 통신원은 유럽 열강들의 막대한 비용을 들인 식민지 건설 시도가 자주 실패하는 이유는 이주민들이 가진 기존의 윤리적, 기계적 습성이 새 정착지와 그곳에서 겪는 예상치 못한 사건들에는 더 이상 통하지 않는다는 데 있다고 썼다. 또한 주목할 사실은 영국 식민지의 경우, 그 지역에 요구되는 나름의 예절이나 습성이 생겨난 뒤에라야 비로소 성장이 가능했다는 점이라고 덧붙였다. 그는 특히 러시아 식민지의 예를 들며, 개척지 인구가 예상만큼 빠르게 증가하지 않는 이유 가운데 하나로 이와 같은 현지에 적응하지 못한 이주자들의 습성을 꼽았다. 올바른 통찰이 아닐 수 없다.

또한 식민지에 관해서는 다음과 같은 사실도 인정되어야 할 것이다. 즉 새로운 식민지 건설 초기에는 일반적으로 인구가 식량 생산을 초과하여 증가하는 것이 보통이다. 따라서 그 자연적인 결과로서 본국으로부터 충분한 식량 공급을 받지 못할 경우, 인구는 개척지에서 난 소량의 식량으로 겨우 지탱해 나갈 수 있는 정도로 감소할 것이며, 그 나머지 인구가 자기의 필요를 충족시킬 뿐만 아니라 그 가족에게도 나누어줄 수 있을 정도로 식량이 증가될 때까지 지속적인 인구 증가는 불가능하다. 새 식민지 건설의 많은 실패 사례들은 식량과 인구 사이의 전후 순서를 명백히 보여준다.

사정이 이와 같으므로 급격한 인구의 증가로부터 생기는 재난을 주로 짊어져야 하는 하층계급이 멀리 떨어진 곳에 몸소 새로운 식민지를 건설한다는 것은 거의 불가능한 일임을 알 수 있다. 그들에겐 성공의 유일한 관건인 자본이

---

[1] 지금의 드니프로강. 벨라루스와 우크라이나를 흐른다.

없기 때문이다. 그러므로 만일 허영과 모험심 또는 종교적·정치적인 불평불만 등에 사로잡힌 상류층 인사들 중에서 지도자를 찾아내든가 또는 정부의 원조를 받지 않으면 그들은 아무리 애를 써도 지구상에 있는 광대한 미개간지의 작은 한 귀퉁이조차 절대 소유할 수 없을 것이다.

일단 새로운 식민지의 기틀이 어느 정도 잡히면 이주에 따르는 여러 가지 곤란은 감소하지만, 그런 경우에도 수송선박을 공급해 주거나 또는 이주민들이 그곳에 정주하여 일자리를 얻을 때까지 보조해 줄 자금이 필요하다. 정부가 이와 같은 자금을 과연 어느 정도까지 보조해야 할 의무가 있는가 하는 것도 문제이긴 하나, 이를 떠나서 식민지를 통해 어떤 특별한 이익을 얻는다는 보장이 없는 한 정부가 적극적으로 이민을 장려하리라고는 좀처럼 생각할 수 없다.

그러나 수송과 생계유지에 필요한 비용은 개인 또는 사설회사가 제공하는 경우도 있다. 아메리카 독립전쟁이 일어나기 전의 여러 해 동안 또는 그 전쟁이 끝난 후의 몇 해 동안은 이 신대륙으로 이주하는 편의와 이주한 후에 기대할 수 있었던 이익은 엄청나게 큰 것이었다. 사실 어떤 나라가 되었든 과잉인구의 피난처, 즉 배출구로서 그처럼 안락한 식민지를 갖는다는 것은 확실히 엄청난 혜택이다.

그러나 내가 묻지 않을 수 없는 것은 이처럼 이주가 활발히 이루어져 온 기간 동안 본국의 일반 국민이 과연 인구 문제에 따른 고통을 조금도 느끼지 않았겠는가 하는 점이다. 또는 결혼을 결정하기에 앞서서, 어떠한 사람도 교구의 지원을 받지 않고도 가족 부양을 어렵지 않게 할 수 있다는 자신감을 가질 수 있었을까? 아무래도 이 질문에 대해 긍정적인 답변을 내놓기는 힘들 듯하다.

이득이 되는 이주 기회가 주어졌을 때, 이를 받아들이는 대신 그동안 살아온 대로 모국에 머물며 독신으로, 혹은 극도의 가난에 허덕이며 살아가기를 택하는 사람이 있다면, 이는 전적으로 선택한 사람 본인에게 잘못이 있다고 말할 수 있을 것이다. 그렇다면 그가 조국에 대해 애착을 느끼고, 부모님과 친척, 친구들을 사랑하는 것도 잘못된 것일까? 인간의 마음에 자연이 감아놓은 친밀하게 얽힌 인연의 끈을 끊어버리지 않고 간직하기를 바라는 것이 사악한 결정일까? 위대한 하느님의 섭리가 때로 이러한 연대의 끈을 끊어버리기를 바라는 경우도 있겠지만, 설사 그렇다고 해서 이별의 고통이 조금이라도 덜어지는 것은 아니다. 이러한 결정으로 말미암아 사회 일반의 행복이 조금이라도 증진될지는 몰라도 개인의 불행은 막을 수는 없다. 더구나 머나먼 곳으로 이주하는 일은 언제나 의혹과 불안이 따르기 마련인데, 특히 당사자가 하층민들인 경우에는 이러한 경향이 더욱 두드러진다. 임금을 높게 쳐준다든지, 땅값이 싸다든지 하는 이주 담당자의 설명은 의심스럽게만 들린다. 그들의 운명을 손아귀에 틀어쥔 담당자가 이득을 취할 양으로 그들을 기만하는 것일지도 모른다. 또한 그들이 건너야 할 대양은 정든 인연과의 영원한 이별을 뜻할 것이며, 이주가 실패할 경우 본국으로 돌아갈 운송 수단의 편의를 보아줄 사람이 없을 것이므로, 귀환의 모든 가능성을 앗아가는 레테의 강처럼 느껴질 것이다. 따라서 가난의 고통에 모험가의 정신이 결합하는 그런 경우를 제외한다면, 보통 이러한 숙고 끝에 나오는 반응이 "미지의 세계로 뛰어드느니 차라리 현재의 고통을 받아들이는 편을 택하겠다" 해도 조금도 놀라운 일은 아닐 것이다.

만약 영국만 한 크기의 부유한 땅이 갑작스럽게 식민지로 병합되어 소지구 혹은 소규모 농장 단위로 분할 매각된다면 당연히 사정은 달라진다. 그럴 경우 일반 국민의 삶의 질은 크게 개선될 것이 분명하다. 물론 그때도 부자들은 임금이 너무 높아졌다느니 하류층 인간들이 오만해져서 부리기가 어렵다느니 하며 불평을 늘어놓을 테지만 말이다. 이런 불평은 요즘도 미국의 자산가들에게서 심심찮게 들리는 듯하다.

그러나 이주에 의해서 얻어지는 자원은 비록 유효하게 이용된다 할지라도 결코 영속적인 것은 아니다. 아마 러시아를 제외한 유럽의 국가로서 그 주민들을 다른 나라에 이주시킴으로써 그들의 생활을 개선시키려고 힘쓰지 않는 나라는 하나도 없다. 그와 같이 이들 여러 나라는 거의 모두가 그 생산에 비하여 지나치게 많은 인구를 갖고 있기 때문에 이주사업에 충분한 자원을 지원해 줄 수 없다. 여기서 잠시 유럽 각국의 국내경제가 이상적으로 규제되고 인구 증가 저해 요소가 전혀 없으며, 각 정부는 이주에 필요한 자원을 완벽하게 지원하고 있다고 가정해 보자. 러시아를 제외한 유럽의 전체 인구를 1억이라 하고 각국의 생산량이 지금보다 훨씬 큰 폭으로 증가한다고 가정한다면, 1세기 후 유럽 대륙의 총인구수는 11억에 달할 것이며, 이것을 같은 기간 자연 증가한 식민지 인구수와 합하면 현재 전 세계 총인구의 2배 이상에 달할 것이다.

빈틈없는 계획 아래 최대한의 노력을 쏟아부어 아시아, 아프리카, 아메리카 대륙의 미개척지를 개간한다 해도 그렇게 짧은 기간 안에 그처럼 막대한 인구를 먹여 살릴 경작지를 확보할 수 있을까? 만일 어떤 낙관론자가 있어 이러한 의문을 그냥 넘기려 한다면 그로 하여금 그 기간에다 25년 또는 50년을 더 보태어 생각해 보라고 권하고 싶다. 그렇게 하면 명백히 예상되는 결과에 그도 더 이상 낙관적일 수는 없을 것이다.

그럼에도 이주가 여태까지도 인구과잉 문제에 대한 하나의 해결책으로 여겨지고 있는 것은 모국을 떠나길 꺼리는 사람들의 성향과 개척지를 경작하는 일에 따르는 어려움으로 인해 이주가 활성화되지 않았고, 앞으로도 그러할 것이기에 사람들이 이러한 실상을 제대로 알지 못하기 때문이다. 설사 이주가 실제 효과가 있어서 무질서와 궁핍, 비참을 줄임으로써 본국을 가장 번영한 식민지와 비슷한 수준으로 변화시킬 수 있는 힘이 있다 하더라도 그 효과는 그리 오래갈 수 없다. 그리하여 한층 더 심각해진 무질서가 생겨날 때 희망은 영영 사라지고 말 것이다.

그러므로 어떻게 생각하더라도 이주는 무제한적인 인구 증가 문제를 구제하는 수단으로는 불충분하다는 것이 분명해졌다. 그러나 부분적 또는 일시적인 응급책으로서 또는 토지의 개간을 장려하고 문명의 보급을 촉진시키는 측면에서는 적절하고 유용한 수단이라고 볼 수 있다. 따라서 정부는 비록 이주를 적극적으로 장려할 의무를 짊어지고 있는 것이 아니라 할지라도 그것을 막으려 드는 것은 매우 어리석은 처사라 할 수 있다. 이주가 늘어난다 해서 나라가 공동화(空洞化)되지 않을까 우려할 필요는 없다. 국민 대다수의 타성(vis inertiae)과 조국에 대한 애착심은 매우 강력하고 보편적이기 때문에 그들은 정치적 불만이나 극도의 가난으로 말미암아 고향을 떠나는 편이 국가를 위해서나 그 자신을 위해서나 도리어 유리하다고 생각되는 경우가 아니면 좀처럼 이주를 원하지 않는다. 또한 많은 사람들이 국외로 빠져나가면 인건비 상승을 초래할 것이라는 식의 주장은 거론할 가치조차 없는 헛소리이다. 만일 노동임금이 하층민의 생활을 어느 정도 안정적으로 꾸려나갈 수 있는 수준이 된다면, 구태여 이주를 하려 들지도 않을 것이다.

따라서 노동임금이 그와 같이 되지 못하는 경우에 이러한 사람들을 국외로 이주하지 못하도록 국내에 잡아두는 것은 가혹하고 부당한 처사라 하지 않을 수 없다.

국부(國富)의 증진은 주로 각 개인의 근면·숙련·성공 및 다른 나라들의 상태와 수요에 의존하는 것이다. 따라서 어느 나라에서든 국부의 증가 비율과 노동 수요는 시대에 따라 크게 달라질 수 있다. 물론 인구의 증가는 주로 노동에 대한 실수요 여하에 좌우되는 것이지만, 노동 수요가 증가되었다고 해서 갑자기 인구수를 늘릴 수는 없는 일이다. 노동력의 부족으로 말미암아 시장에서의 노동 공급을 증가시키려고 할 때에도, 또한 그와는 반대로 노동 공급이 과잉됐을 때 이를 억제하려고 할 때에도 얼마간의 시간이 필요하다.

만일 이러한 변동이 앞서 다룬 바 있는 성장과 침체를 오가는 자연적 진동의 한도 내에 머문다면, 그저 일상적으로 발생하는 변화로 받아들이면 된다. 그러나 상황에 따라 자연적 변동의 한도를 넘어서는 강력한 변화가 생겨나 노동 공급이 수요보다 빠르게 증가하는 경우, 노동자계층은 심각한 곤경에 빠진다. 가령 내부 요인과 외부 요인이 복합적으로 작용하여 10~12년간 지속적으로 엄청난 인구 증가가 이루어졌고 이후 증가세가 둔화됐다면 고용 수단 및 임금 수준이 대폭 낮아질 때까지 노동자원은 끊임없이 시장에 유입될 것이 분명하다. 이때가 바로 이주가 임시처방책으로서 가장 유용해지는 시기이다. 영국의 현재 상황이 그렇다. 물론 이주가 전혀 없다 하더라도 인구는 점차적으로 노동력과잉 상태를 벗어나는 방향으로 변화할 것이다. 그러나 그렇게 되기까지는 상당한 기간이 필요하고 그 기간 동안 국민은 엄청난 고통을 겪어야 한다. 그리고 그 고통은 짧은 기간 반짝 줄어들거나, 특정 계층에게만 영향을 미치는 것처럼 보일 수 있으나, 거시적으로 바라볼 경우 어디서부터 어떻게 손써야 할지 알 수 없을 만큼 훨씬 더 장기적이고 광범위한 파급력을 지녔음을 알 수 있다. 이러한 상황에 대한 유일한 타개책은 이주가 될 수밖에 없다. 따라서 정부는 인도적 측면에서든 정책적 측면에서든 이주 문제를 적극적으로 고려해야 한다.

5. 구빈법 (1)

빈민들 사이에 자주 찾아드는 궁핍을 구제하기 위하여 여러 가지 법률이 제정되고 있는데, 이런 종류의 일반적 제도의 설정은 영국에서 특히 현저하다. 그러나 그와 같은 제도는 개인적인 불행을 다소 경감시켰는지는 모르지만 동시에 해악을 훨씬 더 넓은 범위로 확산시킨 감도 없지 않다.

해마다 빈민 구제를 위해 막대한 세금을 걷어가는데도, 빈민층의 삶이 조금도 나아지지 않는다는 사실은 우리나라에서 언제나 놀라움을 불러일으키는 논란거리이다. 그래서 어떤 사람들은 세금이 누군가에 의해서 착복된 것이 틀림없다든가 또는 교구위원과 감독관이 그 대부분을 향락으로 탕진해 버린 게 분명하다고들 생각한다. 정확한 사정이야 모르지만, 관리가 대단히 부실하다는 점에 대해서는 모두의 의견이 일치한다. 어쨌든 최근의 흉작이 일어나기 전조차도 해마다 빈민 구제를 위하여 300만 파운드의 금액이 징수되고 있는데도 그들의 곤궁이 조금도 경감되지 않는 것은 풀 길 없는 수수께끼가 돼버렸다. 그러나 그 진상을 보다 깊이 관찰하는 사람은 오히려 세상 사람들이 생각하고 있는 것과는 다르다는 것을 알게 될 때 한층 더 놀랄지도 모른다. 차라리 1파운드에 4실링씩 징수하던 것을 18실링으로 늘려서 사태가 실질적으로 개선된다면 이것이야말로 놀라지 않을 수 없는 일이다.

하루에 1실링 6페니 내지 2실링씩 받던 사람들이 부자의 기부로 말미암아 지금은 5실링씩 얻을 수 있게 되었다고 가정해 보자. 그렇게 되면 그들은 아마 현재보다는 더욱 즐거운 생활을 할 수 있을 뿐 아니라, 식사로 고기 한 조각이라도 먹게 될 것이라고 생각할지 모른다. 그러나 이것은 심히 잘못된 생각이 아닐 수 없다. 각 노동자가 매일 3실링씩 더 받는다 하더라도 국내 고기의 분량이 증가하는 것은 아니다. 그뿐만 아니라 현재 모든 사람에게 조금씩이라도 나누어줄 수 있을 정도로 충분한 고기가 있는 것도 아니다. 그렇다면 결과는 어떨까? 정육시장에서는 구매자의 경쟁이 심해져서 1파운드당 8, 9펜스 하던 것이 당장에 2, 3실링으로 값이 올라갈 것이며, 그렇다고 현재 이상으로 많은 소비자들에게 상품이 돌아가는 것도 아닐 것이다. 물건이 귀하여 모든 사람의 손에 골고루 돌아가지 못할 경우에는 가장 유효한 특권을 가진 자, 즉 가장 높은 가격을 부르는 자가 그것을 차지한다. 만일 이들 구매자들 사이의 경쟁이 오랫동안 계속됨으로 말미암아 해마다 사육하는 가축의 수가 점차 증가한다 하더라도, 이는 그 대신에 농경지를 희생시키지 않고서는 행해질 수 없는 일이므로 막대한 손해를 감수하는 교환이라고 하지 않을 수 없다. 왜냐하면 그런 경우 그 나라가 종전과 동일한 인구를 먹여 살릴 수 없게 될 것임은 분명하기 때문이다. 인구수에 비해 먹을 것이 희소할 경우 사회 최하층민이 2실링을 버느냐 5실링을 버느냐는 큰 의미가 없다. 그들은 가장 형편없는 최소량의 식량만으로 생활해 가지 않으면 안 된다.

구매자 수가 증가하면 산업에 자극을 주어 영국의 전체 생산량이 증가할 것이라고 보는 사람이 있을지도 모른다. 그러나 꿈속에서나 생각해 볼 수 있는 이 부(富)는 동시에 인구 증가를 촉진시켜 결국엔 인구 증가율이 생산 증가율을 능가할 것이고, 증가된 생산물은 그것에 비해서 훨씬 더 증가된 인구에게 분배되지 않으면 안 되게 될 것이다.

부자들로부터 1파운드당 18실링의 세금을 징수하여 이를 가장 공정하게 분배한다고 하더라도 결과는 지금 내가 상상해 본 것과 별반 다르지 않을 것이다. 부자의 희생, 특히 금전상의 희생만으로는 하층민의 궁핍이 재발하는 것을 방지할 수 없다. 물론 그렇게 되면 커다란 변화가 일어날지도 모른다. 즉 부자는 가난해지고 빈자는 부유해질지도 모른다. 그러나 인구 대비 식량 비율이 현재와 같은 상태를 그대로 유지하고 있는 한, 사회계층 일부는 당연히 가족 부양의 곤란을 느끼게 될 것이며, 이와 같은 곤란은 자연히 가장 불행한 사람들에게 찾아들 것이다.

돈으로 한 빈민의 생활조건을 끌어올려 더 나은 삶을 살도록 만들려면 같은 계층의 다른 한 사람의 삶을 그만큼 악화시키지 않으면 안 된다. 이것은 일견 기묘하게 생각될지 모르지만, 나는 그것을 사실이라고 믿고 있다. 만일 내가 나의 집에서 소비하는 식량을 절약하여 이 절약한 것을 가난한 사람들에게 나누어준다면 이것은 나와 나의 가족 이외의 어떤 사람도 억압하지 않고 그들을 이롭게 할 것이므로 나와 나의 가족은 아마 이와 같은 절약을 능히 감내할 수 있을지 모른다. 또한 내가 만일 미개간지의 일부를 개간하여 그 생산물을 그들에게 주는 경우에는 그들을 이롭게 할 것은 물론이려니와, 또 사회 구성원 전체를 이롭게 하는 일이 된다. 왜냐하면 이로써 그가 전에 소비했던 만큼의 자원이 공공자원으로 환원되고, 또 그로부터 새로운 자원이 생산될 것이기 때문이다. 그러나 만일 전체 생산량이 동일한 상태에서 내가 그들에게 돈을 준다면 이는 결국 그들에게 이전보다 더 많은 몫의 생산품을 가질 권리를 주게 되는 셈인데, 그들이 갖는 몫만큼 다른 사람의 몫은 감소하게 된다. 개개의 사례가 미치는 효과는 너무나 미미해서 거의 지각할 수 없을지 모르나, 다른 여러 효과들이 그러하듯이 우리의 둔한 지각을 피해 허공을 메우고 있는 곤충 떼처럼 확실히 존재한다.

어떤 나라의 경우에서든 식량 생산량이 여러 해에 걸쳐서 전혀 증감이 없다고 가정한다면 식량은 분명히 각자가 갖고 있는 특권에 따라서, 또는 지불할 수 있는 돈의 액수에 따라서 분배될 것이다. 그러므로 어떤 계급의 사람들의 특권이 증가한다면 그만큼 다른 계급의 특권은 감소한다. 이를테면 부자들이 자기들의 식량 소비량을 줄이지 않고 50만 명의 사람들에게 하루 5실링씩 나누어준다고 하면, 이 사람들은 물론 전보다 훨씬 더 안락한 생활을 하게 되어 보다 더 많은 식량을 소비하게 될 것은 틀림없는 사실이지만, 동시에 나머지 다른 사람들에게 분배될 식량은 그만큼 줄어든다. 결과적으로 각자가 갖는 특권은 그 가치가 감소하게 될 것이다. 즉 동일한 액수를 가지고 구입할 수 있는 생존자원은 줄어들고 식량 가격은 일반적으로 상승하게 될 것이다.

이와 같은 일반적인 추론은 지난 기근 때 뚜렷하게 사실임이 확인되었다. 부자들로부터 1파운드당 18실링씩 징수한다는 나의 가정도 거의 그대로 실행되어 그 결과 역시 거의 예상했던 것과 같았다. 보통 때와 다름없는 분배가 행해진다 할지라도 식량의 가격은 반드시 크게 오를 것임에 틀림없었는데, 흉작까지 겹치는 바람에 그 결과는 2배로 강력하게 나타날 수밖에 없었다. 앞서 가정한 것처럼 영국의 노동자들이 식사 때 고기를 먹을 수 있도록 그들에게 하루 3실링씩을 더 준다고 하면 고깃값은 엄청나게 빠른 속도로 오르게 될 것임을 의심하는 사람은 아무도 없으리라. 곡식 부족의 경우에도, 이와 같은 방식으로 해결하려 한다면 마찬가지 결과가 나타날 것이다.

흉년의 곡식 가격은 실제상의 부족 정도보다도 오히려 기존의 곡식 소비량을 그대로 유지하려는 관성에 의해 좌우되는 경우가 훨씬 더 많은데, 이 사실은 크게 간과되고 있는 것 같다. 비록 곡식 수확이 반감된다 할지라도 사람들이 일치하여 그 소비량을 반으로 줄인다고 하면 곡물가(穀物價)는 거의 아무런 영향도 받지 않을 것이다. 반대로 생산량 감소분이 기존 생산량의 12분의 1 가량에 불과하더라도, 기존과 같은 수준으로 10~11개월을 소비한다면 곡식 가격은 천정부지로 치솟을 것이다. 교구의 원조가 늘어날수록 기존의 소비 수준을 유지하려는 경향도 따라서 커진다. 물론 가격 역시 불가피하게 소비 감소가 시작되기 전까지 계속 상승할 것이다.

어떤 논자는 높은 가격이 소비량을 감소시키지 않는다고 주장하고 있다. 만일 그것이 사실이라면 곡식 부족분이 수입에 의해 충분히 보충되지 않는 한 흉작에 봉착할 때마다 곡물 가격은 1부셸[1]당 100파운드 또는 그 이상으로도 치솟을 것이다. 그러나 사실 가격 상승은 결국 소비를 감퇴시키게 되어 있다. 다만 중하류층, 또는 심지어 중산층까지 어쩔 수 없이 빵 소비량을 줄이게 되기까지는, 국가의 부유함이나 대용식량을 꺼리는 사람들의 습성, 교구가 제공하는 막대한 보조금 등으로 인한 과도한 물가 상승으로 고통을 겪을 수밖에 없다. 교구의 보조를 받는 빈민들은 곡물값이 비싸다고 해서 불평을 토로할 이유는 전혀 없다. 왜냐하면 곡물 가격이 엄청나게 오른 덕분에 다량의 곡식이 남겨질 수 있었고, 교구 보조금으로 이를 사들여 빈민층에게 배분할 수 있었기 때문이다.

흉작 시기에 가장 고통을 겪는 계층은 의심할 바 없이 빈민층의 바로 위에 있는 계층, 즉 중하류계층이다. 가난은 대부분의 경우 상대적이기 마련이다. 그리고 나는 실제 시행된 바 있는 새로운 통화 분배정책에 의해, 빈민층에 제공된 보조금의 절반을 삭감한다 해도 여전히 보조금이 지나치게 많은 게 아닌지 심히 의심스럽다. 현재 영국의 분배정책은 빈민층에게 그들의 능력이나 근면성

---

1) 부피 단위. 1부셸=8갤런, 1갤런=약 3.785리터.

의 수준을 훨씬 초과하는 식량을 제공함으로써, 능력이나 근면성의 측면에서 볼 때 당연히 가져야 할 몫의 생활필수품을 중하류층 이상의 계층에게서 그와 똑같은 비율로 빼앗아가고 있다. 그리고 빈민층이 받고 있는 원조가 도리어 그들로 하여금 대체식량을 소비하기를 꺼리도록 만드는 것이 아닌지 자문할 필요가 있다. 다른 나라에서였더라면, 필요의 법칙이 가르치는 바대로, 이러한 분배정책은 극도로 높은 물가로 인하여 빈민층 대다수에게 가해지는 과중한 압력과, 이를 벗어나기 위해 교구에만 의지하려 드는 그들의 근성이 낳은 악덕에서 비롯된, 크게 균형을 잃은 처사로 간주되었을 것이다.

연 수입 100파운드 이상인 모든 사람들의 재산을 2배로 늘린다 해도, 곡물 가격에 미치는 그 파급 효과는 완만하고 미미할 것이다. 반면 나라 전체의 임금을 2배로 인상시킨다면, 곡물 가격에 미치는 그 파급 효과는 즉각적이고도 강력할 것이다. 이 주제에 관한 일반 원칙들에 관해서는 이론의 여지가 없다. 최하계층에게 투입되어 식량 구입에 쓰인 이 늘어난 700만 파운드라는 돈은 영국의 각 산업 분야에 괄목할 만한 임금 상승을 가져왔으며, 거기다 자선기구가 모은 막대한 기금이 합쳐지면서 생활필수품의 엄청난 가격 상승을 초래했던 것이 분명하다. 상술한 명확한 일반 원칙이 신뢰할 만한 것이라면, 이는 틀림없는 사실일 것이다.

내가 아는 어떤 이는 한 가정의 가장으로서, 교구로부터 1주일마다 14실링을 받고 있다. 그의 일반 소득은 1주당 10실링이니까, 그의 1주간의 총수입은 24실링이 되는 셈이다. 그는 흉작이 들기 이전에는 매주 8실링으로 1부셸의 밀가루를 사들이곤 했기 때문에 10실링의 소득 중에서 다른 필수품을 살 수 있는 금액이란 겨우 2실링에 불과했다. 그러던 것이 흉년에 봉착해서는 동일량의 밀가루를 거의 전보다 3배에 가까운 돈을 주지 않으면 살 수 없었다. 즉 그는 22실링을 주고 1부셸의 밀가루를 구입하고 나머지 2실링은 전의 경우와 마찬가지로 다른 것을 사는 데 소비했던 것이다. 물론 이러한 사례들이 보편적으로 일어나는 현상이라고 보기는 힘들다. 그렇게 되려면 곡물 가격이 흉작 기간 동안 실제 올랐던 것보다 훨씬 더 많이 올라야 한다. 하지만 이와 비슷한 사례들이 결코 적은 것은 아니다. 또한 곡물 가격을 기준으로 보조금 액수를 결정하는 제도 자체가 일상화된 실정이다.

만일 우리나라의 통화가 일시에 급증할 수 없는 정화(正貨)[2]로 되어 있었다고 하면, 700만 파운드라고 하는 증가액을 빈민들에게 부여하는 일은 반드시 상업에 중대한 지장을 초래했을 것이다. 그리하여 이와 같은 대규모 구제가 실행된 당초에 있어서는, 그것으로 말미암아 사회의 모든 계층이 식량에 여분의 비용을 내지 않으면 안 되었기 때문에, 통화에 대한 수요가 막대하게 증가되었을 것이다. 당시 주로 사용된 통화는 수요에 따라서 즉석에서 발행될 수 있는 성질의 것이었다. 그러나 의회에 제출된 영국은행 보고서에 의하면 이 기간 추가로 발행된 통화 규모는 예상만큼 크지 않았던 것으로 보인다. 350만 파운드가 이전 분기에 이어 추가로 발행되었지만, 이 액수는 유통시장으로부터 회수된 정화량(正貨量)을 충분히 보충하고도 남을 만한 정도에는 미치지 않았던 것 같다. 만일 이러한 가정이 참이라면(그런데 당시 금화가 조금밖에 나돌지 않았다는 사실로 미루어보아 통화시장은 금화의 회수 움직임을 기조로 하고 있었음에 틀림없다) 일부 통화 종류가 변경된 것도 있지만, 당시 영국은행에서 발행한 통화량은 크게 증가하지 않았고, 따라서 통화가 일반 상품 가격에 미치는 영향을 감안해 볼 때, 주요 통화를 기니(guinea)로 하건, 기니를 대체하는 파운드 지폐와 실링으로 하건 결과는 똑같았을 것이다.

결국 통화를 공급하여 통화 수요를 충족시키는 역할은 주로 지방은행들에게 맡겨졌는데, 이들이 이와 같은 유리한 기회를 이용하는 데 주저했으리라고는 생각지 않는다. 내 생각으로는 지방은행의 지폐 발행량은 통화시장에 남게 될 지폐의 양을 기준으로 하며, 또한 신용 관계를 전제로 할 때, 이웃과의 모든 통화 거래에 필요로 하는 통화량의 총합에 의해 결정된다. 식량 가격의 상승으로 인해 통화 거래는 전반적으로 고평가되었다. 교구 보조금을 포함한 노동자의 주급 상승이라는 측면만을 놓고 보더라도 그 이웃의 통화 수요가 폭증했으리라는 것을 알 수 있다. 만일 지방은행이 그와 같은 특수한 수요가 없는데도 불구하고 같은 양의 지폐를 발행한다면 그 지폐는 재빨리 그들의 수중으로 되돌아오기 때문에 은행은 곧 그 스스로의 잘못을 깨닫게 될 것이다. 그러나 이런 경우 통화는 매일 눈앞의 용도에 필요하게 되기 때문에 굶주린

---

2) 명목가치와 소재가치가 같은 본위 화폐. 금본위국에서의 금화, 은본위국에서의 은화를 말한다.

사슴이 개울을 찾듯이 유통시장에 흡수되고 만다.

이와 비슷한 상황에서 영국은행이 정화 지불 한도를 없앴다면 지방은행이 거의 같은 액수의 지폐를 발행했을지 여부는 의문이다. 상술한 바와 같은 사건이 일어나기 전에는 지방은행의 지폐 발행량은 유통시장의 필요한 액수에 의해서 조절되고 있었다. 그리고 그 이후도 이전과 마찬가지로 지방은행은 스스로 발행한 지폐가 되돌아올 경우에는 이를 영국은행 통화로 대신 지불하지 않으면 안 되었다. 이러한 현상은 주로 은행에 대한 규제가 시행된 이래로 생겨난, 1파운드와 2파운드짜리 지폐를 발행하는 잘못된 관행과 금화를 손에 넣을 수 없는 경우 지방은행 지폐보다 영국은행 지폐를 선호하는 사람들의 습성에서 비롯되었다.

그러므로 1800년과 1801년 동안 있었던 지방은행 지폐 발행량의 폭발적인 증가는 식량 가격 폭등의 원인이 아니라 오히려 그 결과였다는 것을 알 수 있다. 그러나 이러한 늘어난 통화량이 유통시장에 흡수된다면 필연적으로 일체의 상품 가격에 영향을 주어 물가 정상화에 커다란 장애 요인이 된다. 이것이 현 통화 제도가 갖는 커다란 결함이다. 흉작 기간 동안 만일 통화가 팽창하지 않았다면 상업과 투기적 거래는 어려움에 부딪쳐 국내 각 방면의 거래가 원활히 행해지지 않았을 것이며, 또한 다량의 곡물을 수입할 수도 없었을 것이다. 물론 통화의 팽창은 그와 같은 불편을 방지할 수 있었지만 한편으로 이와 같은 일시적 편익과는 별도로 사회에 그릇된 경제적 관행을 퍼뜨렸으며, 팽창된 통화의 회수가 곤란하다는 사정으로 말미암아 흉작 시의 물가가 계속 유지되도록 만들었다.

그나마 천만다행인 것은 지폐 발행이 영국은행에 의해서가 아니라 지방은행에 의해서 행해졌다는 점이다. 정화 지불이 제한되어 있는 경우 영국은행은 통화량이 넘쳐나는 상황에서도 발행된 지폐를 회수할 수 없는 반면 지방은행은 유통시장에서 받아들여지지 않은 통화를 언제든 회수할 수 있기 때문이다. 또한 영국은행이 발행하는 지폐의 양이 늘어나지 않으면 전체 통화량은 결국 감소될 것이다.

2년에 걸친 흉작 이후 물자를 확충하고 물가를 떨어뜨리는 데 가장 유리한 풍작과 평화의 해가 다시 찾아온 것은 우리들에게는 참으로 행운이었다. 이 풍작과 평화의 도래는 구매자와 판매자 모두에게 식량이 풍부하다는 확신을 주어 구매자는 성급히 물건을 구입하려 하지 않고, 판매자는 하루속히 가진 물건을 팔려고 함으로써 시장은 마침내 공급과잉 현상을 보이게 되어 가격은 급락하게 되었다. 또한 그로 말미암아 교구도 빈민에 대한 보조로부터 손을 떼게 되어 공급과잉 상황이 지나가버린 후에도 가격이 다시 오르는 것을 방지할 수 있었다.

만일 2년간에 걸친 흉작에 이어 단지 평년작이 계속되었다면 시장에 공급과잉 현상은 일어나지 않았을 것이고, 곡식 가격도 조금밖에 하락하지 않았을 것이다. 또한 교구의 보조도 철회되지 않고 통화 수요가 지속되어 물가는 통화의 팽창에 비례하여 고공 행진을 계속했을 것이다.

물가가 떨어지고 나면 철회 가능한 일시적 원조 수단인 교구 보조금을 지급하는 대신에 그 몫만큼 전반적인 임금 수준을 높였더라면 유통되는 통화량을 감소시키고 물가를 정상화하는 데 있어서 훨씬 더 큰 어려움이 따랐을 것이다. 또한 이렇게 상승한 임금은 영구히 지속되어 결국엔 노동자 자신들에게조차 아무런 이득이 되지 않았을 것이다.

노동임금의 실질적 상승을 열망하는 점에서 나는 그 누구에게도 뒤지지 않는다고 자부한다. 그러나 지난 흉작 기간 동안 실제로 상당한 수준으로 행해졌고 심지어 널리 권장되기까지 했던 무리한 임금 인상 시도는 이러한 목표를 이루는 데 있어서 아무런 도움도 되지 않는다는 것을 적어도 생각이 있는 사람이라면 알 것이다.

자연스럽게 형성된 노동임금은 가장 중요한 정치적 지표가 된다. 즉 그것은 식량의 수요공급 관계를 보여줄 뿐 아니라 식량 소비량과 소비자의 숫자, 그리고 우연적인 상황을 배제했을 경우, 인구와 관련하여 사회의 결핍 요소가 무엇인지를 명확히 알려준다. 다시 말해서 현재 인구를 유지하기 위해 한 가정에 자녀가 몇 명이 필요한지와는 상관없이, 노동유지기금의 실제 상태가 정체 중인지, 성장 중인지, 퇴행 중인지에 따라 노동임금이 한 가정의 자녀들을 충분히 부양할 수 있는지, 그 이상인지, 또는 그 이하인지가 결정된다. 그런데 우리들은 그 사실을 이러한 견지에서 고찰하지 않고 노동임금은 마치 우리들이 원하는 대로 올리고 내릴 수 있는 것처럼 또는 내무부 관리들의 의사에 따라서 마음대로 결정될 수 있는 것처럼 생각하고 있다. 그 결과 수요가 공급을 초과하여 식량 가격이 상승하면, 우리는 노동자로 하여금 종전과 같은 생활을 영위할 수 있게 하기 위하여 임금을 인상시킨다. 그런데 이는 도리어 식량 수요를 더욱 부추기는 결과를 낳고, 이에 따라 계속해서 치솟는 식량 가격에 우리는 아연실색한다. 이는 마치 기압계의 수은 눈금이 '폭풍우'를 가리키고 있는데, 이를 어떤 기계적인 압력을 가하여 '쾌청'을 가리키는 선까지 이끌어 올려놓았지만 여전히 비가 계속 쏟아지는 것을 보고 크게 놀라는 것과 같다.

애덤 스미스는 흉작인 해에는 고용주가 재정상 종전과 같은 임금을 지불하여 종전과 같은 인원수를 고용할 수 없게 되므로 상당수의 노동자가 일자리를 잃거나 전보다 열악한 급여를 받고 일하게 된다는 것을, 그리고 이는 변화된 조건에 따른 자연스러운 현상임을 명쾌하게 보여주었다. 인건비 상승은 필연적으로 더 많은 실업자를 낳게 할 뿐 아니라 그가 언급하고 있는 것처럼 다소의 곡물 부족 상태로부터 생기는 긍정적 효과, 즉 하층민으로 하여금 좀 더 많이 일하게 하고 좀 더 신중하고 근면해지도록 만드는 효과를 기대할 수 없게 만든다. 최근의 흉작 기간 중에 해고된 사환들과 직공들의 수가 많았다는 사실은 이와 같은 추론을 확증해 주는 침울한 증거이기도 하다. 만일 식량 가격 상승에 비례해서 임금이 상승한다고 하면 농장주들과 소수의 자산가들 외에는 아무도 전과 같은 인원수의 노동자를 고용할 수 없을 것이다. 필요없는 사환들과 직공들은 해고당할 것인데, 이 실업자들은 물론 교구 이외에는 의지할 곳이 없게 될 것이다. 따라서 흉작기에는 노동임금이 올라가지 않고 도리어 내려가는 것이 자연적인 현상이라 볼 수 있다.

이미 애덤 스미스의 저서와 같은 훌륭한 책이 출판되어 널리 읽히고 있는 오늘날에 이르러서도 심지어 경제학자를 자처하는 사람들마저도 여전히 치안판사의 판결이나 의회의 의결 한 번에 나라의 모든 사정을 일변시킬 수 있을 것처럼 생각하고, 또한 식량 수요가 공급을 초과하는 경우에 칙령을 공포함으로써 곧 공급과 수요를 맞추고, 심지어는 공급을 수요 이상으로 늘릴 수 있을 것처럼 생각하는 것은 참으로 이상한 일이다. 곡물에 대한 최고가(最高價) 규정안에 겁을 집어먹는 사람들도 노동임금은 식량 가격에 비추어 책정되어야 한다고 주장하는 것이 보통이지만, 사실은 이 두 가지 제안이 거의 같은 성질의 것으로 모두 빈곤을 야기하는 경향이 있다는 것을 깨닫지 못하고 있는 것 같다.

노동자로 하여금 이전과 같은 양의 식량을 구입할 수 있게 하기 위해서는 식량 가격을 고정시키는 것이 좋은지, 아니면 인상된 임금 수준에 맞추어 정하는 것이 좋은지는 문제가 아니며, 결국은 같은 이야기가 된다. 임금 인상이 갖는 유일한 이점이 있다면, 임금 인상에 수반되는 식량 가격 상승으로 인해 수입이 촉진된다는 점이다. 그러나 수입은 전쟁이라든가 기타 다른 사정에 의해서 중단될 가능성이 있는 유동적 요소이므로, 잠시 논외로 한다면 식량 가격 상승에 비례해서 노동임금을 일반적으로 인상시키고, 또 실업자에 대해서 교구가 충분한 보조금을 지급할 경우에는 그 결과로 최고가 규정안이 실행될 때와 마찬가지로 조금도 절약이 행해지지 않아 12개월 먹어야 할 곡식을 9개월 만에 다 먹어버리게 됨으로써 마침내 기근 상태를 야기할 것이다. 그러나 이러한 경우에 우리는 인도적 측면에서나 정책적 측면에서 빈민들에게 최대한의 원조를 아낌없이 베풀어야 한다는 사실을 잊어서는 안 된다. 만일 식량 가격이 흉작기의 수준을 계속 유지한다면 노동임금은 반드시 상승할 것이다. 그렇지 않으면 질병과 기근이 노동자의 수를 급속히 감소시킬 것이다. 그리고 노동의 공급이 수요를 따르지 못하게 되면 임금은 곧 식량 가격보다 더 가파른 속도로 치솟을 것이다.

흉작이 든 한두 해 동안 빈민들을 그대로 내버려두는 것만으로도 얼마든지 이러한 현상이 나타날 수 있으므로 궁핍한 시기에 그들에게 일시적인 원조를 제공하는 것은 우리의 의무이기에 앞서, 결과적으로 우리에게도 득이 되는 일이다. 이와 동시에 빵을 대신할 저렴한 대체식량의 소비 진작과 식량 절약 방안을 적극 활용해야 한다. 무턱대고 식량 가격이 높다고 불평만 해서는 안 된다. 덕분에 수입이 활발하게 이루어져 식량 공급이 늘어날 수 있기 때문이다.

구빈법과 노동임금 강제 인상정책의 무용성은 흉작기에 특히 두드러지게 나타나는바, 이러한 관점에서 지금까지의 나의 논의들은 충분히 정당화될 수 있으리라 생각한다. 또한 통화량 증가가 최근의 흉작 기간 동안 발생한 물가 폭등에 끼친 영향을 감안한다면, 통화에 관한 고찰은 이번 장의 주제에서 다소 벗어난 감은 있으나 꼭 필요한 부분이었다고 믿는다.

6. 구빈법 (2)

흉년인 경우를 차치하더라도, 식량 증가율을 따르지 못할 때 늘어난 인구가 개인의 소득가치를 저하시킨다는 것은 명백한 사실이다. 즉 식량의 분배량은 필연적으로 전보다 줄어들 것이며, 그 결과 하루의 노동으로 구입할 수 있는 식량의 양도 그만큼 줄어들 것이다. 식량 가격의 상승은 인구가 생존자원보다 빠른 비율로 증가하는 경우, 또는 사회의 통화 분배가 달라지는 경우에 발생한다. 오랫동안 사람들이 살아온 나라에서는 식량이 완만하고 일정하게 증가하여 갑작스러운 식량 수요 증가에 취약하다. 한편 통화 분배의 변화는 자주 벌어지는 일은 아니지만, 확실히 식량 가격의 지속적인 변화를 일으키는 원인 가운데 하나이다.

영국의 구빈법은 크게 두 가지 면에서 빈민들의 생활조건에 악영향을 끼친다. 첫째, 구빈법은 식량자원이 충분히 증가하지 않은 상태에서 인구를 증가시키는 결과를 초래한다. 교구의 원조 없이는 한 가족의 생계를 부양할 능력이 없는 빈민이 구빈법 덕분에 결혼하여 가정을 이룬다. 따라서 구빈법이 사회가 부양해야 할 빈민을 만들어낸다고 볼 수도 있다. 또한 인구 증가로 인해 사람들에게 돌아가는 식량의 양은 줄어들 수밖에 없으므로, 교구 보조를 받지 못하는 이들은 그들의 노동을 통해 번 돈으로 전보다 더 적은 양의 식량을 구입할 수밖에 없고, 결국은 이들 역시 교구의 원조를 필요로 하는 처지로 전락하게 된다.

둘째, 일반적으로 사회적인 가치에 기여한다고 보기 어려운 구빈원에서 소비되는 양만큼 보다 근면하고 사회에 보탬이 되는 사람들에게 돌아가야 할 식량이 줄어든다. 그로 인해 사람들은 점점 더 의존적인 상황으로 내몰린다. 구빈원에 의존하는 빈민의 생활은 더 나아지는 반면, 이러한 달라진 사회의 통화 분배 상황은 식량 가격의 상승을 일으켜 구빈원 바깥에 있는 사람들의 삶을 더욱 악화시킨다.

다행히도 영국 농민들에게는 여전히 독립 정신이 살아 있다. 구빈법은 그 정신을 파괴하게끔 만들어져 있다. 이러한 의도는 그동안 부분적으로 성공을 거두었다. 만약 구빈법이 예상대로 완벽한 성공을 거두었다면, 그것이 가진 치명적인 폐단이 이미 만천하에 드러났을 것이다.

독립심 없이 남의 도움에만 의지하려는 빈민을 치욕적인 상태 그대로 버려두는 것이 개별적인 사례로 볼 때는 잔인한 것같이 보일지 모르지만, 그와 같은 자극은 인류 대다수의 행복을 증진시키기 위해서는 절대로 필요한 것처럼 보인다. 따라서 이러한 자극을 약화시키려는 모든 일반적 시도는 비록 그 의도가 아무리 선의에서 비롯된 것일지라도 언제나 그 자체의 목적에 어긋나게 될 것이다. 만일 독립하여 일가를 부양할 만한 능력이 없음에도 불구하고 오직 교구의 보조만을 믿고 결혼하는 사람이 있다면, 그는 그 자신과 자식들을 불행과 경제적 예속의 굴레로 내몰 뿐만 아니라, 자신도 모르는 사이에 그와 동일한 계층의 다른 모든 사람들에게 해를 미치게 된다.

영국의 구빈법은 식량 가격 상승과 노동의 실질임금 하락에 일조해 왔다. 결국 구빈법은 자기의 노동력 이외에는 아무것도 갖지 못한 계층의 사람들을 가난하게 만드는 데 이바지했던 것이다. 또한 그것이 소상인과 소농장주들의 일반적인 성격과 상반되는, 흔히 빈민들에게서 발견할 수 있는 특징인 불성실과 낭비의 습관을 조장하는 데 커다란 역할을 했음을 부인하기는 어렵다. 가난한 노동자들은 속된 말로 표현하자면, 그날그날을 하루살이처럼 연명해 간다. 그들은 현재 눈앞에 닥친 궁핍에만 사로잡혀 미래를 개의치 않으며, 저축할 기회가 생겨도 실행에 옮기는 법이 없다. 생활의 필요를 충족하고도 돈이 남으면 술 마시는 데다 몽땅 허비해 버리는 것이 통례로 되어 있다. 그러므로 구빈법은 일반인들의 저축 의지와 능력을 무디게 만듦으로써 절제와 근면, 나아가 행복의 주요 동인 중 하나를 약화시킨다고 할 수 있다.

공장주들은 높은 임금이 직원들을 망쳐놓았다고 불평을 늘어놓는다. 그러나 이들에게 교구 보조금이 제공되지 않았다면, 지금처럼 번 돈을 모조리 술로 탕진하지 않고 그중 일부라도 미래를 위해 저축하지 않았을까? 가난한 노동자들은 번 돈을 탕진해도 되는 이유를 이 교구 보조금에서 찾고 있는 것이다. 대규모 공장 하나가 파산할 때 교구로 몰려드는 빈곤층 노동자 가족들의 엄청난 숫자를 생각하면 이 점은 분명해진다. 아마도 그 공장이 원활하게 운영되었을 때까지만 해도 그곳 공장 노동자가 받은 임금은 다른 일반 노동자가 받는 평균임금을 상회했을 것이므로, 그 돈을 그동안 잘 모아왔더라면 다른 일자리를 구할 때까지 충분히 생계를 유지할 수 있었을 것이기 때문이다.

자신이 죽거나 병에 걸리더라도 아내와 자식들은 교구가 돌봐줄 테니 번 돈을 모조리 탕진해도 상관없다고 생각하던 사람들도 교구 보조금이 없어지고, 이대로는 자신의 가족이 굶어 죽거나 남이 적선해 준 것으로 근근이 살아가는 거지꼴을 면치 못하리라는 사실을 분명히 깨닫게 된다면 번 돈을 낭비하는 것을 조금은 주저하게 될 것이다.

자립심과 같은 게으름과 방탕을 막아주는 강력한 요소가 사라진다면 일반 국민의 행복의 총량은 줄어들지 않을 수 없다. 그리고 독립심이 없이 남에게 붙어먹으려는 의존적 빈곤을 그처럼 일반화시키는 적극적 제도는—가장 선하고 인도적인 명분을 앞세워—사람들로 하여금 기생하는 삶을 당연한 듯이 여기도록 만든다.

본래 영국의 구빈법은 의심할 바 없이 가장 자선적인 목적을 이룩하기 위하여 제정된 것임에 틀림없지만, 그 법률이 목적을 달성할 수 없었다는 것은 분명하다. 구빈법은 물론 이와 같은 조처가 없었다면 반드시 일어났을 것에 틀림없는 극심한 곤궁 상태를 많이 완화시킨 것은 사실이다. 그러나 모든 사정을 감안해 볼 때 교구에 의해서 보조를 받고 있는 빈민이라 할지라도 그 생활이 비참하지 않다고는 말할 수 없다. 하지만 이 제도에 대한 주된 반론 중 하나는, 일부 빈민들이 받고 있는 원조를 순수하게 축복이라 보기에는 심히 의심스러우며, 무엇보다 이 제도로 말미암아 영국의 모든 서민들이 헌법의 참된 정신에 위배되는 불쾌하고 불편하며 압제적인 법률에 복종당하게 되었다는 주장이다.

구빈원의 모든 사업은 비록 현재와 같이 개선되었다 할지라도 일체의 자유 이념과는 모순되는 것이다. 더구나 교구가 가족 부양을 떠맡은 가장들과 머지 않아 아이를 낳게 될 가난한 부인들을 강제로 구빈원으로 보내는 일은 가장 치욕적이고 증오할 만한 압제이다. 그런데 이러한 법률이 끊임없이 노동시장에 가하는 방해는 다른 이의 도움을 받지 않고 자립하고자 하는 사람들을 더한층 곤란하게 만든다.

구빈법에 따르는 이와 같은 폐해는 좀처럼 교정할 수 없는 것 같다. 보조금 사업을 하기 위해서는 적절한 구호 대상자와 그 범위를 정하는 역할을 하고 필요한 사무를 관리하는 권력기관이 필요하다. 그러나 다른 사람의 일에 너무 간섭하는 것은 일종의 압제가 되는 것이므로 보통 이러한 권력의 행사는 보조를 받지 않을 수 없는 사람들에게 불쾌감을 자아내게 할 것이다. 교구위원들과 감독관들의 전제적 행위는 빈민들 사이에서는 불평의 대상이 되고 있다. 그러나 잘못의 책임은 이러한 사람들에게 있다기보다는 오히려 이들 기관들의 근본적인 성격에 있다고 볼 수 있다. 사실 이러한 사람들도 권력을 장악하기 전에는 그렇게 유별나게 나쁜 사람은 아니었을 것이다.

만일 영국에 구빈법이 존재하지 않았다면 심한 곤궁의 사례는 다소 불어났을지는 모르지만 일반 국민의 행복의 총량은 현재보다 훨씬 컸을 것이다.

이러한 종류의 제도가 가지는 근본적인 결함은 교구에 의해서 보조를 받고 있지 않은 사람들의 생활 상태를 더욱 악화시켜 더한층 양산해 낸다는 점에 있다. 사실 영국에서 시행되고 있는 이런 종류의 법률 가운데 일부는 인구의 원리에 비춰서 엄밀하게 검토해 볼 경우, 절대로 실현 불가능한 목표를 두고 있음을 알게 된다. 따라서 그러한 법률이 언제나 목표 달성에 실패하는 것은 하등 놀라운 일이 아니다.

그동안 사람들의 끊이지 않는 찬사와 인용의 대상이 되어온 저 유명한 엘리자베스 1세의 43년 구빈법(1643)은 빈민감독관이 "2인 또는 그 이상의 재판관의 동의를 얻어 부양 능력이 없는 자의 자녀들과 소득 수단이 전무하여 자립 능력이 없는 자들을 대상으로 구호 명령을 내릴 수 있으며, 또한 해당 교구에 거주하는 토지 소유자 및 모든 일반 시민에게 세금을 부과하고 매주 또는 기타 기간을 정하여 정기적으로 아마, 삼, 양모, 실, 철 및 기타 필요 물품과 재료를 구입하여 빈민들이 일할 수 있도록 (그들이 필요하다고 생각하는 양만큼 충분히) 제공할 수 있다"고 규정하고 있다.

이와 같은 법률은 이 나라의 노동유지기금이 정부의 명령에 의해서 또는 빈민감독관의 과세에 의해서 마음대로 무제한하게 증가될 수 있다는 것을 규정하는 것이 아니고 무엇이겠는가? 엄밀하게 말하면 이 법률은 참으로 오만하고 불합리하기 짝이 없는 것이라 할 것이니, 이것은 마치 본래 하나의 이삭밖에 맺지 못했던 보리에 대해서 장차는 두 이삭을 맺어야 한다고 명령을 내리는 것과 같다. 일찍이 크누트 1세[1]는 밀어닥치는 파도를 향하여, 자신의 존귀한 발을 적시지 말라고 명령을 내린 일이 있지만, 그래도 위의 법률처럼 자연의 대법칙을 모독하려는 것은 아니었다. 또한 이 법률은 노동유지기금을 과연 어떻게 증가시킬 것인가에 대하여 빈민감독관에게 아무런 지시도 내리지 않고 있다. 기금을 늘리기 위해서는 근검절약하고 계몽된 농업 및 상업자본관리 노력이 필요하다는 사실은 망각한 채, 무지한 교구위원들로 하여금 제멋대로 정부 명령을 휘두르도록 내버려둠으로써 마치 기금이 기적적으로 증가할 것처럼 기대하는 것이다.

만일 이와 같은 법률이 실제로 충실히 실행되어 아무도 교구의 보조를 받는 것을 수치스럽게 여기지 않게 된다면 모든 노동자들은 자녀 부양에 대한 근심에서 벗어나 주저 없이 결혼을 선택하게 될 것이다. 그뿐만 아니라 가정대로라면 결혼 후에도 빈곤에 의해서 자녀 출산을 제약당하는 일이 없을 것이기 때문에, 인구는 그 유례를 찾아볼 수 없을 만큼 빠른 속도로 증가할 것이다. 제아무리 뛰어난 정부가 최상의 노력을 기울일지라도 식량 증산이 현재의 인구 증가율을 따라잡기는 힘들다는 앞서의 논의를 다시 상기해 보자. 임의적인 법령 따위로는 노동유지기금이 증가하기는커녕 오히려 축소되리라는 것을 쉽게 예상할 수 있을 것이다.

각국의 실제 환경을 살펴보면, 자연의 증식력은 거의 언제나 그 전력을 발휘할 준비를 갖추고 있는 듯하다. 그러나 어떠한 형태의 정부도 토지에서 최대한의 식량을 생산하기 위해 국가의 산업 방향을 임의대로 조정하거나 강제적으로 이끌어갈 수는 없다. 지금까지 인간에게 가치 있는 것은 모두 재산 제도의 덕분으로 생겨난 것이지만, 만일 앞서 말한 것 같은 일을 하려면 이 재산 제도를 전적으로 파괴해 버리지 않으면 안 된다. 원래 결혼하고 싶은 욕망은 특히 젊은이들에게서 강렬하게 나타나는 것이므로, 가족 부양상의 곤란이 전

---

1) 잉글랜드(1016~1035), 덴마크(1019~1035), 노르웨이(1028~1035)를 다스렸던 정복왕. 잉글랜드와 대륙을 왕래하며 노르웨이·스웨덴과 싸워 일부를 정복하였고 스코틀랜드에 침입하여 영국에서 스칸디나비아에 걸친 대제국을 건설하였다.

적으로 제거된다면 22세가 되도록 독신으로 남아 있는 자는 거의 없을 것이다. 그러나 적어도 이성적인 정부라면 감히 어떠한 정치가도 육류 소비를 전면 금지하거나, 말을 사업이나 오락에 사용하지 못하게 할 수는 없다. 전 국민을 감자만 먹도록 만들 수도, 의복·주거와 같은 필수적인 물품 생산 외에는, 전국의 모든 노동력을 식량 생산에 투입하도록 만들 수도 없다. 설사 그런 일이 가능하다 하더라도 그것이 과연 바람직한 일일까? 몇 년도 지나지 않아 돌이킬 수 없는 심각한 자원 부족 상황에 직면하게 될 텐데도?

농작물의 실제 경작 현황을 살펴보거나 합리적 정부에게서 기대할 수 있는 최선의 방안을 검토해 본다 하더라도, 이제 막 건설된 식민지의 특수한 경우를 제외하면, 어떤 국가도 현재의 식량 증가량만으로는 무제한적인 인구 증가를 감당할 수 없다. 따라서 엘리자베스 여왕의 43년 구빈법 조문은 현실적으로 실현 불가능한 것을 목표로 삼고 있는 셈이다.

그러나 누군가는 "현실과 이론은 다르다. 문제의 법률은 지난 200년간 변함없이 시행되어 왔다"고 말할지도 모른다. 이에 대하여 나는 그 법률은 한 번도 제대로 실행된 적이 없으며, 바로 그러한 이유 때문에, 아직도 그것이 법전(法典)에 남아 있을 수 있는 것이라고 대답하겠다.

곤경에 처한 사람들에게 주어지는 빈약한 액수의 보조금, 사업 집행 때에 감독관이 보여주는 변덕스럽고 모욕적인 태도, 그리고 영국 농민들의 마음속에 여전히 살아 있는 자연스럽고 소박한 자존감, 이러한 요소들로 인해 교구의 보조금 외에 가족을 부양할 방법이 없다면 결혼하기를 거부하는, 뜻있고 덕을 아는 사람들이 그나마 세상에 남아 있다. 더 나은 삶에 대한 열망, 그리고 더 나빠질 삶에 대한 두려움은 의학에서 말하는 '자연치유력'처럼, 정치적으로 '공화국의 치유력'으로 작용하여, 편협한 인간 제도에서 비롯된 무질서에 대항한다.

인구 증가를 조장하는 온갖 편견과 결혼을 장려하는 구빈법의 존재에도 불구하고 그것은 무분별한 성장을 억제하는 원동력으로 기능해 왔으며 이는 이 나라의 장래를 위해서라도 다행한 일이 아닐 수 없다. 재미있는 것은 이와 같은 독립심과 신중함의 미덕 말고도 구빈법 그 자체가 무분별한 결혼을 막는 역할을 하기도 한다는 점이다. 다시 말해서 구빈법은 결혼을 장려하는 동시에 억제하려 든다. 각 교구는 자기 영역 내의 빈민들을 부양할 책임이 있으므로, 자연히 빈민의 증가를 두려워하게 된다. 그 결과 지주들은 꼭 필요한 인력 외에는 가급적 빈민들을 자신의 땅에 들이지 않기 위해 남아 있는 빈민 오두막을 허물어버린다. 이로 인한 주택 부족은 필연적으로 혼인의 강력한 억제력으로 작용하게 된다. 구빈법 제도가 오랜 세월 존속해 올 수 있었던 것은 아마도 이러한 억제 요소 덕분일 것이다.

이와 같은 여러 억제 요인에도 불구하고 끝내 결혼을 선택한 빈민들은 더럽고 초라한 거처에 머물며 보잘것없는 보조금에 의지해 연명해 가거나, 사람들로 북적거리는 비좁고 불결하기 짝이 없는 구빈원에 수용되어야 한다. 구빈원의 끔찍하고 비위생적인 환경으로 인해 수많은 사람들이 죽어나가고 있다. 특히 어린아이의 사망률이 두드러진다. 런던 구빈원에 수용되어 있는 어린이들에 대한 처우 문제를 고발한 조나스 한웨이(Jonas Hanway)의 무시무시한 보고서는 이미 사회적으로 유명하고, 그 외에도 하울렛(Howlett)을 비롯한 여러 작가들을 통해 대도시 지방 할 것 없이 구빈원 환경이 전반적으로 매우 열악하다는 사실이 널리 알려졌다.

구빈법에 의해서 생겨난 과잉인구의 대부분은 이 법률 자체의 작용에 의해서 또는 적어도 그 운용이 잘 되지 못했기 때문에 사라지고 있다. 그런데 여기서 살아남은 과잉인구의 존재로 인해 노동유지기금은 본래의 적정 인원수보다 훨씬 더 많은 이들에게 분배되어야 하고, 그 결과 근면하고 신중한 노동자들에게 돌아가야 할 몫이 게으르고 무지한 빈민에게 돌아가게 된다. 이는 해가 갈수록 구빈원 바깥에 존재하는 모든 이들의 삶을 무겁게 짓누르는 부담이 되어 결국엔 개탄해야 마땅할 거대한 악덕을 낳았다. 전체 인구 가운데 자선에 의지하는 이들의 숫자가 비정상적일 만큼 높은 비율을 차지하게 된 것이다.

만일 문제의 법조문이 실제로 앞서 말한 것과 같이 실시되었고 또한 그것으로부터 생긴 결과도 역시 앞서 말한 것과 같다고 한다면, 분명히 우리들은 빈민에 대해서 용서받을 수 없는 기만행위를 한 것이 되며, 도저히 실천할 수 없는 약속을 한 셈이 된다.

제조업 분야에 대규모의 빈민들을 채용하려는 그동안의 시도들은 자본과 원자재만 허비했을 뿐 거의 모두 실패로 돌아갔다. 그나마 더 나은 경영관리와 식량을 가진 소수의 교구만이 현재까지 이 제도를 유지하고 있는 실정인데, 이렇게 생겨난 새로운 제조공장들은 비슷한 업종에 종사하고 있던 다수 독립 노동자들의 일자리를 빼앗는 결과를 가져왔다. 대니얼 디포(Daniel Defoe)는 '적선은 자선이 아니다(Giving Alms no Charity)'라는 제목의 의회 연설을 통해 이들이 노동시장에 끼치는 악영향을 비판했다. 구빈원 아이들의 제조업 작업장 고용에 대해 거론하면서 그는 이렇게 말한다. "이들 가난한 아이들이 양털실 한 타래를 지으면 다른 빈민 가정에서는 예전보다 양털실 한 타래를 못 짓게 된다. 런던에서 만들어지는 모직천의 개수만큼 콜체스터나 그 밖의 다른 지역에서 만들어지는 모직천의 개수는 줄어든다." 이든 경 또한 같은 맥락에서 다음과 같이 비판한 바 있다. "대걸레와 빗자루는, 구빈원 아이들이 그것을 만들었든 일반 노동자가 만들었든 그 사회에서 필요로 하는 것 이상으로는 팔릴 수 없다."

이와 똑같은 논리가 어떤 특정 상공업에 새로운 자본이 경쟁자로서 참가하는 경우에도 역시 적용될 수 있다. 왜냐하면 이 새로운 자본은 종래 그것에 종사하는 사람들에게 어느 정도의 손해를 주지 않을 수 없기 때문이다. 그러나 두 경우 사이에는 실질적인 차이가 있다. 즉 후자의 경우 경쟁은 정당하며, 적어도 사업에 투신하는 자라면 당연히 받아들여야 할 부분이다. 경쟁자가 자신보다 기술이나 근면성 면에서 우월하지 못하다면 도태될 우려는 없다. 반면 전자의 경우 경쟁자는 막대한 보조금을 무기로 기술이나 근면성에서 훨씬 더 뒤떨어지는데도 불구하고 일반 노동자의 판매시장을 잠식해 들어와 끝내는 이들을 시장에서 완전히 밀어내버린다.

노동유지기금은 상당한 이윤을 낳는 영업을 버리고, 보조를 받지 않고서는 좀처럼 유지될 수 없는 영업으로 전용된다. 일반적으로 사정 평가를 통해 노동유지기금이 증액될 때, 그 자금의 대부분은 거래에 투입된 새 자본이 아니라 기존에 고수익 사업에 투입되어 있던 옛 자본을 끌어온 것에 불과하다는 사실을 쉽게 확인할 수 있다. 농부는 제조업을 돕기 위한 자금을 구빈세라는 명목으로 지불하고 있지만, 만일 그것을 그들 자신의 토지에 사용했더라면 아마 무한히 큰 이익을 국가에 가져다주었을지도 모른다. 전자의 경우 노동유지기금은 나날이 감소하는 반면 후자의 경우는 나날이 증가한다. 이처럼 빈민 고용에 대한 자본 투입을 고집함으로써 갈수록 기금 규모가 줄어들고 있는 오늘날 상황은 인구가 아무리 급속하게 증가한다 하더라도 정부의 힘으로 모든 국민에게 일자리를 찾아줄 수 있다는 식의 가정이 얼마나 어리석은 망상인지 명백히 보여준다.

하지만 그렇다고 해서 무조건적으로 빈민 고용이 잘못됐다는 것은 아니다. 제한된 규모의, 빈민의 증가를 부추기지 않는 선에서의 고용은 또 다른 문제이다. 나는 일반론을 절대적인 것인 양 주장할 생각은 추호도 없다. 고용을 통해 개인이 얻는 이득이 매우 큰 반면 사회 일반에 끼치는 해악은 극히 미미한 경우라면, 충분히 전자가 후자보다 중시될 수 있다.

내가 의도하는 바는 다만 구빈법이 잘못된 토대 위에 세워진 것임을 입증하는 것이다. 출판물이나 토론을 통해 우리가 자주 접하게 되는, 이른바 노동의 시장가격은 항상 한 가장이 자기 식구를 충분히 부양할 수 있는 정도의 수준을 유지해야 하며, 일하고자 하는 사람은 누구나 고용되어야 한다는 식의 주장은 사실상 이 나라의 노동유지기금이 무제한적일 뿐만 아니라 경제적 변동 사항에도 전혀 영향받지 않는다고 말하고 있는 것과 같다. 또한 그것은 나라의 자원이 급속도로 증가하건 천천히 증가하건, 정체 상태건 쇠퇴하고 있건 간에, 노동자계층에 대한 완전고용과 고임금 보장은 항상 가능한 것이라고 생각하는 것과 같다. 이러한 주장은 수요공급의 원칙이라는 명백하고도 단순한 진실에 모순될 뿐만 아니라, 한정된 토지로 무제한적인 인구를 유지할 수 있다는 식의 불합리한 명제를 내포하고 있다.

7. 구빈법 (3)

앞 장에서 논한 구빈법의 특성과 그 폐해는 1815년부터 1817년에 이르는 기간 동안 우리가 겪어온 사건들을 통해 가장 충격적인 방식으로 입증되었다.[1] 이 기간 동안, 상식을 갖춘 사람이라면 도저히 부인할 수 없을, 대단히 중요한 두 가지 사실이 드러났다.

첫째, 영국 정부는 구빈법을 통해 실직 또는 다른 원인으로 자생력을 잃은 개인 및 가족을 부양하고 일자리를 제공한다는 약속을 사실상 지키지 않고 있다.

둘째, 지방 교구에서 거둬들이는 구빈세액이 대폭 증가한 한편, 민간 자선단체의 칭송할 만한 자발적인 기부 활동 역시 활발하게 이루어졌음에도 불구하고, 영국은 일할 의지와 능력을 갖춘 많은 수의 노동자들과 직공들에게 충분한 일자리를 제공하는 데 실패했다.

런던을 비롯한 여러 대도시에서 우리는 빈사 상태에 빠진 수많은 빈민 가정을 발견할 수 있다. 비록 그들에게 구빈원에 수용될 기회가 주어진다 하더라도, 그곳의 혼잡하고 비위생적인 열악한 생활환경은 그들로 하여금 그곳에 들어가는 것을 망설이게 한다. 많은 교구들이 빈민 수용에 필요한 자금을 충당하기에는 턱없이 부족한 재정 상태에 빠져 있으나 그렇다고 더 이상 구빈세를 올린다는 건 불가능한 형편이다. 더구나 현행 제도하에서라면, 그러한 세금 인상은 다만 구빈원에 의지하는 더 많은 숫자의 빈민들을 양산해 낼 뿐이어서 그 결과 세수 감소의 악순환을 초래할 것이다. 세수 부족을 충당하기 위한 개인의 자발적 자선 활동을 요구하는 목소리가 전국 도처에서 울려 퍼지고 있다. 이러한 실상을 확인하고도, 구빈법이 약속한 바를 충실히 수행하고 있다고 말

---

1) 이 장은 1817년에 쓰였다.

할 수 있는 사람은 아무도 없을 것이다.

구빈법의 비능률을 드러내는 이러한 명백한 사례들은 현재 이 제도가 약속한 바를 제대로 이행하지 못하고 있음을 증명할 뿐만 아니라, 이행을 불가능하게 하는 근본적인 오류가 있음을 보여준다. 약속을 이행하지 못하는 이유는 애초에 그러한 약속을 이행한다는 건 불가능하다는 데 있다. 이는 구빈법을 위해 그나마 해줄 수 있는 유일한 변명거리이기도 하다. 그러나 애초에 불가능한 약속이었으므로 실패가 불가피했다는 점을 참작한다 하더라도, 불가능하다는 걸 알면서 그러한 약속을 내건 처사는 비난을 면키 어렵다. 따라서 앞으로도 이 법률을 시행하는 것이 바람직하다고 생각한다면, 무엇보다 법조문 내용을 개정하고 일반적인 법해석을 제공함으로써, 빈민들이 법률의 실익과 그 한계에 대해 그릇된 환상을 품지 못하게 해야 한다.

크게 인상된 세금과 막대한 규모의 자발적인 기부금, 그리고 여러 개인들의 꾸준한 공헌에도 불구하고 지난 2, 3년간 벌어진 노동 수요 급감으로 실직한 이들에게 새로이 일자리를 제공하는 일은 실패로 돌아가고 말았다는 것이 분명해졌다.

한 국가에 발전이나 정체, 퇴보를 가져오는 결정적인 원인이라 할 수 있는 사회의 격변은 세금 인상이나 자선기금과 같은 요인들에 큰 영향을 받지 않기 때문에 이러한 유형의 노력만으로는 사회의 정체나 쇠퇴를 막을 수 없으며, 발전하는 국가에서만 나타나는 노동의 유효수요 창출 또한 불가능하다는 것은 이미 충분히 예상됐던 사실인지도 모른다. 설사 미처 모르고 있었던 이들도 지난 2년간[2]의 우울한 경험을 통해 이러한 진실을 절실히 깨달았을 것이다.

그러나 그렇다고 해서 현재의 고통을 치유하기 위해 행해진 지난 노력들이 전부 잘못된 것으로 매도되어서는 안 된다. 칭찬받아 마땅한 고귀한 사명감에서 비롯된 이러한 노력들은 곤경에 처한 이웃을 도와야 한다는 위대한 도덕적 의무를 실천한 것일 뿐 아니라, 실질적으로도 사회에 크나큰 기여를 했으며, 설사 뚜렷한 성과를 거두지는 못했다 하더라도 적어도 사회에 악덕이 만연하는 것을 막는 힘으로 기능했다. 그동안의 노력이 부분적으로 실패를 거두었다

---

2) 이 2년 동안이란 1816년과 1817년을 말한다.

고 해서 그 활동을 이끈 이들의 열정과 능력이 부족했던 탓이라 여겨서는 안된다. 다만 그들이 추진한 활동만으로는 애초에 해결 불가능한 영역이 존재했던 것뿐이다.

좋은 세월이 다시 돌아올 때까지, 부유층뿐만 아니라 빈민층을 포함한 모든 계층이 합심하여 희생을 감수함으로써 고난의 엄청난 무게로 신음하고 있는 사람들의 고통을 조금이나마 덜어주는 일은 가능할지도 모른다. 그러나 그 원인이 어디에 있든지 간에 그동안의 여러 사건들로 인한 상품 및 노동 수요의 급감은 개인이나 국가의 노력으로 일거에 해결할 수 있는 문제가 아니다.

온갖 어려움들이 이 문제를 둘러싸고 있기 때문에 무엇보다 중요한 것은 앞장에서 인용했던 대니얼 디포의 비판을 명심하는 일이다. 우리나라의 제조업자들, 특히 스피탈필즈(Spitalfields)의 방직업자들은 현재 상품 수요 부족의 직간접적인 영향 아래 극심한 어려움에 처해 있다. 그에 따라 고용주들은 감소된 수요에 공급을 맞추기 위해 직원들을 대량 해고해야 할 필요를 느끼고 있다. 반면 일각에서는 해고된 노동자들이 다시 일할 수 있도록 지원해 줄 특별자선기금을 모금하자는 선의의 목소리도 들리고 있다. 하지만 이는 가뜩이나 공급 과잉 상황인 시장을 더욱더 과잉으로 몰아갈 수 있다. 공급 감소만이 자본 전부를 잃거나 직원 일부가 아닌 모두를 해고해야 하는 최악의 상황을 막을 수 있는 유일한 길인바, 고용주들이 이러한 제안에 반대하는 것은 당연하고도 정당한 선택이다.

한편 일부 상인 및 제조업자들은 일체의 외국 상품 수입을 금지해야 한다고 강하게 주장하고 있다. 국내 상품과 경쟁하게 되고, 고용에 악영향을 끼칠 것이라는 우려에서 그렇다. 그러나 외국으로부터 재료를 수입하여 상품을 제작하는 또 다른 제조업자들은 당연히 이를 반대할 것이며, 그들의 반대는 정당하다. 영국산 제품만이 통용되는 국내시장은 국내 노동자들의 고용을 창출하지만, 동시에 그만큼 많은 숫자의 다른 분야의 노동자들이 일자리에서 쫓겨난다는 사실을 인정해야 한다.

그렇지만 게으름에서 비롯된 도덕적 타락과 남의 자선에만 기대려는 나쁜 습성을 근절시키기 위해서라도 가능한 실업자에게 일자리를 제공하는 것이 바람직할 것이다. 다만 앞서 얘기한 어려움들을 감안할 때 이 같은 기획은 대단히 신중을 기해야 하며, 무엇보다 제공할 일자리를 선택함에 있어서 고용으로 인해 기존 산업에 피해를 끼치는 결과를 초래하지 않도록 유의해야 한다. 도로·교량·철도·운하 등의 건설이나 보수공사 같은 공공사업이 이러한 일자리로 적합할 것이다. 그동안 농업자본이 커다란 타격을 입어왔기 때문에, 거의 모든 유형의 농업을 공공기금을 통해 운영할 수도 있다.

이러한 유형의 고용에서조차도 한 사람의 이익은 곧 다른 사람의 불이익이된다. 각 개인의 수입 중 일정 액수를 거둬들여 조성될 기금은 다양한 일자리를 유지하는 비용으로 사용될 것이며, 이러한 과정에서 발생할 수요 부족은 불가피한 어려움을 야기할 것이다. 그러나 이는 어쩔 수 없이 감내해야 할 부작용이다. 특정 대상이 감내해야 할 부담을 전체가 나누어 짊어짐으로써 그무게를 덜 수 있다는 점에서 이러한 임시처방책은 자선의 성격에 부합하는 올바른 정책이라 할 수 있다.

꼭 명심해야 할 중요한 목표는 국민들로 하여금 현재의 고난을 참고 견디며곧 좋은 날이 올 거라는 희망(이와 같은 희망은 반드시 이루어지리라고 믿는다)의끈을 놓지 않도록 하는 것이다. 현재의 어려움은 최근의 급격한 인구 증가에 기인한 바 크며, 이는 하루아침에 해결할 수 있는 문제가 아니다. 그러나 다음 인구조사 때는 결혼과 출산은 줄어든 반면 사망률은 1800, 1801년경 이상으로 크게 증가할 것으로 보인다. 이러한 경향이 몇 년간 지속된다면 인구 증가는 확실히 둔화될 것이며, 부의 증가에 따른 유럽 및 아메리카의 수요 증가, 그리고 통화개혁을 통한 부의 재분배에 상품 공급이 적절히 적응함으로써 우리의 모든 상업과 농업 거래는 다시금 활기를 찾게 될 것이며 노동자계층의 완전고용이 이루어지고 임금 수준도 회복될 것이다.

빈민의 곤궁 상태, 특히 최근에 심화된 극빈층의 증가와 관련하여 매우 잘못된 주장들이 세상에 나돌고 있다. 전시(戰時)에 교구 보조를 필요로 하는 사람들의 비율이 증가한 것은 생필품 가격이 올랐기 때문이라고 생각하는 것이다. 하지만 우리는 생필품 가격이 갑작스럽게 큰 폭으로 떨어졌음에도 여전히 교구 보조를 필요로 하는 사람들의 비율이 매우 높게 나타났던 시기를 겪은 바 있다.

또한 오늘날의 궁핍과 심각한 노동 수요 정체의 원인은 바로 세금에 있다고 주장하는 사람도 있다. 그러나 만일 세금이 내일부터 완전히 없어진다 할지라도 노동 수요의 정체가 해결되기는커녕 도리어 현저하게 심화되리라고 나는 확신하고 있다. 그렇게 되면 통화가치는 전반적으로 폭등할 것이며, 동시에 그와 같은 사회적 격변에 반드시 따르기 마련인 산업 부진 상태가 초래될 것이다.

만약 오늘날 노동자계층이 버는 돈의 절반 이상을 세금으로 내고 있다고 주장하는 사람이 있다면, 그는 임금을 결정짓는 원리에 대해서 아는 게 거의 없는 사람일 것이 분명하다. 그는 구입 상품들이 세금 면제에 따라 2분의 1가격으로 떨어진다 해도, 임금 자체는 예전 그대로의 가치를 지닐 거라고 단순히 생각해 버리는 것이다. 설사 임금가치가 단기간이나마 그대로 유지된다 하더라도, 모든 상품 가격이 떨어짐에 따라 그만큼 유통되는 통화는 감소할 것이며, 이는 곧 노동자 상당수가 일자리를 잃는 결과로 이어질 것이다.

과세가 여러 측면에서 대단히 중대한 영향을 끼친다는 점에는 의심의 여지가 없다. 그러나 과세 철폐에서 오는 순기능이 그에 따르는 역기능에 결코 비할 바 못 된다는 것은 거의 법칙에 가까운 엄연한 사실이다. 그리고 일반적으로 과세가 미치는 악영향은 수요 감소가 아닌 생산 감소와 관련이 있다. 국내 생산 및 수요와 관련된 모든 상품들에 있어서, 대출 효과에 따른 자본의 수익 전환은 필연적으로 공급에 대한 수요 비율을 증가시킨다. 그리고 적정 수준으로 부과된 세금에 따른 개인 수익의 정부 수익으로의 전환은 수요의 전체량에 큰 변화를 주지 않는다. 물론 세금을 낸 개인들은 구매력이 줄어들게 되므로 그들의 수요는 감소한다. 그러나 이들 개인의 줄어든 구매력만큼 정부와 이들로부터 거둬들인 세금으로 일자리를 공급받은 사람들의 구매력은 커진다.

만약 연 수입 5000파운드짜리 대지를 담보로 연 2000파운드를 대출받는다면, 상당히 좋은 조건에 있는 양측 모두 이 임대에 의지하여 살아갈 수 있을 것이며, 주택, 가구, 마차, 브로드,[3) 비단, 면화 등에 대한 상당한 수요를 갖게 될 것이다. 토지를 저당 잡힌 소유자는 전보다 확실히 재산 상태가 나빠질 것이다. 하지만 비단, 브로드, 면화 등을 공급하는 제조업자 및 노동자들의 입장에서는 담보대출 계약이 해제될 경우 아무런 이득도 취할 수 없게 될 것이고,

---

3) 브로드클로스(broadcloth)의 준말. 폭이 넓고 부드러운 천의 하나. 여성복·와이셔츠 감으로 씀.

토지 소유자가 예전에 가졌던 소비력을 회복하는 데는 상당한 시간이 걸릴 것이다. 또한 그가 말이나 사냥개, 하인 고용에 자신의 부가수입을 사용하려 한다면 비단, 브로드, 면화 등을 공급했던 제조업자와 노동자들은 실직을 면하기 어려워질 것이며, 이렇게 대체된 수요는 이 나라의 자본 및 자원 증가에 별다른 도움이 되지 못할 것이다.

앞서의 설명은 국채가 노동계급에게 미치는 영향을 일반적으로 상상해 볼 수 있는 것보다도 더욱 명백하게 보여주고 있다. 또한 사람들은 국채가 없어지면 대부분의 수요가 증대되기 때문에, 국채 소유자와 정부의 수요 감소에 의해 도리어 좋은 결과를 얻을 것이라고 상상하고 있지만, 이것 역시 전술한 바와 같은 설명으로 심히 잘못되었다는 것을 알 수 있을 것이다.

그렇다면 국채는 아무리 증대된다 할지라도 국가산업에 극심한 해를 미치는 일이 없느냐 하면, 결코 그렇지는 않다고 본다. 원래 재산의 분할과 분배가 어느 정도까지 행해지는 경우에는 대단히 유익하지만, 극단적으로 나갈 경우 생산에 대해서 치명적이다. 그런데 연수(年收) 5000파운드의 토지를 분할하면 일반적으로 수요를 증가시키고 생산을 자극하여 사회조직을 개선하는 경향이 있지만, 연수 80파운드의 토지를 분할하면 일반적으로 이것과는 정반대의 결과를 가져올 것이다.

그러나 국채에 기인하는 재산의 분할은 많은 경우에 있어서 극단에 흐르기 쉬운가 하면 또 분할의 방법이 크게 생산을 저해하는 경우도 있다. 거의 모든 종류의 과세는 다소 이와 같은 저해를 야기하는 경향이 있으나 제반 조건이 양호하다면 수요에 대한 자극을 통해 해결될 수 있다. 이를테면 최근의 전쟁 중에 나타난 생산물과 인구의 막대한 증가로부터 본다면 엄청나게 많은 과세에도 불구하고 생산력은 그다지 크게 저해되지 않았다고 추정된다. 그러나 종전 이후 평화 시기에 발생한 여러 상황들, 특히 원자재 교환가치 폭락, 그에 따른 통화량 감소, 갑작스러운 세금 부담의 증가 등은 확실히 생산을 저하시키는 주요 원인으로 기능한다. 이와 같은 영향은 토지에 대해서도 적지 않게 미치고 있지만 최근 들어 크게 완화되고 있다.[4] 그리고 대다수가 실업 상태에 처

---

4) 1817년에 집필됨. 1818년 이래의 곡가 대폭락에 의해 궁핍 상태는 더욱 심해졌다.

해 있는 상인·제조업자 계층 가운데서 나타나고 있는 폐해는 자본과 생산 수단의 부족에서라기보다 상품 판매를 위한 시장이 부족한 데서 기인한 것이다. 이러한 시장 부족의 해결책으로 행해진 세금 면제 조치는 분명 적절하고 필요한 영구적 조치이나 성격상 즉각적인 효과를 보기는 어렵다.

현재의 위기를 별문제로 한다면 구제받을 필요가 있는 극빈자 증가의 주요 원인으로는 다음 두 가지가 있다. 첫째, 제조업 제도의 전반적인 발달과 그에 따른 제조업 노동상의 여러 변화 사항들. 둘째, 오늘날 전국적으로 널리 시행되고 있는 하나의 관례, 즉 임금으로 지불되어야 할 금액의 상당 부분을 교구 구빈세로부터 지불한다는 것. 전쟁 기간 중 노동 수요가 크게 늘었을 때 생필품 가격이 세금으로 인해 얼마나 오르든, 노동임금 상승 폭을 적절히 조절해 주는 역할을 한 것도 바로 이런 관습이었다. 그 증거로는 이와 같은 관례가 별로 행해지지 않는 대영제국의 지방일수록 임금이 가장 많이 올랐다는 사실을 들 수 있다. 스코틀랜드와 영국 북부 지방 일부가 바로 그러한데 노동자의 생활 개선 그리고 생활필수품과 편의품에 대한 구매력 증가는 이 지방에서 가장 현저했다. 그리고 이러한 관습이 그리 보편화되어 있지 않은 다른 지역들, 특히 도시에서의 임금 상승 폭이 보통 경우보다 낮다면, 이는 주변 지방들에서 유입된 값싼 노동력 때문일 것이다.

부목사의 봉급을 인상하려는 입법 시도가 번번이 무산된 것은 성직을 준비하는 젊은 대학생들에게 지원하는 보조금 때문에 성직 희망자의 공급이 과잉된 까닭이라고 애덤 스미스는 말한 바 있다. 이와 마찬가지로 교구 보조금 지급 기준이 2인 이상 자녀를 둔 자인 한, 한 가장이 보통 규모의 가족을 먹여 살릴 수 있을 정도의 일일 노동임금 수준을 유지한다는 것은 불가능하다.

만일 이와 같은 보조 제도가 일반화된다면―아닌 게 아니라 구빈법은 자연히 그것을 널리 보급하게 되리라고 생각되지만―교구 보조가 점점 더 그 시행이 앞당겨질 것은 불 보듯 뻔하다. 그렇게 되면 정부와 헌법이 다른 모든 점에서 가장 대담한 몽상가만이 그려볼 수 있을 정도로 완전한 것이 되었다 할지라도, 또한 의회가 해마다 소집되고 보통선거가 실시되며 전쟁도 과세도 연금도 없어지는 한편, 왕실 예산이 연 1500파운드로 삭감된다 할지라도, 국민 대다수가 여전히 극빈자 신세를 벗어나지 못할 것이라고 감히 단언할 수 있다.

나는 빈민의 결혼을 금지하는 법률의 제안자라는 비난을 받고 있지만 그것은 얼토당토않은 이야기이다. 나로서는 일찍이 그와 같은 제안을 하기는커녕 비록 가족을 부양할 가망이 보이지 않는다 하더라도 결혼하고 싶은 사람이 있다면 오히려 누구나 자유롭게 결혼하라고 말했던 것이다. 그리고 나의 참뜻을 오해한 사람들이 어떤 종류의 결혼 금지안을 나에게 암시할 때에도 나는 언제나 변함없이 그것을 배척해 왔던 것이다. 사실 나는 적극적으로 법을 제정하여 결혼 연령을 제한하는 것은 공정치 못한 일일 뿐 아니라, 비도덕적이라고 믿고 있다. 그리고 평등 제도와 구빈법 제도(이 두 가지 제도는 그 출발점이 아무리 다르다 할지라도 결국 동일한 결과를 가져오게 할 성질의 것이다)에 대해서 내가 크게 반대하는 이유는, 이와 같은 제도가 유효하게 실시되는 사회는 결국 궁핍의 일반화와 강제적인 결혼 제한법의 제정 가운데 선택을 강요받는 비참한 상황을 맞을 수밖에 없기 때문이다.

내가 제안하는 방법은 이와는 전혀 다른 것이다. 구빈법을 오랜 기간에 걸쳐 점진적으로 폐지하는 것이 바로 그것이다. 내가 감히 이와 같은 제안을 하는 까닭은 구빈법이 노동자계층의 임금 하락과 생활 수준 악화를 초래한 결정적인 원인이라고 확신하기 때문이다. 구빈법은 어디서나 우울한 결과를 낳고 있지만, 대도시의 노동자계층에게 미치는 폐해는 특히 심하다. 지방 교구의 경우 빈민들은 적으나마 낮은 임금에 대한 실질적인 보조 지원을 받고 있다. 일정 숫자 이상의 자녀가 있는 가정 역시 교구의 지원 혜택을 받을 수 있다. 또한 당사자 입장에서는 서글픈 일이지만 결혼하여 자녀를 낳으면 대부분 극빈자로 지정되어 얼마간의 보상이 주어진다. 그러나 런던을 비롯한 모든 대도시의 경우 노동자들은 저임금이라는 불이익을 감내하고 있을 뿐, 이에 대한 아무런 보상도 받지 못하고 있다. 지방에서 보조금으로 양육된 사람들은 자연히 또는 필연적으로 도시로 흘러들어 도시의 노동임금을 저하시키고 있다. 그런데 도시에서 결혼하여 대가족을 거느리는 자는 금방이라도 굶어 죽을 정도가 되지 않는 한 교구의 보조를 받을 수 없게 되어 있다. 제조업 노동자들이 가족 부양을 위해서 받는 보조금이라는 것도 전혀 보잘것없는 액수에 불과하다.

지방인구 유입에 따른 영향을 줄이기 위해 도시의 기능공 및 제조업자들은 서로 단결하여 노동임금을 일정 수준으로 유지하고, 그 이하의 임금으로는 일하는 것을 거부하려는 경향이 있다. 그러나 그와 같은 단결은 불법적일 뿐 아니라, 불합리하며 비효율적이다. 만약 어떤 분야에서 노동력이 과잉되어 자연스럽게 임금이 떨어지는데도 강제적으로 원래의 임금 수준을 유지하려 든다면 자칫 대량 실업을 유발할 수 있다. 그럴 경우 높은 임금에서 얻는 이득은 결국 실업자 부양에 들어갈 비용으로 상쇄될 것이므로, 이런 방식의 대응은 노동자계층 전체의 입장에서 볼 때 아무런 도움도 되지 않는다.

전체로서의 노동 공급이 수요를 초과하고 있는 경우에는 사회의 각 계급이 모두 충분한 임금을 받게 되거나 완전고용이 된다는 것은 '절대 불가능'하다고 언명할 수 있다. 그런데 구빈법은 노동 공급의 과잉 현상을 더욱 심화시켜 그 결과 전반적인 임금 수준의 하락을 가져오거나, 인위적으로 임금 수준을 유지하려 할 경우, 다수의 실업을 양산하여 노동자계층 전반의 빈곤과 불행을 증가시킨다.

만일 이것이 사실이라면(나는 이것이 사실이라고 확신하고 있다), 현재 대중 사이에서 가장 널리 읽히는 작가들이 도움이 되는 방법을 비난하고, 도리어 필연적으로 노동자를 빈곤과 불행에 빠뜨리게 될 제도를 찬양하고 있다는 것은, 적어도 사회 대다수의 행복을 염원하는 사람들에게는 최대의 유감스러운 일이 아닐 수 없다.

사람들은 노동자가 자신의 욕망을 억제하거나 결혼을 사양할 필요는 조금도 없다고 배운다. 태어난 아이는 모두 교구가 부양해 줄 것이기에. 또한 사람들은 절약하는 습성을 키워 결혼 후 일가를 거느리고 안락하게 생활할 수 있도록 독신 시절부터 저축할 필요는 없다고 배운다. 왜냐하면 교구가 그들에게 의복을 공급해 주며, 구빈원에서는 침대와 의자 등을 제공해 줄 의무를 지고 있기 때문에.

사람들은 절제와 절약을 강조하는 상류층 사람들의 호소는 자신들이 내야 할 구빈세를 아끼고 싶은 마음에서 나온 것일 뿐이라고 배운다. 그러나 도덕과 종교의 법칙에 모순됨이 없이 전체 사회를 곤궁으로 몰아가지 않고 부자의 재산을 최대한 빈민에게 나누어줄 수 있는 유일한 방법은 빈민들 자신이 결혼을 신중히 결정하고 절약하는 습관을 들이는 데 있다.

또한 사람들은 자손을 낳아 번성하라는 조물주의 명령은 그분 스스로가

정하신 자연법칙에 모순된다고 배운다. 식량 증산의 한계로 인해 자손들 대부분이 일찍 죽게 되고, 그에 따라 번성이 불가능해지는 때일지라도, 급속한 인구 증가를 감당할 공간과 식량이 마련되어 있어 자녀를 충분히 잘 부양할 수 있는 때와 마찬가지로 가급적 이른 나이에 결혼하여 자식을 낳는 것이 인간의 의무라고 생각한다.

노동자계층의 생활조건은 오랜 세월 사람들이 살아온 영국에서나, 개간이 덜 된 비교적 척박한 땅에서나, 그리고 수백만 에이커에 이르는 비옥한 토지를 손쉽게 차지할 수 있는 미국에서나 내는 세금이 다를 뿐 별다른 차이가 없다고 사람들은 배운다.

그리고 사람들은 또 배우기를—오, 이 얼마나 어리석은 생각들인가!—미국의 노동자들이 하루 1달러를 버는데 영국 노동자들은 하루 2실링을 버는 것은, 영국 노동자들이 그만큼 세금을 훨씬 더 많이 내기 때문이라는 것이다.

이러한 생각들 중 일부는 너무나 황당한 내용이어서 노동자계층 사람들의 상식에 비춰봤을 때도 간단히 외면당할 만한 것들이다. 만일 노동자들이 주로 교구의 보조에 의지하여 자녀를 양육해야 한다면, 또 교구에서 얻은 옷과 가구를 쓰고 교구가 마련해 준 집에서 살아가야 한다면, 이런 식의 삶이 결코 행복하다거나 풍족하다고는 볼 수 없을 것이다.

평범한 기계공조차 노동자 수가 적으면 적을수록 상품 생산을 통해 자신에게 돌아오는 몫이 더 많아진다는 걸 안다. 따라서 결혼에 대한 신중성이야말로 수요를 초과하는 노동력의 과잉 상태를 막는 유일한 도덕적 수단이며, 영구히 빈민들에게 국가 생산물의 상당량이 돌아가게끔 만들 수 있는 유일한 방법임을 쉽게 추론할 수 있다.

적어도 성경을 읽는 상식적인 인간이라면, 자비로운 하느님이 이성적 존재에게 내리신 명령을 번성이 아닌 질병과 죽음의 명령으로 해석하지는 않을 것이다. 또한 건전한 이해력을 가진 사람이라면, 만약 식량 증가가 거의 이루어지지 않는 어떤 나라에서 모두가 열여덟 혹은 스무 살에 결혼을 하려 한다면 그 결과는 빈곤과 질병, 사망률의 증가로 나타나지 결코 인구의 증가로 나타나지는 않으리라는 것을 쉽게 이해할 것이다. 적어도 잉여식량이 없는 한 잉여인구는 존재할 수 없다는 원리가 참이라면 말이다.

또한 토질에 관해서 알고 어느 정도 판단력이 있는 노동자라면 미국처럼 현재 인구의 50배나 되는 인구를 거뜬히 부양할 수 있는 나라와 영국처럼 비상한 노력 없이는 2~3배 증가된 인구조차도 부양할 수 없는 나라 사이에는, 과세 문제 외에도 어떤 커다란 차이가 있다는 것을 단번에 알 수 있을 것이다. 그게 아니라면, 적어도 이미 농경지 대부분을 목축에 이용하고 있는 소규모 농장에서 늘어난 가축을 유지하는 데 드는 노력과 실제 수용 능력의 50분의 1밖에 사용하지 않은 대규모 농장에서 늘어난 가축을 유지하는 데 드는 노력이 얼마나 큰 차이가 나는지 이해할 것이다. 또한 빈부 차이와는 상관없이 인간도 다른 동물들과 마찬가지로 땅에서 난 생산물에 의지해 살아갈 수밖에 없는 존재라는 것을 알고 있다면, 결국 농장의 예가 인간 사회에도 똑같이 적용되리라는 결론에 이르게 될 것이다. 이러한 고찰은 자연스럽게 다음과 같은 추론을 가능케 한다. 즉 인구수가 매우 희박한 나라의 경우 조혼과 대가족을 장려하고 자녀를 여유롭게 부양할 수 있을 정도로 충분히 높은 임금을 책정하는 것이 가능하지만, 인구가 이미 거의 포화 상태에 이른 나라에서는 이것이 불가능하다.

　유럽 대륙의 여러 나라에 비해 우리나라의 빵·고기·인력 가격이 높다는 얘기를 흔히 들어봤을 것이다. 더구나 이와 같이 가격이 비싼 것은 주로 과세의 결과라는 이야기가 나돌고 있다. 과세는 다른 원인과 더불어 노동의 화폐가치를 인상시킨 원인이긴 하지만, 노동자에 대해서 이익을 부여하기보다는 오히려 손해를 주고 있다. 왜냐하면 빵과 맥주와 기타 그들의 임금으로 살 수 있는 물품의 가격은 임금보다 먼저 오르기 때문이다. 이 정도의 사실만 알면 아무리 머리가 나쁜 사람이라도, 유럽 여러 나라에서 노동의 화폐가치가 영국보다 훨씬 저렴한 이유로 꼽히는 세금의 부재가 미국에서는 노동의 화폐가치를 2배 이상 증가시킨 원인이 된다는 모순적인 논리의 허황됨을 깨달을 수 있을 것이다. 그리하여 미국에 있어서의 노동의 화폐가치가 높은 원인이 정확히 무엇인지는 모르지만, 적어도 과세 유무와는 전혀 다른 어떤 원인이 있기에, 똑같이 과세가 없는 두 나라에서 정반대되는 결과가 나타났으리라는 확신에 이르게 된다.

　혁명 이후 프랑스 하류층의 생활조건이 개선됐을 때의 제반 상황을 분명히 따져보면 이러한 확신은 더욱 굳어진다. 프랑스 노동자계층의 생활 수준 향상은 출생률의 대폭적인 감소 이후 찾아왔다. 출생률의 급감은 자연스럽게 이들 계층에게 예전보다 훨씬 더 많은 생산물이 돌아가는 결과를 가져왔다. 또한 이로 인해 교회 소유지 및 국유지 매각으로부터 얻는 이득은 단기간에 사라지지 않고 지속될 수 있었다. 프랑스혁명은 사람들을 좀 더 독립적인 인간이 되도록 만들었다. 프랑스의 노동자들은 보다 근면해졌고 결혼에 신중해졌을 뿐 아니라 저축률도 높아졌다. 이것이야말로 혁명이 가져온 변화의 핵심이라 할 수 있다.

진보된 정부는 이러한 변화를 지지하고 장려하는 방향으로 나아가며 이에 따라 자연스럽게 빈민들의 생활 수준은 향상된다. 이와 달리 전면화한 교구 구빈 제도, 그리고 앞서 살펴본, 최근에 나돌고 있는 그릇된 고정관념들은 이러한 변화에 역행하여 노동자들이 자립성과 근면성을 키우는 데 장애 요소로 기능한다. 이러한 근본적인 문제가 해결되지 않는 한 다른 측면에서 이루어지는 부분적인 개선은 '언 발에 오줌 누기'에 불과하며, 이대로 상황이 계속된다면 아무리 뛰어난 행정력을 지닌 정부라 할지라도 수백만의 실업자가 생겨나고 이들 중 절반 가까이가 굶어 죽는 비참한 상황을 모면하기 힘들 것이다.

만약 세상에 태어난 모든 사람은 누구든 생계를 보장받을 권리가 있으며, 또한 인구가 얼마나 되든지 간에 결혼을 억제할 필요가 없다는 것이 이 나라의 통념이 된다면, 인간 본성의 원리에 따라 사람들은 본능에 굴복하여 갈수록 더 교구의 원조에만 의존하게 될 것이다. 따라서 빈민들에 대하여 이러한 그릇된 생각을 갖고 있는 사람들이 빈민들로 넘쳐나는 오늘날의 상황에 대해 개탄하는 것만큼 모순적인 것은 다시없다. 그러한 생각과 빈민은 서로 떼려야 뗄 수 없는 관계이다. 어떤 혁명으로도, 어떤 형태의 정치적 변화로도 이 둘의 관계를 떼어놓을 수는 없다.

8. 농업 제도

특성상 농업은 경작에 종사한 사람 숫자보다 훨씬 더 많은 인원수를 먹여 살릴 식량을 생산하므로, 농업 제도를 엄격하게 유지하고 있는 나라의 국민은 언제나 여분의 식량을 확보할 수 있고 생존자원의 결핍 때문에 인구 증가가 억제되는 일은 없으리라고 생각할지도 모른다.

실제로 인구에 비해 생산력이 부족하거나, 토지의 실질생산 능력이 떨어진다고 해서 그 나라의 인구 증가가 즉각적인 정체 현상을 보이지는 않는다. 오히려 노동자계층의 생활조건을 연구해 보면, 얼마나 많은 생존자원을 확보할 수 있느냐를 결정하는 그들의 실질임금 수준이야말로 인구 증가를 억제하는 본질적인 원인임을 깨닫게 된다.

토질이 좋지 않고 환경조건이 불리하며, 자본이 부족한 나라에서는 국내에서 상품을 직접 가공 생산하는 것보다 원재료를 외국에 수출하고 대신 가공된 상품을 수입해 오는 것이 더 이득일 수도 있다. 단, 이 경우에는 반드시 원재료의 생산량이 소비량보다 많아야 한다. 하지만 이는 노동자계층의 생활조건이나 인구 증가율과는 큰 관련성이 없다. 농업이 산업의 상당 부분을 차지하는 농업 중심 국가일지라도 사람들의 생활조건은 오히려 다른 여러 가지 변수에 의해 좌우된다.

농업 제도의 관점에서 빈민들의 생활조건을 들여다보면 두 극단적인 상황, 즉 가장 좋을 때와 가장 나쁠 때를 가정해 볼 수 있다.

땅이 비옥하고, 토지의 판매 및 분배가 용이하며 원료생산물 수출 판로가 넓은 그런 나라의 경우 자본이익과 노동임금은 모두 높을 것이다. 이러한 높은 수익과 임금 수준으로 인해—만약 그 나라에 절약 습관이 충분히 뿌리내리고 있다면—자본의 빠른 축적이 이루어지고 노동 수요가 지속적으로 높게 나타날 것이다. 그러는 한편 계속되는 인구의 폭발적 증가는 생산 수요를 유지시키면서 수익 하락을 막아줄 것이다. 만약 광활한 영토에 비해 인구가 희박한 나라라면, 자본과 인구의 빠른 성장에도 불구하고 토지는 상당 기간 자본 및 노동력 부족 상태를 유지할 것이다. 이러한 농업환경에서 노동자들은 노동을 대가로 최대한의 생존자원을 확보할 수 있으며, 노동자계층의 생활조건 역시 최고 수준에 이르게 될 것이다.

이들 노동자계층의 부에 대해서 유일하게 문제가 될 만한 요인은 비교적 낮은 원료생산물 가격이다.

이 나라에서 소비되는 가공제품의 구입 비용 대부분을 원료생산물을 수출하여 번 돈으로 치르는 것이라면, 무역 상대국보다 이 나라에서 생산된 원료생산물의 상대가치는 낮아질 것이며, 반대로 가공제품의 상대가치는 더 높아질 것이다. 그러나 일정량의 원료생산물로 살 수 있는 외국의 가공제품 양이 다른 나라의 경우보다 많지 않을 경우, 노동자의 생활조건은 그의 몫으로 돌아가는 원료생산물의 양만으로는 정확히 측정될 수 없다. 가령 어떤 나라에서 노동자의 연간 소득이 밀 15쿼터에 해당하는 화폐가치이고, 다른 어떤 나라 노동자의 연간 소득이 밀 9쿼터에 해당하는 화폐가치라면, 노동자가 소득의 전부를 식량에만 소비하는 것이 아니므로, 이들이 누리는 생활조건이나 안락함의 수준을 15 : 9라는 똑같은 비율로 평가할 수는 없다. 그리고 밀 15쿼터 소득을 보이는 나라에서 식량 구입 외에 남은 소득으로 의복이나 기타 편의제품을 구매하는 양이 밀 9쿼터 소득을 보이는 나라에서의 구매량과 큰 차이가 없다면, 두 나라의 생활 수준은 처음 생각했던 것보다 훨씬 비슷할 것이라는 결론에 이르게 된다.

아울러 언제나 양(quantity)은 가치(value)의 부족을 상당 부분 상쇄하는 경향이 있음을 환기할 필요가 있다. 최대량의 원료생산물 소득을 보이는 노동자는, 비록 원료생산물 대비 화폐가치 소득에서 보이는 비율만큼은 아니더라도, 여전히 더 많은 양의 생필품 및 편의제품을 구입할 수 있다.

미국은 노동자계급의 생활조건에 가장 유리한 농업 제도의 실례를 보여주고 있다. 이 나라의 환경적 특성은 농업에 자본의 대부분을 투입하게 된 이유를 잘 설명해 주며, 그 결과 자본이 급속도로 증대되어 왔다. 이처럼 양적으로나 질적으로나 빠르게 성장한 자본으로 인해 노동 수요가 꾸준히 유지될 수 있었고, 그 결과 노동자계층은 특별히 높은 임금을 받을 수 있었다. 생존자원은 놀라울 만큼 풍족하고 인구는 가파른 속도로 증가하고 있다.

그러나 이런 나라에도 약간의 장애 요소가 존재한다. 상대적으로 저렴한 곡물 가격이 그것이다. 지난 전쟁 때까지 미국은 영국으로부터 엄청난 물량의 제조물품을 수입했고 영국은 미국에서 밀가루와 밀을 사들였다. 영국과 비교해 봤을 때, 미국에서 식량의 화폐가치는 당연히 제조물품보다 훨씬 떨어진다. 이는 비단 외국에서 수입한 제조물품뿐만 아니라 자국에서 생산된, 특별히 경쟁력이 있다 할 수 없는 제조물품과 비교했을 때도 마찬가지이다. 농업에 있어서 광활하고 비옥한 토지는 높은 인건비와 고수익의 자본금을 상쇄한다. 이러한 특성은 가격을 결정하는 두 요소인 인건비와 자본의 변동에도 항상 어느 정도 안정적인 식량 가격유지를 가능하게 한다. 그러나 제조업 상품의 경우, 가격을 안정시켜 줄 특별한 요소가 따로 없는 한 수입품, 국산품을 막론하고 식량보다 가격이 높을 수밖에 없다.

이러한 환경에 따라, 편의와 안락을 제공하는 물자 면에서 미국의 노동자계층이 다른 나라 노동자보다 특별히 풍족하다고는 할 수 없다. 이러한 결론은 실제 경험을 통해 충분히 입증되고 있다. 미국에서 20년 이상 살아온 프랑스인 시몽은 영국 여러 지방을 두루 여행한 뒤 1810년과 1811년에 걸쳐 집필한 대단한 통찰력이 돋보이는 여행기에서, 영국 농가의 쾌적한 주거환경과 농민들의 단정하고 청결한 의복에 커다란 인상을 받았다고 썼다.

그는 또한 어떤 지방에서는 가는 곳마다 보이는 깔끔하고 쾌적한 농가들과 주민들의 너무나 훌륭한 옷차림새에 감탄한 나머지, 영국의 비참하고 가난한 사람들은 어딘가에 따로 숨겨져 있는 게 아닐까 하는 의심이 들 정도였다고 썼다. 미국을 떠나 처음으로 영국을 방문한 유능하고 치밀하며 객관적인 시선을 가진 한 여행자의 이와 같은 관찰은 흥미도 있으려니와 또한 교훈적이기도 하다. 이와 같은 관찰을 통해 그가 지적하고 있는 여러 사실은 어느 정도까지는 두 나라의 습관과 생활 양식의 차이에 기인한 것일 수도 있겠지만, 대체로는 앞서 말한 것과 같은 원인에서 비롯된 점이 많다고 할 것이다.

상대적으로 낮은 식량 가격이 가난한 사람들에게 미치는 악영향을 단적으로 보여주는 사례를 우리는 아일랜드의 경우에서 찾아볼 수 있다. 아일랜드의 식량은 최근 4세기 동안에 대단히 급속도로 증가되었는데, 그 대부분은 하류층 사람들 양식으로 소비되었으며, 이 나라의 인구 증가 속도는 미국을 제외한 다른 어떤 나라보다도 빨랐다. 아일랜드의 노동자가 화폐 대신 감자로 받는 임금은 밀로 받는 영국 노동자의 임금에 비해 보면 2배의 인원수를 부양할 만한 정도의 생존자원이다. 과거 1세기 동안 양국의 인구 증가 비율도 양국의 노동자가 획득하는 주식량의 비율과 거의 같은 비율을 보이고 있다. 그러나 편의물자와 관련해서는 사정이 전혀 다르다. 감자의 엄청난 생산량은 노동자들의 임금을 떨어뜨리는 요인이 됐다. 그런가 하면 지대(地代)는 전보다 오히려 상승했다. 감자를 제외한 모든 원료생산품 및 가공제품 가격이 올랐다.

흔히 이러한 환경에서 나타나는 특징인, 주민들의 게으름과 기술 부족은 제조업 상품의 가격 상승을 더욱더 부채질했다. 이리하여 아일랜드 현지 제조업은 타격을 입게 되고, 외국의 원재료 생산품 및 제조업 상품은 그보다 훨씬 더 큰 어려움을 겪게 된다. 아일랜드 노동자들은 자신과 가족들이 소비하는 양 이상의 식량을 임금으로 받지만, 식량의 낮은 화폐가치를 감안해 볼 때 그 정도로는 의복, 주거 및 기타 편의물품을 구입하기에 턱없이 부족하다. 결국 아일랜드의 노동자들은 비교적 풍부한 식량을 갖추고도 극도의 비참한 생활조건에 허덕이고 있는 셈이다.

아일랜드에서의 노동 화폐가치는 영국에서의 노동 화폐가치의 절반을 약간 웃도는 수준이다. 임금으로 받는 식량의 양이 많다 하더라도 그것의 낮은 화폐가치를 메우기는 절대 불가능하다. 따라서 아일랜드 노동자의 임금 가운데 일정 부분(이를테면 전체의 4분의 1 또는 5분의 1)만으로는 제조품이나 수입품을 산다고 하더라도 그 양은 매우 적을 수밖에 없다. 한편 미합중국에서의 노동 화폐가치는 영국의 2배에 육박하며, 미국의 노동자는 비록 임금으로 받은 식량으로 영국의 노동자만큼 제조품과 수입품을 값싸게 사들일 수는 없지만, 그 양이 대단히 많기 때문에 낮은 식량 가격을 메우고도 상당한 여유분이 있다. 미국 노동자계층의 생활 상태는 영국 노동자계급의 그것과 비교하면 임금으로 받는 식량의 양만큼의 차이는 없다고 하더라도 전반적으로 여전히 유리하다는 것은 분명하다. 따라서 미합중국은 우리들이 알고 있는 모든 나라 중에서 노동자계층의 생활 상태가 가장 좋은 농업 제도의 일례로 삼을 수 있으리라 생각한다.

농업 제도하에서 하층민의 비참한 생활상을 보여주는 사례는 얼마든지 있다. 원인의 여하를 불문하고 자본 축적이 정체되는 시기를 살펴보면, 언제나 그에 앞서 인구가 하층민들의 습성이 허락하는 만큼 실제 생존자원의 한계에 근접할 때까지 증가해 있음을 알 수 있다. 그렇게 되면 성장이 멈춘 인구를 겨우 부양할 수 있는 정도의 수준까지 노동의 실질임금은 하락할 것이다.

토지자원은 풍부하지만 자본이 취약한 상황에서 이러한 일이 발생한다면—이는 실제로 자주 있는 일이다—자본이익은 자연스럽게 높아진다. 하지만 광활한 토지와 식량 수요의 정체로 인해 자본이익이 높은데도 불구하고 곡물가격은 대단히 저렴해질 것이다. 자본 취약 상황에서 으레 나타나는 자본이익 상승, 기술 부족, 노동 분업화 등의 현상이 복합적으로 작용하여 국내의 제조상품 가격은 상승할 것이다. 이는 자연스럽게 풍족한 환경에서 신중한 절제의 미덕을 배워온 세대에게 불리하게 작용하여 그 결과 임금가치가 대단히 낮아지기 전까지는 인구 증가가 계속될 것이다. 그러나 이보다 더 최악인 경우는 임금으로 받는 식량의 양이 적을 뿐 아니라 화폐가치 또한 국내외 제조상품과 비교하여 대단히 낮은 경우로 그 상황에서 노동자계층은 가장 끔찍한 고난을 겪게 될 것이다.

실제로 폴란드, 러시아 일부 지역과 시베리아, 터키 등이 이러한 상황에 처해 있다. 폴란드의 인구는 거의 정체 상태에 가깝다. 영토에 비해 부족한 인구와 생산력을 감안해 볼 때, 자본 규모는 미미하며 느린 성장세를 보일 것이라 예상할 수 있다. 따라서 노동 수요는 매우 완만하게 증가할 것이며 노동의 실질임금가치, 혹은 노동자계층이 확보할 수 있는 생존자원 및 편의물품의 양 역시 그만큼 느린 성장세를 보일 것이다. 이러한 국가 상태하에서 농민계층이 생활의 편리함과 안락함을 향유하리라고는 거의 기대할 수 없으므로, 인구 억제 노력이 예방적 차원을 넘어서 보다 적극적으로 이루어질 것이다.

그러나 폴란드에는 식량자원이 풍부한 데다 그중 상당량이 해마다 해외로 수출되고 있다. 그러므로 인구 증가를 억제하는 주요인은 식량자원의 생산력이나 식량자원 그 자체가 아니라 노동자에게 주어지는 식량의 양과 실질가치, 그리고 그것의 증가 속도에서 찾아야 한다.

현재 폴란드의 노동 수요는 대단히 적고 인구도 많지 않음에도, 부족한 자본 규모로 인해 완전고용을 위한 일자리 창출이 불가능한 상황이다. 그로 인해 노동자의 생활조건은 정체 혹은 지극히 느린 속도로 증가 중인 현재 인구를 간신히 유지하는 정도의 식량자원만을 확보할 수 있는 수준에 그친다. 노동자가 벌어들인 식량의 실질가치가 상대적으로 매우 낮기 때문에, 제조업 상품이나 수입품에 대한 구매력이 매우 작을 수밖에 없다는 점도 이들의 생활조건을 더욱 열악하게 만드는 주요 원인이 된다.

이 같은 사정을 감안해 볼 때, 폴란드의 하층민들이 극도의 비참한 생활을 영위하고 있다는 소식이 들린다 할지라도 전혀 놀라운 일은 아닐 것이다. 그리고 폴란드와 비슷한 상황에 처해 있는 유럽의 다른 여러 나라 하층민들의 생활조건도 그들과 별반 다르지 않다.

그러나 공평하게 농업 제도를 관찰한다면—유럽의 일부 국가들에서 볼 수 있는 것처럼—아직 토지에는 충분한 여유가 있는데도 자본과 노동 수요가 성장하지 못하는 것은 산업 추진 방향이 잘못됐기 때문이 아니라, 정치 및 사회조직의 폐단이 산업의 건전한 발달을 저해하기 때문이다.

폴란드는 농업 제도 실패가 가져온 끔찍한 부작용을 보여주는 대표적인 사례이다. 어떻게 보면 이는 당연한 결과였다. 폴란드의 참상을 초래한 원인은 농업 중심의 산업정책이 아니라 국민의 열악한 재산 상태와 신분상의 예속으로 인해 산업 촉진이 전혀 이루어지지 않았다는 데 있다. 농노들이 토지를 경작하면, 그 수확물은 전부 지주에게 돌아갔다. 폴란드 사회는 주로 이 두 계급, 농노계급과 광대한 토지를 소유한 지주계급으로 구성되어 있다. 말하자면 폴란드에는 잉여농산물에 대한 수요를 창출하거나 새로이 자본을 축적하고 노동 수요를 불러일으킬 수 있는 중간계층이 없다. 이러한 문제 상황을 해결할 유일한 방법은 말할 것도 없이 제조업과 상업의 도입이다. 제조업 및 상업의 도입은 국민을 예속 상태에서 해방시켜 줄 수 있을 뿐만 아니라 나라 전반의 산업 발전과 자본 축적을 촉진할 것이다.

만약 폴란드가 국민이 자유롭고 부지런하며 토지재산 양도가 용이한 그런 국가였다면 원료생산품을 수출하고 제조품을 수입하는 방식을 통해, 오랫동안 이어져 온 농업국가의 면모를 유지해 갈 수도 있을 것이다. 이러한 환경에서라면 상황은 현재의 모습과 매우 달랐을 것이고, 국민의 생활조건은 유럽 후진국이 아닌 미국의 생활조건에 더 가까워졌을 것이다. 미국은 현대적인 의미에서 농업 제도의 건실한 운영을 보여주는 유일무이한 모델국가라 할 만하다. 유럽 국가들과 그에 따른 식민지에는 아직까지도 봉건제도의 잔재가 남아 있어서 토지에 대한 자본 투입을 어렵게 하고 있다. 그렇다고 농업의 생산력을 저해하는 이러한 장애 요소가 다른 분야의 산업을 촉진시키는 것도 아니다. 상업과 제조업은 농업에 필요하지만 그 이상으로 농업은 상업과 제조업에 필수적이다. 넓은 시각에서 보자면, 농업의 잉여생산물은 다른 나머지 산업의 성장 한계와 범위를 결정하는 기준이 된다. 전 세계 어느 곳에서든 제조업자, 상인, 지주, 그리고 그 밖의 다양한 정치·군사 분야 종사자 수는 농업의 잉여생산물 규모와 정확한 비율 관계를 이루며 이 비율을 초과하여 성장할 수 없다. 만약 땅이 척박하여 거주민 모두가 식량 생산에 뛰어들어야 하는 상황이 된다면, 제조업자나 무위도식하는 사람은 절대 존재할 수 없을 것이다. 그러나 대지는 인류의 시초부터 자발적인 선물로서 식량을 제공해 왔다. 많지는 않으나 인간이 더 많은 양의 식량을 확보할 수 있게 될 때까지 살아가는 데는 충분한 양이었다.

인간이 더 많은 자원을 확보할 수 있게 된 것도 경작을 통하면, 경작자의 의식주에 필요로 하는 것보다 훨씬 더 많은 양의 의식주 자원을 생산해 낼 수 있는, 대지의 잠재된 생산성 덕분이었다. 이러한 대지의 잠재적 생산성은 다른 산업과 뚜렷이 구별되는 농업 잉여생산물의 기본 토대이다. 대지에 쏟아부은 인간의 노력과 재능에 의해 농업의 잉여생산물은 증가해 왔고, 이에 따라 많은 사람들이 여가를 찾게 되어 문명 생활을 더욱 빛나게 할 여러 발명에 몰두하게 되었다. 이러한 발명의 혜택을 얻고자 하는 욕구는 경작자들로 하여금 더욱 많은 잉여생산물을 만들어내도록 유도했다. 그리고 이러한 욕구야말로 잉여생산물의 가치를 높이고 또 생산량을 증대시키는 데 있어서 절대적으로 필요한 원동력일 것이다. 그러나 엄밀히 말해서, 이 욕구는 잉여생산물이 있고서야 비로소 생기는 것이다. 왜냐하면 제조업자가 자신의 일을 완성하려면 우선 생존에 필요한 식량부터 수중에 확보되어야 하며, 경작자들이 자신들의 소비량 이상의 식량을 생산하지 못한다면 농업 이외의 다른 어떤 산업도 일어날 수 없기 때문이다.

농업의 특수한 생산성을 논함에 있어서 소수의 지주들에게 돌아가는 값비싼 지대(地代)에 대해서만 관심을 갖는 것은 지극히 편협한 시각이다. 물론 발전된 사회에서 지대가 여기서 말하는 잉여생산물 가운데 가장 큰 비중을 차지하는 것은 사실이다. 그러나 지대란 아득한 옛날 임대료라는 것이 없거나 얼마 되지 않았던 농업의 초기시대에조차 인건비와 이익금이라는 형태로 현재와 똑같이 존재했던 것이다. 평균적으로 봤을 때, 한 해에 곡식 15~20쿼터에 해당하는 소득을 올리는 노동자는 3~4명의 자녀를 둔 가장으로, 한 해 식량 소비는 5~6쿼터를 넘지 않을 것이다. 또 높은 이윤을 얻는 농업자본의 소유자라도 식량과 원료자원을 구입하는 데에는 자신의 소득 중 극히 일부밖에 쓰지 않을 것이다. 이렇게 쓰고 남은 소득 전부는 그것이 임금이든, 이익금이든 지대이든 상관없이 토지로부터 얻은 잉여생산물로 간주될 수 있는데, 이 잉여생산물로 사람들은 생존자원 및 의복과 주거에 필요한 재료를 얻는다. 어떤 이들은 육체노동이 아닌 사무직에 종사할 것이고, 또 다른 어떤 이들은 토지에서 생산된 원료자원을 가공하여 소비자의 욕망을 충족시키는 최상의 상품을 만드는 일에 종사할 것이다.

　어떤 나라가 농업국으로 간주될 수 있느냐 없느냐 하는 것은 전적으로 그 잉여생산물의 일부를 국내에서 소비하느냐, 아니면 외국 상품과의 교환에 사용하느냐에 따라서 결정될 것이다. 그런데 식량을 수출한다는 점을 제외하고 모든 면에서 폴란드와 유사한 특성을 지닌 어떤 나라에서 이와 같이 원료생산품을 팔아 제조품이나 외국의 특정 생산품을 사들이는 방식이 일정 기간별 무리 없이 기능할 수도 있다.

　따라서 대부분의 노동력을 농업에 투입하여 지속적으로 식량을 수출하는 국가들에 있어서도 각 나라의 특수한 사정에 따라 대단히 풍족한 생활을 할 수도, 또는 극심한 궁핍을 겪을 수도 있다. 이러한 나라들은 일반적으로 기후 변화에 따른 일시적 식량 부족 사태에 직면하는 일은 그리 많지 않을 테지만, 노동자가 보수로 받는 식량의 양은 인구 증가를 불가능케 할 정도의 수준에 불과할지도 모른다. 따라서 그 나라가 발전 중인가, 정체 중인가, 퇴보 중인가 하는 문제는 농업을 중시하는지 여부가 아니라, 그 밖의 다른 여러 요인들에 의해 결정된다고 보아야 한다.

9. 상업 제도

상공업이 발달한 나라는 많은 나라들로부터 곡물을 사들일 수 있다. 따라서 이러한 경제체제를 고수해 간다면, 전 세계 국가들의 영토가 모두 경작되어 식량 생산력의 한계에 다다르기 전까지는 얼마든지 수입을 통해 늘어나는 수요만큼 식량을 조달할 수 있으리라고 가정할지도 모른다. 세상의 모든 땅이 경작되어 식량 생산이 한계에 부딪치게 될 날은 머나먼 미래의 일일 것이므로 앞으로도 오랫동안 인구 증가에 따른 식량 부족 사태를 걱정할 일은 없을 거라고 말이다.

그러나 그렇게 아득한 장래에 일어날 일을 기다리지 않는다 하더라도, 그리고 주변국들이 비교적 풍부한 식량자원을 갖고 있다 하더라도, 현재에도 기능하고 있는 여러 원인들로 인해 우려하는 사태는 얼마든지 일어날 수 있다.

우선 지적할 것은 자본과 기술에 의지하는 산업구조, 그리고 현재 확보 중인 특정 무역로를 통해 얻는 이점은 영구적인 것이 아니라는 점이다. 우리는 가령 독자적으로 기계류를 발전시키는 것이 얼마나 어려운 일인지 알고 있다. 자본의 증가는 개인, 국가 할 것 없이 모두가 원하는 지속적인 목표라는 것을 알고 있다. 또한 우리는 과거에 존재했던 상업국가들의 역사를 통해서, 무역로가 자주 변동될 수 있다는 사실을 알고 있다. 따라서 어느 한 국가가 단순히 기술과 자본의 힘만으로 외국과의 경쟁에서 승리를 거두고 언제까지나 시장을 장악할 수 있으리라 기대하는 것은 비이성적이다. 외국과 치열한 경쟁이 벌어질 때, 해당 상품 가격은 곧 폭락할 것이며, 이는 수익성 악화로 이어진다. 그리고 수익성 악화는 국민들의 저축 능력 및 저축 의지를 감소시킬 것이다. 자본의 축적 속도가 느려짐에 따라 노동 수요의 성장 속도 역시 둔화되다가 정체에 이를 것이다. 그러는 동안 원료생산품 수출이나 그 밖의 다른 장점을 무기로 등장한 새로운 경쟁자가 빠른 속도로 자본과 인구를 키워나갈지도 모른다.

두 번째로 지적할 것은, 설사 이러한 외국과의 경쟁을 상당 기간 배제할 수 있다 할지라도 자국 내 경쟁이 이와 유사한 영향을 끼칠 것이라는 점이다. 만일 어떤 지방에서 한 사람의 힘으로 능히 열 사람의 일을 할 수 있도록 도와주는 기계가 발명되었다고 하면, 그 기계의 소유자는 물론 처음 얼마 동안은 엄청나게 많은 이윤을 얻을 것이다. 그러나 이와 같은 발명이 세상에 널리 알려지게 되면 곧 여러 업체들이 대규모 자본을 동원하여 이 새로운 고수익 사업에 뛰어들 것이고, 머지않아 생산이 종래 가격을 기준으로 한 국내외 수요를 훨씬 초과하게 될 것이다. 자연스레 가격이 내려가고, 수익성은 악화된다. 그리하여 사업 초기에 한 사람이 하루 동안 이 상품을 생산하여 얻는 이득이 식량으로 환산하여 40, 50명을 부양할 정도의 양이었다면, 후기에 이르러서는 10명을 부양할 정도의 양에도 미치지 못할 것이다.

영국의 방직업은 지난 25년간 놀라운 성장을 거듭해 왔으며, 지금까지는 별다른 외국과의 경쟁도 없었다. 면제품 가격 폭락을 이끈 것은 국내 업체 간 경쟁이었다. 이러한 경쟁은 국내외 시장에 공급과잉을 초래했고, 노동력 절감을 통한 생산성 향상에도 불구하고, 전반적인 수익성 악화로 이어졌다.

방직기계의 혁신 덕분에, 이제는 어린 직공 한 사람이 과거 성인 노동자들 여러 명 몫을 대신할 정도가 됐지만, 임금이나 공장주의 수익 면에서, 기계를 쓰지 않고 노동력 절감을 이루지 못한 업체보다 하등 나을 게 없는 것이다.

물론 지금까지 영국은 방직업을 통해 막대한 이익을 거두어왔다. 국민들이 저렴한 가격에 고품질의 의복을 구할 수 있게 된 것은 커다란, 항구적인 이득이 아닐 수 없다. 또한 그동안 고수익 산업으로써 방직업이 축적한 거대자본은 곧 거대한 노동 수요를 촉발시켰다. 해외시장 확대, 국내시장으로의 새로운 가치 유입은 상업과 제조업은 물론, 농업과 식민지산업 등을 비롯한 산업 전 분야의 상품 수요를 창출하여 이윤 하락을 막는 역할을 해왔다.

영국은 본국 영토에 더해 풍족한 식민지를 거느리고 있어 늘어나는 자본을 투입할 광대한 시장을 확보하고 있다. 자본 축적으로 인해 이익률의 감소 폭도 예상만큼 크지 않다. 그러나 앞서 가정한, 산업의 다양성이 부족한 제조업 중심 국가에서는 자본이 늘어남에 따라 이익률이 떨어진다는 것을 알 수 있다. 지속적인 개량이 이루어지지 않는 한, 기계류 도입만으로는 자본 증가에 따른 수익 악화와 저임금 현상을 막을 수 없다. 이는 자연스럽게 인구 억제의 결과로 이어진다.

세 번째로 지적할 것은, 제조업에 사용되는 원료생산물과 인구 부양을 위한 식량을 모두 외국에서 수입하는 나라의 경우에는, 그 나라의 부의 증대 및 인구 증가가 무역 상대국의 부의 증가 및 수요에 거의 전적으로 의존하게 된다는 점이다.

제조업국가가 원료 및 식량 공급국에 의존하는 것은 농업국가가 제조업국가에 의존하는 것과 크게 다를 바가 없다고 주장하는 이들이 있다. 이는 개념상의 혼동에 따른 잘못된 생각이다. 풍족한 자원을 가진 나라는 자본의 대부분을 경작에 투입하고 제조품은 수입해 쓰는 것이 명백히 이득이라고 생각할 것이다. 그리하여 이를 통해 가장 생산적인 방식으로 산업을 구조화하고 자본의 급속한 증대를 추구할 것이다. 그러나 이웃 제조업국가가 침체에 빠진다거나, 다른 어떤 이유로 인해 제조품 수입에 큰 차질이 생긴다 해도, 이 나라가 입는 피해는 장기화되지 않을 것이다. 한동안 공급 부족으로 어려움을 겪겠지만, 곧 기존의 거래 상대를 대신할 제조업자 및 장인들이 생겨나 빠르게 제조기술을 갖추게 될 것이다. 새로운 환경을 맞아 자본 및 인구 증가 속도는 예전에 비해 둔화되겠지만, 성장잠재력은 여전히 건재할 것이다.

이에 반해 제조업 위주 국가는 식량과 원료생산물 공급이 끊길 경우, 명백히 생존이 불가능해진다. 극단적으로 말하자면, 그 나라의 절대적 생존은 거래 상대국의 상업에 달려 있으며, 부의 증대 역시 무역 상대국들의 수요 및 발전에 의해 좌우된다. 아무리 기술력이 탁월하고, 근면하며, 절약 정신이 강한 나라라 하더라도, 거래 상대국이 게으르고 부를 축적하지 못하여 해마다 오르는 상품 가격을 감당할 수도 감당할 의지도 없다면, 기술이나 새로운 기계 도입의 효과는 단기간에 그치고 말 것이다.

한 나라에서 숙련된 기술과 기계의 발전에 힘입어 저렴한 가격에 판매하는 제조품은 당연히 다른 나라의 원료생산품 증가를 촉진시킨다. 그러나 동시에, 우리는 게으르고 통치가 방만한 국가에서 상당 기간 고수익이 지속됨에도 불구하고, 부의 증대가 조금도 이루어지지 않을 수도 있음을 알고 있다. 또한 주변국들에서 부가 증가하고 수요가 창출되지 않는 한, 제조업 및 상업 국가는 아무리 탁월한 기술력을 가지고 힘껏 노력한다 해도 가격 하락이라는 불가항력 앞에서 무릎 꿇을 수밖에 없다. 기술이 발전하고 자본이 증가할수록, 판매하는 제조품의 양에 비해 돌아오는 원료생산품의 양이 줄어들지만, 그렇다고 해서 가격 인하를 통해 고객(상대국)이 식량과 원료생산품 생산을 늘리도록 유도할 수도 없다. 그리하여 식량 수입이 늘지 않으면 인구는 정체될 수밖에 없으리라는 건 불 보듯 뻔한 사실이다.

식량 가격 상승과 제조업의 화폐가치 하락은 둘 다 식량 공급 부족이라는 마찬가지의 결과를 초래한다. 양자는 동일한 효과를 발휘한다. 그리고 이러한 효과는 식량 생산이 본질적인 한계에 부딪치기 훨씬 이전에, 경쟁의 심화와 제조업국가의 증가, 농업국가 부족 등의 원인에 의해 발생할 수 있다.

네 번째로, 다른 국가에게서 식량과 원료생산물의 대부분을 수입할 수밖에 없는 국가는 나태, 근면성, 사치 등 다양한 변수에 의해 변화되기 쉬운 상대국들의 수요에 절대적으로 의존할 뿐만 아니라, 이들 상대국들 역시 자연스럽게 기술과 자본을 축적하는 방향으로 발전한다는 점에서 곧 수요 감소라는 불가피한 문제 상황에 직면할 수밖에 없다. 한 나라가 제조업국가가 되느냐 제조업국가에 원료자원을 공급하는 국가가 되느냐 하는 것은 일시적·우연적인 현상이지 결코 자연적·영구적인 분업의 결과는 아니다. 땅이 넓은 국가들의 경우, 농업이 고수익을 유지한다면 대가를 지불하고 다른 국가들에게 제조업자와 운송업자의 역할을 맡기는 것도 좋은 방안이 될 수 있다. 그러나 농업이익이 하락하거나 자본투자를 끌어낼 수 없을 만큼 토지임대료가 비싸다면, 자본가들은 자연스럽게 투자할 사업을 찾아 상업과 제조업으로 눈을 돌리게 된다.

애덤 스미스와 여러 경제학자들의 이론에 따르면, 제조업 원료 및 생존자원 조달, 무역에 필요한 운송 능력 등을 모두 자국 안에서 해결할 수 있는 나라는 이를 해외에 위탁하는 나라에 비해 비용절감 효과를 누리게 된다. 농업국가들이 늘어난 자본을 우선적으로 토지에 투자하는 한, 이들 국가들의 자본 증가는 제조업 및 상업 중심 국가에게 최상의 이점으로 작용하며 부와 인구 증가의 주된 원동력이자 조절 수단이 된다. 그러나 농업국가의 자본가들이 제조업과 상업으로 관심을 돌리게 되는 순간, 이점으로 작용했던 이들 나라의 축적된 자본은 제조업 및 상업 중심 국가에게 파멸과 쇠락의 위협이 된다. 따라서 국가 발전의 자연스러운 경향을 감안한다면, 상업만을 위주로 하는 국가는 우월한 기술과 자본을 지닌 타국과의 경쟁이 없다 할지라도 언젠가는 토지의 이점을 지닌 농업국가에 의해 시장에서 밀려날 운명에 놓인다.

국가의 발전 과정에서 이루어지는 부의 분배를 살펴보면, 독립국가의 이해관계와 제국(帝國)에 속한 부속식민지의 이해관계는 본질적으로 다르다는 것을 알 수 있다. 그러나 이는 사람들이 쉽게 간과하는 부분이다. 농업자본이 증가하고 서식스주(州)의 농업이익이 감소한다면, 남아도는 식량은 런던, 맨체스터, 리버풀 등지로 흘러 들어가 제조업 및 상업에 투입될 것이다. 만약 서식스주가 독립국가였다면, 이런 일은 일어나지 않았을 것이다. 잉여식량은 더 이상 런던으로 가지 않고 현지 제조업과 상업에 투입될 것이다. 따라서 영국이 과거의 7왕국 시대[1]를 지금까지 이어왔다면, 그리하여 영국 전체가 아닌 특정 지역의 부와 인구의 발전만을 목표로 두고 있었다면, 런던은 지금과 같은 번영을 누리지 못했을 것이며 현재 우리가 왕국의 번영에 있어 가장 이익이 된다고 여겨온 부의 분배구조와 인구도 달라졌을 것이다. 그러나 독립국가의 이익은 언제나 자국 영토 내 축적된 부의 양을 늘리는 데 있다. 따라서 독립국가가 무역 상대국과 맺는 이해관계는 식민지가 본국과 맺는 이해관계와 대부분 같지 않다. 자본의 증가가 식량 수출 중단을 가져올지라도, 어떤 경우에는 서로 이에 조금도 영향을 받지 않을 수도 있는 것이다.

위에서 열거된 원인들이 하나 이상 작용한다면, 제조업 및 상업 국가의 식량 수입은 결정적인 차질을 빚게 될 것이고, 수입량은 기존의 양보다 줄어들거나 적어도 증가하지는 않을 것이다. 그 결과 인구 억제가 불가피해진다.

베네치아는 외국과의 경쟁으로 인해 부와 인구의 정체 현상을 보이고 있는 상업국가의 대표적인 사례이다. 포르투갈 사람이 발견한, 희망봉을 거쳐 인도로 가는 항로는 대(對)인도 무역의 길을 열었다. 이로 인해 그동안 베네치아의 괄목할 만한 번영을 이끌었던 높은 수익성과 강력한 해군력 및 상권이 단번에 축소됐다. 높은 이윤을 가져다주었던 무역이 거의 완전히 사라지다시피 했고, 머지않아 베네치아의 국력과 부는 자국에 허락된 자원의 한계를 넘지 않는 수

---

1) 5세기 무렵 앵글로·색슨족이 잉글랜드에 일곱 왕국—켄트, 서섹스, 웨섹스, 에섹스, 노섬브리아, 이스트앵글리아, 머시아—을 세운 무렵부터 통일 왕국이 성립되는 9세기까지의 시대.

준으로 축소되고 말았다.

15세기 중엽, 플랑드르의 브루게는 남북 유럽을 잇는 무역의 대중심지였지만 16세기 초에 이르러서는 안트베르펜과의 경쟁을 계기로 쇠퇴하기 시작했다. 그 결과 많은 영국 상인과 외국 상인들이 이 쇠퇴 일로를 달리는 도시를 떠나 상업과 부가 급격히 성장하고 있는 도시 안트베르펜으로 이주해 갔다. 16세기 중엽에 이르러 안트베르펜은 번영의 절정에 도달했다. 안트베르펜은 9만 이상의 인구를 갖는 가장 이름난 무역도시로서 또는 유럽 북쪽에서 가장 규모가 크고 거액의 상거래가 행해지는 도시로서 널리 알려졌다.

불행히도 파르마 공작의 포위 공격으로 안트베르펜이 함락당하면서, 암스테르담이 안트베르펜을 대체할 신흥 상업 도시로 부상한다. 네덜란드인들은 놀라운 근면성과 노력을 앞세워 안트베르펜이 이후 과거의 상권을 회복할 기회를 주지 않았으며, 그 외 한자(Hansa)동맹[2] 도시들의 대외무역에도 심대한 타격을 입혔다.

이어지는 암스테르담의 쇠퇴는 내부경쟁 및 자본과잉에 따른 수익성 악화와 과도한 세금으로 인한 생필품 가격 상승이 그 부분적인 원인이었다. 그러나 결정적인 원인은 기술이나 산업, 자본 면에서는 뒤떨어지지만 풍부한 자원의 이점을 갖춘 국가들이 발전하여 그동안 네덜란드인들이 거의 독점해 왔던 무역의 상당 부분을 잠식해 들어온 데 있었다.

윌리엄 템플 경이 네덜란드에 머물던 1669년, 1670년에 이미 자본과잉과 내부경쟁에 따른 여파는 심각한 단계에 이르러, 대인도 무역을 제외한 대부분의 해외무역은 손해를 입었고, 2~3퍼센트 이상 수익을 거둔 상인이 전무할 정도였다. 이러한 상황에 이르면 자연히 저축 능력이나 저축 의지는 큰 폭으로 감소할 것이다. 자본은 정체 혹은 감소하거나, 기껏해야 미미한 수준의 증가에 그칠 것이다. 윌리엄 템플 경이 주장했듯이, 당시 네덜란드 무역은 수년간 누린 전성기를 지나 이미 뚜렷한 쇠퇴의 징후를 보이고 있었다. 다른 나라들의 빠른 성장세가 지속됨에 따라, 아메리카 및 아프리카 무역과 외부경쟁에서 자유로웠던 라인강, 뫼즈강을 통한 일부 무역을 제외하고, 어업을 비롯한 네덜란드의

2) 중세 중기 북해·발트해 연안의 여러 독일계 도시들이 뤼베크를 중심으로 상업상의 목적으로 결성한 동맹.

무역 대부분이 돌이킬 수 없는 하락세에 접어들었고 이후 다시는 활기를 찾지 못했다.

1669년에 네덜란드의 홀란트 지방과 웨스트프리슬란트 지방의 총인구는 요한 데 비트(Johan de Witt)의 계산에 의하면 240만 명이었다. 그런데 1778년의 조사에 의하면 이 지역 7개 주(州)의 총인구는 200만 명이다. 100여 년의 세월이 지나는 동안, 인구가 증가하기는커녕 크게 감소되었다는 것을 알 수 있다.

상업국가들의 이러한 모든 사례들을 살펴볼 때, 위에서 언급한 바 있는, 생존자원의 확보 능력에 많든 적든 영향을 끼치는 원인들 가운데 한두 가지 이상이 작용하여 부와 인구의 증가를 억제해 왔으리라는 결론을 내릴 수 있다.

일반적으로 봤을 때, 어느 국가든 노동유지기금이 성장을 멈추게 되면, 노동에 대한 유효수요 역시 더 이상 증가하지 않는다는 사실이 확인된다. 또한 노동임금은 그 나라의 식량 가격과 국민의 습성에 따라, 현재 규모의 인구를 간신히 유지할 수 있는 정도의 수준으로 감소할 것이다. 이러한 상황에 처한 국가는 타국가의 식량자원이 풍족하거나 자본수익이 아무리 높다 해도 인구 증가 가능성이 없다. 물론, 이후 새로운 환경에 놓이게 되면 인구는 다시 증가할 수 있다. 혁신적인 기계의 발명이나 새로운 무역로 개척에 의해, 혹은 주변 국가에서 농업자원과 인구가 획기적으로 증가하거나 수출 수요가 급증하여 식량 수입이 늘어남에 따라 인구가 증가할 수 있다. 그러나 해마다 식량 수입량이 지속적으로 증가하지 않으면, 늘어나는 인구를 부양할 생존자원 확보에 실패할 것은 자명하다. 그렇게 되면 필연적으로 인구 정체 상황이 재연될 것이며, 노동유지기금 역시 정체되거나 감소하기 시작할 것이다.

10. 농·상 병행 제도

    농업이 산업의 대부분을 차지하는 국가일지라도, 원료생산물의 일부는 국내 소비를 위해 생산된다. 상업국가 역시, 도시 성벽으로 완벽하게 둘러싸여 있지 않은 한, 국민과 가축이 먹을 얼마간의 식량은 도시 주변의 소규모 지역으로부터 자체적으로 생산할 것이다. 하지만 농업과 상업을 병행하는 산업제도 국가는 이들 국가보다 훨씬 더 긴밀한 농업·상업의 결합 관계를 보인다. 여기서 말하는 농상 병행 국가란 토지자원과 상업 및 제조업에 투입된 자본이 모두 상당 규모에 이르며, 양자가 어느 정도 균형을 이루고 있는 국가를 이른다.

    이러한 환경에 있는 국가는 농업과 상공업 제도 각각의 장점을 가지면서도 동시에 각 제도의 약점으로부터는 자유롭다.

    어떤 나라에 있어서 상공업이 번영한다는 것은 곧 그 나라가 봉건제도의 가장 나쁜 면으로부터 해방되었다는 것을 의미한다. 즉 그것은 국민 대다수가 노예 상태로부터 벗어났다는 것, 그들이 저축 능력과 저축 의지를 갖게 되었다는 것, 자본이 축적되면 안전한 투자가 행해질 수 있다는 것, 따라서 정부가 필요한 재산 보호 조치를 취하고 있다는 것을 각각 보여주는 것이다.

    이러한 조건에서는 노동과 토지생산물에 대한 수요가 일찍이 유럽 대부분의 나라들이 때때로 경험한 바 있는 때아닌 침체 상태를 초래하는 일은 결코 없다. 상공업이 번창하는 나라에서 농산물은 언제나 국내에서 쉽사리 그 시장을 찾을 수 있으며, 그와 같은 시장이 있다는 것은 자본의 누진적 증가에 특별히 유리한 조건이다. 그런데 자본, 특히 노동유지기금의 지속적인 양적·질적 증가는 노동 수요와 곡물로 지불되는 임금의 급등을 가져오는 유력한 원인이 되기도 한다. 또 한편 기계의 개량과 제조업에 투입되는 자본의 증가로 인해 곡물의 상대적 가치가 상승하고 외국의 상업이 번영함에 따라, 노동자는 자신의 소득으로 더 많은 국내외의 편의품 및 사치품을 구매할 수 있게 된다. 설사 노동에 대한 유효수요 증가세가 둔화되기 시작하고 곡물임금이 하락한다 할 지라도, 비교적 높은 곡물가치는 노동자계층의 생활 수준을 어느 정도로 유지 해 줄 것이다. 노동인구의 정체가 있더라도 대부분의 노동자들은 여전히 양호 한 주거와 의복 수준을 누릴 것이며, 외국에서 생산된 편의품 및 사치품을 구 매할 여력이 있을 것이다. 적어도, 그들은 노동 수요가 정체되고 식량가치가 다른 제조업 및 해외 상품에 비해 현저히 낮은 그런 나라의 노동자들처럼 비 참한 상황에 빠지는 법은 없을 것이다.

따라서 순수 농업국이 겪는 특별한 불이익은 제조업과 상업의 성장 및 번영 을 통해 제거된다.

이와 마찬가지로 상공업 위주 국가에 따르는 특수한 불이익은 토지자원의 소유에 의해서 해결될 수 있을 것이다.

식량을 자급하는 나라는 어떠한 외국과의 경쟁에 의해서도 인구가 곧 감소 하지는 않는다. 순수한 상업국에 있어서는 만일 그 수출이 외국과의 경쟁으로 말미암아 실질적으로 감소된다면 극히 짧은 시일 내에 그 나라는 동수의 인구 를 유지할 힘을 잃어버리게 될지도 모른다. 그러나 토지자원을 가지고 있는 나 라의 경우에는 비록 수출이 감소된다 할지라도, 단지 다소간 외국산의 편의품 과 사치품을 잃어버릴 뿐이며, 모든 상거래 중에서 가장 중요한 도시와 농촌 간의 국내 상거래는 비교적 영향을 받지 않을 것이다. 물론 종전과 같은 자극 은 없어지기 때문에 일시적으로 성장 속도가 둔화될지 모르나 결코 퇴보하는 법은 없다. 또한 해외무역의 감소로 말미암아 생긴 잉여자본도 그대로 방치될 리가 없다. 즉 이와 같은 자본은 물론 종전과 동일한 이익을 얻을 수는 없다손 치더라도 어떤 형태로든 수익을 낼 수 있는 용도를 찾아낼 것이며, 비록 해외 무역이 왕성했던 당시와 동일한 비율에는 미치지 못한다 해도 증가하는 인구 를 능히 유지할 수 있을 것이다.

마찬가지로 국내경쟁이 초래하는 결과는 우리가 비교하고 있는 두 나라에 서 매우 다른 양상을 보일 것이다.

상공업 중심 국가의 경우, 국내경쟁과 대규모 자본은 원료생산품 대비 제 조품 가격의 하락을 초래하여 제조업에 투입된 추가 자본에 상응하는 양만큼의 원료생산품을 얻지 못할 수도 있다. 이에 반해 토지자원을 가진 나라에서는 이러한 현상이 벌어지지 않는다. 또한 기계류의 발전과 경작지의 지질 하락 등의 원인으로 인해 원료생산품에 대한 제조품의 교환가치가 하락할지는 모르나, 제조업 방면에서의 자본경쟁이 그에 상응하는 농업 부문에서의 자본경쟁을 수반하지 않기 때문에 제조품들 가운데 상당수의 가치는 결코 떨어지지 않는다.

자본수익과 임금이 유일한 수입원인 국가의 경우, 자본수익과 임금 감소는 국가가 자유로이 처분할 수 있는 가용수입에 큰 타격을 입힐 수 있음을 알아둘 필요가 있다. 자본과 노동자 수의 증가는 많은 경우 자본수익 및 임금의 감소분을 충당하기에 불충분하다. 그러나 국가의 수입원에 자본수익 및 임금 외에 지대(地代)가 포함된다면, 자본수익 및 임금에서 입은 손실은 지대를 통해 메울 수 있고, 따라서 국가의 가용수입은 비교적 안정적인 상태를 유지할 수 있다.

풍부한 토지자원과 아울러 충분히 발달된 상공업을 갖춘 나라가 가진 또 다른 현저한 이점은 그 나라의 부(富)와 인구의 증가가 다른 국가들의 상황에 비교적 영향을 받지 않는다는 점이다. 부를 전적으로 제조업과 상업에 의존하는 국가는 무역 상대국의 원료생산품이 증가하지 않고서는 부를 늘릴 수 없다. 혹은 적어도 좀처럼 바뀔 수 없는 그동안의 소비 습관을 유지할 수 있을 정도의 원료생산품을 확보해야 한다. 결국 다른 국가의 무지와 게으름이 발전에 치명적인 저해 요소가 된다.

토지자원을 가진 나라는 이러한 위험성으로부터 자유롭다. 무역 상대국의 상황이나 움직임과는 상관없이 자국의 산업, 기술, 경제가 성장함에 따라 부와 인구 역시 성장할 것이다. 제조업 자본이 과잉되어 상품 가격이 지나치게 떨어진다 하더라도 이웃 국가가 원료생산물의 생산을 늘리기만을 마냥 기다리고 있을 필요가 없다. 과잉된 자본을 자국의 토지에 투입함으로써 제조업 상품과 교환할 수 있는 원료생산품을 생산할 수 있기 때문이다. 또한 이처럼 공급을 줄이고 수요는 늘리는 이중 작용을 통해 가격 상승을 유도할 수 있다. 원료생산이 과잉됐을 경우에도 마찬가지 방식으로 농업과 제조업의 수익 불균형을 회복할 수 있다. 나아가, 이러한 원리에 따라 국가의 자본은 농업, 제조업을 막론하고 상황에 따라 유리한 방향으로 적재적소에 분배될 수 있다.

이와 같은 방식으로 농업, 제조업, 상업, 영토의 각 지역들이 서로 작용·반작용을 주고받음으로써, 그 나라는 이른바 버클리 주교의 비유를 빌리자면, 설사 '1만 피트 높이의 황동 벽에 둘러싸인다 해도' 번영을 구가하며 부와 권력을 키워나갈 것이다. 그와 같은 나라는 무역 상대국이 현재 어떠한 상태에 있다 할지라도 그 상황을 유리한 방향으로 이용할 수 있는 나라일 것이다. 그리고 상대국의 성장과 퇴보는 자국 생산에 대한 하나의 자극원에 그칠 뿐이며 생산 증가는 상당 부분 타국의 사정과 무관하다. 외국의 상업 실패로 인해 다소 성장세가 둔화될 수는 있어도 성장이 멈추거나 퇴보하는 일은 결코 생기지 않는다.

농업과 제조업의 결합을 통해, 특히 양자가 거의 조화로운 균형을 유지함으로써 얻을 수 있는 네 번째 이점은 그 나라의 자본과 인구가 단순히 다른 나라의 자연적인 성장 때문에 퇴보하는 일은 없다는 점이다.

일반적인 관점에서 보자면, 결국 제조업과 상업을 함께 발전시키는 것이 토지자원을 가진 대부분의 나라에 해답이 될 수 있다. 미국에서 생산된 원면을 멀리 수천 마일 떨어진 타국으로 보내어 그곳에서 가공하여 만든 제품을 미국시장으로 다시 운송하는 방식은 결코 영속적이지 않다. 물론 그것이 당분간 계속될 것은 확실하다. 영속적인 방식이 아니라는 이유로 계속해서 얻어지는 이윤마저 이용해서는 안 된다고 말하려는 것은 아니다. 그러나 이와 같은 이익이 그 성질상 한시적인 것에 불과하다면 이를 늘 염두에 두고서, 이익이 사라졌을 때 장래에 해를 입지 않도록 사전에 주의를 하는 편이 낫다는 얘기이다.

만일 어떤 나라가 이와 같은 일시적 이익에 현혹되어 상공업에 국력을 집중시키고 식량의 대부분을 외국에서 수입해야 하는 상황에 이른다면, 장차 외국의 상공업이 발달했을 때 자국은 가난해지고 자본과 인구가 감소함으로써, 그 동안에 얻어온 일시적 이득을 전부 잃을 뿐 아니라 도리어 손해를 보게 될지도 모른다. 반면, 상업과 제조업 종사자들이 자국의 농업을 통해 식량을 얻는 국가는 다른 국가로부터 얻는 일시적 이득에서 커다란 경제 촉진 효과를 누릴 수 있지만, 설사 그러한 효과가 사라진다 해도 중대한 타격을 입지는 않았다.

그러므로 풍부한 토지자원과 왕성한 상공업을 아울러 가지고 있는 한편,

상업인구가 농업인구를 현저하게 초과하고 있지 않은 나라는 급격한 정세의 변화에도 큰 영향을 받지 않는다. 그러나 대토지 자원을 가진 그 어떤 나라도 아직 이와 같은 발전을 이루지 못했으며, 설사 그러한 발전이 먼 미래에나 이루어질 일이라 할지라도 우리는 이러한 발전이 무한하게 계속되리라 상상해서는 안 된다.

우리는 이미 해외시장의 상태에 따라, 나날이 증가하는 인구를 부양할 수 있을 정도의 식량을 정기적으로 수입하는 것이 불가능해지는 시점이 오면, 상업국가의 인구는 더 이상 증가할 수 없다는 점을 살펴본 바 있다. 자국에서 식량을 생산하는 국가의 인구 증가가 한계에 다다르는 시점은 경작지가 포화 상태를 이루어 추가 노동자를 투입한다 해도 그의 가족을 먹여 살릴 만큼의 식량을 얻을 수 없어 더 이상 증가한 인구를 부양할 수 없게 될 때이다.

이는 물론 너무나 극단적인 한계라 할 수 있다. 아직 어떠한 나라도 이러한 한계에 도달한 예는 없다. 또한 장래에도 이러한 사례는 없을 것이다. 왜냐하면 이 가정은 식량 외의 다른 생존자원들, 혹은 자본수익과 같은 결코 무시할 수 없는 요인들을 고려의 대상으로 삼지 않았기 때문이다.

또한 이렇게 가정한 한계는 본래 생존자원 생산에 종사하지 않는 모든 이들, 즉 군인, 선원, 하인, 사치품 제조공과 같은 사람들까지 식량 생산에 투입할 경우 토지가 실제로 생산할 수 있는 식량의 양에 비하면 턱없이 모자라는 것이다. 실제로 그들은 노동임금으로 자기 자신과 가족을 부양할 수 있을 만큼의 식량도 얻지 못할 것이다. 그러나 토지가 마침내 생산 한계에 다다르기 전까지는 그들의 이러한 노동은 지속적으로 공동자산을 늘려줄 것이며, 생존자원이 증가함에 따라 증가하는 인구를 부양할 수 있을 것이다. 이러한 조건에서는 국민 모두가 생존자원 생산에 투입되어야 하며, 어떠한 여가 생활도 허락되지 않을 것이다. 물론 이는 국가 권력이 강제적으로 국가산업을 한 방향으로 몰아가지 않는 한, 사회에 사유재산의 원칙이 사라지지 않는 한 실현될 수 없다.

개인의 이익 관계라는 관점에서 봤을 때, 자신의 기존 임금가치보다 적은 소득을 올리는데도 새로이 농업에 뛰어들 노동자는 아무도 없다. 그리고 농업에 종사하여 받는 임금이 평균적으로 부인과 2명의 자녀를 성인이 될 때까지 부양하는 데 충분치 않다면 인구 증가나 생산량의 증가는 더 이상 없을 것이다. 따라서 대지의 실질생산 한계는 농업에 종사하는 노동자가 자신을 포함한 가족 4인을 먹여 살릴 정도의 소득을 벌어들일 수 있는 수준일 때까지이다.

그리고 자연법칙이 그러하다는 것은 인류에게 있어 다행한 일이 아닐 수 없다. 인구 증가로 인한 생존자원 확보 경쟁이 격렬해져, 온 인류가 식량 생산을 위한 끝없는 노동이라는 수렁에 빠져들고 만다면 그때부터 인류는 퇴행을 거듭하게 될 것이고 그동안 일구어온 진화의 성과는 모두 수포로 돌아가버릴 것이다. 그러나 실제 현실 속에서는, 사유재산의 보편 원칙에 따라 농업에 새로이 종사하려는 노동자가 더 이상 생겨나지 않는 그 시점에, 경작자가 실제 소비하는 식량을 제외한 잉여식량은 지대, 이윤, 임금 등의 형태로 전환될 것이다. 특히 오늘날 지대는 과거 어느 때보다 큰 비중을 차지하고 있으며, 육체노동이나 제조업에 종사하지 않고도 생활 비용의 상당 부분을 해결해 주는 역할을 한다.

따라서 인구의 실질한계는 대지의 잠재된 식량 생산 능력보다 훨씬 떨어진다는 점을 분명히 인식해야 한다.

그뿐만 아니라 어떤 나라에서든 이와 같은 실질한계에 도달하기 훨씬 이전에 인구 증가율은 점차적으로 감소한다는 사실도 잊어서는 안 될 중요 사항이다. 국가의 자본이 악정·게으름·낭비 또는 상업상의 갑작스러운 타격 등으로 말미암아 정체되면, 인구 정체 현상이 어느 정도 급격하게 나타나 상당한 혼란을 야기할 수 있다. 그러나 지속적인 자본 축적과 경작 가능 토지의 고갈로 말미암아 자본이 정체한 경우는 자본수익과 노동임금 수익이 장기간에 걸쳐 점차적으로 감소해 왔을 것이 틀림없다.

만약 토지에 투입된 자본이 언제나 동일한 수익을 내고 노동력 절감을 위한 농업 기술 개발이 전무하다고 가정한다면, 자본 축적이 진행됨에 따라 수익과 임금은 일정한 비율로 하락할 것이며, 인구 증가율 또한 단계적으로 감소할 것이 분명하다. 그러나 이는 비현실적인 가정에 불과하다. 여러 가지 자연적, 인위적 원인들이 변수로 작용하여 인구 증가율이 최종 한계에 도달할 때까지 매번 불규칙적인 변화를 초래할 것이기 때문이다.

이러한 변수들로는 다음과 같은 것들이 있다. 첫째, 농업은 현실적으로 거의 언제나 자본 부족 상태에 있다는 점을 들 수 있다. 이는 토지 소유권으로 인해 상업 및 제조업 자본이 농업으로 유입되는 것이 어렵다는 데 부분적으로 그 원인이 있다. 대부분의 영토가 넓은 나라들이 갖는 특성, 즉 소자본 투입으로는 농업의 생산성을 기대하기 어렵다는 점 또한 이러한 현상을 부추긴다. 농업의 생산성을 높이기 위해서는 대규모 자본투자와 천연 또는 인공 비료를 통한 지질 향상이 필수적이기 때문이다. 또한 수익 및 임금 하락 이후 농지의 실소유자가 투자할 수 있는 자본보다 훨씬 더 많은 자본이 필요한 경우가 자주 있다.

둘째, 농업 기술의 발달이다. 개량된 경작 방법을 적용하여 토지관리를 향상시키고 노동력 절감 효과를 얻을 수 있다면, 본래 생산력이 낮았던 농지에서도 비옥한 농지 못지않은 고수익을 올릴 수 있다. 개량된 농기구와 경작 방식 개선은 거대자본이 투입된 대규모 농업의 수익성 악화 경향을 상당 기간 완화해 줄 것이다.

셋째, 제조업의 발전이다. 기술 발달과 새로운 기계의 발명 덕분에 한 사람이 8~10명 몫의 일을 할 수 있게 됐다. 잘 알려져 있다시피, 제조업의 내부경쟁과 양적 팽창으로 인해 제조품 가격은 크게 떨어질 것이며, 제조업 상품 가운데 노동자와 농부들의 생활에 밀접한 관련이 있는 생활필수품 및 편의품의 비중은 자연스레 줄고 대량의 잉여생산물이 발생할 것이다. 자본 증가와 농업 확대에도 불구하고 이러한 대량의 잉여생산물로부터 보다 높은 수익을 이끌어 낼 수 있다.

넷째, 해외무역의 호황이다. 해외무역이 호경기를 맞으면서 국내의 노동임금 및 상품 가격이 치솟는 반면 상대적으로 외국 상품 가격은 그다지 오르지 않는다면, 농부나 노동자들은 전보다 훨씬 적은 식량이나 노동으로 차, 설탕, 목화, 리넨, 가죽, 수지, 목재 등과 같은 필요 물품을 구매할 수 있게 될 것이다. 그리고 이렇게 늘어난 구매력은 제조업 발전과 마찬가지로 대규모 농업의 수익 하락을 막는 기능을 한다.

다섯째, 수요 증가에 따른 원료생산품 가격의 일시적 상승이다. 실제로는 그렇지 않지만, 원료생산품 가격 상승이 여러 해가 지난 뒤 노동임금 및 다른 상품들의 가격 상승을 초래한다고 가정한다 하더라도, 원료생산품이 가격 상승을 주도하는 한, 농업은 대규모 경작 방식과 축적된 자본을 토대로 수익을 늘릴 수 있을 것이 틀림없다. 그리고 이러한 가격 상승 기간은, 특히 앞서 언급한 농업의 자본 부족 원인을 감안한다면, 농업국가의 성장에 대단히 중요한 계기가 된다. 농업이 경작지를 확대하는 데 투입될 새로운 자본을 창출하고 그렇게 해서 일정 기간 상당 규모의 자본이 농업에 투입될 수 있다면, 미래에는 상당한 비용 절감 효과를 얻을 수 있을 것이다. 따라서 고수익을 보장받는 이러한 기간—그 기간이 고작 8~10년 정도에 불과할지라도—은 농업국가에게 일종의 새로운 땅을 얻은 것과 같은 이득을 가져다준다.

지속적인 자본 증가와 경작지 확장이 수익과 임금 면에서 점진적인 하락을 가져온다는 것은 의문의 여지가 없는 사실이다. 그럼에도 이러한 발전 과정에서 벌어지는 일련의 불규칙한 변화들은 지금까지 열거한 원인들을 통해 충분히 해명될 수 있으리라 생각한다.

이로써 우리는 유럽 각 나라의 자본 및 인구 증가가 상이한 양상을 보인다는 사실을 알게 된다. 수년간 정체 현상을 보이던 국가가 별안간 새 개척지 사회를 연상시킬 만큼 급속도로 성장하기 시작하는 경우도 있다. 러시아와 프로이센 일부 지방이 바로 그러한 예인데, 이들 국가에서는 벌써 여러 해 동안 빠른 속도로 자본 축적과 경작지 확대가 이루어지고 있다.

똑같은 원인의 작용으로 우리나라도 이와 비슷한 변화를 겪어왔다. 지난 세기 중엽 이자율은 3퍼센트였다. 자본수익률도 거의 같은 수준이었을 것이다. 당시의 출생률과 혼인율을 살펴보더라도 인구는 완만한 증가세를 보였다는 걸 알 수 있다. 1720~50년에 이르는 30년 동안 인구는 556만 5000명에서 겨우 90만 명이 증가했다. 그러나 이 시기 이후 영국은 기록적인 자본 증가 및 경작지 확장이 이루어졌고, 최근 20년간 이자율과 자본수익률은 5퍼센트 정도였다. 또한 1800년~11년 동안 인구는 928만 7000명에서 120만 명이 증가하여, 인구 증가율은 앞선 시대에 비해 약 2.5배 높았다.

그러나 자본 및 인구 증가 과정에 따르는 불규칙성에도 불구하고, 실질한계에 도달하는 것은 대단히 점진적인 과정을 통해 이루어지리라는 점은 명백하다. 자본 축적이 필연적으로 정지되기 훨씬 이전부터, 자본수익은 오랜 기간에 걸쳐 하락하여 비용 외 잉여자본의 저축이 불가능해질 정도로까지 줄어든다.

마찬가지로, 인구 정체가 일어나기 이전부터 노동의 실질임금은 점차 줄어들어 마침내는 기존의 생활 관습을 기준으로, 간신히 가족을 부양할 수 있을 정도의 액수로 떨어진다.

요컨대 최대의 국가적 번영을 가져오는 가장 효과적인 제도는 농업 위주도 상업 위주도 아닌, 농업과 상업이 결합된 형태의 산업제도이다. 넓고 비옥한 영토에 농업, 제조업, 해외무역의 발전에 따라 풍부하고 다양한 자원을 보유하여 더욱더 농업이 촉진되는 그러한 나라에 있어서 인구 증가 한계가 언제쯤 오게 될지 예측하기란 좀처럼 쉬운 일이 아니다. 그러나 성장을 거듭하는 나라의 자본과 인구에는 반드시 한계가 있으므로, 언젠가는 그 한계점에 도달하게 될 테고, 이를 모면한다는 것은 불가능한 일이다. 그리고 이때의 한계량은 사유재산의 원리에 따라 토지의 잠재된 생산력보다 실질적으로 한참 못 미치는 수준이 될 것이다.

11. 곡물법 (1)
수출 장려금

풍부한 토지자원을 갖고 있고 늘어난 인구를 부양할 충분한 생산력을 갖췄음에도 식량 수입의 관행을 버리지 않고 식량 공급의 대부분을 외국에 의존하는 나라들이 있다.

이러한 현상의 원인은 주로 다음과 같다.

첫째, 국가의 법률, 제도, 관습 등에 농업의 자본 축적을 저해하는 요소가 존재한다. 그러나 반면에 상업 및 제조업의 자본 축적에 대한 저해 요소는 크지 않다.

봉건국가의 법률과 관습이 그러한데, 이로 인해 다른 재산과 달리 토지의 자유로운 분할 양도가 어려우며, 경작지 확대가 힘들고 비용이 많이 든다. 봉건국가에서 토지 개량은 주로 소작농에 의해 이루어지지만, 이들 대부분은 차지권(借地權)이 없거나, 있다 하더라도 단기계약에 불과하며, 최근 이들의 부와 처우가 대폭 신장됐다고는 하나 여전히 자작농에 비할 처지는 아니다. 또한 상인이나 제조업자에게 주어지는 만큼의 독립성이나 투자 장려도 없다.

둘째, 농업에 부과되는 직접세 및 간접세가 상업 및 제조업에 부과되는 조세에 비해 무겁거나, 또는 상업 및 제조업에 부과되는 것이 더 나은 경우가 있다.

자국에서 생산된 식량에 부과되는 직접세는 만약 그에 상응하는 세금이 수입 식량에 부과되지 않을 경우, 자국 농업을 파탄으로 몰고 갈 우려가 있으며, 이는 식량 소비를 전적으로 수입에만 의존해야 하는 상황으로 이어진다. 또한 간접세에 의해 노동임금이 상승하거나, 국내외 상품에 대한 환불금(換拂金), 식민지의 풍부한 생산자원, 그리고 가격 상승에 해외 수요가 크게 영향받지 않는 특정 물품들에 의해서—양적 증가는 아닐지라도—수출 전체의 가치가 늘어날 경우에도 부분적으로 이와 유사한 상황이 벌어질 수 있다.

셋째, 기계류 개선과 그에 따른 자본 증가 및 분업의 발달이다.

어떤 나라에서든 자본과 기계를 도입하여 한 사람이 열 사람 몫을 할 수 있게 만든다면, 다른 나라들이 아직 이러한 생산성 향상을 이루지 못한 경우, 비록 노동임금이 상승한다 해도 자본과 기계가 효과적으로 투입되어 생산된 상품들의 판매력은 여전히 강력할 것이다. 노동의 필요임금 상승은 경작에 들어가는 비용을 증가시킬 뿐 아니라, 식량 외의 다른 상품들에 대해서도 동일한 영향을 미친다. 식량 외에 수출 상품이 없다면, 외국으로부터 값싸게 식량을 사들일 수 있는 수단이 없으므로, 외국 곡물 수입을 촉진할 수 있는 방법이 없다. 그러나 상업국가의 다양한 수출 가능 상품들은 저마다 다른 특성을 갖고 있다. 그 나라 고유의 특산품이 있는가 하면, 해외경쟁보다는 국내경쟁을 통해 가격이 결정되는, 우월한 자본과 기계를 통해 생산된 상품도 있다. 이러한 종류의 상품들은 큰 타격을 받지 않고도 거의 영구적으로, 혹은 상당 기간 노동임금 상승을 감당해 낼 수 있을 것이다.

상품 가격의 인상 또는 하락을 억제하는 정책은 언제나 상품 수출량의 감소를 가져온다. 그러나 그렇다고 해서 그 상품의 해외 지금(地金)가치나 판매 수익이 감소하는 것은 아니다. 한편 만일 영국의 면제품이 현재 가격의 절반으로 떨어진다면, 수출은 현재보다 훨씬 증가하리라는 것은 의심의 여지가 없다. 하지만 수출량이 현재의 2배로 늘어날지는 의심스럽다. 그런데 해외 생산물 수입량을 현재 수준으로 유지하기 위해서는 수출량이 2배로 증가해야 한다. 이 경우, 다른 비슷한 여러 가지 상품들의 경우와 마찬가지로 양과 가치는 꼭 같은 비율은 아니지만 일정 기간 함께 증가하기 마련이나 그것도 어느 한도를 넘어서게 되면 그 이상의 양적 증가는 상품의 전체 가치를 떨어뜨려 수익을 감소시킬 뿐이다.

그러므로 우월한 자본과 앞선 기계류를 도입하여 효과적으로 생산된 상품들은 상대적으로 높은 노동임금과 원자재 가격에도 불구하고 쉽사리 외국과 경쟁할 수 있게 될 것이다. 그러나 노동력 절감 효과가 그리 크지 않은 농업이나 그 외의 다른 산업의 경우, 높은 노동임금 및 원자재 가격은 경쟁에 불리할 수밖에 없다. 따라서 이런 경우에는 자국의 제조업 및 특산품을 수출하여 벌어들이는 이익으로 해외에서 식량을 수입해 오는 것이 더 경제적일 수 있다.

만일 이와 같은 여러 가지 원인 전부 또는 그 일부로 말미암아 어떤 나라가 식량 공급의 상당 부분을 관습적으로 해외에 의존하게 된다면, 이러한 의존이 계속되는 한 그 나라는 제조업 및 상업 중심 국가의 폐해에 노출될 수밖에 없다. 그러나 여전히 한 가지 측면에서는 우월성을 갖는다. 상공업이 대외경쟁이나 다른 원인으로 말미암아 쇠퇴하는 경우 의존할 수 있는 토지자원을 가지고 있다는 점이 바로 그것이다. 하지만 이 경우에는 대규모 식량 수입이 필요한 시기에 순수 상공업국가에 비해 훨씬 더 식량 공급 변동 상황에 취약해지는 단점이 있다.

홀란트 지방과 함부르크에 물품을 공급하는 상인들은 그곳의 수요를 상당히 정확한 수치로 파악하고 있을 것이다. 그래서 수요가 증가하면 상인들은 공급을 조금씩 늘려갈 것이다. 갑작스러운 큰 폭의 변동이 일어나는 것을 막기 위해, 평균 예상 수요량에 맞게 안전하고 현실적인 방식으로 단계적인 공급 확대를 꾀할 것이다. 그러나 이는 영국 및 에스파냐와 같은 나라에서는 통하지 않는다. 이들 나라의 수요는 기후의 변화에 따라서 변동 폭이 크다. 따라서 무역 상인이 이를 감안하지 않고 평년의 수요량을 수출국과 계약하게 된다면 2~3년 정도의 풍년이라도 계속되는 날이면 곧 파산해 버릴지도 모른다. 사정이 이러하므로 그 나라들이 안전하게 상거래를 하려면 해마다의 수확 상황이 판명될 때까지 기다려야 할 것이다.

유럽의 새로운 식량 수요는 평균수확량의 부족 때문이지 전체수확량의 부족 때문에 생겨난 것은 아니지만, 어찌 됐든 전체 부족분의 규모 및 예측의 불확실성, 매년 정해진 양대로 공급계약을 맺는 데서 오는 위험성, 호전적인 강대국과의 적대 관계를 키우게 될 가능성 등은 지속적인 식량 공급 확보를 보다 어렵게 한다. 또한 일반적으로 흉작이 드문 일이 아니라는 것이 사실이라면, 식량 가격 변동 폭은 클 수밖에 없고, 이는 식량 공급을 좌우하는 중요한 요소가 된다.

흉작은 일부 지역에서만 발생할 뿐 전방위적인 현상이 아니며, 따라서 어떤 한 나라의 흉작은 다른 나라의 풍작으로 상쇄된다고 주장하는 이들이 더러 있다. 그러나 이는 전혀 근거 없는 가정이다. 1814년에 곡물법과 관련하여 영국

하원의회에 제출된 자료에 의하면, 영국에 흉작이 들었을 때 발트해 지방에서도 마찬가지로 흉작이 드는 경우가 많으냐는 물음에 한 곡물상은 "유럽의 한 지방에서 수확이 좋지 않으면, 다른 지역들도 대개 수확이 좋지 않다"고 답했다. 누구든 여러 해에 걸친 유럽 국가별 동일 시기 식량 가격을 비교해 본다면 그 상인의 대답이 사실임을 알게 될 것이다. 지난 150여 년 동안 프랑스와 영국 간에는 곡물 거래가 많지 않았음에도 양국의 곡물 가격이 동시에 오른 경우가 20여 차례나 된다. 에스파냐와 발트해 연안 국가들 또한 지금까지 수집된 곡물 가격에 관한 자료에 따르면 대체적으로 식량 부족 시기를 공유해 왔다. 최근 5년 동안을 살펴보더라도, 영국은 1811~12년, 1816~17년 두 차례 식량 가격 폭등을 겪었지만 이 시기의 식량 수입량은 상대적으로 적었다. 이는 당시 유럽 대부분의 지역이 모두 식량이 부족한 상황이었음을 말해준다.

이런 상황에서 가령, 영국이 매년 수입해야 하는 곡물량이 평균 200만 쿼터이고, 동시에 흉작으로 인해 100만 쿼터의 식량 부족분이 발생했다고 가정해 보자. 그러면 전체 식량 부족분은 300만 쿼터가 된다.

유럽 전역에 흉작이 든다면 어떤 나라들은 식량 수출을 전면 금지할 것이고 또 다른 나라들은 수출 곡물에 대단히 높은 세금을 부과할 것이다. 그런 상황에서라면 이성적으로 생각해 봤을 때, 우리가 확보할 수 있는 식량은 기껏해야 100만 쿼터 내지 150만 쿼터일 것이다. 그래도 여전히 200만~150만 쿼터 정도의 식량이 부족하다. 이와 반대로, 만약 우리가 그동안 식량자급을 이루어왔더라면 흉작으로 인해 100만 쿼터의 식량이 부족하다 하더라도, 우리나라의 높은 물가, 특히 식량 가격과 노동임금이 유럽에서 가장 높다는 점을 감안한다면, 아무리 유럽 전역에 식량 사정이 좋지 않더라도, 적어도 30~40만 쿼터 정도는 수입을 통해 충분히 확보할 수 있을 것이다. 이렇게 되면 식량의 총 부족량은 150~200만 쿼터가 아니라 60~70만 쿼터가 된다. 국내 곡물 생산량이 국민의 식량 소비량에 비해 한참 못 미치는 오늘날(1816~17)과 같은 상황에 흉작이 도래했더라면 우리나라가 겪었을 궁핍은 그만큼 훨씬 더 극심했을 것이다.

이와 같은 돌발적인 사태에 대비하기 위하여, 또는 보다 풍부하고 안정적인 곡물 공급을 확보하기 위하여 곡물법 제정이 제창되고 있다. 이 제도의 목적은 과세 또는 규제를 통해 외국산 곡물의 수입을 억제하고 장려금을 줌으로써 국산 곡물의 수출을 촉진시키려는 데 있다.

이러한 제도는 영국에서는 1688년에 완성을 보았는데 애덤 스미스가 이에 대해 상당히 상세하게 논한 바 있다.

이 제도에 관한 일반적인 물음이 어떤 식으로 제기된 것이든 간에, 수요공급의 대원칙을 인정하는 사람이라면 《국부론》의 저자가 이 제도를 비판하면서 내세운 논의가 근본적으로 그릇된 것임을 시인할 것이다.

애덤 스미스는 먼저, 수출 장려금을 통해 외국시장이 아무리 확장된다 하더라도, 이는 곧 국내시장을 희생시켜 얻은 결과물에 지나지 않는다고 주장했다. 왜냐하면 장려금에 힘입지 않으면 수출할 수 없었을 그 식량을 국내시장에 남겨두었더라면 소비를 증가시켜 곡물 가격 하락을 가져왔을 것이기 때문이라는 것이다.

이러한 관찰에 있어서 그는 명백히 시장이라는 개념을 오용하고 있다. 왜냐하면 어떤 상품을 값싸게 판매함으로써 전보다 많은 양의 상품을 팔아치운다는 것이 반드시 시장의 확장을 의미하는 것은 아니기 때문이다. 애덤 스미스가 거론한, 수출 장려금으로 징수되는 두 가지 세금을 철폐한다면 비록 하류계층의 구매력을 높일 수는 있겠지만 궁극적으로 소비는 인구 규모에 의해 결정되는 것이므로, 세금 철폐에 따른 소비 증가만으로는 외국 수요를 진작시키는 데서 오는 만큼의 식량 생산 촉진 효과를 기대하기 어렵다. 수출 장려금으로 인해 생산비가 오르기도 전에 국내시장의 곡물 가격이 상승한다는 것이 사실이라면(그 즉각적인 상승은 애덤 스미스도 분명히 인정한다), 이는 장려금 제도가 곡물에 대한 실질수요를 늘리는 데 기여할 수 있으며, 국내 수요 감소에 따른 손실은 해외시장의 수요 증가를 통해 충분히 보상된다는 사실을 명백히 증명하는 셈이다.

애덤 스미스는 이어서, 국민이 수출 장려금으로서 지불하는, 이른바 정부에 직접 납부하는 직접세와 상품 가격에 포함되는 간접세, 이 두 세금이 가난한 노동자의 생존자원 감소 혹은 인상된 생필품 가격에 따른 노동임금 상승을 초래한다고 주장한다. 그 세금이 그의 말대로 노동자의 생존자원 감소를 초래한다면, 가난한 노동자계층의 자녀 부양 능력은 줄어들 것이고 이는 인구의 억제를 초래할 것이다. 또는, 그의 말대로 세금이 노동임금 상승을 불러온다면 이는 사업주의 고용 능력을 감소시켜 결국 산업 침체로 이어질 것이다.

장려금 조성을 위한 세금이 위에서 말한 두 가지 결과 중 하나를 가져온다는 것은 부인할 수 없다. 그러나 두 가지 결과를 모두 초래한다고는 볼 수 없다. 그런데 이와 같은 제도에 의해서 국민 전체에게 부과되는 세금은, 납부자에게는 과중한 부담이 되는데도 불구하고 그 수혜자는 극히 사소한 이익밖에 얻지 못한다고 그는 주장한다. 이것은 확실히 모순이 아닐 수 없다. 노동임금이 밀 가격에 따라 오르는데—이어지는 그의 주장처럼—어떻게 노동자의 가족 부양 능력이 약화된다는 것일까? 혹은, 노동임금이 밀 가격에 따라 오르지 않는데도 어떻게 지주와 농장주들이 고용을 늘리지 않을 수 있을까?

그 주장이 갖는 이러한 모순에도 불구하고 상당수의 추종자들이 이 《국부론》의 저자의 견해를 따르고 있다. 그리하여 식량이 노동임금을 비롯한 다른 모든 상품 가격을 좌우한다는 그의 이론을 따르는 이들 가운데 일부는 아직도 식량 가격이 오르면 노동자계층에게 해가 되고, 내리면 득이 된다는 식의 생각을 고수하고 있다.

그러나 애덤 스미스가 장려금 제도를 비판하면서 내건 가장 중심적인 주장은, 식량의 화폐가격이 다른 모든 국내 상품 가격을 결정하는 요인이기 때문에, 식량 가격 상승에 따른 사업주의 이득은 표면적인 것일 뿐, 실제 이득이 아니라는 것이다. 판매를 통해 얻은 이익은 구매에 따른 손해로 상쇄되기 때문이다.

이러한 입장은 어느 정도 참이긴 하나, 식량 가격이 이 질문의 핵심이라 할 수 있는 농업과 관련한 자본의 흐름을 제어한다고 보는 것은 옳지 않다. 식량의 화폐가격이 노동임금과 그 밖의 모든 상품 가격을 결정짓는 가장 강력한 요소라는 것은 명백하다. 그러나 그것만으로 애덤 스미스의 주장이 참이라고 보기는 어렵다. 다시 말해서 식량 가격 외의 다른 원인들에 변화가 없다면 모든 상품 가격은 식량 가격의 기준에 따라 정확히 오르내릴 테지만, 실상은 전혀 다르다. 애덤 스미스는 해외 상품의 존재를 완전히 도외시하고 있다. 영국으로 들어오는 엄청난 양의 상품과 국내 제조업에 사용되는 외국 물자의 양을 생각한다면, 외국 상품이 가격결정에 얼마나 중대한 영향을 끼치는지 알 수 있다. 양모와 피혁, 영국의 성장을 이끄는 가장 중요한 자원이라 할 수 있는 이 두 품목은, 애덤 스미스 자신의 추론에 따르면, 식량 가격과 지대(地代)로부터 큰 영향을 받지 않는다. 그리고 아마, 수지, 가죽 등의 가격은 당연히 수입량이 어느 정도인가에 따라 크게 달라진다. 하지만 양모, 목화 및 리넨 제품, 피혁 의류, 차, 비누 등과 같은 위에서 이름 붙인 물품들은 사회의 산업계층이 사용하는 의류 및 사치품 전반을 거의 포괄하는 것들이다.

또한 고정자본에 크게 의지하는 산업구조를 가진 국가의 경우, 고정자본의 이윤이 되는 가공제품 가격은 점진적인 쇄신이 요구될 때를 제외하고 식량 가격 상승에 별다른 영향을 받지 않으며 노동임금이 오르기 전에 갖춰진 기계장비를 통해 얻는 이득은 수년간 자연스럽게 지속될 것이다.

다양한 방식으로 많은 액수가 부과되는 소비세의 경우, 비록 식량 가격의 오르내림은 노동임금 가운데 식량으로 환산되는 몫의 증감을 결정짓기는 하지만, 명백히 소비세에 해당하는 몫의 증감과는 관련이 없다.

따라서 식량의 화폐가격이 한 나라의 유일한 실질화폐의 가치 기준이 된다는 식의 일반론은 인정될 수 없다. 이러한 모든 고찰들이 지주계층에게는 중대한 의미가 있겠지만, 농부들에게는 지대와 관련한 것 말고는 아무런 의미가 없을 것이다. 차지권(借地權)이 만료될 때, 우호적인 식량 가격과 노동임금 비율로부터 얻어왔던 이득은 사라지고 불리한 비율에 따른 불이익이 생겨날 것이다. 농업에 투입된 자본 비율의 유일한 결정 요인은 식량의 실질수요이다. 만약 수출 장려금으로 인해 실제로 식량의 실질수요가 증가한다면―이는 명백히 있어왔던 사실이다―농업에 대한 자본투자는 당연히 늘어난다고 보아야 정상이다.

애덤 스미스는 곡물의 실제 가치는 자연의 섭리에 따라 결정되는 것이지 단순한 화폐가격의 변동에 좌우되는 것이 아니며, 또한 수출 장려금이나 내수시장의 독과점으로 이를 올릴 수 있는 것도 아니고, 자유경쟁을 통해 이를 낮출 수 있는 것도 아니라고 주장했다. 그러나 여기서 그의 주장은 명백히 곡물 재배인, 혹은 농지 소유자의 수익 문제를 식량 자체의 자연적 가치의 문제로 바꿔놓고 있다. 물론 나는 장려금이 곡물의 자연가치를 변화시켜 1부셀의 곡물로 종전보다 많은 수의 노동자를 부양할 수 있게 만든다고 말하려는 것이 아니다. 내가 말하고자 하는 것은 영국의 경작자에게 부여되는 장려금이 실제로 영국의 식량 수요를 증가시키고 그로 인해 경작지 확대와 고용 증가를 가져온다는 사실이다.

만일 애덤 스미스의 이론대로, 그가 말하는 이른바 식량의 실질가치가 실제로 노동임금 및 다른 상품들과 비교했을 때 증가하지도 감소하지도 않는 어떤 불변적인 것이라면, 농업은 암울한 상황에 처해 있는 것이나 마찬가지다. 농업은 그 즉시 그의 《국부론》에서 그토록 아름답게 설명된 경제법칙, 즉 자본은 사회의 다양하고 필연적인 수요 변화에 따라 유동한다는 원리의 작용에서 배제된다. 그러나 우리는 식량의 실질가치가 비록 다른 상품 가격의 변동에 대단히 큰 영향을 받는다고는 할 수 없을지라도, 분명 변화한다는 사실을 의심할 수 없다. 분명히 식량 가격과 비교하여 제조품 가격이 저렴해지는 시기가 있고 비싸지는 시기가 있다. 그리고 자본은 전자의 경우 제조업에서 농업으로, 후자의 경우 농업에서 제조업으로 유입된다. 이는 결코 사소한 현상으로 치부될 수 없다. 이러한 시기에 이루어지는 크고 작은 거래에서 나타나는 자본의 움직임이 한데 합쳐 공급 증가를 촉진하는 커다란 자극원을 형성하기 때문이다. 물론, 어떤 산업 분야가 다른 분야보다 높은 수익성을 유지하는 기간은 그리 길지 않다. 그렇다면 이러한 비교우위가 사라지게 만드는 원인을 자본의 유동 외에 어디서 찾을 수 있을까?

특정 분야의 상인의 수익을 영구히 증가시키는 것이 국가의 목적이 될 수는 없다. 국가적 목표는 공급의 증가에 있다. 그러나 이러한 목표를 이루기 위해서는 우선 상인들의 수익을 늘림으로써 자본 유입의 증가를 유도해야 한다. 영국의 선박업자 및 선원들이 현재 얻고 있는 수익은 항해조례[1] 이전 시절에 비해 크지 않다. 물론 항해조례에 담긴 정부의 의도는 해운업자들의 이익 증가가 아니라 선박 및 선원의 증가에 있었다. 그러나 단순히 관련법을 제정하는 것만으로는 이러한 목표를 달성할 수 없다. 동시에 해운업에 투입된 자본의 이익률을 높여 수요를 증가시킴으로써 훨씬 더 많은 양의 자본이 흘러 들어오도록 유도해야 한다.

---

1) 1651년 영국 공화제 정부에 의해 제정된 해운·무역의 보호입법.

수출 장려금 조성을 통해 국가가 추구하는 목표 또한 다르지 않다. 그것은 농부의 수익 증가나 지주의 지대수입 증가가 아니라, 농업자본의 증가와 그에 따른 공급 증가를 목표로 한다. 수요 증가로 인해 식량 가격이 상승하는 경우 나타날 수 있는, 임금과 지대의 상승, 통화가치 하락은 언뜻 우리의 관점을 흐려놓을 수 있다. 그러나 그렇다고 해서 식량의 실질가격이 자본투자 결정에 영향을 끼칠 만큼 충분히 오랜 기간에 걸쳐 변화한다는 사실을 부인할 수는 없다. 그렇지 않으면 식량 수요가 아무리 증가해도 식량 공급은 늘지 않는, 이른바 소유의 딜레마에 빠지게 되기 때문이다.

그러므로 상술한 식량의 특성에 관한 애덤 스미스의 주장은 인정될 수 없다. 비록 그 정도는 다를지라도, 다른 상품에 대한 장려금과 마찬가지로 식량 수출 장려금은 식량 수요를 증가시켜 식량 생산을 촉진하는 효과가 있다.

물론, 식량 생산 증가는 필연적으로 가격 하락을 초래할 것이라는 주장이 제기되어 온 것도 사실이다. 식량 수출 장려금이 활성화되었던 지난 세기의 전반기 64년간의 변화 수치가 이를 증명해 주고 있다는 것이다. 하지만 이는 지속 기간이 상당한 탓에 본질상 일시적인 현상임에도 영구적인 현상인 것처럼 오인된 것은 아닌지 의심해 볼 필요가 있다.

수요공급의 원리를 따른다면, 장려금의 작동 방식은 다음과 같이 예상해 볼 수 있다.

《국부론》에서는 거대수요가 거대공급을, 과다부족이 과다공급을 초래하며, 기록적인 가격 폭등 뒤에는 다시 기록적인 가격 폭락이 잇따른다는 점을 자주 언급한다. 무제한적인 거대수요는 일반적으로 그보다 더 큰 거대공급을 유발한다. 이는 곧 자연스럽게 과도한 가격 하락으로 이어진다. 가격 하락으로 인해 상품 생산이 억제되고, 이러한 억제 경향은 동일 원리에 따라 보통 이상으로 오래 지속되어 가격 회복을 이끈다.

이것이 바로 우호적인 조건하에서 일어날 수 있는, 그리고 오직 적절하게 장려금 제도가 운용됐을 때에만 기대할 수 있는 변화이다.

다른 요인들의 존재를 부정하려는 것도, 장려금의 상대적 효율성을 강조하려는 의미에서 말하는 것도 아니지만, 애덤 스미스에 따르면, 영국의 식량시장이 1쿼터당 28실링으로 유럽 대륙 시장과 비슷한 수준으로 저렴했을 때, 수출 식량 1쿼터당 5실링의 장려금 지원은 실제로 식량의 실질가치를 높였고 개간 확대를 촉진시켰음에 분명하다. 그러나 농업자본에 있어서의 변화는 언제나 천천히 진행된다. 그동안 상업투자에 익숙했던 이들이 선뜻 상업으로부터 자본을 회수하여 농업에 투자하려 들지는 않을 것이다. 그런가 하면 농업에서 자본을 회수하여 상업에 투자하는 일은 그보다 훨씬 더 힘들고 느리게 진행된다. 이 나라에 장려금 제도가 생긴 이래 첫 25년간, 식량은 1쿼터당 2~3실링이 올랐다. 그러나 에스파냐 왕위계승전쟁[2]의 여파와 흉작, 통화 부족 등으로 인해 농업자본의 축적은 느렸고, 성장은 크지 않았다. 농업자본의 현저한 증가는 위트레흐트조약 체결 이후에야 시작됐으며, 이런 사정을 감안할 때, 장려금 제도가 농업자본의 점진적 성장에 큰 역할을 했다는 점은 부인하기 어렵다. 이후 30~40년간 지속적인 잉여성장과 가격 하락이 이어졌다.

이론대로라 하더라도 장려금 때문이라고 보기에는 가격 저하 기간이 너무 길다고 주장할 사람이 있을 것이다. 이는 아마도 사실이다. 만일 장려금만이 작용했다면 그 기간은 훨씬 더 짧아졌을 것이다. 이러한 장기적인 가격 저하 시기는 장려금 외에 여러 다른 강력한 요인들이 한데 결합하여 생겨난 결과인 것이다.

영국에서 곡물 가격이 하락한 데 이어 유럽 대륙에서도 곡물 가격이 하락했다. 유럽 대륙에서 이러한 변화를 초래한 원인이 정확히 무엇이었든지 간에 그것이 영국에서의 곡물가 하락 원인과 아무 관련이 없다고 보기는 어려울 것이다. 다른 국가들에 공급된 저렴한 가격의 막대한 양의 잉여생산물이야말로 영국 곡물가 하락과 이후의 완만한 가격 회복 과정을 이끈 가장 강력한 원인이라 할 수 있다. 이렇게 생겨난 잉여생산물은 가격 하락이 시작된 이래로 계속된 장려금 제도의 효과에 기인한 저렴한 가격에 힘입어 장기간에 걸쳐 시장에서 완전히 소화될 수 있었을 것이다. 이러한 원인에 더하여, 자본이 넘쳐나지만 마땅히 투자할 만한 고수익 산업을 찾기 어려웠던 당시 상황을 단적으로 드러내는 이자율 폭락 사태, 그리고 농업자본을 다른 산업으로 전용하는 데 따르는 자연적인 어려움 등을 고려해 볼 때, 식량자원의 과잉 현상과 식량 가

---

2) 1701~14년 에스파냐의 왕위계승을 둘러싸고 프랑스·에스파냐와 영국·오스트리아·네덜란드 사이에 벌어진 국제전쟁. 1911년 위트레흐트조약을 체결하면서 종전했다.

격 하락 기조가 그토록 오랜 기간 큰 변화 없이 지속될 수 있었던 이유가 무엇인지 자명해진다.

애덤 스미스는 이러한 가격 저하의 원인을 은(銀) 시세의 상승에서 찾았다. 프랑스를 비롯한 다른 일부 국가들에서 동시에 벌어진 식량 가격 하락 현상이 이러한 추측에 신빙성을 더해주는 듯했다. 그러나 최근에 입수한 해당 기간 동안의 광물 생산 현황 자료를 볼 때에 이는 설득력 있는 근거라 하기는 어렵다. 그보다는 루이 14세의 종전 협정 체결 이후 찾아온 상대적 안정기로 인해 농업자본 축적과 농업 기술 개발을 위한 조건이 형성되었다는 점에서 그 원인을 찾는 편이 훨씬 더 타당할 것이다.

애덤 스미스 자신도 확인한 바 있듯이 당시 영국에서는 노동임금을 비롯한 여러 상품의 가격이 오르고 있었다. 이러한 사실은 식량 가격 하락의 원인이 은 시세 상승에 있다는 그의 이론에 불리하게 작용한다. 식량의 화폐가격뿐만 아니라 다른 상품들에 대한 식량의 상대적 가치도 떨어졌는데, 수출의 급격한 증가로 인한 이러한 상대적 가치 하락은 관찰된 사실의 주원인이 은의 부족이라기보다는 식량의 상대적 과잉 상태에 있음을 명백히 가리키고 있다. 영국 곡물시장의 가격 대폭락은 특히 1740~50년의 10년 동안 유럽 대륙 곡물시장의 대폭락을 동반했는데, 이러한 현상은 영국 식량 수출량의 급증, 특히 1748~50년간의 수출량 증가에 기인한 바 크다. 이로써 자연스럽게 경작 활동은 억제되었고, 동시에 노동의 실질가격 증가는 인구 증가를 촉진했다.

이러한 두 흐름은 잉여식량을 감소시키다가 마침내는 일소시키기에 이른다. 1764년 이후 영국의 부와 제조업 인구는 이웃 국가들보다 훨씬 급속도로 증가했고, 거의 전적으로 국내 수요에 의해 농업 경기가 다시 활성화되기 시작했지만 잉여식량 생산을 가능케 할 정도는 아니었다. 또한 곡물법 개정으로 국내 농업만으로 한정되던 기존의 제한이 사라졌으나 자급자족을 실현하기에는 여전히 불충분한 수준이었다. 옛 곡물법이 온전히 남아 제 힘을 발휘했다 하더라도, 그 제한적 조항들로 인해 1800년 대기근 직전 시기의 수준에 근접하는, 자급자족이 가능한 수준으로 생산이 증가할 수는 있었겠지만, 위에서 언급한 원인들로 인해, 여전히 잉여식량 생산은 어려웠을 것이다.

따라서 장려금 제도를 반대하기 위해, 애덤 스미스의 주장을 들어, 지난 세기 전반기에 발생한 식량 가격 하락은 장려금이 없었더라도 일어날 일이었으므로 결코 장려금 지급의 결과로 볼 수 없다는 식으로 말해서는 안 된다. 오히려 그와는 반대로 모든 일반 원칙에 비추어 살펴볼 때, 장려금은 적절한 조건 아래 운용된다면 본래 취지대로 식량의 품귀 현상을 해결하고 잉여식량을 생산하며 저렴한 식량 가격을 형성하는 데 효과가 있음을 인정해야 한다. 그러나 또한 동일한 원칙에 따라, 이러한 잉여식량 생산과 저렴한 식량 가격이 생산 억제와 인구 증가를 촉진시킴에 따라, 그 상태가 오래 지속될 수 없다는 점을 인정해야 한다.

장려금 일반에 대한 반론과 별도로, 곡물 장려금에 대한 반론은 가장 우호적인 환경에서 시행된 장려금조차 지속적인 저렴한 가격 수준을 이루어낼 수 없다고 주장한다. 하물며 비우호적인 조건하에서, 즉 생산량이 부족하여 자국 소비량조차 완전히 해결할 수 없는 마당에, 거액의 장려금을 통해 수출을 강제하려 시도한다면, 그에 따른 과중한 세금 부담은 둘째 치고 인구 증가에 악영향을 끼칠 뿐만 아니라 잉여생산물 가격을 폭등시켜 놓으리라는 것이다.

그러나 일반적인 근거에 입각한 이러한 강력한 반론에도 불구하고, 그리고 장려금 제도를 적용하는 것이 불가능한 경우가 적지 않음에도 불구하고 다음과 같은 사실, 즉 장려금 제도가 운용될 때, 말하자면 그로 인해 수출 증가가 이루어질 때 명백히 식량 생산이 촉진되고, 적어도 장려금 제도가 아니면 불가능했을 식량 생산 수준을 유지할 수 있게 된다는 사실은 분명히 인정되어야 한다.

특수한 우호적 환경에서라면 한 국가는 상당한 식량 가격 상승에도 불구하고, 또 식량 가격이 거의 정체 상태를 유지하거나 흉작인 시기를 포함하여 매우 오랜 기간 상당 규모의 잉여생산이 가능하다. 지난 세기의 어느 기간이든, 장려금으로 인해 식량 수출 초과량이 발생했을 때 우리의 식량에 대한 해외 수요가 동일 비율로 국내 수요를 증가시켰다면, 아마도 우리의 잉여성장은 영구화될 수 있었을 것이다. 장려금이 더 이상 새로운 자극을 줄 수 없게 된 이후에도 그 영향력은 결코 사라지지 않는다. 그것은 몇 년간 영국 농부들에게 해외 농부들과의 경쟁에 있어서 절대적인 이점을 주었을 것이다. 물론 이러한 이점은 서서히 줄어들 것이다.

궁극적으로 충족될 유효수요의 본질적 특성이 그러하며, 또한 생산자는 일반수익률에 부합하는 수준에서 가장 낮은 가격에 상품을 팔기 마련이기 때문이다. 그러나 강력한 수출 장려책을 경험한 이후 영국 농부들은 경쟁자들보다 더 큰 공급시장을 갖게 될 것이다. 그리고 외국시장과 국내시장이 똑같이 지속적으로 확대되면, 양쪽 시장에 대한 공급 규모 역시 똑같은 비율로 늘어날 것이다. 국내시장에서 갑작스럽게 수요가 현저히 증가하지 않는 한, 해외 공급량을 줄이게 되면 생산물의 전체가격이 떨어질 수밖에 없기 때문이다. 그리하여 국가는 수년간의 식량 부족 사태를 견딜 수 있을 정도의 식량을 비축할 수 있게 될 것이다.

그러나 특정 국가가 장려금 제도와 외국시장에서의 최상의 가격조건을 등에 업고 수출 초과생산을 영구히 유지할 수 있다면, 적어도 그 나라는 생존자원 확보의 어려움으로 인한 인구 정체를 겪을 일은 없으리라고 착각해서는 안 된다. 그런 나라는 물론 흉작으로 인한 식량난의 고통은 덜하겠지만, 다른 측면에서, 즉 이미 앞선 장에서 기술한 바 있는 여러 인구 정체 요인들로부터 자유로울 수 없다는 점에서는 다른 나라들과 다르지 않다. 정기적인 수출 여부와는 관계없이 한 국가의 인구는 노동의 실질임금에 달려 있기 때문에, 임금으로 구매할 수 있는 생활필수품의 양이 사람들의 평소 소비량을 기준으로 봤을 때 늘어난 식구를 부양할 만큼 충분하지 못하다면 곧 인구는 정체 현상을 보이기 시작할 것이다.

12. 곡물법 (2)
수입제한

　외국 곡물 수입을 금지하는 법률은, 비록 반론의 여지가 아예 없는 것은 아니지만, 장려금에 대해 가해진 것과 똑같은 반론을 받아야 할 성질의 것은 아니다. 또한 식량자급이라는 취지에서 이 법률이 갖는 의의는 충분히 인정되어야 한다. 식량 가격이 급등하여 식량 부족 상태임이 명백해지는 때를 제외하고는 식량 수입을 금하겠다고 결정한, 토지자원을 갖춘 국가는 평년 동안은 당연히 자국의 생산량으로 공급을 해결한다. 따라서 우리는 합리적으로 식량 수입제한 조치는 국가자본 및 산업의 효율적인 투자를 방해하고, 인구 증가를 저해하며, 제조품 수출을 어렵게 한다는 점 등을 근거로 비판할 수 있을지는 모르나, 그렇다고 해서 그 취지가 자국의 식량 생산을 장려하고 식량자급을 유지하려는 데 있음을 부인해서는 안 된다.

　수출 장려금 제도로 잉여성장의 목표를 이루기 위해서는 많은 경우 과중한 직접세 부과가 불가피하며, 식량 전체 가격의 상당 부분을 부담해야 하기 때문에 나라에 따라 실행이 불가능한 경우가 있다. 수입제한은 직접세를 부과하지 않는다. 오히려 수입제한은 정부 수입의 원천이 될 수 있으며 평년 기간 식량 자급을 가능케 할 충분한 식량 확보라는 분명한 명분 아래 시행에 있어서도 아무런 어려움이 없다.

　우리는 앞에서 지나치게 농업 위주거나 상업 위주인 산업제도가 갖는 특수한 불이익과 양자가 조화롭게 결합 발전된 산업제도의 특수한 장점에 대해서 살펴본 바 있다. 나아가 풍요로운 토지자원을 갖춘 국가라 하더라도, 특정 원인들로 인해 상업인구가 우세해질 경우 상공업 위주 국가가 겪는 폐해 가운데 일부를 겪을 수 있으며, 식량 가격 변동 폭은 오히려 더 클 수 있다는 사실도 고찰했다. 식량 수입제한을 통해 농업·상업 양 부문의 균형을 유지하는 것은 분명히 가능하다. 따라서 여기서 살펴봐야 할 점은 이런 조치가 실효성이 있느냐 없느냐가 아니라 그것이 상책인가 졸책인가의 문제이다. 목표는 확실히 달성 가능하다. 그러나 이를 위해 너무나 많은 것을 대가로 치러야 할 수도 있다. 자신이 생각한 원칙과 반대된다 해서 이러한 측면에서 제기될 수 있는 모든 질문을 섣불리 부정해 버리지 않고 경청할 수 있는 사람에게는, 자연스럽게 형성될 수 없는 농업·상업 양 부문의 균형을 특정 조건하에서 인위적으로 유지해야 하는가 아닌가의 문제는 대단히 중요한 현실적인 질문이다.

수입제한 정책에 대한 반론 가운데 하나는 다음과 같은 것이다. 즉 수입제한을 유리하다고 본다면 모든 국가가 자급생산을 이루어야 하는데, 사실상 이와 같은 일반 원칙은 도저히 성립될 수 없다는 것이다. 아닌 게 아니라 일부 국가들은 분명히 이 원칙이 적용될 수 없는 사정에 놓여 있다.

첫째, 역사상 상당한 이름을 떨쳐왔고, 그 영토가 수도를 비롯한 여러 도시에 비해 농토가 너무 부족하여 자국의 식량 생산만으로는 전체 인구를 먹여 살리는 것이 불가능한 국가들이 적지 않다. 이러한 나라의 경우, 주요 내부거래, 즉 도시와 지방 간의 상거래는 필연적으로 해외무역으로 대체될 수밖에 없으므로 곡물 수입은 국가 존속에 절대적인 요소가 된다. 이러한 나라들은 토지로부터 혜택을 받지 못하는 나라들이므로 상공업 제도가 아무리 큰 위험과 불리함을 가져온다 할지라도, 그 외에는 달리 선택할 방도가 없다. 이런 나라들이 취할 수 있는 유일한 길은 이웃 나라와 비교했을 때 장점이 될 수 있는 자국의 조건을 최대한 활용하고 우월한 산업, 기술, 자본을 통해 자국의 중대한 결함을 최대한 보충하려 노력하는 것뿐이다. 그와 같은 노력을 경주하여 놀랄 만한 성공을 거둔 몇몇 나라들을 우리는 알고 있다. 그러나 역으로 그런 나라들이 쇠퇴의 길을 걷는 경우, 그 몰락의 강도는 그들이 천연자원 없이도 일구어온 빛나는 번영만큼이나 두드러진다.

둘째로, 외국 곡물의 수입제한은 그 토양과 기후의 성질상 계절의 변화에 따라 국내 공급량이 큰 폭으로 변동하는 나라에서는 시행되기 어렵다. 그와 같은 사정하에 있는 나라는 의심할 바 없이 수출입을 촉진시키기 위하여 될수록 많은 시장을 개척하여 안정적인 곡물 공급의 기회를 증가시킬 것이다. 그리고 이는 다른 국가들이 때로 곡물의 수출을 금지하거나 과세를 부과하는 경우에도 계속될 수밖에 없다. 그러한 나라가 입게 되는 특수한 폐해는 오직 외국과의 곡물 거래를 최대한 자유화함으로써만 완화될 수 있다.

셋째, 너무 척박하여 농업에 부적합한 영토를 가진 나라에서는 수입제한을 시행하기가 어렵다. 그 토지에 강제로 자본을 투입하여 경작 개량하고자 하는 시도는 어떤 경우라도 결국 실패로 돌아갈 것이다. 식량자급의 이점이 아무리 크다 해도 이러한 환경의 나라에서는 도저히 바랄 수 없는 것이다. 가난한 약소국의 운명을 감내하든가 그렇지 않으면 토지자원 이외의 다른 자원에 주로 의존하는 수밖에 없다. 이러한 나라는 여러 면에서 영토가 극히 협소한 나라와 유사하다. 따라서 곡물 수입에 관한 정책도 거의 동일할 것이다.

지금까지 열거한 유형의 국가들의 경우 농업과 상업의 균형을 유지하려는 정책은 명백히 바람직하지 않다.

물론 이와는 다른, 반대되는 환경을 가진 국가의 경우에는 사정이 전혀 다르다.

평균적인 비옥도의 큰 영토를 가진 나라라면 별 어려움 없이 이웃 나라들과 어깨를 나란히 할 만큼의 부와 국력을 유지하는 데 필요한 인구수를 자국에서 생산된 식량으로 부양할 수 있을 것이다. 일정 크기 이상의 영토는 자국 국민을 부양하는 근간이 될 것이 틀림없다. 식량 수출국들은 자연스러운 발전 경향에 따라 부와 인구의 성장에 박차를 가할 것이고, 이에 제조업 및 상업 국가들에 대한 식량 수출량을 서서히 줄여나가게 될 것이다. 이로써 식량 수입국들은 자국의 자원만으로 공급을 해결해야 하기에 이른다.

해외무역의 주요 대상이 되는 특정 상품들은 저마다 다른 토양 및 기후조건에서 난 고유 생산물이기 때문에, 다른 환경에서는 생산이 불가능하다. 하지만 식량은 특정 조건에서만 생산 가능한 상품이 아니다. 그리고 대규모 식량 생산국이라 하더라도 인구 증가의 원리에 따라 어느 시점에 이르면 결국 이웃 국가에 대한 식량 수출을 중단하게 될 것이다. 각국의 수확기 차이에 기인한 거래의 성질을 벗어난 대규모 해외 식량 무역은 영구적인 것이라기보다 각국의 상이한 발전 수준과 환경조건에 따라 잠정적으로 성립된 것일 뿐이다. (물론 우스개로 하는 말에 가깝지만) 노동 분업의 효율성을 위해서, 식량 생산은 아메리카 대륙에 맡기고 유럽은 오로지 제조업과 상업에만 집중해야 한다는 대담한 이론이 제기된 적도 있었다. 지나친 가정임에는 틀림없지만, 어쨌든 자연스러운 발전 과정에 따라 결국은 이러한 노동 분업이 정착되어, 이를 통해 유럽 인구가 본래의 부양 가능 인구 한계를 훨씬 뛰어넘을 만큼 증가하게 된다면, 그 결과는 상상만으로도 두렵기 그지없다.

기존의 제조업국가들이 자본과 기술 외에 다른 고유한 장점을 갖지 못하는 한, 이는 자연스러운 발전 경향에 따라 스스로 제조업 제품을 생산해 내게 될 농업국가에게 절대적으로 유리한 조건이 되리라는 것은 의심의 여지가 없는 사실이다. 아메리카가 발전함에 따라 서서히 유럽에 대한 식량 수출량을 줄이기 시작하면서 유럽 농업만으로는 식량 수요를 감당할 수 없게 될 때, 유럽 국가들은 그동안 부와 인구를 통해 얻었던 일시적인 이득(실제로 그러한 이득을 얻었다는 가정하에)이라는 것이 사실은 기나긴 퇴보와 곤궁의 세월이라는 값비싼 대가를 지불한 뒤에야 얻을 수 있었던 것임을 깨닫게 될 것이다.

따라서 잠재적으로 식량자급이 가능한 규모의 영토를 갖춘 국가라면, 그리고 그 국가인구가 자국의 국제적 지위와 힘을 유지할 수 있게 할 정도의 규모가 된다면, 더 나아가 비록 먼 미래의 이야기인지도 모르지만, 외국으로부터의 식량 수입이 중단되거나 인구 비율에서 제조업인구가 절대다수를 차지함으로써 보건 문제, 분쟁의 증가, 식량 가격의 불안정성, 노동임금의 다양화 등과 같은 즉각적인 악영향이 생길 것을 두려워할 수밖에 없는 나라의 경우라면, 식량 수입을 제한하여 농업과 상업의 균형을 인위적으로 조정해 주는 정책이 반드시 졸책이라고만은 할 수 없을 것이다.

넷째, 만일 어떤 나라가 다른 대부분의 나라들보다 안정적인 식량 생산량이 보장되는 토양과 기후를 갖췄다면 이는 외국산 곡물의 수입제한책을 용인하는 또 하나의 이유가 될 수 있다. 해마다 공급량의 변화는 각 나라마다 다르다. 만일 각 나라의 변동 양상이 거의 동일하고 곡물무역 역시 자유롭다면, 한 나라의 식량 가격은 곡물 거래 대상국의 수가 늘수록 보다 안정화될 것이다. 그러나 변동 양상이 본질적으로 판이한 경우에는 결코 그와 같은 결과는 생기지 않는다. 즉 무역 상대국들 가운데 일부가 식량 공급량의 변동 폭이 상대적으로 매우 크고 이에 더하여 자유로운 무역이 이루어지지 못한다면, 식량 가격 안정화는 불가능하다.

가령 영국에서 평균생산량의 최대 변동 폭이 전체 물량의 4분의 1이고, 프랑스의 경우 3분의 1이라 가정한다면, 양국 간의 자유무역은 영국 시장의 유동성을 더욱 심화시킬 것이다. 또한 영국과 프랑스에 더하여, 예컨대 벵골(Bengal)—조지 콜브룩(George Colebrooke) 경의 말에 따르면 이곳의 쌀 가격은 평년 대비 4배는 더 저렴하고 수확량도 풍부함에도 불구하고 식량 부족 사태가 자주 일어나 상당한 인구 감소를 겪었다고 한다—같은 나라가 무역권에 합류하게 되면, 영국과 프랑스의 시장 변동 폭은 벵골의 합류 이전보다 훨씬 더 커질 것이다.

사실 영국은 토양과 기후 덕분에 연간 곡물 생산량이 어느 정도 일정한 편이다. 킹스칼리지 설립부터 혁명전쟁 발발 시기까지 영국과 프랑스의 식량 가격을 비교해 보면, 영국의 경우 전체 기간 동안 밀 8부셸당 최고가격은 31파운드 15실링 6 3/4펜스(1648)였고, 최저가격은 11파운드 2실링 1페니(1743)였다. 프랑스의 경우 밀의 최고가격은 1스티에[1]당 62프랑 78상팀(1662)이었고, 최저가격은 8프랑 89상팀(1718)이었다. 영국의 경우 최고가격과 최저가격의 차이는 3.25배 정도에 불과하지만 프랑스의 경우 그 차이는 거의 7배에 이른다. 통계표를 살펴보면, 영국에서 10~12년의 기간 동안 최고가격과 최저가격의 차이가 3배 정도로 벌어진 경우는 단 2회에 불과했다. 반면 프랑스의 경우 동일 기간 동안 그 차이가 4배 이상으로 벌어진 경우도 있다. 이러한 변화는 식량의 내부거래에 있어서의 부자유로 인해 심화되는데, 이러한 경향은 운송상의 어려움이나 방해 요소를 배제한 상태로 생산량 변화를 측정한 튀르고(Turgot)의 연구를 통해 확실히 증명된 사항이다.

튀르고는 평균적인 비옥도의 농토를 기준으로 1아르팡[2]당 7스티에의 곡물 생산량을 보인 해를 대풍작의 해로, 1아르팡당 3스티에의 생산량을 보인 해를 대흉작의 해로, 그리고 5스티에의 생산량을 보인 해를 평년작의 해로 분류했다. 자신의 계산이 현실과 큰 차이가 없다고 생각한 튀르고는 이러한 기준을 근거로 대풍작인 해의 생산량은 평소 소비량을 충당하고 5개월 치의 잉여 식량이 남는 정도의 양이며, 흉작인 해의 생산량은 마찬가지로 평소 소비량을

1) 프랑스의 옛 용량 단위. 1스티에는 약 150~300리터이다.
2) 프랑스의 옛 측량 단위로 약 1에이커에 해당한다.

기준으로 5개월 치의 부족량이 발생하는 정도의 양이라고 보았다. 내 생각으로는, 적어도 식량 가격의 측면에서 살펴볼 때, 영국에서의 식량 생산량 변화 정도는 이에 비해 훨씬 작다. 특히 흉작기의 양국 식량 가격을 살펴보면, 영국의 월등한 풍족함과 빈민의 식량 부족 사태를 완화하기 위해 전국적으로 시행되는 빈민 구제기금 등을 감안할 때 영국의 식량 가격이 프랑스보다 평균적으로 더 높아야 정상일 것이기 때문이다.

같은 기간 에스파냐의 밀 가격추이를 살펴보면, 비슷한 원리로, 에스파냐의 생산량 변화 정도가 영국보다 훨씬 크다는 것을 알 수 있다. 《금 시세 보고서》부록에 실린 통계에 따르면, 1675년에서 1764년까지의 기간 동안 세비야 곡물 시장의 밀 1파네가[3]당 최고가격은 48레알 벨론(1667)이었고, 최저가격은 7레알 벨론(1720)이었다. 차이가 약 7배에 이른다. 10~12년 동안 4배 이상 차이가 나는 경우가 2, 3회 발생했다.

또 다른 통계 자료에 따르면, 1753년에서 1792년까지의 기간 동안 옛 카스티야 도시들에서의 최고가격은 1790년의 1파네가당 109레알 벨론이었다. 최저가격은 1792년, 16레알 벨론에 불과했다. 1800년 5월, 비옥한 곡창지대로 둘러싸여 있는, 레온 왕국[4]의 도시 메디나 델 리오 세코(Medina del Rio Seco)의 밀 4파네가의 가격은 100레알 벨론이었고, 1804년 5월엔 600레알 벨론이었다. 두 가격 모두 그해의 최고가격에 비하면 낮은 편에 속했다. 높은 시세일 때의 가격과 낮은 시세일 때의 가격 차이는 이보다 훨씬 크다. 1799년에 4페나가당 88레알 벨론, 1804년에는 640레알 벨론으로, 6년이라는 짧은 기간 동안에 7배 이상의 차이가 났다.

에스파냐에서 외국 곡물은 자유롭게 수입되고 있다. 그러나 바다와 인접해 있고 과달키비르강이 지나가는 안달루시아 지방 도시들의 식량 가격 또한 위의 기록만큼은 아니지만 상당히 변동 폭이 큰 것을 보면, 지중해 연안 지역의 식량 공급이 안정적이지 못하다는 걸 알 수 있다. 실제로 에스파냐는 발트해 지방의 식량을 수입해 오는 데 있어서 영국의 주요 경쟁자이다. 에스파냐에서의 생산 비용이나 통상적인 식량 가격은 영국에 비해 훨씬 낮으므로 풍년인

---

3) 에스파냐의 옛 건량(乾量) 단위. 1파네가는 약 55리터이다.
4) 중세 후기 에스파냐 북서부에 있던 왕국(914~1230).

해와 흉년인 해의 가격 차이는 당연히 대단히 컸을 것이다.

북부 지방 국가들의 공급량 및 가격 변화에 대해서는 정확히 확인할 수 있는 자료가 없다. 하지만 이들 나라들 가운데 일부가 종종 극심한 기근에 시달려왔다는 것은 잘 알려져 있는 사실이므로 생산량 및 가격의 변동 폭도 그만큼 컸으리라는 걸 추측해 볼 수 있다. 또한 위에서 언급한 자료들만 놓고 보더라도 안정적인 식량 공급에 유리한 환경을 갖춘 국가일지라도 그렇지 못한 국가와 무역 관계를 맺을 경우 공급 안정성이 감소한다는 걸 알 수 있다. 식량 공급량의 변화 폭이 극심한 한 국가가 풍작을 맞아 이후 있을 흉작 시기를 대비한 약간의 잉여생산물을 제외한 나머지 식량을 극심한 식량난에 시달리는 주변 상업국가에 대규모로 수출하는 상황이라면 이러한 경향은 더욱 심화될 것이다.

만약 최고 수준의 강대국을 이루기에 충분한 규모의 인구를 자국 농업만으로 부양할 수 있을 정도의 광활한 영토를 가진 데다, 그 토지의 비옥함으로 인해 앞으로 엄청난 인구 증가가 이루어지더라도 이를 충분히 감당할 수 있는 그런 나라가 있다면, 당연히 그 나라는 식량 수입제한 정책을 펴는 것이 효과적이다.

땅이 비옥하고 인구 규모 역시 어느 정도 갖추었으나, 경작지가 거의 포화 상태에 이른 국가라면, 식량 수입 외에는 더 이상의 인구 증가를 이룰 방법이 없을 것이다. 아직 영국은 이러한 한계에 봉착하지는 않았다. 경작지 개발이 한계에 이른 국가에서는 필연적으로 수익성 및 이자율 저하, 노동 수요 급감, 저임금, 인구 정체 등의 문제들이 나타나게 된다. 물론 이러한 현상은 경작지 개발의 여지가 아직 남아 있는 나라에서도 발생할 수 있다. 중요한 것은, 이러한 현상들이 토지 개발의 한계에 이른 국가에서 반드시 일어날 수밖에 없다는 사실이다.

우리는 1814년에 이르기 전까지의 지난 20년 동안 높은 수익성과 이자율, 노동 수요의 폭증, 고임금, 역사상 유례없는 폭발적인 인구 증가를 경험했다. 식민지 개발, 혹은 기존의 토지를 향상시키는 데 투입된 자본은 높은 이윤을 창출한 것이 분명하다. 수익률이 좋지 않은데도 그토록 많은 자본이 투자되었을 리는 없기 때문이다. 또한 농업에 투입된 자본의 축적이 진행됨에 따라 궁극적으로 수익성은 감소함에도 불구하고 농업 기술의 발전으로 인해, 그리고 이전에 논한 다른 원인들로 인해, 이 두 현상, 즉 자본 증가와 수익률 감소가 반드시 동시에 진행되는 것은 아니다. 물론 결국엔 두 경향이 한데 결합하여 성장이 멈추는 단계에 이르게 되겠지만, 적어도 발전을 이루는 과정에서는 상당 기간 거리를 두는 경우가 적지 않다.

일부 지방 또는 농토의 경우, 결정적인 수익성 감소가 일어나기 전까지 축적될 수 있는 자본의 양은 그 한계를 가늠하기 어려울 만큼 매우 크다. 잉글랜드와 스코틀랜드의 몇몇 지역에서 진행된 일들을 고찰해 볼 때, 그리고 그것을 아직 개발이 진행되지 않은 다른 지역들과 비교해 볼 때 더욱더 이러한 사실을 분명히 깨닫게 된다. 부분적으로는 직접세 및 간접세로 인하여, 또 다른 면에서는, 아마도 이것이 주원인이라 할 것인데, 해외무역의 폭발적인 번영으로 인하여 노동 및 농업자본 재료의 화폐가격은 상승한다. 이는 새 경작지를 개발하고 농업 기술을 개량하는 과정에서 불가피하게 곡물 가격 상승을 초래한다. 그러나 이러한 새 경작지 개발 및 기술 개량 노력은 어김없이 높은 생산성이라는 결실을 맺어왔다. 양적·질적 측면 모두에서, 투자된 자본과 노동력에 충분히 값하는 생산력을 보였던 것이다. 생산물의 가치와 생산 비용이 이와 같은 관계를, 또는 적어도 이와 비슷한 관계를 유지할 수 있는 한, 경작은 국가와 국민 모두에게 큰 이득을 가져다줄 것이다.

이러한 조건 아래에서 영국은 국내의 농업자원만으로도 현재 인구를 충분히 부양할 수 있을 뿐만 아니라, 향후 인구가 현재의 2배, 3배로 증가한다 하더라도 문제없이 이를 감당할 수 있을 것이다. 따라서 자원의 소모가 극한점에 도달한 국가에서는 외국 곡물의 수입제한 정책은 크게 반대해야 할 것으로 생각되지만, 자국의 자원만으로 폭발적으로 증가하는 인구의 식량 수요를 감당할 수 있는 역량을 갖춘 국가에게는 전혀 다른 의미를 갖게 된다.

그러나 또 이렇게 생각하는 사람도 있을지 모른다. 즉 어떤 나라가 자국 농업을 위해 현재의 과잉인구뿐만 아니라 이후의 증가된 인구까지도 충분히 유지할 수 있다 할지라도, 만일 외국 곡물의 자유로운 유입을 허용함으로써 보다 더 많은, 그리고 보다 더 빠르게 성장하는 인구를 부양할 수 있다는 것이 판명된다면, 그러한 가능성을 막아서 자연적으로 증가될 부와 인구를 억제하는 것은 부당한 일이 아니냐고.

이는 상당히 설득력 있는 주장이다. 그리고 이 주장의 근거로 삼는 전제를 시인한다면, 정치·경제적 원리만으로 이에 대해 반론할 방법이 없다. 그러나 생각건대, 그와 같이 해서 얻어진 부와 인구의 증가가 식량 공급의 불확실성을 초래하고, 노동임금의 변동을 심화시키며, 대규모 인구의 공장 취업 활동으로 인한 보건상의 문제와 도덕적 타락을 야기하고, 식량을 수입해 온 나라들의 자연적인 발전 흐름에 따라 길고 우울한 퇴보기에 빠질 가능성을 증가시킨다는 사실이 명백해진다면, 이는 부와 인구의 증가를 위해 너무나 값비싼 대가를 치르는 셈이라고 주저없이 말할 수밖에 없다.

사회의 부, 힘, 인구의 정당한 목적은 결국 그 사회의 행복에 있다. 이러한 본래의 목적과 농업을 통한 부의 생산에 가장 부합하는 사회구조는 농업과 더불어 상업 및 제조업 인구가 적절하게 혼합된 형태의 사회이다. 특정 측면에 좋은 것이 있다고 해서 이를 모든 면에서 좋은 것이라고 성급하게 판단 내리는 것은 우리가 가장 자주 범하기 쉬운 오류이다. 넓은 영토를 가진 나라의 경우, 제조업 및 상업구조에 따르는 폐해는, 자국의 농업이 공급을 책임질 수 있는 한 그에 따른 이득에 의해 충분히 상쇄될 수 있다고 주장한다면, 이는 분명 수긍할 만하다. 그러나 농업의 뒷받침이 없다면 그 폐해가 돌이킬 수 없는 파국을 몰고 오지 않으리라고는 결코 장담할 수 없다.

애덤 스미스는 "상업 및 제조업을 통해 획득된 자본은 그 일부가 농토의 경작 및 개선에 투자되어 실체화되지 않는 한, 매우 불확실하고 위태로운 소유물이다"라고 썼다.

또한 다른 대목에서는, 상업이익률 상승을 통한 식민지무역 독점이 토지 개선을 둔화시키고 세입의 주요 원천인 지대의 자연적 증가를 지연시킨다고 언급했다.

1814년에 이르기까지의 20년 동안 영국의 상공업과 식민지무역이 그 어느 시대보다도 가장 많은 자본을 흡수했다는 것은 이제 확실해졌다. 1764년부터 아미앵조약[5]에 이르기까지 영국에서는 상공업이 농업보다 훨씬 빠른 속도로

---

5) 나폴레옹전쟁 중인 1802년 북프랑스의 아미앵에서 프랑스가 영국·에스파냐·네덜란드와 맺은 평화조약. 대프랑스 동맹의 2차 붕괴를 초래했다.

발달했고, 한편으로 식량 공급의 해외의존도가 갈수록 높아졌다는 것은 널리 인정되고 있는 사실이다. 아미앵조약 이래로 식민지 독점무역과 제조업은 엄청난 규모의 자본 수요를 불러일으켰다. 그 뒤에 이어진 전쟁에 따른 특수한 환경, 즉 높은 운임과 보험료 및 나폴레옹의 법령 등이 식량 수입을 극도로 어렵게 만들고 가격 상승을 불러오지 않았더라면 영국의 식량 수입의존도는 역사상 유례가 없을 만큼 높아졌을 것이다. 토지 경작 상태 또한 현재와는 매우 달랐을 것이다.

오늘날처럼 새로운 땅을 얻은 것이나 다름없는 괄목할 만한 토지 개량사업은 일어나지 않았을 것이다. 또한 이러저러한 사건들로 인해 영국의 식민지 및 제조업 산업에서 얻는 이득은 급감하여 농업에 자본이 유입되고 국가의 자산으로 축적되기도 전에 결국 증발해 버리고 말았을 것이다.

그러나 전쟁 기간 동안 식량 수입에 가해진 실질적인 규제 조치로 인해 영국의 증기기관과 식민지 독점무역은 어쩔 수 없이 국내 농업으로 눈길을 돌릴 수밖에 없었다. 이렇게 해서 애덤 스미스가 거론한 바 있는 농업자본 이탈을 야기하는 그러한 원인들이, 만약 우리가 계속해서 프랑스와 네덜란드의 시장가격을 기준으로 식량 수입을 유지했다면 분명 실제로도 그러했을 테지만, 반대로 영국의 농업을 촉진하는 자극원이 되었던 것이다. 그 결과 농업은 급속도로 발전하는 상업 및 제조업과 보조를 맞출 수 있게 됐을 뿐만 아니라, 오랜 세월 뒤처져 있던 격차를 좁혀 마침내는 거의 대등한 수준에까지 이르게 된 것이다.

광대한 토지자원을 가진 나라에서 행해진 식량 수입제한 조치는, 그 효과가 일시적인 것이든 영구적인 것이든 간에, 상업 및 제조업이 가진 이점을 농업으로 확산시켜 이를 통해 그 이점을—애덤 스미스의 표현대로 하자면—확고하게 실체화할 뿐만 아니라, 폐해가 따르기 마련인 농업과 상업의 발전 과정에서 일어날 수 있는 대변동을 방지하는 역할을 한다.

갑작스러운 가격 하락으로 사회의 거의 모든 계층이 경험해야 했던 궁핍은 통화량에 의해 심화되는 경우는 있겠지만, 본질적으로는 인위적인 현상이 아닌 자연 발생적인 현상이다. 이는 반드시 기억해 두어야 할 매우 중요한 사실이다.

농업과 제조업은 식량과 인구의 성장 방식과 마찬가지로 서로에게 영향을 주고받으며 번갈아 발전한다. 무역이 순조로운 평화로운 시기라면 주고받듯이 이루어지는 이러한 발전 경향은 비록 사회의 행복과 평화에 우호적인 조건이라 할 수는 없어도, 그다지 큰 문제를 야기하지 않는다. 그러나 여기에 전쟁이 개입되면 이러한 발전 경향은 불가피한 재산 상태의 급변을 초래할 갑작스럽고 강력한 위험 요소를 안게 된다.

아미앵조약 이후 벌어진 전쟁은 식량 공급에 있어서 영국의 식량 수입의존도를 크게 증가시켰다. 그러나 영국은 오늘에 이르러서는 엄청난 인구 증가에도 불구하고 식량자급을 유지하고 있다. 영국 농업의 이러한 급격하고 갑작스러운 변화는 부족한 국내 생산량과 식량 수입 과정에 따르는 고비용 및 여러 어려움으로 인해 엄청나게 솟구친 식량 가격 덕분이었다. 하지만 국내 농업의 갑작스러운 성장은 국내 식량 생산이 소비량과 동등해지거나 약간 웃돌게 되는 시기부터 시장에 과잉공급을 가져오면서, 그리고 거기에 더해 해외에서 들여온 식량으로 인해 필연적으로 가격 폭락을 가져왔다. 식량 수입을 중단하지 않았더라면 1815년 당시의 식량 가격은 훨씬 더 낮아졌을 것이다. 비록 지대를 낮춤으로써 현재의 경작 규모를 어떻게든 유지할 수는 있을지라도 낮은 식량 가격은 향후의 토지 개량 움직임을 저해할 것이다. 또한 식량 수입이 계속된다면 국내 생산량으로는 증가 일로에 있는 인구의 식량 수요를 충족시킬 수 없게 될 것이다.

그리하여 10~12년 후에는 또 다른 전쟁이 벌어져 19세기 초와 같은 상황을 다시금 겪게 될지도 모른다. 그렇게 되면 우리는 예전과 마찬가지로 갑작스러운 생산량 정체에 따른 식량 가격 폭등과 과도한 농업 수요 촉발을 겪게 될 것이다. 1쿼터당 90~100실링에 육박하는 밀 가격을 기준으로 막대한 자금 대출이 이루어지고 이때 지주와 노동자계층의 화폐수입 또한 거의 같은 비율로 상승하나, 대출금을 상환해야 하는 시기가 올 때쯤이면 밀 가격이 다시 1쿼터당 50~60실링 정도로 떨어지면서 이들의 화폐수입 또한 그만큼 떨어지게 된다. 엎친 데 덮친 격으로 납부해야 할 세금은 커지고 특히 국가 채무의 고정이자 지불에 큰 어려움을 겪게 될 것이다.

한편 국내의 평균 식량 공급량을 기준으로 엄격하게 식량 수입을 규제하여 흉작 시기에만 수입을 허용하는 나라는 제조업의 새로운 발명과 식민지, 또는 상업에서 얻는 고유한 이득을 농업으로 확산, 고정시켜 안정성을 도모할 뿐만 아니라 전쟁과 식량 공급 부족과 같은 사건들이 겹치면서 불가피하게 직면하게 되는 급작스럽고 혼란스러운 재산상의 변동을 면할 수 있다.

만약 지난번 전쟁이 있었을 때 우리나라가 외국에 의존하지 않고 국내의 식량 공급을 감당할 수 있었다면, 지폐 발행의 증가에도 불구하고 예전과 같은 가격 폭등은 겪지 않았을 것이다. 그리고 전시 동안에도 기근일 때를 제외하고 해외 식량 공급에 의존하지 않는 독립적인 식량자급을 유지할 수 있었다면 전쟁이 끝난 이후 그토록 국가적인 고통을 겪지는 않아도 되었을 것이다.

식량 수입제한에 대한 주요 반론은 대풍작인 해의 경우, 수출로도 해결할 수 없는 남아도는 식량으로 인해 과잉공급이 발생한다는 점이다. 가격 변동과 관련이 있는 이 문제는 분명 진지하게 고찰할 필요가 있다. 그러나 식량 수입제한에서 비롯된 가격 변동 문제는 때로 그 심각성이 지나치게 부풀려진 면이 없지 않다. 공급과잉은 가난한 나라의 농민에게 결정적인 타격이 될지 모르나, 부유한 나라의 농민에게는 상대적으로 큰 문제로 느껴지지 않을 것이다. 1815년 당시의 영국처럼 충분한 자본을 갖췄으며 상업적 신뢰도가 높은 국가가 그다음 해 또는 몇 년 후의 식량 부족을 대비해 한 해의 잉여농산물을 비축해 둘 만한 여유도 없을 거라고는 생각지 않는다. 또한 영국과 같은 나라에서, 수입제한으로 인한 가격 하락이 유럽 대륙, 특히 정기적인 식량 수출국이라 할 수 없는 나라들로부터 풍작으로 넘쳐나는 대량의 식량이 유입될 때 일어날 가격 하락보다 더 심각한 문제가 될 거라고는 생각지 않는다. 설사 영국이 식량 수입을 허용한다 해도 프랑스의 현재 법률상 가격 균등을 유도할 정도의 대규모 식량 공급은 이루어지지 않을 것이다. 또한 프랑스는 오직 대풍작인 해에만 식량을 수출하는바, 같은 해의 영국이 이를 필요로 할 가능성은 거의 없으며, 따라서 과잉공급을 초래할 가능성이 높다.

그러나 식량자급을 유지하는 나라들의 경우 전반적인 식량 공급 부족 기간에도 가격 상승 정도가 상대적으로 크지 않기 때문에, 이러한 가격 하락의 상이한 두 가지 방식 역시 이들 나라들에겐 본질적으로 큰 차이가 없는 것이라면, 식량 가격이 높을 때는 수입을 막지 않고 평년에는 국내 식량 수요를 자체적으로 확보할 수 있게 만드는 수입제한 정책이야말로 가격 변동을 최소화하는 최고의 제도라 할 수 있다.

그럼에도 여전히 수입제한 정책에 대해 반대하는 목소리는 남아 있다. 수입제한 정책은 본질적으로 배타적이라는 주장이 그것이다. 식량 수입제한은 때때로 특정 국가의 이익과 관련된다. 그러나 유럽 전체의 시각에서 보자면 식량은 물론 그 외의 모든 상품들에 있어서 완전한 자유무역이 이루어지는 것이 가장 이득이 된다는 점은 명백하다. 하지만 그런 완전한 자유무역은 비록 자본의 보다 자유롭고 동등한 분배를 야기하여 유럽의 부와 행복을 증진시키는 데 일조하겠지만, 또 한편으로는 가난한 나라를 더욱 가난하게 만들고 그 나라의 인구마저 감소시킬 것이 틀림없다. 따라서 각 나라들이 세계 전체의 부를 위해 자국의 부를 희생시킬 것이라고는 믿기 어렵다.

더구나, 보다 직접적인 규제 없이 과세만으로도 상품들 간의 자연적인 관계를 억제하거나 장려하는 효과를 창출할 수도 있다. 과세가 폐지될 가능성은 없기 때문에 때로는 보다 적극적인 개입만이 상품들 간의 자연적인 관계를 회복시키는 유일한 방법인 경우도 있다.

그러므로 완전한 자유무역이라는 것은 아마 좀처럼 실현될 수 없는 하나의 환상에 불과하다고 볼 수 있다. 그러나 될 수 있는 한 완전한 자유무역에 가까이 접근해 가는 것이 우리들의 목적이 되어야 할 것이다. 그것은 언제나 중요한 일반 법칙으로서 고찰되어야 할 것이라 생각한다. 따라서 이와 같은 원칙에서 벗어나는 정책을 제안하는 자는 그 이유를 분명히 설명할 의무가 있다.

13. 부의 증가가 빈민 생활에 미치는 영향

애덤 스미스가 《국부론》에서 분명하게 언명한 연구 주제는 '국가의 부의 성질과 원인에 대한 고찰(the Nature and Causes of the Wealth of Nations)'[1]이다. 그러나 여기에는 그보다 더 흥미로운 또 다른 주제가 있는데, 애덤 스미스는 이를 앞서의 주제와 뒤섞어 놓았다. 어느 나라에서든 가장 많은 수를 차지하는 사회 하류층의 행복과 안락에 영향을 끼치는 원인들에 대한 고찰이 바로 그것이다. 분명 이 두 가지 주제는 밀접한 연관성이 있다. 그런데 이러한 연관성의 특성과 그 범위, 그리고 부의 증가가 구체적으로 빈곤층의 생활조건에 어떠한 영향을 끼치는지에 대한 논의가 이 책에서는 그다지 엄밀하게 다루어지지 않았다.

애덤 스미스는 노동임금을 논하는 장에서, 사회의 자본 또는 수입이 증가하게 되면 그만큼 노동유지기금도 증가한다고 설명하고 있다. 그리고 임금노동자에 대한 수요는 임금지불기금의 증가에 비례해서 증가한다고 미리 전제하고 있기 때문에, 부가 증가하면 그만큼 노동 수요가 증가하여 하층민들의 생활조건도 개선된다는 결론에 자연스럽게 이른다.

그러나 자세히 검토해 보면 노동유지기금은 부가 늘어난다고 해서 반드시 증가하는 것이 아니며, 더더구나 같은 비율로 증가하는 경우는 대단히 드물다는 것, 그리고 하층민의 생활조건은 노동유지기금, 즉 다수 노동자를 부양할 수 있는 힘의 크기에 따라서 전적으로 결정되는 것만은 아님을 깨닫게 될 것이다.

애덤 스미스는 한 나라의 부를 그 나라의 토지와 노동력의 연간 생산량으로 정의한다. 여기에는 분명 토지생산량뿐만 아니라 제조업 생산량도 포함된

---

1) 《국부론》의 정식 명칭이기도 하다.

다. 그러면 이제 어떤 나라가 특수한 상황으로 말미암아 잉여식량을 생산할 수 없다고 가정해 보자. 이 경우, 그 나라의 토지생산력 혹은 식량 수입 능력은 더 이상 성장할 수 없지만, 그렇다고 해서 그것이 필연적으로 노동생산량의 정체를 초래하는 것은 아니다.

만약 제조업 원료가 국내 혹은 해외를 통해 확보될 수 있다면, 향상된 기술력과 기계의 힘으로, 같은 노동력을 가지고도 생산량은 대폭 성장할 수 있다. 또한 군인 및 단순노동직보다 제조업을 선호하는 경향이 갈수록 커지고 그 결과 전체 인구 가운데 제조업 및 상업 인구 비율이 증가함에 따라 제조업 인력 숫자는 뚜렷하게 늘어날 것이다.

물론 이런 경우가 흔치 않은 건 사실이다. 그러나 이는 분명 가능한 일이며 또한 식량 생산의 자연적인 증가에 따른 인구 증가에 뚜렷한 한계를 형성한다. 이러한 한계가 부의 증가에 있어서의 한계와 반드시 겹쳐지는 것은 아니다. 아직 이러한 한계에 이른 적이 거의 없기 때문에 우리가 가정한 상황이 현실로 나타나는 경우는 드물지만 그에 근접한 상황은 현재에도 끊임없이 벌어지고 있다. 그리고 일반적인 발전 과정을 살펴볼 때, 부와 자본이 노동자에 대한 부양 능력과 정확히 비례적으로 증가하는 경우는 거의 없다.

입수한 자료에 따르면, 상당한 제조업 및 상업 자본을 갖췄던 일부 고대 국가들은 동시에 농지 분할을 통해 토지 경작에도 힘을 써서 분명 매우 많은 인구를 가졌던 것으로 보인다. 그런 나라들의 경우, 인구가 포화 상태에 이른다 해도 여전히 자본과 부의 성장잠재력은 건재할 것이다. 그러나 잉여자본의 작용 결과 식량의 생산량 또는 수입량이 증가함으로써 벌어질 수 있는 부작용을 감안한다면, 생존자원의 성장잠재력은 결코 그와 같지 않다.

유럽에서 가장 번영한 국가들의 현 상황과 초기시대를 비교해 본다면 이러한 결론이 거의 보편적인 타당성을 지녔음을 알게 될 것이다.

애덤 스미스는 각국의 상이한 부의 성장 과정을 논하는 대목에서, 영국의 상공업은 엘리자베스 여왕 시대 이래 줄곧 진보하고 있다고 말했다. 그러면서 다음과 같이 부언했다. "우리 영국의 경작 및 개량사업은 의심할 바 없이 점차 진보되어 왔다. 그러나 급속도로 발전하는 상공업에 비하면 성장 속도가 느리고 많이 뒤처져 있는 것이 사실이다. 엘리자베스 여왕 시대 이전에 이미 영국의 많은 영토가 개발되었으나 아직도 광활한 땅이 미개간지로 남아 있으며, 개간된 토지 역시 많은 부분 개발의 여지가 있다." 이러한 사정은 유럽의 다른 나라에서도 마찬가지이다. 가장 좋은 토지는 자연히 먼저 점유될 것이다. 그러한 토지는 봉건시대의 특색이라고 할 나태한 경작법과 노동력의 심한 낭비에도 불구하고 여전히 많은 수의 인구를 부양할 수 있을 것이다. 그러나 자본의 증가와 더불어 편의품과 사치품에 대한 수요가 증가하면서―새로운 경작지의 생산력 저하와 결부되어―자연히 또는 필연적으로 새로운 자본의 대부분이 상공업에 투자됨으로써 부의 증가 속도가 인구 증가 속도를 추월하게 된다.

엘리자베스 여왕 시대의 영국 인구는 약 500만으로 추산되는데, 이는 현재 (1811년) 인구의 절반에도 훨씬 못 미치는 숫자이다. 그러나 상업 및 제조업 상품이 농산품에 비해 전체 산업에서 압도적인 비중을 차지한다는 점을 감안한다면, 아무리 최소한도로 계산해도 영국의 부의 총액, 즉 총자산은 통화가치 변동이 없는 것으로 보아도 4배 이상 증대되었을 것이다. 상공업을 통해 축적된 부의 규모 면에서 영국에 비견될 만한 유럽 국가는 많지 않다. 그러나 이들 국가의 경우도 일반적인 부의 증가 속도가 늘어나는 인구를 부양할 생존자원 증가 속도보다 훨씬 높다는 것은 여러 정황을 살펴볼 때 명백한 사실이다.

한 나라의 자산 또는 세입 증가가 곧 실질 노동유지기금의 증가로 간주되어서는 안 된다는 사실은 중국의 사례를 놓고 보더라도 자명하다.

애덤 스미스는 중국이 기존의 법률 및 제도 아래 오랫동안 부유했으나 이를 개정하여 외국과의 무역을 중시했다면 훨씬 더 부유해졌을 것이라고 지적했다.

만약 중국이 상업과 해외무역에 관심을 둔다면, 풍부한 노동력과 값싼 임금을 기반으로 제조업을 일으켜 막대한 양의 수출이 가능할 것이다. 반면 식량이 풍부하고 광대한 영토를 가졌기 때문에 해외에서 수입하는 생존자원양은 많지 않을 것이다. 따라서 중국은 막대한 양의 제조업 상품을 국내에서 소비하는 것은 물론 세계 각지에서 생산된 사치품과 교환할 수 있다. 현재 중국은 가용자본에 비해 지나치게 인구가 많은데도 식량 생산에 있어서는 남는 노동력이 없다. 해외무역을 위해 제조업을 육성하려면 막대한 자본이 투입되어야 하는데, 그러기 위해서는 우선 이러한 현재의 상황이 변화되어야 하며, 농업에서 일정한 노동력을 끌어올 수밖에 없다. 그리고 이는 식량 생산의 감소를 가져올 가능성이 높다. 이러한 손실이 기술 및 노동력 절감의 효과 등을 통해 어느 정도 보충되거나, 아니 그 이상의 성과를 내어 조금이나마 식량 생산량이 증가한다 해도, 제조업 수요의 증가로 임금이 상승함에 따라 식량 가격이 오를 것이고 이에 노동자들이 확보할 수 있는 식량의 양은 예전에 비해 거의 늘지 않을 것이다. 중국의 부는 분명 성장을 지속할 것이며 토지 및 노동의 연간 생산물의 교환가치도 해마다 증가할 테지만, 그럼에도 노동유지기금은 거의 정체 상태에 머물 것이다. 우리의 이론은 이러한 중국의 상황을 살펴볼 때 더욱더 분명해진다. 중국은 오랫동안 부의 정체를 겪어왔으며 경작지 개발에 있어서도 이미 거의 포화 상태에 이른 것으로 널리 알려져 있기 때문이다.

이런 현상이 생기는 것은 농업에 비해 상공업을 지나치게 중시해서가 아니라, 토지생산력의 성장잠재력이 원료를 가공하는 인간의 기술과 취향의 성장 잠재력에 비해 크지 않으므로 식량 생산보다는 발전 여지가 더 많은 부의 축적이 그만큼 더 장려되기 때문이다.

그러므로 노동유지기금은 부의 증가와 더불어 필연적으로 증가하는 것이 아니며, 더구나 비례해서 증가하는 것은 극히 드문 일이라고 할 수 있다.

그러나 하층계급의 생활조건이 전적으로 노동유지기금의 증가, 즉 보다 많은 수의 노동자를 부양할 수 있는 재력의 증가에만 의지하는 것은 아니다. 이러한 재력이 노동계층의 생활조건과 인구 증가에 있어서 언제나 강력한 요인으로 작용해 왔다는 점은 의심의 여지가 없는 사실이다. 그러나 무엇보다 중요한 것은 하층민의 안락이 전적으로 식량이나 필수적인 생존자원에만 달려 있는 것은 아니라는 점이다. 그들의 생활이 안정되기 위해서는 그 외에도 일정량의 편의품, 그리고 심지어는 얼마간의 사치품까지도 필요한 것이다. 두 번째로 지적할 것은, 일반적으로 생존자원의 양에 따라 그 증감이 결정되는 인구의 특성이 이러한 재력의 증가를 통해 가난한 이들의 삶의 조건이 크게, 지속적으로 개선되는 것을 막는다는 점이다. 셋째, 하층민의 생활조건 개선에 지속적인 커다란 효과를 미치는 주된 요소는 개인의 신중하고 분별력 있는 행위이며, 따라서 하류계층의 삶의 조건과 생존자원의 증가 사이에는 직접적이고 필연적인 어떠한 연관 관계도 없다.

그러므로 생존자원의 증가 외에 노동자계층의 생활조건에 영향을 끼치는 다른 요인들이 있다는 관점에서, 증가된 부가 작용하는 방식을 좀 더 구체적으로 살펴보고 그에 따르는 이익과 불이익을 함께 논해보는 것이 좋을 듯하다.

한 나라가 많은 부와 인구를 지닌 나라로 발전해 가는 자연스럽고 규칙적인 과정에서, 하류계층이 전적으로 겪을 수밖에 없는 두 가지 불이익이 존재한다. 첫째, 생활필수품과 관련된 사회의 기존 관습으로 인한 자녀 부양 능력의 감소. 둘째, 비위생적인 노동환경과 임금 변동 폭이 큰 불안정한 직업을 가진 노동자 수의 증가.

자녀 부양 능력의 감소는 한계에 육박할 만큼 인구 증가가 이루어지고 있는 나라에서는 피할 수 없는 결과이다. 토지의 생산력은 일정한 한계를 갖는다는 것이 참이라면, 생산력이 그 한계에 이를수록, 그리고 인구 증가 속도가 점점 더 느려질수록 자녀 부양 능력은 계속해서 감소하다가 마침내 식량 생산이 완전한 정체 상태에 이르게 되면 가장이 기존의 가족 구성원을 간신히 먹여 살릴 수 있을 정도로까지 떨어질 것은 자명한 사실이다. 또한 이러한 상태는 노동의 곡물가치 하락을 수반한다. 하층민들 사이에서 분별력 있는 생활습관이 정착된다면 그 부작용이 어느 정도 억제될 수는 있겠지만, 결국엔 지금 언급한 것과 같은 파국을 면할 길은 없다. 비록 인구 증가를 억제하는 강력한 예방적 정책을 통해 식량으로 계산된 노동임금의 하락을 막을 수는 있겠지만, 이경우 자녀 부양 능력은 겉으로 보이는 것보다 훨씬 작아진다. 그리하여 겉으로 드러난 것만 믿고 사람들이 함부로 자녀를 낳게 되면, 곧 남아 있던 자녀 부양 능력마저 모두 잃고 말 것이다.

부의 점진적인 증가에 따라 하류계층이 겪게 되는 두 번째 불이익은 보다 많은 노동자들이 비위생적이거나, 임금 변동 폭이 농업이나 단순노동직보다 훨씬 큰 불안정한 직업에 종사하게 된다는 점이다.

이러한 직업을 가진 빈곤층 노동자의 실태에 관해서는 에이킨(Aikin) 박사의 《맨체스터 지방 보고서》에 등장하는 한 대목을 인용하는 것으로 대신하겠다.

"노동력 절감을 위한 기계의 발명 및 개선은 우리의 상업 발전에 놀라운 영향을 끼쳤고 또한 방적공장의 어린이 직공의 예를 보아도 알 수 있듯이 노동자 채용에 있어서 남녀노소를 가리지 않게 만들었다. 득이 있는 곳에는 반드시 실이 있다는 것은 지혜로운 하느님의 섭리이다. 방적공장이나 그 외의 여러 다른 공장들에서 벌어지고 있는 요즘의 실태는 노동생산성 향상으로 인한 인구 증가 경향을 억제하는 명백한 원인이 되고 있음을 알 수 있다. 아직은 너무나 연약하고 어린아이들이 이들 공장에서 직공으로 일하고 있다. 이들 가운데 상당수는 런던과 웨스트민스터의 구빈원에 있던 아이들이다. 이들은 보호자의 돌봄도 법률의 보호도 받지 못하고 세상에서 버림받고 잊힌 채, 수백 마일이나 떨어진 낯선 외지의 공장에 수습공으로 무더기로 보내졌다. 이 아이들은 대개 좁은 작업장에 갇혀 매우 오랜 시간 일한다. 밤을 새워 일하는 경우도 드물지 않다. 코를 찌르는 기계의 기름 냄새, 건강에 대한 고려 따위는 전혀 찾아볼 수 없는 작업환경. 어린 직공들은 습기 찬 공기와 차갑고 건조한 공기를 번갈아 쏘임으로써 이런 공장들에서 흔히 나타나는 전염성 열병과 같은 질병들에 걸려 쉽게 쓰러지고 만다.

　이렇게 어린아이들을 혹사시키는 것은 우리 사회에 큰 해악이 되지 않을까 묻지 않을 수 없다. 어린 노동자들은 수습 기간을 마칠 때쯤이면 이미 쇠약해질 대로 쇠약해져서 더 이상 일할 수 없는 상태가 되는데 그렇다고 다른 일자리를 쉽게 찾을 수 있는 것도 아니다. 여자아이들은 현모양처가 되는 데 필요한 기술인 재봉, 뜨개질을 비롯한 여러 집안일에 대해 전혀 배운 바가 없다. 이것이 그 어린아이들에게나 사회적으로나 얼마나 큰 불행인지는 농업노동자 가정과 산업노동자의 가정을 비교해 보면 알 수 있다. 농업노동자 가정에서 우리는 깔끔함, 청결함, 편안함을 느낀다. 반면 농업노동자 가정보다 소득이 거의 2배 가까이 되는데도 불구하고 공장 노동자의 가정에서 느껴지는 것은 더러움, 넝마, 가난 따위이다. 여기에다 유년 시절의 종교교육 및 종교적 모범의 결핍, 좁은 공간에 수많은 사람들이 한데 엉겨 살아가는 열악한 주거환경 등이 장래 아이들의 행실에 매우 해로운 영향을 끼치고 있다는 사실을 덧붙여야 한다."

　같은 책의 기록에 따르면 1793년 크리스마스 날부터 이듬해 크리스마스 날까지 맨체스터 대성당에서 거행된 결혼식은 168건, 세례는 538건, 장례는 250건이었다. 인구가 줄어들고 있음을 알 수 있는 기록이다. 이웃한 로치데일 교구의 사정은 훨씬 더 비참하다. 1792년 출생자 746명, 사망자 646명, 결혼 339

건이었던 데 반해 1794년에는 출생자 373명, 사망자 671명, 결혼은 199건이었다. 이토록 급격한 인구 감소는 전쟁 발발 시점에 발생한 수요 실패 및 상업 신용 실패, 그리고 임금 급감으로 인해 노동자들이 느끼는 심각한 생활고에 그 원인이 있었다.

평화에서 전쟁으로 상태가 전환되면서 경제적 변동이 발생한다는 것, 그리고 제조업이 수요의 변덕스러운 취향 변화에 매우 취약하다는 것은 이미 널리 알려진 사실이다. 가령 스피탈필즈의 방직업자들은 비단 대신 모슬린 제품이 유행함에 따라 심각한 침체를 겪었다. 버클과 금속단추 대신에 신발끈과 커버버튼이 유행하면서 셰필드와 버밍엄의 노동자들 상당수가 직장을 잃어야 했다. 영국의 제조업은 전체적으로 보면 급격히 발전해 왔지만, 여러 특정 분야에서의 실패 또한 적지 않았다. 그리고 이러한 실패를 겪은 교구에는 어김없이 비참하게 살아가는 빈민들이 넘쳐났다.

1815년 곡물법 발표 이전, 상원에서 열린 심의에 제출된 보고서를 살펴보면 높은 식량 가격은 노동임금을 상승시키기보다 오히려 하락시킨다는 사실을 보여주는 여러 제조업 공장의 사례들을 찾을 수 있다. 애덤 스미스는 노동의 화폐가격이 식량의 화폐가격과 노동의 수요 및 공급 상태에 달려 있음을 정확하고 명료하게 설명했다. 그는 특히, 흉작 시기 동안 노동임금이 어떻게 식량 가격과 정반대로 변화하는가를 설명함으로써 노동임금이 노동의 수요 및 공급 상태에 따라 큰 영향을 받는다는 점을 강조했다. 심의 보고서는 이러한 그의 주장을 여실히 입증해 주는 자료라 할 수 있다. 그러나 이 자료는 애덤 스미스의 또 다른 주장, 즉 시장에 제조업 분야의 노동 공급이 유지되려면 적어도 노동임금이 한 가정을 부양할 수 있는 양의 식량을 구매할 수 있는 정도의 수준을 유지해야 한다는 그의 견해가 그릇된 것임을 증명해 주지는 못한다.

비록 보고서의 내용은 애덤 스미스의 노동에 관한 일반 이론 또는 견해가 안고 있는 오류를 입증해 주지는 못하지만, 적어도 제조업 노동자들의 생활조건이 경제적 변동에 매우 취약하다는 사실을 대단히 명료하게 보여주고 있다.

보고서를 검토해 보면, 밀 가격이 3분의 1에서 절반 가까이 오를 때 방직업자의 임금이 3분의 1, 심지어 절반으로 떨어졌던 사례를 찾을 수 있다. 그러나 이러한 가격 비율이 반드시 경제적 변동을 완전히 반영하는 것은 아니다. 왜냐하면 노동임금이 낮을 때, 노동 수요는 평소만큼의 노동시간을 허용치 않으며, 노동임금이 높을 때에만 초과노동 시간을 허용하기 때문이다.

이와 동일한 원인으로 농업노동자의 임금에도 여러 변화들이 생긴다. 그러나 첫째, 그 변화는 그렇게 크지 않으며, 둘째, 농업노동자 대부분은 하루 단위로 고용되는데 일급(日給) 노동임금이 폭락하는 경우는 극히 드물다.

따라서 부가 정상적으로 성장하는 과정에서는 조혼(早婚)과 가족 부양을 위한 자원이 감소하고, 비위생적이고 노동환경이 열악하며, 농업노동자보다 임금 변동에 취약한 직업을 갖는 인구 비율이 늘어난다.

이는 커다란 사회적 불이익이 아닐 수 없다. 이를 완전히는 아니더라도 어느 정도 상쇄해 줄 만한 이득이 없다면, 부의 성장은 빈민들의 생활조건에 불리하게 작용할 수밖에 없다.

그리고 첫째, 자본이익은 중산층 수입의 주요 원천이다. 부 축적의 근간이자 동시에 그 결과물이기도 한 자본의 증가는 사회 대중을 지주에 대한 예속으로부터 해방시키는 데 크게 기여한다. 비옥하지만 한정되어 있는 영토를 소수의 영주들이 나눠 갖고 있는 국가는 자유와 복지에 가장 불리한 사회구조이다. 중세시대의 유럽 국가들이 바로 이런 유형이다. 지주들은 나태하고 게으른 많은 가신들을 유지하는 데 자신의 수입을 사용한다. 자본이 성장함에 따라 영주의 강력한 권력은 사라지고, 영주를 따르던 이들은 상인, 제조업자, 무역상, 농부 등 독립적인 노동자로 변화했다. 이러한 변화는 노동자계층은 물론 사회 전 계층에 굉장한 이득을 가져다주었다.

둘째, 농업과 부의 자연적인 성장에 따라 모든 잉여식량 생산은 더 많은 노동력을 요구할 것이지만, 동시에 축적되고 적절히 분배된 자본으로 인해 기계류의 지속적인 개선이 이루어지고 해외무역이 활성화되어 제조업 및 외국 상품을 보다 적은 노동력으로 생산, 판매할 수 있게 되고, 따라서 잉여식량 생산을 통해 그 나라는 빈곤했던 시절보다 훨씬 더 많은 양의 제조업 및 외국 상품을 확보할 수 있게 된다. 그러므로 노동자들이 예전보다 임금으로 벌어들이는 식량의 양이 줄어든다 해도 노동자가 소비하고 남은 잉여식량으로 구매할 수 있는 편의품의 우월한 가치가 이러한 손실을 충분히 보상해 준다. 노동자는 예전처럼 대가족을 부양할 능력은 가질 수 없을지라도 소규모의 가족을 꾸리며 보다 나은 주거와 의복을 누리고 보다 안락하고 품위 있는 삶을 살 수 있게 될 것이다.

셋째, 경험에 비추어봤을 때 노동자계층은 식량과 비교해서 편의품과 기호품의 양이 충분할 때에만—어느 정도의 식량 감소가 없는 한 이는 불가능하다—그에 대한 욕구를 갖는 듯하다. 만일 노동자가 2~3일의 노동으로 자신과 가족을 부양하기에 충분한 소득을 얻을 수 있다면, 그리고 편의품과 사치품을 구입하기 위해서 3~4일을 더 일하지 않으면 안 된다면 그는 생활필수품이 아닌 물건을 획득하기 위하여 그렇게 일하는 것은 손해라고 생각할 것이다. 따라서 그는 좋은 주택과 의복을 원하기보다는 오히려 게으름이라는 사치를 택할지도 모른다. 훔볼트(Humboldt)에 따르면, 남미의 일부 지방, 특히 아일랜드·인도와 같은 자본 및 제조업 상품에 비해서 식량이 풍부한 나라에서 이와 같은 경향이 있다고 한다. 이에 반해 노동자의 시간 대부분을 식량 확보를 위해 투자하는 경우에는 노동의 습관이 자연히 생기게 되므로—물론 그렇게 많은 재화는 사들일 수 없겠지만—결코 남은 시간을 빈둥빈둥 허비하는 일은 없다. 노동자계층이 편의품과 기호품에 대해 뚜렷한 취미를 갖기 쉬운 것은 바로 이와 같은 이유 때문인데 특히 훌륭한 정부와 결합될 때 더욱 그러하다.

그리고 이러한 취향이 일정 기간 지속되면 노동임금의 하락을 막을 수도 있다. 노동임금이 비교적 높게 유지되고 식량에 비해 상품의 상대적 가치가 현저하게 떨어질 때 노동자의 생활조건은 가장 유리해진다. 확고하게 형성된 편의품 및 기호품 수요 덕분에 높은 노동임금 수준에도 불구하고 조혼이 성행하지 않는다. 대가족을 부양하는 경우일지라도 편의품 및 기호품 소비를 줄여 생존자원을 충분히 확보함으로써 경제적 자립을 유지할 수 있다. 그러면 하류층 가운데서도 가장 극빈한 자들까지도 식량 부족에 시달리는 일은 없을 것이며, 또한 상당한 양의 편의품과 기호품을 누릴 수 있을 것인바, 이렇게 선천적, 후천적 필요를 충족시킴으로써 이들의 마음을 순화하고 인격을 향상시킬 수 있다.

부의 증가가 빈곤층에게 미치는 영향을 주의 깊게 관찰해 보면, 비록 부의 증가가 노동유지기금의 증가와 직결되는 것은 아니지만, 그로부터 얻는 이득이 그에 따른 부작용을 충분히 상쇄할 만큼 크기에 결국 사회 하류층에게 긍정적인 효과를 가져온다는 결론에 이르게 된다. 또한 엄밀히 말하자면, 빈곤층의 생활조건은 부를 축적해 가는 사회의 발전 국면과 필연적인 관련이 없다. 급속도로 성장하는 부는—그것이 생존자원을 토대로 한 것이든, 편의품 및 기호품의 생산을 토대로 한 것이든—다른 변동 사항을 고려치 않는다면 언제나 빈곤층에 긍정적인 영향을 끼칠 것이다. 그러나 이러한 영향도 다른 환경적 조건으로 인해 크게 달라지거나 줄어들 수 있기에, 노동자 개개인이 결혼에 대해 신중한 태도를 갖고 근면하며 숙련된 기술을 갖추어 부를 생산할 수 있을 때만이 그 이득을 안정적으로 확보할 수 있을 것이다.

14. 일반적 관찰

많은 나라들이 인구가 가장 많았던 시기에 가장 풍족하게 살았으며, 오히려 식량 수출도 할 수 있었다. 반면 인구가 매우 적었을 때는 만성적인 가난과 결핍에 시달렸고 식량을 수입해야 했다. 이집트, 팔레스타인, 로마, 시칠리아, 에스파냐 같은 나라들이 이러한 사실을 보여주는 전형적인 사례이다. 또한 경작지 개발이 덜 된 국가에서 인구 증가는 사회 전체의 식량자원을 감소시키는 것이 아니라 오히려 증가시킨다는 주장도 있다. 또한 케임스 경이 지적한 것처럼, 농업으로 인해 인구가 폭증하는 경우는 없는데, 이는 농업이 식량 소비자의 숫자에 비례하여 식량을 생산하는 특성이 있기 때문이라는 이론도 있다.

이러한 추론의 전제가 된 일반적인 사실들에 대해서는 의심의 여지가 없다. 그러나 그렇다고 해서 추론 자체가 옳다고는 할 수 없다. (앞서 고찰된 것처럼) 농업은 그 특성상, 특히 경작이 원활하게 이루어질 경우, 농업에 종사하는 인구수를 훨씬 초과하는 인구를 부양할 수 있는 양의 식량을 생산한다. 따라서 제임스 스튜어트가 자유노동자라 부른 바 있는, 이들 농업인들의 숫자가 잉여 생산물로 부양할 수 있는 인구 한계에 다다를 만큼 증가하지 않는 한 그 나라의 총인구는 오랫동안 농업의 성장과 더불어 늘어날 것이며 식량 수출도 계속될 것이다. 그러나 어느 단계에 이르면 이러한 증가 경향은 인위적인 조절이 없는 자연적인 인구 증가 경향과는 매우 다른 성격을 띠게 될 것이다. 지속적인 농업 개량에 따른 느린 생산량 증가가 이어질 것이다. 이로 인해 생존자원 확보가 어려워지면서 인구 성장이 억제될 것이다. 이러한 상태의 국가에서 인구를 재는 정확한 척도는 식량 생산량―식량 수입이 이루어질 것이므로―이 아니라 노동 고용, 즉 일자리의 숫자이다. 고용 상태는 필연적으로 하류층의 식량 구매력을 결정하는 노동임금을 좌우하게 될 것이다. 고용이 빠르게 증가하느냐, 느리게 증가하느냐에 따라 노동임금 역시 마찬가지로 빠르거나 느리게 증가하여 대중의 조혼 경향을 부추길 수도, 저해할 수도 있으며 노동자의 식량 구매력이 2~3명 식구를 부양할 정도가 될 수도, 3~6명의 식구를 부양할 정도가 될 수도 있다.

지금까지 살펴본 사례들이나 제도 등을 통하여 인구 증가는 주로 실질노동임금에 의해 규제되고 그 한계가 결정된다고 볼 수 있으나, 여기에 한 가지 더 언급해야 할 것은, 현시점의 일일 노동임금으로 얻을 수 있는 생필품의 양이 반드시 하류계층의 생필품 구매력과 정확하게 대응되는 것은 아니어서 때로는 그 양이 초과될 수도, 때로는 부족할 수도 있다는 점이다.

곡물과 기타 일체 상품 가격이 오른다고 해서 반드시 노동임금도 같이 오르는 것은 아니다. 이것은 분명히 노동자에게 손해인 것 같지만 이와 같은 표면상의 손해는 고용 수요의 증가, 즉 구할 수 있는 일거리가 늘어나고, 여자나 어린아이도 가계수입에 보탬이 되는 일을 구할 수 있다는 장점을 통해 충분히 보상될 수 있다. 이런 경우 노동계급의 생활필수품 구매력은 드러난 임금 수준보다 훨씬 더 크며, 인구 증가에 커다란 영향을 끼친다.

반면 일반적으로 물가가 하락하는데도 임금이 물가 하락률만큼 떨어지지 않는 경우도 종종 발생한다. 그러나 이 표면상의 이익도 일자리가 적어서 일할 수 있는 능력과 의지가 있는 노동자의 가족들이 일자리를 찾을 수 없다면, 별다른 도움이 되지 않을 것이다. 이런 경우에는 노동자계급의 생활필수품 구매력은 임금 수준보다 명백히 떨어질 것이다.

마찬가지로 빈민 가정에 분배되는 교구 보조금, 일거리 증가, 여자 및 미성년자 고용 증가 등은 인구에 대해 실질노동임금 상승과 비슷한 영향을 끼칠 것이다. 이와 반대로 일당제, 여자 및 미성년자 고용 부재(不在), 만성적인 게으름 혹은 어떤 다른 이유로 인해 주당 3, 4일 이상으로는 일하지 않으려는 노동자들의 습성 등은 실질임금 하락과 비슷한 영향을 끼칠 것이다.

이러한 모든 경우들에 있어서 식량으로 환산한 노동자계층의 실질소득은 표면상의 임금과는 다르다. 결혼을 장려하고 자녀를 부양하는 능력은 노동자계층 가족의 연평균소득에 달려 있는 것이지 단순히 식량으로 환산한 일당제 노동임금에 달려 있는 것이 아니다.

이러한 핵심적인 사실에 주목한다면 여러 사례들에서 확인할 수 있듯이 왜

인구 증가가 실질노동임금과 필연적 관련이 없는 것처럼 보이는지 그 이유를 알 수 있을 것이다. 그리고 왜 임금으로 평소의 구매량 평균에도 못 미치는 식량을 살 때가 더 많은 식량을 살 수 있었을 때보다 오히려 인구 증가 속도가 종종 빠른 것인지 이해할 수 있을 것이다.

예를 들어, 지난 세기 중엽 영국의 식량 가격은 매우 낮았다. 1735년에서 1755년에 이르는 20년간 노동자들은 하루 노동으로 약 1펙[1]의 밀을 살 수 있었다. 이 기간 동안에도 인구는 꾸준히 증가했지만 하루 임금으로 1펙의 밀을 살 수 없었던 1790년에서 1811년에 이르는 기간 동안의 폭발적인 인구 증가에 비하면 훨씬 완만했다. 1790~1811년 기간 동안 자본 축적 속도는 더 빨랐고 노동 수요 또한 훨씬 컸다. 계속되는 식량 가격 상승으로 인해 식량의 가격 상승률이 여전히 임금 상승률을 웃돌았지만 완전고용에 가까운 풍부한 노동 수요와 일거리, 제조품보다 상대적으로 높았던 식량가치, 감자 소비의 증가, 교구 보조금의 지원액 증가 등으로 인해 하류층은 보다 많은 식량을 확보할 수 있었으며, 인구 또한 일반 원칙에 완벽하게 부합하는 급속한 증가 경향을 보였다.

이와 유사한 조건으로 온화한 기후에 비옥한 토양을 갖추고 식량 가격도 저렴한 그런 나라에 있어서 하루의 노동으로 사들일 수 있는 식량의 양이 급격한 인구 증가를 가능케 할 정도로 다량인데도 불구하고 실상은 그처럼 인구가 증가되지 않는 경우가 있는데, 이러한 상황의 원인은 잘못된 통치로 말미암아 사회에 나태한 습성이 만연하고 노동 수요가 정체되어 있는 데서 찾을 수 있다. 노동일수가 1년의 절반밖에 되지 않는 곳에서는 인구가 정체되어 있을지라도 부양을 위해서는 높은 노동임금이 요구될 것이다.

또한 결혼에 대한 신중한 태도가 일반화되어 있고 편의품 및 기호품에 대한 선호가 확고하게 형성되어 있는 경우, 이러한 문화는 조혼을 억제하고 소득의 대부분을 식량 구입에 사용하는 것을 막아줄 것이다. 따라서 그 나라의 인구는 똑같이 노동임금이 높은 다른 나라들보다 증가율이 높지 않을 것이며, 이는 앞서 말한 일반 원칙에도 완벽히 부합된다.

---

[1] 부피 단위. 4분의 1부셸, 약 9리터.

어느 나라에서든 일자리의 수는 계절에 따라 크게 달라지는 생산량만큼 해마다 급변하지는 않는다. 따라서 일자리 부족에 따른 인구 억제 효과는 보다 지속적이며, 식량 부족보다 더 큰 영향력을 하류계층에게 발휘한다. 왜냐하면 전자의 경우가 예방적 억제의 성질을 갖는다면, 후자는 적극적 억제의 성질을 갖기 때문이다. 노동 수요가 정체 상태에 있거나 매우 느린 증가율을 보이는 경우, 노동자들은 일자리를 얻는 데 큰 어려움을 겪을 것이고, 설사 일자리를 구한다 해도 가족을 부양하기에는 불충분한 임금을 받게 되어 자연스럽게 결혼에 대해 신중해질 것이다. 그러나 노동 수요가 일정 수준의 증가율을 지속적으로 유지한다면, 계절에 따른 식량 공급의 불확실성과 수입의존도에도 불구하고 인구는 심각한 식량난으로 인한 대기근이나 질병이 발생하지 않는 한 뚜렷한 증가세를 이어갈 것이다.

따라서 식량 부족과 극도의 빈곤은 환경조건에 따라 인구 증가를 수반할 수도 수반하지 않을 수도 있다. 그러나 궁극적으로는 인구 감소를 초래할 것이 틀림없는데, 영구적인 인구 감소의 유일한 원인은 오직 식량 부족에서 찾을 수 있기 때문이다. 역사에 기록된 인구 감소의 무수한 실례들을 살펴볼 때 그 원인은 언제나 폭력, 악정, 무지 등으로 인한 산업의 침체, 혹은 잘못된 산업구조에 있었다. 그로 인해 먼저 식량 부족 사태가 생겨났고 인구 감소가 뒤따랐다. 로마는 모든 식량 공급량을 수입으로 해결하는 정책을 채택하고 이탈리아 전역을 목초지로 바꾸면서 곧 인구 감소를 겪었다.

이집트와 터키의 경우 인구 감소의 원인은 이미 앞에서 다룬 바 있다. 에스파냐의 경우에도, 인구 감소의 원인은 무어인들의 추방이 아니라 산업과 자본의 국외 이탈에 있었다. 갑작스러운 원인으로 인해 인구 감소가 일어난 나라에서 실정(失政)에 따른 재산상의 불안정(이는 인구가 줄어든 모든 나라에서 일반적으로 나타나는 현상이다)이 뒤따른다면, 식량도 인구도 스스로 회복될 가능성은 없으며 국민들은 심각한 궁핍에 시달리게 될 것이다.

반면, 본래 인구가 많고 근면하며 식량을 수출하던 국가에서 우발적인 인구 감소가 발생할 때 국민들이 예전과 다름없이 자유로이 일하고 산업에 매진한다면 예전만큼 충분히 식량을 확보할 수 있다는 건 자연스러운 일이다. 특히 인구 감소 이후 경작은 과거 인구가 많던 시절에 경작했던 생산성이 떨어지는 토지 대신 영토 내에서 가장 비옥한 지역부터 우선적으로 이루어질 것이기에 더욱 그러하다. 이러한 조건의 나라들은 분명 본래의 인구를 회복할 가능성을 갖고 있다. 일부 농업학자들의 주장대로 대규모의 인구가 식량의 풍족함을 이룩하는 데 필수적이라면, 새 식민지들이 본국만큼 빠른 속도로 식량 생산을 증가시키는 것은 불가능할 것이다.

인구 문제에 관한 편견들은 정화(正貨)를 둘러싼 오랜 편견들과 놀랍도록 비슷한 점이 많다. 우리는 정화에 관한 잘못된 편견이 바로잡히기까지 오랜 세월 얼마나 큰 어려움이 따랐는지 알고 있다. 정치가들은 부강한 국가들이 거의 예외 없이 인구가 많다는 사실을 바탕으로 그 원인과 결과를 혼동한 나머지 인구가 부유함의 원인이라는 결론을 내렸다. 과거 정치·경제학자들이 정화량의 증가를 부에 따른 결과가 아닌 부의 원인으로 파악했던 것과 마찬가지이다. 토지 및 노동의 연간 생산량은 두 경우 모두 부차적인 고려 대상이 된다. 이때 토지 및 노동의 연간 생산량 증가는 전자의 경우 정화의 증가에서, 후자의 경우 인구의 증가에서 기인한다고 본다.

오늘날에는 강제적으로 정화량을 늘리려는 정책은 실효성이 전혀 없으며 어떠한 법률로도 정화량을 일정 수준 이상으로 늘릴 수 없다는 사실이 명백해졌다. 에스파냐와 포르투갈의 사례가 이에 대한 완벽한 증명이 된다. 그러나 인구 문제와 관련하여 이러한 편견은 여전히 남아 있으며, 이로 인해 거의 모든 정치논문들이 인구 부양 수단에 대한 고민은 거의 없이 무조건적으로 인구 증가를 장려해야 한다는 주장을 펼치고 있다. 상품 유통량의 증가 없이 무턱대고 정화량만을 늘리려는 정책만큼이나 식량 증가 없이 인구를 늘리려는 정책은 어리석다. 또한 그 어떤 법률 정책을 시행한다 해도 인구의 한계는 정화량의 한계보다 더 고정적이며 초월 불가능한 특성을 갖는다. 실제로는 있을 수 없는 일이지만, 어떤 새로운 수단을 통해 토지 및 노동생산량과 이웃 국가의 상황에 따른 수요량을 훨씬 초과하는 정화량을 확보하는 것은 적어도 이론적으로는 상상 가능하다. 그러나 대대적인 장려정책을 통해 인구가 폭증하여 각 개인에게 돌아가는 생산량이 생존에 필요한 최소량으로 떨어질 때, 어떤 방법으로도 그 이상의 인구 증가는 불가능하다.

이 책의 앞부분에서 다룬 다양한 사회들에 대한 분석을 통해서 다음과 같은 사실이 명백해졌다고 생각한다. 즉 국민이 무지몽매에 빠져 있거나 포악한 전제정치가 자행되는 나라의 경우, 실제 인구가 아무리 적다 하더라도 생존자원량과 비교하면 비율적으로 인구과밀 상태를 띠며, 따라서 식량 수확량이 조금만 부족해져도 나라 전체가 극심한 궁핍에 시달리게 된다는 점이다. 무지와 악정은 인구 증가를 부추기는 정욕을 파괴하는 것이 아니라 오히려 이성과 선견지명에서 오는 예방적 억제력을 파괴한다. 오직 눈앞의 욕망만을 생각하는 미개인, 혹은 자신이 경작한 수확물을 온전히 지켜낼 수 없는 비참한 처지의 농부들은 적어도 3~4년 내에는 일어나지 않을 것 같은 문제를 염려하여 지금의 욕망을 연기하려 들지는 않을 것이다. 이러한 무지와 악정에서 태어난 선견지명의 부족은 출산을 촉진시키는 작용을 하지만, 태어난 아이들을 부양하는 데 필요한 산업에 있어서는 치명적이다.

산업은 미래를 내다보는 눈과 생활의 안정 없이는 존재할 수 없다. 야만인들의 게으름에 대해서는 널리 알려져 있다. 자본이 없는 이집트와 에티오피아의 가난한 농부들은 해마다 비싼 지대를 치르고, 지주의 끊임없이 무자비한 요구에 시달리며 적들의 잦은 수탈과 계약 위반으로 고통을 받는다. 이런 그들에게 열심히 일하려는 열의가 생길 리가 없다. 설사 열의가 있다 하더라도 어떤 성공적인 결과를 내기는 어렵다. 가난 그 자체는 산업에 커다란 자극이 되지만 그것도 어느 한도를 넘어서게 되면 더 이상 자극이 되기 어렵다. 극단적인 빈곤은 단순한 생존을 위한 노력 외의 모든 의욕적인 의지를 파괴해 버린다. 산업에 대한 최상의 자극원은 빈곤 그 자체가 아니라 빈곤에 대한 두려움과 이를 벗어나고자 하는 희망인 것이다. 그래서 가장 꾸준하고 바람직한 노력을 기울이는 사람들은 어김없이 절대적 빈곤을 벗어난 계층의 사람들임을 알 수 있다.

따라서 무지와 압제는 언제나 산업의 원천을 파괴할 것이며, 그 결과 토지 및 노동의 연간 생산량 감소를 초래할 것이다. 이는 그 나라의 출생률과는 관계없이 불가피하게 인구의 감소로 이어질 것이다. 즉각적인 만족을 구하는 습성, 신중하지 못한 결혼 태도 등은 그 나라 국민들의 조혼 경향을 촉진시킬 것이다. 그러나 마침내 나라 전체가 최악의 빈곤 상태에 빠지게 되면, 이러한 습성은 더 이상 인구 증가에 대한 자극이 되지 못한다. 그것은 다만 사망률에 영향을 끼칠 뿐이다. 미혼 여성이 드물고 조혼이 일반화되어 있는 남반구의 여러 나라들에 관련된 정확한 사망률 자료를 접한다면, 예방적 억제가 작용하는 유럽 국가들의 경우 연간 사망률이 1 : 34, 1 : 36 또는 1 : 40인 데 반해, 그곳의 연간 사망률은 1 : 17, 1 : 18 또는 1 : 20에 이른다는 것을 알게 될 것이다.

인구 증가는 그것이 자연스러운 발전 과정을 밟는다면 그 자체로 매우 긍정적일 뿐만 아니라 토지 및 노동의 연간 생산량 증가에 필수적인 요소임을 부인할 생각은 전혀 없다. 다만 문제가 되는 것은 인구 증가의 자연스러운 발전 과정이란 정확히 무엇을 뜻하는 것이냐 하는 점이다. 이 주제에 대하여 탁월한 통찰을 보여주었던 제임스 스튜어트 경조차도 내가 보기에는 한 가지 면에서 오류를 범하고 있다. 그는 인구 증가가 농업 발전의 유력한 원인이 된다고 보았으나, 역으로 농업 발전이 인구 증가의 유력한 원인이 된다는 점은 부정한다. 인구가 대지가 베푸는 자연적인 양식으로 충분히 부양할 수 있는 숫자 이상으로 증가하면서 비로소 경작에 대한 필요성이 생겨났으며 가족 부양 혹은 몇몇 농산물을 어떤 다른 가치 있는 물건과 교환하고자 하는 바람이 경작을 촉진하는 주요 자극원이 되었다는 주장은 받아들일 수 있다. 그러나 증가된 인구를 지속적으로 유지할 수 있기 위해서는 먼저 농업 생산량이 적어도 기존 전체 인구의 최소 필요량을 초과하는 것이어야 한다.

우리는 출생의 증가가 농업에 아무런 영향도 끼치지 못하고 다만 질병의 증가만을 가져왔던 수많은 사례들을 보아왔다. 이와는 반대로 농업의 발전이 지속적인 인구 증가의 결과를 낳지 않은 사례를 우리는 단 한 건도 찾을 수 없다. 따라서 농업과 인구가 서로 영향을 주고받는 상호 보완적인 관계임은 분명하지만, 인구 증가가 농업 발달의 유력한 원인이라기보다는 농업이 인구 증가의 원인이 된다고 보는 것이 타당할 것이다. 문제의 핵심은 바로 이 지점에 있으며, 인구와 관련된 그 모든 편견들은 이러한 전후의 혼동에서 비롯된 것이다.

《인간의 벗(L'Ami des Hommes)》의 저자[2]는 농업의 쇠퇴가 인구에 미치는 영향을 논하는 장에서 과거에는 인구를 국가수입의 원천으로 간주하는 오류를 범

---

2) 미라보(Marquis de Mirabeau. 1715~1789). 중농학파의 대표자로 《조세론》과 《농사 철학》 등을 저술했다.

했으나 현재에는 국가수입이야말로 인구 증가의 원천임을 확신하게 되었노라고 썼다. 정치가들은 이처럼 중대한 차이에 대해 주목하지 않은 채 인구 증가를 목적으로 조혼을 장려하고 가정을 이끄는 가장들에게 보상을 내렸으며 독신 생활자를 비난했다. 그러나 이는 그 저자가 바르게 통찰한 것처럼, 씨 뿌리지 않은 땅에 물과 비료를 주면서 수확을 기대하는 것이나 다름없다.

농업과 인구의 선후 순서에 대해서 여기서 논의된 것은 앞서의 논의, 즉 인구와 식량은 자연스럽게 발전하는 경우 진자운동처럼 교대로 증가 경향을 보인다는 이론과 상충되지 않는다. 시기에 따라 인구가 식량보다 빠른 증가율을 보이는 것은 일반적인 원리에서 벗어나지 않는 흔히 일어날 수 있는 현상이다. 또한 인구 증가에 따라 제조업 고용이 늘면서 임금 하락이 억제될 때, 수요 증가로 인한 식량 가격 상승은 빈번하게 농업을 촉진하는 자연스러운 자극제로 기능한다. 그러나 이 경우, 인구의 상대적 증가는 그 이전의 식량 증가 혹은 국민의 최저 욕구 이상의 식량 확보를 전제로 한다는 것을 다시 떠올려볼 필요가 있다. 식량의 증가가 선행되지 않는 한 인구 증가는 불가능하기 때문이다.

자주 있는 일이지만 한 나라의 인구가 낮은 노동임금으로 인해 일정 기간 정체될 때 인구를 다시 증가시키기 위해서는 일반적으로 사전에 식량 증가가 이루어지든가, 혹은 노동자에게 돌아가는 몫이 증가하든가 해야 한다.

마찬가지로 노동자의 생활조건을 개선하고 생존자원을 풍족하게 향유하도록 하기 위해서는 최저 식량 소비량을 기준으로 식량 증가가 선행되어야 하며 식량 증가율이 인구 증가율보다 높아야 한다.

그러므로 엄밀하게 말해서, 인간은 식량 없이는 살아갈 수 없기 때문에 선후 관계에 있어서 식량이 인구에 선행하지 않으면 안 된다는 것은 분명하다.

경작 상태와 그 외의 다른 원인들로 인하여 노동자에게 돌아가는 식량의 양이 정체 상태의 인구를 유지하는 데 필요한 양보다 훨씬 더 많다면 인구 증가 경향에 따른 전체 식량의 감소는 자연스럽게 농업에 대한 지속적이고 강력한 자극원이 된다.

또한 농업 촉진은 예방적 억제나 다른 원인으로 인해 노동자의 수입이 많아질 때 더욱 용이해진다는 사실도 주목할 가치가 있다. 이 경우 인구 증가, 혹은 해외 수요로 인한 식량 가격 상승은 상당 기간 농부의 수익을 증가시킬 것이고 지속적인 농업 개선을 가능케 할 것이다. 반면 노동임금이 너무 적어서 일시적인 식량난이라도 생기면 인구 감소가 불가피한 경우에 경작지 확대와 인구 증가는 처음부터 수익 하락을 수반할 수밖에 없다. 예방적 인구 억제와 높은 노동임금은 수익의 증감을 줄이는 대신 오히려 확대하는데 이는 식량과 인구 양자의 증가에 우호적인 자극으로 기능한다.

그 외에 인구 문제에 관한 여러 편견들 가운데 다음과 같은 것이 있다. 부자들 가운데서 낭비가 있거나 영토 내에 아직 미경작지가 남아 있다면 식량이 부족하다는 불만은 합당치 않다는 식의 사고가 그것이다. 빈곤층에게 가해지는 궁핍의 고통은 식량 부족 때문이 아니라 상류층의 그릇된 행동과 토지의 비효율적인 이용 때문이라는 것이다. 하지만 이러한 두 원인의 실질적인 영향력은 다만 실제 인구의 한계를 조금 줄이는 것에 불과하다. 그것이 빈곤층이 겪는 일반적인 생활고에 미치는 영향력은 전무하거나 거의 미미한 수준에 불과하다. 만약 우리의 선조들이 검소하고 근면하여 그러한 습관을 후손들에게 물려주었다면 오늘날 상류층의 낭비나 여흥을 위해 말(馬)을 부리는 일은 없었을 것이며, 경작되지 않고 노는 땅도 남아 있지 않았을 것이니, 실제 인구는 현재와 큰 차이를 보였을 것이다. 그러나 그럼에도 하류계층의 노동임금이나 가족 부양의 어려움과 관련해서는 거의 아무런 차이도 없었을 것이다. 부유층의 낭비와 여흥을 위한 말 등은 앞서 중국과 관련하여 언급했던 양조용 곡물 소비와 다소 비슷한 효과를 발휘한다. 이런 식으로 소비되는 식량은 미래에 흉작이 들 경우 전환하여 가장 필요로 할 때 열어서 사용할 수 있는 일종의 곡식창고처럼 빈민 구제에 투입될 수 있다. 따라서 이는 하류계층에게 해를 입한다기보다는 오히려 이익이 되는 것이다.

미경작지의 경우 역시 빈곤층에게 별다른 손해도 이익도 끼치지 않는다. 갑작스러운 경작지 확장으로 한동안 빈곤층의 생활조건이 나아질 수도 있고, 또는 경작에 앞서 버려둔 땅으로 인해 더 악화될 수도 있다. 그러나 거기서 더 이상의 변화가 이루어지지 않는 한 이러한 상황 자체만으로는 다만 아주 작은 새로운 땅을 얻은 것과 같은 효과에 그칠 뿐이다. 식량의 수출입 여부는 그 나라 빈곤층에게 있어서 상당히 중요한 요인이 될지 모른다. 그러나 그것은 영토 내 경작지 개발이 완전한가, 불완전한가 여부와는 필연적인 관련이 없으며, 오히려 인구에 대한 잉여생산물 비율이 어떠한가에 달려 있다. 그리고 이 비율이 대개 영토 내 경작지 개발이 아직 완전히 이루어지지 않은 나라들 가운데서 가장 크게 나타난다. 모든 영토가 빈틈없이 경작지로 개발된다고 해서 반드시 그것이 식량 수출로 이어지는 것은 아니다. 영국의 식량 수출력은 전적으로 상업인구 대비 잉여생산물 비율에 달려 있다. 그리고 그 비율은 당연히 농업과 상업 중 어느 곳에 더 많은 자본이 투입되느냐에 따라 결정된다.

광대한 영토를 가진 나라의 모든 땅이 빈틈없이 경작지로 개발될 가능성은 희박하다. 그런데 사람들은 아직 개간되지 않은 영토가 있다는 것만을 기준으로 섣불리 그 나라의 산업과 정부의 역량을 판단하려 드는 듯하다. 오늘날 모든 정부가 당면한 가장 뚜렷하고 긴급한 의무는 토지의 인클로저[3] 및 경작지 개발을 지원하고 그에 따른 장애 요소를 제거하는 일인 것 같다. 그러나 일단 이러한 정부 조치가 취해지고 나면, 남은 모든 일은 개인의 의사에 맡겨야 한다. 그렇더라도 새 경작지 개발이 반드시 이루어질 거라 장담할 수는 없다. 새 경작지를 일구는 데 필요한 비료와 노동력을 기존 경작지의 개량에 투입하는 편이 훨씬 더 유리한 경우가 많기 때문이다. 넓은 영토를 가진 나라에는 지속적으로 비료를 공급해 주지 않으면 지질이 악화될 우려가 있는 중간 정도의 비옥도를 가진 땅들이 매우 많은데, 여기에 좀 더 많은 비료와 노동력을 투입할 수 있다면 비옥도는 크게 개선될 수 있다.

토지 개량에 있어서 커다란 장애 요인은 충분한 비료를 확보하기가 어렵고, 그 비용 또한 매우 비싸다는 점이다. 따라서 이론상으로는 어떻든지 간에 실질적으로 토지 개량을 위한 자원은 한정되어 있기 때문에 핵심은 이를 얼마나 수익성 있게 사용할 것인가에 있다. 비료와 노동력을 투입하여 새 경작지를 조성한다면, 이는 영구적인 식량 생산량 증가를 가져올 것이다. 그렇지 않고 이를 기존의 경작지 개량에 투입한다면 그 결과는 국가와 개인 모두에게 손실이 아닐 수 없다. 그럼에도 수익성의 원리에 따라 농부들은 생산력이 떨어지는 땅

---

[3] 근세 초기의 유럽, 특히 영국에서, 영주나 대지주가 목양업이나 대규모 농업을 하기 위하여 미개간지·공동 방목장과 같은 공유지를 사유로 만든 일. 15~16세기의 제1차 인클로저와 18~19세기의 제2차 인클로저로 인해 중소 농민들은 농업노동자 또는 공업노동자로 전락하였다.

에 비료를 주지 않고 그곳에서는 3~4년에 한 번씩 수확하는 것으로 만족하며, 그 대신 남은 모든 비료를 보다 개선 효과가 큰 기존 경작지에 투입하려고 한다.

영토는 협소한데 인구는 많고 그 인구가 토지자원이 아닌 다른 자원에 의해서 부양되고 있는 나라에서는 물론 사정이 다르다. 이와 같은 경우 토지 선택의 여지는 거의 또는 전혀 없으며, 비료는 비교적 남아돌아가게 된다. 따라서 지질이 나쁜 땅이라도 경작이 이루어진다. 그러나 이를 위해서는 경작사업에 필요한 인구 규모뿐만 아니라 부단한 자국 농업 개선 노력과 더불어 안정적인 수입 식량 확보가 필요하다. 그렇지 않으면 머지않아 인구 규모는 협소하고 메마른 영토에서 생산된 빈약한 생산량의 한계 범위 내로 감소하여 토지 개량사업 자체가 불가능해질 것이다. 비록 개량이 행해진다 할지라도 진척 속도는 대단히 완만할 것이며 인구 역시 꼭 그만큼의 느린 증가율을 보이게 될 것이다.

브라반트 공국의 캄피네 지방에서 있었던 경작사업이 그 본보기이다. 만 신부(Abbé Mann)에 의하면 이 지방은 원래 메마른 불모의 모래땅이었다고 한다. 이 고장을 개간하려고 했던 사람은 많았지만 모두가 실패했다. 이와 같은 사실은 그 개간사업이 농사 계획으로서, 또는 식량자급안으로서 부적합했음을 증명해 주는 셈이다. 하지만 마침내 몇몇 독실한 신자 가정들이 그곳에 정착하기에 이르렀고, 이들은 다른 생업을 하면서 부업으로 땅을 일궈나갔다. 이후 수 세기가 흐르는 동안 그 지방의 거의 모든 땅이 경작지로 변모했고 충분히 비옥해진 토지는 농부들에게 돌아갔다.

이런 방식으로, 또는 인구가 밀집된 제조업 도시를 형성함으로써 아무리 메마른 땅이라도 부유해질 수 있다. 그러나 그렇다고 해서 이것이 인구가 식량에 선행할 수 있음을 보여주는 증거가 되는 것은 아니다. 왜냐하면 밀집된 인구는 다른 지방으로부터의 잉여생산물 공급이 선행되지 않으면 생존이 불가능하기 때문이다.

브라반트 공국이나 네덜란드처럼 영토는 작지만 비료가 풍족한 나라의 경우 캄피네 지방의 예에서도 알 수 있듯이 그러한 지역에 대한 경작사업을 통해 이득을 얻을 수 있을 것이다. 그러나 넓은 영토에, 토지의 상당 부분이 평균 이상의 비옥도를 보이는 나라라면, 캄피네 지방처럼 메마른 땅을 새로이 개발하려는 계획은 인적 자원 면에서나 국가 자원 면에서 낭비라 하지 않을 수 없다.

프랑스 사람들은 메마른 땅을 너무 많이 경작한 것이 잘못이었음을 깨닫고 있다. 즉 그들은 메마른 땅의 경작에 들어간 노력과 비료의 일부를 기름진 땅에 투입했더라면 보다 나은 효과를 영구적으로 얻을 수 있었으리라는 것을 이제야 겨우 깨닫게 된 것이다. 그처럼 경작이 철저하게 잘되었을 뿐 아니라 인구집적도가 높은 중국에도 어떤 지방에는 불모의 황야가 남아 있다. 이 사실은 중국 국민이 식량 확보에 그처럼 곤란을 느낀다 해도 비료 사용만으로는 이를 해결할 수 없다는 것을 보여준다. 그것이 얼마나 수익성이 맞지 않는 일인가 하는 것은 메마른 광대한 땅을 경작하는 데 얼마나 많은 종자가 허비되는가를 생각해 보면 한층 분명해지리라 생각한다.

그러므로 별다른 확실한 증거가 없는 한 단지 개발되지 않은 황야가 있다는 것만으로 한 나라의 국내경제에 대해서 성급한 판단을 내려서는 안 된다. 사실상 그 어떤 나라도 토지생산이 극한점에 도달한 적은 없으며 앞으로도 아마 없을 것이기 때문에 생산과 인구를 그 이상으로 증가시키지 못하게 하는 현실적인 제한은 산업 결여와 그 오용이지, 그 이상의 생산을 불허하는 자연의 절대적 거부는 결코 아닐 것이다. 그런데 방 안에 갇힌 사람은 비록 그 손이 사방의 벽에 닿지는 않는다 해도 역시 벽으로 둘러싸여 있다고 이야기될 수 있을 것이다(즉 인구와 생산에 관한 제한도 비록 눈에는 보이지 않지만 결국 자연의 생산 한계 내에 있다는 말이다).

따라서 중요한 것은 어떤 나라가 과연 현재보다 생산을 증가시킬 수 있는가 없는가의 문제가 아니라 거의 무제한적으로 증가하는 인구와 보조를 맞추어 나갈 수 있도록 충분한 생산이 이루어질 수 있는가 없는가이다. 이를테면 중국의 경우, 문제가 되는 것은 향상된 농업을 통해 생산 증가를 이루었는가가 아니라 그 증가량이 향후 25년간 증가될 3억에 달하는 인구를 먹여 살릴 수 있는 정도의 양이 되는가이다. 그리고 영국의 경우, 남아 있는 공유지를 모두 경작지로 개발함으로써 현재보다 더 많은 식량을 생산할 수 있느냐가 아니라, 그 증가량이 향후 25년간 새로이 생겨날 2000만 명의 인구, 그리고 그 이후 50년간 늘어날 4000만 명의 인구를 유지할 수 있을 만큼 충분한가가 문제이다.

설령 대지의 생산력이 무한하다 할지라도 인구와 식량 증가율의 차이에 기반을 둔 지금까지의 주장에는 조금도 영향을 끼치지 못한다. 그러므로 정부가 제아무리 탁월한 지도력으로 최대한의 산업적 노력을 기울인다 하더라도 그 성과는 기껏해야 필연적인 인구 정체 요인들을 보다 균등하게 작용하도록 조정하여 발생할 폐해를 최소화하는 데 그칠 뿐이다. 결국 장애 요인을 제거하는 것은 절대적으로 불가능하다.

제4편
인구 원리로 나타나는 해악 제거
또는 완화에 대한 미래 전망

1. 도덕적 억제와 이를 실천해야 할 의무

우리들이 지금까지 관찰해 온 모든 사회의 실정을 보건대, 인구의 자연적 증가는 그동안 지속적으로 또는 강력하게 억제되어 온 것처럼 보인다. 또한 정치적 개선도, 이민 계획도, 자선기구도, 또는 아무리 산업을 증진시킨다 할지라도, 어떠한 형태로든 끊임없이 나타나는 강력한 인구 억제 요인의 작용을 막을 수가 없음은 분명하다. 따라서 우리는 피할 수 없는 자연의 법칙으로서 이에 복종할 수밖에 없다. 그리고 이제 남은 유일한 문제는 그런 작용이 일어난다고 할지라도 과연 어떻게 하면 인류 사회의 도덕과 행복에 미치는 해악을 최소화할 것인가이다.

같은 나라 또는 다른 여러 나라들에서 행해지는 인구에 대한 직접적인 억제는 도덕적 억제·죄악 및 궁핍이라는 세 요소로 구별될 수 있을 듯하다. 그러므로 우리들의 선택 범위가 이 세 가지 요소로 한정된다고 하면 그중 어느 것을 권장하는 것이 가장 바람직한가를 결정하는 데는 그리 오랜 시간이 걸리지 않을 것이다.

나는 이 책의 제1판에서 자연의 법칙상 인구에 대한 억제가 반드시 존재할 수밖에 없으므로 인구에 대한 억제는 실제적인 궁핍과 질병으로부터 생긴다기보다는 오히려 가족 부양이 어려워지리라는 예상과 남의 종이 되어서 살아가게 되지나 않을까 하는 이른바 예속적 빈곤에 대한 두려움으로부터 생긴다고 보는 것이 옳다고 논한 바 있다. 이와 같은 생각은 더욱 발전시킬 수도 있다. 가령 인구에 관해서 현재 널리 유포되고 있는 의견은 명백히 야만시대로부터 기인했고, 또 각 사회의 이런 의견을 지지하는 것을 유리하다고 생각하는 사회계층에 의해서 이루어진 것이기 때문에, 우리들은 이 문제에 관해서 이성과 자연의 명백한 지시에 따르지 못하도록 방해를 받아왔다고 나는 생각한다.

자연적, 도덕적 해악은 인간이 감히 자신의 존재에 어울리지 않는 생활 양식을 갖지 않도록, 그리하여 인간에게 주어진 행복을 손상시키지 않도록 훈계하기 위해 하느님이 마련하신 수단인 것처럼 보인다. 만일 우리가 폭식과 폭음을 한다면, 우리의 건강은 손상될 것이다. 또한 우리가 아무런 제약 없이 분노를 표출한다면 훗날 후회하게 될 일을 저지르게 될 것이다. 인구가 너무 급속도로 증가하게 되면 인류는 비참한 가난과 전염병에 신음하며 죽어갈 것이다. 이러한 측면에서 자연의 법칙은 한결같은 특성을 보여준다. 자연의 법칙은 우리가 이러한 충동에 너무 과도하게 빠져듦으로써, 똑같이 주의를 요하는 어떤 다른 법칙을 어기게 되었음을 가리키고 있다. 과식으로 인한 불쾌감, 화를 통제하지 못하여 자신과 타인에게 끼치는 피해, 가난으로 인한 불편 등은 이러한 충동을 보다 잘 통제해야 한다는 것을 알려주는 경고이다. 우리가 이러한 경고에 주의를 기울이지 않는다면 응당 우리의 불복종에 따르는 벌을 받게 될 것인바, 우리가 겪는 그 징벌의 고통은 다른 이들에게 일종의 경고로 기능한다.

너무나 빠르게 증가해 온 인구의 결과에 대하여 그동안 인류는 별다른 주목을 해오지 않았기에, 다른 사례들에서도 볼 수 있듯이, 인구 증가에 따른 결과가 그런 결과를 이끈 인간의 행위와 그렇게 긴밀하고 직접적인 관련은 없다는 식의 생각이 생겨난 것임에 틀림없다. 그러나 인구 증가에 따른 구체적 결과에 대하여 늦게 알게 됐다고 해서 그 결과의 본질이 달라지는 것은 아니며, 우리의 행동거지가 어떠해야 한다는 것을 깨닫게 된 것만으로 보다 합당하게 행동을 규제해야 할 우리의 의무가 면제되는 것은 아니다. 그 밖의 다른 많은 경우에 있어서도, 인간은 오랜 고통스러운 경험을 거치고 나서야 비로소 행복에 가장 적합한 행위 양식이 무엇인지에 대하여 관심을 기울이게 되었다. 영양과 입맛을 충족시켜 줄 음식의 종류와 이를 준비하는 방식, 여러 가지 질병의 치료법, 습한 저지대 환경이 인체에 미치는 나쁜 영향, 쾌적한 의복의 발명, 주거의 발전, 문명 생활의 특징을 나타내는 온갖 편리와 즐거움 등 이러한 모든 것들은 단번에 얻어진 것이 아니라 오랜 세월 반복된 실패를 통해 얻은 교훈과 경험을 통해 천천히 뒤늦게 체득된 것들이다.

일반적으로 질병은 도저히 피할 수 없는 천벌로서 생각되어 왔다. 그러나 그 대부분은 우리가 자연법칙의 어떤 부분을 어긴 증거로 생각하는 것이 더 타당할지도 모른다. 콘스탄티노플과 동방의 여러 도시에서 발생하는 흑사병은 그곳 주민들을 향한 이러한 경고이다. 원래 인체는 그처럼 더럽고 무기력한 상태를 오래 버티지 못한다. 그런데 더러움과 극도의 빈곤 및 게으름은 행복과 도덕에 큰 장애가 되기에, 그와 같은 상태가 자연법칙에 의해서 질병과 사망으로 이어져 다른 이들로 하여금 이를 두고 경계 삼도록 한 것은 자비로우신 하늘의 뜻이라고 생각된다.

1666년에 이르기까지 런던에 만연했던 흑사병은 우리 선조들의 행위를 올바르게 선도했는데, 그 결과 골칫거리들의 제거, 하수도 부설, 도로 확장, 가옥 확장 및 통풍 개선 등이 실현됨으로써 이 가공할 만한 전염병도 근절되는 한편 주민들의 건강과 행복도 크게 증진되었던 것이다.

식량이 부족하고 비좁고 더러운 오막살이에서 군집해 살아가는 비천한 하층계급이 유행병의 주된 희생자라는 사실은 유행병의 역사에서 거의 언제나 찾아볼 수 있는 현상이다. 생존자원에 비해 너무나 급속도로 인구가 늘어나면 필연적으로 사회 구성원 상당수가 이와 같은 비참한 방식으로 살아갈 수밖에 없다는 것을 보여줌으로써, 자연은 우리가 자연의 법칙을 어기고 있음을 더없이 분명하게 경고하고 있는 것이 아닌가? 또한 폭음·폭식이 건강 악화로 이어지고, 향락의 순간이 아무리 달콤하다 하더라도 결국엔 불행으로 귀결된다는 것을 보여줌으로써 자연은 이와 똑같은 종류의 경고를 우리에게 보낸다. 과식이 인체에 해롭다는 것이 자연의 법칙이라면 절제된 식사가 인체에 이롭다는 것 역시 자연의 법칙이다.

자연적인 열정의 충동에 대한 맹종은 우리를 파멸적인 결과로 이끌 것이다. 그러나 또한 우리는 이러한 충동이 우리의 존재에 필수적인 것이어서, 열정이 약해지거나 줄어들 때 우리의 행복도 손상을 입게 된다고 믿을 만한 강력한 근거를 갖고 있다. 인간의 가장 강력하고 보편적인 욕망은 음식과 의복, 주거 등과 같은, 배고픔과 추위의 고통을 없애주는 생존에 필수적인 것들에 대한 욕망이다. 문명 생활의 커다란 진보를 가져온 인간행위의 대부분은 바로 이러한 욕망으로부터 비롯되었으며, 이러한 욕망의 추구와 그 충족이 문명·비문명 사회를 막론하고 인류 대다수의 주요한 행복을 이루어왔고, 또 보다 세련된 형태의 쾌락을 향유하려면 먼저 해결되어야 하는 필수 불가결한 요소라는 것은 모두가 인정하는 사실이다.

우리는 이러한 욕망으로부터, 그것이 적절하게 통제되는 한, 헤아릴 수 없이 많은 이익을 이끌어낼 수 있다는 사실을 알고 있다. 그러나 동시에 이러한 욕망이 통제되지 않을 때 생겨나는 폐해에 대해서도 알고 있다. 그리하여 사회는 이러한 욕망의 비정상적인 탐닉을 엄중하게 징벌해 왔다. 그러나 자연스러운 본성이라는 점에서, 그리고 추상적인 관점에서 바라본다면 욕망은 어느 경우에든 똑같이 올바른 것이다. 다른 사람의 빵을 훔쳐서 허기를 충족시키는 행위와 자신의 빵으로 허기를 충족시키는 행위는 그 결과만을 놓고 보면 차이가 없다. 이러한 점을 고려할 때, 우리는 다른 사람의 빵을 훔쳐서 자신의 자연적 욕망인 배고픔을 채우는 행위를 방지하지 않는다면, 빵의 수량은 전체적으로 줄어들 것이라는 명백한 확신을 갖게 된다. 이러한 확신이 바로 사유재산에 관련된 법률의 기초가 되고, 욕망의 충족이라는 결과만을 놓고 보면 완벽히 동일한 두 행위에 있어서의 선악의 판단 기준이 되는 것이다.

만약 욕망 충족으로부터 얻는 쾌락이 줄어든다면 사유재산 침해 사례 역시 감소할 것이다. 그러나 이러한 이득에 비해 쾌락의 감소로 인해 잃는 것이 훨씬 더 크다. 인간의 만족감에 기여하는 모든 것들의 생산량 감소가 사유재산 침해의 감소보다 훨씬 더 클 것이다. 그리하여 전반적인 행복의 손실은 사유재산 침해 감소가 가져온 이득을 훨씬 압도할 것이다. 인류 대다수가 감내해야 하는 끝없는 노역의 무게를 생각할 때 훌륭한 식사, 따뜻한 보금자리, 아늑한 난롯가에서 보내는 저녁 시간과 같은 즐거움들이 그날의 노동과 궁핍의 무게를 덜어주고 다시금 생의 의욕과 활기를 불어넣어 주는 자극제로서의 기능을 하지 못한다면 인간의 행복은 치명적으로 줄어들고 말 것이다.

식욕 다음으로 가장 강렬하고 보편적인 욕망은 넓은 의미에서의 남녀 간의 정열이다. 이 정열이 인생에 미치는 행복을 깨닫지 못하는 사람은 거의 없다. 우정에 의한 고상하고 아름다운 연애는 특히 인간성에 합치된 것으로서 가장 강력하게 영육일치의 정신적 공명을 환기시키는 경향을 가질 뿐 아니라 가장 우아한 기쁨을 낳는다. 아무리 지적인 즐거움에 도취된 사람이라도 일단 아름다운 연애의 신선한 즐거움을 체험했다면 그 시절을 그의 생애의 가장 빛나는 시기로서 회상하며 즐겁고 감미로운 애상에 잠겨 다시 한번 그런 생활을 체험하기를 원하지 않는 자는 아마 없을 것이다.

일찍이 고드윈은 관능적 쾌락의 열등함을 거론하면서 다음과 같이 말했다. "이성 간의 교제로부터 일체의 부수적 사정을 제거해 보라. 그러면 그것은 일반적으로 경멸의 대상이 될 것이다." 이것은 마치 수목을 찬미하는 사람에게 그 널리 퍼져 있는 가지와 아름다운 푸른 잎을 떼어보면 알몸뚱이가 된 한 그루의 수목에 어떠한 아름다움이 남아 있을 것인가 하고 말하는 것과도 같다. 그러나 우리들로 하여금 찬미케 하는 것은 가지와 푸른 잎을 가진 수목이지, 결코 그것이 없는 수목은 아닌 것이다. 이와 마찬가지로 우리들로 하여금 연애의 감정을 자아내게 하는 것은 여성이라는 단순한 특질이 아니라 여성이 가지고 있는 "균형 잡힌 아름다움, 쾌활함, 온순한 기질, 애정이 넘쳐흐르는 친절함, 그리고 상상력과 기지이다."

이성 간의 정열이 그 즉흥적인 만족을 도모하려는 경우에만 인간행위에 작용하고 영향을 끼친다고 생각하는 것은 대단히 큰 잘못이다. 인생의 계획을 세우고 이를 착실히 수행해 가는 일은 가장 영속적인 행복의 원천이라고 할 수 있지만 이러한 여러 가지 계획에 이 정열의 만족과 그로부터 생기는 자녀의 양육 문제와 따로 분리되어 있는 경우는 많지 않다고 생각한다. 저녁 식사, 따스한 집, 아늑한 난롯가 같은 것도 서로 즐거움을 나눌 애정의 대상이 없다면 그 즐거움의 태반은 아마 상실하고 말 것이다.

또한 이성 간의 열정에는 인간의 성질을 순화하고 개선시켜 자비와 연민의 정을 불러일으키는 경향이 있다고 믿을 만하다. 야만적인 사회를 관찰해 보면 이러한 이성 간의 열정이 부족하고 심성이 잔악하며, 특히 여성에 대해 억압적이고 잔인한 태도를 취하는 특성이 있다는 걸 알게 된다. 실제로 부부 사이의 애정이 현저하게 약화되면 일반적으로 야만인들이 그러하듯이, 남편이 우월한 체력을 이용하여 자기 아내를 노예로 만들든가, 그렇지 않다 해도 두 사람 사이에 생겨날 피치 못할 기질상의 차이가 애정을 완전히 냉각해 버리든가 할 것이다. 그리고 이러한 사실은 자녀에 대한 어버이의 애정과 관심을 감소시켜서 사회 일반의 행복에 중대한 악영향을 미칠 것에 틀림없다.

또한 이와 같은 열정이 곧바로 충족되지 못하게 하는 장애 요인이 있을 때 더한층 그 감정은 강렬해지며 관대함·친절·공손한 태도 등을 낳는 효과가 훨씬 더 커진다는 사실은 다양한 나라의 인간 성격에 대한 관찰을 통해 입증된 결론이다. 모든 충동이 그 자리에서 충족되는 남방의 여러 나라에서는 정열이 단순한 동물적 욕망으로 타락하여 마침내 그 남용 때문에 급속히 쇠퇴, 소멸한다. 따라서 그것이 인간 성격에 미치는 영향은 극도로 제한적일 수밖에 없다. 그런데 유럽 여러 나라의 여성들은 사회로부터 격리된 것은 아니지만 이런 정열의 충족에 대해서 풍습으로 말미암아 상당한 제한을 받고 있다. 정열은 단지 그 힘을 증대시킬 뿐 아니라 그 효과의 보편성과 유익성도 증대시킨다. 그리고 정열의 만족이 가장 적은 곳에서 인격의 형성과 정열에 최대의 효과가 발휘되곤 한다.

이와 같이 양성 간의 정열을—그것으로부터 생기는 어버이와 자녀와의 애정까지 포함시켜—그 모든 태도와 관계로부터 고찰할 때 그것이 인간 행복의 중요한 요소의 하나라는 것을 부정하려는 자는 아마 없을 것이다. 그렇지만 경험은 수많은 해악이 거의 옳지 못한 만족에서 생긴다는 것을 우리들에게 가르쳐주고 있다. 하기야 그와 같은 해악은 그 이익과 비교해 보면 그렇게 중요시할 것은 못 될지도 모르지만 원래 정열이라는 것이 강렬하며 보편적인 요소를 갖고 있기 때문에 그 해악의 절대량은 결코 사소한 것이라고는 말할 수 없다. 그러나 이런 원인으로부터 생기는 해악이 재물욕의 옳지 못한 충족처럼 그렇게 크지 않고 또한 그처럼 사회에 직접적으로 중대한 해를 미치는 것이 아니라는 사실은 형벌을 부과하는 데 있어서 모든 정부들이 취하는 일반적인 방침에 의해서 분명해진다. 비록 이와 같은 해악을 가장 중대시한다 할지라도 이 해악을 감소시키는 대신 정열이 소멸 또는 감소한다면, 그것은 결국 너무나 값비싼 대가를 지불한 셈이 된다. 그러한 변화가 일어난다면 인생은 차갑고 공허하거나 야만과 무자비한 폭력의 풍경으로 바뀔 것이다.

인간의 정열이 갖는 직간접적인 영향, 그리고 자연의 법칙들을 면밀하게 관찰할 때, 우리는 현재의 상태에서는 악의 원천보다는 오히려 선의 원천을 축소하지 않고서는 정열을 감소시키는 일이 거의 또는 전혀 불가능하다는 결론으로 이끌리게 된다. 그 이유는 명백해 보인다. 실제로 정열은 모든 쾌락의 요인인 동시에 또한 모든 고통의 요인이기도 하다. 또한 모든 행복의 요인이 되는 동시에 모든 불행의 요인도 되고, 모든 미덕의 요인이 되는 동시에 모든 악덕의 요인도 된다. 그러므로 필요한 것은 정열의 경감이라든지 소멸이 아니라 그것을 조절하고 지도하는 일이다.

이 문제에 관해서 페일리(Paley)는 다음과 같이 논술하고 있다. 즉 "인간의 정열은 인간의 행복에 필요한 것이거나 또는 적어도 인간의 행복에 이바지할 수 있는 것으로, 사실상 매우 많은 경우에 그렇다는 것이 보여졌다. 이와 같은 정열은 강력할 뿐만 아니라 또한 보편적이다. 만일 그렇지 않다면 그 목적에 부합할 수 없을지도 모른다. 그러나 정열의 힘이 강력하고 일반성을 가졌기 때문에, 상황에 따라 신중히 그것을 발산시키면 이익을 가져오지만 만일 방임하게 되면 무절제와 남용으로 떨어지게 된다. 바로 여기서부터 인간의 죄악(그것은 의심할 바 없는 많은 불행의 원인이다)은 생겨나는 듯하다. 이와 같은 사실은 죄악의 원리를 우리들에게 보여주는 동시에, 이성과 자제심이 발휘될 영역이 과연 어디인가를 보여주는 것이다."

그러므로 이성적 동물로서 우리의 도덕이 조물주께서 우리에게 부여해 주신 만물로부터 최대량의 행복을 이끌어내는 데 있음은 분명하다. 그리고 자연적인 충동을 추상적으로 보면 모두 선하며, 오직 그 결과에 의해서만 구별될 수 있는 것이기 때문에 그 결과에 대해서 엄밀한 주의를 경주하는 한편, 그것에 따라 행위를 조절하는 일이 우리의 주요한 의무가 되지 않으면 안 된다.

인간의 생식력은 어떤 면에서 양성 간의 정열과는 분명히 구별된다. 왜냐하면 인간의 생식력은 양성 간의 정열의 강약보다는 오히려 여성의 임신 능력에 한층 더 의존하고 있기 때문이다. 이러한 원리는 다른 자연법칙과 그 맥을 같이한다. 그 속성은 매우 강력하고 보편적이기 때문에 그 목적을 달성하는 데 있어서 불충분해지는 상황이 되지 않는 한 결코 크게 줄어드는 법이 없으며 그에 따른 폐해는 부수적으로 생기기 마련이다. 그러나 이러한 폐해는 인간의 노력과 미덕을 통해 상당 부분 경감시킬 수 있다. 우리는 지상을 인간으로 가득 채우는 것이 조물주의 목적임을 인정하지 않을 수 없다. 그러나 식량 증가율보다 인구 증가율이 더 높지 않은 이상 이는 불가능한 일인 것처럼 보인다. 그리고 현재의 인구 증가 경향을 놓고 볼 때 지상을 인간으로 채우는 일은 그리 빠른 속도로 이루어지는 것 같지는 않기에 우리는 이 원리가 그 목적에 비추어볼 때 그리 강력하지는 않다고 믿게 된다.

인구가 생존자원보다 더 빠르게 증가하는 강력하고 보편적인 경향이 없다면 생존자원에 대한 인간의 욕구는 비교적 제한적이 될 것이며 인간 능력의 향상에 있어서 필수적인 전반적인 활동들이 더 이상 가능하지 않을 것이다. 인구와 생존자원의 증가율이 정확하게 균형을 유지한다면 인간으로 하여금 게으름을 극복하고 경작에 종사하도록 이끄는 유력한 동기가 있을 것 같지가 않다. 아무리 비옥하고 드넓은 영토를 가진 나라라 하더라도 인구는 500만 명 또는 5000만 명 선에서, 혹은 겨우 500명 또는 5000명 선에서 성장을 멈추게 될지도 모른다. 그러므로 균형을 이룬다는 것은 분명히 조물주의 일대 목적에 위배되는 것이다. 문제가 단지 정도의 문제, 즉 그 힘이 다소 강한가 약한가의 문제에 불과하다면 부수적으로 발생하는 해악을 최소화하면서 목적에 순응하는 데 필요한 정확한 양을 판단하는 일은 불가능하다고 할 수밖에 없다.

현재의 상태로는 몇 해 만에 황무지에도 인간을 정착시킬 수 있는 커다란 번식력을 갖고 있는 것처럼 보인다. 그런데 이와 같은 힘은 다른 상태에서는—비교적 사소한 해악을 감수하면서—인간의 노력과 미덕을 통해 얼마든지 좁은 범위로 국한시킬 수 있다. 이 경우, 우발적인 실패나 인간의 악덕, 환경적 조건 등에서 비롯된 폐해에 대해 아무런 대비책도 갖추지 못한다면, 인구 증가의 원리와 다른 자연법칙과의 유사성은 깨지고 말 것이다. 인구 증가라는 목적이 아무런 부수적인 해악을 가져옴이 없이 달성되기 위해서는 각 나라의 상황과 조건에 따라서 인구 증가의 법칙은 끊임없이 변화해야 한다. 그러나 그보다는 법칙 그 자체는 일정하고, 여기에 완화 또는 제거가 가능한 부수적 폐해가 발생한다고 보는 것이 다른 자연의 법칙과 유사성을 보다 더 완전하게 할 뿐 아니라, 인간의 정신을 형성·도야하는 데 이바지하는 바가 많다고 믿어진다. 이와 같은 경우 인간의 의무는 그 생활환경에 따라서 달라지며, 자기 행위의 결과에 대해서 더욱 주의를 기울이게 된다. 또한 그러한 의식을 가질 때 인간의 능력은 더 많은 활동과 발전 가능성을 얻게 된다.

만일 정욕의 억제에 별다른 어려움이 없거나 또는 매음굴의 존재 덕분에 독신 생활이 조금도 고통으로 여겨지지 않는 상태가 된다고 하면, 인간의 번성이라는 자연의 목적은 실패로 돌아갈 가능성이 높다. 인구가 급속도로 증가하지 않는 것은 인간의 행복에 극히 중요한 일이긴 하지만, 그렇다고 해서 결혼 의지가 급감하는 일이 있어서는 안 된다. 물론 자녀 부양 능력을 갖출 때까지 결혼을 삼가는 일은 분명히 각자의 의무이다. 또한 결혼이라는 희망을 달성하기 위하여 각자가 스스로 노력하며 보다 많은 가족을 부양할 준비를 위한 노력을 게을리하지 말아야 한다.

그러므로 인구 문제에서 요구되는 것은 인구 증가의 적절한 조절과 지도이지 결코 감소와 변경은 아니다. 만일 도덕적 억제가 이러한 인구 원리로부터 생기는 부수적인 해악을 해결하는 유일의 도덕적 방법이라고 한다면 이것을 실행할 우리들의 의무는 다른 모든 도덕을 실행할 때 우리가 갖는 의무와 분명히 동일한 근거 위에 서게 될 것이다.

우리는 어렵다고 인정된 의무를 수행하는 데 있어서 종종 겪는 실패를 너그러이 넘길 수는 있지만, 그렇다고 의무의 엄정한 한계에 대해서 의심을 품을 수는 없다. 자녀를 능히 양육할 수 있다는 충분한 확신이 설 때까지는 결혼하지 않는다는 의무를 준수하는 것이 빈곤을 방지하는 데 가장 유력한 효과가 있다는 사실이 증명된다면, 도덕론자도 이러한 의무가 충분히 주목의 대상이 될 만하다는 것을 이해할 것이다. 본능적인 충동에 따라서 청춘기에 결혼하는 것이 일반적인 풍습이 된다면 우리가 알고 있는 일체의 도덕에도 불구하고 결국 가장 비참하고 절망적인 가난과 이에 수반하는 온갖 질병과 기근으로부터 사회를 구해내는 것은 불가능하다.

2. 도덕적 억제 시행이 사회에 미치는 영향

인구는 생존자원 이상으로 끊임없이 증가하려는 경향이 있다는 학설에 대한 반론의 주요 논거 중 하나는 다음과 같다. 즉 신이 자연의 법칙에 의해서 생존할 수 없는 인간을 그 법칙에 의해서 이 세상에 태어나게 하리라고는 도저히 생각할 수 없다는 것이다. 그러나 그와 같은 자연법 덕분에 우리가 분명한 방향성을 갖고 근면하게 활동할 수 있다는 사실과 더불어, 이로부터 생기는 부수적인 폐해가 인구 증가에 대한 적절한 억제, 즉 도덕적 억제로 우리의 주의를 끊임없이 이끈다는 사실을 생각한다면, 또 이와 같은 폐해도 자연과 이성의 빛을 통해 우리들에게 지시되고 동시에 계시에 의해서 확인된 의무를 엄격히 준수해 감으로써 피할 수 있다는 것을 감안한다면 그와 같은 반론은 사라지고 선한 뜻에 대한 모독행위도 일소되리라 생각된다.

이교도 도덕론자는 적어도 도덕을 매개로 하지 않는 한 이 지상에서 행복은 얻을 수 없다고 설파했다. 그들의 미덕 중 분별은 가장 첫째 자리를 차지한다. 어떤 이들은 다른 일체의 도덕도 결국 여기에 포함된다고까지 생각했다. 기독교는 우리들의 현재와 미래의 행복이 천국을 누릴 자격을 부여해 주는 도덕을 실행하는 데 달려 있다고 가르친다. 따라서 정욕을 이성의 지배하에 두는 일을—이것은 비록 분별이라는 미덕의 전부는 아니라 할지라도 적어도 그 주요 부분은 된다—특히 권장하고 있는 것이다.

이를테면 가장 탁월한 철학자들이 자연법칙으로부터 연역해 내어 직접 가르치고, 또 기독교의 도덕률에 의해 강력하게 공인된 사회적 책무들을 사회의 각 구성원들이 엄격하게 이행함으로써 행복을 찾으려 하는 그런 사회가 있다면 그 사회는 현재 우리들이 성찰하고 있는 사회와는 대단히 다른 양상을 보일 것이다. 상상 속 사회에서는 즉석에서 만족을 얻으려는 욕망에서 비롯된, 그러나 결국은 보다 더 커다란 고통을 초래할 염려가 있는 일체의 행위는 의무에 위배되는 것으로 생각될 것이다. 2명의 자녀를 키울 수 있는 수입밖에 없는 사람이 아무리 애욕에 불탄다고 할지라도 4~5명의 자녀를 키우지 않으면 안 될 상황 속에 뛰어드는 일은 없을 것이다. 이와 같이 모든 일에 신중을 기하는 억제가 사회적으로 일반화된다면 시장에서의 노동력 공급을 제한하게 되어 그 결과 노동임금 상승을 가져올 것이다. 욕망의 충족을 유보하는 그 기간만큼 본인의 생활비 이외의 수입은 저축되고, 절제와 근면 및 절약의 습성이 생겨 몇 년 뒤에는 그 결과를 조금도 두려워하지 않고 안심하며 결혼 생활을 시작할 수 있을 것이다.

이런 방식으로 예방적 억제는 식량 한계량을 초과하지 않는 범위 내로 인구를 유지시키도록 도움으로써 임금 상승과 결혼 이전 저축 금액이 실질적인 가치를 가질 수 있도록 만든다. 이러한 가치는 강제적으로 단행되는 노동임금의 인상이라든가 자의적으로 단행되는 교구 보조금—이것은 그 양과 범위에 비례해서 필연적으로 식량 가격을 상승시킨다—등과는 전혀 성격이 다르다. 그리하여 노동자의 임금은 대가족을 안락하게 부양하기에 충분해질 뿐만 아니라, 모든 부부가 어느 정도의 준비금을 가지고 출발하기 때문에 극빈 상태는 사회에서 그 자취를 감추게 될 것이다. 설사 극빈 상태에서 허덕이는 사람이 있다고 할지라도 그것은 앞날을 생각하여 신중하게 대비하지 못한 불운한, 극히 소수의 사람들에게만 국한될 것이다.

이러한 가상사회에서는 사춘기부터 결혼을 결정하는 시기까지는 엄격하게 순결을 지켜야 한다. 순결의 원칙을 어기게 되면 반드시 폐해를 낳게 되기 때문이다. 임신을 저해하는 난잡한 성행위는 진정한 애정을 약화시키며 특히 여성의 품격을 타락시킨다. 또한 그렇지 않은 경우라도 이러한 혼전 성행위는 출산의 증가로 이어질 것이며, 이는 사회에 과중한 부담을 안길 우려가 있다.

이런 시각에서 보자면, 순결은 누군가가 상상하는 것처럼 인위적 사회의 강제적 산물이 아니라, 자연과 이성에 속하는 가장 진실하고 공고한 기초를 갖는 것이다. 왜냐하면 그것이야말로 인구 원리로부터 생기는 죄악과 빈곤을 막는 유일한 도덕적 수단이기 때문이다.

우리가 가정한 사회에서 남녀는 생애 초기의 여러 해 동안 독신 생활을 할 필요가 있다. 그런데 이와 같은 풍습이 일반화된다면 그 후는 보다 많은 사람이 결혼할 여지가 생기므로 전체적으로 보면 그만큼 일생을 독신으로 보내도록 운명 지어진 사람의 수가 적어질 것이다. 조혼을 꺼리고 순결을 잃는 것을 불명예스럽게 여기는 관습이 정착된다면 남녀 간의 교제는 조금도 위험을 동반하지 않고 보다 우정 어린 친절 속에서 행해질 것이다. 젊은 두 사람은 결혼이라든가 간통을 획책하고 있다고 당장에 의심받는 일 없이 친밀하게 이야기를 주고받을 수 있을 것이며, 그러면 서로를 보다 깊게 이해하게 되고 확고하고 영속적인 애정—이런 애정이 없다면 결혼 생활은 일반적으로 행복보다는 오히려 비참한 불행을 낳을 가능성이 높다—을 키울 더 좋은 기회를 갖게 된다.

생애의 젊은 시기에는 비록 사랑의 완전한 만족을 얻지 못한다 할지라도 연애 없이 보내지는 못할지도 모른다. 정욕은 오늘날 우리가 너무나 자주 보는 것처럼 젊은 시절의 음탕한 생활에 의해서 고갈되는 대신에 후일에 이르러 보다 더 맑고 빛날, 보다 순결하고 진지한 사랑의 불꽃으로 타오르도록 잠시 동안 억제되어 있는 데 불과하다. 결혼 생활의 행복은 단지 일시적인 탐닉의 수단으로서가 아니라 근면과 덕행에 대한 보상으로서 또한 순수하고 변함없는 애정의 보상으로서 기대될 수 있을 것이다.

사랑의 정열은 품성을 형성하는 데 강력한 자극제가 되어 가장 고귀하고 관대한 감정을 촉발시킨다. 그러나 이러한 효과는 애정이 하나의 대상에게 집중되고 또 대체로 여러 가지 곤란으로 말미암아 그 충분한 만족이 연기될 때에만 나타난다. 이러한 정열의 영향 아래 있을 때, 마음은 그 어느 때보다 선한 행위에 이끌리며, 순결의 미덕을 지켜나가는 일에 아무런 어려움을 느끼지 않게 된다. 이러한 조건에서 행해지는 만혼(晩婚)과 오늘날의 만혼과는 그 이름은 같다 할지라도 너무나 큰 차이가 있다. 왜냐하면 오늘날의 만혼은 오직 계산적인 이익만을 목적으로 행하는 경우가 너무나 많을 뿐 아니라, 남녀가 몸도 마음도 지쳐 애정 없이 만나는 일이 적지 않기 때문이다.

사실상 오늘날의 만혼은 주로 남자에게 국한되어 있는데, 그들은 아무리 노령에 이르러서도 아내를 맞이하려는 결심을 할 때에는 열에 아홉 나이 어린 아내를 원한다. 아무런 재산도 없는 젊은 부인이 25세를 지나게 되면 일생을 독신으로 보내야 할 것이 아니냐고 근심하기 시작하는데 그리 무리도 아닌 일이다. 강렬한 애정의 불꽃을 피워 올릴 심장을 가지고 있으면서도 세월이 한 해 두 해 흘러갈수록 애정의 대상을 발견할 희망은 점차로 희박해지는 한편 세상 사람들의 어리석고도 잘못된 편견으로 말미암아 자신의 처지에 대한 불안감만 커져간다. 만일 여성들의 평균 결혼 연령이 높아진다면, 희망에 빛나는 청춘의 기간도 연장되어 궁극적으로 이러한 좌절을 겪는 여자들도 줄어들 것이다.

이와 같은 변화가 사회의 대다수를 차지하는 도덕적인 일반 국민들에게 큰 이득이 되리라는 점에는 의심의 여지가 없다. 미래를 위해 남성들이 감내해야 할 궁핍이 아무리 크다 하더라도, 여성들의 꿋꿋한 의지와 노력이 이를 버텨 줄 것이다. 그리고 그들이 확고한 믿음을 가지고 27~28세가 될 때까지 결혼을 기다릴 수 있다면―결혼 문제가 그들의 자유선택에 맡겨져 있는 한―25세에 대가족을 거느리고 고생스러운 생활 속으로 휩쓸려 들어가는 것보다는 오히려 이 시기까지 기다리는 편을 택하리라고 나는 확신한다. 가장 적합한 결혼 연령이라는 것은 분명하게 확정될 수 있는 것이 아니며, 전적으로 당사자의 사정과 환경 여하에 따라서 정해지는 것이다. 인간의 한평생에서 성욕의 충동이 가장 강렬한 시기는 17, 18세부터 20세에 이르는 시기이다. 그러나 합리적 사고와 장래에 대한 고민이 거의 불가능할 만큼 사회가 절망적인 상태가 아닌 한, 이와 같은 인생 초기의 충동은 반드시 억제될 것에 틀림없다. 그리고 이처럼 젊은 남녀가 현 상황에서 자연적 충동을 억제하는 것이 불가피함을 깨닫는다면, 이들이 이러한 자연적 충동에 대한 억제로부터 해방되기에 가장 적합한 시기는 그들이 가족을 부양할 수 있는 역량이 충분해졌을 때가 아니겠는가?

도덕적 억제의 어려움을 들어 이러한 주장을 반박하려는 이도 있을 것이다. 나는 기독교의 권위를 인정하지 않는 사람에 대해서는 단지 다음과 같이 말할 수 있을 뿐이다. 즉 엄밀한 연구의 결과에 의해서 이와 같은 도덕이 자연의 일반 법칙으로부터 생기는 해악을 해결하는 데 절대적으로 필요하다는 것이 증명되었다고. 그럼에도 그는 그저 최대한 자연의 법칙을 좇는 것만이 최선의 의무라고 주장한다. 그것이 수많은 비참을 야기할 것을 알면서도, 그렇게 자연의 명령 중 한 부분만을 맹목적으로 추종하고 자연의 또 다른 법칙에 대해서는 애써 무시해 버리려 한다. 영구적 행복에 도달하는 유일한 방법은 도덕의 길을 추구하는 것뿐인데도, 이단적 도덕론자는 그저 그 길은 험난하여 오르기 어렵다고 불평만 늘어놓고 있는 격이다.

믿음이 있는 이들에게는 이렇게 말해주고 싶다. 성경은 이성을 통해 정욕을 억제하는 것이 우리의 의무임을 명확히 지적하고 있으며, 따라서 이성적으로 생각했을 때 불행한 결말이 뻔히 예상되는 그런 방식으로 욕망에 탐닉하는 것은 하느님의 말씀에 대한 명백한 불순종이라고. 적어도 기독교인이라면 도덕적 억제가 힘든 일이라고 해서 그것이 자신의 의무임을 부정할 수는 없다. 인간은 이겨내기 힘든 온갖 유혹에 에워싸인 존재이며, 하느님이 우리에게 부과하신 명령, 즉 이러한 유혹을 물리쳐야 한다는 의무는 미래에 천국에서의 삶은 물론 지상에서의 삶에 있어서도 우리가 행복해질 수 있는 유일한 길이라는 것을, 그러나 이러한 하느님의 뜻에 순종하는 것은 결코 쉽지만은 않은 일이라는 것을, 우리는 성경의 말씀을 읽으며 다시금 깨닫는다.

일반적으로 청년 시절에는 열렬한 사랑에 휩쓸리기 쉬운 경향이 있으므로 그것이 과연 순수한 사랑인지, 또는 일시적인 열광인지를 판별하기는 쉽지 않다. 인생의 초년기부터 도덕적 억제의 의무를 지켜온 서로 비슷한 성향을 가진 두 남녀가 적어도 미국에서처럼 조혼이 일반화되어 있는 그런 환경의 남녀보다는 더 깊은 사랑을 느끼며 행복한 결혼 생활을 영위할 가능성이 높다. 또한 현재 유럽 사회의 남녀 관계와 비교해 봤을 때도, 이들 남녀가 느낄 사랑의 감정—그로 인한 불행의 제거 효과는 별도로 하더라도—이 주는 기쁨의 총량은 훨씬 더 클 것이다.

만일 이러한 문화가 세상에 정착될 수만 있다면, 내부경제가 사회에 가져다주는 행복 증진의 효과만큼이나 대외적 관계로부터도 크나큰 행복 증진 효과를 얻을 수 있을 것이다. 그러한 상태에서는 전쟁이라는 인류의 대참극도 현재처럼 그렇게 빈번하게, 그리고 대규모로 일어나는 일은 더 이상 없을 것이다.

전쟁의 주요 원인 중 하나는 의심할 바 없이 영토와 식량의 부족이었다. 인류의 역사가 시작된 이래로 참으로 많은 변화가 있어왔지만 동일 원인이 여전히 동일한 작용을 계속하여, 물론 그 정도의 차이는 있을지라도 동일한 결과를 가져오고 있다. 만일 하층계급의 궁핍이 그들로 하여금 군주들의 깃발 밑으로 달려가게 하지 않았더라면 군주들의 야망도 그렇게 파괴를 자행할 수단을 갖지 못했을 것이다. 원래 징병관이란 언제나 흉작과 일자리 부족을 바라는 법이다. 바꾸어 말하면 인구가 과잉 상태가 되기를 바라고 있는 것이다.

전쟁이 인류의 대사업으로 보여졌을 뿐만 아니라 또한 이 원인으로 말미암은 인구 감소가 근세와는 비교도 안 될 정도로 컸던 저 옛 시대에는 각국의 입법자와 정치가들은 주로 공격과 방어에 주의를 경주하여 온갖 수단을 강구함으로써—이를테면 불임과 독신 생활을 추문화하는 방식으로—인구의 증가를 장려하며 결혼을 축복했다. 여기에 세속 종교가 보조를 맞추었다. 많은 나라에서 자연의 생식력은 엄숙한 숭배의 대상이었다. 무함마드교—칼의 힘으로 세워진 이 종교는 필연적으로 전파 과정에서 엄청난 파괴행위를 동반했다—에서는 창조주를 찬양하기 위하여 자녀들을 낳는 것을 인간의 주된 의무로 규정하는 동시에 가장 많은 자녀를 가지는 자는 이 세상에 태어난 목적에 가장 훌륭히 부합하는 자로서 간주되었다. 그러한 도덕관의 보급은 당연히 결혼을 더욱 장려하는 결과를 가져왔는데 이에 따른 급속한 인구 증가는 끊임없는 전쟁의 원인인 동시에 그 결과이기도 했다. 즉 전쟁으로 말미암은 인구 감소는 새로운 인구 수요를 촉진시켰고 그 결과 급속도로 증가한 인구는 새로운 전쟁의 자극원이자 수단이 되었다. 그와 같은 도덕관이 지배하는 한 끊임없이 야기되는 전화(戰火)가 과연 어느 때에 가서야 그칠는지 심히 의심스러운 바이다.

기독교가 결혼과 출산에 관한 우리의 의무를 과거와 다른 관점에서 받아들인다는 사실은 기독교의 진실성과 신성성을 증명할 뿐 아니라, 기독교가 보다 발전된 인간 사회에 부합한다는 것을 증명한다.

이 문제를 너무 깊게 파고 들어가는 일은 우리의 논의에 벗어나는 일이 되므로 피하고자 한다. 그러나 만일 우리들이 결혼에 관한 사도 바울(바울로)의 선언에 담긴 정신을 오늘날의 사회에 적용한다면 그 당연한 추론으로서 결혼은 그보다 높은 의무를 방해하지 않는 경우에 한하여 정당한 것이며, 방해하는 경우에는 옳지 못한 것이라고 말할 수 있으리라. 윤리학의 순수한 원리에 의하면 "행위가 일반적 행복을 촉진시키는 경향이 있느냐 또는 감소시키는 경향이 있느냐를 탐구하는 일은, 곧 자연의 빛으로부터 하느님의 섭리를 깨닫는 방법이다." 생각건대 자녀를 부양할 능력 없이 결혼하는 것만큼 일반적인 행복을 직접적으로 감소시키는 경향의 행위는 달리 또 없을 것이다. 그러므로 그와 같은 행위를 감행하는 자는 분명히 신의 뜻을 모독하는 자이다. 또한 자신이 살고 있는 사회에 짐을 지우고 자신과 자신의 가족마저 미덕의 습관을 유지하기 힘든 상황으로 몰고 감으로써 그는 이웃과 자기 자신에 대한 의무를 저버린 셈이며, 따라서 보다 높은 의무에 반하는 욕망의 목소리에만 귀 기울이고 있는 셈이다.

우리가 가정한 사회에서 각 구성원들은 자연의 빛에서 비롯되었으며 종교의 계시를 통해 굳건히 공인된 도덕률을 따름으로써 행복을 얻고자 노력하기에 그와 같은 결혼은 결코 하려 들지 않을 것이다. 이에 따른 인구과잉 방지효과는 침략전쟁을 추동하는 주요원인 한 가지를 제거해줄 뿐만 아니라, 동시에 내부독재와 내부혼란이라는 두 가지 치명적인 정치적 무질서를 제거하는 강력한 힘이 된다.

그러한 사회는 침략전쟁을 원치 않지만, 방어를 위한 전쟁에 있어서는 반석같은 견고함을 보여줄 것이다. 모든 가정이 풍족한 생활필수품과 각종 편의용품을 확보하고 있는 사회에서는 전쟁을 일으키는 것과 같은 변화를 원치 않는다. 기껏해야, 그 상황에 대한 우울한 감정이나 하류층들이 가끔 "될 대로 되라지. 지금보다 더 나빠질 수는 없을 테니"라고 말하도록 유도하는 무관심이 존재할 수 있을 뿐이다. 그 외에는 모두가 자신이 누리고 있는 확고한 이득을 잃게 될 위험에 처하게 되면 침략자를 물리치기 위해 함께 힘을 모으려 할 것이다.

그러므로 개개인이 자연의 법칙에 따라, 그리고 종교의 계시에 의해 명확히 주어진 도덕을 실천함으로써, 개인과 사회 모두에게 그 영향을 미치는 인구의 원리로 인하여 생겨나는 폐해를 방지할 수 있다. 그리고 우리는 도덕의 실천이 개인의 행복을 감소시킨다기보다는 오히려 증가시킨다고 주장할 수 있는 충분한 근거를 갖고 있다. 따라서 우리는 하느님이 율법으로써 이러한 도덕을 의무로 명령하시고, 이를 어길 때 그 죄악에 따른 폐해와 다양한 방식의 때 이른 죽음으로 고통의 징벌을 가하신다고 해서 하느님의 심판에 대해 비난할 이유가 없다. 지금까지 가정한 바와 같은 진정으로 도덕적인 사회는 이러한 죄악에 따른 폐해를 물리칠 수 있을 것이다. 창조주는 고통을 통해 우리를 악덕으로부터 멀어지게 하시며, 덕행에 따른 행복을 통해 우리를 도덕으로 이끄신다. 이 것이 바로 인간에 대하여 자비로운 조물주가 예비하신 목적인 것이다. 인구에 대한 자연의 법칙은 이러한 목적을 촉진시키는 역할을 하지만 불완전한 존재 상태로부터 필연적으로 야기되는 악덕들에 대해서는 그렇지 않다. 그러므로 이러한 법칙의 존재가 하느님의 자비를 의심하고 비난할 근거가 될 수는 없다.

3. 빈민 생활 개선 방안

    도덕률 혹은 의무체계를 공표하는 자는 아무리 그것이 갖는 사회적 구속력을 확신한다 해도 감히 그러한 도덕률이 사회적으로 완전히 정착되어 보편적인 실천을 이끌어낼 수 있으리라 믿을 만큼 어리석지는 않을 것이다. 그러나 그렇다고 해서 이러한 사실이 도덕률 공표에 대한 정당한 반론이 될 수는 없다. 그럴 경우 비슷한 논리로 온갖 반론이 가능해질 것이며, 그러면 어떠한 일반론도 더 이상 존재할 수 없을 것이기 때문이다. 그 결과 인류의 악덕 목록에 유혹으로 인해 생겨나는 악덕 말고도 무지로 인해 생겨나는 악덕들의 이름이 대폭 추가될 것이다.

    단순히 자연의 빛에 비추어보더라도, 우리는 한편으로 빈곤이 인구과잉으로 인해 생겨나고, 다른 한편으로 특히 여성에게 일어나는 악덕과 불행이 난잡한 이성 교제로 인해 생겨난다는 확신을 갖게 된다. 따라서 도덕률의 기초가 되는 공리의 원칙을 인정하는 사람이라면 그 누구도 도덕적 억제를, 다시 말해서 가족 부양 능력을 갖추게 될 때까지 굳건히 도덕적으로 처신하며 결혼을 유보하는 것이 엄격한 의무가 되어야 한다는 결론을 부정할 수 있으리라고는 보지 않는다. 또한 종교적 계시는 이러한 의무의 당위성을 더욱더 명백히 확증해 준다. 하지만 동시에 나는 이 문제와 관련하여 인간의 일반 행동 양식에 있어서 갑작스럽게 커다란 변화가 일어날 수 있을 거라고는 전혀 기대하지 않는다.

    지난 장에서 내가 이러한 미덕이 보편적으로 구현된 사회를 가정했던 주된 이유는 인구 원리에서 비롯된 폐해가 신의 자비를 덜 문제 삼는 다른 폐해들과 마찬가지의 보편적인 특성을 갖는다는 것, 다시 말해서 인구 증가로 인한 폐해 역시 인간의 무지와 게으름으로 인해 더욱 악화되기도 하고, 또 인간의 지식과 미덕으로 인해 줄어들 수 있으며, 사회 구성원 각자가 개인의 의무를 충실히 이행함으로써 거의 완전히 제거될 수도 있다는 것, 그리고 그런 경우라도 인간 행복의 주된 요소로 간주되어 온 정욕의 적절한 통제를 통해 쾌락의 원천에 조금도 손상을 입지 않을 수 있다는 것을 증명함으로써, 하느님의 선하심을 의심하는 목소리를 일소시키기 위함이었다.

만일 다소라도 설명상의 도움이 될 수 있다면 각자가 엄격히 의무를 이행하는 가상의 사회를 묘사한다고 해서 해가 되지는 않으리라 생각한다. 또한 작가가 그와 같은 철저하고 보편적인 의무 이행을 자기 이론의 실제적 유용성, 또는 우리의 의무에 관한 가장 완벽한 지식으로부터 이성적으로 기대될 수 있는 모든 것이라 할 수 있는 온건하고 부분적인 개선에 마치 필수 불가결한 것인 양 주장하는 것이 아닌 한, 너무 이상주의적이라는 식의 비난을 받을 이유도 없다.

그러나 지난 장에서 내가 가정한 발전된 사회 상태와 그 밖의 다른 대부분의 가설들 사이에는 본질적인 차이가 있다. 내가 가정한 발전 방식은, 우리가 그러한 목표에 접근하고자 노력한다면, 각 개인의 이해와 행복에 직접적으로 작용함으로써, 그동안의 모든 뛰어난 발전 사례들에서 이미 보아온 것과 같은 실질적인 효과를 거둘 수 있다. 우리는 확실치 않은 동기로부터 행동할 필요도 없거니와 또한 분명히 이해될 수 없는 일반적 이익과 너무나 멀리 떨어져서 애매모호해진 결과를 추구할 필요도 없다. 전체적 행복은 개개인의 행복의 성과가 합쳐진 것인 만큼 무엇보다도 먼저 개인으로부터 시작되어야 할 것이다. 어떠한 협동도 필요하지 않다. 저마다의 작은 노력이 모두 의미가 있다. 자기의 의무를 충실히 이행하는 자는 다른 이들의 실패와는 상관없이 온전히 그 성과를 누릴 수 있다. 이와 같은 의무는 아무리 어리석은 자라도 쉽게 이해할 수 있다. 그것은 단지 부양할 길이 없는 자녀를 낳아서는 안 된다는 것뿐이기 때문이다.

구빈법과 개인적 자선은 이러한 의무 이행의 의지를 위협하고 있지만 일단 그 본질이 명백해질 때에는 누구나 그와 같은 의무를 마음속으로부터 통감할 것이다. 만일 누군가가 자신의 자녀를 부양할 수 없다면 그 자녀는 굶어 죽을 것에 틀림없다. 자녀를 부양할 수 없다는 것이 거의 확실한데도 불구하고 결혼을 선택한 자는 자신과 가족에게 닥쳐올 일체의 불행에 대해서 책임을 져야 한다. 결혼하게 되면 당연히 자식이 태어날 것으로 기대되기 때문에, 근면과 절약으로 자식을 능히 부양할 수 있는 형편에 도달할 때까지 결혼을 미루는 것이 이득이자 행복을 크게 진작시키는 길이다. 그런데 결혼을 미루고 있는 동안에 그의 정욕을 만족시키려는 것은 신의 명백한 명령을 어기는 일일 뿐 아니라 자기 자신은 물론 다른 동포마저 해치는 일이므로, 일신상의 이익과 행복을 고려한다면 독신으로 있는 동안에 도덕적 행위를 엄격히 지켜나가지 않으면 안 된다는 것을 알 수 있을 것이다.

정욕의 충동이 아무리 강렬하다 할지라도 일반적으로 이성으로써 어느 정도까지는 완화되는 법이다. 따라서 만일 빈곤의 영구적인 참된 원인이 무엇인지 분명하게 밝혀지고 각자의 가슴에 깊이 아로새겨진다면 그것이 각자의 행위에 적지 않은 영향을 미칠 것이다. 물론 그러한 시도는 그동안 충분히 이루어지지 않았다. 지금까지 행해져 온 빈민 구제책은 거의 대부분이 마치 걱정하는 태도로써 이 문제 위에다 검은 베일을 뒤집어씌워 빈곤의 참된 원인을 사람들의 눈에서 은폐해 버리려는 것과 같은 것이었다.

자신의 임금소득을 가지고서는 2명의 자녀조차도 부양해 갈는지 의심스러운 때에 아내를 맞이하여 5~6명의 자녀를 낳는 이가 있다. 물론 그는 이루 말할 수 없는 비참한 상태에 놓이게 된다. 그러면 그는 노동임금이 너무나 싸기 때문에 도저히 일가를 부양할 수 없노라 호소하게 된다. 또 그를 원조해야 할 교구의 의무 이행이 완만하고 인색함을 비난하고, 물자가 남아돌아도 가난한 그에게는 나누어주려고 하지 않는 부자의 탐욕을 비난한다. 또한 턱없이 부족한 토지생산물 분배량에 편파적이고 불공정한 사회제도를 비판하는가 하면, 헤어날 수 없는 가난의 수렁에 빠져든 자신의 운명을 저주한다.

그리하여 비난의 대상을 찾는 동안은 그 자신의 불행이 유래된 곳에는 눈을 돌리지 못한다. 비난을 받을 만한 책임은 주로 그 자신에게 있음에도 불구하고 그는 자기가 사회의 상류계급에게 기만당했다는 한 가지 사실 이외에는 결코 자신을 책망하는 법이 없다. 어쩌면 그는 결혼을 하지 않았더라면 좋았을 것이라고 생각하고 있을지도 모른다. 왜냐하면 현실적으로 그에 따른 불편함을 느끼고 있기 때문이다. 그러나 자기가 어떤 잘못을 저질렀다고는 결코 생각하지 않는다. 그는 언제나 국왕과 국가를 위해 신민을 양육하는 일은 명예로운 행위라는 가르침을 받아왔다. 그런데 지금 그는 이런 명예로운 양육사업을 행하고 있기 때문에 고통을 겪고 있다. 따라서 국왕과 국가가 끊임없이 장려하고 촉구해 왔던 임무를 이행했음에도 불구하고 그 대가로서 그를 그렇게 고생시키는 것은 너무나 불공평하고 잔인한 처사가 아니냐고 생각하게 되는 것도 무리는 아니다.

이와 같은 잘못된 견해가 시정되어 인구 문제에 있어서 오류와 편견 대신에, 자연과 이성의 소리가 일반 사람들의 귀에 도달할 때까지는 사람들의 이해력에 대해서 하등의 공평한 실험이 행해졌다고는 말하기 어렵다. 그들의 빈곤의 원인은 바로 그들 자신에게 있다는 것, 그 빈곤의 구제 수단은 바로 그들 자신의 수중에 있는 것이지 결코 다른 사람의 수중에 있지 않다는 것, 그들이 사는 사회도 또한 그 사회를 지배하는 정부도 이에 대해서는 아무런 직접적인 도움을 줄 수 없다는 것, 사회와 정부는 그들을 구제하고자 아무리 열렬히 어떤 정책을 기획한다 할지라도 자비로운 마음에서 나온, 그러나 불가능한 약속인 그것은 실제로 참되게 수행될 수 없다는 것, 노동임금만으로 일가를 부양할 수 없는 상황은 국왕과 국가가 그 이상으로 신민을 필요로 하지 않거나 적어도 그 이상의 신민을 부양할 수 없음을 보여주는 명백한 징조라는 것, 그런 경우 노동자가 결혼하면 그것은 사회에 대한 의무를 이행하기는커녕 도리어 사회에 무거운 부담을 지우는 동시에 자신을 궁핍 속에 빠지게 하는 일이 된다는 것, 그리고 그것은 전적으로 신의를 배반하는 행동일 뿐 아니라 신이 자연의 법칙에 의거하여 이성 있는 모든 인간에게 되풀이하여 들려주는 훈계를 준수하기만 하면 능히 피할 수 있는 여러 질병을 자신에게 가져오게 한다는 것—이런 것들을 그들에게 충분히 이해시키기 전까지는 그들이 현재와 같이 행동한다고 해서 그들의 무모함과 태만을 정당하게 비난할 수는 없다.

페일리는 그의 《도덕철학(Moral Philosophy)》에서 다음과 같이 논하고 있다. "식량이 부족해진 나라에서는 정부가 종전보다 더한층 주의를 기울여 공공의 여러 도덕을 감시할 필요가 있다. 왜냐하면 절제된 자연적 본능만이 사람들로 하여금 노동을 감내하도록 하고, 혹은 가족 부양을 위해 개인의 자유와 쾌락을 희생하도록 만들 수 있기 때문이다." 악을 억제하고 덕을 장려하기 위한 모든 노력을 경주하는 일은 국가의 영원한 의무이므로 어떠한 상황에서도 이러한 노력이 중단되거나 해이해져서는 안 된다. 따라서 이러한 노력의 일환으로 제안된 수단들은 언제나 선하다. 하지만 인구 증가라는 문제에 있어서는 거의 절대적인 범죄에 가깝다. 생존자원의 부족으로 자녀들을 제대로 부양할 수 없을 것을 잘 알면서도, 우리 사회는 사람들을 무리하게 결혼시키려고 한다. 이것은 마치 헤엄 못 치는 사람을 무리하게 물속으로 들어가게 하는 것과 같은 일로서 하느님의 뜻을 거역하는 행위이다. 그와 같은 행위로부터 생기는 빈곤과 사망에서 우리를 구하기 위하여 기적이 일어나리라고 믿어지지 않는 것은 그 어느 경우든 마찬가지이다.

하층계급의 생활환경 개선을 참으로 희망하는 사람들이 진정 목표로 삼아야 하는 것은 노동임금과 식량 가격과의 상대적 비율을 높여 노동자로 하여금 보다 많은 생활필수품과 편의용품을 구입할 수 있도록 해주는 일이어야 할 것이다. 우리는 지금까지 주로 빈민의 결혼을 장려하여 노동자 수를 증가시키고, 또 시장에는 상품이 넘쳐흐르게 함으로써 이와 같은 목적을 달성하려고 해왔다. 그 계획이 실패로 돌아가리라는 것은 별반 선견지명이 없이도 능히 예측할 수 있다. 세상에서 경험처럼 귀한 것은 없다. 그러한 계획은 다른 수많은 나라에서 수백 년에 걸쳐서 시도되어 왔지만 그 성과는 언제나 좋지 못했다. 따라서 지금이야말로 다른 방법을 시도할 시기이다.

한때 산소나 신선한 공기가 결핵을 치료해 준다고 믿어져 왔지만 치료를 하기는커녕 도리어 증상을 악화시킨다는 것이 판명되었을 때 그와 정반대되는 종류의 공기를 사용해서 치료하는 방법이 시도되었다. 빈곤이라는 병을 치료하는 데 있어서도 그와 같은 정신이 필요하다. 즉 새로운 노동력 공급이 증상을 더욱 악화시킨다는 사실을 깨달았다면, 반대로 공급 억제를 시도해 보는 것이다.

오랜 역사와 조밀한 인구를 가진 국가에 있어서 노동자계층의 생활조건에 근본적이고 영구적인 개선을 기대할 수 있는 방법은 오직 이것뿐이다.

어느 나라에서든 소비자 대비 식량 분배량의 비율을 증가시키려 할 경우, 자연스럽게 가장 먼저 주의를 기울이게 되는 것은 식량 절대량을 증가시키는 일이다. 그러나 식량이 증가하는 그 이상의 속도로 소비자 수가 증가하여, 아무리 식량 증산의 노력을 기울여도 상황은 더욱 악화되기만 한다는 것을 깨닫게 되면서 이러한 방향의 노력은 결코 성공할 수 없음을 확신하게 된다. 그것은 마치 재빠른 산토끼를 잡기 위해서 느린 거북을 풀어놓는 것과도 같다.

그러므로 식량 생산을 인구 증가 속도에 맞추는 것이 자연법칙상 불가능하다는 사실을 깨달은 이상, 우리의 다른 시도는 당연히 인구를 식량 생산에 맞추는 것이어야 한다. 만일 재빠른 산토끼를 잠들게 할 수 있다면 제아무리 느린 거북도 그것을 따라잡을 약간의 기회를 포착할 수 있을지도 모른다.

그러나 우리는 식량 증산에 대한 노력을 게을리해서는 안 되며, 이에 더하여 식량에 대한 상대 비율이 우리가 바라는 수준으로 유지되도록 인구 증가를 억제하는 데 힘써야 한다. 그럼으로써 우리의 두 가지 소망, 즉 높은 인구, 그리고 사회의 가난 및 경제적 예속 종식을 함께 이룩할 수 있게 될 것인바, 이 두 가지 소망은 결코 양립 불가능한 것이 아니다.

만일 우리의 연구가 참으로 진지하게 빈곤층 생활조건의 본질적이며 영구적인 개선 방법을 모색하고 있는 것이라면, 우리는 빈민들에게 그들의 생활환경의 본질이 어떠하다는 것을 설명해 주는 동시에 노동력 공급을 제한하는 것이 노동임금을 실질적으로 높일 수 있는 유일한 가능성이라는 것, 그리고 그들 자신이 바로 이러한 공급의 주체이기 때문에 오직 그들만이 이를 실행할 수 있는 힘을 가졌다는 것을 가르쳐주지 않으면 안 된다.

이러한 빈곤 제거 방법은 이론상으로도 아주 명백할 뿐 아니라 또한 시장에 유통되는 다른 상품들의 원리로부터 실제적으로 명확하게 유추될 수 있기 때문에 적어도 이와 같은 방법이 치료 효과보다 오히려 더 큰 해악을 낳을 것이라고 증명되지 않는 한 이에 대한 실천을 반대할 이유는 어디에도 없다.

4. 앞서 제시한 빈곤 해결 방안에 제기될 수 있는 반론들

앞 장에서 제시한 계획에 대하여 아마도 제기될 수 있는 반론 가운데 하나는 그로 인해 시장에서 노동력 부족 현상이 나타날 수 있다는 것이다. 물론 이런 노동력 부족 현상은 어느 정도까지는 틀림없이 나타나겠지만 결코 일국의 부와 번영에 영향을 미칠 정도는 아니다.

그러나 이러한 노동력 부족 현상에 따른 폐해를 아무리 부정적인 시각에서 바라본다 할지라도, 부자들이 스스로 늘 바라마지 않는다고 공언하던 목표를 성취함에 있어서 필연적으로 수반되는 작은 불편을 감내해 내지 못한다면, 그 태도의 진실성이 의심스러워질 수밖에 없다. 그들의 빈민들에 대한 자선행위는 유치한 장난이거나 위선이기 십상이다. 다시 말해서 빈민의 처지를 동정하는 자신의 모습을 보임으로써 자기만족감을 얻거나 부유층을 바라보는 일반 사람들의 불만을 달래보려는 행위인 것이다. 빈민들의 생활조건이 개선되어 더 많은 생활필수품 및 편의용품을 구매할 수 있게 되기를 희망한다면서도 또 한편으로는 인건비가 오른다고 불평하는 것은 갖고 있던 케이크를 다른 이에게 준 후 도로 달라고 떼를 쓰며 우는 어린아이의 행동과 다를 바 없다. 시장의 노동력 공급과잉과 높은 노동임금은 양립 불가능한 관계이다. 역사적으로도 노동력과잉과 높은 노동임금이 동시에 나타난 경우는 한 번도 없다. 이 두 현상을 짝지을 수 있다는 생각은 정치경제학의 가장 단순한 원리조차 모른다는 것을 자백하는 일이나 마찬가지이다.

예상할 수 있는 두 번째 반론은 인구 감소에 대한 우려이다. 그러나 여기서 고려해야 할 점은 인구 감소는 상대적이라는 사실이다. 식량이 증가하는 동안 인구 정체가 유지됨으로써 일단 상대적인 인구 감소가 일어나고 나면 다시 인구 증가가 시작되어 식량 증가에 따라 일정한 상대적 비율을 유지하면서 장기간 계속될 것이다. 그런 가운데 국가산업이 적절한 방향으로 착실히 성장해 나간다면 인구는 앞으로 수세기에 걸쳐 현재 인구의 2~3배로 증가할 것이며, 그럼에도 국민 모두가 현재보다 훨씬 더 풍족한 생활을 누릴 수 있을 것이다.

산업의 원천이 여전히 왕성하고 농업이 전체 산업 가운데 상당 부분을 차지한다면 인구 감소에 대한 고민은 불필요해진다. 빈민들 사이에 근면과 절약의 정신을 고취하는 가장 유력한 방법은 그들의 행복은 언제나 그들 자신에게 달려 있다는 것, 또한 이성에 굴복한다거나 정욕에 굴복한다거나 독신 생활을 하는 동안에 근검절약해서 결혼 후에 보통 있기 쉬운 우발 사건에 대비할 금액을 저축할 수가 없다면 그들은 하느님의 경고에 귀 기울이지 않은 이에게 예비된 자연적 해악을 받을 각오를 해야 한다는 것을 충분히 이해시키는 일이다.

예상할 수 있는 세 번째 반론은 빈민에게 도덕적 억제의 의무를 강제로 이행시키려고 하면 성에 관한 죄악이 증가할 위험이 있다는 것인데, 이는 어느 정도 타당성이 있다.

나는 직접적이건 간접적이건 간에 도덕의 근원을 손상시키는 것으로서 해석될 만한 것은 사실은 조금도 언급하고 싶지 않다. 그러나 오직 성에 관한 죄악만이 도덕 문제에 고려되어야 할 유일한 죄악이라거나 인간의 성품을 타락시키는 가장 강력한 원인이라고는 생각하지 않는다. 물론 그와 같은 죄악이 범해지면 반드시 어느 곳에 불행이 생길 것에 틀림없으며 따라서 어떠한 경우에도 비난받아 마땅한 일이다. 그러나 이 세상에는 그보다 훨씬 더 치명적인 해악을 끼치는 죄악도 존재한다. 또한 결혼의 억제 말고도 도덕 범죄 발생 위험을 몰고 오는 상황은 얼마든지 있을 수 있다. 순결을 버리려는 유혹은 참으로 강력한 것에 틀림없지만 끊임없이 궁핍 상태로부터 일어나는 유혹에 비하면 문제도 되지 않는다. 의심할 바 없이 오랜 세월 정조를 지키며 살아온 여자의 수는 많으며, 남자의 수도 역시 적지 않으리라고 생각된다. 그러나 이루 말할 수 없는 절망적인 궁핍의 고통과 오랜 세월에 걸친 역경을 품성의 타락 없이 참고 버텨온 사람은 극소수에 불과할 것이다.

본래는 명예와 정직을 존중하던 고귀하고 결백한 사람이 역경의 압박에 점차로 압도되어, 처음에는 친구에게 돈을 빌리면서 얼굴을 붉히며 부끄러워 마주 쳐다볼 수도 없었던 것이, 점차로 비열하기 짝이 없는 술책과 구실을 만들어서 마땅히 갚아야 할 빚을 연기 또는 회피하게 되어, 마침내는 거짓말을 식은 죽 먹듯이 하고, 세상을 백안시하며, 인간으로서의 체면도 존엄성도 전혀 찾아볼 수 없게 되고 마는 한심스러운 광경은, 사회의 중상류층에게서도 얼마든지 찾아볼 수 있는 현상이다.

빈번하게 일어나는 재산 침해와 끔찍한 처벌로 이어지는 기타 흉악 범죄 가운데 상당수는 이 나라에 광범위하게 퍼져 있는 극심한 가난과 일반인들의 미래에 대한 통찰력 및 분별력의 총체적인 결여로 인한 지나친 출산 장려에서 그 발생 원인을 찾을 수 있다. 콜쿤(Colquhoun)에 따르면 현재 다양한 계급의 2만 명 이상의 사람들이 아침이면 그날 하루의 끼니를 걱정하고 또 밤이면 잠잘 곳을 찾아 헤맨다고 한다. 대부분의 범죄행위는 바로 이들 불쌍한 사람들에 의해 저질러진다.

결혼 이후 자녀 양육의 필요에 떠밀려 어쩔 수 없이 범죄행위에 손을 댄 자들이 이들 가운데 소수에 불과하다고 가정한다 하더라도, 여전히 범죄의 유혹에 빠져드는 가장 큰 원인 가운데 하나는 빈곤층에서 나타나는 매우 높은 혼인률에 있다고 할 수 있다. 이들 가련한 범죄자들의 상당수가 그러한 결혼으로 생겨난 자녀들일 것이며, 온갖 죄악이 들끓는 구빈원이나 도덕적 의무가 무엇인지도 모르는 불결하고 끔찍한 가정환경에서 양육되었을 것이다. 그리고 그들 가운데 더 많은 이들은 시장의 노동력과잉 상태로 인해 오랫동안 직업을 갖지 못하다가 곤궁을 견디지 못하고 극단적인 행동을 저지르게 되었을 것이다. 이들은 이미 품성이 타락하여 설사 사회의 호의로 일자리를 제공받는다 해도 이에 적응하지 못할 것이다.

극도의 빈곤이 설사 범죄를 유발하지 않을 때라도 그것은 도덕감각의 마비를 가져온다. 끊임없는 이성으로부터의 유혹으로 인해 순결을 더럽히는 경우가 있을지는 모르지만, 다른 측면에서의 도덕성마저 심각하게 오염되는 일은 없을 것이다. 이에 반하여 절망적인 빈곤에 따르는 끊임없는 범죄에의 유혹과 빈곤의 참된 원인에 대한 무지와 편견은 성격에 해를 끼쳐 정서를 메마르게 하고 도덕심을 마비시키므로 미덕은 마음속에서 흔적도 없이 사라져 돌이킬 수 없는 지경에 이른다.

성에 관한 죄악조차도 결혼이 곧 그 완전한 치료법은 아니라는 것이 판명되고 있다. 상류층 사람들에 대한 민법박사회관[1]의 자료나 여러 번 결혼한 사람들의 생활 행태 등을 통해서도 이러한 사실을 충분히 확인할 수 있다. 이와 같은 종류의 죄악이 하층계급 가운데서는 그리 많이 나타나지 않고 있지만 이나라의 모든 대도시에서 결코 적지 않게 벌어지고 있다는 것은 분명해 보인다.

거기에다 극도의 가난과 게으른 근성이 합쳐진다면 순결을 지키기 어려운 최악의 상태가 된다. 정욕은 그대로인데 자존감 또는 도덕감각에서 오는 절제력이 사라져버렸기 때문이다. 극도의 빈곤 속에서 자라난 처녀가 20세까지 그 순결을 지켜낼 수 있다면 그야말로 기적이라고 할 수밖에 없다. 어느 누구에게서도 존중받지 못하는 그런 환경에서도 자존감을 잃지 않는다는 것은 보통 사람이라면 할 수 없는 일이다. 그러한 환경에서 자라난 대개의 아이들은 20세가 되어 결혼한다 할지라도 아마 그 수년 전부터 이미 그릇된 악습에 젖어 있을 것이다.

만일 이러한 의논이 결국 불완전하며 빈민들 사이에 도덕적 억제의 미덕을 장려하는 것은 죄악을 유발할 우려가 있으므로 이를 잘못된 생각이라고 본다면, 또한 가능한 모든 수단을 강구하여 결혼을 촉진시키는 것이 민중의 도덕과 행복에 가장 중요한 점이라고 생각한다면 그에 합당하게 행동하도록 하자. 그러나 실행에 옮기기에 앞서 우리의 목적을 실현하는 데 있어서 그 방식이 과연 어떠한 영향을 끼칠 것인지 정확히 이해하고 넘어가도록 하자.

---

1) 런던시의 민법박사회관. 1857년까지 유언·결혼·이혼 등을 다루었음.

5. 반대 방식을 따름으로써 나타날 결과

　생존자원의 증가율이 얼마나 되든지 간에, 결국 인구 증가는 개인에게 돌아가는 최종 식량 분배량의 크기에 따라 그 한계가 결정된다는 것은 명백한 사실이다. 그리고 이러한 한계 수준의 인구를 부양하는 데 요구되는 식량의 양을 초과하여 태어난 모든 아이들은 성인 사망자로 인하여 다시 식량에 여유가 생기지 않는 한 생존이 불가능하다. 지금까지의 논의를 살펴볼 때, 오랜 역사를 가진 국가들의 경우 사망자 수가 결혼과 출산의 주요 변수로 기능하며, 특히 사망률의 급증은 조혼 경향을 촉진하는 가장 중요한 자극원이라는 결론을 내릴 수 있을 것 같다. 따라서 논리대로라면 사망자를 낳는 자연의 작용을 지연시키려는 어리석고 헛된 노력을 하는 대신 오히려 이를 적극 돕는 것이 보다 합당한 처사이다. 또한 빈번하게 찾아오는 끔찍한 대기근을 피하려면 자연이 다른 형태의 파괴력을 갖도록 적극 유도해야 한다.

　빈민들에게 청결을 강조하는 대신 불결함에 익숙해지도록 선전해야 한다. 도시의 거리들은 더욱 비좁아져야 하며, 보다 작은 집에 보다 많은 사람들이 거주하도록 하여 전염병이 창궐하도록 유도해야 한다. 시골의 경우 썩은 물웅덩이 근처에 마을을 짓고 특히 건강에 유해한 습지대에 새 정착지를 건설하도록 적극 장려해야 한다. 무엇보다도 전염병 치료약이 사용되는 것을 막아야 하며, 사회 혼란을 근절할 방안을 기획함으로써 인류에 기여하고 있다고 믿는, 인도주의적이나 잘못된 견해에 사로잡혀 있는 이들을 저지하는 것이 중요하다. 이렇게만 한다면 연간 사망률은 1 : 36이나 1 : 40에서 1 : 18 혹은 1 : 20까지 높아질 것이고, 그러면 모두가 너도나도 결혼 적령기에 이르자마자 결혼한다 해도 기근으로 굶어 죽는 사람은 거의 생겨나지 않을 것이다.

　그러나 우리가 조혼의 관습을 그대로 유지하면서도 사망자를 낳는 자연의 작용을 지연시키려는 노력을 멈추지 않는다면 우리의 계획은 모두 수포로 돌아가고 말 것이다. 자연은 그 본래의 목적을 달성하는 데 실패한 적도, 실패할 수도 없다. 사망은 어떤 형태로든 필연적으로 발생하게 되어 있으며 어떤 한 질병의 근절은 또 다른 보다 치명적인 질병의 발생을 알리는 신호에 불과하다. 고통이라는 강물은 한쪽에서 억지로 막는다 해도 다른 한쪽에서 다시 넘쳐날 수밖에 없다. 효과를 기대할 수 있는 유일한 방법은 그 고통의 강물을 퍼내는 것뿐이다.

자연은 우리가 자연의 목적에 상반되는 행동을 할 때면 징벌로써 항상 우리의 주의를 이러한 방향으로 다시 이끌어왔다. 징벌은 자연의 경고가 의도된 효과를 얼마나 발휘했느냐에 따라 그 가혹성이 결정된다. 현재 이 나라에서 자연의 경고가 전적으로 무시되고 있다고는 볼 수 없다. 인구에 대한 예방적 억제가 상당 수준으로 이루어지고 있으며, 그에 따라 자연의 징벌 역시 크게 무겁지 않은 편이다. 그러나 우리 모두가 아무런 거리낌 없이 조혼을 하게 된다면 자연의 징벌은 가혹해질 것이다. 비단 물질적 폐해뿐 아니라 정치적 폐해도 생겨날 것이다. 끊임없는 기근과 궁핍에 허덕이는 사람들을 통제할 수 있는 길은 잔혹한 전제정치뿐이다. 그리하여 우리는 이집트나 에티오피아의 국민들과 다를 바 없는 처지로 전락할 것이다. 나는 묻고 싶다. 과연 그런 상황에서도 우리가 지금보다 더 도덕적일 수 있을까?

의사들은 오랫동안 질병의 거듭된 변화의 역사에 대해 이야기해 왔다. 어떤 질병이 인간의 힘에 굴복하게 되면, 그에 상응하여 보다 더 유해하고 치명적인 질병이 새로이 생겨나는 것 같다고 그들은 말한다. 윌리엄 헤버든 박사는 런던의 사망 목록에 대한 조사를 바탕으로 이 주제에 관한 몇몇 귀중한 통찰을 담고 있는 저서를 최근 출간했다. 그 책의 서문에서 박사는 사망 목록을 언급하면서 "이 목록은 특정 질병들의 지속적인 변화 양상이 장기간에 걸친 사망률의 변화 경향에 대응하고 있음을 보여준다"고 썼다.[1] 또한 본론 중에 몇 가지 질병들에 대해 언급하는 대목에서는 참된 과학적 연구의 특성인 솔직성을 드러내며 "질병의 역사에서 관찰되는 이러한 온갖 변화들에 대한 만족스러운

---

[1] 흑사병이 창궐하던 시기 법에 따라 런던의 성직자들이 매주 몇 명의 교구민이 흑사병으로 사망했는지 기록한 사망자 명단에서 비롯된 것으로 이후 흑사병 이외의 사망 원인, 사망자의 출생 및 결혼에 대한 정보 등이 추가되었다.

설명을 제시하는 것은 쉽지 않은 일이다. 그 변화 양상이 너무나 점진적이고 미묘하게 나타나기 때문에 의사들이 그 원인을 추적하는 데 어려움을 겪는 것도 무리는 아니다"라고 쓰고 있다.

특정한 환경에서는 그러한 변화들이 필연적으로 일어날 수밖에 없으며, 또한 그 변화는 일반적으로 추정되는 인과 관계와는 무관하게 일어날 수 있다고 나는 주장하는바, 이런 나의 주장이 혹여나 주제넘은 망상이라 비난받지 않기를 바란다. 이러한 나의 주장이 사실이라면, 이 분야에 있어서만큼은 인과 관계 규명을 본분으로 하는 가장 솜씨 있고 과학적인 의사라 하더라도 실패를 거듭할 수 있다.

인구를 일정 규모로 유지하는 나라의 경우, 결혼 및 출산의 평균적인 숫자를 알면 사망자의 평균 숫자 역시 알 수 있다. 헤버든 박사의 비유를 빌리자면, 물길을 따라 쉴 새 없이 흘러가는 사망의 거대한 물결은 그 유량이 언제나 일정하다. 그리하여 우리가 물길의 어느 한쪽을 막으려 하면 사망의 물결은 더욱 세찬 흐름이 되어 다른 한쪽으로 몰려들 것이다. 즉 어떤 질병을 근절시키면 더욱 심각한 또 다른 질병이 생겨날 것이라는 말이다. 이러한 결과가 나타나게 된 이유는 사망의 강물이 빠져나가는 데 반드시 필요한 배출구를 막았기 때문이다.

자연은 그 자신의 위대한 목적을 달성하는 데 있어서 언제나 가장 취약한 부분부터 공략하는 듯하다. 그리고 그 부분이 인간의 기술에 의해 강력해져서 쉽게 함락되지 않으면 자연은 방향을 바꾸어 그다음 약한 부분을 공략하기 시작한다. 그런 식으로 자연의 공격은 계속된다. 이는 놀이 삼아 인간을 괴롭히는 변덕스러운 신의 모습이 아니라, 시련을 통해 모든 면에서 보다 강해짐으로써 지상에서 죄악과 불행을 몰아낼 수 있도록 인간을 인도하는, 온화하지만 때로는 엄격한 교사로서의 신의 모습으로 다가온다. 어떤 잘못을 피하려다가 또 다른 잘못을 저지르기 십상인 것이 인간이지만, 자연은 그렇게 인간이 실수를 저지르는 매 순간마다 물질적, 정신적 해악을 통해 경고를 보냄으로써 언제나 자신의 위대한 목적에 충실하다는 것을 입증한다.

예방적 인구 억제가 널리 보급되어 오늘날 우리들을 괴롭히는 많은 질병들이 사라진다 할지라도 난잡한 남녀 관계의 악습이 눈에 띄게 증진된다면 이로부터 생기는 무질서와 불행, 육체적·도덕적 해악은 더욱 그 정도가 심해질 것이다. 따라서 자연은 우리들의 실수를 엄격히 문책하며 자연과 이성과 종교가 승인하는 유일한 행동 방침, 즉 충분한 부양 능력이 생기기 전까지 결혼을 삼가는 한편 그동안 순결을 지킬 것을 명령한다.

인구와 결혼 수가 일정하다고 가정한다면 어떤 질병에 의한 사망자 수가 다른 질병 사망자의 감소 또는 근절로 인해 어떻게 변화하는지를 수학적으로 파악할 수 있다. 이 문제와 관련하여 유일하게 불명확한 점은 인구 증가에 있어서 사망자 수 감소가 끼치는 영향력의 불확실성이다. 특정 사망 원인이 사라진다 해도 그것이 미치는 영향력은 생존자원이 허용하는 인구 범위 내로 국한된다는 것, 그리고 또한 그것이 반드시 생존자원량의 변화에 영향을 미치는 것도 아니라는 것은 독자들도 이미 잘 알고 있으리라 믿는다. 나는 이러한 영향력이 출산 수요를 감소시켜 그 결과 결혼 억제에 기여했다고 확신한다. 그리고 이는 오랜 세월 전국을 황폐하게 만든 흑사병 종식에 긍정적인 영향을 미쳤다고 볼 만한 충분한 근거가 있다.

헤버든 박사는 이 기간 동안 영국 국민의 보건에 나타난 긍정적인 변화를 명확하게 그려내고 있다. 그는 이러한 변화가 런던은 물론 다른 모든 대도시에서 점진적으로 진행되던 개선과 생활 방식의 변화, 특히 청결과 환기에 관한 인식 변화에서 비롯되었다고 주장한다. 그러나 이러한 원인들에 예방적 억제 강화와 청결을 중시하는 의식의 증대 및 생활환경 개선이 수반되지 않았다면 결과는 달라졌을 것이다. 어쨌든 결혼 수의 감소가 가져온 효과는 흑사병 근절에 따른 대폭적인 사망자 수 감소와 이질 사망자 감소에 따른 여파를 충분히 상쇄할 만큼 크지는 않았다. 흑사병을 비롯한 여러 질병들이 바야흐로 거의 자취를 감추었지만 다른 한편에서는 결핵·중풍·뇌졸중·신경통·정신병·천연두와 같은 질병으로 인한 사망이 더욱 늘어났다. 이러한 사망 원인의 다변화는 예방적 인구 억제가 강화되고 농업의 발전에 따라 매년 지속적으로 인구 부양 능력이 성장함에도 불구하고 과잉 상태를 면하지 못했던 인구수에서 필연적으로 나타난 결과이다.

헤이가스(Haygarth) 박사는 우발성천연두 근절을 위해 세운 자선 계획의 대강을 설명하는 글에서 이 병으로 인한 사망자의 끔찍한 모습을 그려 보이며,

이것이 느린 인구 성장의 한 원인이라고 설명한다. 또한 천연두 박멸로 인하여 나타날 몇 가지 긍정적인 효과에 대한 흥미로운 계산을 보여주고 있다. 그러나 유감스럽게도 그가 내린 결론은 전제와 부합하지 않는 것 같다. 지금까지 수백 수천만의 사람들이 천연두에 희생되어 왔다는 것은 의심의 여지가 없는 사실이다. 그러나 헤이가스 박사가 가정한 대로 천연두로 인한 사망자가 흑사병으로 인한 사망자보다 수천 배나 더 많다는 게 사실일지라도, 지구상의 평균 인구가 그로 인해 감소했을지는 여전히 의심스럽다. 천연두는 인구를 생존자원 한계 이하로 유지하기 위하여 자연이 과거 수천 년에 걸쳐서 개방해 온 죽음의 강이 흘러가도록 열어놓은 대단히 폭이 넓은 하나의 물길이다. 만일 이와 같은 물길이 막힌다면 보다 폭이 넓은 또 다른 물길이 열릴 것이다. 고대의 전쟁과 흑사병에 의한 사망자 수는 근세의 그것과는 비교도 되지 않을 정도로 많을 것이다.

이와 같은 죽음의 수로가 점차로 축소됨에 따라 천연두가 발생하여 세상 곳곳에서 널리 유행했다는 사실은 죽음의 물길에 생긴 대변화의 적절한 일례를 보여주는 것으로서 이는 당연히 우리들의 주의를 환기시켜 주도면밀한 조사에 착수케 한다. 만일 천연두가 종두의 도입으로 근절되고 현재의 결혼 수가 그대로 유지된다면, 머지않아 다른 질병 사망률의 뚜렷한 증가가 나타나리라는 사실에는 조금도 의심의 여지가 없다. 이러한 현상을 막을 수 있는 방법은 영국 농업의 비약적인 발전 외에는 없다. 그리하여 실제로 이러한 현상이 사라진다면, 이는 종두 도입으로 생명을 구한 아이들의 숫자보다는 최근의 흉작으로 인한 토지 소유주들의 경각심과 농부들의 소득 증대에 기인하는 바가 클 것이다. 그러나 나는 이런 경우, 결혼 숫자에 반드시 변동이 있을 것이라 확신하며, 또한 이 인간 탐구의 흥미로운 주제 위로 서서히 비쳐드는 이해의 빛이 우리에게 어떻게 하면 치명적인 질병의 근절을 진정한 은총으로, 즉 사회 일반의 건강과 행복의 증진으로 바꿔놓을 수 있는지 가르쳐줄 것이라 믿는다. 도덕적 억제를 국민에게 의무화하려는 과정에서 야기될지 모를 악덕의 증가와 결혼 및 인구 증가를 촉진하려는 시도에 반드시 따르기 마련인 불행의 증가에 대해 숙고해 볼 때, 우리는 어떤 경우에라도 개인의 의견에 개입해서는 안 되며 선택은 언제나 개인의 자유의사에 따라야 한다는, 그리고 개인이 저지른 죄악에 대해서는 오직 하느님만이 그 책임을 물으실 수 있다는 결론을 내리게 된다. 나는 이러한 결론에 전적으로 동감하는 바이며 결코 그 이상의 것을 바라지 않는다. 그러나 그럼에도 현재의 우리는 이런 결론이 가능한 상태와는 거리가 멀다고 볼 수밖에 없다.

하류층 가운데서 가장 큰 의미를 갖는 구빈법의 존재는 개인에게서 가족을 부양할 능력이 없으면서도 자식을 낳은 데 따르는 자연의 법칙이 부과한 무거운 책임을 덜어줌으로써 직접적이고 지속적이며 체계적인 결혼 장려 효과를 낳는다. 개인의 자선 활동 역시 구빈법과 마찬가지로 결혼을 촉진시키고 기혼자와 미혼자의 생활조건을 가능한 균등화하는 방향으로 기능한다.

상류계층의 경우, 기혼 여성은 존경을 받고 혼기가 지난 독신 여성은 공공연하게 무시당하기 때문에, 인품도 인물도 별로 좋지 않은 데다 이미 노년에 이른 남자라도 젊고 아름다운 여자들 중에서 배우자를 선택할 수 있으며, 반드시 자연이 지시하는 것처럼 연령과 교양이 서로 비슷한 여자에 한해서 선택할 필요가 없다. 노처녀가 되는 것을 두려워하여, 또한 노처녀라는 이름에 붙는 어리석고 부당한 비웃음을 두려워하여 마음에 들지도 않는 남자와 또는 아무런 흥미도 느낄 수 없는 남자와 결혼해 버리는 여자의 수가 적지 않다는 것은 의심하기 힘든 사실이다. 그와 같은 결혼은 적어도 예민한 양심의 눈으로 본다면 합법적인 매춘행위와 별로 다를 것이 없을 뿐 아니라, 부부들 자신에게 있어서도 행복과 덕성에 조금도 이바지하는 바가 없으며, 단지 이 세상의 부담만을 가중시키는 데 불과한 불필요한 자녀를 낳게 되는 것이다.

결혼의 의무와 책임에 관한 일반적인 견해는 사회의 모든 계층에게 매우 강력한 영향력을 행사한다. 후계를 남기지 않고 세상을 떠나는 것은 사회에 대한 중대한 의무를 저버린 것이라고 생각하는 사람은 결혼하고 싶은 욕망을 억제하기는커녕 무리하게 결혼을 감행하려 들 것이다. 또한 이성이 가족 부양의 곤란을 가르쳐준다 할지라도 좀처럼 이 충고에 따르려고 하지 않고, 스스로 의무라고 믿는 바를 행하는 것이기 때문에 결코 신은 자기를 내버리지 않으리라 생각할 것이다.

영국처럼 품위 있고 안락한 생활의 취미가 다수 시민들 사이에 널리 보급되어 있는 문명국에서는, 여러 제도와 사회의 여론이 결혼을 장려하는 작용을 한다 할지라도 이 때문에 자연과 이성의 빛이 완전히 꺼질 리는 없지만 적어도 그 빛이 약해지고 흐려질 위험이 있다. 따라서 이 어두운 그림자가 일소되어 빈곤의 주원인에 관한 빈민들의 그릇된 생각이 바로잡히고 행복 또는 불행은 전적으로 그들 자신의 의지에 달려 있다는 사실이 이해될 때까지는 결혼이라는 중대한 문제를 각자의 자유롭고 공정한 선택에 일임해도 좋다고 말할 수는 없을 것이다.

6. 빈곤의 주원인에 대한 인식이 시민적 자유에 미치는 영향 (1)

　사회의 하층계급이 당하는 고통의 대부분을 전적으로 그들 자신의 책임으로 돌리는 학설은, 정부가 국민을 억압하는 것에 대해 정당성을 부여하고 모든 책임을 자연법칙과 빈민들의 무분별함에 전가하려는 시도를 가능케 하기에 일견 자유의 대의에 어긋나는 것처럼 보인다. 그러나 겉보기에 현혹되어서는 안 된다. 이 문제를 깊이 연구해 보려는 노고를 아끼지 않는 사람들이라면, 빈곤의 주원인에 대한 올바른 지식이 세상에 널리 전파되는 것만큼 합리적인 자유의 진보에 크게 공헌하는 것은 없으며, 또한 이 원인에 대한 무지와 이러한 무지의 자연적 결과가 현재 합리적인 자유의 발달을 저해하는 주요 요인임을 깨닫게 되리라고 나는 확신한다.

　하류계층에게 지워진 궁핍의 무게는, 흔히 위정자에게 그 책임을 묻는 습관과 더불어 내게는 마치 전제정치의 방벽, 성채, 수호신처럼 보인다. 그것은 폭군에게 필요라고 하는 중대하고 항거할 수 없는 구실을 준다. 세상의 자유정부들이 끊임없이 전복되고 그 정부의 수호자들이 권력의 침해에 대해 나날이 둔감해지는 이유가 바로 이것이다. 자유의 대의에 바쳐진 그동안의 그 수많은 고귀한 노력들이 모두 실패로 돌아가게 된 이유도, 거의 모든 혁명들이 그토록 길고 고통스러운 희생을 치렀음에도 결국엔 군사독재로 귀결된 이유도 바로 여기에 있다.

　재능이 있으나 사회에 불만을 품은 자들은 모든 빈곤과 불행의 책임이 전적으로 정부에 있다며 하류계층을 선동하고, 아마도 실제로 그들이 겪는 고통의 대부분은 그러한 원인과는 관계가 없지만, 이로써 새로운 불만과 혁명의 씨앗이 뿌려지는 것이다. 기존 정부가 전복되고도 가난이 사라지지 않는다는 것을 알게 될 때 그들의 분노는 자연스럽게 권력을 계승한 다음 정부로 향하게 된다. 그런 식으로 그들이 바라는 변화를 이끌어내지 못한 정부가 분노의 희생양이 되어 사라지면 또 다른 희생양이 필요해진다. 그렇게 끝없이 반복된다. 이러한 상황에서라면 선량한 대다수 국민이 적절한 규제를 받는 정부는 혁명의 움직임에 스스로를 지켜낼 수 없음을 깨닫고 끝을 알 수 없는 정국의 혼란에 지치고 염증을 느낀 나머지 자포자기하는 마음으로 더 이상의 투쟁을 포기하고 무정부 상태의 공포로부터 자신들을 지켜줄 첫 번째 권력의 품에 안기려 든다 할지라도 전혀 놀라운 일이 아닐 것이다.

일반적으로 궁핍한 현실에 분노하지만 정작 그 궁핍의 참된 원인이 무엇인지에 대해서는 전혀 알지 못하는 폭도들은 과잉인구의 산물이며 자유에 가장 치명적인 위협을 가하는 요소이다. 그 존재는 기존의 전제정치를 증식시키고 다른 지역에까지 전제정치를 전염시킨다. 성난 폭도는 때로 그 자신의 혐오스러운 폭력의 씨앗을 삼켜버리는 듯하지만 참극이 끝나기가 무섭게 또 다른 폭력의 탄생을 준비하는 것이다.

폭도가 전제를 낳는다는 실례는 그렇게 멀지 않은 과거 영국의 역사에서도 찾아볼 수 있다. 자유의 지지자이자 대규모 상비군의 반대자로 자처하는 나로서는 유감스러운 일이지만 다음과 같은 사실을 인정하지 않을 수 없다. 즉 만일 영국에 조직적인 군대가 없었더라면 지난번의 기근으로 민중이 당한 고통은 무지몽매한 다수 상류 인사들의 선동을 받아 지극히 가공할 만한 폭동으로 민중을 몰아넣어 마침내는 국가 전체를 기근의 공포 속에 빠뜨렸을 것이다. 그와 같은 기근이 자주 발생한다고 하면 (현재와 같은 나라 사정으로 미루어보면 그 우려성이 충분하다) 우리들의 앞날은 매우 암담한 것이다. 영국의 헌법은 민중 폭동에 의해 방해받지 않는다면, 흄(Hume)이 예견한 바대로 이상적인 평화를 향해 빠르게 그 발전의 행보를 재촉할 것이다. 반면 민중 폭동이 일어나도록 그대로 방치할 경우 그 결과 우리는 상상하기도 힘든 처참한 광경을 목도하게 될 것이다. 정치적 불만이 배고픔으로 인한 대중의 원성과 결합할 경우, 그리하여 식량을 요구하는 민중의 폭동을 시발점으로 혁명이 발생할 경우 그 결과는 끝없이 되풀이되는 정국의 불안정과 학살로 나타날 것이며, 그렇게 되면 그 피비린내 나는 악순환을 멈출 수 있는 유일한 길은 완전한 전제정치의 확립뿐이다.

영국의 자유를 수호하는 임무를 맡은 사람들이 근년에 이르러 점차로 나타나게 된 자유의 침해를 묵인하고 있는 것은 상술한 바와 같은 더욱 가공할 만한 폐해를 우려했기 때문이라고 생각할 수밖에 없다. 물론 사회적 부패의 영향도 크겠지만, 영국의 지방 지주들이 왕권보다 민중에게서 더욱 큰 위협을 느끼지 않았더라면 천부의 자유권 가운데 일부를 그렇게 안이하게 포기할 리는 없었다고 나는 확신한다. 그들은 폭도들로부터 자신들을 지켜주는 조건으로 정부에 굴복한 것처럼 보였다. 실제로 폭도가 존재하지 않거나 폭도가 생겨날 우려가 없었다면 그들이 이처럼 참담하게 정부에 무릎 꿇는 일은 없었을 것이다.

폭도에 대한 두려움이 인위적으로 부풀려져 정상적인 이해의 범위를 넘어선 면이 있음은 분명 부인하기 어렵다. 그러나 불공정한 사회제도에 대해 불만의 소리가 자주 터져 나오고 평등에 대한 잘못된 주장이 하류계층 사이에서 퍼져나가고 있음을 생각할 때 민중의 목소리(vox populi)에 대하여 아무런 제재를 취하지 않았다면 그것은 신의 목소리(vox Dei)가 아닌 오류와 어리석음의 목소리처럼 들렸을 것이다.

우리의 행동은 환경의 제약을 받지 않아야 한다고 말하는 것은 도덕의 가장 굳건하고 반박 불가능한 원리에 대한 무지를 드러내는 발언이다. 이러한 의식은 때로 불순한 의도에서 생겨난 의견 변화를 은폐하는 데 이용되기도 하지만, 그럼에도 그 반대 원칙을 허용한다면 그보다 훨씬 더 심각한 결과를 낳을 수 있다.

"현재의 사정"이라는 어구는, 내가 믿기로는, 영국의 의회에서 자주 조소의 대상이 되고 있다. 그러나 조소는 그 어구가 실제 적용될 때를 위해 남겨두어야 할 것이다. 어구 자체가 조소의 대상이 될 이유는 없다. 물론 "현재의 사정"이라는 말을 너무 자주 들먹거리는 것은 의심스러운 행위임에 분명하다. 그리고 그 어구가 적용됨에 있어서는 언제나 주의 깊은 경계심이 필요하다. 그러나 그 누구도 현재의 사정 때문에 기존의 의견을 수정했다는 것 그 자체만으로 무턱대고 비난받아서는 안 된다. 어쩌면 지방 지주들이 너무 섣불리 현재의 사정을 가늠하여 자유라는 영국인이 지닌 가장 소중한 가치를 포기해 버린 것인지도 모른다. 그러나 그 선택이 자신이 행해야 하는 의무라는 확신에서 나온 것이라면, 그들의 이러한 행동은 자신의 도덕적 명령에 따른 명백한 윤리적 행위이다.

민간정부에 어느 정도의 권력을 부여할 것인가, 그리고 이를 어떤 기준으로 정하고 따를 것인가는 일반의 편의에 따라 결정되어야 한다. 이 편의를 판단하는 데 있어서는 모든 사정을 특히 여론의 상황과 일반 민중에 널리 퍼져 있는 무지와 망상의 정도를 고려할 필요가 있다. 나라를 사랑하는 정성이 지극한 애국자는 민중이 자기네들의 위치를 자각하여 요구가 관철된 뒤 이에 만족하고 거기서 멈출 줄 안다면 실현 가능한 어떤 특수한 개혁 목적을 달성시키려는 민중의 궐기에 충심으로 협력하게 될 것이다. 그러나 의회·시장 및 독점 자본가를 타도하면 빵값을 낮출 수 있고, 혁명만 성공하면 누구든지 능히 가족을 부양할 수 있게 될 것이라고 맹신하는 사람들이 대다수를 이루는 민중 소요에 대해서는 조금도 지지를 보내서는 안 되며, 도리어 극심한 억압을 가해야 한다고 주장할지도 모른다. 이런 경우 억압을 초래한 것은 정부의 독재적 성향보다도 오히려 하층계급의 무지와 망상 때문이다.

모든 권력이 끊임없이 침략의 경향을 띤다는 것은 논의할 여지가 없는 진리이다. 국민의 자유를 보장하기 위한 필요한 권력의 제한은 언제나 행정부의 사무 집행을 어느 정도 방해하여 지연시킬 것이다. 이와 같은 정부의 관리들이 국가를 위하여 전력을 다해 봉사하고 또한 국민에 대해서 조금도 악의를 품고 있지 않을 때에도 이러한 불편을 느끼게 되면 자연히 모든 기회에 그와 같은 제한의 중지나 폐지를 요구하고 싶게 될 것이다. 그러나 일단 위정자의 편의가 국민의 자유와 충돌할 때, 사건의 진상을 세밀하게 조사해 보지도 않고서 단지 당국자의 그럴듯한 조언과 개인적 인격만을 덮어놓고 믿으려 한다면 영국민의 자유도 종말을 고하고 말 것이다.

그러나 정부는 필요로 하는 권력의 양에 관해서 우리들의 좁은 지식으로 생각하는 것보다 더 잘 알고 있을 것이며 따라서 우리들의 개인적인 판단을 포기해야 한다는 주장을 인정하게 되면 그와 동시에 헌법의 전부를 포기하는 셈이 된다. 자유는 정부 자체에 있는 것이 아니며, 정부 자체만으로 보장될 수 있는 것도 아니다. 우리의 가장 소중한 가치인 자유를 지키는 일에 무관심으로 일관하면서 그저 정부가 대신 지켜줄 것이라 기대하는 것은 대단히 어리석고 비합리적인 태도이다. 앞서 예언한 바대로 영국의 정치가 전제정치로 타락하게 된다면, 정부 관리보다 오히려 지방 지주계급에게 훨씬 더 많은 책임을 물어야 할 것이다.

그러나 공정하게 말하자면 지방 지주계급이 영국의 자유를 수호하는 자신의 직분 가운데 일부를 포기하게 된 까닭은 타락이 아닌 두려움 때문이었다는 점만큼은 인정할 수 있다. 그리고 이러한 두려움의 주된 원인은 일반 대중의 무지와 망상, 그리고 그러한 무지와 망상에 젖은 민중이 혁명을 일으켰을 때 예상되는 결과에 대한 공포에 있을 것이다.

대중에게 널리 보급된 토머스 페인(Thomas Paine)의 《인간의 권리》는 영국의 중·하류계층에게 커다란 해악을 끼쳤다는 주장이 제기되고 있다. 이는 아마도 사실일 것이다. 그러나 그것이 곧 인간에게 권리가 없다거나, 있다 할지라도 알려져서는 안 된다는 뜻은 아니다. 이 책이 해악을 끼치고 있다고 판단한 까닭은 페인이 정부의 원리와 관련하여 몇 가지 근본적인 이론상의 오류를 범하고 있으며, 여러 중요한 논점들로부터 그가 사회구조에 관하여 완전히 무지하고, 영국과 미국의 지역적 차이로 인해 예상되는 도덕적 영향력의 차이를 간과하고 있다는 점이 여실히 드러났기 때문이다. 이른바 유럽에서 폭도라 불리는 것과 같은 유형의 군중은 미국에 존재하지 않는다.

그 나라의 물질적 조건 덕분에 그곳의 재산을 갖지 못한 인구는 상대적으로 소수이다. 그러므로 사유재산을 보호하고자 하는 미국 시민의 의지와 영국 시민의 의지는 그 정도가 다를 수밖에 없다. 겉으로 보이는 폭동의 원인이 무엇이건 간에 모든 폭동의 진정한 원인은 행복의 결여에 있다고 하는 페인의 통찰은 옳다. 하지만 여기서 한 걸음 더 나아가, 이는 정부 제도에 있어서 사회의 근간이 되는 행복을 저해하는 잘못된 요소가 존재함을 증명한다는 식의 그의 주장은, 모든 행복의 결여를 정부의 책임으로 돌리려는 일반적인 오류를 범하고 있다. 행복의 결여는 분명 존재하며, 무지로 인해 생겨난 폭동도 있을 수 있다. 그러나 이는 정부 활동과는 거의 전적으로 무관한 것이다. 역사가 오래된 국가의 과잉인구는 미국과 같은 신생국에서는 찾아볼 수 없는 불행의 요소를 야기한다. 그러므로 페인이 해결 방안으로 제안한 것처럼 조세수입을 빈민계급에 분배한다면, 폐해는 100곱절은 더 커져서 머지않아 아무리 세금을 퍼부어도 밑 빠진 독에 물 붓기의 형국이 되고 말 것이다.

페인의 《인간의 권리》로 야기된 해독을 중화시키는 가장 유효한 방법은 참된 인권에 대한 지식을 널리 보급하는 것이다. 이와 같은 권리가 과연 무엇인가를 설명하는 일이 지금 나의 의무는 아니다. 그러나 여기에 사람이 실제로 갖고 있지도 않으며 또 가질 수 없는데도 마치 갖고 있는 것처럼 일반적으로 생각하는 하나의 권리가 있다. 자기의 노동력을 정당한 대가로 지불하지 않는 경우라도 생존자원을 확보할 수 있어야 한다는 생존권이 바로 그것이다. 영국의 법률은 이런 권리를 가지고 있다는 것을 인정하여 사회로 하여금 정규시장에서는 빵과 일자리를 구할 수 없는 사람들에게 그러한 것들을 부여해야 한다고 규정하고 있다. 그러나 그 계획은 자연의 법칙에 위배되는 것이며, 따라서 그 목적을 이룰 수도 없고, 법률이 구제코자 하는 빈민들은 그들에게 가해지는 비인도적인 기만 때문에 이루 말할 수 없는 참혹한 고생을 맛보게 되는 것이다.

　레날 신부는 일찍이 이와 같이 말한 바 있다. 즉 "일체의 사회입법 이전에 사람은 생존권을 갖고 있었다." 과연 그렇다면 사회적 법률이 성립되기 이전에 사람은 백 살까지도 능히 살 수 있는 권리를 지닌다고 해도 마찬가지로 정당한 것이 된다. 명백히 인간은 다른 사람의 권리를 침해하지 않는다는 전제하에, 백 살까지 살 권리가, 아니 그게 가능하다면, 천 살까지도 살 권리가 있다. 그러나 어떤 경우에든 이는 권리의 문제가 아니라 힘의 문제에 가깝다. 사회적 법률은 그것이 존재하지 않았던 때에 비해서 훨씬 더 많은 사람을 생활할 수 있게 한 점에서 크게 그 능력을 증진시켰으며, 또 그만치 크게 인간의 생존권(le droit de subsister)을 확장시켰다. 그러나 이와 같은 사회적 법률이 성립되기 전과 그 후에 있어서도 생존 가능한 숫자에는 한계가 있었다. 즉 그 이전에도 그 후에도 생존 능력을 상실한 자는 생존권 또한 상실했던 것이다.

　만약 이 주제에 관한 위대한 진리들이 보다 널리 알려진다면, 그리고 자연의 법칙에 따라 인간은 사유재산 제도를 제외한 어떤 다른 사회적 제도와 관련해서도 생존에 대한 사회적 권리를 요구할 수 없다는 것을 하층계급이 확신하게 된다면, 자기의 노동을 생존에 대한 대가로 지불하지 않는 한, 사회제도의 불공정함을 비난하는 악의적인 주장의 대부분은 설득력을 잃을 수밖에 없다. 빈민들은 결코 몽상가가 아니다. 그들은 비록 고통의 진짜 원인이 무엇인지 알지 못하지만 그들이 겪는 고통은 진짜이다. 만일 그와 같은 원인이 그들에게 적절하게 설명되어 현재 그들이 당하고 있는 고통의 어떤 부분이 정부의 책임이며, 또 어떤 부분이 그와 전혀 관계가 없는지를 가르친다면 하층계급의 불평불만도 현재와 같이 빈발하지는 않을 것이며, 설사 빈발한다 할지라도 현재처럼 그렇게 가공할 만한 성공을 거두지는 못할 것이다. 만일 빈민들이 그 진상을 충분히 이해하여 중산층의 선동적인 불평가들의 사회 혁신 계획에 동조하는 일이 자신들의 이익과는 무관하며, 오히려 다른 사람의 야망을 만족시키는 데 불과하다는 것을 알게 된다면, 그와 같은 불평가들의 책동은 더는 근심거리가 되지 못할 것이다. 이리하여 영국의 지방 지주와 재산가들은 안심하고 자유권의 옹호로 되돌아올 수 있게 된다. 따라서 공공의 안전을 위하여 인민의 자유를 나날이 희생시키는 일 없이, 또 민중으로 하여금 아무런 두려움도 주지 않고 단지 그들이 잃어버렸던 지위를 회복시킬 뿐 아니라 시간의 경과와 정계의 파란으로 말미암아 필요하게 된 점진적인 개혁을 단호히 주장하여 영국 헌법이 점차로 붕괴되는 것을 막을 수도 있을 것이다.

정치상의 모든 개선은 상당한 교육을 받은 인사들에 의해서 반드시 착수되는 것인데, 이러한 인사들은 말할 필요도 없이 유산계급 가운데서 발견된다. 소수의 예외는 있겠지만, 유산계급의 대다수는 정부의 권력남용에 대하여 별 관심을 보이지 않는다. 그들은 다만 이러한 문제를 해결하려 한 시도가 오히려 더 큰 폐해를 초래할지도 모른다는 두려움으로 인해 정부에 순종한다. 만약 우리가 이런 두려움을 물리칠 수만 있다면 개혁과 진보는 마치 길거리에서 장애물을 치우거나 길바닥을 새로 포장하거나 가로등을 세우는 것처럼 자연스럽고 순조롭게 진행될 것이다.

삶을 살아가는 동안 끊임없이 우리는 더 큰 폐해를 막기 위해 작은 폐해를 감수할 것을 요구받는다. 그리고 이를 과감하게 적극적으로 행하는 것이야말로 현자의 선택일 것이다. 그러나 어떠한 현자라도 이처럼 더 큰 폐해가 일어날 위험성이 없는데도 굳이 악에 굴복하려 들지는 않을 것이다. 그러므로 대중의 난폭성과 무지로 인한 위험이 사라진다면 전제정부는 결코 존속할 수 없다. 그럴듯한 가림막이 벗겨진, 벌거벗은 전제정치는 그 본래의 추악함을 그대로 드러내게 된다. 근본적으로 허약한 것일 수밖에 없는 그것은 일단 그 본질이 드러나 호소력과 대중 여론의 지지를 잃게 되면 아무런 싸움 없이도 스스로 무너지고 말 것이다. 자신의 이익을 위해 전제정치를 지지했던 소수의 옹호자들은 부끄러워 얼굴을 들지 못할 것이며, 그 어떤 주장으로도 정당화될 수 없는 조직을 옹호해 온 자신을 수치스러워하게 될 것이다.

전제정치의 가장 강력한 지지자는 의심할 바 없이 빈민의 궁핍과 사회의 거의 모든 폐해의 책임을 인위적 제도와 정치의 불공정에 돌리는 선동가들이다. 이와 같은 기만적인 고발과 그것이 대중에 널리 퍼져 영향을 끼침으로써 야기될 끔찍한 결과를 생각해 보면, 어떤 일이 있어도 이들의 활약을 허용해서는 안 된다. 선동에 휩쓸린 사람들의 폭력적인 움직임이 혁명으로 이어질지도 모른다는 두려움(이는 언제나 엄청난 심리적 무게로 기능해 왔다), 그리고 그 혁명이 기존보다 더 끔찍한 폭정을 낳을 가능성이 매우 높기 때문이다. 이러한 근거를 따른다면 자유와 인간 권리의 참된 옹호자는 오히려 기존의 전제적이라 비난받아 온 정부의 수호자 가운데 있을지도 모른다. 더 큰 악을 막기 위해 선하고 도덕적인 이들이 이러한 정치체제를 옹호할 수 있기 때문이다. 그러므로 덮어놓고 정부를 공격하는 사람들은, 그 의도가 어찌 되었건 간에 기성 권력에 더 많은 재능과 원칙의 힘을 실어주는 결과를 초래한다.

지금까지의 논의를 통해서 한 국가가 가장 탁월하고 순수한 원칙에 따라 건설된 정부 아래서 뛰어난 재능과 성실성을 갖춘 정치가들에 의해 통치된다 해도 신중한 인구 억제 노력이 이루어지지 않는다면 극도의 가난과 불행이 사회 전반에 널리 퍼질 수 있다는 사실이 충분히 증명되었으리라 믿는다. 오늘날까지도 불행의 참된 원인에 대한 이해는 매우 부족한 형편이어서, 그동안 행해져 온 여러 사회적 노력들은 불행을 줄이기는커녕 오히려 늘리는 결과만을 가져왔다. 따라서 우리는 어느 사회를 막론하고 하층민의 삶에서 발견되는 빈곤 문제의 대부분은 바로 이러한 사정에서 기인한다는 강한 확신을 갖게 된다.

그러므로 토머스 페인을 비롯한 여러 인사들이 국민의 불행을 근거로 정부를 비난하는 것은 명백히 부당한 처사이다. 우리가 진리와 정의의 이름 앞에서 부끄럽지 않기 위해서는, 그러한 비난을 수용하기 전에 불행의 원인으로서 인구 문제가 얼마나 큰 비중을 차지하는지, 그리고 또 정부에게는 어느 정도로 책임을 물을 수 있는지를 객관적으로 파악하는 일이 우선되어야 한다. 이러한 구분이 확실하게 이루어져 모호하고 날조된 비난들이 제거되고 나서야 정부가 져야 할 책임 범위가 명백히 밝혀질 수 있으며, 또한 이를 계기로 정부가 맡은 책임의 중요성이 부각될 수 있을 것이다. 비록 정부는 빈곤 구제에 있어서 직접적이고 즉각적인 영향력을 발휘하기는 어렵지만, 간접적으로 국민의 번영에 끼치는 영향력은 매우 크다. 무제한적인 인구 증가에 상응하는 식량 생산 증가를 위해 정부가 할 수 있는 일은 거의 없지만 적어도 어떤 형태로든 반드시 실행되어야 할 인구 억제정책 방향에 지대한 영향력을 행사할 수 있기 때문이다. 이전의 논의를 통해 우리는 최악의 학정을 일삼는 전제적인 국가들의 경우 실제 인구가 아무리 적다 하더라도 생존자원량과 비교해 봤을 때 최악의 인구과잉 상태를 보이며 그로 인해 필연적으로 임금 수준 역시 매우 낮을 수밖에 없다는 사실을 명백히 확인할 수 있었다. 그러한 나라에서의 인구억제는 조혼이 사회적으로 일반화되는 것을 막아주는 신중한 분별력과 미래에 대한 통찰에서 비롯된 것이 아니라, 가난에 따른 높은 질병 발병률 및 사망률 덕분이다. 이는 예방적 억제라기보다는 적극적 억제에 가깝다.

신중하고 분별력 있는 태도가 사회에 정착되기 위해서 필요한 가장 중요한 요소는 철저한 사유재산의 보장이다. 그다음으로 중요한 것은 공정한 법률로써 다른 계급과 동등하게 하층계급에게도 존중과 사회적 중요성을 부여하는 일이다. 그리하여 훌륭한 정치가 이루어지는 국가는 빈곤을 벗어나는 유일한 방법인 국민의 분별력 향상 및 도덕성의 고양을 도모한다.

국민이 정치에 일정 부분 참여하는 것이 바람직한데 그 이유는 국민의 대표자만이 진정으로 선과 공정한 법률의 틀을 지키기 위해 최상의 노력을 아끼지 않을 것이기 때문이라고 사람들은 흔히 주장한다. 그런데 동일 목적이 전제정치하에서도 실현될 수 있다면 그 사회 역시 이러한 국민 참여 정치사회와 동일한 이득을 거둘 수 있을 것이다. 따라서 여기서 중요한 것은 대의정치제도가 하층계급에 보다 많은 평등과 자유를 부여하며 각 개인의 존엄성을 향상시키고 또 한편으로는 개인의 일신상의 전락에 대한 두려움을 키움으로써 사유재산의 안전성 향상과 더불어 산업적 의욕을 고취시키고 분별력 향상을 유도하여, 하층계급의 번영 및 부의 증대에 있어서 전제정치보다 훨씬 더 강력한 효과를 발휘할 수 있다는 점이다.

그러나 자유헌법과 훌륭한 정부가 적극적으로 빈곤의 감소를 지향한다 해도, 그 효과는 간접적이고 느릴 것이며, 하층계급이 보통 혁명을 통해 얻을 수 있을 거라 기대하는 직접적이고 즉각적인 빈곤 구제와는 매우 다를 수밖에 없다. 너무나 많은 것을 기대하는 이와 같은 습관과 실망으로부터 야기되는 분노는, 자유를 향한 그들의 노력을 잘못된 방향으로 이끌어 점진적으로 이루어질 수밖에 없지만 충분히 실현 가능한 정치제도 및 생활조건 개선 시도를 번번이 수포로 돌아가게 만든다. 그러므로 정부가 능히 할 수 있는 것과 할 수 없는 것을 분명히 아는 일은 대단히 중요하다. 만일 내가 다음과 같은 질문, 즉 세상의 모든 자유주의자들이 개탄해 마지않는, 자유의 성장이 거의 답보 상태에 머물러 있는 요즘의 현실을 초래한 원인이 무엇이냐는 질문을 받는다면, 나는 사회에 널리 퍼져 있는 불행의 원인을 둘러싼 개념적 혼란, 그리고 안정적인 권력을 확보하기 위해 이러한 혼란을 이용하기 마련인 정부의 존재를 그 원인으로 꼽을 것이다. 따라서 나는 결핍과 불행의 주원인은 정부와 직접적인 관계가 없으며 정부의 힘으로는 이를 해결할 수 없다는 사실, 그리고 오직 빈민계급 스스로의 행동만이 이 문제를 해결할 수 있다는 사실이 세상에 널리 퍼져 이해된다면 이는 정부에 어떤 이득이 된다기보다 차라리 무지에 따른 위험 요소를 제거함으로써 문제 해결에 있어서 대중의 역할이 부각되어 결국 합리적 자유의 이념을 크게 장려하는 효과를 가져올 것이라 확신한다.

7. 빈곤의 주원인에 대한 인식이 시민적 자유에 미치는 영향 (2)

앞 장에서 이루어진 논증은 지난 2, 3년간에 일어난 사건들을 통해 그 타당성이 여실히 입증되었다. 오늘날만큼 하층계급이 정부 개혁이 가져올 결과에 대하여 극단적으로 그릇된 견해를 가졌던 시대는 없었다. 이러한 오류는 빈곤의 주원인에 대한 완전한 오해에서 비롯되었으며, 보다 직접적으로 자유에 부정적인 영향을 미쳤다.

정부에 대한 불만의 가장 큰 이유 중 하나는 일할 능력이나 의지를 갖고 있음에도 불구하고 수많은 노동자들이 전혀 일자리를 구하지 못해 그 결과 생필품을 구매할 여력이 없다는 점이다. 이는 문명 생활에서 우리가 겪을 수 있는 가장 고통스러운 상황 가운데 하나이며, 이로 인하여 하류계급 가운데 불만이 팽배해지는 것은 자연스럽고도 충분히 이해될 만한 일이거니와, 상류계급은 이러한 불행이 영구화되지 않도록 막고 그 폐해를 경감시키기 위해 가능한 모든 노력을 기울일 책임이 있다는 것을 부정할 이는 아무도 없을 것이다. 그러나 이런 상황은 가장 탁월하고 경제적인 정부 행정하에서도 얼마든지 발생할 수 있는 것이며, 이는 국가 자원량의 정체 혹은 감소 시에 정부의 힘만으로는 국가 발전에 요구되는 자원 생산량 증가를 이룰 수 없다는 것만큼이나 명백한 사실이다.

올바른 통치가 이루어지는 국가에서 번영의 시기는 언제든 오기 마련이지만, 그 시기에 발생하는 강력한 부와 인구의 촉진 효과는 그 본질상 영구적일 수 없다. 예컨대 새로운 무역 경로를 개척하고 새로운 식민지를 얻는다거나, 보다 발전된 기계류를 도입하고 농업 기술에 있어서 획기적인 발전이 이루어진다면, 국내외 시장은 손쉽게 유리한 가격에 증가된 생산물을 소화할 것이며 이는 필연적으로 급격한 자본 성장 및 인구 증가를 유도할 것이다. 그러나 상황이 반전되어 어떤 계기를 통해 무역로가 폐쇄되거나 외국과의 경쟁으로 인해 판로가 축소되고, 식민지를 잃거나 똑같은 상품이 다른 나라에 의해 공급되어 시장의 성장이 멈추고 새로운 기계의 발명이 지지부진해지며 농업 발전 역시 정체를 보인다면, 노동 고용 및 자원 공급 능력이 저하되면서 인구 촉진 효과가 최대로 발휘되던 이전 시기의 인구 규모를 더는 지탱할 수 없게 될 것이다. 필연적으로 이러한 결핍 상황은 노동자계급을 극심한 생활난으로 몰고 갈 것이다. 그러나 상황이 이렇다고 해서 반드시 정치의 급진적인 변화가 요구된다고는 볼 수 없으며, 오히려 그러한 변화를 이루려는 시도는 역효과만을 일으켜 사태를 더욱 악화시킬 가능성이 높다.

위의 경우에는 정부가 문제를 악화시키는 어떠한 역할도 하지 않는다고 가정했지만, 이러한 가정은 실제와는 상당한 거리가 있다. 전쟁과 조세를 통해 정부가 야기하는 고통은 매우 크다. 그런데 이러한 고통과 앞에서 가정한 상황에서 자연스럽게 야기되는 고통을 구별해 내는 데는 상당한 기술이 필요하다. 영국의 경우, 분명 이 두 가지 유형의 고통이 한데 결합되어 있지만, 후자보다는 전자의 비중이 더 크다고 볼 수 있다. 직접적인 영향력을 발휘하는 전쟁 및 조세는 자본·생산·인구의 성장을 파괴하거나 정체시키는 경향이 있다. 그러나 최근에 일어난 전쟁이 끼친 부정적인 영향력은 생산을 촉진시키는 여러 복합적인 요인들과 결합되어 도리어 국가의 이익이 되었다. 이처럼 부정적 영향력을 초과하는 여러 긍정적 요인들의 존재는 국가 번영에 있어서 정부의 역할이 결정적인 것은 아니라는 점을 시사한다.

지난 25년간 정부는 평화나 자유에 대하여 그리 큰 애착을 보이지 않았고 국가 자원을 소비하는 데 있어서도 경제성을 고려하지 않았다. 정부는 그동안 막무가내로 막대한 양의 자금을 전장에 쏟아부었고, 이를 위해 세금을 과중하게 부과했다. 또한 정부가 국가 자원의 부족 현상을 초래하는 데 커다란 역할을 했다는 것은 명백한 사실이다. 그러나 그럼에도 불구하고 관찰자가 불편부당한 눈으로 직시해야 할 한 가지 사실은, 1814년 전쟁이 종식되었을 때도 국가 자원은 고갈되지 않았으며 오히려 나라의 부와 인구가 개전 초기에 비해 유례없는 속도로 현저하게 성장했다는 점이다.

아마도 이는 역사상 가장 보기 드문 사실 가운데 하나로 간주될 만한 것이다. 그런데 이로부터 확실히 다음과 같은 결론이 나오게 된다. 즉 종전 후에 나타나는 국내의 궁핍 상태는 전쟁과 과세로부터 보통 예상됐던 자연스러운 결과라기보다는 오히려 생산에 대한 강력한 자극원이 갑작스럽게 사라졌기 때문이며, 무거운 조세 부담이 사태를 악화시킨 면은 있겠지만 결코 그러한 상황을 초래한 근본적인 원인이라고는 할 수 없다. 따라서 과중한 세금의 부과를 철폐한다 해도 곤궁 상태는 직접적으로 또는 즉시로 구제되는 것은 아니라는 사실이다.

자신들이 겪는 곤궁을 초래한 주원인이 상당 부분, 그리고 상당 기간 치유 불가능하다는 사실을 노동계급이 제대로 인식하지 못하는 것은 일견 당연한 현상이다. 또한 그들이 불쾌한 진리만을 이야기하는 사람들보다는 당장에 그 효과를 드러낼 수 있는 구제를 확약하는 사람들의 말에 기꺼이 귀 기울이고자 한다는 사실도 결코 놀랄 일은 아니다. 그러나 대중 연설가와 작가들이 이런 면을 십분 이용해 왔다는 것은 부인할 수 없는 사실이다. 한편으로는 무지로 인해, 또 한편으로는 다분히 의도적으로, 노동자계급이 그들이 처한 상황의 진실을 알게끔 일깨워 줄 수 있는, 그리하여 그들로 하여금 불가항력적인 현재의 무게를 묵묵히 견뎌내도록 용기를 불어넣어 줄 모든 것들이 철저히 은폐되거나 요란한 비난의 표적이 되어왔다. 또한 반대로, 그들을 기만하고 불만을 북돋아 정치적 개혁을 통한 구제에 대한 이치에 맞지 않는 터무니없는 기대감을 품게 하는 모든 것들은 철저히 부각되었다.

이러한 사정에 따라 제안된 개혁이 현실화된다면 그 결과는 참혹한 실망감으로 되돌아올 것이다. 보통선거와 의회 제도하에서 대중의 실망감은 또 다른 정치 실험을 초래할 것이며 이러한 정치 실험은 결국 군사독재로 귀결될 때까지 멈추지 않을 것이다. 진정으로 자유를 사랑하는 이들이라면 이러한 전망에 위기감을 느끼지 않을 수 없을 것이다. 그리고 적어도 그러한 최악의 결과에 이를 것이 분명한 이론에 동조하거나 협조하려 들지는 않을 것이다.

만약 그들이 정치혁명을 주장하는 절대다수인 탄원자들의 감정에 맞서 온갖 어려움을 무릅써가며 보다 온건하고 실용적인 개혁을 단행하고자 한다 하더라도, 그들은 곧 대중이 어쩔 수 없이 느껴지는 좌절감을 불철저한 개혁 탓으로 돌린 나머지 보다 급진적인 변화를 추진하도록 자신들을 압박할 것이며, 불만이 해소되지 않은 상황에서 대중의 변덕스러운 기대감을 자아내는 만병 통치약 같은 정책을 시도하지 않은 채 자신들이 얼마간 멈춰 있는 듯 보이기만 하면 금세 대중의 지지와 영향력을 잃게 될 것이라고 절실히 느끼게 될 것이다.

이러한 전망은 자연스럽게 자유를 사랑하는 뜻있는 이들의 노력 의지를 얼어붙게 만들며, 그에 따라 시대의 결함을 보완하고 헌법 조직을 개선하는 데 반드시 필요하다고 인정되는 내실 있는 건전한 개혁 작업은 훨씬 더 많은 어려움에 봉착하게 되고 그 결과 실현 가능성도 크게 낮아질 수밖에 없다.

그러나 민중지도자에 의해 제안된 허위적인 기대와 망상적인 요구는 과격하거나 온건한 일체의 개혁안을 일축해 버릴 수 있는 빌미를 정부에게 제공했을 뿐 아니라 헌법 그 자체에 대한 가장 치명적인 공격 수단을 제공했다. 이들은 자연스럽게 불안감을 조장하게 되고 그 결과 온건한 개혁을 방해하게 된다. 한번 생겨난 불안감은 끝없이 증폭되고 그 원인은 과장되기 쉽다. 그렇게 필요하지 않은데도 불구하고 민중의 자유를 해치는 법령이 제정된 것은, 과장된 언론과 이 언론으로부터 추론되는 과장된 공포의 영향이 있었기 때문이라고 믿어진다.

또 과장된 공포심을 자아내게 하여 이런 법령을 통과시키게 한 힘은 의심할 바 없이 민중의 터무니없는 큰 기대에 의해서 제공된 것이다. 그리고 현시대는 빈곤의 주원인에 대한 무지가 민중의 자유에 부정적인 영향을 끼치며, 그에 대한 올바른 인식은 긍정적인 영향을 끼친다는 이론의 진실성을 더없이 명백하게 증명해 보이고 있다.

8. 구빈법의 점진적 폐지

앞에서 논의한 여러 원칙들이 충분한 검증을 거쳐 그 타당성을 인정받고 우리가 이에 따라 행동해야 할 의무감을 느낀다면, 이제 우리가 연구해야 할 것은 그에 대한 구체적 실천 방향이다. 영국에 있어서 가장 큰 장애물은 구빈법 제도인데, 이로 인한 폐해를 비교해 보면 큰 우려를 낳고 있는 국가 채무는 거의 사소한 문제로 느껴진다. 최근 몇 년간 계속된 구빈세의 급격한 증가는 예술과 농업 및 상업의 번영과, 온갖 시련을 이겨낸 가장 발전된 정치제도를 향유하는 국가라 하기엔 믿겨지지 않을 만큼 영국의 빈곤층 비율이 높다는 예측을 가능케 한다.

이러한 전망에 충격을 받아 문제 해결을 열망한다 하더라도, 그 해악이 이미 뿌리 깊게 퍼져 있고 구빈법이 제공하는 구제 범위도 대단히 광범위하기 때문에 인간애를 가진 사람이라면 차마 일거에 이를 폐지하자고 주장하지는 못할 것이다. 구제법을 현재의 방침대로 유지해 나간다면 그 규모는 끝없이 팽창할 것이 분명하기 때문에, 이 팽창을 억제하고 영향력을 완화시키기 위하여 현재의 세율 혹은 임의의 세율을 설정하여 징수 총액을 일정하게 고정시키고, 어떠한 경우에도 이 액수 이상은 징수할 수 없게끔 제도화해야 한다고 주장하는 사람도 있다. 이를 반대하는 자들은 여전히 도움이 필요한 수많은 사람들이 존재하며, 이를 위해서는 앞으로도 막대한 액수의 자금이 필요하다고 주장한다. 무엇보다 빈민들은 이러한 구제법의 개정을 쉽게 받아들이지 못하리라는 것이다.

곤궁을 겪는 이라면 누구든 자신도 다른 이와 마찬가지로 구제법의 혜택을 받을 권리가 있다고 생각할 것이다. 또한 구빈원 기금이 고정된 이후 불행하게도 곤궁에 처한 사람은 다른 이들은 구제법의 혜택을 온전히 다 받은 데 비하여 자신만 불공평하게 취급당한다고 생각하게 될 것이다. 징수된 총금액이 도움을 필요로 하는 모든 이들에게 분배될 때, 세금 고정 조치 이후 경제적 자립을 이룬 이들은 이러한 조치를 불공평하다고 여기지 않을지 모르지만, 그동안 원조를 받는 것을 당연하게 여겨왔던 이들은 이를 매우 가혹한 처사로 받아들일 것이다. 또한 계속 늘어만 가는 빈곤층에 대한 부양의 책임을 고스란히 짊어지고 부족한 물자를 다른 이와 나눔으로써 결국엔 모든 이들이 똑같이 굶주림과 질병으로 죽어갈 운명을 감수해야 하는 것은 명백히 부조리한 일이다.

그동안 나는 구빈법 문제에 대해서 숙고에 숙고를 거듭해 왔고, 그에 따라 이제 구빈법의 점진적 폐지를 감히 제안하고자 한다. 아울러, 현재까지는 이런 나의 제안에 반대가 될 만한 어떠한 근거도 찾을 수 없음을 밝히는 바이다. 나는 거의 확신을 가지고 말할 수 있거니와, 우리가 진정으로 구빈법이 낳은, 사회에 만연한 폭압·노예근성·게으름·불행과 같은 폐해의 심각성을 완전히 인식하고, 이를 해결하기 위해 진지하게 노력하고자 한다면, 적어도 내가 주장하는 바의 대의—비록 그 구체적 방안을 그대로 따르지는 않는다 하더라도—를 따르는 것이야말로 정의의 명령에 부합하는 길이라 할 것이다. 이러한 원리를 따르지 않고서, 또한 이와 같은 제도 기관이 급속도로 확장되어 감에도 여전히 목적한 바를 충족시키지 못하게 만드는 뿌리 깊은 원인에 대응하지 않고서 그토록 광범위하게 퍼져 있는 구호 제도를 단번에 제거한다는 것은 인도주의를 저버리지 않고는 불가능한 일이다.

구제기금의 증가를 막고 감축하는 등 현 제도의 대폭적인 수정을 단행하기 이전에 그 선행 작업으로서 빈민의 구제 청구권을 공식적으로 무효화시키는 조치가 정의나 명예의 측면을 감안해 보더라도 필요할 것으로 보인다.

그런 맥락에서 구제 청구권 폐지가 발효된 뒤 1년 이상 지난 시점에 이루어진 결혼을 통해 태어난 아이와 2년 이상 경과된 시점에 태어난 사생아 등에 대하여 교구 보조금 지급을 중단한다는 내용의 법안이 제정되어야 한다. 그리고 이 법안에 대한 지식을 널리 보급하여 하층계급의 마음에 깊이 각인될 수 있도록 각 교구의 성직자들은 법안 공포 이후 설교를 통해 그 내용을 전달해야 하며, 아울러 자녀 부양 의무의 중대성을 강조함으로써 자녀를 부양할 능력이 되지 않음에도 결혼을 하는 것이 얼마나 부적절하며 심지어 부도덕한 행위인지를 깨닫게 해야 한다. 또한 전적으로 부모에게 맡겨져야 할 자녀 부양을 공적 제도가 지원함으로써 빈곤층에서 그릇된 문화가 만연하고 있으며, 따라서 본래 취지와 거리가 먼 결과만을 내는 비효율적인 모든 원조 제도는 반드시 폐지해야 한다는 것을 확실히 인식시켜야 한다.

이는 어느 누구도 오인할 수 없는 공평하고 명료하며 정확한 경고로 작용할 것이다. 또한 이로써 특정 개인들에게 짐을 지우지 않고도 정부와 부자에게 무작정 의존하는 비참하고 무력한 빈민들의 습성을 떨쳐낼 수 있을 것이며, 그로 인해 얻는 이득은 물질적인 면은 물론 도덕적인 면에 있어서도 헤아릴 수 없을 만큼 클 것이다.

내가 제안한 바대로 공적인 고지가 이루어지고 구빈법 제도가 다음 세대부터 그 효력이 정지된다면, 설령 가족 부양 능력에 대한 전망 없이 결혼을 선택한 남자가 있다 하더라도, 그에겐 그렇게 행동할 자유가 있다. 이런 경우 결혼은, 나의 의견으로는 명백히 비도덕적인 행위이지만, 사회가 나서서 저지하거나 처벌할 수 있는 행위는 아니다. 그런 행동을 한 자에게 자연의 법칙이 내리는 처벌은 직접적이고 매우 엄중한 것이지만, 그것이 사회에 미치는 영향력은 거의 희박하기 때문이다. 자연이 우리를 대신하여 지배하며 또한 처벌하는데도, 자연의 손으로부터 채찍을 빼앗아 스스로 형의 집행자가 되겠다고 하는 것은 가소롭기 짝이 없는 어리석은 야심이라 할 것이다.

따라서 그에 관해서는 자연의 처분에, 즉 궁핍이라는 자연의 징벌에 맡기면 된다. 그는 가장 명백하고 분명한 경고에도 불구하고 잘못을 저질렀기 때문에, 그에 따른 결과에 대해서는 자신 말고는 어느 누구도 원망할 수 없다. 그에 대한 교구 보조는 불가하다. 그리하여 그의 운명은 불확실한 개인 자선가의 손길에 내맡겨질 것이다. 그는 그와 그의 가족이 겪는 고통은 거듭된 경고에도 불구하고 신의 율법이라 할 수 있는 자연의 법칙을 어긴 죄로 인하여 받게 된 징벌이며, 따라서 그에겐 자신의 노동으로 얻은 것 외에는 아주 작은 양의 식량이라도 사회에 요구할 권리가 없고, 그와 그의 가족이 무분별한 그의 행동에 따른 징벌로부터 구제받을 수 있는 길은 오직 인정 많은 일부 자선가들의 동정 어린 손길에 달려 있으므로, 그러한 도움의 손길에 진정한 감사를 느껴야 한다는 것을 배워야 한다.

이와 같은 제도적 상황이 마련된다 해도 자선가의 의지와 능력이 미치지 못할 정도로 극빈자의 수가 많아질 것이라 근심할 필요는 없을 것이다. 아마도 개인적 자선 활동의 영역은 현재보다 크게 확대되지는 않을 것이다. 가장 큰 어려움은 자선이 궁핍에 처한 모든 이들에게 무차별적으로 돌아감으로써 게으름과 미래를 생각지 않는 안일한 사고를 조장할 수 있으므로 이를 적절히 규제하는 일이다.

사생아의 경우에도 충분한 고지가 이루어진 뒤부터는 교구 보조 청구권을 인정치 않고 전적으로 개인 자선가의 원조에 맡겨야 한다. 부모가 아이를 유기한다면 그들은 그 범죄에 합당한 대가를 치러야 한다. 상대적으로 유아는 사회에 큰 가치가 없다. 왜냐하면 그들의 결원은 곧 다른 어린이들로써 보충되기 때문이다. 유아의 가장 우선적인 가치는 인간 본성의 가장 행복한 감정들 중 하나인 부모로서의 애정을 충족시켜 주는 대상이 된다는 데 있다. 그러나 이러한 기쁨을 누릴 수 있는 유일한 사람들(즉 부모)이 이를 저버린다고 해서 사회가 그들을 대신해야 할 의무는 없다. 따라서 자녀 부양 의무를 지닌 부모가 범한 유아 유기 또는 고의적 학대의 죄를 처벌하는 것 외에 사회가 유아 보호에 관여할 필요는 없다.

현재 사생아는 교구의 보호하에 있지만 적어도 런던시의 경우 그중 많은 아이들이 첫해에 사망한다. 이는 사회에도 똑같이 손실이다. 그런데도 이 범죄는 관련된 이들이 워낙 많아서 그리 심각한 것으로 여겨지지 않으며, 아이들의 죽음은 맡은 바 책임을 다하지 못한 부모들의 잘못에 따른 필연적인 결과가 아니라 신의 뜻에 의한 것으로 간주된다.

그러나 부모 양쪽이 다 아이를 버리는 경우는 부모 중 한쪽이 아이를 버리는 경우보다는 드물다. 하인이나 노동자의 경우, 이들은 사생아를 버리는 것을 마치 당연한 일처럼 여긴다. 또한 아내와 많은 자식을 둔 남성이 가족을 교구에 떠맡긴 채 먼 지방으로 도망가는 일도 드물지 않게 일어난다. 실제로 나는 고된 노동에 시달리던 한 선량한 남성이 자신의 아내와 여섯 아이를 먹여 살리기 위해 이처럼 도망해 버리겠다고 말하는 것을 들은 적이 있다. 만약 빈번히 일어나는 이러한 도망 사건이 해외와 관계된다면, 영국인에 대한 엉뚱한 억측이 생겨날지도 모른다. 그러나 이러한 억측은 영국 공공단체가 어떤 상황인지를 알게 되면 곧 사라질 것이다.

자연의 섭리에 따라 아이는 직접적으로, 그리고 독점적으로 부모의 보호 아래서 성장한다. 또한 마찬가지 원리로 아이의 어머니는 아이의 아버지, 즉 남편의 보호에 의지한다.

이러한 관계가 자연의 섭리대로 유지되고, 아내와 자녀의 부양 책임이 온전히 자신에게 있음을 남성이 확실히 깨닫는다면, 이 세상에 자기의 처자를 내팽개칠 만큼 비정한 인간은 얼마 되지 않을 것이다. 그러나 영국의 법률은 자연의 섭리에 역행하여, 부모가 아이를 포기하면 다른 이들이 그 아이를 대신 부양하게 할 것이며, 여자가 남편을 잃으면 다른 보호처를 마련해 줄 것이라 말한다. 다시 말해서 우리는 자연의 결속을 약화시키고 무력화시키는 가능한 모든 노력을 다 하고 있으면서도, 동시에 사람들이 자연의 섭리를 거스르고 있다고 말하고 있는 것이다. 그러나 실상 자연의 섭리를 거스르는 존재는, 인간의 가장 탁월하고 명예로운 감정을 파괴하도록 유도하는 법률을 제정하는 정치체로서의 사회 그 자체이다.

사생아의 아버지가 붙잡힐 경우 대부분의 구빈원에서는 감옥에 보내겠다는 협박을 동원하여 그를 억지로 결혼시키려 드는 게 보통인데, 이는 비난받아 마땅한 처사이다. 첫째, 이는 구빈원 담당자들의 얄팍한 편법에 불과하다. 그런 식으로 결혼을 성사시킨다면 현재의 제도적 환경을 감안할 때, 도리어 구빈원이 부양을 책임지게 될 아이가 하나에서 서넛으로 느는 결과를 가져올 것이다. 둘째, 이는 혼례라는 종교적 예식의 신성함을 훼손하는 중대한 모독행위이다. 강제적 결혼을 통해 부인의 타락한 품성이 회복되고, 또 신 앞에서 거짓 서약함으로써 남자의 도덕적 가치가 높아질 것이라 믿는 사람들은, 품성과 도덕에 관하여 우리들이 지금까지 올바른 것으로 배워왔던 것과는 상당히 다른 관념을 갖고 있음에 틀림없다. 결혼 약속을 빌미로 여자를 기만하고 관계를 맺는 남자는 의심할 바 없이 극악한 인간이며, 그에 대해서는 마땅히 그 어떤 범죄보다 엄중하게 처벌해야 한다. 그런 자로 하여금 한 번 더 거짓을 서약케 하여 부인을 곤궁 속에 빠뜨리고 가난한 일가의 부양을 사회에 부담케 하는 것은 결코 권장할 만한 선택이 아니다.

모든 남성은 사생아건 아니건, 자신이 낳은 아이를 부양할 의무가 있기 때문에 이를 장려하기 위해 사회적 강제력을 행사하는 것은 합당한 처사라 할 수 있다. 그러나 나는 그 성격이 아무리 종교적일지라도 사회적 강제력을 행사하는 것은 어디까지나 반쪽짜리 해결책에 불과하며, 그보다는 다음과 같은 사실, 즉 자녀를 부양하는 것은 전적으로 부모의 책임이며, 부모에게서 버려진 아이들은 우연적인 개인의 자선행위에 그 운명을 맡길 수밖에 없다는 사실을 세상에 널리 알려 일깨우는 것이 온전한 해결책이라 생각한다.

　죄 없는 아내와 자식이 아버지의 잘못된 행동으로 인해 고통받아야 한다는 사실을 받아들이기 힘든 건 사실이다. 그러나 이는 불변하는 자연의 섭리에 따른 것이며, 이를 분명히 깨닫고 다시금 고찰해 봄으로써 이 문제에 대한 제도적 해결책을 마련하기에 앞서 우리가 나아가야 할 방향을 명확히 정립해야 할 것이다.

　하느님이 십계명을 통해 아버지의 죄로 인해 그 자녀가 화를 입으리라 선언하신 것을 들어 하느님의 선의에 의문을 제기하는 사람들이 종종 있다. 그러나 이러한 비난은 짧은 생각에서 나온 것이다. 인간 본성이 근본적으로 완전한 변혁을 이루지 않는 한, 인간이 천사가 되지 않는 한, 혹은 적어도 현재 모습과는 완전히 다른 어떤 존재로 변화하지 않는 한, 그러한 신의 율법은 계속되어야 한다. 부모의 행동에 자식이 도덕적으로나 사회적으로 영향받지 않도록 하기 위해서는—일견 모순적으로 들리는 표현이지만—항구적인 기적이 필요하지 않을까? 부모의 품에서 자란 이들 가운데 부모의 미덕으로부터 장점을 취하고 부모의 악덕으로부터 해를 입지 않은 이가 존재할 수 있을까? 부모의 침착성, 정의감, 자애로움, 자제력 등의 미덕으로부터 성숙의 자양분을 얻어 고상해지거나, 또는 그러한 미덕의 결핍으로 인해 천박해지지 않는 이가 있을까? 부모의 평판, 통찰력, 근면성, 재산 등으로 인해 사회적 조건이 높아지거나 부모의 인품 부족, 경솔함, 게으름, 궁핍 등으로 인해 사회적 조건이 낮아진 이들이 없을까? 그리고 이처럼 부모의 행위가 자식에게 결정적인 영향을 끼친다는 사실을 이해할 때, 이는 도덕적인 행위를 자극하고 고무시키는 데 얼마나 크게 기여할 것인가?

　만일 부모가 그러한 확신을 품고 살아간다면, 자녀들의 교육과 양육에 얼마나 혼신의 노력을 다할 것인가! 또한 남자가 자신의 아내와 자녀들을 나 몰라라 내팽개쳐도 아무런 불이익을 받지 않는다면, 아내에 대한 애정이 별로 없거나 부부 관계라는 족쇄에 지친 얼마나 많은 남성들이 가사와 온갖 부양의 의무를 벗어던지고 독신 남성으로서의 자유로운 생활로 돌아가려 할 것인가! 하지만 부모의 잘못으로 인해 자식이 고통받는다는 사실을 분명히 자각할 때, 이는 악덕에 대한 강한 억제력으로 기능한다. 자신의 삶에 대해 아무리 태연한 태도를 지닌 사람일지라도 이러한 자각이 있는 자라면 자신의 악덕과 어리석음으로 인하여 자식들이 해를 입지 않을까 노심초사하게 되는 것이다. 그러므로 부모의 죄로 인해 그 자녀들까지 화를 입는 것은 세상의 도덕 질서를 위해 필요한 요소라 할 수 있다. 이러한 자연의 섭리를 제도적으로 해결하여 보다 나은 사회를 만들 수 있다는 망상은 인간의 지나친 오만에서 생겨난 크나큰 오류임을 우리는 곧 깨닫게 될 것이다.

만약 내가 제안한 계획이 적용된다면, 몇 해 안으로 구빈세는 크게 줄어들기 시작하여 머지않아 완전히 사라질 것이다. 그리고 이로 인해 기만당하거나 피해를 입는 사람은 한 사람도 없을 것이며, 따라서 불만을 제기할 여지도 없을 것이다.

구빈법 폐지 그 자체만으로는 충분치 않다. 그러나 이 제도를 지나치게 중요시하는 사람들에게는 이러한 법률이 행해지고 있지 않은 다른 나라의 빈민 상태를 주의 깊게 관찰하여 이를 영국의 빈민 상태와 비교해 보라고 말해주고 싶다. 물론 이러한 비교는 여러 면에서 부정확할 것이며, 제도의 유용성 여부를 결정짓는 자료는 될 수 없을 것이다. 영국은 매우 큰 자연적, 정치적 장점을 지닌 나라이며 비교 대상 가운데 이런 측면에서 영국을 능가하는 국가는 찾아보기 어렵다. 영국의 토양과 기후는 매우 뛰어나기 때문에 일부 국가들에서 벌어진 것과 같은 전국적인 대흉작은 결코 일어나지 않는다. 섬나라라는 지리적 조건과 광범위한 영역에 걸친 무역은 특히 수입에 유리하다. 거대한 제조업 산업은 농업 종사자 외의 거의 모든 인력을 흡수하며, 해마다 토지 및 노동생산물을 전 국민에게 안정적으로 분배하는 역할을 한다. 그러나 무엇보다도 영국의 가장 큰 강점은 편의 및 기호 상품에 대한 확고한 수요가 존재하고 대다수 국민이 생활환경을 향상시키려는 강렬한 의지―이는 번영의 가장 큰 원동력이다―와 근면성, 미래 지향적 사고를 갖고 있다는 점이다.

전제국가 국민들에게서 찾아볼 수 있는 무력하고 게으른 성향과 뚜렷한 대조를 이루는 이러한 영국 국민의 성향은 개인의 경제 활동을 보장하는 영국 정치제도와 법률의 우수성 덕분이다. 그러므로 다른 나라에 비해 영국 빈민층의 사정이 보다 양호해 보이는 것은 이러한 영국의 여러 장점들 때문이지 구빈법이 시행되기 때문이 아니다. 여자 얼굴의 어느 부위가 다소 못생겼더라도 다른 부위는 다른 여자보다 훨씬 더 아름다울 수 있다. 그러나 그렇다고 해서 그녀의 아름다움이 바로 그 못생긴 부위 덕분이라고 주장할 수는 없는 노릇이다. 그동안 구빈법은 영국의 자연적, 문화적 장점들을 끊임없이 갉아먹어 왔다. 다행히 영국이 가진 장점들은 그 악영향으로 인해 많이 약화되긴 했으나 여전히 남아 있다.

결혼 억제와 더불어 영국의 법률 제도가 일구어낸 이러한 이점들 덕분에 영국은 그처럼 오랜 세월 동안 구빈법과 같은 암적인 제도의 영향에도 불구하고 유지될 수 있었던 것이다. 혁명 이전 시대의 네덜란드를 제외하고 이처럼 오랜 기간 동안 구빈법과 같은 제도를 시행해 오면서도 완전한 붕괴에 이르지 않을 수 있는 나라는 어디에도 없을 것이다.

아일랜드에서도 구빈법을 시행할 것을 주장하는 이들이 있었다. 그러나 그 지역 일반 대중의 침체된 경제 여건을 보건대, 구빈법이 시행되기가 무섭게 그 지역의 토지재산 전부가 매각되거나, 그렇지 않으면 구빈법 제도 자체를 포기해야 하는 상황이 올 것이다.

스웨덴은 기후가 좋지 않아 기근이 잦고 또 나라가 가난하여 대규모 수입이 불가능하기 때문에, 스웨덴에서 영국에서와 같은 교구 구빈 제도를 실시한다면 (현실적으로 시행이 불가능함을 깨닫고 곧바로 폐기되지 않는 한) 왕국의 재정은 완전한 붕괴에 이를 것이며, 사회제도 역시 큰 혼란에 빠져 국가를 이전 상태로 회복시키는 데 결정적인 걸림돌로 작용하게 될 것이다.

프랑스는 유리한 환경조건 및 기후를 가졌지만 인구가 폭발적으로 증가하는 추세인 데다가, 하류층의 미래를 내다보는 통찰력이 크게 결여되어 있다. 따라서 프랑스에 구빈법이 실시된다면 조세 부담으로 인해 토지재산은 머지않아 파탄 상태에 이르고 그 결과 국민의 고충은 더욱 늘어날 것이다. 이러한 사정을 고려하여 걸인대책위원회(Comité de Mendicité)가 당시 구빈 제도 시행 제안을 부결한 것은 참으로 적절한 조치였다.

그나마 네덜란드가 예외적인 경우인데, 이는 네덜란드가 매우 왕성한 대외 무역국가이기 때문이다. 또한 비좁은 영토와 보건에 취약한 환경조건으로 인해 평균사망률이 다른 나라들에 비해 매우 높은 편이지만, 이를 상쇄해 줄 만큼 해외 정착민 숫자가 많기 때문이다. 네덜란드가 빈민 관리의 탁월성으로 명성이 높고, 구제를 원하는 모든 이들에게 일자리를 제공하고 원조를 제공할 수 있는 것은 바로 이러한 원인들에 힘입은 바 크다.

독일의 경우 대규모 구빈 제도를 운영할 만큼 재정이 풍부한 지방은 한 군데도 없다. 그러나 이러한 구빈 제도의 부재 덕분에 오히려 적어도 일부 지방 독일 하류층의 생활 형편은 영국 하류층보다 나은 편이다. 마찬가지 이유로, 최근 시련을 겪고 있긴 하지만 그 이전 시기 스위스 하류층의 생활 수준은 전반적으로 영국의 하류층보다 높았다. 또한 내가 덴마크령인 홀슈타인과 슐레스비히 지방을 여행하면서 관찰한 바에 의하면, 그곳 하류층의 주택은 영국 하류층 주택보다 훨씬 더 양호하고 깨끗할 뿐 아니라 비참할 정도의 가난한 흔적도 거의 찾아볼 수 없었다.

노르웨이는 험악한 기후라는 불리함을 안고 있음에도 불구하고, 내가 그곳에 머문 수주일 동안 얻은 약간의 견문과 사람들에게서 수집한 지식에 비추어 보면, 그곳의 빈민은 대체로 영국의 빈민보다 풍족한 생활을 영위하고 있는 것 같다. 그들의 주택과 의복은 상당히 우수했으며 비록 흰 빵은 구하지 못해도 고기와 생선, 우유 등은 영국의 노동자들보다 풍족했다. 특히 농민의 자녀들은 영국 농민의 자녀들보다 훨씬 더 건강해 보였다. 그곳의 토양과 기후를 감안할 때 예상을 넘어서는 이러한 높은 수준의 행복은 거의 전적으로 예방적 인구 억제에 따른 결과라고 보아도 무방하다. 이러한 억제력을 파괴하는 구빈법이 실시된다면 하류층은 극도의 궁핍 상태에 빠져들 것이다. 산업은 침체될 것이고, 따라서 토지 및 노동생산량도 줄어들 것이다. 기근 타개 능력이 약화되어 나라 전체가 끊임없는 기근의 공포에 시달리게 될 것이다.

아일랜드와 에스파냐, 그리고 남방 기후의 여러 나라들에서 볼 수 있듯이 미래를 생각지 않고 무분별하게 자식을 낳는 국민들이 사는 낙후된 국가의 경우 구빈법의 존재 유무는 그다지 중요하지 않다. 그곳에선 온갖 형태의 비참이 인구 증가를 억제하는 주된 요인으로 기능할 것이다. 실질적으로 구빈법은 국가의 전체 자원을 감소시킴으로써 사태를 더욱 악화시키기만 한다. 그리하여 구빈법 체제는 결코 오래 지속될 수 없다. 극단적인 가난과 비참은 구빈 제도의 존재 유무와는 상관없이, 어떤 인간의 방법과 노력으로도 해결될 수 없는 것이다.

9. 인구에 관한 잘못된 통설을 바로잡는 방법

　인구 증가를 부추기는 일체의 제도를 폐지시키는 것만으로는 불충분하다. 그와 아울러 인구 증가에 그 이상의 지대한 영향을 미치는 인구에 관해 널리 퍼져 있는 잘못된 통설을 바로잡아야 한다. 이는 오랜 기간이 요구되는 작업이다. 또한 이를 성공시키기 위해서는 많은 서적과 담화를 통해 인구에 관한 올바른 관념을 전파하는 한편, 인간의 의무는 단지 자손 증식이 아니라 도덕과 행복을 증대시키는 데 있다는 것, 그리고 이를 실현할 전망이 보이지 않는다면 함부로 자식을 낳아서는 안 된다는 것을 사람들의 마음에 확실하게 각인시켜야 한다.

　상류계급의 경우 잦은 결혼에 대해 그다지 우려할 이유가 없다. 물론 결혼 문제에 관한 올바른 관념이 정착된다면, 상류계급 역시 이득을 얻게 되고, 많은 불행한 결혼을 미연에 방지하는 데 기여할 것이다. 그러나 이와 같은 목적을 위해 특별한 노력을 기울이지 않더라도, 상류계급은 교육 및 신분과 결부된 자존심과 독립심으로 인해 결혼에 대한 예방적 억제를 스스로 실천하고 있다고 단언할 수 있다. 사회가 사회 구성원들에게 정당하게 제기할 수 있는 유일한 요구 사항은 부양 능력이 없으면 가정을 꾸리지 말라는 것뿐이다.

　이는 적극적 의무로서 온당히 받아들여질 수 있을 것이다. 이를 넘어서는 일체의 규제는 각자의 선택과 취향에 따라 고려되어야 한다. 그리고 우리가 알고 있는 상류계급의 생활습관에 대해 생각해 보면 알 수 있듯이, 이러한 목적을 달성하기 위해서는 독신 여성들에게 보다 많은 존경과 개인적 자유를 부여하여 기혼 여성에 근접한 대우를 받을 수 있도록 배려해야 한다. 이는 특정 목적을 떠나 공정성의 원칙에 따른 당연한 요구이기도 하다.

　상류계급 사이에서 결혼에 대한 예방적 억제가 그 목적한 바를 별다른 어려움 없이 충분히 이룰 수 있다면, 이 문제의 가장 중심을 이루는 하층계급에 있어서도 목표 실현을 위한 가장 확실한 방법은 올바른 지식과 미래에 대한 통찰을 그들에게 전파하고 주입시키려 노력하는 것이다.

애덤 스미스가 제안한 바 있는 계획과 유사한 방식으로 교구 교육 제도를 확립하는 것은 이를 추진하는 가장 효과적인 방법이 될 수 있다. 기존의 일반 교과목과 애덤 스미스가 제안한 과목 외에 별도로 인구 원리가 하류층의 삶에 지대한 영향을 끼친다는 사실, 그리고 그들의 행불행은 그들 자신의 행동에 의해 결정된다는 사실을 반복적으로 강조, 교육해야 한다. 그러나 이때 결혼의 필요성을 다소라도 낮게 평가하는 것은 불필요할 뿐 아니라 적절하지도 않다. 오히려 사실 그대로 결혼 생활이야말로 인간성에 가장 적합한 것이며, 행복을 증진시키고 죄악에 빠질 유혹을 제거하는 데 현저한 효과가 있다는 사실을 끊임없이 설명해야 할 것이다. 동시에 재산과 기타 소요되는 목적물과 마찬가지로, 결혼은 적어도 일정한 조건하에서가 아니면 그 가치를 발휘할 수 없다는 사실도 역시 배워야 할 것이다. 그리하여 결혼의 필요성과 더불어 가족을 부양할 수 있는 능력을 갖추게 될 때 비로소 결혼의 참된 행복을 맛볼 수 있다는 사실을 인식시키는 것은 젊은이들이 결혼 전에 근면 성실의 습성을 키우는 데 큰 도움이 된다. 그뿐만 아니라 그렇게 얻은 신념은 독신인 노동자들로 하여금 잉여수입을 게으름과 악덕을 낳는 일에 소비하지 않고 합리적이고 건강한 목표를 위해 저축하도록 유도할 것이다.

이런 가장 간단한 정치경제학적 원리를 학교에서 배우는 교과 과정에 추가한다면 그로부터 사회가 얻는 이득은 헤아리기 힘들 만큼 클 것이다. 지난 흉작 때 노동자들과 대화를 나눈 적이 있는데, 그들이 식량에 대해 뿌리 깊은 편견을 갖고 있음을 깨닫고 크게 낙담했다. 그리고 진정한 자유주의 정부와 그러한 무지는 결코 양립할 수 없음을 통감했다. 정부는 그와 같은 잘못된 망상이 사회에 영향을 끼치지 않도록 반드시 억제시켜야 하며, 정부가 그러한 힘을 가지려면 일정 부분 국민의 자유를 제한해야 하는 위험마저도 감수해야 한다.

그동안 우리는 빈민 문제를 해결하기 위해 막대한 돈을 쏟아부어 왔지만 상황은 갈수록 악화되고 있다. 한편 빈민의 생활조건을 개선하여 그들을 행복하고 평화로운 국민으로 탈바꿈시키기 위해 우리가 취할 수 있는 유일한 해결책인, 그들의 생활과 가장 밀접한 관계에 있는 중요한 정치적 진리를 보급, 교육하려는 노력은 참담하리만치 불충분했다. 이때까지 영국 하층계급의 교육이 소수의 주일학교에 일임되어 왔다는 사실은 커다란 국가적 수치가 아닐 수 없다. 이들 학교는 개인의 기부금으로 유지되어 왔는데 그런 이유로 기부자들은 개인적인 편견을 제멋대로 교과목에 반영할 수 있었다. 그나마 주일학교의 개선(몇몇 측면에서 보자면 전혀 개선이라고 보기 힘들 만큼 불완전한 개선)이 이루어진 것도 극히 최근의 일이다.

내가 보기에 국민의 교육에 관해 이제까지 제기되어 온 반론들은 편협한 데다 근거도 희박하다. 충분히 실효성 있는 하층계급 생활 수준 향상 방안을 유보시키려면 그만큼 명백하고 설득력 있는 이유가 있어야 한다. 이론적인 대답을 거부하는 사람일지라도 경험이 제시하는 증거만큼은 거부할 수 없을 것이다. 그런 의미에서 나는 스코틀랜드의 하류층 사람들이 알려진 대로 훌륭한 교육을 받고 있다고 해서 그들 사이에 조금이라도 사회에 대한 불만과 소요의 기운이 생겨나기라도 했느냐고 이들에게 물어보고 싶다. 스코틀랜드는 영국에 비해 토질이 척박하고 기후가 험하여 빈곤의 위협은 그칠 사이가 없고 기근도 잦아 생활조건이 열악하다.

스코틀랜드의 일반 국민들에게 보급된 지식은 비록 앞을 내다보고 모든 일에 신중을 기하는 생활습관을 확고히 정착시켜 근본적으로 그들의 생활조건을 바꿀 수 있게 하지는 못할지라도, 적어도 소요를 일으키는 것은 문제 해결에 아무런 도움도 되지 않는 어리석은 짓이라는 사실을 깨닫게 하여, 그들로 하여금 보다 꿋꿋이 고난을 인내할 수 있게 해준다. 교양 있는 스코틀랜드 농부의 침착하고 평화로운 태도와 무지한 아일랜드인의 난폭한 기질을 비교해 본다면 객관적인 사고를 할 줄 아는 사람이라면 누구든 내 말에 고개를 끄덕이게 될 것이다.

내가 아는 바로는, 영국의 국민교육 제도를 반대하는 이들이 내세우는 주요 근거는 민중이 교육을 통해 페인의 저서와 같은 책자를 읽고 이해할 수 있게 된다면 통치에 있어서 치명적인 결과를 가져오게 되리라는 것이다. 이 문제에 대해서라면 나는 애덤 스미스의 견해에 전적으로 동의한다. 애덤 스미스는 교육받은 국민이 무지한 국민보다 선동적인 논설에 미혹될 가능성이 훨씬 적으며, 야심을 감춘 선동자의 거짓말을 더욱 쉽게 간파할 수 있다고 생각했다. 한 교구 내에 책을 읽을 수 있는 지식층이 한두 사람뿐이라면 이들은 마음대로 민중을 선동할 수 있다. 그렇게 민중의 인기를 얻게 되면, 청중이 좋아할 만한 글귀를 골라 써먹음으로써, 그리고 웅변이 최대의 효과를 보일 순간을 노림으로써 보다 큰 해악을 미칠 힘을 갖게 된다. 반면 교구 내의 모든 사람이 책을 읽으며 스스로 판단할 수 있고, 반대되는 주장을 음미하여 나름의 견해를 세울 수 있다면 그런 일은 벌어지지 않을 것이다.

이에 더하여 학교가 국민에게 그들의 참된 현실 상황을 교육시키고, 근면성과 분별력을 갖추지 못하는 한 어떠한 정치적 변화도 근본적으로 생활조건을 증진시킬 수 없다는 사실을 가르친다면, 또한 정부가 몇 가지 불만 사항을 해결해 줄 수는 있다고 해도 가족을 부양하는 문제에 있어서는 어떠한 도움도 줄 수 없으며, 어떠한 혁명도 노동 및 식량의 수요공급 비율을 변화시킬 수 없다는 것, 따라서 노동 공급이 수요를 초과하고 식량 수요가 공급을 초과하는 상황에서는 그 어떤 최상의 정치체제도 극심한 궁핍 상황을 막을 수 없다는 것을 가르친다면, 교육에 대한 애덤 스미스의 통찰은 더욱더 그 중요성을 인정받게 될 것이다.

이러한 진리에 대한 지식은 평화와 정적을 가져오고, 선동적인 저술의 효력을 약화시키며, 정부 당국에 대한 불합리하고 그릇된 반대가 생겨나는 것을 막아준다. 따라서 이와 같은 사실을 알고도 여전히 국민교육에 반대하는 사람들은 국민의 무지를 조장하여 정부의 힘을 키우고 전횡을 일삼으려는 야심을 가진 것이 아닌가라는 의혹을 사기에 충분하다.

교구학교는 하층민들에게 행복과 불행이 그들 자신에게 달려 있음을 일깨워주는 한편, 조기교육과 세심한 보상을 통해, 그리고 적절한 종교적 의무를 부여함으로써, 자라나는 세대가 절제·근면·독립성·분별력의 습관을 기르고 하류층의 타락한 의식에서 벗어나 보다 우월한 중류계급의 생활의식에 근접할 수 있도록 이끌어줄 것이다.

대부분의 나라에서 하류층들은 저마다 어떤 빈곤의 기준 같은 것이 있어서, 그 기준 이하의 생활로 떨어질 경우, 결혼하여 자녀를 낳고 가정을 꾸리는 생활을 더 이상 지속할 수 없다고 여긴다. 이러한 기준은 나라에 따라서 각각 판이한데, 이는 토양·기후·정치·지식·문화 등과 같은 여러 가지 환경조건에 따라 형성된다. 이러한 기준을 높이는 데 기여하는 주된 요소는 자유, 사유재산 보장, 지식의 보급, 편의 및 기호상품에 대한 수요이다. 반대로 이 기준을 떨어뜨리는 주된 요인은 전제정치와 무지이다.

그러므로 노동계급의 생활조건을 개선하기 위해서는 무엇보다도 독립심과 올바른 자긍심, 청결과 기호 생활에 대한 취향을 신장시켜 이 빈곤의 기준을 높이는 데 초점을 맞추어야 한다.

선정을 베풀게 되면 하층민의 신중을 기하는 행동과 자존심을 증진시키는 데 효과가 있다는 사실은 이미 논술한 바 있다. 그러나 이와 같은 효과도 올바른 교육 제도 없이는 언제나 불완전하게 나타날 뿐이다. 교육으로부터 얻는 이익은 일부가 아닌 국민 모두가 향유할 수 있는 혜택이다. 그리고 정부는 이러한 이익을 제공할 수 있는 충분한 권력을 가진 만큼 이를 실천하는 것이야말로 정부가 수행해야 할 명백한 의무인 것이다.

10. 자선의 기준

　중요하고도 흥미로운 문제가 아직 한 가지 남아 있다. 노동계급이 적어도 생존에 필요한 최소한의 필수 생활자원을 확보할 수 있게끔 그들의 생활조건을 개선시키려는 우리의 중대한 목표에 장애가 되지 않도록 개인 자선 활동의 방식을 어떤 방향으로 이끌어갈 것인가 하는 문제가 바로 그것이다.

　곤경에 처한 이웃을 돕고자 하는 열망은 다른 자연적 욕망과 마찬가지로 보편적이며, 어느 정도 무차별적이고 맹목적이다. 우리의 동정심은 실생활의 사건보다 오히려 연극의 한 장면이나 소설 속 이야기를 통해 더욱 크게 고양되기도 한다. 우리가 도움을 호소하는 열 사람에게 둘러싸여 있을 때 심사숙고하지 않고 처음 느낀 감정과 충동에 따른다면, 의심할 바 없이 그들 중에서 가장 그럴듯하게 연기하는 자에게 자선을 베풀려 할 것이다. 이처럼 자선을 베풀고자 하는 충동은 사랑, 분노, 야망, 음식에 대한 욕망, 또는 그 밖의 인간의 자연적인 성향들과 마찬가지로 경험에 크게 좌우되기 마련이어서 그 유용성을 객관적으로 검증하지 않으면 본래의 목적에 어긋나기 십상이다.

　남녀의 정욕이 갖는 명백한 목적은 종족의 보존에 있다. 또한 행복을 증진시키는 최상의 수단이자 유아를 보살피고 교육시키는 일에 관심을 기울이도록 유도하는, 생각과 관심의 공유에 따른 남녀의 친밀한 결합에 그 목적이 있다. 그러나 모든 사람이 그 결과를 생각지 않고 맹목적으로 정욕의 만족만을 추구한다면, 이러한 목적은 온전히 실현될 수 없을 뿐 아니라, 문란한 남녀 관계로 인해 종족 보존의 가능성조차 불확실해질 수 있다.

　자선의 명백한 목적은 전 인류의 화합이며, 보다 특별하게는 같은 나라 같은 민족의 동포애적인 연대에 있다. 그리고 이웃의 행복과 불행에 대한 관심을 일깨움으로써 자연의 보편법칙에 따라 생겨나는 부분적인 해악을 감소시켜 인류의 행복을 늘리는 데 있다. 그러나 자선이 무분별하게 행해지고, 외면상의 궁핍의 정도만을 자선행위의 기준으로 삼는다면, 자선의 혜택은 다만 보통의 거지들에게만 돌아갈 뿐 불가항력적인 고난과 씨름하면서도 여전히 소박한 품위와 결백함을 잃지 않는 사람들에게는 전혀 돌아가지 않을 것이다. 그럼으로써 가치 있는 것보다 무가치한 것이 대접받고, 근면함보다 게으름이 선호되는 풍조가 생겨날 것이며, 이는 결과적으로 인류 행복의 총량을 크게 감소시키는 결과를 낳을 것이다.

실제 우리의 경험에서도 알 수 있듯이, 자선의 욕구는 이성 간의 정욕만큼 강하지는 않으며, 일반적으로 정욕에 탐닉하는 것보다 자선의 욕구에 몰두하는 것이 훨씬 위험성이 적다. 그러나 또 한편으로, 실제 경험과 그에 바탕을 둔 윤리의 측면을 배제하고 생각해 본다면, 자선의 충동을 맹목적으로 따르는 것이 정당한 만큼이나 정욕에 탐닉하는 것도 문제될 것은 없다. 이들은 모두 그 나름의 목적에 따라 부추김을 받는 자연적인 욕망으로써 이를 행하면 쾌감이 따르기에 인간은 그 만족을 추구하게 된다.

동물로서의 인간, 또는 우리가 그에 따른 결과에 대해 모르고 있는 동안, 우리의 유일한 관심은 이와 같은 자연의 명령에 따르는 것이다. 그러나 이성적 존재로서 우리는 그러한 행위에 따른 결과에 책임을 져야 할 의무가 있다. 그 결과가 우리 자신이나 타인에게 해악이 될 경우, 우리는 이를 마땅히 하나의 신호로, 즉 그러한 욕망에 빠지는 것은 우리의 존재에 적합지 않으며 신의 뜻에도 어긋나는 일임을 알리는 하나의 경고로 간주해야 한다. 그러므로 도덕적 행위자로서 인간이 갖는 명백한 의무는 이와 같은 특정 방향의 욕망에 빠지지 않도록 삼가며, 자연적인 욕망에 따른 결과에 대해 숙고하고, 그 유용성을 자주 점검함으로써 인간 행복에 보탬이 되고 조물주의 목적에 부합하는 방식에 따라 만족을 얻는 습관을 점차로 배워가는 일이다. 그러므로 유용성은 어떤 욕망의 만족으로 이끄는 직접적인 자극 요인은 아니지만, 신의 뜻과는 별도로 그것이 추구할 만한 욕망인가 아닌가를 판단하는 우리가 아는 유일한 잣대이며 자연의 빛으로부터 얻어진 도덕률의 가장 확실한 기준이라 할 수 있다. 생각건대, 욕망을 이성에 복종시킬 것을 끊임없이 가르쳐 온 일체의 도덕률은 그 공표자들이 이를 의식하고 있었든 아니었든 간에 바로 이러한 기초 위에 세워진 것으로 볼 수 있을 것이다.

내가 이러한 진리의 설명을 통해 독자의 주의를 환기하고자 한 까닭은, 이를 자선의 방향에도 적용하기 위해서이다. 즉 우리가 유용성이라는 기준을 항상 염두에 둔다면, 그 본래의 목적에 어긋남 없이 자선을 실천할 수 있는 충분한 여지를 발견할 수 있을 것이다.

자선이 갖는 가장 소중한 가치 가운데 하나는 자선이 자선을 베푸는 자에게 미치는 영향이다. 주는 자는 받는 자보다 더 많은 은총을 얻는다. 가령 우리의 자선행위가 빈민들에게 실질적인 도움이 되지 않는다 할지라도, 자선을 베풀고자 하는 충동을 근절하자는 주장에는 결코 찬성할 수 없다. 적절히 충족된 자선의 욕망은 인간의 마음을 정화하고 고양시키는 역할을 하기 때문이다. 그리고 무엇보다도 유용성의 기준에 따라 행해지는 자선의 방식이 빈민들에게 가장 큰 도움을 줄 수 있으며, 자선을 베푸는 이에게도 바람직한 최상의 영향력을 미친다는 사실을 깨닫는 것은 각별히 만족스럽고 즐거운 일이 아닐 수 없다.

자선의 본질은 자비의 본질과 마찬가지로

"강제되지 않는 것.
천상에서 내리는 부드러운 비처럼
대지를 적시는 것."

이 나라에서 교구법에 따라 막대한 금액을 빈민들에게 분배하는 것을 자선이라 부르는 것은 옳지 않다. 여기엔 자선이 갖추어야 할 가장 뚜렷한 자질이 결여되어 있다. 강제성이 개입하여 자선의 자발성을 훼손하는 순간, 그 자선행위는 본질적인 가치를 잃어버린다. 그럴 때 그것은 자선을 행하는 이에게나 제공받는 이에게 똑같이 해가 된다. 이와 같은 사이비 자선을 받는 이는 참된 구제 대신 축적되는 고통과 더욱 심화된 빈곤을, 그리고 자선을 베푸는 이는 기쁜 마음 대신 끊임없는 불만과 불만족을 느낀다.

자발적인 기부로 운영된다는 많은 자선기관들—그중 일부는 명백히 해가 되는 곳이다—에서 실제로 기부자들은 자발적이기보다는 마지못해서, 마음에서 우리나는 자비심이 아닌 자신의 신분과 재산에 따른 사회적 체면 때문에 세상 사람들의 기대에 떠밀려 기부하는 경우가 적지 않다. 또한 기부자들 대부분은 자선기금 관리나 자선 혜택을 받는 이들에 대해 무관심하기 때문에, 기부 활동이 그들의 마음에 크게 유익한 영향을 끼칠 것이라고 기대하기 어렵다.

거지들에게 적선할 때 우리는 남을 돕는다는 기쁨으로 적선하기도 하지만, 집요하게 구걸하며 달라붙는 불쾌한 상대방을 쫓아버리려는 심정에서 그렇게 하는 경우도 많다. 우리는 동포를 구제할 기회를 얻은 것을 기뻐하기보다는 오히려 그런 자와 마주치지 않기를 원한다. 우리는 눈앞의 비참한 풍경에 가슴 아파한다. 그러나 우리가 적선하는 보잘것없는 돈만으로는 그들을 구제할 수 없다. 우리는 그것이 어떤 근본적인 변화를 가져오기엔 너무나 불충분한 것임을 알고 있다. 더구나 다음 모퉁이를 돌아가면 또다시 아까와 다를 것 없는 구걸하는 자를 만날 것이며, 심지어 악질적인 사기를 당할 수도 있음을 우리는 알고 있다. 그러므로 우리는 집요하게 구걸하는 거지들의 탄원에 귀를 막고 황급히 그 자리를 피한다. 감정이 상해가면서까지 적선을 할 수는 없는 노릇이다. 우리의 자선은 어느 정도 강제성을 띠고 있다. 억지로 하는 자선은 아무런 만족감도 주지 못하며, 마음을 닦고 애정을 키우는 데 별다른 도움이 안 된다.

자발적이고 능동적인 자선은 이와 전혀 다르다. 그것은 구제받는 이와 구제를 제공하는 이의 유대를 가능케 하며, 이러한 유대에 자부심을 갖게 한다. 가난한 이의 집을 방문하여 그들의 요구가 무엇이고 그들의 생활습관과 성향이 어떠한지 살피며, 무조건 도움을 바라는 잘못된 습성을 억제하고, 힘겨운 환경에서도 묵묵히 일하며 고난을 감내하는 이들에겐 충분한 구제금을 지원하여 격려한다. 이와 같은 자선 방식은 이전 방식과는 전혀 다른 모습을 보여주는데, 구빈법에 관해 논한 타운센드의 탁월한 논문의 결론 부분을 읽어보면, 이 방식이 보통의 교구 자선 방식과 얼마나 뚜렷한 대조를 이루는지 명확히 알 수 있다. "이 세상 어디에도 구빈금 지급소처럼 불쾌한 장소는 없다. 코담배, 진, 누더기, 벼룩, 무례, 경박한 언어가 뒤섞인 그 비참한 풍경이라니. 또한 이 세상 어디에도 온유하고 자족할 줄 아는 자선가가 부지런하고 덕 있는 빈민들을 구제하며, 굶주린 자에게 먹을 것을 주고, 헐벗은 자에게는 의복을 나누어

주며, 어린 고아들과 같이 살아가는 과부의 슬픔을 위로해 주기 위해서 비천한 오막살이로 서둘러 찾아가는 모습만큼 아름다운 풍경은 없다. 또 이 세상에서 가장 즐거운 일은 그들이 예기치 못한 도움에 감사의 눈물을 글썽이며, 두 손을 치켜들고서 꾸밈없는 진솔함으로 감사를 표하는 모습을 보는 일이다. 그리고 그들이 경제적 자립을 이루고 난 뒤엔 이러한 광경을 더욱더 자주 볼 수 있게 될 것이다."

그런 광경을 자주 접하다 보면 자연스럽게 덕성이 길러지지 않겠는가. 그 어떤 행위도 자발적인 자선의 실천만큼 사람의 마음을 순화하고 고양시키는 것은 없다. 주는 자나 받는 자 모두가 은혜를 입는 것은 바로 이러한 유형의 자선에서만 가능하다. 적어도 단언할 수 있는 것은, 자선 활동이 이익보다 해악을 더 많이 초래하지 않으면서도 대규모 액수의 자금 분배가 가능한 길은 이 방식이 거의 유일하다는 것이다.

교구 담당자와 판사들 역시 선택적으로 구제금을 지원하거나 지원을 보류하는 일정 권한을 갖고 있지만 자발적 자선 활동이 행하는 선별적 구제와는 본질적으로 큰 차이가 있으며 그 효과 또한 차이가 크다. 영국 국민이라면 누구나 일정 조건에 해당되기만 하면 법률에 의거해 교구의 지원을 받을 수 있다. 그러므로 지원을 받지 못한다면, 지원 조건이 충족되지 못한다는 명백한 증거가 없는 한 누구든 불만을 제기할 수 있다. 지원 여부 또는 지원 한도를 결정하는 데 필요한 조사는 청원자가 얼마든지 자신이 유리한 쪽으로 허위신고를 할 수 있을 만큼 허술하며, 교구 민생위원의 편향적인 집행을 유도한다. 청원자는 신고한 대로 지원을 받아도 고마워하기는커녕 당연하게 여긴다. 지원을 거절당하면 억울한 처우를 당했다고 생각하며 분노한다.

자발적 자선은 다르다. 혜택을 입은 자는 감사함을 느끼며, 혜택을 입지 못한다 하더라도 자신이 불이익을 당했다고 생각하는 사람은 없다. 누구나 자신의 재산을 마음대로 처분할 수 있는 권리가 있기 때문에 누구에게는 주고 누구에게는 주지 않았다고 해서 그 이유를 설명해야 할 의무는 없다. 자발적 자선의 본질적 특징이라 할 수 있는 이러한 자주적 권한 덕분에 자선가는 잘못된 결과가 생길까 걱정할 필요 없이 쉽게 구제 대상을 선택할 수 있다. 구제 대상이 불확실하다는 점도 긍정적인 효과를 발휘한다. 빈민들이 행복해지도록 만들기 위해서는, 그 누구도 자선에 의지하려는 생각을 갖지 않게끔 하는 것이 중요하다. 그들은 정직한 노력, 근면, 통찰력이야말로 그들이 기댈 수 있는 유일한 의지처라는 사실을 배워야 한다. 그리고 그러한 의지처마저 소용이 없게 됐을 때에야 비로소 자선을 희망할 수 있는 것이며, 품행이 올바르고 지금 겪고 있는 어려움이 자신의 나태와 경솔함에서 비롯된 것이 아니라는 확실한 자각을 가진 자에게만 지원이 이루어질 수 있음을 깨달아야 한다.

자선 활동은 자선 대상의 적절한 선별을 통해 빈민들에게 이러한 가르침을 각인시킬 도덕적 의무가 있다고 나는 확신한다. 모든 사람이 구제될 수만 있다면, 영국에서 가난이 사라질 수만 있다면, 설사 부유층의 총재산 중 4분의 3이 투입되어야 한다 하더라도 나는 무차별적 자선과 궁핍의 정도를 기준으로 하는 구제금 지원 방침에 결코 반대하지 않을 것이다.

그러나 그동안의 경험이 얘기해 주는 바와 같이, 빈곤과 불행은 무차별적 자선의 규모가 커질수록 오히려 심화되어 왔다. 이는 자선의 방식이 잘못됐음을 알려주는 명백한 증거가 아니겠는가?

사도 바울과 자연의 법칙은 "일하지 않는 자 먹지도 말라"고 말한다. 또 맹목적으로 신의 은총만 바라지 말라고 말한다. 이러한 가르침은 가족 부양 능력이 없는 결혼은 궁핍을 가져온다는 경고와 동일한 메시지를 전하고 있는 듯하다. 이러한 암시는 인간 본성을 생각할 때 매우 유익하며 반드시 필요한 것이다. 공적 자선 또는 사적 자선이 일하지 않는 자도 먹을 것이며, 가족을 부양할 능력 없이 결혼한 자의 가족은 다른 이들이 부양하리라는 식이라면, 이는 자연법칙에 따라 생겨나는 부분적인 해악을 경감시키려는 노력이기 이전에, 자연법칙에서 얻는 유익을 체계적으로 또는 조직적으로 파괴하려는 시도이다. 신이 그러한 목적을 위해 우리의 가슴에 격정을 심어놓았다고 생각하기는 어렵다.

인생사의 긴 여정을 걸어가다 보면 너무나 확실하다고 여겼던 예측도 종종 빗나갈 때가 있고, 아무리 근면함과 분별력, 미덕을 갖췄다 하더라도 그 결실을 얻지 못하고 힘든 시련을 겪을 때가 있기 마련이다. 이처럼 최선을 다해 살았으나 미처 예상치 못한 일로 좌절을 겪는 그런 사람들이야말로 진정으로 자선의 손길이 필요한 사람들이다. 그리고 이들을 돕는 것이야말로 자연법칙에서 생겨난 부분적 해악의 경감이라는 자선의 본래 취지에 합당한 실천이라 할 것이며, 이런 방식으로 자선이 이루어지는 한 우리는 더 이상 자선 활동이 사회에 미칠 부정적 결과를 걱정할 필요가 없을 것이다. 구제받을 자격이 없는 이들은 더욱 극심한 궁핍에 허덕이게 될지라도 진정 구제가 필요한 이들에게만큼은 있는 힘껏 지원을 아끼지 말아야 할 것이다.

이처럼 우리의 자비심에 대한 첫 번째 요구가 충족되었을 때에야 비로소 게으르고 준비성 없는 사람들에게도 주의를 기울일 수 있다. 그러나 인간 행복의 관점에서 생각해 보더라도 자선은 너무 과해서는 안 된다. 우리는 신중을 기해 자연법칙이 그들에게 내리는 형벌을 어느 정도 덜어줄 수는 있으나 결코 그 전부를 해결해 주려 해서는 안 된다. 그들이 사회 맨 밑바닥에서 허덕이는 것은 자업자득이라 볼 수 있으므로, 이를 구제해 주는 것은 자선의 본래 취지에 위배될 뿐 아니라 그 위 계층에 대해서도 명백히 불공평한 처사이다. 자선 금액은 어떠한 경우에도 일반 노동자의 임금 수준 이하여야 한다.

물론 이러한 이론은 게으름이나 나태한 생활 태도와 관계없이 갑작스러운 재난으로 생기는 불행에까지 그대로 적용될 수는 없다. 다리나 팔이 부러진 사람을 앞에 두고서 응급처치는 뒷전이고 그의 사람 됨됨이나 따지고 있을 수는 없는 노릇이다. 이는 이치에 합당할 뿐 아니라 유용성이라는 측면에서도 정당하다. 이 경우 무차별적인 자선이 사람들로 하여금 자신의 수족을 부러뜨리도록 장려할 위험성은 전혀 없을 것이기 때문이다. 유용성을 기준으로 한다 하더라도, 예수 그리스도가 뜻하지 않은 곤경에 빠진 이방인을 도운 선한 사마리아인의 행동을 크게 칭찬하신 것은 "일하지 않는 자 먹지도 말라"라고 한 사도 바울의 말과 조금도 모순되지 않는다.

그러나 어떤 경우에든 우리는 좀 더 구제받을 자격이 있는 사람이 나타날지도 모른다는 생각에 사로잡혀 선을 행할 지금 이 순간의 기회를 저버려서는 안 된다. 모든 의심스러운 경우들에 있어서도 자비심의 충동을 따르는 것이 우리의 의무라 할 것이다. 그러나 행위에 따른 결과에 책임을 지는 이성적 존재로서, 우리가 자비심의 의무를 수행하는 데 있어 자신의 경험과 다른 이들의 경험을 통해 어떤 실천 방식이 편향적이었는지, 또 효과적이었는지를 판단해야 할 때, 우리는 도덕적 행위자로서 우리의 자연적 성향이 한쪽으로 치우치지 않도록 억제해야 하며, 때론 그 반대로도 생각하는 습관을 키워야 한다.

11. 빈민 생활 개선을 위한 여러 계획들 (1)

자선의 분배, 또는 하층계급의 생활조건 개선을 위한 노력에 있어서 이 책의 주장과 관련하여 특별히 주의해야 할 점이 있다. 자선이 직접적으로 결혼을 장려하는 역할을 하거나 또는 독신 남성과 가족을 거느린 남성 간에 보통 존재하기 마련인 생활조건상의 차이를 없애는 방향으로 작용해서는 안 된다는 점이다. 내가 보기에 인구의 원리를 가장 잘 이해하고 있는 저자들조차 이 점에 관해서만큼은 매우 중대한 오류를 범하고 있는 것 같다.

제임스 스튜어트 경은 그 자신이 유해한 출산이라 명명한 문제에 대해, 즉 과잉인구로 인한 빈곤이라는 문제에 대해 정확하게 인식하고 있으면서도, 특정 조건의 아이들을 부모 대신 돌보고 국가의 세금으로 양육하는 이른바 기아(棄兒)양육원 설립을 전국적으로 확대할 것을 권고하고 있다. 게다가 같은 빈민이면서도 기혼자와 독신자의 생활조건 차이가 큰 것을 한탄하고 있다. 여기서 그는 다음과 같은 사실을 망각하고 있다. 즉 기아양육원의 증가 또는 일부 기혼자 자녀에 대한 공적 원조 확대가 없고, 기혼 남성에 대한 경제적 어려움이라는 장애가 있는데도 여전히 과잉인구 추세가 지속된다면—빈민이 자신의 모든 자녀를 양육할 수 없다는 사실에서 이를 알 수 있다—이는 노동유지기금이 현재 이상의 인구를 부양하기에 충분치 않다는 명백한 증거이다. 또한 인구 증가가 촉진되고 인구 증가를 방해하는 여러 장애 요소가 제거된다면, 그 결과는 그 자신이 비판한 유해한 출산의 증가로 나타날 것이 분명하다.

타운센드는 그의 구빈법에 관한 논문에서 이 문제를 탁월한 명석함으로 다루고 있지만, 결론에서 제시한 방안은 그동안의 논의를 이끌어온 논리와 모순을 일으킨다. 그는 오늘날 여러 교구에서 자생적으로 생겨나고 있는 자선단체나 공제회가 제도적으로 의무화되기를 바라며, 또한 미혼 남자는 자기 임금의 4분의 1을, 4명의 자녀를 둔 기혼 남성은 30분의 1 이하의 금액을 납부하도록 법률로 규정할 것을 제안하고 있다.

가장 먼저 지적할 것은, 기부금의 강제적 납부는 필연적으로 노동에 대한 직접세와 동일한 작용을 하며, 애덤 스미스가 적절히 언급한 바와 같이, 결국 이를 부담하는 것은, 그것도 더욱더 값비싼 비용을 지불해야 하는 것은 노동을 구입하는 소비자들이기 마련이라는 점이다. 따라서 지주들은 이로부터 생겨나는 손해를 거의 보상받지 못할 것이며, 결국 이 정책은 구빈세를 높아진 인건비와 물가로 대체하는 셈이 된다. 이와 같은 강제적인 기부금 징수는 현 구빈 제도가 갖는 거의 모든 문제점을 고스란히 떠안고 있다. 그러므로 이름만 달라졌을 뿐 본질적으로는 구빈 제도와 다르지 않다고 보아도 무방할 것이다.

딘 터커(Dean Tucker)는 퓨(Pew) 씨가 제안한 바 있는 이와 비슷한 종류의 계획에 대하여 언급하는 대목에서, 여러 번의 토론과 숙고 끝에 결국 해답은 강제적 단체가 아닌 자발적 자선단체라는 결론에 도달했노라고 밝힌 바 있다. 자발적 기부는 사치세와 비슷해서 노동임금 상승과 반드시 직결되는 것은 아니다.

또한 소규모의 자발적 자선단체에서는 모든 구성원이 조직을 감시, 감독하는 것이 가능하기 때문에 처음 설립 당시의 규약이 충실히 이행될 가능성이 높다. 더구나 규약이 제대로 지켜지지 않는다면 구성원은 언제든 자유로이 조직을 탈퇴할 수 있다. 반면, 필연적으로 국가사업화될 수밖에 없는 일반적인 강제 기부의 경우, 최초의 규약이 지켜지리라는 보장은 어디에도 없다. 기금 재정이 부족해지고—이는 필연적으로 찾아올 결과이다—지금 현실에서도 확인할 수 있는 것처럼 지원 대상이 근면하고 분별력 있는 사람들 대신 게으르고 방종한 자들로 채워진다면 갈수록 더 많은 액수의 기부가 요구될 것이며, 이에 대해 사람들은 이의를 제기할 수도 없을 것이다. 그리하여 그 폐해는 현 구빈 제도와 마찬가지로 갈수록 심화될 것이다. 자선단체에서 하듯이 지원금 액수를 고정시켜 정액지원을 원칙으로 하면 큰 도움이 될 수 있다. 그러나 이러한 이득은 교구세를 통해 징수된 기금을 동일한 방식으로 분배하는 것으로도 얻을 수 있다. 결국 전국화된 의무적 공제조합은 교구세 징수의 또 다른 형태에 불과하다. 분배 방식 자체는 각기 다른 제도에 적용되더라도 동일한 효과를 얻을 수 있는 법이다.

독신자는 주당 수입의 4분의 1을, 가족이 딸린 기혼자는 30분의 1을 내게 하자는 제안은 독신자에게 너무 과중한 부담을, 기혼자 자녀들에 대해서는 지나친 보조금 혜택을 주는 것으로, 이는 타운센드의 탁월한 논문이 견지하는 입장과 전적으로 배치된다고 할 수 있다. 이러한 제안을 하기에 앞서 그는 노동 수요를 통한 인구 규제가 불가능해진다는 점을 들어 원칙적으로 일체의 빈민 구제 제도에 대해 반대를 표명했던 것이다. 그런데 이 제안대로 한다면 노동 수요와 관계없이 인구 증가가 촉진될 것이 분명하다. 또한 노동 수요가 작아서 노동임금만으로는 가정을 부양하기가 불가능한 그런 때에 분별력을 발휘하여 결혼을 유보한 젊은이의 노력을 비웃는 꼴이 된다. 나는 어떠한 강제적인 구제 제도에도 반대한다. 만약 독신자가 장차 결혼 이후 있을 만일의 사태를 대비하여 수입의 일부를 기부하도록 강제된다면, 그는 응당 그가 감내한 궁핍의 기간에 준하여 혜택을 받아야 한다. 1년간 수입의 4분의 1을 기부한 자와 10년간 그렇게 기부한 자를 동등하게 취급해서는 안 된다.

그가 써낸 책들의 대부분에서 확인할 수 있듯이 아서 영은 인구 원리를 정확하게 이해하고 있다. 또한 노동 수요나 생존자원의 한계를 넘어선 인구 성장이 필연적으로 야기할 폐해에 대해서도 잘 알고 있는 듯하다. 그는 특히 《프랑스 여행(Travels in France)》에서 이를 심도 있게 다루어, 과도한 자산 분배로 인한 인구과잉이 프랑스에 가져온 빈곤을 매우 설득력 있게 증언하고 있다. 그는 적절하게도 이러한 인구 증가는 궁핍의 증가에 지나지 않는다고 평한다. "사람들은 생계유지가 가능하리라는, 사실이 아닌 막연한 생각에 기대어 결혼하고 자식을 낳는다. 그렇게 해서 인구는 도시와 제조업의 수요 이상으로 증가한다. 그에 따른 결과는 곤궁이며 영양실조로 생기는 수많은 병사자이다."

그는 또한 인구과잉이 초래한 폐해에 대한 명석한 통찰을 담고 있는 《빈민위원회 보고서(Report of the Committee of Mendicity)》의 한 대목을 인용했는데, 그 인용문은 다음과 같이 결론 맺고 있다. "노동임금은 구직자 간의 격렬한 경쟁으로 말미암아 하락할 수밖에 없으며, 그 결과 실업자는 극빈 상태에 내몰리게 되고, 일자리를 구한 이들 역시 더욱더 궁핍해진다." 여기에 아서 영이 설명을 덧붙였다. "프랑스의 상황은 이러한 관찰이 사실임을 명백히 보여준다. 프랑스 각지를 구석구석 여행하며 보고 들은 나는 프랑스가 산업 및 노동 수요에 비해 터무니없을 만큼 과잉인구이며, 따라서 현재보다 인구가 500만 또는 600만 명 정도 줄어든다면 프랑스는 현재보다 훨씬 번영하는 강대한 나라가 될 것이라는 확고한 믿음을 갖고 있다. 인구과잉으로 인해 오늘날의 프랑스는 과거 정부 시절에 누렸던 번영을 무색케 하는 비참한 풍경으로 가득하다. 이런 문제에 대하여 아무리 관심이 없는 여행가일지라도 발길이 닿는 곳마다 뚜렷하게 드러나는 빈곤의 흔적을 알아보지 않을 수 없을 것이다. 노동 및 식량 가격에 대해 숙고해 본 사람이라면, 그리고 밀 가격의 소폭 인상만으로도 하층계급의 생활이 크게 휘청거린다는 사실을 아는 사람이라면 프랑스의 현재 상태가 결코 당혹스럽게 다가오지는 않을 것이다."

그는 말한다. "만약 당신이 과거 프랑스 정부 시절과 비슷한 수준의, 비교적 가난이 덜한 지방을 보고 싶다면, 지주계층이 전혀 살지 않는 지역을 찾아가야 한다. 가령 보스, 피카르디, 노르망디주(州) 일부 지역과 아르투아주의 대농장지대에 가보라. 이들 지방의 인구 수준은 평균적으로 고용되는 노동자 수와 임금 한도를 벗어나지 않는다는 사실을 알게 될 것이다. 혹시 이러한 특성에 반하여 극심한 궁핍을 겪는 마을이 있다면, 십중팔구 그곳은 공유지를 소유한 교구에 속해 있을 것이다. 이 공유지로 인해 빈민들은 가축을 방목하고, 자기 토지를 갖고자 하는 유혹에 넘어가 결국 빈곤의 구렁텅이로 굴러떨어지고 마는 것이다.

당신이 이 정치적 여행에 참여한다면 마지막 여정으로 영국을 둘러보길 바란다. 좋은 의복에, 영양 상태가 훌륭하고, 상당한 사치품을 향유하며, 안락한 집에서 편안히 생활하는 일련의 농민들의 모습을 보게 될 것이다. 그러나 이들 중 토지나 가축을 소유한 자는 1000명에 하나 있을까 말까이다." 여기서 더 나아가 아서 영은 결혼 장려와 관련하여 프랑스에 대해 언급한다. "프랑스의 가장 큰 문제는 고용할 수도 부양할 수도 없는 넘쳐나는 잉여인구이다. 그런데도 결혼을 널리 장려하는 까닭은 무엇일까? 이미 감당할 수 없을 만큼 인구가 넘쳐나는데도 어째서 끊임없이 자식을 낳으려는 것일까? 식량을 확보하려는 경쟁은 전쟁을 방불케 하고 민중은 굶어 죽거나 극심한 궁핍에 허덕이고 있다. 그런데도 더 많이 낳으라고 부추긴다. 식량을 얻기 위한 싸움은 점점 더

처절해진다. 지금과 정반대의 정책을 펼치는 것이 옳은지 아닌지, 자식을 부양할 가망이 없어 보이는 이들의 결혼이 불행을 가져올 것인지 아닌지 구태여 물을 필요가 없을 만큼 상황은 명확하지 않은가? 그런데 왜 형편만 허락되면 어련히 하게 마련인 결혼을 새삼스럽게 장려하려는 것일까? 충분한 일자리가 생겨나면 그에 비례하여 결혼도 자연스럽게 늘어나기 마련이다. 그러므로 결혼 장려 정책은 아무런 득이 없는, 오히려 해가 될 수 있는 정책이다."

이처럼 인구 원리를 명확히 이해하고 탁월하고도 중요한 통찰을 보여주었던 그가 이후 《기근 문제와 그 해법(The Question of Scarcity plainly stated, and Remedies considered)》(1800년에 출간)이라는 제목의 소논문에서 다음과 같이 논하고 있는 것은 적지 않게 놀라운 일이다. "오늘날 빈민들이 겪는 가혹한 기근의 압박을 줄이는 가장 확실한 방법은, 3명 이상 자녀를 가진 농업노동자 모두에게 감자를 키울 반 에이커 크기의 밭과 한두 마리의 소를 먹이기에 충분한 목초지를 갖게 하는 것이다. 모두가 저마다 충분한 크기의 감자밭과 한 마리의 소를 갖는다면, 밀 가격의 변동은 빈민들에게 아일랜드의 동포들이 그런 것처럼 더 이상 큰 중요성을 갖지 못하게 될 것이다."

"모두가 이러한 제도가 좋다는 걸 알고 있지만, 문제는 이를 어떻게 실행에 옮기느냐이다."

그가 제안한 제도가 그처럼 널리 뭇사람들의 동의를 얻었다는 얘기는 금시초문이다. 부디 그가 말한 모두에서 나는 빼주기 바란다. 나는 그러한 제도를 채택하는 것이 이 나라 하층계급의 행복에 치명타가 될 것이라 생각하기 때문이다.

그러나 아서 영의 주장은 계속된다. "그 목적의 중대성을 감안할 때, 계획 시행에 찾아올 이런저런 어려움들은 얼마든지 감수해야 한다. 극복하기 힘든 어려움도 있을 것이다. 하지만 다음과 같은 조치를 취한다면 그러한 어려움을 방지할 수 있을 것이다.

첫째, 공동목초지가 있는 교구에서는 교구 관리자 및 관계자들이 자녀가 있는 노동자들에게 식구 수에 맞춰 목초지 일부를 할당해 주고 소를 한 마리 배급해 주어야 한다. 이때 소를 배급받은 노동자는 평생 그 소유권을 가지며 매년 40실링을 납부하여 소 구입비 및 기타 관련 비용을 상환해야 한다. 당사

자가 사망할 시 소는 가장 많은 식구를 거느린 다른 노동자에게 양도되며, 양
도받는 자는 이전 권리자의 과부에게 매주 일정 금액을 지불한다.

둘째, 가족이 있는 노동자가 요구할 수 있는 토지 할당량은 공동목초지의
면적 크기에 준하여 일정 비율로 정한다.

셋째, 공유지가 없고 지질이 비옥하지 못한 교구의 경우, 자녀를 둔 오두막
거주자가 주어진 기간 내에 소를 키우기에 충분한 크기의 땅을 확보하지 못하
고 평균 임대료에 반 에이커의 감자밭을 구하기가 어렵다면 자녀 1명당 매주
일정 금액의 보조금을 교구로부터 지원받을 권리를 가지며, 토지 할당은 지주
와 차지인에게 일임한다. 소는 연간 상환을 조건으로 교구가 제공해 주는 것
으로 한다.

이 제도의 주된 목적은, 이는 하느님의 섭리가 허용하는 것인바, 지방 빈민
들이 밀 대신 그에 못지않게 건강에 좋고 영양분이 많은 우유와 감자를 먹게
함으로써 더 이상 식량 부족 상황에 시달리지 않도록 하기 위함이다."

그러나 이 계획은 저자가 《프랑스 여행》에서 적절히 비판했던, 결혼 장려와
자녀들에 대한 보조금 정책이 야기한 부정적 효과를 그대로 재현하지 않을
까? 그는 진심으로 이 나라의 국민 대다수가 우유와 감자로 생활함으로써 아
일랜드의 동포들처럼 밀 가격과 노동 수요에 영향을 받지 않는 것이 바람직하
다고 여기는 것일까?

프랑스와 아일랜드 하층계급이 겪는 가난과 궁핍은 전자의 경우 극단적인
토지 분배, 후자의 경우 주거지와 감자 확보의 용이성으로 인해 국가의 자본
량과 일자리를 초과하는 과잉인구 발생에 그 원인이 있다. 그 결과는 앞서 언
급한 빈민위원회 보고서에서 적절하게 설명된 것처럼 고용 경쟁으로 말미암은
노동임금 저하로 나타났고, 이에 일자리를 얻지 못한 사람들은 극도의 가난에
빠져들었으며 일자리를 얻은 사람들조차 생계가 위협받는 궁핍한 생활을 이
어가야 했다.

결혼을 장려하고 식량 가격과 노동 수요에 영향받지 않는 저렴한 가격의 식
량을 공급한다는 아서 영의 계획이 불러올 결과가 바로 이와 같다.

현재 영국의 구빈법은 가족 수의 많고 적음에 따라 보조금을 분배함으로써
결혼과 출생을 촉진시키고 있다. 그리고 구빈법을 대체할 제도로 제안된 이

계획은 단지 비난을 덜 받을 만한 형태를 하고 있을 뿐 결국 구빈법과 동일한 역할을 하게 될 것이다. 분명한 것은 구빈법의 폐해를 일소함에 있어서 구빈법의 가장 해로운 특성을 남겨두어서는 안 된다는 점이다. 아서 영 또한 구빈법이 빈민 구제에 실패한 이유가 현실의 노동 수요를 훨씬 초과할 만큼 인구를 폭발적으로 증가시키는 구빈법의 제도적 특성에 있음을 잘 알고 있을 것이다. 실제로 그는 영국의 이러한 상황을 의식하여, 세계에서 짝을 찾을 수 없을 영국 제조업의 엄청난 번영에도 불구하고 "위험수위에 이른 지방 촌락 구빈세의 급증 현상에서도 알 수 있듯이 영국 인구 증가율이 때로 과열 양상을 보이고 있다"고 지적했다.

그러나 사실을 말하자면, 아서 영의 계획은 우리의 현 구빈법 제도와는 비교도 되지 않을 만큼 훨씬 더 강력한 인구 증가 촉진 효과를 가져올 것이다. 한편으로는 여전히 남아 있는 독립심 때문에, 다른 한편으로는 그리 달갑지 않은 구제 방식 때문에 교구의 지원을 받는 것을 부끄럽게 여기는 것은 칭찬할 만한 태도이다. 그리고 이런 태도가 교구의 지원에 의존하게 될 것이 분명한 결혼에 많은 이들이 쉽사리 뛰어들지 못하게끔 해준다는 것도 명백한 사실이다. 따라서 앞서 살펴본 것처럼 총인구 대비 출생률 및 혼인율을 감안했을 때, 구빈법이 갖는 결혼 촉진 효과는 이론상 예측했던 것보다는 크지 않음을 알 수 있다. 그러나 어떤 노동자가 이른 결혼을 고민할 때 작업장과 구빈원 직원들의 불쾌한 풍경을 떠올리는 대신 자신의 땅과 풀을 뜯는 소들의 매혹적인 풍경을 떠올리게 된다면 상황은 전혀 달라질 것이다. 아서 영도 여러 번 반복해 말했듯이, 재산을 갖춘 사랑은 인간으로 하여금 많은 것을 하게 만들 텐데, 그중에 결혼이 포함되지 않는다면 그게 오히려 이상하다 할 것이다. 왜냐하면 경험에 비추어봤을 때, 그런 상황에서 인간은 결혼을 마다할 존재가 아니기 때문이다.

그렇게 생겨난 인구는 늘어난 감자 재배로 유지될 것이고 물론 이런 상황은 노동 수요와 관계없이 계속될 것이다. 현재 영국의 제조업은 번영을 구가하고 있고 인구 증가에 대한 여러 억제 요인들이 존재하며, 또 한편으로 빈민들이 일자리를 구하는 데 그리 큰 어려움이 없다. 그러나 상황이 지금 얘기한 대로 변화한다면, 빈민이 일자리를 구하는 데 있어 지금보다 훨씬 많은 어려움이 따르게 될 것이다.

감자를 주식으로 삼는 아일랜드나 그 밖의 다른 나라의 경우, 결혼을 원하는 사람은 가족을 먹여 살리기에 충분한 토지를 얻을 수 있을지 모른다. 그러나 국고가 고갈될 때까지 최선의 빈민 고용안을 위한 논문을 모집하여 상금을 지급한다 해도, 그 상황에서 자연적으로 발생하는 인구 증가 경향에 얼마간 제동이 걸리지 않는 한, 목표한 바를 이루는 것은 현실적으로 불가능하다.

아서 영은 국민이 우유와 감자를 먹게 된다면 현재보다 흉작의 영향을 적게 받게 될 것이라고 주장했다. 나로서는 어떤 근거로 그렇게 생각할 수 있는지 잘 이해가 가지 않는다. 물론 감자를 주식으로 삼는 사람들은 밀 수확이 부족하더라도 그 영향을 크게 받지 않을 것이다. 그러나 만약 감자가 흉작이 든다면? 일반적으로 감자가 밀보다 겨울철 피해에 취약한 것으로 나는 알고 있다. 어쨌든 감자를 재배하면 다른 농작물에 비해 월등히 많은 수확을 기대할 수 있는 것은 사실이다. 노동계층의 주식으로 감자를 도입하고 어느 정도 기간이 흐르고 나면, 실제 수요보다 훨씬 더 많은 양의 감자가 생산될 것이고, 이에 따라 사람들은 풍족한 식량을 누리게 될 것이다.

《프랑스 여행》에서 저자는 다음과 같이 말하고 있다. "피레네산맥 아래 지역에, 해당 지역사회가 언제든 판매할 준비가 되어 있는 비교적 비옥한 토질의 버려진 광대한 땅이 자리 잡고 있다. 이 땅이 속한 지역은 주민들의 정착 및 결혼으로 인해 경제와 산업이 한창 활기를 띠고 있다. 이러한 환경에서는 미국 사회와 비슷한 양상이 나타난다. 땅값이 저렴하므로 그만큼 빈곤을 찾기 어렵다. 그러나 인구가 급속도로, 지속적으로 증가한다면 식량 생산에 조금이라도 차질이 빚어질 경우 엄청난 시련이 찾아올 수 있다. 빈 땅이 줄어듦에 따라 양질의 토지는 부족해지고, 토지 구입에도 어려움이 생겨난다. 이는 내가 그곳 지역에서 직접 목격했던 현상이다. 어떤 장애 요소가 생겨날 때 그곳 지역 사람들이 겪게 될 고통은 인구 증가를 추동한 그 활력의 크기에 비례하여 커질 것이다."

이상의 서술은 영국에서 일반 국민들에게 소규모 면적의 토지를 분배해 주고 감자를 주식으로 도입했을 때 벌어질 상황에 그대로 적용된다. 처음 한동안 이러한 변화는 긍정적인 결과를 가져올 것이다. 재산을 소유할 수 있게 된다는 점은 빈민들로 하여금 이러한 변화를 더없이 환영하도록 만들 것이다. 그러나 또 다른 저작에서 아서 영이 지적했듯이, "경작에 제아무리 힘을 기울인다 해도 조만간 대지의 생산력이 그 이상의 인구를 감당할 수 없게 되는 한계점에 도달할 날이 올 것이다. 그럼에도 세상엔 여전히 결혼을 부추기는 이런저런 소박한 관습들이 존재한다. 그리고 그러한 부추김이 가져올 결과란 우리가 상상할 수 있는 최악의 빈곤 외에 다른 무엇이겠는가?"

분배할 공유지가 더 이상 존재하지 않고 감자 생산을 늘리는 데 어려움을 겪기 시작하면서부터 조혼 관습은 골치 아픈 문제를 야기하게 될 것이다. 그리고 인구 증가에 따른 식량자원 감소로 인해 감자의 평균수확량이 평균소비량을 넘어서지 못하게 되면, 모든 면에서 현재의 밀 부족 현상과 다를 것 없는 감자 부족 현상이 나타나게 될 것이다. 그날에 이르러 우리가 겪게 될 참상은 상상도 할 수 없을 만큼 끔찍할 것이다.

영국 국민이 밀을 주식으로 하는 것처럼 한 나라의 국민이 가장 값비싼 곡물을 주식으로 삼는다면, 흉작이 들어도 보리, 귀리, 쌀, 값싼 수프와 감자 등 주식을 대체할 다른 값싸고 영양가도 풍부한 많은 식량자원을 확보할 수 있다. 반면 주식을 가장 낮은 순위의 곡물로 삼으면 가난한 스웨덴 사람처럼 흉작 때 나무껍질이라도 벗겨 먹지 않는 한 대다수는 굶어 죽을 수밖에 없다.

노동임금은 주로 노동 수요와 공급의 비율에 따라 조정된다. 감자 재배를 주로 하는 사회에서 노동 공급은 머지않아 노동 수요를 초과할 것이며, 식량 가격이 싸기 때문에 임금 역시 매우 낮은 상태를 유지할 것이다. 일반 노동자의 임금은 오늘날과 같은 밀 가격 대신 감자 가격에 의해 조정될 것이고, 필연적으로 그 결과는 아일랜드에서 볼 수 있는 것과 같은 누더기 옷과 다 허물어져 가는 오두막으로 나타날 것이다.

노동 수요가 때때로 공급을 초과하고 노동임금이 가장 비싼 곡물 가격에 의해 조정되는 경우, 식량 구입 외의 여유분이 남게 되어 일반 국민은 비교적 양호한 주거와 의복을 누리게 될 것이다. 아서 영이 제시한 프랑스 및 영국 노동자의 생활환경 비교가 어느 정도 사실에 가까운 것이라면 영국 노동자가 프랑스 노동자에 대해 갖는 우위는 전적으로 이 두 가지 요인 덕분이다. 영국 국민의 주식을 우유와 감자로 대체한다면 상황은 완전히 달라질 것이다. 노동 공급은 언제나 수요를 초과하게 될 것이며, 노동임금은 가장 값이 싼 식량의 가격에 따라 조정될 것이다. 지금까지 갖고 있던 비교우위는 순식간에 사라질 것이며 자선이 아무리 활성화된다 하더라도 광범위하게 퍼진 가난의 비참을 막을 수 없을 것이다.

주식으로 삼기에 부적합한 것은 럼퍼드(Rumford) 백작이 얘기한 이른바 값싼 수프도 마찬가지이다. 물론 값싼 수프는 공공기관을 위한 훌륭한 고안품이자 비상식량일 수 있겠으나, 그것이 일반 국민의 주식이 된다면 불가피하게 노동임금은 이 새로운 주식의 가격에 따라 조정될 것이며, 그에 따라 처음엔 노동자의 임금 구매력이 더 커지겠지만, 머지않아 크게 줄어들어 오히려 예전에 훨씬 못 미치게 될 것이다.

국민의 행복을 위해서 바람직한 것은 주식이 되는 식량이 비싸고, 그 가격 수준에 맞춰 노동임금 수준이 형성되는 것이다. 그러나 흉작이 들거나 돌발적인 재앙이 닥치면 미리 준비된 더 값싼 대용식량을 소비할 수 있어야 한다. 아서 영이 제안한 한 가지 방안이 이러한 변화를 용이하게 하고 구빈원의 구제에 의존하는 이들과 그렇지 않은 이들을 효과적으로 구분하는 데 큰 도움이 될 것 같다. 그 방안이란 "감자, 쌀, 수프를 제외한 다른 모든 식량 구제 지원을 영구히 금지하는 법안을 통과시키는 것"이다. 그런 식품들이 이 방안을 계기로 반드시 하층계급의 주식으로 정착될 거라고 생각하지는 않는다. 하지만 그로 인해 적어도 식량난 시기에 식습관 변화가 좀 더 용이하게 이루어지고, 동시에 구제에 의존하는 사람과 그렇지 않은 사람의 구분이 명확해질 수 있다는 점에서 그 이득이 크다 할 것이다.

우유와 감자, 또는 값싼 수프를 하류층의 주식으로 도입하는 것은 노동임금 하락을 유도한다는 사실이 널리 인정되고 있기 때문에 일부 냉정한 정치가들은 유럽 시장에서 경쟁국보다 값싸게 팔 수 있다는 장점을 들어 이를 도입하자고 주장할지도 모른다.

결코 동조할 수 없는 이야기이다. 브로드와 옥양목을 조금 더 팔아보겠다고 영국 노동자들을 아일랜드에서처럼 누더기 옷을 걸치고 다 허물어져 가는 움집에서 생활하도록 만들겠다는 그런 발상은 도저히 용납될 수 없다. 결국 국가의 부와 권력은 국민의 행복에 기여할 때에만 의미가 있는 것이다. 또한 그런 의미에서 국가의 부와 권력은 절대 경시되어서는 안 된다. 그것은 행복 증진이라는 목표를 달성하는 데 반드시 필요한 수단이기 때문이다. 그러나 분명한 것은 국가의 부와 권력이 국민의 행복과 정면으로 배치되는 상황이 벌어질 때, 우리의 선택은 분명할 것이라는 점이다.

다행히도 그와 같은 편협한 정치 원리는 별다른 호응을 이끌어내지 못할 것으로 보인다. 자신의 사업을 하던 자가 다른 사람 밑에서 일하게 될 경우 대개 무기력하고 게을러진다는 것은 널리 알려진 사실이다. 마찬가지로 매우 값싼 식량이 주식이 되면, 인구가 폭발적으로 늘어나 노동 수요를 초과하게 되고 게으름과 소요의 습성이 사회에 퍼지기 시작할 것이다. 이는 제조업의 번영에 치명적인 타격을 입힌다. 아일랜드에서는 노동임금이 낮은데도 불구하고 영국과 같이 저렴한 가격의 수출품을 생산할 수 있는 제조업이 거의 전무하다. 그리고 이러한 현상은 정상적인 고용 지표 아래서만 생겨날 수 있는 근면성의 습관이 결여된 데서 기인하는 바 크다.

12. 빈민 생활 개선을 위한 여러 계획들 (2)

　최근 수년간 구빈원의 원조에 전적으로 또는 부분적으로 의존하는 인구 비중이 늘어나고 토지재산에 부과되는 구빈세 부담이 가중됨에 따라 사회 노동 계층과 사회 전반에 미치는 구빈법의 이익에 대한 여론은 지속적으로 변화해 왔다. 특히 1814년 평화협정 이후 시작된 고난과 그로 인해 급격하게 증가한 교구세의 부담은 이러한 여론의 변화를 가속화했다. 보다 올바르고 계몽된 견해들이 나날이 그 힘을 얻어가고 있으며, 빈민 구제 제도가 갖는 어려움에 대한 일반인들의 이해 또한 갈수록 깊어지고 확산되고 있다. 그리하여 오늘날에 와서는 20년 전이라면 국가에 대한 반역이라고 여겼을지도 모르는 의견이 책으로 출판되거나 대화 중에 즐겨 거론된다.

　가혹한 현실의 압박에서 비롯된 이러한 변화는 구빈법 문제에 대한 비상한 관심으로 이어졌다. 현 제도가 근본적으로 실패했음이 인정됐기 때문에 각종 대안과 개선 방안이 제기되었다. 따라서 지금까지 발표된 여러 계획들이 얼마나 그 목표한 바를 이룰 수 있을지 간단히 검토해 보는 것도 의미 있는 일이 될 것이다. 지금과 같은 여론 상황이면 조만간 중대한 정책이 나올 것이라 예상되고 있다. 그러나 정책이 영구적인 성공을 거두기 위해서는 그것이 현실의 어려움을 낳은 진정한 원인들을 일정 부분 해결할 수 있는 것이어야 한다. 구빈법에 관한 지식이 확실히 성장한 오늘날까지도 이 중요한 사실이 너무나 도외시되고 있는 것 같다.

　세간의 관심을 끄는 여러 제안들 가운데 로버트 오언이 제시한 계획이 있다. 나는 이미 평등의 제도에 관한 장에서 오언의 몇 가지 견해들을 언급했고, 경의를 표해야 마땅할 그의 경험들에 대해 이야기한 바 있다. 만약 1200명 남짓의 인구를 하나의 공동체에 정착시켜, 부양하고 교육시키는 문제라면, 오언 이상으로 주목의 대상이 될 만한 사람은 거의 없을 것이다. 그러나 그는 방안을 제안함에 있어서 풀어야 할 문제의 본질을 완전히 간과하고 있는 듯하다. 우리가 풀어야 할 과제는 "어떻게 굶주림에 처한 이들을 구제하면서도, 이들 빈곤층의 숫자가 늘어나는 것을 막을 것인가"이다. 오언의 계획은 이 과제를 달성하는 데 조금도 도움이 되지 못할 뿐만 아니라, 오히려 정반대의 효과를 내어 극빈자 숫자를 크게 증가시킬 것이 분명하다. 만일 오언이 제안한 공동체가 그의 의도대로 운영된다면 자연의 질서와 하느님의 가르침을 거꾸로 뒤집은 세상이, 게으르고 방탕한 자들이 부지런하고 덕 있는 사람들에게서 부러움을 받는 그런 세상이 올 것이다.

일을 게을리해도 교구의 구제를 받아 좋은 집에서 살며 좋은 옷을 입고 자녀를 양육하고 교육시킬 수 있다면, 열악한 환경에서 12시간의 중노동에 시달리는 대신 쾌적한 환경의 농장에서 4, 5시간의 쉬운 노동만을 해도 된다면, 누더기 옷을 걸치고 볼품없는 집에 살면서 가족을 먹여 살리기 위해 하루 12시간 노동해야 하는 지금의 노동자나 직공들은 더 이상 열심히 일할 생각이 나지 않을 것이다. 이러한 유혹에 이끌려 해마다 새로운 공동체로 몰려드는 노동자 및 직공들의 숫자는 급격하게 늘어날 것이고, 그 사회에 속한 기존 인구의 증가와 맞물려 머지않아 최초에 구입한 토지만으로는 구성원 전부를 부양할 수 없는 상황이 찾아올 것이다. 그렇게 되면 더 많은 토지를 구입하여 새 정착지를 건설해야 함은 물론이다. 만약 상류층이 이 공동체의 정신과 의도에 맞춰 살아가도록 강제된다면, 머지않아 국민 전체가 재화를 공유하는 빈민들의 집단으로 전락하고 말 것이다.

그런 결과에도 오언은 놀라지 않을 것이다. 사실 그가 이 계획을 제안할 때 이미 그런 결과를 예상했으리라는 것, 그리고 그것이 재산의 공유—그는 이를 사회의 덕과 행복의 완성에 필수적인 조건이라 생각했다—를 평화적으로 정착시키는 최상의 방법이라 생각했으리라는 것은 충분히 있을 수 있는 이야기이다. 그러나 재산의 공유로부터 예상할 수 있는 결과에 대해서 그와 전혀 의견을 달리하는 사람들, 즉 사람은 자기가 소비하는 것 이상을 생산하도록 훈련될 수 있다는—오늘날에는 의심할 바 없는 진리라 볼 수 있는—그의 지론도, 일단 사유재산제라는 경작의 촉진 요소가 사라지면 더 이상 진리가 될 수 없다고 믿는 사람들에게 이러한 제도는 게으름과 빈곤, 궁핍의 보편화를 야기하는 제도로 간주될 것이다.

설사 오언의 계획이 효과적으로 실행되어 전국에 흩어져 있는 여러 빈민들의 공동체에서 얼마간 그가 열망한 바람을 현실로 구현할 수 있다 해도, 인구 원리의 자연적이며 필연적인 작용에 의해 그 성과는 그리 오래 지속될 수 없을 것이다.

그러나 공유재산 제도에 걸림돌이 되는 또 다른 중대 요인이 오언의 실험을 시작부터 좌초시킬 가능성도 있다. 공장들이 자리 잡고 있는 래나크(Lanark) 지역사회에서 볼 수 있는 것과 같은 근면과 선행이라는 두 가지 강력한 자극원이 오언이 제안한 공동체에는 전적으로 결여될 것이 분명하다. 래나크에서 노동자가 버는 돈은 고스란히 본인에게 돌아간다. 따라서 가정을 편안하고 품위 있게 꾸려가는 것은 노동자 자신이 얼마나 근면하고 절제하며 살아가는가에 비례한다. 래나크에서 노동자가 태만하고 방탕하며 술에 취해 일을 망쳐놓거나 그릇된 행위를 한다면, 수입이 줄어드는 것은 물론이고, 언제든 해고될 수도 있다. 그런 까닭에 그 사회의 구성원들은 불온하고 타락한 자에게 물들 위험성에서 자유로울 수 있다. 이에 반해서 오언이 제안한 빈민 공동체의 경우, 개인의 근면성과 절제, 선행은 자신과 가족의 안락한 생활을 가능케 하는 능력과 거의 관계가 없다. 만성적인 게으름과 악행에도 제명 처분이라는 간단하고 효과적인 해결책을 사용할 수 없으므로, 정부 권력을 통해 직접 처벌하는 사법제도에 의지할 수밖에 없다. 그러나 법적 처벌은 언제나 고통이 따르기 마련인 비효율적인 방법이다.

나는 래나크 같은 사회의 성공이 아무리 크다 해도 그 사례가 재산 공유를 기본으로 하고 제도적 특성상 해고가 불가능한 그런 공동체의 발전 가능성을 증명해 줄 수 있다고는 생각지 않는다. 이런 악조건하에서 공동체를 지속해 나가기 위해서는 얼마나 뛰어난 판단력과 결단력과 인내력이 필요할 것인가! 100만 또는 200만의 사람들로 이루어진 그런 공동체를 운영할 능력을 갖춘 인재를 과연 어디서 찾아낼 수 있을까?

결국 전체적인 결론은 이렇다. 오언의 방안은 그 출발점에서부터 좀처럼 극복하기 어려운 난관에 봉착할 수밖에 없으며, 설사 그 난관을 타개하여 완전한 성공을 거둔다 해도 인위적이고 강제적인 법률을 통해 인구 증가를 막지 않는 한, 그 제도적 특성상 필연적으로 그 사회는 빈곤과 궁핍을 면할 수 없다. 설령 부자들의 재산을 공유재산으로 돌린다 하더라도 빈민층을 현재의 노동자계층 수준으로 끌어올리는 것조차 불가능할 것이다.

커웬(Curwen) 씨가 책으로 출판한 노동자계급의 생활 수준 향상 방안은 내용상 대략적인 밑그림에 불과하다. 그러나 지금 우리가 살펴보고자 하는 것은 계획의 세부 사항이 아니라 원리인 것이다. 저자가 주장하는 원리는 계획의 주요 목표를 언급하는 대목에서 분명하게 드러난다.

1) 하층계급의 현 빈곤 상태를 개선할 것.
2) 세제 개정을 통해 구빈세를 균등화할 것.
3) 자신이 보호받을 자격이 있다고 여기는 이들에게 구제기금의 지방 관리와 분배에 관한 발언권을 부여해 줄 것.

제1항목은 모든 구제 방안이 지향하는, 또는 지향해야 할 목표이다. 다음 두 항목은 이 목표를 실현하기 위한 방법론이라 할 수 있다.

그러나 이 두 명제는 다른 맥락에서 보자면 그럴듯해 보일지 모르나, 우리가 다루고 있는 근본 문제와 관련해서는 큰 의미가 없을 뿐 아니라, 심지어 그 문제에 접근할 의사조차 없음이 분명하다. 우리는 빈민 증가를 막고 전체 인구 내 빈곤층 비율을 줄임으로써 노동자계급에 더 많은 부와 행복과 경제적 독립이 돌아가기를 원한다. 그런데 구빈세의 균등화는 단순히 생각해 보아도 의존적인 빈민의 수를 줄이기는커녕 오히려 크게 늘리는 경향이 있다. 현재 구빈세는 특정 재산에 매우 과중한 부담을 지우기 때문에, 과세 담당자는 이를 낮추는 데 큰 관심을 갖고 있다. 그러나 세금이 모든 종류의 재산에 균등하게 부과되고, 무엇보다 광범위한 지역에 걸쳐, 또는 주(州) 단위로 징수된다면 지방의 구빈세 담당자들은 더 이상 세금을 줄이고자 하는 의지를 갖지 않을 것이며, 구빈세는 매우 빠른 속도로 증가할 것이다.

물론 토지에 대한 과중한 과세가 근본적으로 불공평한 처사라는 것은 누구나 쉽게 인정할 수 있는 사실이다. 특히 도시나 공장에 진출하려는 이주자들이 지속적으로 생겨남으로써 출생률이 사망률을 크게 초과하는 지방 교구들의 경우, 과세로 느끼는 부담은 더욱 크다. 왜냐하면 도시나 공장으로 이주해 간 이들 대부분이 늙거나 노동을 계속할 수 없게 되어 일자리를 그만두면 다시 고향인 자신의 교구로 돌아올 것이기 때문이다. 그렇게 되면 교구들은 구역 내 모든 이들에게 일자리를 마련해 주거나 구제금을 지원할 능력을 완전히 상실하게 될 것이다. 도시나 공장으로의 이주민이 발생하지 않았더라면 사실상 그와 같은 인구 증가는 생기지 않았을 것이다. 그와 같은 상황에서 교구가 귀향한 이들 모두를 떠안아야 한다는 것은 분명 가혹한 일이다. 그러나 현재 영국에 있어서 가장 커다란 해악이 되는 것은 토지에 대한 과중한 부담이 아니라 빈곤층의 증가이다. 세율의 균등화는 그 실행의 용이성에도 불구하고 확실히 세율의 증가를 가져오는 경향이 있기 때문에, 그와 같이 균등화된 세율의 지속적인 증대를 막아줄 매우 강력하고 결정적인 한계가 설정되지 않는 한, 도입하지 않는 편이 좋다고 생각한다.

　마찬가지로 커웬의 다른 제안 역시 빈민 증가를 저지할 만한 어떠한 대책도 갖고 있지 않다. 현재 조직된 공제조합기금은 기부자들 자신이 관리하고 있지만 분배 과정에서 기금의 효율적 운용에 필수적인 경제적 분배가 이루어지지 못하고 있다. 그곳의 기금 중 상당 부분이 구빈세를 통해 조달되기 때문에 기부자들의 입김이 반영되기 마련인 지원사업이 훨씬 더 방만하고 비경제적으로 이루어질 것이라는 점은 충분히 예측 가능하다.

　그런 맥락에서, 세금에서 조성된 공금과 노동자들의 정기 갹출금을 합쳐 기금을 운용하는 것이 과연 바람직한지 의문스럽다. 계산 착오나 방만한 지원금 지급 등으로 기금에 부족분이 발생하면, 부족분 전액을 세금으로 보충할 가능성이 크다. 기금 규모를 제한하는 규칙이 마련된다 해도 중류층 이상 계급에서 제기되는 불만을 무마시키기에는 너무나 미약한 조치에 불과하다.

　교구 기부금과 개인 기부금의 통합을 반대하는 또 다른 강력한 이유는 회원이 소속조합의 독립성을 느끼지 못하게 될 것이라는 점이다. 전체 기금의 3분의 1 내지 2분의 1이 교구를 통해 조달된다면, 그 조합의 구성원들은 현재의 공제조합 회원들과는 매우 다른 입장에 놓이게 될 것이다. 질병이나 나이에 따라 지급되는 지원금의 상당액이 실제로 구빈세를 통해 조달된다면, 회원들은 조합의 사업 계획을 구빈세율을 올리기 위한 또 다른 방편에 불과한 것으로 여기기 쉽다. 이러한 제도가 보편화된다면, 노동자계층이 내는 갹출금은 결국 새로이 부과된 세금이나 마찬가지이다. 더구나 그것은 세금보다 산업과 생산에 더 큰 부정적인 영향을 끼칠 것이라는 평가가 일반적이다.

커웬이 제안한 계획 가운데 가장 훌륭한 부분은 각 조합원이 내는 갹출금 액수에 따라 질병, 노후에 따른 지원금 액수에 차등화를 두자는 것으로, 이는 실천에 별다른 어려움이 없다. 또한 그는 "일자리 부족을 이유로 사회에 구제를 요구해서는 안 된다. 이런 구실을 받아들여 요청을 들어주다 보면 그 결과는 돌이킬 수 없는 해악으로 나타날 것이다"라고 기술하고 있는데, 이는 확실히 옳다. 그러나 일할 수 있는 모든 자에게 일자리가 주어져야 한다고 한 말은 다소 경솔했다. 또 다른 대목에서 그는 자신이 제안한 단체에서라면 일시적인 실업 상태에 있는 모든 노동자들에게 타락할 위험이 없는 시기적절한 도움을 줄 수 있을 것이라 말하고 있다.

요컨대 거액의, 나날이 늘어가는 구빈세액이 이들 공제조합의 기금 조성에 투입된다면, 조합원들은 그들의 단체가 구빈원에 대한 의존을 떨치지 못했다 생각할 것이며, 또 한편 현재의 구빈세 제도와 마찬가지로 구빈세율의 상승을 막아줄 어떠한 한계 설정도 불가능할 것이다. 이런 점들을 감안할 때, 커웬이 제안한 계획이 구빈세 총액을 줄이고 경제적 도움에 의존하는 빈민 수를 줄이는 데 성공할 가능성은 거의 없다고 보아야 한다.

빈민관리와 관련하여, 현재 일반 대중이 저지르기 쉬운 두 가지 잘못이 있다. 첫째, 빈민들이 내는 갹출금의 효과를 지나치게 과대평가하는 한편, 그것의 분배 방식에는 충분한 관심을 기울이지 않는다는 것. 사실 전자보다 후자가 훨씬 중요하다. 분배 방식이 근본적으로 잘못됐다면 빈민들이 내는 갹출금을 통해서든, 아니든 기금을 조성하는 방식의 문제는 크게 중요치 않다. 노동자들이 질병이나 노후를 대비하여, 또는 직장을 잃거나 2명 이상의 자녀를 부양할 때 지원을 받기 위해 소득에 비해 상당히 많은 액수의 돈을 정기적으로 납부한다 해도, 기금은 곧 부족 상태로 돌아설 것이다. 그러한 분배 방식은 일정 지역 내에 급격하게 그리고 무제한적으로 증가하는 인구를 모두 부양하는 것을 전제로 하므로, 결국 빈곤의 증대로 귀결될 것이다.

현재 영국의 우애조합 또는 공제조합들은 예측 가능한 한정된 목적만을 추구하고 있지만 그럼에도 이미 많은 수의 기관들이 재정 부족으로 쓰러졌고 앞으로도 그러할 것으로 보인다. 어떤 조합이든지 회원들에 대한 지원 범위를 확대하거나, 부분적으로 구빈법 제도를 모방하려 하거나, 또는 콩도르세가 충분히 예측 가능하다고 생각했던 목표를 달성하고자 시도할 경우 애초의 기금 규모가 아무리 크다 해도, 또 기금 조성 방식이 어떻든지 간에, 곧 재정 부족에 직면할 수밖에 없을 것이다. 요컨대 다음과 같은 사실을 되풀이하여 일반 대중에게 알리는 것은 아무리 강조해도 지나치지 않을 만큼 중요하다. 빈곤층의 생활조건 개선이라는 문제를 풀기 위해 온갖 지식을 동원하여 최선의 노력을 경주한다 해도, 빈민과 부자가 힘을 합쳐 기금을 조성한다 해도, 또는 그 외의 다른 어떤 방식으로도 인구가 조밀하고 역사가 오래된 나라의 노동계층이 신생국 노동계층과 비슷한 연령대에 결혼을 하면서도 신생국 노동자들과 동일한 수준의 안전성과 이득을 누릴 수 있을 만큼 그들의 생활조건을 향상시키는 것은 불가능하다는 사실이 바로 그것이다.

대중이 빠지기 쉬운 두 번째 잘못은 빈민의 고용을 지나치게 중시하는 것이다. 사람들은 영국의 현행 제도가 실패한 주원인을 빈민들에게 일자리를 주기 위해 공업 원료를 구입하도록 명한 1643년의 엘리자베스 구빈법 조항이 제대로 지켜지지 않은 데서 찾는 듯하다. 물론 빈민들을 고용하는 일은—그것이 가능할 경우—여러모로 환영할 일이다. 그러나 열심히 일하고자 하는 자연스러운 의지가 없는 사람들을 자발적으로 일하게 만드는 것은 매우 어려운 일이다. 또한 강압적인 제도가 시행되면 집행자가 그 권력을 남용할 위험이 있다. 어쨌든 생활습관이나 도덕에 득이 되고 다른 부작용 없이 지금보다 빈민 고용을 늘리는 것은 아주 불가능한 일만은 아닐 것이다. 그러나 그렇다고 해서, 구빈법의 근본적인 해악, 혹은 우리가 지금 고민하고 있는 당면한 문제들이 빈민들의 실업에서 비롯됐다거나, 또는 완전고용을 이룸으로써 이러한 해악의 근본적인 해결이 가능하다고 생각한다면, 이는 중대한 착각이다.

빈민의 강제적 고용은 아무리 적절하게 이루어져도, 노동 수요와 노동 공급의 비율을 맞추는 데 아무런 직접적인 영향도 끼치지 못한다. 오히려 관심과 주의가 부족할 경우 자칫 역효과를 야기할 수 있다. 예를 들어 수요 부족 또는 자본 부족으로 인해 노동가치가 떨어질 때, 공공 기부나 정부의 출자를 통해 인위적인 수요를 창출하여 이를 막으려 한다면, 이는 곧 감소된 자원 규모에 맞게 인구 규모가 자체적으로 조정되는 것을 막는 일과 마찬가지여서, 흉작 시기에 곡물 가격 상승을 인위적으로 억제하는 정책이 그런 것처럼 더욱 큰 문제만을 야기하게 될 것이다.

물론 빈민 고용 계획이 전적으로 비난할 일은 아니며, 때에 따라서는 적절한 제한을 둘 경우 일시적 조치로서 유용하게 기능할 수도 있다. 그러나 부질없는 노력과 거듭되는 실망을 방지하기 위해서라도 이러한 조치가 결코 영구적인 해결책이 될 수 없다는 사실을 자각하는 것이 무엇보다 중요하다.

확신을 가지고 단언하거니와, 노동계급의 분별력과 통찰력을 신장시키는 것이야말로 문제 해결에 접근하려는 모든 계획이 갖춰야 할 기본 원리이다. 이는 빈민 생활조건 향상을 위해 제안된 모든 계획들을 판단하는 시금석이 된다. 어떤 계획이 자연과 신의 섭리를 따르고, 분별력과 통찰력 향상을 장려, 촉진하는 것이라면, 우리는 그 계획을 실천함으로써 근본적인, 또는 영구적인 이득을 기대할 수 있다. 그러한 특성이 없는 계획은 일시적 수단으로 유용할 수는 있어도 우리가 치료하고자 하는 해악의 근본적인 해결책이 될 수는 없다.

내가 보기에 노동계급 구제책으로 지금까지 제안된 계획들 가운데 저축은행 제도가 널리 일반화될 경우 하층계급의 생활조건을 영구적으로 개선하는 데 가장 큰 효과가 있을 것 같다. 저축은 개인에게 근면성과 분별력에 따른 결실을 가장 충실하고 완전하게 돌려주기 때문에, 자연과 신의 섭리에 대한 가르침을 크게 강화하는 효과가 있다. 14~15세 때부터 24~25세에 결혼할 것을 염두에 두고 저축을 해온 젊은이는 시기가 좋지 않을 경우, 가령 곡물 가격이 높거나 임금이 적거나, 그동안의 저축액이 아직 경제적 여유를 확보하는 데 충분치 않다고 생각할 경우 결혼을 2년이나 3년 뒤로 미루려 할 것이다. 분별력과 통찰력이 없고서는 미래에 있을 만일의 사태를 대비하여 현재 수입 일부를 저축하는 습관을 들이기는 힘들다. 저축은행이 사회적으로 정착되어 개인 저축이 그 결실을 완전하게 되돌려 받을 수 있다면, 국가 자원의 변동에 관계없이 인구는 고통이나 궁핍을 초래하지 않고도 노동의 실질수요에 맞게 조정될 것이라 기대할 수 있다. 이로써 저축은행 제도는 해악의 근원을 치유하는 데 기여할 수 있다.

그러나 저축은행의 보다 중대한 목적은, 빈민으로 하여금 뜻하지 않은 사고에 스스로 대비하도록 함으로써 궁핍과 경제적 의존 현상을 미연에 방지하는 데 있다. 저축은행은 올바른 방향 설정 아래 이루어지는 개인 자선 활동과 결합될 때 최상의 효과를 발휘할 것이다. 그러나 현재 영국의 상황은 이러한 전망과 큰 차이가 있다. 공적 구제에 습관적으로 의존하는 수많은 빈민들의 존재는 저축은행 제도를 구빈세 제도를 대체할 새로운 대안이라 자신 있게 주장하기 어렵게 한다. 어떻게 하면 빈민 비율 증가를 유도하지 않으면서도 빈민 구제를 이룰 수 있을 것인가라는 문제는 여전히 풀리지 않은 채 남아 있다. 그럼에도 저축은행 제도와 구빈세의 점진적 폐지 또는 점진적 축소 계획은 상호 보완적인 강력한 효과를 창출할 것이다.

실제로 저축은행은 매우 불리한 시기—사회 전반에 퍼진 극심한 궁핍으로 인해 교구 지원이 전국적으로 확대되던 시기—에 설립되었다. 그리고 이런 불리한 조건에도 저축은행이 성공을 거둘 수 있었다는 사실을 감안한다면, 경제가 활발해지고 노동임금이 높아져 교구 지원이 줄어드는 시기가 오면 저축은행이 전국적으로 크게 확산되어 국민의 생활습관에 상당한 영향을 끼칠 수 있으리라는 예상이 가능하다.

최근 저축 장려를 목적으로, 저축은행에 일정 금액 이하의 예금을 가진 사람도 법원의 재량에 따라 교구 지원을 받을 수 있게 하는 법안이 통과되었다. 이는 근시안적인 정책이라 하겠다. 상대적으로 작은 이익을 얻기 위해 저축은행의 설립 이념을 포기하는 셈이 되기 때문이다. 그들 자신의 노력과 자원에 의지하는 것만이 생활조건을 향상시키는 유일한 방법이라는 것을 노동계급이 깨닫게 되기를 우리는 바란다. 그런데 오히려 이 법안은 노동자들이 지양해야 마땅할 교구 보조금에 더욱더 의존하도록 유도하고 있는 것이다. 이러한 법률 하에서라면 저축은행의 발달이 가져올 이득은 애매하고 불확실한 것에 그치고 말 것이다. 반대로 이러한 법률적 제한이 없다면, 하루하루 새롭게 생겨나는 예금 거래가 대중이 가진 나날이 커져가는 경제적 독립의 욕망을 입증하게 될 것이다. 첫 설립 이후 지금까지 비교적 짧은 기간 동안 빠르게 확산되고 있는 공제조합과 저축은행의 성공은 향후 보다 우호적인 환경조건이 갖춰진다면 본래 취지를 굳이 희생하는 피해를 감수하지 않고도 훨씬 더 큰 발전을 이룰 수 있을 것임을 명백히 증명한다.

　구빈세의 축소 및 제한을 추구하는 여러 방안들은 분명 해악의 근본적인 원인 해결에 접근하는 것들이다. 그러나 빈민들의 구호받을 권리의 공식적 철폐를 전제로 하지 않는 한, 이 모든 계획들은 부당한 것이 되고 말 것이다. 오히려 그런 계획들이 실행될 경우 내가 앞에서 감히 제안했던 구빈법의 폐지 계획보다 오랜 세월 사회에 훨씬 더 가혹한 악영향을 끼칠 것이라는 점은 의문의 여지가 없다. 이미 사회 전반에 깊숙이 뿌리내린 구빈법의 완전 폐지가 힘들다면, 구빈세 규모 제한 또는 그 지방의 인구 및 부에 비례한 세액을 설정하는 것도, 앞으로 이루어질 변화에 대한 충분한 광고가 이루어질 경우, 실질적인 이익을 창출하여 빈민의 생활 태도 및 행복 증진을 이루는 데 큰 기여를 할 수 있는 좋은 방법이 될 것이다.

13. 일반 원칙의 필요성

　일찍이 흄은 모든 과학 중 정치학만큼 겉모습에 기만되기 쉬운 학문은 없다고 했다. 이는 의심할 바 없는 사실인데, 하층계급의 생활조건 개선에 관한 논의에 있어서 특히 그러하다.

　스스로 현실적이라 자부하는 사람들이 이론가들의 이론을 비난하는 소리를 자주 듣는다. 물론 나쁜 이론은 유해한 내용을 담고 있을 것이고, 그 이론의 주창자 역시 사회에 쓸모없는, 때로는 해로운 존재일 것에 틀림없다. 그러나 그토록 실제적이라 자부하는 사람들도 그들 자신이 때때로 그러한 유해한 부류에 속할 수 있다는 것, 이른바 유해한 이론가에 속할 수 있다는 사실을 알아차리지 못하는 것 같다. 관찰 범위가 아무리 좁다 하더라도 관찰 범위 내의 사실을 충실하게 이야기하는 사람은 명백히 지식의 총량을 증가시켜 사회를 유익하게 하는 자이다. 그러나 이런 편협한 관찰로부터, 가령 자신의 소(小)농장에서 또는 지방 구빈원에서 일어난 사소한 사건을 통해 얼마간의 지식을 얻었다고 자부하여 곧 이론가가 된 것처럼 행세하는 경우가 많은데, 이는 매우 위험한 태도이다. 경험만이 이론의 유일하고도 올바른 기초가 될 수 있다고 한다면, 사람들은 대개 올바른 이론의 기초가 될 수 없는 불완전한 경험과 올바른 이론의 유일한 기초인 일반적 경험을 구별하지 못하기 때문이다.

　빈민의 생활환경 개선이라는 문제만큼 인간의 머리를 괴롭힌 문제도, 또 온갖 노력에도 불구하고 완벽한 실패를 거듭해 온 문제도 다시없을 것이다. 실제적이라고 자처하는 이론가와 순수한 이론가의 차이는, 구빈원을 구석구석까지 낱낱이 조사하여 교구 관리들이 치즈와 초를 낭비했다거나 수프와 감자의 배급을 늘렸다고 해서 그들을 처벌하는 것으로 만족하느냐, 아니면 문제의 원인을 지적하는 데 그치는 것이 아니라 이 제도의 근본적인 오류를 입증하는 일반론에까지 나아가느냐에 달려 있다. 이보다 일반 원칙의 적용이 드물었던 문제는 없다. 또한 인간 지식의 모든 분야를 통틀어 일반 원칙의 부재가 이토록 위험한 문제를 야기한 적도 달리 없다. 빈민 구제법의 부분적이고 일시적인 효과는 일반적이고 영구적인 효과와 자주 상반되기 때문이다.

어느 몇몇 지방에서는 약간의 토지를 소유한 농민들이 소를 키움으로써 그 중 일부는 흉작에도 교구의 지원에 의지하지 않은 채 생계를 꾸려나갈 수 있었고 다른 이들도 비교적 교구에 대한 의존도가 크지 않았다.

보통 이 문제에 대하여 사람들이 갖고 있는 편향된 사고방식에 따르자면, 이러한 사례를 통해서 내려지는 결론은 다음과 같다―모든 노동자들에게 그들과 유사한 환경조건을 만들어줄 수만 있다면, 모두가 똑같이 안락한 삶을 살 수 있고 교구의 구제에서 자유로워질 수 있을 것이다. 그러나 이는 결코 수긍할 수 없는 결론이다. 현재 소를 키우는 농민들이 얻는 이득은 희소성에서 비롯된 것이므로, 소 키우기가 일반화된다면 그 이득은 현저히 줄어들게 될 것이다.

어떤 농장주 또는 신사가 자기 농장에 일정 수의 오두막을 갖고 있다고 가정해 보자. 인심이 후하고 주변 사람들이 안락하게 사는 모습을 보는 것을 좋아하는 그는 오두막집마다 소 한두 마리를 키우기에 충분한 토지를 딸려주고 일꾼들에게 높은 임금을 지불할 것이다. 그의 밑에서 일하는 노동자들은 풍족한 생활을 누리며 대가족을 꾸려나갈 수 있다. 그렇지만 그의 농장은 많은 일손이 필요치 않아서, 현재 고용하고 있는 사람들에게 높은 임금을 지불할지는 몰라도, 필요 이상의 많은 노동자를 고용하지는 않을 것이다. 따라서 그는 현재 이상으로 오두막집을 지으려고 하지 않을 것이고, 그러면 그가 고용한 노동자들의 자녀는 다른 곳으로 이주하여 살 수밖에 없게 된다. 그러한 환경조건이 일정 가족 또는 일정 지방에만 국한된다면 이주자들은 다른 지방에서 쉽게 일자리를 구할 수 있을 것이다. 그곳 농장에서 일하는 노동자들이 부러움을 살 만한 환경에서 생활하고 있다는 것은 부인할 수 없는 사실이며, 우리는 모든 노동자들이 똑같이 그런 환경에서 살 수 있게 되기를 자연스레 소망하게 된다. 그러나 이러한 제도적 환경이 일반화될 때, 그동안의 이점이 더 이상 지속될 수 없다는 것은 명백하다. 그렇게 되면 아이들이 일자리를 구하기 위해 이주할 만한 지역이 더 이상 남아 있지 않을 것이기 때문이다. 인구는 도시와 공장의 수요를 초과할 정도로 늘어날 것이고 임금 수준은 전반적으로 하락할 것이다.

또 한 가지 주목해야 할 사실은, 소를 키우는 노동자가 그렇게 풍족한 생활을 할 수 있었던 가장 큰 이유는 소에게서 얻은 우유를 팔아 상당한 수입을 올릴 수 있었기 때문인데, 이러한 제도적 환경이 일반화된다면 그 이익도 격감하게 될 것이라는 점이다. 최근의 흉작에도 이들은 부족한 곡물 이외의 자원을 가지고 있었기 때문에, 이웃보다 적은 구제를 받고도 어려움을 이겨낼 수 있었다. 그러나 이와 같은 제도가 보편화된다면 오늘날 일반 노동자들이 밀 부족 때문에 고통을 겪는 것과 마찬가지로, 그들 역시 목초지 부족과 전염병 등으로 인한 소의 죽음으로 고통을 겪게 될 것이다. 이처럼, 우리는 보이는 현상만을 맹종하고 단편적인 경험으로부터 섣불리 일반적 추론을 이끌어내는 오류를 범하지 않도록 매우 주의해야 한다.

사회가 안락함을 증진하고 빈민의 생활조건을 개선하기 위해 추진하겠다고 공언한 주요원칙은 훌륭하다. 근면성의 원천이라 할 자신의 생활 조건을 개선시키려는 욕망을 고취시키는 것이야말로 하층계급의 생활을 향상시키는 참된 방법이다. 그런 의미에서, 토머스 버나드(Thomas Bernard) 경이 쓴 어느 책의 뛰어난 서문에서 빈민들에게 근면·신중성·선견지명·덕행 및 청결 등의 생활습관을 장려·촉진하는 것이 그들 본인에게는 물론 나라에도 유익하며, 반면 이러한 생활 특성을 자극하는 요인들을 제거 또는 감소시키는 모든 것은 본인은 물론 나라에도 유해하다는 그의 말에 우리는 흔쾌히 동의를 표한다.

토머스 버나드 경은 사회가 목표를 추구하는 과정에서 부딪치는 어려움에 대해 완전히 이해하고 있지만, 그럼에도 불구하고 앞서 말한 것과 같은 잘못, 즉 불충분한 경험으로부터 일반 원리를 추론해 냄으로써 오류에 빠질 위험성을 안고 있는 듯하다. 일부가 주장하는 저렴한 식량 가격과 교구 상점 방안이 갖는 이로운 효과는 오직 특정 가족과 교구에 국한해서만 적용 가능할 뿐, 사회 전반에 적용될 경우 노동임금 하락으로 인해 그 이점을 잃고 말 것이다. 나는 여기서 다만 그의 보고서 제2권 서문에 나타나 있는 보다 포괄적인 성격을 띤 한 가지 주장에 대해 살펴보려 한다. 그 서문에서 그는 사회적 경험이 보장하듯이, 빈민 구제를 위한 최상의 방법은 그들의 가정을 보조해 주는 동시에,

그들의 자녀들에게 가능한 빨리 일자리나 도제 자리를 마련해 주는 데 있다고 주장했다. 나 역시 이러한 방안이 일시적인, 선별적인 원조로서 가장 훌륭한 수단이 될 수 있다고 믿는다. 하지만 그 실행에는 반드시 신중함이 따라야 하며, 또한 이를 사회 일반에 일괄적으로 적용, 시행할 수는 없다는 것도 분명한 사실이다. 이러한 방안은 앞서 얘기한 목우(牧牛) 제도와 1643년의 엘리자베스 구빈법 가운데 교구감독자가 빈민의 자녀들을 부양하고 그들에게 일자리를 제공할 것을 규정한 조항과 동일한 문제점을 갖고 있다. 모든 자녀들이 적정 연령에 도달하면 부모를 떠나 다른 지역으로 이주하여 적당한 일자리를 얻을 수 있도록 지원해 주는 특정 교구는 생활환경이 매우 훌륭하다 할 것이다. 그러나 이 같은 제도가 전국적으로 보급되어 빈민들의 자녀 모두가 똑같은 혜택을 받게 된다면 한정적인 일자리에 구직자의 수는 넘쳐날 것인바, 그 결과가 어떠할지는 불 보듯 뻔하다.

어떤 가족 또는 교구나 지방을 구제하는 것은 결국 재력과 부자들이 베푸는 도움의 범위 내에서만 가능하다는 사실은 명백하다. 이 점을 조금이라도 생각해 본다면 동일한 방식으로 나라 전체를 구제하는 것은 그들의 힘만으로는 불가능하다는 사실을 곧 깨닫게 된다. 적어도 이것이 가능해지기 위해서는 넘쳐나는 이주 인구에 대한 안정적인 배출구가 마련되어야 하며, 빈민들 사이에 확고한 도덕성이 확립되어야 한다.

이러한 측면에서 보면 근면성 자체도 재력과 크게 다르지 않다. 남들보다 근면성이 뛰어난 사람이 더욱더 만족스러운 생활을 하리라는 것은 자명한 이치에 가깝다. 그러나 주변 사람들 모두가 그와 똑같은 정도로 근면하다면 더 이상 그의 근면성은 궁핍으로부터 안전하리라는 보장이 될 수 없다. 흄은 "인간의 도덕적, 자연적 해악의 대부분은 게으름에서 생겨난다"고 주장하면서, 이러한 해악을 교정하기 위해서는 인류 전체가 생활습관과 반성을 통해 동일 수준의 근면성을 길러야 한다고 주장했으나, 이는 크나큰 착각이다. 비록 모든 인간이 그가 말하는 정도의 동등한 근면성을 갖추었다 해도, 여기에 또 다른 미덕―흄은 이를 전혀 주목하지 않았다―이 결합되지 않는 한 빈곤과 비참을 해결할 수 없는 것은 물론이요, 그가 얘기하는 모든 도덕적, 물질적 해악 가운데 단 한 가지도 제대로 치유하기 어려울 것이다.

이런 내 입장에 맞서, 이른바 정의라는 위대한 가치를 내건 반론이 등장하리라는 것은 나도 알고 있다. 그들은 나의 논리가 모든 빈민 구제 방안을 거부하는 태도라고 비판할 것이다. 개인을 돕는 것은 필연적으로 사회의 관계조건을 변화시킬 수밖에 없으며, 그에 따라 다른 이들에게 그만큼의 불리함이 가해질 것이기 때문이라는 것이다. 그들은 또한 가족을 거느린 자가 일반적으로 가장 곤궁에 취약한 이들이기 때문에, 그리고 도움을 필요로 하지 않는 이들에게까지 우리가 원조를 제공할 이유는 없으므로, 우리가 도와야 할 이는 바로 이들 자녀를 가진 사람들이며, 그로써 결혼과 인구 증가를 촉진해야 한다고 주장한다.

이미 앞에서도 언급한 바 있지만 여기서 다시 한번 강조하는바, 일반론의 극단적인 적용은 피해야 한다. 당장의 어려움을 구제하는 데 기여한 정책이 훗날엔 오히려 더 큰 폐해를 낳기도 하는 법이다.

게으름과 미래에 대한 방비 소홀로 인한 것이 아닌 빈곤에 대처하는 모든 구제정책은 이러한 원리를 벗어날 수 없다. 일반적으로 빈민계급이 신뢰를 가지고 의지할 수 있는 유일한 조직적인 구제정책은 대개 일반 원칙에서 벗어난 것인 경우가 많은데, 이는 일반론에 따른 결과가 때로는 그것이 해결하고자 했던 폐해보다 더 해로울 수 있음을 명백히 증명한다.

나는 이미 앞 장에서 이러한 선별적이고 임시적인 구제정책이 긍정적인 효과를 가져올 수 있음을 충분히 인정한 바 있지만, 또한 그와는 별도로 교육제도의 개선 및 보급이 그보다 훨씬 더 큰 이득을 가져올 수 있음을 증명하고자 애썼다. 이를 통해 실현되는 모든 것은 매우 특별한 가치가 있다. 교육은 서로에게 어떤 피해도 주지 않으면서 모두가 향유할 수 있는, 그리고 한 사람의 이익이 다른 사람의 이익을 이끌어줄 수 있는 제도이기 때문이다. 예컨대 어떤 사람이 교육을 통해 자긍심과 올바른 사고 습관을 키움으로써, 자기 힘으로 부양할 수 없는 자녀를 낳아 사회에 부담을 주는 행위를 하지 않게 된다면, 그 행동 자체만으로도 동료 노동자들의 생활조건 향상에 기여하는 셈이다. 반대로 무지함으로 인한 이와 반대되는 행동은 타인의 생활조건을 저해한다.

또한 나는 빈민들의 거주지를 두 가정 이상이 함께 살 수 없도록 크지 않게 개량함으로써, 그래서 실제 노동 수요 이상으로 빈민의 수가 증가하지 않도록 주의함으로써 그들의 생활환경을 개선할 수 있다고 생각한다. 주거지 확보의 어려움과 아일랜드에서처럼 다 쓰러져가는 흙집에서 살기보다는 차라리 결혼을 몇 년 더 미루어 적당한 주거지가 나기를 기다리는 노동자의 칭찬할 만한 태도야말로 조혼의 증가를 방지하는 가장 무해하고 효과적인 억제 요인이다.

목우 제도를 보다 한정된 기획으로 시행한다면 반대할 이유가 없다. 문제는 이를 구빈법을 대체할 제도로 삼거나 노동자들에게 가족 수에 비례해 토지와 소를 분배해 준다거나, 또는 일반 국민이 밀 대신 우유와 감자를 주식으로 소비하도록 유도하려는 시도이다. 이는 터무니없는 망상이라 하지 않을 수 없다. 만약 이 제도의 목적이 단지 남들보다 더 선량하고 근면한 노동자들에게 안락한 생활을 제공하고, 동시에 빈민계급의 아이들이 마실 우유의 부족량을 보충하기 위한 것이라면 이는 분명 사회에 큰 보탬이 될 것이고, 또한 근면·절약·신중성의 습관을 기르는 데 커다란 자극제가 될 수 있을 것이다. 그런 의미에서 이 계획의 시행 대상은 각 교구당 소수의 노동자들로 국한될 수밖에 없다. 또한 대상자 선정에 있어서는 단순히 어려움에 처한 이가 아니라 행동거지가 올바른 이를 우선해야 한다. 자녀 수의 많고 적음이 대상자 선정에 지나치게 영향을 미쳐서도 안 된다. 마지막으로 경제적으로 스스로 소를 구입할 만한 여유가 있는 이보다 그렇지 못한 이에게 우선권을 부여해야 한다.

누군가는 이런 원칙에 대해 근면성과 절약정신을 자극하는 토지 소유에 대한 욕망과 애착을 최대한 이용하지 않는다며 불만을 제기할지도 모른다. 그러나 그러한 자극은 자신의 노력으로 얻은 토지인 한에서만 주로 나타나는 것이며, 다른 경우는 그처럼 일반적이지 않다는 것을 잊어버려서는 안 된다. 식솔을 거느린 게으른 자가 소와 토지를 요구하여 쉽게 얻게 되면 그것을 그다지 소중하게 여기지 않을 가능성이 높다.

소를 키우는 농부는 그렇지 않은 이들보다 더 부지런하고 규칙적인 생활을 할 것이라 예상할 수 있다. 이는 아마도 사실일 것이며 자연스럽게 내릴 수 있는 결론이기도 하다. 그러나 이러한 결론으로부터 모든 사람을 부지런하게 만들려면 소를 나누어주면 된다는 추론이 가능해지는 것은 결코 아니다. 오늘날 소를 키우는 이들 대부분은 자신의 근면성과 노력으로 소를 구입한 것이다. 따라서 소가 그들을 부지런하게 만든 것이 아니라, 그들의 부지런함이 소를 얻을 수 있게 했다고 말하는 것이 옳다. 물론 그렇다고 해서 갑작스러운 재산 획득으로는 절대 근면성을 키울 수 없다는 뜻은 아니다.

농부들이 소를 키움으로써 얻게 되는 실질적인 이득은 사실상 앞서 말한 계획의 한정성에서 기인한 것이다. 이러한 농부들이 가장 많이 거주하는 지방에서조차 교구 전체 인구에서 그들이 차지하는 비율은 그리 크지 않다. 이들 대다수는 자기 힘으로 소를 구입할 여유가 있는 노동자들이었다. 그들이 누리는 안락한 생활조건은 그들이 가진 이점의 절대성만큼이나 상대성, 즉 다른 이들에 대해 갖는 비교우위에 힘입은 바 크다.

그러므로 그들의 근면성과 안락한 생활환경을 보고, 하층계급 모두에게 그와 같은 재산을 부여하기만 하면 그들도 똑같이 근면성을 키우고 안락한 생활환경을 누릴 수 있을 것이라고 섣불리 추론해서는 안 된다. 상대성과 절대성, 원인과 결과를 혼동하는 데서 온갖 오류가 생겨나는 법이다.

빈민의 주거지를 개량하거나, 또는 더 많은 빈민들에게 소를 지원하려는 계획은 그들의 자녀 부양력을 늘려 인구 증가를 촉진시킬 것이 분명하다. 이는 내가 지금까지 확립하고자 했던 원칙들에 배치된다고 볼 수 있다. 그러나 다행스럽게도 이 책에서 내가 제기하는 근본 주장을 이해한 독자들은, 국가가 부양할 수 있는 한계 이상으로 자녀를 낳아서는 안 된다는 나의 주장이 일단 세상에 태어난 아이들은 최대한 국가가 부양할 수 있어야 한다는 이유에서 비롯된 것임을 인식하리라 생각한다. 빈민을 구제한다는 것은 필연적으로 그들보다 더 많은 숫자인 그들 자녀들이 성인에 이를 때까지 그 부양을 책임진다는 의미를 함축한다. 물론 이는 개인에게 있어서나 국가에 있어서나 가장 바람직한 일이 아닐 수 없다.

가난에 따른 자녀의 사망은 빈민들이 겪는 극심한 고난에 늘 수반되기 마련인 비극이다. 국가 전체의 관점에서 보자면, 10세 미만 아이가 사망하면 국가는 그때까지 그 아이가 성장하는 데 들어간 모든 생활자원만큼의 손실을 입게 되는 셈이다. 그러므로 어떤 면에서 보더라도 전 연령대의 사망률 감소가 우리의 목표가 되어야 한다. 이러한 목적을 달성하기 위해서는 더 많은 아이들을 성인으로 성장시킴으로써 인구를 어느 정도 키워야 한다. 그러나 동시에 성장하는 아이들에게 가족을 부양할 수 있는 능력을 갖출 때까지는 결혼을 삼가야 한다는 생각을 명확히 교육시켜야 할 것이다. 그렇지 않으면 이전의 모든 노력은 수포로 돌아가고 말 것이다. 빈민의 생활환경이 영구적으로, 그리고 전체적으로 개선되려면 예방적 억제의 강화가 선행되어야 한다. 따라서 이러한 교육이 행해지지 않는다면 우리의 노력 여부와는 관계없이 빈민을 위해서 행해지는 모든 정책들은 일시적이고 부분적인 것으로 그칠 수밖에 없다. 지금의 사망률 감소는 장래의 사망률 증가로 상쇄될 것이며, 특정 지역의 빈민 환경 개선은 다른 지역에서의 환경 악화를 수반할 것이다. 이는 매우 중요한 진리이지만 이를 이해하고 있는 사람은 많지 않으므로, 몇 번이고 반복해서 강조해도 지나치지 않으리라 생각한다.

페일리는 그의 저서 《도덕철학》 가운데 인구와 식량 및 기타에 관한 장에서, 한 나라의 인구와 일반적 행복을 위한 최상의 조건은 "부지런하고 검소한 일반 국민이 부유하고 사치스런 계층의 수요를 만족시키는 것"이라고 기술하고 있다. 그러나 이러한 사회 형태는 조금도 사람의 마음을 끄는 점이 없다. 1000만 명의 국민이 다른 100만 명이 누리는 과도한 사치를 위해 쉼 없이 노동해야 하고, 최소 생존자원 외의 어떠한 소유물도 가질 수 없다는 것은—그것이 불가피한 선택이 아닌 한—도저히 용인하기 어려운 개념이다. 그리고 실제로도 그와 같은 사회 형태는 결코 필요하지 않다. 제조업을 지원한다고 해서 반드시 부자들이 지나치게 사치할 필요는 없는 것이며, 마찬가지로 인구수를 늘리기 위해 빈민들로부터 일체의 사치품을 앗아갈 필요도 없는 것이다.

영국에서 가장 이득이 되는 최상의 생산품은 국민 대다수에 의해 소비되는 상품이다. 소비자가 부유층에 국한된 상품은 그 수량이 많지 않다는 점에서 경제에 차지하는 비중이 미미할 뿐만 아니라, 유행의 변화로 말미암아 사치품 생산에 고용된 노동자들이 일시에 매우 큰 불이익을 당할 수 있는 위험성을 갖고 있다. 그러므로 국민의 부와 행복에 가장 유리한 조건은 국민 대다수가 향유하는 사치지 결코 소수만의 과도한 사치가 아니다. 따라서 페일리가 사치에 따른 악덕과 위험이라 간주한 것이야말로 나의 견해로는 참으로 선하고 특별한 이점이다. 새 식민지 국가를 제외하고, 모든 사회에서는 반드시 일정한 인구 억제가 행해져야 한다는 사실을 인정한다면, 그리고 편의 및 기호상품에 대한 수요가 결혼을 억제하는 역할을 한다는 사실이 고찰된다면, 우리는 다음과 같은 사실, 즉 사치품에 대한 국민의 욕구는 사회의 행복과 도덕에 어떠한 악영향도 끼치지 않으면서 가장 효과적으로 결혼을 억제하는 기능을 할 수 있다는 사실을 인정해야 한다. 그런 의미에서 사치품의 대중화는 매우 환영할 만하며, 이전의 장에서 언급한 바 있는 빈곤의 기준을 끌어올리기 위한 최선의 방안이라 할 수 있다.

일반적으로 사회의 중류계층은 도덕과 근면성을 함양하고 온갖 재능을 발달시키는 데 있어서 가장 유리한 위치에 있는 것으로 인정받는다. 그러나 모든 국민이 중류계층에 속할 수는 없다. 우열의 존재는 세상의 본질상 필연적이며, 또한 매우 유익한 것이기도 하다. 만약 모든 사람이 자신의 사회적 지위를 높이려는 의지도 없고, 타락에 대한 두려움도 갖지 않는다면, 근면한 노력에는 보수가, 게으름에는 그에 합당한 처벌이 부여되지 않는다면, 사회 번영의 원천이라 할 생활조건 향상에의 의지적 활동은 더 이상 세상에서 찾아볼 수 없게 될 것이다. 유럽 여러 나라들을 관찰해 보면, 나라마다 사회의 상류층·중류층·하류층의 상대 비율이 큰 차이가 있음을 알게 된다.

이처럼 상이한 계층 비율이 야기하는 효과를 검토해 볼 때, 국민 대중의 행복 증진에 가장 기초가 되는 것은 중류층 비율의 증가라는 결론에 이를 수 있을 것 같다. 그리고 만약 하층계급이 궁핍과 사망률의 증가를 동반하지 않으면서, 오늘날 정체 또는 오히려 감소하고 있는 노동 수요에 맞게 적절한 노동 공급을 이룰 수 있다면, 노동력 절감이 가속화되고 있는 오늘날의 흐름이 계속 진행되어 언젠가는 이런 줄어든 노동력만으로 부유해진 사회가 요구하는 노동량을 모두 해결할 수 있으리라는 희망을 갖게 된다. 그리고 그러한 변화는 비록 고된 노동 자체를 없애주지는 못할지라도, 적어도 힘든 일에 종사하는 노동자 수를 줄이는 데 기여할 것이다. 그런 식으로 최하층계급이 줄어들고 중류층이 늘어나게 되면 노동자들은 근면한 노력을 통해 사회적 지위 향상을 이룰 수 있다는 합리적인 희망을 품게 되고, 근면성과 미덕이 보상을 받을 가능성은 그만큼 더 커질 것이므로 사회적 행복의 총량은 뚜렷이 증가할 것이다.

그러나 노동 수요의 정체 또는 감소에 보통 따르기 마련인 부작용을 피하고, 이와 같은 먼 훗날의 희망을 포기하지 않기 위해서는 미래를 생각하는 분별력 있는 생활습관이 빈민층에 널리 보급 정착되어, 노동자가 실제 받는 임금과 그동안의 저축을 합쳐도 아내와 5~6명의 자녀를 부양할 가능성이 보이지 않으면 결혼을 미루는 것이 자연스러운 선택이 되도록 해야 한다. 이러한 신중한 자제력은 하층계급의 생활 수준 향상에 크게 기여할 것이다. 물론 결혼 후 몇 명의 자녀를 갖게 될 것인가는 불확실하며, 많은 이들이 보통 6명 이상의 자녀를 낳으므로, 앞서의 신중한 판단이 반드시 유효한 결과를 가져오는 것은 아니라고 말할 수도 있다. 옳은 말이다. 그러나 나는 이런 경우엔 6명을 초과하여 출생하는 자녀마다 약간의 보조금을 지원해도 큰 무리가 없으리라고 생각한다. 이때의 보조금은 대가족을 이룬 데 따른 보상이 아니라 단순히 불가항력적인 경제적 어려움을 구제하려는 목적에서 지급되는 것이다. 따라서 지원 규모는 6명 자녀를 가진 가정과 비슷한 경제적 수준을 유지하도록 돕는 정도로 그쳐야 한다. 일찍이 몽테스키외는 10~12명의 자녀를 둔 국민에게 일정 금액의 지원금을 지급하도록 한 루이 14세의 칙령이 인구 증가 촉진에 아무런 도움도 되지 않는다고 비판한 바 있다. 몽테스키외가 그 칙령을 비난한 것과 똑같은 이유에서, 나는 이러한 정책이 결혼을 촉진시키는 위험 요인으로 작용하지 않으면서도, 예기치 못한 가혹한 고난으로부터 빈민들을 구해내는 적절한 기능을 할 수 있다고 생각한다.

훗날 빈민들 사이에 결혼에 대한 신중한 태도가 확산, 정착된다면—이는 빈민의 전반적인 생활조건 향상의 밑바탕이다—이로 인해 노동임금이 상승, 영국 무역상들이 외국시장에서 경쟁자에게 밀려날 것이라는 우려는 편협한 정치가들의 기우에 불과하다. 그러한 현상을 막아줄, 또는 상쇄해 줄 환경적 요인 때문이다. 이는 크게 네 가지로 요약될 수 있다. 첫째, 식량 수요가 식량 공급을 초과하는 경우가 줄어들므로, 식량 가격이 보다 안정적이고 저렴해진다. 둘째, 농업과 노동임금에 과중한 부담을 주는 구빈세가 철폐된다. 셋째, 빈곤으로 인한 유아 사망으로 손실될 엄청난 규모의 국가 자원이 보전된다. 넷째, 절약 및 근면 습관이 정착되어 특히 미혼자들 사이에서, 오늘날 고임금으로 인해 자주 발생하는 게으름, 알코올의존증, 노동력 낭비 등의 폐해가 줄어든다.

14. 미래사회 발전에 대한 합리적인 전망

인구 원리로부터 생기는 폐해의 감소라는 목표에 대한 우리의 합리적인 전망을 총괄하는 관점에서, 우리는 다음과 같이 말할 수 있다. 비록 인구는 명백히 기하급수적으로 증가하고 있고, 또 인구 억제 요인이 없을 경우 기존 인구가 2배로 증가하는 데 걸리는 실제 기간은 이 책에서 가정한 것보다 더 길지만, 분명한 것은 사회와 문명의 발전에는 필연적으로 그 영향력을 억제시키는 어떤 자연적인 결과들이 존재한다는 점이다. 대도시와 제조업이 특히 그런 것들인데, 이들로부터 어떤 중대한 변화를 목격할 수 있으리라 기대하기는 어렵다. 도시와 제조업이 가능한 인간의 삶에 해를 끼치지 않도록 하는 것은 모든 면에서 바람직한, 우리의 의무이다. 그러나 우리의 노력에도 불구하고 도시와 제조업 환경은 지방 농촌보다 비위생적일 수밖에 없다. 그로 인해 이는 인구에 대한 적극적 억제 요인으로 작용하여 예방적 억제의 필요를 감소시킨다.

역사가 오랜 나라에서는 보통 성인이 되어서도 상당 기간 미혼으로 남아 있는 사람들이 많다. 이 기간 동안 일반적으로 인정된 도덕률의 실천 의무는 아직 이론적으로 반박당한 적이 없지만, 실제 현실은 사뭇 다른 양상을 보이는 듯하다. 본서는 도덕적 억제라는 의무의 한 갈래인 이 부분에 대해서 거의 언급한 바 없다. 그것은 옛날이나 지금이나 그다지 더 강해지지도 약해지지도 않은 동일한 바탕 위에 서 있는 문제이기 때문이다. 그동안 이 의무의 실천이 얼마나 불충분하게 이루어져 왔는지 돌이켜보면, 언젠가 의무의 완전한 실천이 이루어질 것이라고 기대하는 것은 망상에 지나지 않음을 알 수 있다.

그런 이유에서 지금까지 본서의 논의는 독신 기간 동안의 윤리적 행동이 아닌, 자녀 부양 능력을 갖출 때까지 독신 기간을 유지해야 할 의무에 초점을 맞추었다. 그리고 이에 대한 어떤 긍정적 변화를 기대하는 것은 결코 헛된 희망이 아니다. 이러한 신중한 절제의 습관은 나라마다, 또 시대마다 그 보편화의 양상이 매우 다르게 나타난다는 사실을 우리는 경험을 통해 알고 있다.

유럽 전역의, 그중에서도 북부 유럽의 여러 나라에서 수많은 인명을 앗아간 호전적이고 모험적인 문화가 득세한 이후 신중한 절제의 습관에 결정적인 변화가 일어났다. 이후 17세기에서 18세기 초에 걸쳐 유럽 전역에 빈발했던 흑사병이 점차 누그러지다가 완전히 사라졌을 때도 동일한 변화가 일어났다. 영국의 경우에도 도시 발전, 유행병 발생도 감소, 청결의식의 발달과 더불어 결혼률이 감소했다. 최근 흉작 때에도 결혼이 감소했던 것으로 보인다. 그리고 이기간 동안의 결혼 억제 요인과 똑같은 동기가 훗날 종두 보급 이후 많은 아이들이 무사히 성인으로 자라나 노동 공급이 과잉되고 노동임금이 하락하여 가족 부양에 어려움이 가중될 때, 다시 동일한 방식으로 작용하게 될 것이다.

일반적으로 인류의 결혼 문제는 이론보다 실천이 훨씬 앞섰다. 결혼의 당위성이나 악덕을 방지하기 위한 조혼의 필요성이 아무리 강조된다 해도, 사람들은 결혼이라는 중대한 한 걸음을 내딛기 전에 먼저 가족을 부양할 방법을 고민해야 함을 깨달았다. 강력한 공화국의 치유력(vis medicatrix reipublicae), 즉 생활수준 향상의 욕망, 그리고 생활의 악화에 대한 두려움이 끊임없이 작용하여, 일탈의 욕망으로부터 사람들을 올바른 길로 인도했다. 자연의 섭리에서 비롯된, 그리고 모든 사람들의 의식에 부과되는 이러한 강력한 건강의 원천이 존재하기에, 결혼에 대한 신중한 억제 경향은 유럽에서 더욱 커져가고 있으며, 앞으로도 그러하리라고 전망할 수 있다.

이런 변화가 이성 간의 부도덕한 교제의 증가를 동반하지 않는다면 사회의 행복은 그로 말미암아 분명히 증진될 것이다. 그리고 결혼이 가장 적고 늦게 이루어지는 유럽의 국가들에서 이러한 이성 간의 문란한 관계가 그리 두드러지게 나타나지 않는다는 것은 기쁜 일이 아닐 수 없다. 노르웨이, 스위스, 영국, 스코틀랜드 등은 특히 예방적 억제 경향이 두드러진다. 이 나라들이 도덕적 관습 면에서 다른 나라들보다 우월하다고 주장하려는 것은 아니다. 그러나 가장 퇴폐적인 풍속을 가진 나라로 이들 국가를 꼽을 사람은 아무도 없으리라는 것은 확실하다고 생각한다. 유럽 대륙에 대해 다소 아는 바로 미루어보면, 이들 나라의 풍속은 나머지 유럽 국가들과 뚜렷한 대조를 이루어 부인들은 정조관념이 강하고 남성들은 미덕의 습관이 배어 있다. 이처럼 경험은 우리에게 도덕적, 물질적 요인이 결혼 억제의 증가로부터 생길 수 있는 부작용을 상쇄하는 역할을 할 수 있다는 사실을 가르쳐준다. 설사 부작용의 위험성을 십분 인정한다 해도, 우리는 극빈으로 야기되는 폐해를 줄이는 것이 이를 충분히 상쇄해 줄 수 있다고 단언할 수 있다. 또한 예방적 억제의 증가로 얻게 될 결과인 사망률 감소와 안락한 생활이 행복과 도덕의 증대에 기여할 것이다.

우리의 목표는 사회 개량에 관한 새로운 계획을 제안하는 데 있다기보다, 오히려 종래의 자연법에 따라 수행된 개선 방식에 충실해야 한다는 것, 그리고 그 방식에 따라 이루어지는 진보를 방해해서는 안 된다는 것을 강조하는 데 있다.

우리의 모든 구제 제도와 빈민 구제 행동의 대의가 인생사를 통해 나날이 그 중요성을 깨닫게 되는 신중한 분별력의 미덕과 합쳐진다면 그 효과는 대단히 클 것이다. 그리고 우리가 때때로 저지르는 경솔한 행위에 대하여 자연의 처벌을 온전히 스스로 떠맡는다면, 그 반대의 행위 즉 분별력 있는 행위에 따르는 대가를 늘림으로써 양자의 균형을 맞출 수 있다. 직접적인 결혼 장려 요인이 되는 제도의 지속적인 개선이 이루어지고, 또 자연의 가르침에 반하는 의견과 이론의 전파를 막는 것만으로도 우리는 대단히 많은 것을 얻을 수 있을 것이다.

우리의 힘으로 실현할 수 있는 부분적인 선(善)도 특정 계획을 지나치게 극단적으로 적용하거나, 부분적인 성공에 과도하게 집착하여 이루지 못하는 경우가 많다. 나는 이 책의 추론이 그러한 오류의 덫에 빠지지 않았기를 바란다. 또한 나는 우리의 더 큰 가능성의 문이 닫히지 않게 하기 위해 낡은 사실에 대한 새로운 해석을 제시했고 실현 가능한 사회 개선의 문제를 열심히 숙고했으나, 그러한 가능성과 그 실행 방안을 제시하는 데 있어서는 매우 신중을 기했다는 점을 독자들이 알아주기를 바란다. 구빈법은 실제로 그로부터 파생되는 폐해가 적지 않을 뿐 아니라, 국내 토지재산에 감내하기 어려운 과중한 부담을 지우고 있기 때문에, 구빈법의 단계적 폐지론이 심심치 않게 제기되고 있다. 국민교육 제도의 확대는 이해관계를 떠나, 누구에게나 공평하게 득이 되는 바람직한 정책이다. 국민교육 제도의 실제적 효과는 이미 오래전 스코틀랜드의 사례를 통해 입증된 바 있다. 대다수의 전문가들 또한 교육이 범죄를 예방하며 근면성, 도덕성, 준법성을 향상시키는 데 큰 도움이 된다는 결론을 내렸다. 물론 이 책에서 제시한 계획들은 말 그대로 아직 실현되지 않은 계획이다. 나는 이러한 계획들이 실제 적용을 통해 우리가 목표로 하는 바를 실현하고 빈민의 생활조건을 향상시키는 데 커다란 기여를 하리라 생각하지만, 설사 나의 제안이 받아들여지지 않는다 해도, 이러한 추론을 통해 이 사회에 부분적이나마 긍정적인 기여를 할 수 있다면 실망하지 않을 것이다.

만일 내가 확립하고자 한 원칙들이 거짓이라면, 철두철미하게 논박되기를 절실히 바란다. 그러나 나의 원칙들이 참이라면, 이 주제는 대단히 중요할 뿐 아니라 인간 행복과 매우 밀접한 관계에 있기 때문에, 목적 달성을 위해 어떤 특별한 노력이 이루어지든 이루어지지 않든 간에, 내가 제기한 원칙들이 언젠가는 보다 더 완전히 이해되고 널리 인정될 날이 오리라 생각한다.

사회 중상류층 가운데서 이러한 지식은 빈민의 생활조건 향상을 위한 그들의 노력에 어떤 부정적인 영향도 끼치지 않으면서, 그들이 할 수 있는 일과 그들이 할 수 없는 일의 범위를 명확히 제시해 주는 역할을 할 것이다. 충고나 교육을 통해, 분별력과 청결의 장려를 통해, 또는 선별적 자선과 예방적 억제의 증진을 통해 빈민의 생활환경 개선에 효과를 거둘 수 있을지는 모르지만, 이러한 지식이 결여되어 있다면 모든 노력은 최종적으로는 실패로 귀결될 것이다. 역사가 오래되고 인구밀도가 높은 나라의 경우, 빈민들이 원하는 대로 조혼을 하고 대가족을 이룰 수 있게 하는 정책은 현실적으로 불가능하다. 이러한 지식은 부자들이 이처럼 성공할 가망이 없는 곳에 노력을 낭비하는 것을 막아주고 그들의 관심을 적절한 목표에 집중시켜 보다 많은 선을 행할 수 있도록 유도할 것이다.

이 지식은 빈민들 가운데서 훨씬 더 큰 중요성을 가질 것이다. 빈곤의 항구적인 주요 원인은 정치 형태나 불평등한 자원 분배 등과 적어도 직접적인 관계가 없다는 것, 부자들에겐 빈민들에게 일자리를 제공하거나 그들의 생활을 책임질 능력이 없으며, 자연의 이치에서 보더라도 빈민들이 부자들에게 그러한 것을 요구할 권리는 없다는 것 등의 사실은 인구 원리로부터 파생하는 중대한 진실이며, 적절한 설명만 주어지면 아무리 평범한 두뇌를 가진 사람이라도 누구나 쉽게 이해할 수 있는 것들이다. 하층계급에 속하는 모든 이들이 이러한 참된 사실을 이해하게 된다면 시련에 처하더라도 더욱 굳은 인내심으로 이겨낼 것이며, 빈곤으로 인해 정부와 상류계급에게 불만을 제기하는 일도 적어질 것이다. 따라서 빈민들의 항거와 소요는 줄어들 것이며, 공공구제 또는 개인의 자선을 받게 되면 더한층 감사하는 마음을 갖고, 그 도움의 소중한 가치를 올바로 인식하게 될 것이다.

이러한 진실이 보다 대중적으로 널리 이해되기에 이른다면(상호 의견 교환의 자연스러운 결과로 언젠가는 그러한 날이 오리라 믿는다), 하층계급은 보다 평화적이고 안정적인 계층이 될 것이며, 흉작 시기에도 폭동과 소요를 일으킬 가능성이 줄어들고, 혁명으로 노동임금과 생활자원을 통제하는 것이 불가능하다는 것을 알고 있기 때문에 선동적인 출판물에 미혹되는 일도 적어질 것이다. 설사 그와 같은 진리가 빈민들의 결혼에 대한 태도에 아무런 뚜렷한 변화를 가져오지 않는다 하더라도, 단지 진리를 아는 것만으로도 정치적 관점에서 그들의 행위에 유효한 효과를 미칠 것이 분명하다. 그리고 그런 효과 중 가장 중요한 것은, 체제를 뒤엎으려는 불온한 움직임의 위협을 받지 않고도 중상류계급이 점진적인 정치 개혁을 추진할 수 있는 힘을 얻게 된다는 사실이다. 이 혁명적인 움직임에 대한 두려움은 현재 유럽의 여러 나라가 오래전 그 실현 가능성을 입증한 자유의 가치에 가장 큰 위협이 되는 요소라 할 것이다.

현재의 사회 상태와 이전 시대의 사회 상태를 비교해 봤을 때, 인구 원리에 따른 폐해는 참된 원인에 대한 거의 전적인 무지에도 불구하고, 그동안 증가되지 않고 오히려 감소되어 왔다고 단언할 수 있다. 따라서 이와 같은 무지가 점차로 사라질 것이라는 희망을 품을 수 있다면 그만큼 폐해도 더한층 줄어들거라 상상하는 일은 결코 무리한 이야기가 아닐 것이다. 절대인구의 증가 현상은 물론 앞으로도 일어날 것이지만, 이러한 기대에 거의 영향을 끼치지는 못할 것이다. 모든 것은 인구와 식량의 상대 비율에 따라 좌우되며 절대적 인구수와는 큰 관련이 없기 때문이다. 인구가 가장 적은 나라들이 인구 원리에 따른 영향으로 가장 고통받는 경우가 많다는 사실은 앞에서 살펴본 바 있다. 유럽 전체를 놓고 볼 때, 지난 세기에 식량 부족으로 기근과 질병이 발생한 횟수는 명백히 그 이전 세기보다 줄어든 것으로 보인다.

그러므로 전체적으로 봤을 때, 설사 인구의 원리로부터 나타나는 폐해의 감소와 관련해서 우리의 미래가 우리가 바라는 만큼 밝지는 않을지 몰라도 결코 낙담할 정도는 아니며, 인간 사회의 점진적인—최근 이 문제에 관한 섣부른 예측이 나돌기 전까지 합리적으로 기대된—발전을 가로막지는 못할 것이다. 인간 정신의 가장 고상한 노력, 문명사회를 야만 상태와 구별해 주는 모든 것은 결국 재산과 결혼에 관한 법률, 그리고 겉보기에는 좁아 보이지만 각 개인이 더 나은 삶을 위해 노력하도록 만드는 원동력인 인간의 이기심에 힘입은 바 크다. 인구 원리에 대한 엄밀한 연구는 우리에게 다음과 같은 결론을 내리게 한다. 즉 우리는 인간을 이처럼 높은 수준으로 올라서게 한 사다리를 결코 걷어차버릴 수는 없지만, 그렇다고 해서 같은 수단으로 지금보다 더 높이 올라설 수 없다는 것을 그 사실이 증명하는 것은 아니다. 사회구조는 그 본질에 있어서 늘 불변적이다. 사회는 언제나 유산계급과 무산계급으로 이루어질 것이라 잘라 말할 수 있다. 그러나 각 계급의 상태와 비율은 사회 전체의 조화와 아름다움을 크게 향상시키는 쪽으로 얼마든지 바뀔 수 있다. 자연과학의 시야는 나날이 넓게 트여 그 한계를 알 수 없을 만큼 발전해 나가고 있는데, 윤리학과 정치철학은 여전히 좁은 울타리 안에 갇혀 있을 뿐, 하나의 원인으로부터 일어나는 인간 행복의 장애물을 없애는 데 거의 아무런 역할도 하지 못하고 있다는 사실은 우울한 소식이 아닐 수 없다. 그러나 지금까지 논의된 이러한 장애물이 아무리 어려워 보일지라도, 아직은 사회 발전의 희망을 버릴 시기가 아님을 우리의 연구 결과가 보여주고 있다. 우리의 힘으로 이룰 수 있는 선이라면, 비록 그것이 부분적인 선에 불과할지라도 애써 좇을 가치가 있다. 그것만으로도 우리의 노력을 하나로 모으고 우리의 전망을 북돋우기에 충분한 것이다. 비록 인류의 도덕과 행복이 자연과학의 눈부신 발전과 어깨를 나란히 할 수 있을지 내다보기는 어렵지만, 우리가 자만에 빠져 스스로를 잃어버리지 않는 한, 인류의 도덕과 행복은 자연과학의 발전으로부터 도움을 얻을 것이며, 또한 역으로 인류의 도덕과 행복이 과학의 성공에 일익을 담당하리라는 확신에 찬 희망을 품어도 좋을 것이다.

맬서스의 생애와 사상

맬서스와 인구론

토머스 로버트 맬서스(Thomas Robert Malthus, 1766~1834)는 런던 남부 서리주 웨스트콧에서 대니얼 맬서스의 둘째 아들로 태어났다. 존 메이너드 케인스의 《인물 평전 *Essays in Biography*》(1933) 속 〈로버트 맬서스〉 편이 그가 자란 지적 환경을 아주 생생하게 잘 그려내고 있다.

로버트가 태어나고 약 3주일 뒤, 18세기 프랑스의 가장 날카로운 사상가 장 자크 루소가, 영국 18세기 도덕철학의 최고봉의 한 사람인 데이비드 흄과 함께 맬서스의 집을 찾았다. 로버트의 아버지는 그즈음 계몽사상, 그중에서도 꽤 혁신적인 측면을 열렬하게 지지하는 인물들과 친교가 있었다.

열여덟 살이 된 로버트는 그해(1784) 겨울 학기부터 케임브리지 대학 지저스 칼리지에 입학한다. 그가 그 학교에 들어간 것은, 로버트가 열여섯 살 때 가정교사였던 길버트 웨이크필드가 그 학교의 특별연구원이었던 인연에 의해서이다. 그리고 케인스에 의하면 이 가정교사 또한 '루소의 사도'였다.

1785년, 맬서스가 1학년일 때, 윌리엄 페일리의 《도덕 및 정치철학의 원리 *Principles of Moral and Political Philosophy*》가 출판되어, 이 책은 케임브리지에서 실험용 교과서로서의 자리를 오랫동안 지배한다. "이것은 《인구론》의 저자가 받은 지적 영향 중에서도 높은 자리를 주어야 하는 것"이라고 케인스는 쓰고 있다. 그 지적 영향이 어떠한 것이었는지는 나타나지 않지만, 맬서스의 이론에서 케인스의 말을 긍정적으로 추론할 수 있다.

페일리가 신학적 공리주의라는 것을 고려하면, 자연법사상=사회계약론이 해체되어 가고 있고, 그것을 비판하면서 공리주의가 등장하는 사상사(思想史) 상의 전환 과정에서 로버트가 자란 것이 된다. 맬서스는 《인구론》〈머리글〉에서, 이 책은 '한 친구' 즉 아버지 대니얼과의 대화 속에서 태어났다고 쓰고 있다. 이처럼 《인구론》은 사상사(思想史)상의 신구 양 세대의 대립을 반영하고 있다고 볼 수 있을 것이다.

또한 페일리와 맬서스가 같은 인구이론을 공유한 것은 아니다. 페일리는, 한 나라의 행복은 인구수에 의해서 측정된다고 하는, 낡은 중상주의적 견해를 이어받은 것 같다. 따라서 페일리 자신은 과도적 존재라고 여겨지며, 맬서스는 페일리를 넘어 자신을 확립하지 않으면 안 되었던 것이다.

케임브리지 대학 맬서스는 1784년 이 대학 지저스 칼리지에 입학한다.

맬서스는 1788년에 수학과 학위시험 9번째 우등으로 졸업하고, 1793년에 특별연구원이 되었다. 1796년에는 《위기 *The Crisis, a View of the Present Interesting State of Great Britain by a Friend to the Constitution*》라는 소책자를 썼는데, 출판되지는 않았다. 이것은 친구가 쓴 맬서스 전기에 일부 발췌문이 남아 있을 뿐이다.

1798년, 맬서스는 익명으로 최초의 책을 간행했다. 그것이 그의 이름을 역사에 남게 한 《인구론》 초판이다. 게다가 이것이 당시 영국에 준 충격은 실로 커서, 이내 찬반 양론의 접전이 벌어졌다.

《인구론》은 맬서스 생전에 6판을 냈다. 제2판 간행은 1803년으로, 그때 저자는 처음으로 서명에 자신의 이름을 적었다. 명성은 확고해졌다. 그리고 초판 간행 뒤, 친구 둘과 함께 유럽 모든 나라를 다니면서 인구 자료를 수집한 성과를 대폭 적용하여, 책이 확 바뀔 만큼 정정, 증보하였다. 초판에서는 표제 중의 부제가 나타내듯이, 영국의 개혁운동을 고무하는 사상가 고드윈이나 콩도르세에 대한 비판이 주안점이었다. 제2판에서는 부제도 바뀌고, 주안점은 구빈법 비판에 맞춰졌다. 그 뒤, 3판(1806)에서도 또한 꽤 많은 증보가 있었고, 4판(1807), 5판(1817)에서도 증보가 있었고, 《브리태니커 백과사전》에 쓰인 《인구론 강요 *A Summary View of the Principle of Population*》(1824)를 끼워, 1826년에는 최종

제6판에 이르렀다. 제6판은 초판 어휘 수의 약 5배에 달한다.

《인구론》은 초판과 제2판 이후가 상당히 다르기 때문에, 케인스처럼 《인구론》 초판을 루소, 아버지 대니얼, 페일리 등과 같은 사상적 문맥에 속하는 것으로 보고, 제2판 이후와 구별하는 견해도 있다. 맬서스 또한 과도적 존재라는 것은 틀림없다. 그러나 케인스의 해석은 구태여 말하자면 반대이다. 맬서스는 제2판 이후, 고드원적인 계몽적 이성을 얼마간 인정하고, 도덕적 억제를 승인하게 되었다고 알려져 있기 때문이다.

맬서스(1766~1834)

그러나 처음부터 맬서스는 루소적 계몽의 단계를 뛰어넘었다고 생각한다. 《인구론》 초판은, 특이한 사상가였다고는 하지만, 계몽적 이성의 전개에 매우 낙관적인 신뢰를 보인 고드원이나 콩도르세를 자연법칙에 의해서 비판하려고 했던 것이다. 그의 아버지와의 대립도 여기에 있었고, 이 점에서는 페일리가 다소 영향을 미쳤을 것이다. 페일리는 '비둘기 페일리'라고 불리듯이, 인간을 비둘기에 비유하여, 먹을 것이 제한되는 경우에는 강자의 논리가 통용된다고 보고 있었다.

벤담은, 되도록 평등이 바람직하다는 원리를 도입함으로써 페일리를 민주화하고, 원자론적 사회관에 의해서 개인과 전체와의 직접적 합일을 믿을 수 있었다. 《인구론》 초판의 인간 파악은 페일리=벤담의 그것에 대응한다.

제2판은 고드원의 이성을 용인한 것처럼 보이지만, 사실 그 이성은 사적 소유를 전제로 한 이기심의 작용을 의미하고 있고, 그런 의미의 이성이라면 초판에서도 결코 부정되지는 않고 있는 것이다. 게다가 토머스 페인의 《인권론 Rights of Man》 제1부(1791), 제2부(1792)를 비판한 악명 높은 문장, 즉 늦게 온 인간에게 "자연은 떠날 것을 명한다"라는 문장은 제2판에서만 나타난다. 초판과 제2판 이후의 차이는 인구이론의 기본 구조 그 자체에는 없고, 정치적 제언에서 구해야 할 일이다.

그리고 이 기본 구조라는 의미에서의 맬서스의 인구이론은 그 자신에게뿐만 아니라, 널리 당시 영국의 사회과학, 특히 경제학에서의 자명한 전제가 되고, 공유재산이 되었다. 경제이론에서 맬서스와 공통점이 거의 없었던 데이비드 리카도에게조차 맬서스 인구론은 이론의 여지가 없는 것이었다.

《인구론》의 골자는 초판에서 말하면 제1장에 있다. 첫째, 2개의 공준(公準), 둘째, 인구와 생존자원 증가율의 차이, 셋째, 인구를 생존자원의 한도 이내로 억제할 필요(해악과 불행, 제2판에 덧붙여진 도덕적 억제)이다. 맬서스는 증가율 차이에 대한 자신의 견해를 평생 고수했지만, 앨프리드 마셜처럼 이것을 수확체감의 법칙에 대해 말하고 있다고 해석해 봐도, 실증(그러니까 또한 반증)할 수 없는 것에 지나지 않는다. 따라서 이 인구이론만으로는 현실에 대해 제언할 수 있는 것은 매우 한정되어 있다.

초판 당시에는 프랑스 혁명의 영향을 받아, 영국에도 개혁의 기운이 있었기 때문에, 인구이론만으로 공격할 수 있는 대상이 있었다. 그 대상은, 첫 번째로 고드윈과 콩도르세처럼 공준(公準) 그 자체를 부정하는 극단적인 낙천주의, 두 번째로 인구의 압력을 먼 장래의 일로 치부해 버리는 낙천주의, 세 번째로 인구를 억제하는 작용을 교란하는 구빈법이다.

그러나 개혁운동을 짓누르는 정치적 반동, 더 나아가서는 산업화의 진행, 또 맬서스의 이 책 자체의 영향 등이 적어도 첫 번째와 두 번째의 낙천적인 개혁이론의 존립을 허락하지 않게 되면, 《인구론》의 주된 목표가 변화하지 않을 수 없고, 인구이론에만 머물 수 없게 된다. 예를 들어 맬서스는 2년 뒤에 《식료품의 고가격 *An Investigation of the Cause of the Present High Price of Provisions*》(1800)을 간행한다. 이것은 의회에서의 논의의 참고를 위해 쓴 것으로, 맬서스의 현실에 대한 적극적 참여 자세를 엿볼 수 있다. 그는 여기서 전년의 유럽 여행의 경험에서 스웨덴 곡물 고가격과 비교해서 영국의 독자적인 원인으로서 구빈법을 든 것이었다. 이 경우의 기초적인 이론은 이미 이 《인구론》 초판(제5장)에 있다. 그러나 《식료품의 고가격》에서의 매우 간명한 가격의 한계 구매력설이 비록 인구이론으로부터 논리적으로 도출된 것이라고는 하나 가격이론에 들어가면 거기는 자본 논리가 지배하는 세계이다.

케인스는 위의 《식료품의 고가격》을, "여기에는 체계적인 경제학적 사고의 시작이 있다"고 칭찬했지만, 그것은 맬서스가 자연법칙에 지배되는 인간 사회의 고찰에서 자본의 법칙에 지배되는 세계의 고찰로 들어간 것을 의미한다. 원래 맬서스에게 인구이론과 경제이론은 별개의 연구 영역이 아니었다. 《인구론》 초판이 그 마지막 몇몇 장에서 당시의 주요 경제학설, 즉 애덤 스미스와 프랑스 이코노미스트(중농주의)를 검토하고 있는 것을 잊어서는 안 된다. 인구이론을 현실에 접근시킬 때, 자본 논리를 매개로 해야 한다는 것은 이미 알고 있던

케인스(1883~1946)
맬서스의 경제이론을 연구·비평하였으며, 특히 맬서스를 '케임브리지 경제학자의 시조'라고 불렀다.

부분이었다. 따라서 맬서스는 그의 《경제학 원리 *Principles of Political Economy*》 (1820)를 《인구론》 부록의 형태로 공표할 수도 있다고 생각했을 정도였다.

19세기에 들어서부터 맬서스가 한 일은, 인구이론에 더해진 여러 가지 비판에 대답하고 이를 보다 면밀하게 검토하는 것과, 리카도와의 대립 가운데서 자기 나름대로의 자본의 논리를 파악하는 일이었다. 그는 이 일들을, 1805년에 취임한, 이스트 인디아 컴퍼니 칼리지(동인도회사의 직원교육 학교) 역사학 및 경제학 교수 재임 기간 동안 수행했다.

경제학 연구는 그 독자적인 화려함과 가치를 지니게 되었지만, 인구론 작업은 '지루한 반복'으로 여겨지는 경우도 있었다. 그 의미에서는 분명히 "맬서스의 《인구론》은 한 젊은 천재의 작품이다"(케인스)라는 평은 초판에 가장 잘 들어맞는다. 비록 독창성이 없고 과거의 여러 이론을 모은 것이라고 하는 마르크스의 비난이 정당하다고 해도 말이다.

《인구론》은 또한, 애덤 스미스의 저서가 '국민의 부(富)의 성질과 원인에 관한 연구'라는 것과는 대조적으로 '국민의 빈곤의 성질과 원인에 관한 연구'라

애덤 스미스(1723~1790)
맬서스는 스미스의 경제이론을 상당 부분 계승하였다.

고 곧잘 말해진다. 그러나 맬서스의 인구론이 리카도에 대해서도 전제였다고 한다면, 그 평가는 한정된 의미밖에 갖지 못한다. 그보다 오히려 우리가 주목해야 하는 것은, 인구와 식량 증가율의 차이라고 하는, 오늘날 우리의 입장에서 보자면 근거가 확실치 않은 명제를 계속 고집한 맬서스 안에, 부의 증대와 침투를 믿은 스미스나 리카도보다도, 오히려 되새겨보아야 할 점이 있다는 것이다.

여기에서는 《경제학 원리》까지 파고 드는 것은 아니므로, 그것을 시야에 넣으면서 언급을 《인구론》 마지막 몇몇 장에 한정시키지 않을 수 없다. 거기에는 모든 가격 현상이 한계 구매력설로 설명되는 것이 아니고 생산비설의 싹도 읽을 수 있어서(제16장), 맬서스가 스미스를 계승하고자 했던 것은 명백하다. 다만 맬서스가 스미스와 의견을 달리한 것은 생산 증가의 결과에 대한 평가였다(제17장). 따라서 스미스와 맬서스의 연구 대상이 대조적이었다고 평가하는 것은 무리가 있지만, 어쨌든 맬서스는 여기서 식량 생산을 그 이외의 생산과 구별하는 이른바 낡은 농공 이분론을 부활시키고 있는 것이다.

《인구론》 초판 제15장에서는 "농업노동량의 증대는 항상 노동자에게 이익이 되는 게 틀림없다"고 말하고, 제17장에서는 비록 투입을 밑도는 산출밖에 없는 경우에까지도 농업노동은 생산적이라 불리며, 비록 이윤 및 지대를 충분히 가져오는 것이라도 사치품을 만드는 공업노동은 비생산적이라고 불리고 있다. 생활필수품이 사치품과 구별되어 중시되고 있는 것이다.

수입 곡물에 관한 관세 시비를 둘러싼 유명 곡물법 논쟁에서도, 곡물의 자유수입에 반대한 경우의 근거로서, 안전이 부보다 중요하다고 해서 식량의 외국의존 위험을 설명하고, 공업은 시장이 불안정적이기 때문에 사회불안의 원인이 된다고 해서 적절 공업화론을 주장했다. 이것은 사적 소유=자본재생산과 국가주권(국가주의)을 자명한 것으로 보고 있다는 제약을 벗어나지 못하지만, 그가 자본의 노출된 이론에서 이탈했다는 것을 말해주고 있다.

우리는 또한 인구를 식량 한계 수준으로 억제하는 기능을 하는 예방적 억제 및 적극적 억제에 '여성에 관한 부도덕적인 관습, 대도시, 부실한 제조공업, 사치, 질병 및 전쟁'이 포함된다는 것을 알 수 있다(제5장). 리카도가 이러한 것의 필연성에 대해 이해하고 있었다고 단언하기는 어렵다. 케인스가 맬서스를 '케임브리지 경제학자의 시조'라 부르고, 공황의 가능성을 부정한 세이의 법칙(Say's law)을 믿지 않았던 맬서스를 높이 평가한 것은 알려진 바이지만, 우리는 케인스가 주목한 것과 같은 측면을 케인스와는 다른 의미에서 지금 평가해도 좋을 것이다. 특히 '대도시, 부실한 제조공업'이라는 지적은 공상적 사회주의자 로버트 오언을 떠올리게 한다.

맬서스는 《인구론》 이후에도 경제학에 대한 소논문과 책자를 계속 출간하면서 리카도보다는 덜 엄격하게 가격 결정 문제에 접근하여 제도적으로 결정되는 '유효수요' 측면에서 이 문제를 다루었다. 유효수요란 맬서스가 만들어낸 용어였다. 1820년에 《경제학 원리》를 통해 경제적 빈곤에 대한 임시방편으로 유효수요와 번영을 가져올 공공사업과 개인의 사치성 투자를 제안하기까지 했다. 나아가 절약이 지고의 미덕이라는 견해를 비판하면서 오히려 "저축의 원리를 지나치게 밀고 나가면 생산의 동기를 없애게 될 것"이라고 주장했다. 부를 극대화하기 위해 국가는 '생산 능력과 소비 의지' 사이에 균형을 잡아야 한다는 것이었다. 사실 그 자신의 표현에 따르면 공급과잉 문제, 곧 불황과 경기 침체에 관심을 둔 맬서스는 1930년대 케인스의 경제학적인 발전을 예고했다고 할 수 있다.

따라서 맬서스의 '속물적' 성격은 이중적이라고 본다. 자본과 국가의 존재를 자명한 것으로 전제하는 한, 그는 자본이론의 절대성을 신봉한(그것이 세이의 법칙에 이론적으로 표현되는) 리카도와 속물적 성격을 공유하고 있고, 그것이 고전경제학 세계의 기본적 특징이었다. 그러나 맬서스는 세이의 법칙을 신봉하지 않고, 그 대신 지주계급의 비생산적 소비의 필요를 설명한 데서 볼 수 있는 바와 같이 현실의 불안정을 사실적으로 보는 시점을 가지고 있었다. 그것은 결국 그가 자본의 논리에 내재하지 않았던 한도에서, 예를 들면 앞서의 생산적이라는 말의 규정처럼 지금 또 하나의 '속물적' 성격을 만들기는 했지만, 자본의 논리에 파묻혀 있던 리카도에게 보이지 않는 것을 볼 수 있도록 만들어준 것이었다. 맬서스 자신은 결국 전자의 의미에서의 '속물' 속에 수렴되고(지주의 비생산적 소비에 의해 자본의 논리는 관철된다) 말았지만 이 리카도와 맬서스에게 공통적인 자본의 필연성의 신념이야말로 지금 내재적으로 넘지 않으면 안 되는 것이다. 그래서 그것을 넘어갈 때, 우리를 인도하는 별은, 인간에게 산업화란 무엇인가, 우리에게 자본이란 무엇인가 등과 같은 근원적인 물음일 것이다. 이러한 물음을 스스로에게 제기할 때, 우리는 맬서스가 우리에게 남겨진 커다란 유산임을 분명히 깨닫게 된다.

"1838년 10월, 즉 조직적인 연구를 개시한 이래 15개월 정도 되었을 때, 가끔 기분전환으로 맬서스의 《인구론》을 읽었는데, 이 책에서 그동안 동식물의 습성에 관해 장기간 관찰한 결과 내가 얻은, 생존을 위한 투쟁이라는 개념을 뒷받침해 줄 유익한 자료를 발견할 수 있었다. 그로부터 생존에 유리한 변이는 보존되고 불합리한 것은 사라지는 경향이 있다는 것을 생각했다."
　이것은 찰스 다윈의 《자서전 *Charles Darwin His Life Told in an Autobiographical Chapter, and in a Selected Series of His Published Letters*》(1887) 중의 한 구절이다. 그리고 《종의 기원 *The Origin of Species*》(1859)에서도 '맬서스 이론'이라는 글자가 발견된다. 이것은 맬서스 《인구론》이 초판 이후, 자연법칙적 관점에 서 있고, 계몽사상을 넘었다는 방증이 될 것이다.
　1824년 프랜시스 플레이스는 《인구 원리의 예증 *Illustrations and Proofs of the Principle of Population*》을 간행하고, 인구를 식량 한계 수준으로 억제하는 제4법칙으로서, 출생 제한을 덧붙였다. 여기서부터 신(新)맬서스주의가 시작된다. 노동자의 빈곤은 노동자의 다산 탓으로 돌려진 것이다. 이미 《인구론》 제2판의 도덕적 억제가 빈곤을 본인의 책임으로 돌리고 있는데, 어느 것이나 똑같은 사상에서 생긴 것이다. 약 반세기가 지나자 '맬서스 동맹'(1877년 창립)이 생겨나 노동자 사이에 신맬서스주의(즉 가족계획)가 도입되기에 이르렀다.

자연과 이성의 충돌

2011년 3월 11일에 일어난 동일본대지진은 인간 사회에 대한 자연의 위협을 뚜렷이 보여준 재해였다. 대지는 인간이 제 손으로 만든 것이 아니라 자연에게 선사받은 것이다. 우리는 이렇게 남에게서 받은 터전 위에 살아가고 있다. 과학기술이 발전한 오늘날에도 이 점은 변함이 없다. 대지 위에서 살아가는 인간은 준엄한 자연법칙을 감수할 수밖에 없다. 그러므로 인간은 원래 자연에 순종해야만 한다.

물론 인간은 창의적인 노력을 통해 과학기술을 발전시켜서 일시적으로 자연을 인간에 종속시킬 수도 있다. 하지

찰스 다윈(1809~1882)
다윈은 자신의 저서에 맬서스 이론을 밝히고 있다.

만 자연은 인간의 힘 따위는 쉽게 뛰어넘어, 이윽고 자연의 섭리가 얼마나 강력한지 우리에게 보여준다. 그러므로 대지진은 오만해진 우리 인간을 위해 경종을 울렸다는 점에서 커다란 축복이라고 할 수 있을지도 모른다.

1798년 맬서스가 쓴 《인구론》도 그 시대 인류의 오만한 진보사상에 대해 경종을 울린 책이었다. 1798년은 프랑스 혁명에서 출발한 이성의 역사가 실망을 낳게 된 시대였다. 혁명 당시에 시민은 열광하여 온갖 권위를 무너뜨렸지만 결국 서로 죽고 죽이는 살육의 피바람을 일으키고 말았다. 이때 사람들을 지배했던 것은 이성에 대한 믿음이었다. 인간은 이런 믿음을 통해서 그때까지 존재하던 인간 사회의 온갖 문제를 단숨에 해결하고자 하는 거창한 계획을 시도했다. 그리고 결국 비극적인 결말을 맞이했다. 물론 인간 이성에 불가능이란 없다는 확신, 즉 이성에 대한 믿음은 무한한 에너지를 사람들에게 주었다. 그로 인해 다양한 개혁이 이루어진 것도 사실이다. 특히 빈곤 문제를 해결하려는 노력은 뒷날 사회주의, 공산주의로 이어지는 첫걸음이 되었다.

맬서스가 비판한 콩도르세는 인간 신체나 의식의 변혁에 의해 이루어지는

미래사회의 가능성을 내세운 인물이다. 프랑스에는 그 밖에도 마블리, 모렐리, 바뵈프 등 빈곤 문제를 해결하려고 한 사상가가 많이 있었다. 그들은 모두 이성으로 인간 사회를 규율하는 것이 곧 빈곤을 해결하는 길이라고 생각했다. 19세기 사회주의자와 공산주의자들은 바로 이들의 후예였다.

　그러나 영국에는 에드먼드 버크처럼 프랑스 혁명을 부정적으로 바라보고, 특히 이성적인 진보주의에 대해 의문을 나타내는 사람이 많이 있었다. 그런 인물들 중 하나가 맬서스였다. 그래서 맬서스는 19세기 사회주의자나 공산주의자에게 미움을 받았던 것이다.

　물론 영국에도 프랑스처럼 이성을 굳게 믿는 사람이 있었다. 그중 하나가 맬서스의 《인구론》 집필 동기를 부여한 윌리엄 고드윈이었다. 고드윈의 저서 《정치적 정의 *Enquiry Concerning Political Justice*》는 후세에도 커다란 영향을 주었다. 그의 아내 메리 울스턴크래프트는 유명한 여성운동가였다.

　고드윈은 인간 본질은 개선될 수 있다고 확신했다. 올바른 인간 본성에서 비롯되는 사회제도 개혁은 소유 제도가 낳은 빈곤을 해결하여 마침내 빈곤 없는 세상을 만들어낼 수 있다고 믿은 것이다. 하지만 맬서스는 이 낙관적인 발상을 용납할 수 없었다. 설령 빈곤이 해결되더라도 이런 세상에서는 인구가 점점 증가하여 다시 빈곤이 발생할 수밖에 없다. 요컨대 인구와 식량 사이의 불균형이 바로 빈곤을 낳는 원인인데, 인구 증가와 식량 증가는 인간 이성을 뛰어넘은 자연법칙에 의해 규제되고 있으므로 이를 이성으로 규제할 수 없다는 것이다. 여기서 두 사람의 의견 대립의 초점은 동물로서의 인간은 자연에 의해 규제될 수밖에 없다는 주장과, 인간은 동물 수준을 초월한 존재이므로 그 자연법칙을 제어할 수 있다는 주장 가운데 어느 쪽이 옳은가 하는 문제로 모아진다. 그리고 그 문제는 곧 이성이냐 자연법칙이냐 하는 문제로 전개된다.

맬서스와 '인구법칙'

　고드윈이 그야말로 낙관주의자였다면 맬서스는 그야말로 비관주의자였다고 할 수 있다. 맬서스는 인간의 자연법칙으로 두 가지를 들었다. 하나는 식량은 인간에게 꼭 필요하다는 것이며, 인간 성욕은 필연적이어서 지금도 또 앞으로도 성욕이 사라지는 일은 없으리라는 것이다.

맬서스는 목사였기 때문에 이런 확신을 품은 것으로 보인다. 아마 그는 무척 성실한 목사였을 것이다. 제 몫을 다할 때까지는 결혼도 안 하고 아이도 낳지 않겠다는 신조를 가지고 있었다는데 이는 신조라기보다는 오히려 강박관념에 가까웠다. 맬서스는 아이를 낳지 말아야 할 사람들이 무책임하게도 아이를 낳아서 주위에 인간이 득시글해지고 결국 식량 부족 문제가 일어날 것이라는 강박신경증 상태에 빠져 있었는지도 모른다.

데이비드 리카도(1772~1823)
1818년 곡물법이 통과되자 맬서스와 대립하게 된다.

그런 의미에서 맬서스는 여성을 두려워했던 중세 히에로니무스의 환생이라고도 할 수 있다. 히에로니무스는 여성 몸에 닿는 것을 싫어하여 사막까지 도망쳤는데, 그 사막에서도 밤마다 여자 꿈에 시달리다가 끝내는 음란한 꿈을 꾸지 않기 위해 성경을 가까이에 두고 기도했다고 한다. 그래도 여성의 모습은 사라지지 않았다. 거꾸로 말하면 그는 여성을 피함으로써 여성을 점점 의식하다가 환각 상태에 빠졌는지도 모른다. 바꿔 말하면 자기 마음의 추한 부분을 몹시 두려워한 셈이다.

맬서스를 보면 성욕이라는 본능은 어떤 의미에서 매우 비정상으로 느껴진다. 맬서스는 끝없는 성욕과 날마다 싸웠을 것이다. 그러기에 다른 사람들도 자기와 똑같은 욕망에 사로잡혔다고 생각하고, 그것은 자기만의 문제가 아니라 인류 전체의 문제라고 확대해석했는지도 모른다.

그러면서도 맬서스주의가 오늘날까지도 이토록 우리 마음을 사로잡는 이유는 무엇인가? 맬서스주의라 불리는 법칙은 다음 문장에 명확히 드러난다. "아무런 통제도 없다면 인구는 기하급수적으로 증가하고, 생존자원은 산술급수적으로 증가한다." 이는 공업과 농업의 결정적 차이를 보면 알 수 있다. 공산물은 확실히 생산성 향상에 어느 정도 비례하여 상승하지만, 농산물은 농기구 개량, 토지 개량, 비료 살포 등의 노력을 최대한 기울여도 그만큼의 생산량 증가를 달성하기 어렵다. 일반적으로 수확체감의 법칙이라 불리는 이 공식은 인간과 자연 사이에 존재하는 뚜렷한 도랑으로서 우리를 혼란에 빠뜨린다.

1815년에 곡물법이 통과되었다. 이 곡물법을 둘러싸고 맬서스와 리카도가 대립하게 된다. 맬서스는 곡물법을 지지하는 지주 측에 섰다. 먼저 맬서스가 강조한 것은 곡물 즉 농작물 생산은 공업 생산물과 같은 속도로 증가하지 않으며, 곡물 가격은 노동자의 임금을 구성하는 중요한 요소라는 점이다. 노동자 임금은 노동자의 노동력을 재생산하는 농작물에 좌우된다. 공산물 양이 아무리 증가해도 농산물 양이 늘지 않는 한 노동자 임금을 실현시키기 위한 식량은 부족하게 되고, 따라서 식량 가격은 상승한다. 그러면 공업이 아무리 발전해도 국민은 굶주리게 된다. 물론 무역이 자유롭다면 곡물을 수입하면 그만이지만, 세계 곡물 생산 자체가 늘지 않는 한 전체적으로 세계 곡물은 부족하다. 어쨌든 공업 생산에 필요할 노동자 수를 유지하기 위해서는 어떤 지역의 농산물 양을 늘리는 수밖에 없다. 즉 영국의 공업 생산을 늘리려면 적어도 영국의 농산물 생산을 늘려야 한다. 그러려면 어떻게 해야 하는가? 곡물 수입으로는 문제가 해결되지 않는다. 영국 국내의 곡물 생산량을 늘리는 수밖에 없다. 곡물법에 의해 수입을 제한하고 곡물 가격을 높이 설정하면 임대농지가 늘어 공업으로 흘러 들어갔던 사람들이 농업으로 돌아오고 경작 면적이 늘어날 것이다. 영국에는 개척해야 할 농지가 아직 많이 남아 있기 때문이다.

맬서스는 농산물 증대에 기여하지 않는 정책에 반대했다. 또 곡물 수입뿐 아니라 빈민 보호도 반대했다. 인간은 성욕과 식욕으로 똘똘 뭉친 존재이며 인구 증가와 식량은 늘 불균형하다. 그것이 자연법칙이라면, 균형이 무너지지 않도록 하려면 빈민을 적당히 굶주리게 하고 아이를 낳지 않도록 만드는 것이 좋다. 풍요로움이야말로 인구 증가를 낳는 원인이기 때문이다. 그러므로 빈민이 늘 일정 수 존재하는 편이 인구 억제를 위한 예방이 될 거라는 논리이다.

과연 맬서스주의는 자연법칙을 지나치게 확대해석한 것처럼 보인다. 맬서스가 살았던 시대가 생명 탄생의 의학적 메커니즘과 같은 자세한 정보가 명확히 규명되지 않았던 시대였던 탓도 있으나, 성욕과 인구 증가는 직접 비례하지 않는다. 미개척지를 비롯한 식량 증산 방법은 그 뒤 과학이 진보함에 따라 어느 정도 발전하였다. 결과적으로 다행히도 맬서스의 예측은 빗나갔다고 할 수 있다.

그러나 오늘날에도 갑작스러운 재해나 기근과 같은 문제가 발생했을 경우, 이 문제가 완전히 해결되었다고는 하기 힘든 것도 사실이다. 인구 증가가 식량으로 규정된다는 가설도 크게 다르지 않다. 그런 의미에서 맬서스는 무턱대고 빈민을 비판한 것만은 아니다. 그에게도 이상사회가 있었기 때문이다. "재산을 되도록 평준화하는 것이 장기적으로는 절대로 유리하다. 소유자 수가 많아지면 당연히 노동자 수는 적어진다. 즉 사회 대다수가 재산 소유자가 되고 행복해진다. 노동력 외에는 가진 게 없는 불행한 인간은 소수가 된다."

물론 퇴행적이라고도 볼 수 있는 이러한 낭만주의는 '장기적'이라는 조건이 붙으며, 단기적으로는 역시 빈민 수를 유지하고 그들을 늘 결핍과 굶주림 상태에 있게 함으로써 인구 증가를 저지해야 한다고 그는 생각했다. 맬서스주의를 부르짖는 사람은 장기적 안목보다 단기적 안목을 선호한다. 그것은 사디스트적인 금욕정신의 예찬이다. 이것은 어떤 의미에서 자본주의 정신과 일치한다.

맬서스주의가 매력을 갖는 이유는 인간의 이기심에 그대로 호소하기 때문인지 모른다. 타인보다 돋보이고 싶은 욕망, 금욕에 의한 상승 지향은 가난하고 무능한 사람들의 존재를 당연시하는 경향이 있다. 이른바 맬서스주의가 비난의 대상이 되는 이유는 실로 이 '인구법칙'이 빈곤의 존재를 정당화하는 논리로 보이기 때문이다.

그런데 맬서스가 《인구론》을 썼을 때 지구상에는 얼마나 많은 사람이 살고 있었을까? 일설에 의하면 8억이었다고 한다. 그 뒤 200년 만에 60억 인구로 늘었으니 어마어마한 증가라 할 수 있겠다. 8억 명 중 아시아인의 비율은 5억 명이었다고 한다. 기하급수적으로 증가했는지는 의문이지만, 어쨌든 35년 만에 세계 인구가 2배로 증가한 것에 비해 식량 생산은 1.9배밖에 늘지 않았다고 한다. 역시 맬서스의 《인구론》은 틀리지 않았던 걸까?

더 나아가 최근 20년간 경제 성장은 특히 인구가 많은 개발도상국에서 뚜렷하다. 경제가 발전함에 따라 식량 수요는 더욱 증가할 것이다. 물론 문제는 식량에만 그치지 않는다. 에너지자원 등의 소비도 증가한다. 게다가 생활 수준 향상에 따라 평균수명도 높아졌다. 그 결과 식량 수요는 점점 증가할 것이다.

어떤 의미에서 발전에 뒤처진 지역, 더 나아가 많은 빈곤층을 떠안은 지역이 식량 수요의 조절 역할을 한다고 하면 역시 맬서스의 《인구론》은 아직도 타당하다고 할 수 있다. 어쨌든 맬서스가 잊히는 일은 당분간 없을 것 같다. 그러므로 《인구론》은 전혀 낡은 이론이 아니다.

사회주의자와 공산주의자의 비판

사회주의자와 공산주의자는 맬서스주의를 철저하게 비판해 왔다. 두 인물을 예로 들자면, 한 사람은 프랑스 사회주의자 프루동이고, 다른 한 사람은 유명한 마르크스이다.

프루동은 1848년 8월 11일, 그가 주관하는 신문 《민중 *Le Peuple*》에 〈맬서스주의자〉라는 논문을 게재했다. 이 신문은 날개 돋친 듯이 팔렸고, 그것을 소책자로 만든 것도 30만 부가 팔렸다고 한다. 6월의 노동자 봉기가 실패한 뒤로 침체되어 있던 사회주의운동의 부활을 알리는 논문이었다. 그 내용은 이러하다.

맬서스주의자는 소득이 없는 사람은 살아갈 권리도, 가족을 가질 권리도 없다고 주장하는 사람들이다. 당시 보수파 언론은 바로 이 맬서스 논리를 주장하며, 문명에는 빈곤이 영원히 있어야 하고, 일부 사람들의 노예화도 영광스러운 인간의 출현을 이끌어내기 위해서 필요하며, 그것이 국가의 기초라고 떠들어댔다. 자유경쟁 원리, 즉 약육강식 원리가 맬서스주의이며, 바로 자본의 법칙이다. 그러나 잘 생각해 보면, 모든 생산물은 노동자들의 소유이며, 노동자에게 기생하는 이들이야말로 살아갈 자격이 없다. 일할 권리, 살아갈 권리야말로 혁명이며, 따라서 맬서스 원리는 혁명을 부정하는 반혁명이다.

노동이 소유를 낳는다면, 만들어진 생산물은 노동자의 것이다. 그런 뜻에서 프루동의 주장은 노동자 전 수익론에 가깝다. 노동자가 집합노동력으로 만들어낸 이익을 자본가가 빼앗아가기 때문에 가난한 것이다. 그러므로 그것을 다시 되찾아올 권리가 있다. 이미 정부에 탄압받고 언론의 길이 막혀 있던 프루동은 분노의 화살을 맬서스주의자에게 향함으로써 많은 사람들의 마음을 사로잡았다.

프루동이 문제 삼은 맬서스주의는 최근 20년 동안 우리 세계를 뒤덮은 자유주의자의 원리에 가깝다고 할 수 있다. 생활 보호 비용을 줄이고, 노동력이 없는 이들에게서 생활 수단을 빼앗고, 파견노동자를 예사롭게 해고하는 논리가 말하는 바는, 바로 무능한 사람은 살아갈 권리가 없다는 뜻이다. 맬서스주의와 맬서스의 주장이 똑같지 않지만, 맬서스의 《인구론》이 그 뒤 자본주의의 비참함을 상징하게 된 것은 프루동의 논문을 통해서도 쉽게 알 수 있다.

카를 마르크스(1818~1883)
마르크스는 《자본론》에서 맬서스의 《인구론》을 비판한다.

마르크스는 《자본론 *Das Kapital*》 제7편 23장 '자본주의적 축적의 일반 법칙'의 주석에서 맬서스의 《인구론》을 비판했다. 여기서 애덤 스미스의 제자 이든이 자본주의의 비밀은 노동자의 노동에 대한 지배라는 진실을 말한 것과 관련지어 이야기하고 있다. 마르크스답게 아주 신랄하게 비판했으며, 그 내용은 다음과 같다.

맬서스는 프랑스 혁명의 해독제로 영국이 만들어낸 암살자이다. 그에게는 독창성이 전혀 없으며, 오로지 성실한 목사였다는 점으로 영향력을 발휘했다. 가톨릭 성직자들처럼 깨끗하게 독신을 고수하면 좋았으련만, 그는 결혼하여 자식을 둔 개신교 목사이므로 자신의 성욕을 채우고 인구 증가에 기여했다. 그러나 자신은 이러한 자유를 누리면서도, 다른 사람의 성욕과 인구 증가는 용서하지 못하는 것이다. 이러한 금욕 원리를 주장하는 사람은 언제나 개신교 목사이다. 맬서스 이전의 경제학자 윌리엄 페티는 이렇게 말했다. "변호사가 배고픔에 허덕일 때는 법률이 가장 잘 발달했을 때인 것처럼, 성직자의 금욕이 가장 잘 실천될 때 종교도 가장 눈부시게 번영한다."《자본론》

마르크스는 1850년대 초, 본격적으로 경제학을 연구하기 시작했을 무렵 '인구 문제'에 관한 책을 몇 권 읽고 노트 정리를 했다. 특히 그는 윌리스가 《고대와 현대 인류의 수에 대한 논문》(1753)에서 인구가 어떻게 증가하는가를 설명한 부분을 인용했다. 마르크스는 맬서스의 《인구론》은 윌리스와 제임스 스튜어트를 도작(盜作)한 것이라고 비판한다. 물론 이런 비판은 조금 지나치다. 왜냐하면 맬서스는 《인구론》이 참신한 소재가 아니라는 점을 분명히 인정했으며, 월리스의 이름도 틀림없이 언급했기 때문이다. 맬서스의 맬서스다운 점은, 인구의 원리가 자연법칙이라고 당당히 주장한 점이다.

마르크스는 비교적 꼼꼼하게 《인구론》을 읽고 정리했다. 그 노트는 맬서스가 내용을 계속 보완한 나중의 판이 아니라, 초판인 1798년판이다. 마르크스의 관심을 끈 부분을 인용하겠다.

"미국이 좋은 예이다. 미국은 유럽의 어느 근대국가보다도 생활물자가 풍족하고 사람들이 소박하며, 따라서 조혼 억제도 적은 나라이다. 그 나라에서는 인구가 단 25년 만에 2배가 되었다. 이 증가율은 인구의 최대 증가력에는 미치지 못하지만 그래도 실제로 증명된 수치이므로 우리는 이것을 기준으로 삼겠다. 인구는 억제하지 않으면 25년마다 2배씩 늘어나는 것이다. 다시 말해 인구는 기하급수적으로 증가한다." 이 부분에서 마르크스는 "훌륭한 증명이다"라고 적었다. 월리스의 증명과 똑같기 때문이다. 월리스는 33년 반 만에 2배가 된다고 했다.

"그러나 이 증가는 어떻게 보아도 산술급수적이다. 따라서 생활자본의 증가는 산술급수적이라고 할 수 있다. 지금까지 말한 두 가지 증가율의 결과를 종합해 보자." 마르크스는 왜 식량 생산이 산술급수적인가라는 의문을 가지고 그것을 인구 증가라는 기하급수와 비교하려는 맬서스의 시도에 대해, "대단한 이론가이다"라고 했다. 마르크스는 맬서스가 몇 안 되는 사례만 가지고 인구 증가는 기하급수적이며, 식량 생산은 산술급수적이라고 결론을 내린 점을 비판한 것이다. 확실히, 맬서스의 이론은 과학적이라고 주장하지만 정작 중요한 증명이 제대로 이루어졌다고 보기는 어렵다. 미국의 인류학자 킹즐리 데이비스는 맬서스의 이론이 폭넓은 경험적 근거를 가지고 있는 것은 분명하나 경험주의의 측면에서 가장 약점이 많은 반면, 엄격하고 세련된 이론체계로서 가장 장점이 많다고 지적했다. 이 지적에는 많은 진실이 담겨 있다. 좋든 나쁘든 간에 맬서스주의적인 인구이론은 현대 경제학 체계로 흡수되어 경제적인 낙관주의를 견제하는 역할을 했으며, 최저생계비를 임금 책정 기준으로 삼는 임금이론을 정당화하는 데 이바지했고 전통적인 자선 형태가 사라지도록 했다.

왜 맬서스주의는 언제나 논의 대상이 되는가

프루동과 마르크스는 맬서스주의가 지닌 결함을 날카롭게 비판했다. 인간은 단순한 동물이 아니므로 자연법칙을 있는 그대로 따르지 않는다. 인간은 그러한 자연의 속박에서 벗어나기 때문에 인간인 것이다.

그런데 왜 맬서스주의에 대한 논의는 사라지지 않고 계속되는 것일까. 먼저 맬서스의 명료한 설명에 그 요인이 있다. 산술급수와 기하급수, 고등학교 수학만 배우면 누구나 그 엄청난 차이를 알게 된다. 이 절묘한 용어도 그렇지만, 맬서스주의는 우리의 자존심을 자극하는 무언가를 지니고 있다. 인간이 집단을 이루면 언제나 자랑을 시작한다. 명문가 출신, 명문대학 출신, 부자 등 자랑거리는 끊이지 않는다. 이것이 인간 본성이라면, 언제나 자기보다 아래를 보는 것이 인간의 천성이다.

케이블방송의 동물 채널에서 매일 육식동물의 생태를 방송하면, 우리는 좋든 싫든 약육강식이야말로 인간 사회의 참모습이라고 생각하게 된다. 인간은 사자나 악어가 아니라, 원숭이와 동류라는 점을 잊어버린다. 또한 아침 프로그램에서 평론가가 생활 보호 세대의 사치스러운 생활을 말하는 것을 들으면 그 사람들에게 분노를 느낀다.

물론 이것이 인간 사회의 참모습이라고 할 수도 있지만, 반대로 대지진 같은 자연재해의 피해자를 보고 눈물짓는 사람도 많다. 내가 먼저 도움을 주고 싶다고 생각하는 것도 인정인 것이다. 어느 쪽이 진실한 인간인가. 이러한 고민 속에서 열등감을 가진 사람들에게 맬서스라는 악마가 속삭인다. 맬서스는 마치 악역을 맡은 레슬링 선수처럼 욕을 먹으면서도 인간 사회에 없어서는 안 될 악당으로 등장하여, 때로는 진실한 목소리를 내고, 때로는 자본의 앞잡이로 활약한다. 이 강렬한 개성 앞에서 우리는 움츠러들고 만다. 비판하는 이도, 옹호하는 이도, 이 강한 개성에 무심코 말려들어 버리는 것이다.

맬서스 연보

1766년   2월 13일, 영국의 서리주에서 대니얼 맬서스의 둘째 아들로 출생.
아버지 대니얼은 부유한 농장주였고, 흄과 루소와도 친교가 있
었음.

1776년(10세)   미국 독립선언.

1784년(18세)   케임브리지의 지저스 칼리지 입학.

1789년(23세)   7월 14일, 프랑스 혁명이 일어남.

1793년(27세)   케임브리지의 선임연구원(칼리지 연구원)이 됨.

1796년(30세)   서리주 앨버리의 목사보 취임.

1798년(32세)   익명으로 《인구론》 초판 간행. 8월, 고드윈과 회견.

1799년(33세)   북유럽 외 유럽 대륙 여행을 떠남.

1800년(34세)   1월, 아버지 대니얼 죽음(향년 70세). 4월, 어머니 헨리에타 죽음(향
년 67세).

1803년(37세)   저자명을 밝히고 《인구론》 제2판 간행.

1804년(38세)   4월 12일, 사촌동생 해리엇과 결혼.

1805년(39세)   헤일리베리 근교에 신설된 동인도회사 부속학교에서 근대사 및
경제학 교수가 됨. 장남 헨리 출생.

1806년(40세)   《인구론》 제3판 간행. 장녀 에밀리 출생.

1807년(41세)   《인구론》 제4판 간행.

1808년(42세)   차녀 루시 출생.

1811년(45세)   리카도와 편지를 주고받으며 사귀기 시작함.

1815년(49세)   곡물법 제정. 곡물 수입자유화를 둘러싸고 리카도와 논쟁.

1817년(51세)   《인구론》 제5판 간행. 리카도가 《경제학 및 과세의 원리》 간행.

1819년(53세)   왕립과학협회 회원으로 선정됨.

1820년(54세) 리카도의 경제학설에 반론하는 《경제학 원리》 간행.

1823년(57세) 《가치척도론》 간행. 9월 리카도 죽음, 12년간의 교우 관계 끝남.

1826년(60세) 《인구론》 제6판 간행.

1827년(61세) 《경제학의 제정의》 간행.

1834년(68세) 12월 29일, 크리스마스 행사를 위해 서머싯주 바스(Bath) 부근 부인의 친정에서 가족과 함께 머무르던 중, 기관지염으로 죽음. 같은 해 신구빈법 반포.

이서행

동국대학교 철학과 졸업. 동대학원 석사. 미국 트리니티 신학대학교 종교철학박사. 미국 델라웨어대학교 정치학과 교환교수. 동국대학교대학원·고려대학교대학원 강사, 한국정신문화연구원 교수 및 원장직무대행 역임. 현재 한국학중앙연구원 교수, 지방의회연구소 소장, 민족통일문화연구소 이사장. 지은책《청백리 정신과 공직윤리》《한국, 한국인, 한국정신》《남북 정치경제와 사회문화교류 전망》《한국윤리문화사》등이 있다.

세계사상전집026
Thomas Robert Malthus
AN ESSAY ON THE PRINCIPLE OF POPULATION
인구론
토머스 로버트 맬서스/이서행 옮김
동서문화사창업60주년특별출판
1판 1쇄 발행/2016. 9. 9
1판 4쇄 발행/2024. 9. 1
발행인 고윤주
발행처 동서문화사
창업 1956. 12. 12. 등록 16-3799
서울 중구 마른내로 144 동서빌딩 3층
☎ 546-0331~2 Fax. 545-0331
www.dongsuhbook.com
잘못된 책은 구입하신 곳에서 바꾸어드립니다.
✽

이 책의 출판권은 동서문화사가 소유합니다.
의장권 제호권 편집권은 저작권법에 의해 보호를 받는 출판물이므로
무단전재와 무단복제를 금합니다.

사업자등록번호 211-87-75330
ISBN 978-89-497-1434-9 04080
ISBN 978-89-497-1408-0 (세트)